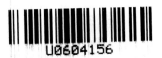

歷代會要叢書

晋會要

上

汪兆鏞　纂
鄧駿捷　陳才　整理

上海古籍出版社

本書爲國家古籍整理出版專項經費資助項目

前言

「會要」是指按一定的門類，分别輯載某個朝代或時期的國家政治、社會制度、歷史地理、風俗民情等文物典章史料的政書。「會要」的創修，始自唐代。唐人蘇冕以高祖至德宗九朝史事，編成唐會要四十卷；楊紹復等續修至武宗朝，撰成續唐會要四十卷。其後，宋人王溥再搜羅自宣宗以至唐末史事，在北宋建隆二年（九六一）撰成新編唐會要一百卷。此外，王溥還編撰了五代會要三十卷。南宋時，徐天麟又編撰西漢會要七十卷、東漢會要四十卷。此後致力於編撰「會要」者，代不乏其人。至盛清乾隆世，歷朝歷代的「會要」基本編成，且多已問世，而晉會要卻尚付闕如。嘉慶以後，始有學者編纂晉會要。嘉慶道光時期，錢儀吉（一七八三—一八五〇）曾編有晉會要，惜未成書。光緒年間，朱銘盤（一八五二—一八九三）編纂的晉會要八十卷，今藏於中國國家圖書館。書中至少有墨、朱、藍三種筆蹟，且塗改甚多，有些頁面改得混亂不堪，可以確定爲未定稿的草稿本。光緒年間，汪兆鏞（一八六一—一九三九）亦編纂有晉會要五十六卷，同樣是稿本，也藏於中國國家圖書館。總體來看，汪兆鏞的晉會要稿本是目前惟一一部體例完備、首尾完整之作。此書抄寫較爲完整，塗改甚少，雖非最終定稿本，但其學術價值不容小覷。因此，書目文獻出版社曾以稿本晉會要之名於一九八八年影印出版，國家圖書館出版社又於二〇〇九年重印。此外，今臺灣學者林瑞翰、逯耀東著有晉會要[二]，其分類與篇幅較朱氏、汪氏之作均有一定的差異。

一

汪兆鏞，字伯序，一字憬吾，自號慵叟、清溪漁隱，晚號今吾。因牓所居曰「微尚齋」，又稱微尚老人。爲唐代越國公汪華之後。汪氏家族於唐時居江淮婺源，元末遷浙江山陰（今紹興市）。至清嘉慶年間，汪氏族人陸續南來。兆鏞一輩落籍廣東番禺，遂爲粵人。

汪兆鏞幼穎異，過目成誦。五歲入塾，十歲能詩，十二歲開筆作時文，十八歲侍叔父汪瑔讀書於隨山館，致力於經史、古文詞。後舉學海堂專課生，成爲近代嶺南大儒陳澧的高足。光緒六年（一八八〇）補縣學生；十一年（一八八五）「以優行貢成均，朝考用知縣」；十五年（一八八九）舉於鄉。後三應禮部試不售，遂南歸。以世習刑名學，輾轉遊幕於廣東翁源、赤溪、遂溪、順德各縣。後棄幕業，赴樂昌縣管理鹽務。三十一年（一九〇五），岑春煊督粵，延之入幕，司章奏之務。次年，岑調任雲貴總督，行前奏保，汪兆鏞獲「賞四品頂戴」銜，以知縣分發湖南，但未赴任，復返樂昌。又五年，政局不穩，治安不靖，遂離樂昌，返回廣州。辛亥革命後，地方多故，汪兆鏞赴香港短暫停留後，於同年十一月至澳門寓居。民國後，汪兆鏞以吟哦著述自適，與文人學者交往酬唱，活躍於書畫藝壇。一九三九年，以七十九歲高齡病逝於澳門，後歸葬廣州三寶墟蜆岡。一九五八年遷葬銀河公墓。一九九六年，汪氏後人遷汪琡、汪兆鏞等二十多位先人於從化市華夏永久墓園。

汪兆鏞博通經史、諸子，「於學無所不窺，方聞博識，乙部尤爲淹貫。爲文兼工駢散，而長於考據，訂訛補墜，多發前人所未及」[二]；兼及金石研究、譜牒編修、詩詞創作。因熱愛桑梓，尤着力於嶺南文獻、文史、畫藝方面的考訂著述，碩果累累。著有孔門弟子學行考四卷，補三國食貨志、刑法志各一卷，元廣東遺民録二卷，嶺南畫徵略十二卷，晉會要五十六卷，碑傳集三編五十卷，以及廣州城殘磚録、廣州新出土隋碑三種考、續舉貢表、山陰汪氏譜等。又有微尚齋詩二卷、微尚齋詩續稿三卷、澳門雜詩一卷、己巳紀游草一卷，雨屋深鐙詞一卷、雨屋深鐙詞續稿一卷、雨屋深鐙詞三編一卷，微尚齋雜文六卷、椶窗雜記四卷。曾經參與纂修番禺縣續志，編刻東塾遺詩、憶江南館詞、公孫龍子注、老子道德經撮要、五百四峯堂續集、誦芬録等。

汪氏詩詞，今已整理出版；而其他著作則大多被收集整理，編入汪兆鏞文集[三]。至於嶺南畫徵略，亦早有整理本問世〔四〕。惟有晉會要和碑傳集三編兩書，係屬稿本，且整理難度較大，今僅有影印本流傳〔五〕。

二

據晉會要敍例的題署，全書編成於「光緒三十三年（一九〇七）丁未十月」。微尚齋老人自訂年譜亦於該年云「纂晉會要六十卷敍例一卷」，而在所録的敍例中，亦云「凡一十有六門，都六十卷」〔六〕。至於今見稿本，卻只有五十六卷。此外，若以年譜中敍例所提到的門類，與稿本相較，則還可以發現稿本多出最末的一個門類「大事」（即第五十六卷），因此稿本應是十七門五十六卷。而造成這種差異的原因，只有一個合理的解釋，就是汪兆鏞在編定全書後，又作了增刪合併。而具體的工作是合併了前十六個門類中的若干卷，並且增加「大事」一門。可見在書成之後，汪兆鏞仍然孜孜不倦地對全書進行修改。這從稿本與年譜中敍例間的文字差異，也可以看出一些端倪。年譜所録的敍例，應是初稿完成後的文字；而稿本中的敍例，則是最後定稿的狀態。

初成晉會要之時，汪兆鏞四十七歲，正在樂昌。此前他奔走於廣東各縣爲幕，生活並不十分安定閑逸，能夠在這樣的狀況下完成此書，其堅定的意志，實足敬佩。而汪兆鏞之所以編纂晉會要，或源於他對兩晉史事和晉書的喜愛，敘例云：「昔讀晉書，每旁稽它籍，以資考證，別紙錄記，積久遂多。」「爰爲分別部居，詳加綴緝，俾備省覽，匪云著述。」從以上的文字，可以看出汪兆鏞對晉書所下的功夫。且他當時只是縣衙中的一名幕客，並沒有甚麼著述的需求，如非確有所愛，恐怕是難有這般恒心和毅力的。此外，汪兆鏞個人對史學的興趣，以及對史書著述的追求，亦是不可忽視的原因。另一方面，兩晉會要之闕如，也是汪兆鏞起意編纂晉會要的原因之一。這在敘例之中，汪兆鏞已作了具體的說明。從今天所見當時學術情況而言，他的判斷是頗爲準確的。需要說明的是，約早於汪兆鏞的朱銘盤，或已開始了兩晉南北朝系列「會要」的編纂。但是這些「會要」當時並沒有成稿或印行，故而汪兆鏞並不知道已有另一位學者與他同時進行相同的工作。總之，充滿個人的旨趣，而且具有一定能力，以及對史學現狀的判斷，主客觀上促成汪兆鏞以一之力編纂晉會要。

關於晉會要的編纂之法，敘例中已有所說明，大體是仿徐天麟的兩漢會要之例，即以晉書爲主，旁搜其他相關典籍文獻以附益之。晉會要共設帝系（卷一至二，共兩卷）、禮（卷三至十四，共十二卷）、樂（卷十五至十七，共三卷）、兵（卷十八至十九，共兩卷）、刑法（卷二十至二十一，共兩卷）、食貨（卷二十二至二十三，共兩卷）、選舉（卷二十四至二十五，共兩卷）、職官（卷二十六至二十九，共四卷）、封建（卷三十至三十一，共兩卷）、民事（卷三十二至三十三，共兩卷）、文學（卷三十四至三十六，共三卷）、經籍（卷三十七至四十，共四卷）、金石（卷四十一至四十二，共兩卷）、術數（卷四十三至四十四，共兩卷）、輿地（卷四十五至五十四，共十卷）、四裔（卷五十五，一卷）、大事（卷五十六，一卷），凡十七門。其中經籍、金石、大事三門，爲汪兆鏞所增設。此外，「併輿服於禮，而分析律、曆，併律於樂」，又於「兵門附列兵略一類」（敍例）。汪兆鏞編纂晉會要的門類設置，或可與朱銘盤所纂者，作一簡單比較：

朱銘盤編纂的晉會要共十五門，分別是帝系（卷一至四，共四卷）、禮（卷五至十八，共十四卷）、樂（卷十九，一卷）、輿服（卷二十至二十一，共兩卷）、文學（卷二十二至二十五，共四卷）、曆數（卷二十六至三十三，共八卷）、封建（卷三十四至三十八，共五卷）、職官（卷三十九至五十四，共十六卷）、選舉（卷五十五至五十七，共三卷）、民政（卷五十八至六十一，共四卷）、食貨（卷六十二至六十四，共三卷）、兵（卷六十五至六十六，共兩卷）、刑（卷六十七至七十一，共五卷）、方域（卷七十二至七十九，共八卷）、蕃夷（卷八十，一卷）。兩部晉會要相較，或可得出以下結論，朱編基本上是按徐天麟兩漢會要的體例，多因循而少創新，而且各門類下所分，較爲瑣碎，故卷數較汪編多出三分之一。汪編則在舊規之上，勇於創新，有所綜合，且較爲簡明。在内容上，朱編較爲詳冗；而在體例上，汪編則自有特色。

一個歷史學者所編纂的史書，或多或少都會反映出他的學術特長和學術興趣，汪兆鏞的晉會要也不例外，其中有三點特別值得注意：

（一）晉會要中的「輿地」一門共十卷，約佔全書五十六卷的兩成篇幅，是全書中份量最大的一個門類。這是因爲西晉和東晉的行政區域設置關係錯綜複雜，尤其是東晉所立的州、郡、縣，有些實際上是爲了安撫南下僑民和僑姓世族，以原籍的州、郡、縣名寄治别處，而實無其地，且個别在北方的州、郡，也並不完全擁有實質的統治權。對此，晉書地理志的記載，舛誤較多，所以汪兆鏞於此用力甚重。他以清人洪亮吉的東晉疆域志爲基礎，重新釐定。具體工作是先區分兩晉，「西晉斷自永嘉，惠懷改置，逐一分列，先朝沿革，悉注下方」，以期達到「兩晉區宇，釐然可稽，朱紫弗淆，始終畢貫」（敍例）的目的。

（二）晉會要中增設「金石」一門，是汪兆鏞别出心裁之舉，此則與他的學術興趣有關。汪兆鏞「酷嗜金石」〔七〕，曾有廣州城殘塼録、廣州新出土隋碑三種考之作。微尚齋雜文中亦多有金石考證的文字，如卷二收有漢龜兹左將軍劉平國刻石跋、漢華嶽廟殘碑陰跋、前陳散騎侍郎劉猛進墓誌銘跋、隋儀同三司建州刺史徐智竦墓誌銘跋等。此外，金石門中附有「帖」一卷。兩晉書學昌盛，名家輩出，設此一卷，當然是爲了反映客觀史實。不過，汪兆鏞是當時著名的書法家，所以除了因「金石可貴，導源歐陽，證古準今，亦不可廢」（敍例）之外，他的個人興趣也是一個不可忽視的原因。歷史時期中的某些特點與歷史學者個人的興趣相互交織，其對於史書編纂所産生的作用，或可以晉會要作爲一個討論個案。它的意義恐已超出晉會要的編纂、兩晉史事研究的層面，而到達歷史編纂學中的一個核心問題。

（三）晉會要中增設「經籍」一門，也可以説是汪兆鏞在「會要」中的創例。在歷代「會要」中，有關經籍的内容，多入「學校」門（唐會要中有「史館」門），但並没有將「經籍」單獨立爲一門。汪兆鏞可能考慮到晉書中没有藝文志或經籍志，所以在晉會要中特設「經籍」門，以著録兩晉的圖書著作。後來楊寬、吴浩坤等編纂的戰國會要，設有「圖書類」，其是否受汪兆鏞晉會要的影響，未可確知，但可見在「會要」中設立「經籍」門，也不是全無道理的。此外，清代補晉書藝文志（或經籍志）者，有丁國鈞補晉書藝文志、吴士鑑補晉書經籍志、文廷式補晉書藝文志、黄逢元補晉書藝文志、秦榮光補晉書藝文志五家（汪兆鏞在編纂晉會要時，曾參考丁氏和文氏兩家之書），若再加上汪兆鏞晉會要中的「經籍」門，則可對清人考補晉書藝文志的情況，有一個較爲全面的認識。

至於汪兆鏞在編纂晉會要時，對所引文獻的具體處理，也有兩點值得注意：

（一）汪兆鏞對晉會要中所引之文獻，時以「按語」的形式，加以考辨、分析。如卷二十

「文帝爲晉王」條中的「就漢九章增十一篇，仍其族類，正其體號，改舊律爲刑名、法例」，汪兆鏞按云：「唐律疏義，李悝具律，今名例律是也。『舊』，當作『具』，音近致誤耳。」同時，汪兆鏞既廣泛吸收清人的研究成果（如敍例專門列舉的顧炎武、朱彝尊、錢大昕、王鳴盛、趙翼、畢沅、洪亮吉、李兆洛、錢儀吉、王昶、郝懿行、周濟、郭倫、湯球、丁國鈞、丁辰。此外，還有張熷、羅振玉、王國維等），但又有所駁正，皆以「按語」標出。從此可反映出汪兆鏞治學的廣博和嚴謹，也顯示了晉會要的學術含量。還需指出的是，汪兆鏞僻處粤地，且在遊幕之中，但仍以個人之力，盡量搜集相關著作，以作參考，也是十分難能可貴的。

（二）汪兆鏞在引用晉書等文獻時，對個別的唐人避諱字進行了回改。如卷一引晉書卷八廢帝海西公紀：「（帝）乘犢車出神獸門。」汪兆鏞改「神獸門」爲「神虎門」。這是因爲唐人避高祖李淵的祖父「西魏八大柱國」之一的李虎諱，改「虎」爲「獸」。唐人編修晉書，自然也避「虎」諱。而汪兆鏞回改的目的是還原東晉時所稱。此外，卷四十五中的「清泉」縣，汪兆鏞引錢大昕晉書考異云：「本清淵，避唐諱改。」這些都足以説明，汪兆鏞注意到唐人因避諱而改動晉時地名的情況。但是汪兆鏞所改，顯然並不徹底。如戴淵字若思，名犯李淵諱，故晉書稱字。晉會要僅卷三十一稱「戴淵」，而其餘皆稱「戴若思」，未能统一。又，卷十五引晉書卷二十三樂志中的曹毗歌明帝：「宏猷允塞。」其中的「允」字，是避李淵諱改。南朝梁沈約等的宋書、北宋郭茂倩的樂府樂集皆作「淵」，可爲證明。同卷引曹毗歌哀帝：「時猶草偃。」其中的「時」字，是避太宗李世民諱改，宋書、樂府樂集皆作「民」。對於以上避諱字，在使用晉會要時或需多加注意。

總之，汪兆鏞所編纂的晉會要，條理清晰，資料豐富，體例也較有特色；而且徵引甚博，廣取前人成果，考辨細緻，多有創獲，可以説是一部頗爲重要的清人「會要」之書。

三

汪兆鏞的晉會要雖已影印出版，但因原係稿本，且字體爲行書；加上書中天頭處，時有添加的内容；其中的一些引文，又以蘇州碼標示次序。因此，學界使用和研究時，多有不便。我們不揣淺陋，承擔此書的標點整理之責，現將整理的一些情況説明以下：

（一）本次整理，以書目文獻出版社影印的稿本晉會要爲底本，對其中所引之書，盡可能地加以校勘。汪兆鏞所採之書，或多爲殿本，故此次整理以殿本爲對校本，並適當地參校同書的其他版本。

（二）晉會要因係稿本，所以用字比較隨意。本次整理，按照通行的整理習慣，將俗字改爲規範繁體字，舊字形改爲新字形，異體字則不作更動。

（三）本次整理，對於底本之訛、奪、衍、倒等情況，予以出校説明，具體操作如下：

甲、底本與對校本同，而與參校本不同，在不影響文義的情況下，不出校勘記； 若影響文義，則出校記。

乙、底本中明顯的錯字、别字，逕改，不出校勘記。

丙、本朝避諱字回改，缺筆避諱字則補足筆畫。 而唐人的避諱字則盡可能地在校勘記中，予以一定的説明。

丁、校勘記中，若對校、參校諸本同，則使用統稱，不特别標明版本。 若僅某版本有異，則注明版本。

戊、適當地吸收今人整理本中的校勘成果。 如晉會要中大量引用到晉書、通典等書，而晉書、通典又有衆多不同的版本，在整理時參考了中華書局本及其校勘記，擇善而從。

（四）本次整理，據該書天頭處之説明對底本作出改動。 提示補充的文字，補入正文；標蘇州碼的文字，按照所標示的次序作出調整。

（五）底本中的目録，與正文中的節目偶有不同。 本次整理，據正文對目録重新釐正、補充。

（六）影印本中偶有頁碼顛倒，亦出校勘記予以説明，以便學者利用影印本。

（七）晉會要所引之文，時有意引、節引，標點一般以文意爲準。

（八）晉會要因係稿本，未經作者最後釐定，原手稿錯漏不少。本次整理，對汪兆鏞的錯誤盡可能地通過出校勘記予以説明。至於汪兆鏞的心得，則一仍原意，不出校記。

最後，在整理本書的過程中，諸多師友提供了不少寶貴的意見，以及各種協助；而本書的整理，蒙澳門大學列入中期學術研究計劃（名稱：A collation and analysis of *Manuscript of Jin Hui Yao*，編號：MYRG2017－00058－FAH）予以支持。書成之後，上海古籍出版社編輯陳麗娟小姐，細心校核，提出了不少修改意見，並幫助增補了一些校勘記。對此，我們一併致以衷心的感謝。是次整理，我們雖已勉力爲之，但限於學識水平，其中的錯漏、不妥，恐仍不少。敬請高明有道不吝指正，以匡不逮。

鄧駿捷、陳才謹識

二〇二〇年十一月十二日

【注】

〔一〕林瑞翰、逯耀東晉會要，允晨文化實業股份有限公司，二〇一〇年。

〔二〕張學華誥授朝議大夫湖南優貢知縣汪君行狀，見鄧駿捷、陳業東編校汪兆鏞詩詞集，廣東人民出版社，二〇一三年，第三〇〇頁。

〔三〕鄧駿捷、劉心明編校汪兆鏞文集，廣東人民出版社，二〇一五年。

〔四〕汪兆鏞編纂，汪宗衍增補，周錫䪖點校嶺南畫徵略，廣東人民出版社，一九八八年。

〔五〕汪兆鏞編纂碑傳集三編，臺北文海出版社，一九八〇年。

〔六〕詳見鄧駿捷、陳業東編校汪兆鏞詩詞集，第二六七至二七一頁。另，微尚齋雜文卷二亦載有晉會要敘例，内容與微尚齋老人自訂年譜同，見鄧駿捷、劉心明編校汪兆鏞文集，第二五四至二五八頁。

〔七〕桂坫廣州城殘塼録題辭，見鄧駿捷、劉心明編校汪兆鏞文集，第一〇一頁。

目録

第二十二　食貨上

第二十三　食貨下

第二十四　選舉上

弟二十八　職官三

敍例

史之有志，所以備一代之典章，爲來葉之考鏡。而房喬晉書諸志疏舛最甚，如李重傳云「時内官重，外官輕，兼階級繁多，重議之，見百官志」，而職官志未載重議。張載傳末，弟「亢述曆贊一篇，見律曆志」，而曆志又無之。國之大典，在祀與戎，乃郊廟之制，禮志多未詳明，又無兵志。刑法志詳於魏律，而賈充所定律令篇名，反從闕略。晉代選舉，悉踵漢魏，二代未有專志，晉制遂難稽尋。班氏創志藝文，厥意弘美。晉賢著書彌盛，唐代尚多流傳，豈容置而不録。他如地理則謬誤百出，職官亦秩序棼如。兆鏞昔讀晉書，每旁稽它籍，以資考證，别紙録記，積久遂多。因思嘉興錢氏儀吉欲爲晉會要，尚未成書，見三國會要敍例〔一〕，深用惜之。爰爲分别部居，詳加綴緝，犓備省覽，匪云著述。大雅君子，諒無譏焉。

會要之作，始於唐蘇冕〔二〕，續於楊紹復等。至宋王氏溥唐會要、五代會要迺稱賅備。厥後徐氏兩漢，斐然繼興。徐氏僅採本史，錢氏撰集三國，依仿徐氏而旁及他書。書雖未成，義恉可知也。今之纂録，亦踵斯法，以晉書爲本，而以羣書增益之。如於沈約宋書，得郊祀禮，武帝改定五路六服制，皇太子朝會冠服，杯槃舞歌。於杜佑通典，得太廟制、諸侯大夫士廟制、雩壇制、喪葬禮器、諸博士議，及百官品、諸王公城郭宫室制、卿大夫士庶婚禮、榷税法。於春秋左氏傳疏、穀梁疏、論語義疏、三國志注、隋唐經籍志、經典釋文、世説注、華陽國志，得晉人書目。於唐六典，得賈充定律令篇目。於後漢書注、文選注、藝文類聚、初學記、北堂書鈔、太平御覽，得晉律令逸文。於開元占經，得劉智正曆。於水經注、寶刻叢編、輿地碑目，得晉人金石文字。皆可裨益房史。雖不免挂一漏萬，亦稍資補闕拾遺。

晉地理志之作也，意欲據武帝一統之始，未及詳惠懷二帝之時；然江湘二州，置自西晉之季，爰逮江左，迄於宋齊，數代以來，相仍不改。晉志弗列，方域沿革，遂莫得而詳焉。況與太康地志，仍多牴牾。太康地志河南郡有長垣縣，兩漢志、宋志皆同，而晉志無之。太康地志有濟陰郡，無濟陽郡，漢志同。晉書下壺傳亦云「濟陰宛句人」，而晉志有濟陽郡，無濟陰郡。武帝省郡，復又羼入。廣州高興郡志云：「武帝時省。」其爲紕繆，詎可勝言。渡江以還，增併僑置，錯綜迷亂，更無論矣。畢氏沅爲之補正，雖多輯舊聞，而條緒未晰。夫兩晉版籍，迥不相侔，混而合之，斷難宣悉，不烏不鵠，開卷茫然。今析爲兩編，西晉斷自永嘉，惠懷改置，逐一分列，先朝沿革，悉注下方。其元凱經注，休文史志，郭璞、酈道元之説，樂史、李吉甫之書，凡可資以補遺者，如僅屬孤證單詞，則附加小注。倘羣書皆有，而房書獨無，輒用從衆之義，徑爲增補。至東晉，有洪氏亮吉疆域志，考證精審，悉可依據。自此分編之後，兩晉區宇，釐然可稽，朱紫弗淆，始終畢貫矣。

兩漢會要，「輿服」另立一目，「律吕」則未詳稽。錢氏三國，又於「曆數」之外，别出「祥異」。竊意乘輿法服，非禮而何？六律五音，皆樂之制。今併輿服於禮，而分析律、曆，併律於樂焉。至於黄龍數見，日氣五色，與夫五行災沴，附會滋多。凡非關典要者，悉汰除之，以免蕪雜。

吏治隆替，風俗純漓，讀史者所當垂意也。今於職官門之末，凡晉賢討論政治者，皆甄録之。又於民事門，將清談莊、老，崇尚浮屠，皆剌取臚載，俾資論世知人。

錢氏補晉兵志秖詳宿衛一軍，其它征鎮、防戍、水軍、車戰，多未詳及，是宜爲之蒐輯。且漢志兵家甄採權謀，誠以兵制其形式也，權謀其精神也。典午諸賢，行軍料敵，未可厚非。兹於兵門附列兵略一類，考史者可審覽焉。

金石可貴，導源歐陽，證古準今，亦不可廢[三]。今於撰輯經籍之後，更立金石一門，備録年代、地址，及原刻存佚。諸家考證，有關典制者甄採靡遺；瑣義概不録入[四]，免滋蕪累。

夫載言繁襍，知幾之所不取；雕蟲小技，揚雄且以見譏。詞賦之文，宜可不録。然有事涉典要而湮没無稽，藉彼遺篇，犄窺崖略，與其失之，無亦過而存焉。今如潘安仁耤田賦、傅鶉觚鄉飲酒賦、潘正叔釋奠頌、嵇含祖道賦序，亦皆録入。其它浮藻，悉在刊除。

兩漢會要，門類凡一十有五，兹於舊目，互有增損。釐定編次：曰帝系，曰禮，曰樂，曰兵，曰刑法，曰食貨，曰選舉，曰職官，曰封建，曰民事，曰文學，曰經籍，曰金石，曰術數，曰輿地，曰四裔，曰大事。凡一十有七門，都五十六卷。惟經籍、金石、大事三門，及兵門中兵略類，職官門中吏治類，民事門中風俗類，是就愚見增列，餘皆多循前規焉。兹事體大，竊慚精思，直諒多聞，匡余不逮，是所望也。

昔衛正叔纂禮記集説，自謂「他人著書，惟恐不出於己，吾此編惟恐不出於人」。兆鏞竊取斯義，採録各條，雖片言斷句，皆注出處。非以炫博，取便檢尋。

國朝諸老考史最精，此編兼採顧氏炎武、朱氏彝尊、錢氏大昕、王氏鳴盛、趙氏翼、畢氏沅、洪氏亮吉、李氏兆洛、錢氏儀吉、王氏昶、郝氏懿行、周氏濟、郭氏倫、湯氏球、丁氏國鈞、丁氏辰諸家之説，以資訂正。其有管窺所及，亦坿注於下。

苻秦修建學校，沮渠設置史官，雖偏據一方，而文物殊盛。綜覈史册，有足述者。惟既斷代爲書，僞朝不當混入。今於房喬載記、崔鴻春秋，皆未登録。俟别加撰纂，以爲賡續耳。

光緒三十三年丁未十月番禺汪兆鏞自敍

【校勘記】

〔一〕「見三國會要敍例」下，汪兆鏞微尚齋雜文本有「高密鄭文焯撰國朝未刊書目云，錢稿『在蕭山湯氏，散落不可緒正』」。

〔二〕「始於唐蘇冕」下，汪兆鏞微尚齋雜文本有「嘗次高宗至德宗九朝之事爲會要」。

〔三〕「亦不可廢」下，汪兆鏞微尚齋雜文本有「墜字孤文，有裨考索。雖晉設碑禁，而散見於酈注、趙録、薛識、陶鈔，輿地紀勝所稱，寰宇訪碑所獲，石室題名，墓闕隧志，地不愛寶，新出土發見者，尚復不少，縱罕瓌寶，宜惜叢殘」。底本原有若干字，後刪去。

〔四〕瑣義概不録入　「瑣義」，底本原作「其書家評論紛紜」，汪兆鏞微尚齋雜文本同，後改作「瑣義」。

晉會要弟一

番禺　汪兆鏞　伯序　纂

帝系上

世系

司馬氏，其先出自帝高陽之子重黎，按：史記自序索隱云：「重司天而黎司地。」春秋左氏傳：「重是少昊之子，黎是顓頊之胤，二氏所出各別。」干寶云：「司馬氏，黎之後。」是也。正義亦引司馬彪序云：「南正黎後世爲司馬氏。」晉書倂稱重黎，誤矣。爲夏官祝融，歷唐、虞、夏、商，世序其職。及周，以夏官爲司馬，其後程伯休父，周宣王時，以世官克平徐方，錫以官族，因而爲氏。宣紀。惠襄之間，司馬氏去周適晉，晉中軍隨會奔秦，而司馬氏入少梁。自司馬氏去周適晉，分散或在衛，或在趙，或在秦。其在衛者，相中山。史記集解：徐廣曰：「名喜也。」在趙者，史記正義云：「何法盛晉書及晉譙國司馬無忌司馬氏系本皆云名凱。」以傳劒論顯，蒯聵其後也。正義：如淳云：

「刺客傳之蒯聵也。」在秦者，名錯，與張儀爭論，於是惠王使錯將伐蜀，遂拔，因而守之。「惠襄之間」至此，據史記自序。蒯聵生昭預，昭預生憲，憲生卬。「蒯聵」以下，據索隱引晉司馬無忌司馬氏系本。楚漢間，卬爲趙將，與諸侯伐秦。秦亡，立爲殷王，都河內。漢以其地爲郡，子孫遂家焉。自卬八世，生征西將軍鈞，字叔平。宣紀。鈞生豫章太守量，字公度。量生儁，字元異，博學好古，倜儻有大度。長八尺三寸，腰帶十圍，儀狀魁岸，與衆有異。鄉黨宗族咸景附焉。位至潁川太守。儁生防，字建公，質直公方，雖閒居宴處，威儀不忒。雅好漢書名臣列傳，所諷誦者數十萬言。少仕州郡，歷官洛陽令、京兆尹，以年老轉拜騎都尉。養志閭巷，闔門自守。諸子雖冠成人，不命曰進不敢進，不命曰坐不敢坐，不指有所問不敢言，父子之間肅如也。年七十一，建安二十四年終。有子八人，朗最長，次即晉宣皇帝也。魏志司馬朗傳注引司馬彪序傳。

宣皇帝諱懿，字仲達，河內温縣孝敬里人。魏嘉平元年爲丞相，三年策爲相國，封安平郡公。是年八月崩，葬於河陰，謚曰文貞，後改謚文宣。錢大昕考異云：按禮志，魏朝初謚宣帝爲文侯，景帝爲武侯，有司表不宜與二祖同，於是改謚宣文、忠武。然則初謚文，無「貞」字也。此云「文宣」，亦轉寫之誤。晉國初建，追尊曰宣王。武帝受禪，上尊號曰宣皇帝，陵曰高原，廟稱高祖。宣紀。

景皇帝諱師，字子元，宣帝長子也。宣帝薨，以撫軍大將軍輔政。正元元年登位相國，二年崩，謚曰忠武。晉國建，追尊曰景王。武帝受禪，上尊號曰景皇帝，陵曰峻平陵，廟稱世宗。景紀。

文皇帝諱昭，字子上，景帝之母弟也。景帝崩，進位大將軍，加侍中，都督中外諸軍、録尚書事，輔政。甘露元年，加大都督，進封高都公。三年，封爲晉公。固讓。景元四年乃申前命，以并州之太原、上黨、西河、樂平、新興、雁門，司州之河東、平陽、弘農，雍州之馮翊，凡十郡，方七百里，封爲晉公，進位相國，又加九錫。咸熙元年，進爵爲王。二年，命冕十有二旒，建天子旌旗，出警入蹕，乘金根車，駕六馬，備五時副車，置旄頭雲罕，樂舞八佾，設鐘虡宫懸。進王妃爲王后，世子爲太子，王女、王孫爵命之號皆如帝者之儀。晉國置御史大夫、侍中、常侍、尚書、中領軍、衛將軍官。是年八月崩，葬崇陽陵，謚曰文王。武帝受禪，追尊號曰文皇帝，廟稱太祖。文紀。

皇帝

武皇帝諱炎，字安世，世説言語篇注引晉世譜曰：世祖字安宇。文帝長子也。初，文帝以景帝既宣帝之嫡，早世無後，以帝弟攸爲嗣，特加愛異。自謂攝居相位，百年之後，大業宜歸攸。

每曰：「此景王之天下也，吾何與焉？」將議立世子，屬意於攸。何曾等固爭。咸熙二年五月，乃立帝爲晉王太子。八月，文帝崩，嗣相國、晉王位。是時，晉德既洽，四海宅心。武紀。十二月甲子，魏帝使持節侍中太保鄭沖、兼太尉司隸校尉李喜奉皇帝璽綬策書，禪位於晉。丙寅，武皇帝設壇場於南郊。禮志。百僚在位，及匈奴南單于四夷會者數萬人，柴燎告類於上帝曰：「皇帝臣炎敢用玄牡明告於皇皇后帝：魏帝稽協皇運，紹天明命以命炎。昔者唐堯，熙隆大道，禪位虞舜，舜又以禪禹，邁德垂訓，多歷年載。暨漢德既衰，太祖武皇帝撥亂濟時，扶翼劉氏，又用受命於漢。粤在魏室，仍世多故，幾於顛墜，實賴有晉匡拯之德，用獲保厥肆祀，弘濟於艱難，此則晉之有大造於魏也。誕惟四方，罔不祗順，廓清梁岷，包懷揚越，八紘同軌，祥瑞屢臻，天人協應，無思不服。肆予憲章三后，用集大命於兹。炎維德不嗣，辭不獲命。於是羣公卿士，百辟庶僚，黎獻陪隸，暨於百蠻君長，僉曰：『皇天鑒下，求人之瘼，既有成命，固非克讓所得距違。天序不可以無統，人神不可以曠主。』炎虔奉皇運，寅畏天威，敬簡元辰，升壇受禪，告類上帝，永答衆望。」禮畢，即洛陽宫幸太極前殿，詔曰：「昔朕皇祖宣王，聖哲欽明，誕應期運，熙帝之載，肇啓洪基。伯考景王，履道宣猷，緝熙諸夏。至於皇考文王，叡哲光遠，允協靈祇，應天順時，受兹明命。仁濟於宇宙，功格於上下。肆魏氏弘鑒於古訓，儀刑於唐虞，疇咨羣后，爰輯大命於朕躬。予一人畏天之命，用不敢違。惟朕寡德，負荷洪烈，托於王公之上，以君臨四海，惴惴惟懼，罔知所濟。惟爾股肱爪牙之佐，文武不貳之臣，乃祖乃父，實左右我先王，光隆我大業。思與萬國，共享休祚。」於是改元泰始。

太熙元年四月己酉，帝崩於含章殿。通鑑八十二胡三省注：「易坤之六三曰：『含章可貞。』坤以含弘爲德，后道也，含章殿必在皇后宫中。春秋書『公薨於小寢』，即安也。」時年五十五，葬峻陽陵，廟號世祖。帝宇量弘厚，造次必於仁恕，容納讜正，未嘗失色於人，明達善謀，能斷大事，故得撫寧萬國，綏静四方。承魏氏奢侈刻弊之後，乃勵以恭儉，法度有恒。平吴之後，天下乂安，遂怠於政術，耽於遊宴，寵愛后黨，親貴當權，舊臣不得專任，彝章紊棄，請謁行矣。爰至末年，知惠帝弗克負荷，然恃皇孫聰睿，故無廢立之心。復慮非賈后所生，終致危敗，遂與腹心共圖後事。説者紛然，久而未定，竟用王佑之謀，遣太子母弟秦王柬都督關中，楚王瑋、淮南王允並鎮守要害，以强帝室。又恐楊氏之偪，復以佑爲北軍中候，以典禁兵。既而寢疾彌留，至於大漸，佐命元勳，皆已先没，羣臣惶惑，計無所從。會帝少差，有詔以汝南王亮輔政，又欲令朝士之有名望年少者數人佐之，楊駿祕而不宣。帝復尋至迷亂，楊后輒爲詔以駿輔政。帝尋小間，問汝南王來未，意欲見之，有所付托。左右答言未至，帝遂困篤。中朝之亂，實始於斯矣。武紀。○泰始十年、咸寧五年、太康十年、太熙一年，在位二十六年。

孝惠皇帝諱衷，字正度，武帝第二子也。泰始三年，立爲皇太子，時年九歲。太熙元年四月己酉，武帝崩。是日，皇太子即皇帝，改元爲永熙。通鑑八十二：「元康初，賈后專朝，委任親黨，以張華庶姓，無逼上之嫌，而儒雅有籌略，爲衆望所依，欲委以朝政。疑未決，以問裴頠，頠贊成之。乃以華爲侍中、中書監，頠爲侍中，又以安南將軍裴楷爲中書令，並管機要。華等同心輔政，彌縫遺闕。后雖凶險，猶知敬重華，故數年之間，雖闇主在上，而朝野安静，華等之功也。」

永寧元年正月，趙王倫篡帝位，遷帝於金墉城，改金墉城曰永昌宫。

三月〔一〕，齊王冏起兵討倫，傳檄州郡。成都王穎、河間王顒、常山王乂皆舉兵以應之。

四月，勒兵入宫，逐倫，即日乘輿反正。

永興元年七月，東海王越等奉帝討成都王穎，穎遣其將石超拒戰。六軍敗績於蕩陰。矢及乘輿，百官分散，侍中嵇紹死之。帝傷頰，中三矢，亡六璽。帝遂幸超軍，餒甚，超進水，左右奉秋桃。超遣弟熙奉帝之鄴，河間王顒遣將張方攻鄴。帝單車走洛陽，服御分散，倉卒上下無齎，侍中黄門被囊中齎私錢三千，詔貸用。所在買飯以供，宫人於道中止食客舍。宫人有持升餘粇米飯及燥蒜鹽豉以進帝，御中黄門布被。次獲嘉，市粗米飯，盛以瓦盆，帝噉兩盂。有父老獻蒸雞，帝受之。至温，將謁陵，帝喪屨，納從者之履，下拜流涕，左右皆歔欷。及濟河，張方帥騎三千，以陽燧青蓋車奉迎，因劫帝幸長安。東海王越遣其將祁宏等迎帝，顒遣北地太守刁默等拒戰，大敗，顛走。宏等奉帝還洛陽，帝乘牛車，行宮藉草，公卿跋涉。六月，至自長安，升舊殿，哀感流涕。改元光熙。十一月庚午，帝崩於顯陽殿，時年四十八，葬太陽陵。帝之爲太子也，朝廷咸知不堪政事，武帝亦疑焉。嘗悉召東宮官屬，使以尚書事令太子決之，帝不能對。賈妃遣左右代對，多引古義。給事張泓曰：「太子不學，陛下所知。今宜以事斷，不可引書。」妃從之。泓乃具草，令帝書之。武帝覽而大悅，太子遂安。及居大位，政出羣下，綱紀大壞，貨賂公行，勢位之家，以貴陵物，忠賢路絶，讒邪得志，更相薦舉，天下謂之互市焉。高平王沈作釋時論，南陽魯褒作錢神論，廬江杜嵩作任子春秋，皆疾時之作也。帝又嘗在華林園，聞蝦蟆聲，謂左右曰：「此鳴者爲官乎，爲私乎？」或對曰：「在官地爲官，在私地爲私。」及天下荒亂，百姓餓死，帝曰：「何不食肉糜？」其蒙蔽皆此類也。惠紀。○永熙一年、永平一年、元康九年、永康一年、永寧一年、太安二年、永興二年，在位十七年。

孝懷皇帝諱熾，字豐度，武帝第二十五子也。太熙元年，封豫章郡王。屬惠帝之時，宗室構禍，帝沖素自守，門絶賓游，不交世事，專玩史籍，有譽於時。永興元年十二月，立爲皇太弟，以清河王覃本太子也，懼不敢當。典書令廬陵修肅勸，乃從之。光熙元年十一月庚午，孝惠帝崩，羊皇后以於太弟爲嫂，不得爲太后，催清河王覃入。已至尚書閣，侍中華混等急召太弟。癸酉，即皇帝位。明年正月朔，改元永嘉。

四年，劉聰從弟曜及其將石勒兵逼京師，東海王越羽檄徵天下兵，莫有至者。十一月，東海王越帥衆出許昌，以行臺自隨，宮省無復守備。會大饑，殿内死人交横，府寺營署並掘塹自守，盜賊公行，枹鼓之音不絶。東海王越之出也，使河南尹潘滔居守。

五年，帝密詔大將軍苟晞討東海王越。苟晞表遷都倉垣，帝將從之，諸大臣畏滔，不敢奉詔，且宮中及黄門戀資財，不欲出。至是饑甚，人相食，百官流亡者十八九。帝召羣臣會議，將行而警衛不備。帝撫手歎曰：「如何曾無車輿！」乃使司徒傅祗出詣河陰，修理舟楫，爲水行之備。朝士數十人導從。帝步出西掖門，至銅駝街，爲盜所掠，不得進而還。六月，劉曜、王彌入京師。帝開華林園，出河陰藕池，欲幸長安，爲曜等所追及。曜等遂焚燒宮廟，逼辱妃后，百官士庶死者三萬餘人。帝蒙塵於平陽。劉聰大會，使帝著青衣行酒。侍中庾珉號哭，聰惡之。丁未，帝遇弑，崩於平陽，時年三十。帝爲皇太弟時，恂恂謙損，接引朝士，講論書籍。及即位，始遵舊制，臨太極殿，使尚書郎讀時令，又於東堂聽政。至於宴會，輒與羣臣論衆務〔二〕，考經籍。黄門侍郎傅宣歎曰：「今日復見武帝之世矣！」秘書監苟崧又常謂人曰：「懷帝天資清劭，少著英猷，若遭承平，足爲守文佳主。而繼惠帝擾亂之後，東海專政，無幽厲之釁，而有流亡之禍。」懷紀。○在位六年〔三〕。

孝愍皇帝諱鄴，字彦旗，武帝孫，吴孝王晏之子也。出繼後伯父秦獻王柬，襲封秦王。永嘉二年，拜散騎常侍、撫軍將軍。及洛陽傾覆，避難於滎陽密縣，豫州刺史閻鼎等同謀奉帝歸於長安。六年九月，奉爲皇太子，登壇告類，建宗廟社稷。

建興元年四月，奉懷帝崩問，舉哀成禮，即皇帝位。以鎮東大將軍琅琊王睿爲侍中、左丞相、大都督陝東諸軍事，大司馬南陽王保爲右丞相、大都督陝西諸軍事。又詔二王曰：「夫陽九百六之厄，雖在盛世，猶或遘之。朕以幼沖，纂承洪緒，庶憑祖宗之靈，羣公義士之方，蕩滅凶寇，拯拔幽宫，瞻望未達，肝心分裂。昔周召分陝，姬氏以隆；平王東遷，晉鄭爲輔。今左右丞相茂德齊聖，國之昵屬，當恃二公，掃除鯨鯢，奉迎梓宫，克復中興。令幽并兩州勒卒三十萬，直造平陽。右丞相宜帥秦、涼、梁、雍武旅三十萬，徑詣長安。左丞相帥所領精兵二十萬，徑造洛陽。分遣前鋒，爲幽并後駐。赴同大限，克成元勳。」

四年，劉曜進至涇陽，渭北諸城悉潰。八月，劉曜逼京師，内外斷絶，鎮西將軍焦嵩、平東將軍宋哲、始平太守竺恢同赴國難。雍州刺史麴允與公卿守長安小城以自固。十月，京師饑甚，人相食，死者大半。帝泣謂允曰：「今窘厄如此，外無救援，死於社稷，是朕事也。朕念將士暴離斯酷〔四〕，今欲乘城未陷爲羞死之事，庶令黎元免屠爛之苦。行矣遺書，朕意決矣。」十一月乙未，使侍中宋敞送牋於曜。帝乘羊車，肉袒銜璧，輿櫬出降。羣臣號泣攀車，執帝之手，帝亦悲不自勝。帝遂蒙塵於平陽。聰臨殿，帝稽首於前，麴允伏地慟哭，因自殺。五年十月，劉聰出獵，令帝行車騎將軍，戎服執戟爲導。百姓聚而觀之，故老欷歔流涕，聰聞而惡之。聰後因大會，使帝行酒洗爵，反而更衣，又使帝執蓋。晉臣在坐者多失聲而泣。十二月戊戌，帝遇弒，崩於平陽，時年十八。帝之繼皇統也，屬永嘉之亂，天下崩離，諸侯無釋位之志，征鎮闕勤王之衆〔五〕，故君臣窘迫，以至殺辱云。愍紀。○在位五年。

元皇帝諱睿，字景文，宣帝曾孫，琅琊恭王覲之子也，咸寧二年生。年十五，嗣位琅琊王。幼有令聞。惠皇之際，王室多故，帝每恭儉退讓，以免於禍。沈敏有度量，不顯灼然之迹。元康二年，拜員外散騎常侍。累遷左將軍，從討成都王穎。蕩陰之敗也，叔父東安王繇爲穎所害。帝懼禍及，出奔。至洛陽，迎太妃俱歸國。東海王越之收兵下邳也，假帝輔國將軍。俄遷安東將軍、都督揚州諸軍事。越西迎駕，留帝居守。永嘉初，用王導計，始鎮建鄴。及懷帝蒙塵，司空荀藩等移檄天下，推帝爲盟主。愍帝即位，加左丞相，進位丞相、大都督中外諸軍事。遣諸將分定江東，平杜弢於湘州。躬擐甲冑，徵天下兵，剋日進討。平東將軍宋哲至，宣愍帝詔，使攝萬機。羣僚參佐等上尊號，帝不許。固請，帝慨然流涕曰：「孤，罪人也，惟有蹈節死義，以雪天下之恥，庶贖鈇鉞之誅。吾本琅琊王，諸賢見逼不已！」乃呼私奴命駕，將反國。羣臣乃不敢逼，請依魏晉故事爲晉王，許之。即王位，改元建武。六月，司空、并州刺史、廣武侯劉琨等一百八十人上書勸進，帝優令答之。明年三月，愍帝崩問至，帝斬縗居廬。百寮上尊號，即皇帝位，遂登壇南嶽，受終文祖，焚柴頒瑞，告類上帝，改元太興。

永昌元年閏十一月己丑，帝崩於内殿，時年四十七，葬建平陵，廟號中宗。帝性簡儉沖素，容納直言，虚己待物。然晉室遘紛，皇輿播越，元戎屢動，不出江畿，經略區區，僅全吴楚。終於下陵上辱，憂憤告謝。恭儉之德雖充，雄武之量未足矣。元紀。○建武一年、太興四年、永昌一年，在位六年。

明皇帝諱紹，字道畿，元皇帝長子也。少聰哲，爲元帝所異。建興初，拜東中郎將。元帝即位，立爲皇太子。性至孝，有文武才略，欽賢愛客，雅好文辭。當時名臣，自王導、庾亮、温嶠、阮放等，咸見親待。又習武藝，善撫將士。於時遠近屬心焉。永昌元年閏十一月己丑，元帝崩。庚寅，太子即皇帝位。明年改元太寧。

二年，王敦將舉兵反。帝密知之，乃乘巴滇駿馬微行，至于湖〔六〕，陰察敦營壘而出。又躬率六軍，出次南皇堂，遣諸將大破之，敦平。

三年八月壬午，帝不豫，召太宰、西陽王羕，司徒王導，尚書令卞壼，車騎將軍郗鑒，護軍將軍庾亮，領軍將軍陸曄，丹陽尹温嶠並受遺詔，輔太子。戊子，帝崩於東堂，年二十七，葬武平陵，廟號肅祖。帝聰明有機斷，尤精物理。於時兵凶歲饑，死疫過半，虛弊既甚，事極艱虞。屬王敦挾震主之威，將移神器。帝崎嶇遵養，以弱制强，潛謀獨斷，廓清大祲。又改荆、湘等四州，以分上流之勢，撥亂反正，强本弱枝。雖享國日淺，而規模弘遠矣。明紀。○在位三年。

成帝諱衍，字世根，明帝長子也。太寧三年三月立爲皇太子。閏月戊子，明帝崩。己丑，太子即皇帝位。明年改元咸和。皇太后庾氏臨朝稱制，司徒王導、中書令庾亮參輔朝政。

二年，歷陽太守蘇峻反。

三年，六軍及峻戰於西陵，王師敗績。庾亮又敗於宣陽門内。司徒王導、右光禄大夫陸曄、荀崧等衛帝於太極殿，太常孔愉守宗廟。賊乘勝麾戈接於御座。是時，太官惟有燒餘米數石，以供御膳。百姓號泣，響震都邑。峻逼帝遷於石頭，帝哀泣升車，宫中慟哭。

四年正月，賊將匡術以苑城歸順，百官赴焉。時兵火之後，宫闕灰燼，以建平園爲宫。

咸康八年六月庚寅〔七〕，帝不豫，引武陵王晞、會稽王昱、中書監庾冰、中書令何充、尚書令諸葛恢並受顧命。癸巳，帝崩於西堂，時年二十二，葬興平陵，廟號顯宗。帝少而聰敏，有成人之量。然少爲舅氏諸庾所制，不親庶政。及長，頗留心萬機，務在簡約，常欲於後園作射堂，以勞費乃止。雄武之度，雖有愧於前王；恭儉之德，足追蹤於往烈矣。成紀。○咸和九年、咸康八年，在位十七年。

時王導輔政，主幼時艱，務存大綱，不拘細目，委任趙胤、賈寧等諸將，並不奉法，大臣患之。陶侃嘗欲起兵廢導，而郗鑒不從。亮又欲率衆黜導，諮鑒，而鑒又不許。亮與鑒牋曰：「主上自八九歲以及成人，入則在宫人之手，出則惟武官小人，讀書無從受音訓，顧問未嘗遇君子。侍臣雖非俊士，皆時之良也，知古今顧問，豈與殿中將軍、司馬督同年而語哉！不云當高選侍臣，而云高選將軍、司馬督，豈合賈生願人主之美，翼以成德之意乎！秦政欲愚黔首，天下猶知不可，況乃欲愚其主哉！主之少也，不登進賢哲以輔導聖躬；春秋既盛，宜復子明辟，不稽首歸政。挾震主之威以臨制百官，百官莫之敢忤。趙賈之徒有無君之心，是而可忍，孰不可忍！」鑒又不許，其事得息。庾亮傳。

康皇帝諱岳，字世同，成帝母弟也。咸和元年封吴王〔八〕，二年徙封琅琊王。九年，拜散騎常侍，加驃騎將軍。咸康五年，遷侍中、司徒。八年六月，成帝不豫，詔以琅琊王爲嗣。癸巳，成帝崩。甲午，帝即位。明年，改元建元。

二年九月戊戌，帝崩於式乾殿。時年二十三，葬崇平陵。初，成帝有疾，中書令庾冰自以舅氏當朝，權侔人主，恐異世之後，戚屬將疏，乃言國有彊敵，宜立長君，遂以帝爲嗣。康紀。○在位二年。

穆皇帝諱聃，字彭子，康帝子也。建元二年九月丙申，立爲皇太子。戊戌，康帝崩。己亥，太子即皇帝位，時年二歲。皇太后臨朝攝政。明年，改元永和。皇太后設白紗帷於太極殿，抱帝臨軒。以左光禄大夫蔡謨領司徒，録尚書六條事，與撫軍大將軍會稽王昱並輔政。升平元年正月，帝加元服，始親萬機。皇太后居崇德宫。司徒會稽王昱稽首歸政，帝不許。

五年五月丁巳，帝崩於顯陽殿，時年十九，葬永平陵，廟號孝宗。穆紀。○永和十二年，升平五年，在位十七年。

哀帝諱丕，字千齡，成帝長子也。咸康八年，封琅琊王。永和元年拜散騎常侍，十二年加中軍將軍，升平三年除驃騎將軍〔九〕。五年五月丁巳，穆帝崩。皇太后令曰：「帝奄不救疾，胤嗣未建。琅琊王丕，中興正統，明德懋親。昔在咸康，屬當儲貳。以年在幼沖，未堪國難，故顯宗高讓。今義望情地，莫與爲比，其以王奉大統。」於是百官備法駕，迎於瑯琊第。庚申，即皇帝位。詔曰：「顯宗成皇帝顧命，以時事多艱，弘高世之風，樹德傳重，以隆社稷。而國故未已，康穆早世，允祚不融。朕以寡德，復承先緒，感惟永慕，悲痛兼摧。夫昭穆之義，固宜本之天屬。繼體承基，古今常道。宜上嗣顯宗，以修本統。」明年，改元隆和。

興寧二年三月，帝不豫。帝雅好黄老，斷穀，餌長生藥。服食過多，遂中毒，不識萬機，崇德太后復臨朝攝政。

三年二月丙申，帝崩於西堂，時年二十五。葬安平陵。哀紀。○隆和一年，興寧三年，在位四年。

穆帝崩，哀帝立。帝於穆帝爲從父昆弟。穆帝舅褚歆有表，中書令荅表朝廷無其儀，詔下議。尚書僕射江虨等議：「『兄弟不相爲後』雖是舊説，而經無明據，此語不得施於王者。王者雖兄弟，既爲君臣，則同父子。故魯閔、僖，兄弟也。魯躋僖公，春秋所譏。左傳曰：『子雖齊聖，不先父食。閔公弟而同於父，僖公兄而齊於子。既明尊尊之道，不得復敍親親之本也。』公羊傳曰：『逆祀者何？先禰而後祖。』穀梁傳曰：『先親後祖，逆祀也。君子不以親親害尊尊。』兄弟由君臣而相後，三傳之明義如此，則承繼有敍，而上下洽通，於義爲允。應繼大行皇帝。」儀曹郎王琨議：「今上之於大行皇帝，屬則兄弟，凡奠祭之文，皆稱哀嗣。斯蓋所以仰參昭穆，自同繼統，不以私廢義，以所後爲正。今皇太后德訓弘著，率母儀於内，主上既纂承大統，亦何得不遵於禮？」尚書謝奉議：「太常位次，自以君道相承，至於昭穆之統，禮『兄弟不相爲後』，明義也。今應上繼康帝。」揚州刺史藍田侯王述議：「成皇帝深達帝道，不私親愛，越授天倫，廟無毁遷，統業桓固。康皇帝既受命於成帝，宗廟社稷之重，已移於所授，主上宜爲康帝嗣。」謝奉又議：「五帝之道，以天下爲公，逮於殷周，則繼代承業，雖百王迭建，而典謨不易，所以鎮繫人心，閑邪息亂。今大晉宗祀配天，成皇帝以皇嗣幼沖，深惟社稷，遷於康皇，軌同唐虞，高義大著。而天祚不永，遠嗣本位。考之先典，求之人情，咸謂主上應繼成帝。」太常臣夷等議：「夫大道之行，天下爲公。成皇帝捨允嫡之愛，而義重天倫，道崇先代。康皇帝祇承明命，正統既移，至尊應繼康帝嗣。」詔從述等議，上繼顯宗。禮志，並參用通典八十。○按：禮志、通典並稱詔從述等議，而禮志有「上繼顯宗」一語，與哀紀所載詔書相符，則非從述議，蓋從謝奉議也。疑「述」是「奉」之訛。

廢帝諱奕，字延齡，哀帝之母弟也。咸康八年封東海王，永和八年拜散騎常侍，升平四年

拜車騎將軍。五年，改封琅琊王。隆和初，轉侍中、驃騎將軍。興寧三年二月丙申，哀帝崩，

無嗣。丁酉，皇太后詔曰：「帝遂不救厥疾，艱禍仍臻，遺緒泯然，哀慟切心。琅琊王奕，明德

茂親，屬當儲嗣，宜奉祖宗，纂承大統。便速正大禮，以寧人神。」於是百官奉迎於琅琊第。

是日，即皇帝位。明年改元太和。

六年，桓溫圖廢立，誣帝在藩夙有痿疾，嬖人相龍、計好、朱靈寶等參侍內寢，而二美人田

氏、孟氏生三男，長欲封樹，時人惑之，溫因諷太后以伊霍之舉。十一月己酉，集百官於朝堂，

宣崇德太后令。桓溫使散騎侍郎劉享收帝璽綬[10]。帝著白袷單衣，步下西堂，乘犢車出神

虎門[11]。羣臣拜辭，莫不歔欷。侍御史、殿中監將兵百人衛送東海第。咸安二年，降封海

西郡公。　太元十一年十月，薨於吳，時年四十五。海西紀　○在位六年。

桓溫將廢海西公，百僚震慄。溫亦色動，莫知所爲。彪之既知溫不臣迹已著，理不

可奪。乃謂溫曰：「公阿衡皇家，便當倚傍先代。」命取霍光傳。禮度儀制，定於須臾，

曾無懼容。溫歎曰：「作元凱不當如是耶！」時廢立之儀既絕於曠代，朝臣莫有識其故

典者。彪之神采毅然，朝服當階，文武儀準莫不取定，朝廷以此服之。王彪之傳　○通鑑

霍光傳　上有漢書二字。胡三省曰：「晉朝以此服王彪之，余甚恨彪之得此名於

晉朝也。彪之父彬不畏死以折王敦，此爲可服耳。」通鑑一百三注。

簡文皇帝諱昱，字道萬，元帝之少子也。幼而岐嶷，及長，清虚寡欲，尤善玄言。永昌元年〔一二〕，帝封琅邪王，食會稽、宣城如舊。尋徙封會稽王，拜散騎常侍。咸康六年，進撫軍將軍。永和元年，崇德太后臨朝，進位撫軍大將軍，録尚書事。二年，詔帝專總萬機。八年，進位司徒。穆帝始冠，帝稽首歸政，不許。太和元年，進位丞相。及廢帝廢，皇太后詔曰：「丞相、録尚書事、會稽王體自中宗，明德劭令，英秀玄虚，神棲事外。以具瞻允塞，故阿衡三世。道化宣流，人望攸歸，爲日已久。宜從天人之心，以統皇極。主者明依舊典，以時施行。」於是大司馬桓温率百官進太極前殿，具乘輿法駕，迎帝於會稽邸，於朝堂變服，著平巾幘單衣，東向拜受璽綬。十一月己酉，即皇帝位。改元咸安。

二年七月己未〔一三〕，帝崩於東堂，時年五十二。葬高平陵，廟號太宗。帝雖神識和暢，而無濟世大略，故謝安稱爲惠帝之流，清談差勝耳。簡文紀。○在位二年。

孝武皇帝諱曜，字昌明，簡文帝第三子也。咸安二年七月乙未，立爲皇太子。是日，簡文帝崩，太子即皇帝位。明年改元寧康。

八月壬子，崇德太后臨朝攝政。

太元元年正月壬寅，帝加元服，皇太后歸政。丙午，帝始臨朝。二十一年九月庚申，帝崩於清暑殿，時年三十五，葬隆平陵。帝幼聰悟，謝安嘗歎以爲精理不減先帝。威權己出，雅有人主之量。既而溺於酒色，殆爲長夜之飲。醒日既少，而傍無正人，竟不能改焉。而晉祚遂自此傾矣。孝武紀。○按：史通序例篇云：皇朝晉書序例：「凡天子廟號，惟書於卷末。」依檢孝武崩後，竟不言廟曰烈宗。○寧康三年，太元二十一年，在位二十四年。

孝武帝太元以後，不親萬機，但與司徒會稽王道子酣歌爲務，姏姆尼僧，尤爲親暱，並竊弄其權。凡所幸接，皆出自小豎，郡守、長史，多爲道子所樹立。官以賄遷，政刑謬亂，崇信浮屠之學，用度奢侈，下不堪命。道子蓋專恣恃寵，乘酒時失禮敬，帝不能平。中書郎徐邈以國之至親，惟道子而已，宜在敦睦，從容言於帝曰：「昔漢文明主，猶悔淮南；世祖聰達，負愧齊王。兄弟之際，實宜深慎。」帝納之，復委任道子如初。簡文三王傳。

安皇帝諱德宗，字德宗，孝武帝長子也。太元十二年，立爲皇太子。二十一年九月庚申，孝武帝崩。辛酉，太子即皇帝位，以司徒、會稽王道子爲太傅，攝政。明年正月，帝加元服，改元隆安。太傅、會稽王道子稽首歸政。

二年，廣州刺史桓玄等舉兵反。

元興二年十一月，桓玄遷帝於永安宫。十二月，玄篡位。帝蒙塵於尋陽。

三年，建武將軍劉裕舉義兵。五月，斬桓玄於貊盤洲，乘輿反正於江陵。

義熙元年，備乘輿法駕迎帝至自江陵。

十四年十二月戊寅，帝崩於東堂，時年七十三，葬休平陵。帝不惠，自少及長，口不能言，雖寒暑之變無以辨也。凡所動止，皆非己出。故桓玄之篡，因此獲全。安紀。○隆安五年、元興三年、義熙十四年，在位二十二年。○王鳴盛云：安帝年三十七，誤作「七十三」。句下脱「謚安皇帝」四字。

恭帝諱德文，字德文，安帝母弟也。初封琅邪王，領司徒，録尚書六條事，進位太宰。桓玄篡位，與安帝俱居尋陽，隨至江陵。玄平，拜大司馬，領司徒，加殊禮。劉裕之北征也，帝上疏，請帥所莅，啓行戎路，修敬山陵。義熙十四年十二月戊寅，安帝崩，劉裕矯詔，以大司馬琅邪王君臨晉邦。是日，即帝位。明年，改元元熙。

二年，傅亮承裕密旨，諷帝禪位，草詔，請帝書之。帝欣然謂左右曰：「晉氏久已失之，今復何恨？」乃書赤紙爲詔。遂遜於琅邪第。劉裕以帝爲零陵王，居於秣陵，行晉正朔，車旗服色一如其舊，有其文而不備其禮。帝自是之後，深慮禍機。褚后常在帝側，飲食所資，皆出褚后，故宋人莫得伺其隙。宋永初二年九月，裕使后兄叔度請后，有間，兵人踰垣而入，弑帝於内房。時年三十六。謚恭皇帝，葬沖平陵。恭紀。○在位二年。○陶潛述酒詩「重離照南陸，鳴鳥聲相聞。秋草雖未黄，融風久已分〔一四〕。素礫皛修渚，南嶽無餘雲。豫章抗高門，重華固靈墳。流涕抱中歎，傾耳聽司晨」云云。曾文正國藩云：「湯文清公漢注述酒詩，定爲廋詞隱語以哀恭帝。蓋劉裕以毒酒一甖授張偉，使酖帝。繼又令兵人踰垣進藥，帝不肯飲，遂掩殺之。司馬氏出重黎之後，以離爲黎，故爲錯亂也。修渚指長江，即江左也，劉裕初封豫章王，重華謂恭帝禪宋，因恭帝之弑，故流淚長歎而達曙也。」

右晉十二世十五帝一百五十六年。

中朝四帝，都洛陽五十四年。

江左十一帝，都建康一百二年。

【校勘記】

〔一〕三月　「月」，底本誤作「年」，據晉書改。

〔二〕輒與羣臣論衆務　「臣」，晉書作「官」。

〔三〕在位六年　按，晉書以懷帝在位七年。會要自「劉聰大會」以下文字，晉書皆載在懷帝七年。

〔四〕朕念將士暴離斯酷　「朕」，晉書作「然」。

〔五〕征鎮闕勤王之衆　「衆」，晉書作「舉」。

〔六〕至于湖　「于」，底本原奪，據晉書補。

〔七〕庚寅　「寅」，底本誤作「申」，據晉書改。

〔八〕咸和元年封吴王　「元」，底本誤作「二」，據晉書改。

〔九〕升平三年除驃騎將軍　「三」，底本誤作「二」，據晉書改。

〔一〇〕桓温使散騎侍郎劉享收帝璽綬　「享」，底本誤作「亨」，據晉書改。

〔一一〕乘犢車出神虎門　「虎」，晉書作「獸」。

〔一二〕永昌元年　「年」，底本原奪，據晉書補。

〔一三〕二年七月己未　「己」，底本誤作「乙」，據晉書改。

〔一四〕融風久已分　「久」，底本誤作「火」，據陶淵明述酒詩改。

晉會要弟二

帝系下

皇太后皇后

宣穆張皇后諱春華，河内平皋人，葬洛陽高原陵。武帝受禪，追尊爲皇后。

景懷夏侯皇后諱徽，字媛容，沛國譙人。母曹氏，魏德陽鄉主。魏明帝世，宣帝居上將之重，諸子並有雄才大略。后知帝非魏之純臣，而后既魏氏之甥，帝深忌之，遂以鴆崩，葬峻平陵。武帝登阼，初未追崇，弘訓太后每以爲言，泰始二年始加號謚。

景獻羊皇后諱徽瑜，泰山南城人。武帝受禪，居弘訓宮，號弘訓太后。咸寧四年崩，祔葬峻平陵。

文明王皇后諱元姬，東海郯人。父肅，魏中領軍、蘭陵侯。后八歲，誦詩論，尤善喪服。武帝受禪，尊爲皇太后，宮曰崇化。泰始四年崩，年五十二，合葬崇陽陵。

武元楊皇后諱豔，字瓊芝，弘農華陰人。少聰慧，善書，嫻於女工。武帝即位，立爲皇后。泰始十年，崩於朝光殿〔一〕，年三十七，葬峻陽陵。

武悼楊皇后諱芷，字季蘭，小字男允，元后從妹。父駿。咸寧二年立爲皇后。武帝崩，惠帝尊爲皇太后。賈后凶悖，忌后父駿執權，遂誣駿爲亂，並宣言太后同逆。詔送太后於永寧宮，廢爲庶人。以太后母龐氏付廷尉行刑。太后抱持號叫，截髮稽顙，上表詣賈后稱妾，請全母命，不見省。初，太后尚有侍御十餘人，賈后奪之，絕膳而崩，時年三十四。永嘉元年，追復尊號，別立廟。成帝咸康七年，下詔使中外詳議。乃從虞潭議，配食武帝。

左貴嬪名芬。少好學，善綴文，名亞於兄思。泰始八年，拜修儀。後爲貴嬪。帝重芬詞藻，每有方物異寶，必詔爲賦頌。○胡貴嬪、諸葛夫人以無事實，未録。

惠賈皇后諱南風，平陽人也〔二〕，小名旹。父充。泰始八年二月，册拜太子妃。性酷虐。帝將廢之。楊珧爲之言曰：「陛下忘賈公閭耶？」荀勖亦深救之，故得不廢。惠帝即位，立爲皇后。謀廢太子。趙王倫等因衆怒，欲廢后。后懼，遂害太子，以絶衆望。趙王倫乃率兵入宫，使翊軍校尉齊王冏入殿廢后。后曰：「卿何爲來？」冏曰：「有詔收后。」后曰：「詔當從我出，何詔也？」后至上閤，遥呼帝曰：「陛下有婦，使人廢之，亦行自廢。」倫乃矯詔遣尚書劉弘等持節齎金屑酒賜后死。○惠羊后没於劉曜，屏置不録。

謝夫人名玖，清惠貞正，生愍懷太子。太子立，拜爲淑媛。賈后害太子，玖亦被害。永康初，詔改葬太子，因贈玖夫人印綬，葬顯平陵。

懷王皇太后諱媛姬，不知所出。初入武帝宫，拜中才人，早卒。懷帝即位，追尊曰皇太后。

元夏侯太妃名光姬，沛國譙人。生元帝。恭王薨，元帝嗣，稱王太妃。永嘉元年，薨於江左，葬瑯琊國。

元敬虞皇后諱孟母，濟陽外黄人。父豫。帝爲瑯琊王，立爲妃。永嘉六年薨。太興三年，册贈皇后璽綬，祔於太廟，葬建平陵。

豫章君荀氏，元帝宫人。生明帝。爲虞后所忌。自以位卑，每懷怨望，爲帝所譴。明帝即位，封建安君，別立第宅。太寧元年，迎還臺內，供奉隆厚。成帝立，尊重同於太后。咸康元年薨。贈豫章郡君，別立廟於京都。

明穆庾皇后諱文君，潁川鄢陵人。父琛。后性仁慈，元帝聘爲太子妃。明帝即位，立爲皇后。及成帝即位，尊曰皇太后。羣臣奏：天子幼沖，宜依漢和熹皇后故事。辭讓再四，不得已而臨朝攝萬機。后兄中書令亮管詔命，公卿奏事稱皇太后陛下。蘇峻作逆，京都傾覆，后見逼辱，遂以憂崩，年三十二。

成恭杜皇后諱陵陽，京兆人，鎮南將軍預之曾孫。咸康二年拜爲皇后，七年崩。年二十一。

章太妃周氏以選入成帝宮，生哀帝及海西公。始拜爲貴人。哀帝即位，詔有司議位號，太尉桓温議宜稱夫人，尚書僕射江虨議應曰太夫人，詔崇爲皇太妃，儀服與太后同。興寧元年薨。

康獻褚皇后諱蒜子，河南陽翟人。父裒。后聰明有器識，爲瑯琊王妃。康帝即位，立爲皇后。及穆帝即位，尊后曰皇太后。時帝幼沖，司徒蔡謨等上奏，請依漢和熹、順烈，近明穆故事，於是臨朝稱制。穆帝既冠，歸政，居崇德宫。哀帝、海西公之世〔三〕，太后復臨朝稱制。簡文帝即位，尊爲崇德太后。及帝崩，孝武帝幼沖，羣臣啓請太后復臨朝。帝既冠，歸政，復稱崇德太后。太元九年，崩於顯陽殿，年六十一，在位凡四十年。

穆章何皇后諱法倪，廬江灊人。父準。以名家膺選。升平元年册立爲皇后，無子。哀帝即位，稱穆皇后，居永安宫。桓玄篡位，與安帝俱西，至巴陵。及劉裕建義，殷仲文奉后還京都，下令曰：「戎車屢警，黎元阻飢。而饍御豐靡，豈與百姓同其儉約。減損供給〔四〕，勿令游過。」永興三年崩，年六十六。○周雲晉書校勘記云：「元興」誤作「永興」。永興，惠帝年號也。○兆鏞按：安帝紀「蒙塵至江陵」，此作「巴陵」，未知孰誤。

哀靖王皇后諱穆之，太原晉陽人。司徒左長史濛之女。哀帝即位，立爲皇后，無子。興寧二年崩。

廢帝孝庾皇后諱道憐，潁川鄢陵人。父冰。初爲東海王妃。及帝即位，立爲皇后。太和六年崩〔五〕，葬於敬平陵。帝廢爲海西公，追貶后曰海西公夫人。太元九年〔六〕，海西公薨於吴，又以后合葬於吴陵。

簡文宣鄭太后諱阿春，河南滎陽人。建武元年，元帝納爲夫人。生簡文帝。元帝稱尊號，后雖爲夫人，詔太子皆母事之〔七〕。元帝崩，后稱建平國夫人〔八〕。咸和元年薨。簡文帝即位，未及追尊。太元十九年，孝武帝下詔上尊號曰簡文太后。於是立廟於太廟路西，陵曰嘉平。

太元十九年，詔追崇鄭太后。尚書令王珣奏：下禮官詳正。太常臣胤等以春秋之義，母承子貴，故仲子、成風，咸稱夫人。經云「考仲子之宫」，明不配食也。且漢文、昭二太后並繫子號，宜遠準春秋考宫之義，近摹二漢不配之典，尊號既正，改築新廟。顯崇尊稱，則罔極之情申；别建寢廟，則嚴禰之道著。繫子爲稱，兼明貴之所由，一舉而三義以允。可如胤等議，追尊會稽太妃爲簡文皇太后也。通典七十二。

簡文順王皇后諱簡姬，太原晉陽人。初爲會稽王妃，生子道生，爲世子。永和四年，母子並失帝意，俱被幽廢，后遂以憂薨。孝武帝即位，追尊曰順皇后，合葬高平陵。

孝武文李太后諱陵容，本出微賤。始簡文帝爲會稽王，有三子，俱夭。自道生廢黜，其後諸姬絶孕將十年。卜者筮之，曰：「後房有一女，當育二貴男。」令善相者召諸愛妾而示之，皆云非其人。時后爲宫人，在織坊中，形長而色黑，宫人皆謂之崐崘。相者驚云〔九〕：「此其人也。」帝召侍。生孝武及會稽文孝王。孝武帝初即位，尊爲淑妃。太元十二年，加爲皇太妃，儀服一同太后。十九年，會稽王道子啓，母當以子貴。八月，帝臨軒，遣兼太保劉耽尊爲皇太后，稱崇訓宫。安帝即位，尊爲太皇太后。隆安四年，崩於含章殿，葬修平陵。

孝武崇進所生母李氏爲皇太妃，徐邈與范甯書，訪其事。甯答謂：「子不得以爵命母。妃是太子婦號，寧可以稱母也？」邈重與甯書曰：「禮，天子之妃曰后。關雎稱后妃之德，妃后之名，可謂大同，若必欲章服同於后，而名號異於妃，可因夫人之稱，而加皇太。足下嫌太子妻稱妃，然古無此稱。今有皇太之别，爲例論耶？」甯又答：「宜稱皇太夫人，下皇后一等。」邈又答：「母以子貴，穀梁亦有其義。今體同至極，故上比稱皇。屈於郊廟，故遠避伉儷，不曰后而曰妃。因名求實，定太妃之稱，良有由矣。不得以夫人爲言。」通典七十二。

孝武定王皇后諱法慧，哀靖皇后之姪。父蘊。寧康三年，納爲皇后。后嗜酒驕妒，帝深患之。召蘊於東堂，具説后過狀，令加訓誡。蘊免冠謝焉。后於是少自改飾。太元五年崩，年二十一，葬隆平陵。

安德陳太后諱歸女，松滋潯陽人。父廣，以倡進，仕至平昌太守。后以美色能歌彈，入宮爲淑媛。生安、恭二帝。太元十五年薨，贈夫人。追崇曰皇太后，陵曰熙平。

安僖王皇后諱神愛，瑯琊臨沂人。父獻之。后以太元二十一年納爲太子妃。及安帝即位，立爲皇后。無子。義熙八年崩於徽音殿，年二十九，葬休平陵。

恭思褚皇后諱靈媛，河南陽翟人。元熙元年，立爲皇后。帝禪宋，降爲零陵王妃。宋元嘉十三年崩，年五十三，祔葬沖平陵。

皇太子皇太孫皇太弟

泰始三年正月，立皇子衷爲皇太子。武紀。

惠帝之爲太子也，朝臣咸謂純質，不能親政事。瓘每陳啓廢之，而未敢發。會宴陵雲臺，瓘托醉，跪帝牀前曰：「臣欲有所啓。」帝曰：「公所言何耶？」瓘欲言而止者三，因以手撫牀曰：「此座可惜！」帝意悟，乃謬曰：「公大醉耶？」瓘於此不復有言。衛瓘傳。

惠帝即位，立廣陵王遹爲皇太子。盛選德望以爲師傅。以中書監何劭爲太子太師，吏部尚書王戎爲太子太傅，衛將軍楊濟爲太子太保。惠紀。又以裴楷爲少師，張華爲少傅，和嶠爲少保。元康元年，出就東宮，詔曰：「遹尚幼蒙，今出東宮，惟當賴師傅羣賢之訓。其游處左右，宜得正人，使共周旋，能相長益。」於是使太保衛瓘息庭、司空泰息略、太子太傅楊濟息毖、太子少師裴楷息憲、太子少傅張華息禕、尚書令華廙息恒，與太子游處，以相輔導。愍懷太子傳。○通鑑八十二胡三省注：晉東宮六傅，惟此時具官。

謝夫人生愍懷太子，年三四歲，惠帝不知也。入朝，見愍懷與諸皇子共戲，執其手，帝曰：「是汝兒也。」謝夫人傳。

賈后素忌太子，因密敕黄門閹宦媚諛於太子曰：「殿下誠可及壯時極意所欲，何爲恒自拘束？」於是慢弛益彰。后又宣揚太子之短，布諸遠近，於時朝野咸知賈后有害太子意。愍懷太子傳。

太子頗闕朝覲，又奢費過度，太子洗馬江統上書諫之。〈江統傳。〉

賈后將廢太子，詐稱上不和，呼太子入朝。既至，后不見，置於別室，遣婢陳舞賜以酒棗，逼飲醉之。使黄門侍郎潘岳作書草，若禱神之文，令小婢承福以紙筆及書草使太子書之。文曰：「陛下宜自了；不自了，吾當入了之。中宮又宜速自了；不了，吾當手了之。并謝妃共要剋期而兩發，勿疑猶豫，致後患。茹毛飲血於三辰之下，皇天許當掃除患害，立道文爲王，蔣爲内主。願成，當三牲祠北君，大赦天下。要疏如律令。」太子醉迷不覺，遂依而寫之，其字半不成。既而補成之，后以呈帝。帝幸式乾殿，召公卿入，使黄門令董猛以太子書及青紙詔曰：「遹書如此，今賜死。」遍示諸公王，莫有言者，惟張華、裴頠證明太子。賈后使董猛矯以長廣公主辭白帝曰：「事宜速決，而羣臣各有不同。若有不從詔，宜以軍法從事。」議至日西不決。后懼事變，乃表免太子爲庶人，詔從之。以兵仗送太子及妃王氏，三皇孫於金墉城，尋又幽之於許昌宫之別坊。太子既廢非其罪，衆情憤怨。趙王倫用孫秀之謀，使反間，言殿中人欲廢賈后，迎太子。賈后聞之憂怖，使太醫令程據合巴豆杏仁丸，矯詔使黄門孫慮齎至許昌以害太子。太子不肯服，因如廁，慮以藥杵椎殺之。將以庶人禮葬之，賈后表賜以王禮。及賈庶人死，乃誅孫慮、程

三二

據等，册復太子。帝復立思子臺。愍懷太子傳。

太子廢，徙許昌，賈后諷有司不聽宫臣追送。統與宫臣冒禁至伊水，拜辭道左，悲泣流漣。都官從事悉收統等付河南、洛陽獄。江統傳。

王衍女爲愍懷太子妃。太子爲賈后所誣，衍懼禍，自表離婚。賈后既廢，有司奏衍曰：「太子被誣得罪，衍不能守死善道，即求離婚。志在苟免〔一〇〕，無忠蹇之操，宜加貶責，以勵臣節。可禁錮終身。」從之。王衍傳。

愍懷太子之廢也，纘輿棺詣闕，理太子之冤曰：「伏見赦文及牓下前太子遹手疏，以爲驚愕。自古以來，臣子悖逆，未有如此之甚也。幸賴天慈，全其首領。臣伏念遹生於聖父而至此者，由於長養深宫，沈淪富貴，受饒先帝，父母驕之。每見選師傅下至羣吏，率取膏粱擊鐘鼎食之家，希有寒門儒素如衛綰、周文、石奮、疏廣，洗馬、舍人亦無汲黯、鄭莊之比，遂使不見事父事君之道。臣按古典，太子居以士禮，與國人齒，以此明先王欲令知先賤然後乃貴。自頃東宫亦微太盛，所以致敗也。非但東宫，歷觀諸王師友文學，皆豪族力能得者，率非龔遂、王陽，能以道訓。友無亮直三益之節，官以文學爲名，實不讀書，但共鮮衣好馬，縱酒高會，嬉遊博弈，豈有切磋，能相長益！臣常恐公族陵遲〔一一〕，以此歎息。今適可以爲戒。恐其被斥，棄逐遠郊，始當悔過，無所復及。昔戾太子無狀，稱兵拒命，而壺關三老上書，有田千秋之言，猶曰：『子弄父兵，罪應笞耳！』漢武感悟之，築思子之臺。今適無狀，言語悖逆，受罪之日，不敢失道，猶爲輕於戾太子，尚可禁持，重選保傅。如司空張華，道德深遠，乃心忠誠，以爲之師。光禄大夫劉寔，寒苦自立，終始不衰，年同吕望，經籍不廢，以爲之保。尚書僕射裴頠，明允恭肅，體道居正，以爲之友。置游談文學，皆選寒門孤宦以學行自立者，及取服勤更事、涉履艱難、事君事親、名行素聞者，使與共處。使嚴御史監護其家，絶貴戚子弟、輕薄賓客。如此，左右前後，莫非正人。師傅文學，可令十日一講，使共論議於前。敕使但道古今孝子慈親，忠臣事君，及思愆改過之義，皆聞善道，庶幾可全。昔太甲有罪，放之三年，思庸克復，爲殷明王。又魏文帝懼於見廢，夙夜自祇，竟能自全。及至明帝，因母得罪，廢爲平原侯，爲置家臣庶子，師友文學，皆取正人，共相匡矯。兢兢慎罰，事父以孝，父歿，事母以謹，聞於天下，於今稱之。漢高祖數置酒於庭，欲廢太子，後四晧爲師，子房爲傅，竟復成就。前事不忘，後事之戒。孟軻有云『孤臣孽子，其操心也危，其慮患也深』，故多善功。李斯云：『慈母多敗子，嚴家無格虜。』由陛下驕適，使至於此，庶其受罪以來，足自思改。方今天下多虞，四夷未寧，將伺國隙。儲副大事，不宜空虛。宜爲大計，小復停留。先加嚴誨，依平原侯故事，若不悛改，棄之未晚也。臣素寒門，無力仕宦，不經東宫，情不私適。念昔楚國處女諫其王曰『有龍無尾』，言年四十，未有太子。臣嘗備近職，雖未得自近天日，情同閹寺，悾悾之誠，皆爲國計。臣老母見臣爲表，乃爲臣卜卦，云『書御即死』。妻子守臣，涕泣見止。獨以頻見拔擢，嘗爲近職，此恩難忘，何以報德？惟當陳誠，以死獻忠。輒具棺絮，伏須刑誅。」書御不省。閻纘傳。

愍懷三子虨、臧、尚，並與父於元康九年十二月同幽金墉。永康元年正月，虨薨。三月，愍懷被害。四月癸巳，廢賈后。五月己巳，詔立臧爲皇太孫，還妃王氏以母之。太子官屬即轉爲太孫官屬。趙王倫行太孫太傅。倫與太孫俱之東宮，太孫自西掖門出，車服侍從皆愍懷之舊也。到銅駝街，宮人哭，侍從者皆哽咽，路人抆淚焉。永寧元年，趙王倫篡位，廢皇太孫臧。及乘輿反正，五月，立尚爲皇太孫。太安元年三月，尚薨，謚曰沖太孫。愍懷太子附傳，並參惠紀。

皇太孫立，纘復上疏曰：「臣前上書訟太子之枉，不見省覽。恨臣精誠微薄，不能有感，竟使太子流離，没命許昌。向令陛下即納臣言，不致此禍。天贊聖意，三公獻謀，庶人賜死，罪人斯得，太子以明，臣恨其晚，無所復及。詔書慈悼，迎喪反葬，復其禮秩，誠伏見詔書建立太孫，斯誠陛下上順先典以安社稷，中慰慈悼冤魂之痛，下令萬國心有所繫。追惟庶人，所爲無狀，幾傾宗廟，賴相國、太宰至忠憤發，潛謀俱斷，奉贊聖意，以成神武。雖周誅二叔，漢掃諸呂，未足以喻。臣願陛下因此大更釐改，以爲永制。禮置太子，居以士禮，與國人齒，爲置官屬，皆如朋友，不爲純臣。既使上厭至望，以崇孝道，又令不相嚴憚，易相規正。昔漢武既信姦讒，危害太子，復用望氣之言，盡誅詔獄中囚。邴吉以皇孫在焉，閉門拒命，後遂擁護皇孫，督罰乳母，卒至成人，立爲孝宣皇帝。苟志於忠，無往不可。歷觀古人雖不避死，亦由世教寬以成節。吉雖拒詔書，事在於忠，故宥而不責。自晉興以來，用法太嚴，遲速之間，輒加誅斬。一身伏法，猶可彊爲，今世之誅，動輒滅門，誰敢復爲殺身成義者哉？向使晉法得容爲義，東宫之臣得如漢之周昌相趙，呂后三召其王而昌不遣，固護太子又得如邴吉，拒詔不坐，伏死諫争，則聖意必解，姦凶毒藥無緣得設，太子不夭也。臣每責東宫臣故無侍從者，後聞頗有於道路望車拜辭，而有司收付洛陽獄，奏科其罪。臣故莫從，良有以也。又本置三率，盛其兵馬，所以宿衛防虞。而使者卒至，莫有警嚴覆請審者，此由恐畏滅族。今皇孫沖幼，去事多故。若有不虞，彊臣專制，姦邪矯詐，雖有相國保訓東宫，擁佑副衆望，不意伊、霍之變復生於今日〔一二〕！可使玉體安全，宜開來防，可著於令：自今已後，諸有廢興倉卒，羣臣皆之恩同於邴吉，得輒嚴，須録詣殿前，面受口詔，然後爲信，則永固儲副，以安後嗣之遠慮也。來事難知，往事可改。臣前每見詹事裴權用心懇惻，舍人秦戢數上疏啓諫，及司隸所奏，諸敢拜辭於道路者，皆宜明詔稱揚，以勸爲善，以奬將來也。」纘又陳：「今相國雖已保傅東宫，保其安危。至於旦夕訓誨，輔導出入，動静劬勞，宜選寒苦之士，忠貞清正，老而不衰，如城門校尉梁柳、白衣南安朱沖比者，以爲師傅。其侍臣以下文武將吏，且勿復取盛戚豪門子弟，若吴太妃家屬及賈、郭之黨。如此之輩，生而富溢，無念修己，率多輕薄浮華，相驅放縱，皆非所補益於吾少主者也。皆可擇寒門篤行、學問素士、更履險易、節義足稱者，以備羣臣，可輕其禮儀，使與古同，於相切磋爲益。昔魏文帝之在東宫，徐幹、劉楨爲友，文學相接之道並如氣類。吴太子登，顧譚爲友，諸葛恪爲賓，卧同牀帳，行則參乘，交如布衣，相呼以字，此則近代之明比也。天子之子不患不富貴，不患人不敬畏，患於驕盈，不聞其過，不知稼穡之艱難耳。至於甚者，乃不知名六畜，可不勉哉！昔周公親撻伯禽，曹參笞窋二百，聖考慈父皆不傷恩。今不忍小相維持，令至闕失頓相罪責，不亦誤哉！禮，太子朝夕視膳，昏定晨省，跪問安否，於情得盡。五日一朝，於敬既簡，於恩亦疏，易致構間。故曰『一朝不朝，其間容刀』。五日之制，起漢高祖，身爲天子，父爲庶人，萬機事多，故闕私敬耳。今主上臨朝，太子無事，專主孝養，宜改此俗。文王世子篇曰：『王季一飯亦一飯，再飯亦再飯。』安有逸豫五日一覲哉！」纘又陳：「迎太子神柩，太孫幼沖，不可涉道。謂可遣妃奉迎，令其父衍隨行衛護。皇太子初見誣陷時，臣以家門無祐，三世假親，具嘗辛苦，以家觀國，固知太子有變。臣故求副監國，欲依邴吉故事，距違來使，供養擁護，身親醫藥，冀足救危。主者以臣名資輕淺，不肯見與。世人見笑，謂爲此職進退難居，有必死憂。臣獨以爲苟全儲君，賈氏所誅，甘心所願。孔子曰：『可以托六尺之孤，臨大節而不可奪。』是以聖王慎選。故河南尹向雄，昔能犯難葬故將鍾會，文帝嘉之，始拔顯用，至於先帝，以爲右率。如閒之事，若得向雄之比，則豈可觸哉！東宮誠宜妙選忠直亮正，如向雄比。陛下千秋萬歲後，太孫幼沖，選置兵衛，宜得柱石之士如周昌者。世俗淺薄，士無廉節。賈謐小兒，恃寵恣睢。而淺中弱植之徒，更相翕習，世號魯公二十四友，如潘岳、繆徵等[一三]，皆謐黨，共相沈浮，人士羞之，聞其晏然，莫不爲怪。岳、徵二十四人，宜皆齊黜，以肅風教。」趙王倫死，既葬，纘以車轢其冢焉。閻纘傳。

○按：纘繼母不慈，誣纘，被清議十餘年。纘事母蓋謹。所謂「寒門無祐[一四]，三世假親，具嘗辛苦，以家觀國」，故言之肫切也。

太安元年五月，以清河王遐子覃爲皇太子，賜孤寡帛，大酺五日。

永興元年二月，帝逼於河間王顒，黜皇太子覃，復爲清河王。河間王顒表請立成都王穎爲皇太弟。

永安元年十二月，詔曰：「天禍晉邦，冢嗣莫繼。成都王穎自在儲貳，政績虧損，四海失望，不可承重。其以王還第。豫章王熾，先帝愛子，令聞日新，四海注意。今以爲皇太弟，以隆我晉邦。」均惠紀。

永嘉元年三月，立豫章王詮爲皇太子。懷紀。○太子詮太興三年遇害於平陽，見元紀。

永嘉六年九月，豫州刺史閻鼎等奉秦王鄴爲皇太子，居長安。愍紀。

太興元年三月，立王太子紹爲皇太子。元紀。敦忌太子神武明略，朝野之所欽信，欲誣以不孝而廢焉，大會百官而問温嶠曰：「皇太子以何德稱？」聲色俱厲。嶠對曰：「鈎深致遠，蓋非淺局所量。以禮觀之，可稱爲孝矣。」衆皆以爲信然，敦謀遂止。明紀。○世説方正門注引劉謙之晉紀曰：「敦欲廢明帝，言於衆曰：『太子子道有虧，温司馬昔在東宮悉其事。』嶠既正言，敦忿而愧焉。」

太寧三年三月，立皇子衍爲皇太子，大赦。增文武位二等。大酺三日。賜鰥寡孤獨帛，人二匹。明紀。

建元二年九月，立皇子聃爲皇太子。康紀。

咸安二年七月，立會稽王昌明爲皇太子。簡文紀。

太元十二年八月，立皇子德宗爲皇太子，大赦，增文武位二等。大酺五日。賜百官布帛各有差。孝武紀。

東宮雜事

東宮。職官志：「惠帝建東宮。」

世祖以皇太子富於春秋，初命講孝經於崇政殿。文選潘安仁爲賈謐贈陸機詩注引臧榮緒晉書。

東宮舊制，月請錢五十萬，備於衆用。愍懷太子傳：「太子恒探取二月，以供嬖寵。洗馬江統諫之。」

東宮舊事，月給油六升。御覽八百六十四〔一五〕。

皇太子有大漆枕，銀花鐶鈕自副。又有銅水羊一枚，管自副。初學記儲宮部引張敞晉東宮舊事。

○按：藝文類聚、北堂書鈔、白帖、太平御覽等書引東宮舊事如此者甚夥，瑣屑不録，衹録其一，粗見梗概耳。

皇子

宣帝九男：宣五王傳。

景帝、文帝、平原王榦，以上穆張皇后出。

汝南文成王亮、琅琊武王伷、清惠亭侯京、扶風武王駿，以上伏夫人出。

梁王肜。張夫人出。

趙王倫。柏夫人出。

景帝無子。武紀：文帝以景帝既宣帝之嫡，早世無後，以帝弟攸爲嗣。

文帝九男：文六王傳。

武帝、齊獻王攸、城陽哀王兆、遼東悼惠王定國、廣漢殤王廣德，以上文明王皇后出。

樂安平王鑒、燕王機、皇子永祚、樂平王延祚。以上不知母氏。

武帝二十六男：武十三王傳可考者十八王，餘八子不顯母氏，並早夭，又無封國。

毗陵悼王軌、惠帝、秦獻王柬，以上楊元皇后出。

城陽懷王景、楚隱王瑋、長沙厲王乂，以上審美人出。

城陽殤王憲，徐才人出。

東海沖王祗，匱才人出。

始平哀王裕，趙才人出。

代哀王演，趙美人出。

淮南忠壯王允、吴孝王晏，以上李夫人出。

新都懷王該，嚴保林出。

清河康王遐，陳美人出。

汝陰哀王謨，諸姬出。

成都王穎，程才人出。

孝懷帝，王才人出。

渤海殤王恢。楊悼后出。

惠帝一男：

愍懷太子。

元帝六男：元四王傳。

明帝、琅琊孝王裒，以上宫人荀氏出。

東海哀王沖，石婕妤出。

武陵威王晞，王才人出。

琅琊悼王焕、簡文帝。以上鄭夫人出。

簡文帝七男：簡文三子傳：俞生、朱生、天流並早夭。

會稽思世子道生、皇子俞生，以上王皇后出。

臨川獻王郁、皇子朱生，以上胡淑儀出。

皇子天流，王淑儀出。

孝武帝、會稽王道子。以上李夫人出。

孝武帝二男：后妃傳。

安帝、恭帝。並陳淑媛出。

公主

自晉之後，帝女依漢曰公主。帝之姑姊妹曰長公主，皆別置第舍府屬。初學記帝戚部。

宣帝女：

南陽公主。宣穆張皇后傳。○杜預傳：「尚文帝妹高陸公主。」「高陸」、「南陽」字形相近，疑即「南陽」之訛。

景帝女：

景懷夏侯皇后無男，生五女。后妃傳。

文帝女：

京兆公主，文明王皇后傳。

常山公主，適王濟。

長廣公主。適甄德。○並見文獻通考帝系門。○惠賈后傳：「使董猛矯以長廣公主辭白帝。」

武帝女：

平陽公主、新豐公主、陽平公主，以上見武元楊皇后傳。

滎陽公主，盧諶傳：「尚武帝女滎陽公主。」又華恒傳：「尚武帝女滎陽公主。」未知孰是。

繁昌公主，衛瓘傳：「子宣尚繁昌公主。」太平御覽皇親部引晉中興書：「衛宣尚世祖女。」

襄城公主，王敦傳：「尚武帝女襄城公主。」○世説紕漏門注：「敦尚武帝女舞陽公主字修褘。」

萬年公主、武安公主。並見通考。

惠帝女：

河東公主，並見惠賈后傳。○趙王倫傳：「孫秀子會尚河東公主。初與富室兒於城西販馬，百姓忽聞其尚主，莫不駭愕。」

臨海公主，先封清河。洛陽之亂，爲人所略，傳賣吴興錢温。温以送女，女遇主酷。元帝鎮建鄴，主詣縣自言。元帝誅温及女，改封臨海，宗正曹統尚之。

始平公主，

哀獻皇女，賈后女宣華公主葬，皆羽葆鼓吹、熊渠次飛爲鹵簿。御覽六百八十一引晉諸公贊。

尋陽公主。文獻通考：「適王褘之。」

明帝女：

廬陵公主，劉惔傳：「尚明帝女廬陵公主。」○世説排調門注引晉陽秋云〔一六〕：「公主名南第。」

「劉惔」作「劉恢」。

南康公主，桓温傳：「尚明帝女南康公主。」

南郡公主。文獻通考：「適羊賁。」

簡文帝女：

武昌公主，桓脩傳：「尚簡文帝女武昌公主。」

新安公主。王獻之傳：「以選尚新安公主。」○通考：「新安公主，簡文女。」

孝武帝女：

晉陵公主，謝混傳：「尚孝武帝女晉陵公主。」

鄱陽公主。適王嘏。見南史王誕傳。文獻通考誤云「適王偃」。偃，蓋嘏子也。

恭帝女：

海鹽公主，諱茂英。適劉裕子義符，是爲宋少帝。見宋書后妃傳。

富陽公主。恭思褚皇后傳。

宗室

宗正，統皇族宗人圖諜。職官志。

咸寧三年詔曰：「宗室戚屬，國之枝葉，欲令奉率德義，爲天下式。然處富貴而能慎行者寡。召穆公糾合兄弟而賦唐棣之詩，此姬氏所以本枝百世也。今以衛將軍、扶風王亮爲宗師，所當施行，皆諮之於宗師也。」武紀。

太寧二年，宗正虞潭以帝譜泯棄，罔所循按，時博諮舊齒，以定昭穆，與驃騎將軍華恒、尚書荀崧、侍中荀邃因舊譜參論撰次之。武悼楊皇后傳。

咸和元年，南頓王宗有罪伏誅，貶其族爲馬氏。成紀。

内職

皇后以下有貴人、夫人、貴嬪，爲三夫人。淑妃、淑媛、淑儀、修華、修容、修儀、婕妤、容華、充華，爲九嬪。輿服志。

才人謝夫人傳：「初選入後庭，爲才人。」〇通鑑八十二胡三省注：「晉武帝采漢魏之制，三夫人九嬪之下有美人、才人、中才人，爵視千石以下。」

中才人　懷王皇后傳：「初入宫，拜中才人。」

美人　審美人、陳美人，見武十三王傳。張美人，見孝武紀。

保林　嚴保林，見武十三王傳。◯通鑑八十三胡注：「保林，漢宫十四等之數，魏晉以下爲東宫女官品秩。」

采女、崇陽園妾　並見太平御覽皇親部引晉起居注。

女尚書　通典，見禮門「皇太子納妃」條。

宫人　宫人荀氏，見元四王傳。

良人　武元楊皇后傳。

泰始中，帝博選良家以充後宫，先下書禁天下嫁娶，使宦者乘使車，給騶騎，馳傳州郡，召充選者使皇后揀擇。司徒李胤、鎮軍大將軍胡奮、廷尉諸葛沖、太僕臧權、侍中馮蓀、秘書郎左思及世族子女並充三夫人九嬪之列。司、冀、兖、豫四州二千石將吏家，補良人以下。名家盛族子女，多敗衣瘁貌以避之。武元楊皇后傳。

太康二年，詔選孫晧妓妾五千人入宫。武紀。

泰始十年，詔曰：「嫡庶之别，所以辨上下，明貴賤。而近世以來，多皆内寵，登妃后之職，亂尊卑之序。自今以後，皆不得登用妾媵以爲嫡正。」武紀。

晉武帝詔曰：令出清商掖庭及諸才人、妓女、保林以下二百七十餘人還家。太平御覽皇親部引晉武帝起居注。○武紀事在太康七年。

内廷雜事

武帝時，有司奏依漢故事，皇后、太子各食湯沐邑四十縣。而帝以非古典，不許。武元楊皇后傳。

泰始九年，帝多簡良家子女以充内職，自擇其美者以絳紗繫臂。平吴之後，復納孫皓宫人數千，自兹掖庭殆將萬人。帝常乘羊車，恣其所之。宫人乃取竹葉插户，以鹽汁灑地，而引帝車。胡貴嬪傳。

張華懼后族之盛，作女史箴。文選注引曹嘉之晉紀。

元帝性儉，將拜貴人，有司請市雀釵，以煩費不許。所幸鄭夫人衣無文綵。元紀。

孝武開北上閣，出華林園，與美人張氏同游處，惟雅得與焉。王雅傳。

安帝九年，右丞張頊監議：琅琊及湖熟界有皇后脂澤田四十頃，參詳以借貧人。初學記中宫部引晉要事。○安紀事在義熙九年。

宦者

宦人

寺人監　惠賈皇后傳：「后害太子及誅楊駿、汝南王亮、太保衛瓘、楚王瑋等，宦人董猛皆參預其事。猛，武帝時爲寺人監，侍東宮，得親信於后，誅駿，封武安侯。猛三兄皆爲亭侯，天下咸怨。賈后廢，猛伏誅。」○通鑑八十二胡三省注：寺人監主東宮諸閹。

宮婢　惠賈皇后傳：「后數遣宮婢微服，於人間視聽。」○愍懷太子傳：「遣婢陳舞賜以酒棗，又令小婢承福以紙筆及書草，使太子書之。」

【校勘記】

〔一〕崩於朝光殿　「朝」，晉書作「明」。

〔二〕平陽人也　「人」，底本原奪，據晉書及文義補。

〔三〕哀帝海西公之世　「世」，中華書局本晉書校勘記引李慈銘晉書札記以爲當作「際」。

〔四〕減損供給　「減」，底本誤作「咸」，據晉書改。

〔五〕太和六年崩　「六」，中華書局本晉書校勘記疑當作「元」。

〔六〕太元九年　「九」，中華書局本晉書校勘記據海西公紀、孝武紀、建康實録九、六朝事迹類編改作「十一」。

〔七〕詔太子皆母事之　「太子」下，晉書有「及東海、武陵王」六字。

〔八〕后稱建平國夫人　「國」，底本誤作「園」，據晉書改。

〔九〕相者驚云　「云」，底本誤作「者」，據晉書改。

〔一〇〕志在苟免　「免」，底本誤作「容」，據晉書改。

〔一一〕臣常恐公族陵遲　「陵遲」，晉書作「遲陵」。

〔一二〕不意伊霍之變復生於今日　「伊」，底本原作「吕」，塗改作「伊」。晉書作「吕」。

〔一三〕如潘岳繆徽等　「徽」，中華書局本晉書校改作「徵」。下「岳、徽二十四人」同。

〔一四〕寒門無祐　「寒」，前文及晉書作「家」。

〔一五〕御覽八百六十四　「四」，底本誤作「五」，據太平御覽改。

〔一六〕世説排調門注引晉陽秋云　「排」，底本誤作「俳」，據世説新語改。

晉會要弟三

禮一

制禮

晉國建，文帝命荀顗因魏代前事，撰爲新禮，參考今古，更其節文。羊祜、任愷、庾峻、應貞並共刊定，成百六十五篇，奏之。太康初，尚書僕射朱整奏付尚書郎摯虞討論之。虞表言：「禮當班於天下，不宜繁多。今禮儀事同而名異者，輒別爲篇卷；煩而不典，皆宜省文。通事，隨類合之；事有不同，乃列其異。如此，則所減三分之一。」虞討論新禮訖，以元康元年上之。所陳惟明堂、五帝、二社、六宗及吉凶、王公制度，凡十五篇。有詔可其議。後虞與傅咸讃續其事，竟未成功。中原覆没，虞之決疑注，是其遺事也。禮志敍。

泰始元年〔一〕，有司奏：「晉受魏禪，宜用前代正朔服色，皆如虞遵唐故事。」奏可。武紀。

蜀平，命荀顗定禮儀。顗上請羊祜、任愷、庾峻、應貞、孔顥共删改舊文，撰定新禮。荀顗傳。

賈充、羊祜等分定禮儀、律令，皆先諮於沖，然後施行。鄭沖傳。

張華名重於世，晉史及儀禮憲章〔一〕，並屬於華，多所損益。張華傳。

元帝時，寇難之後，典籍靡遺。婚冠之禮，無所依據。恒推尋舊典，撰定禮儀。并郊廟辟雍，朝廷軌則，事並施用。華恒傳。

協在中朝，諳練舊事。凡所制度，皆稟於協焉。刁協傳。

義熙初，廣奉詔撰車服儀注。徐廣傳。

荀崧與刁協共定中興禮儀。荀崧傳。

孝武時，更營新廟，博求辟雍、明堂之制。甯據經傳奏上，皆有典證。孝武帝雅好文學，朝廷疑議，輒諮訪之。范甯傳。

蔡謨博學於禮儀、宗廟制度，多所議定。蔡謨傳。

徐邈爲祠部郎，上南北郊宗廟迭毁禮，皆有證據。徐邈傳。

郊丘

南郊，皇帝先散齋七日，致齋三日。官掌清者亦如之。致齋之朝，御太極殿幄坐，著絳紗襮〔三〕，黑介幘，通天金博山冠。先郊日未晡五刻〔四〕，夕牲。公卿、京兆尹，衆官悉壇東就位。太祝史牽牲入。到榜，稟犧令跪白：「請省牲。」舉手曰：「腯。」太祝令繞牲，舉手曰：「充。」太祝令牽牲詣庖，以二陶豆酌毛血，其一奠皇天神座前，其一奠太祖神座前。郊之日未明八刻，太祝令進饌，郎施饌。牲用繭栗二頭，羣神用牛一頭，醴用秬鬯，藉用白茅。玄酒一器，器用匏陶。以瓦樽盛酒，瓦圩斟酒。璧用蒼玉。蒯席各二，不設茵蓐。車駕出，百官應齋及從駕填街先置者，各隨申攝從事。上水一刻，御服龍衮，平天冠，升金根車，到壇東門外。博士、太常引入到黑攢。太祝令跪執匏陶，酒以灌地。皇帝再拜，興。羣臣皆再拜伏。治禮曰：「興。」博士、太常引皇帝至南階，脱舄升壇，詣罍盥。黄門侍郎洗爵，跪授皇帝。執樽郎授爵，酌秬鬯授皇帝。跪奠皇天神座前。再拜，興。次詣太祖配天神座前，執爵跪奠，如皇天之禮。南面北向，一拜伏。太祝令各酌福酒，合置一爵中，跪進皇帝。再拜伏。飲福酒訖，博士、太常引帝從東階下，還南階。謁者引太常升壇，亞獻。謁者又引光禄升壇，終獻。訖。各降階還本位。太祝送神，跪執匏陶，酒以灌地。興。直南行出壇門。治禮舉手白，羣臣皆再拜伏。皇帝盤，「盤」字疑誤。治禮曰：「興。」博士跪白：「祠事畢，就燎。」博士、太常引皇帝就燎位，當壇東階，皇帝南向立。太祝令以案奉玉璧、牲體、爵酒、黍飯諸饌物，登柴壇施設之。治禮舉手曰：「可燎。」三人持火炬上。火發。太祝令等各下壇。壇東西各二十人，以炬投壇。火半柴傾，博士仰白：「事畢。」皇帝出便坐，解嚴。天子有故，則三公從事而太尉初獻，其亞獻猶終獻。太常，光祿勳也。北郊齋、夕牲、進孰，及乘輿百官到壇三獻，悉如南郊之禮。惟事訖，太祝令牲玉饌物詣埳置牲上訖，又以一牲覆其上。治禮舉手曰：「可霾。」二十人俱時下土。填埳欲半，博士仰白：「事畢。」帝出。自魏以來，多使三公行事。乘輿罕出矣。魏及晉初，儀注雖不具存，所損益漢制可知也。宋書禮志。

武帝受禪，設壇場於南郊，柴燎告類於上帝。是時，未有祖配。泰始二年正月，詔曰：「有司前奏郊祀權用魏禮，朕不慮改作之難，令便爲永制。衆議紛互，遂不時定，不得以時供饗神祇，配以祖考，日久難企，貶食忘安，其便郊祀。」時羣臣又議：「五帝，即天地。通鑑「地」作「帝」。五帝時異，故殊其號。雖名有五，其實一神。明堂南郊，宜除五帝之坐。五郊改五精之號。皆同稱昊天上帝，各設一坐而已。地郊又除先后配祀。」帝悉從之。二月丁丑，郊祀宣皇帝以配天，宗祀文皇帝於明堂，以配上帝。是年十一月，有司又議奏：「古者丘郊不異，宜并圜丘方丘於南北郊，更修立壇兆。其二至之祀，合於二郊。」帝又從之。一如宣帝所用王肅議也。是月庚寅冬至，帝親祠圜丘於南郊。自是後，圜丘方澤不別立。志。○通鑑七十九：武帝，王肅外孫也。故郊祀之禮，有司多從肅議。○按：志云：「魏景初元年，始營洛陽南委粟山爲圜丘。晉初權用魏禮，後更立壇兆。」未詳何地。

泰始時，太常諸葛緒博士、祭酒劉熹議郊祀。太平御覽禮部引晉起居注。

武帝親祠南郊。司馬彪上疏定議。司馬彪傳。

太康三年正月，帝親郊祀，皇太子、皇子悉侍祠。十年十一月〔五〕，又詔曰：「孝經：『郊祀后稷以配天；宗祀文王於明堂，以配上帝。』而周官云：『祀天旅上帝。』又曰：『祀地旅四望。』望非地，則明上帝不得爲天地〔六〕。往者衆議除明堂五帝位，考之禮文不正。且詩序曰『文武之功，起於后稷』，故推以配天焉。宣帝以神武創業，既已配天，復以先帝配天，於義亦所不安。其復明堂及南郊五帝位。」志。

潘岳閒居賦曰：「若乃背冬涉春，陰謝陽施，天子有事於柴燎，以郊祖而展義。張鈞天之廣樂，備千乘之萬騎，服振振以齊玄，管啾啾而並吹。煌煌乎，隱隱乎，茲禮容之壯觀，而王制之巨麗也。」潘岳傳。

懷帝親祠郊。自元康以來，不親郊祀，禮儀弛廢。虞考正舊典，法物粲然。摯虞傳。

愍帝都長安，未及立郊廟而敗。志。

元帝渡江，太興二年始議立郊祀儀。尚書令刁協、國子祭酒杜夷議，宜須旋都洛邑乃修之。司徒荀組據漢獻帝都許即便立郊，自宜於此修奉。驃騎王導、僕射荀崧、太常華恒、中書侍郎庾亮皆同組議。事遂施行。立南郊於巳地。其制度皆太常賀循所定，多依漢及晉初之儀。三月辛卯〔七〕，帝親郊祀，饗配之禮，一依武帝始郊故事。是時尚未立北壇，地祇衆神共在天郊。志。

明帝太寧三年七月，始詔立北郊，未及建而帝崩。志。

明帝親祀郊。詔曰：「自中興以來，雖南郊，未嘗北郊，五岳四瀆，名山大川，應望秩者，廢而未舉。居其官者，舉其職，司其事，而令一代之典闕而未備，主者詳依舊處。」太平御覽五百二十七引晉起居注。

成帝咸和八年正月，追述前旨，於覆舟山南立之。天郊則五帝之佐、日月、五星、二十八宿、文昌、北斗、三台、司命、軒轅、后土、太一、天一、太微、勾陳、北極、雨師、雷、電、司空、風伯、老人，凡六十二神也。地郊則五嶽、四望、四海、四瀆、五湖、五帝之佐、沂山、嶽山、白山、霍山、醫無閭山、蔣山、松江、會稽山、錢唐江、先農，凡四十四神也。江南諸小山，蓋江左所立，猶如漢西京關中小水，皆有祭秩也。是月辛未，祀北郊，始以宣穆張皇后配地。志。

康帝建元元年正月，將北郊，有疑議。太常顧和表：「泰始中，合二至之禮於二郊。北郊之月，古無明文，或以夏至，或同用陽復〔八〕。漢光武正月辛未，始建北郊。此則與南郊同月。及中興草創，百度從簡，合七郊於一丘。憲章未備，權用此禮，蓋時宜也。至咸和中，議別立北郊，同用正月。魏承後漢，正月祭天，以地配。時高堂隆等以爲禮。祭天不以地配，而稱周禮，三王之郊，一用夏正。」於是從和議。是月辛未，南郊。辛巳，北郊。帝皆親奉。安帝元興三年，劉裕討桓玄，走之。己卯，告成功於南郊。是年，帝蒙塵江陵未反，其明年應郊。朝議以爲宜依周禮，宗伯攝職，三公行事。尚書左丞王納之獨曰：「既稱郊祀，自是天子當陽。有君存焉，稟命而行，何所辯也？齊之與否，豈如今日之比乎？」議者又云：「今宜郊。故是承制所得，令三公行事。」又：「郊天極尊，惟一而已。故非天子不祀也。庶人以上，莫不蒸嘗，嫡子居外。介子執事，未有不親受命而可祭天者。」納之又曰：「武皇受禪，用二月郊；元帝中興，以三月郊。今郊時未過，日望輿駕，無爲欲速，而使皇輿旋反，更不得親奉也。」於是從納之之議。志。○太平御覽引晉起居注王納之議同。

晉明帝太寧三年南郊，其年九月崩。成帝即位，明年改元，亦郊。簡文咸安二年南郊，其年七月崩。孝武即位，明年改元，亦郊。南史王儉傳。

郊廟牲幣，璧玉之色，雖有成文，秦世多以騮駒。漢則但云犢，未辨其色。江左南北郊同用玄牲，明堂廟社同以赤牲。志。

明堂

晉武帝泰始二年二月丁丑，宗祀文皇帝於明堂以配上帝。後復以宣帝，尋復還以文帝配，其餘無所變革。摯虞議以爲：「漢魏故事，明堂祀五帝之神。新禮：『五帝即上帝，即天帝也。明堂除五帝之位，惟祭上帝。』按仲尼稱：『郊祀后稷以配天，宗祀文王於明堂以配上帝。』周禮：『祀天旅上帝，祀地旅四望。』望非地，則上帝非天，斷可識矣。郊丘之祀，掃地而祭。牲用繭栗，器用陶匏。事反其始，故配以遠祖。明堂之祭，備物以薦。三牲並陳〔九〕，籩豆成列，禮同人理〔一〇〕，故配以近考。郊堂兆位，居然異體，牲牢品物，質文殊趣。且祖考同配，非謂尊嚴之美。三日再祀，非謂不黷之義。其非一神，亦足明矣。昔在上古，生爲明王，歿則配五行〔一一〕。故太昊配木，神農配火，少昊配金，顓頊配水，黄帝配土。此五帝者，配天之神，同兆之於四郊，報之於明堂。祀大裘而冕，五帝亦如之〔一二〕。或以爲五精之帝，佐天育物者也。前代相因，莫之或廢。晉初始從異議。庚午詔書：『明堂及南郊，除五帝之位，惟祀天神。』新禮奉而用之。前太醫令韓楊上書：『宜如舊祀五帝。』太康十年，詔已施用。宜定新禮，明堂及郊祀五帝如舊儀。」詔從之。志。○參用通典。

太康五年，修立明堂。宋書禮志。江左以後，未遑修建。志。

孝武帝太元十三年正月後辛，祀明堂。車服之儀，率遵漢制，出以法駕，服以衮冕。通典四十四。孫耆之議：「郊以祀天，故配之以后稷。明堂祀帝，故配之以文王。由斯言之，郊爲皇天之位，明堂爲上帝之廟。故徐邈以配之爲言，必有神主。郊爲天壇，則明堂非文廟矣！」時議帝親奉，今親祀北郊。明年正月，上辛祀昊帝，次辛祀后土，後辛祀明堂。通典四十四。

車胤議：「明堂之制既甚難詳，且樂主於和，禮主於敬，故質文不同，音器亦殊。既茅茨廣廈不一其度，何必守其形範，而不弘本順時乎？九服咸寧，四野無塵，然後明堂、辟雍，可光而修之。」車胤傳。

辟雍

武帝營建辟雍。荀崧傳。

辟雍在洛陽城南靈臺東，相去一里。陸機洛陽記。

泰始六年十二月，帝臨辟雍，行鄉飲酒禮。武紀。

潘岳洞庭賦曰：「明堂辟雍，清穆敞閒。環林縈映，圓海回泉。祇聖敬以明順，養更老以崇年。」潘岳傳。

江左博求辟雍、明堂之制，華恒、范甯等皆援據經典，撰定奏上。華恒范甯等傳。

社稷

泰始元年，定社以丑。武紀。

漢至魏但太社有稷，而官社無稷，故常二社一稷也。晉初仍魏，無所增損。至太康九年，改建宗廟，而社稷祠壇〔一三〕，與廟俱徙。乃詔曰：「社實一神，其并二社之祀。」於是車騎司馬傅咸表曰：「祭法王社太社，各有其義。天子尊事宗廟，故冕而躬耕。躬耕也者，所以重孝享之粢盛。親耕故自報，自爲立社者，爲耤田而報者也。國以人爲本，人以穀爲命，故又爲百姓立社而祈報焉。事異報殊，此社之所以有二也。皆當立之京師。祭法大夫以下成羣立社曰『置社』。今之里社是也，蓋以里所爲名。左氏傳：『盟於清丘之社。』是衆庶之社乎？又周禮『封人掌設社壝』，無『稷』字。今帝社無稷，蓋出於此。然國主社稷，故經傳動稱社稷。周禮：『王祭社稷，則絺冕。』此王社有稷之文也。」詔宜仍舊立二社，而加立帝社之稷。劉寔與咸議同。詔曰：「社稷一神，而相襲二位。衆議不同，何必改作？其便仍舊，一如魏制。」其後摯虞奏，以爲：「臣按祭法，王爲羣姓立社曰『太社』，王自爲立社曰『王社』。周禮：大司徒『設其社稷之壝』。又曰：『以血祭社稷〔一四〕。』則太社也。又曰：『封人掌設上之社壝。』又『有軍旅，宜乎社』，則王社也。太社爲羣姓祈報，祈報有時，而王社主不可廢。此皆二社之明文，前代之所尊，未可廢帝社，惟立太社，宜定新禮，從二社，以爲永制。」詔從之。志。

晉祠，令郡、縣、國祠社稷。北史劉芳傳。○玉海九十九同。

日蝕伐鼓於社，又以赤絲爲繩以繫社，祝史陳詞以責之。日復常，乃罷。志。

祈雨於社稷。雨多。朱索縈社，伐朱鼓焉。志。

晉應碩祝社文曰：「元首肇建，吉丑辰良〔一五〕。五政數惠，四教初揚。萬類資新，英穎擢章。谷風滌穢〔一六〕，日和時光。命於嘉賓〔一七〕，宴兹社廂。敬饗社君，休祚是將。嘉肴綺錯，白茅薦恭。有肉如坻，有酒如江。社君既眷，祇肅威容。」藝文類聚歲時部。

元帝建武元年，依洛京立二社一稷。其太社之祝曰：「地德普施，惠存無疆。乃建太社，保祐萬邦。悠悠四海，咸賴嘉祥。」其帝社之祝曰：「坤德厚載，邦畿是保。乃建帝社，以神地道。明祀惟辰，景福來造。」志。

晉元帝立社稷壇。在今江寧縣東。金陵志。

太學　國子學

世祖武皇帝崇儒興學。太學有石經古文，先儒典訓，賈、馬、鄭、杜、服、孔、王、何、顏、尹之徒，章句傳注衆家之學，九州之中，師徒相傳，學士如林。猶選張華、劉寔居太常之官，以重儒教。荀崧傳。

咸寧四年，立國子學。定置國子祭酒、博士各一人，助教十五人，以教生徒。職官志。

惠帝時，裴頠爲國子祭酒，奏立國子太學。起講堂，築門闕，刻石寫經。藝文類聚禮部引晉諸公贊。

裴頠奏修國學，刻石寫經。皇太子既講。釋奠祀孔子，飲饗射侯，甚有儀序。裴頠傳。

國學在辟雍東北五里。太學在國學東二百步。文選閒居賦注引郭緣生述征記。

太學在洛陽城故開陽門外，去宮八里，講堂長十丈，廣三丈。後漢書光武紀注引陸機洛陽記。

陸機言太學贊別一碑，在講堂西。下列石龜，碑載蔡邕、韓説、高堂谿等名。太學弟子贊復一碑，在外門中。漢石經北有晉辟雍行禮碑，是泰始二年立。水經穀水注。

潘岳閒居賦曰：「兩學齊列，雙宇如一。右延國胄，左納良逸。祁祁生徒，濟濟儒術。」潘岳傳。

石崇嘗入太學，見顏回、原憲之象。石崇傳。

博士戴邈議曰：「周禮：『大胥之職，掌國子之版，以待致諸子。』春入學，釋菜，合樂。秋頒學〔一八〕，合聲。」藝文類聚禮部。

劉卞入太學，試經爲臺四品吏。訪問令寫黄紙一鹿車。劉卞傳。

索靖與鄉人氾衷、張甝、索紾、索永，俱詣太學，稱「燉煌五龍」。索靖傳。

元帝初，軍旅未息，學校未修。導上書曰：「夫風化之本，在於正人倫。人倫之正，存乎設庠序。自頃皇綱失墜〔一九〕，頌聲不興，干戈日聞〔二〇〕。俎豆未設，先王之道彌遠，華僞之俗遂滋，非所以端本靖末之謂也。今若聿遵前典，興復道教〔二一〕，擇朝之子弟並入於學，選明博修禮之士而爲之師。化成俗定，莫尚於斯。」帝甚納之。王導傳。

戴邈上疏曰〔二二〕：「古之建國，有明堂、辟雍之制，鄉有庠序、黌校之儀。所以抽導幽滯，啓廣才思。自頃國遭無妄之禍，社稷有綴旒之危。寇猾飲馬於長江，凶狡鴟張於萬里。遂使神州蕭條，鞠爲茂草。何遽籩豆之事哉？然『三年不爲禮，禮必壞。三年不爲樂，樂必崩』。況曠載累紀，如此其久耶？今末進後生，目不覩揖讓升降之儀，耳不聞鐘鼓管弦之音。文章散滅，圖籍無遺。此蓋聖達之所深悼，有識之所嗟歎也。今天地告始，萬物權輿。蕩近世之流弊，繼千載之絶軌。明主倡之於上，宰輔督之於下。上之所好，下必有過者焉。『君子之德風，小人之德草』，在感之而已。臣以闇淺，不能遠識格言，奉誦明令，慷慨下風。謂宜以三時之隙，漸就修建。」疏奏，納焉。於是始修禮學。戴邈傳。

應詹上疏曰：「元康以來，賤經尚道。以玄虛宏放爲夷達，以儒術清儉爲鄙俗。永嘉之弊，未必不由於此也。今雖有儒官，教養未備。非所以長育人才，納之軌物也。宜修辟雍，崇明教義。先令國子受訓，然後皇儲親臨釋奠，則普天尚德，率土知方矣。」元帝納之。應詹傳。

喪亂之後，禮教陵夷。瓌上疏曰：「皇運陵替，喪亂屢臻。儒林之教漸頹，庠序之禮有闕。國學索然，墳籍莫啓。有心之徒，抱志無由。昔魏武帝身親介胄，務在武功，猶尚廢鞍覽卷，投戈吟詠。況今陛下以聖明臨朝，百官以虔恭莅事。朝野無虞，江外静謐。如之何泱泱之風漠然無聞，洋洋之美墜於聖世乎？古人有言：『詩書，義之府；禮樂，德之則。』實宜留心經籍，闡明學義，使諷誦之音盈於京室，味道之賢是則是詠，豈不盛哉？若得給其宅地，備其學徒，博士僚屬粗有其官，則臣之願也。」疏奏，成帝從之。國學之興，自瓌始也。袁瓌傳。

咸康三年立太學。成紀。

孝武時，以學在水南懸遠，有司議依升平元年，於中堂權立太學釋奠。於時無復國子生。有司奏：「應復二學生百二十人，太學生取見人六十，國子生權銓大臣子孫六十人。事訖罷。」奏可。釋奠禮畢，會百官六品以上。志。

太元十年立國學。孝武紀。增造廟房屋百五十餘間。通典五十三〔一三〕。

太元中，增置太學生百人。車胤傳。

楊太后廢。董養游太學，升堂歎曰：「建斯堂也，將何爲乎？每覽國家赦書，謀反大逆皆赦，至於殺祖父母、父母不赦者，以爲王法所不容也。奈何公卿處議，文飾禮典，以至此乎？夫人之理既滅，大亂作矣。」隱逸傳。

祠孔子

泰始三年，詔太學及魯國，四時備三牲以祀孔子。通典五十三〔二四〕。

禮：始立學，必先釋奠於先聖、先師。及行事，必用幣。武帝泰始七年，皇太子講孝經通。咸寧三年講詩通。太康三年講禮記通。惠帝元康三年，皇太子講論語通。太子並親釋奠，以太牢祠孔子，以顏回配。太子進爵於先師，中庶子進爵於顏回。志。

潘尼釋奠頌敍曰：「元康元年冬十二月，上以皇太子富於春秋，而人道之始，莫先於孝弟。初命講孝經於崇正殿。業終而體達。三年春閏月，將有事於上庠，釋奠於先師，禮也。越二十四日丙申，侍祠者既齊，輿駕次於太學。太傅在前，少傅在後，恂恂乎弘保訓之道；宮臣畢從，三率備衛，濟濟乎肅翼贊之敬。乃掃壇爲殿，懸幕爲宮。夫子位於西序，顏回侍於北墉。宗伯掌禮，司儀辨位，二學儒官，搢紳之徒，垂纓佩玉，規行矩步者，皆端委而陪於堂下，以待執事之命。設樽篚於兩楹之間，陳罍洗於阼階之左。几筵既布，鐘懸既列，我后乃躬拜俯之勤，資在三之義。謙光之美彌劭，闕里之教克崇。穆穆焉，邕邕焉，真先王之徽典，不刊之美業，允不可替已。於是牲饋之事既終，享獻之禮已畢。釋玄衣，御春服，弛齊禁，反故式。天子乃命内外羣司，百辟卿士，蕃王三事，至於學徒國子，咸來觀禮。我后皆延而與之燕。金石簫管之音，八佾六代之舞，鏗鏘閶闔，般辟俯仰。可以澂神滌欲，移風易俗者，罔不畢奏。」潘尼傳。

元帝太興二年，皇太子講論語通。太子親釋奠，以太牢祠孔子，以顔回配。成帝咸康元年，帝講詩通。穆帝升平元年三月，帝講孝經通。孝武寧康三年七月，帝講孝經通，並釋奠如故事。穆帝孝武並權以中堂爲太學。志。

尚書符問太常曰：「釋奠祀先聖於辟雍，未有言太學者。今廢辟雍而立二學，中興以來相違。」太常王彪之答：「釋奠於太學，行饗於辟雍。」宰相從太常。太平御覽禮儀部。

晉范堅書問馮懷曰：「漢氏以來，釋奠先師，惟仲尼不及公旦，何也？」馮答曰：「若如來談，亦當憲章堯、舜、文、武，豈非公旦乎？」太平御覽禮儀部。

武帝泰始三年十一月，改封孔子二十三代孫宗聖侯孔震爲奉聖亭侯，奉孔子祀。明帝太寧三年，詔給奉聖亭侯，四時祠孔子，宜如泰始故事。志。○參通典五十三。

郡縣學

晉令：「諸縣率千餘户置一小學，不滿千户不立。」太平御覽禮儀部。

晉郡國並有文學，即博士助教之任。唐六典。

縣户千以上置校官掾一人。〈職官志。〉

摯虞駁宜立學事曰：「河内太守魯褒使民二百家共立一學，未成而司隸奏以違法。尚書郎中騎都尉臣摯虞駁。褒爲近畿大都朝所委任。親臨民物，足識事宜，累表仍上。求二百家立一學。是其留心學校，必欲有成也。」〈太平御覽禮儀部。〉

羊祜出鎮南夏，開設庠序，甚得江漢之心。〈羊祜傳。〉

彬使持節，監幽州諸軍事。至鎮，修立學校，誨誘無倦。〈唐彬傳。〉

軌爲涼州刺史，徵九郡胄子五百人，立學校。〈張軌傳。〉

永嘉中，軼爲江州刺史。雖逢喪亂，每崇典禮。置儒林祭酒，以弘道訓。〈華軼傳。〉

溥爲鄱陽内史，大修庠序，廣招學徒，具爲條制。於是至者七百餘人。溥乃作誥以獎訓之，曰：「文學諸生皆冠帶之流，年盛志美，始涉學庭。講修典訓，此大成之業，立德之基也。夫聖人之道淡而寡味，故始學不好也。及日聞所不聞，日見所未見，然後心開意朗，忽然不覺大化之陶，化至道之入神也[二五]。夫工人之染，必先修其質，然後事其色。學亦有質，孝弟忠信是也。君子内正其心，外修其行。行有餘力，則以學文。文質彬彬，然後爲德。學者不患才不及而患志不立。故曰：『剋而舍之，朽木不知；剋而不舍，金石可虧。』」非其效乎？今諸生口誦聖人之典，體聞庠序之訓。比及三年，可以小成。令名宣流，雅譽日彰，不亦美乎？若乃含章舒藻，揮翰流離，稱述世務，探賾究奇，使班馬韜筆〔二六〕，仲舒結舌，亦惟才所居。固無常人也。諸生若絶人間之務，心專親學，累一以貫之，積漸以進之，何滯而不通，何遠而不至耶？」時祭酒求更起屋行禮。溥曰：「君子行禮，無常處也。故孔子射於矍相之圃，行禮於大樹之下。況今學庭庠序，高堂顯敞乎？」虞溥傳。

�

悔遷河南尹，建立二學，崇明五經。王悔傳。

汪爲東陽太守，大興學校。范汪傳。

甯爲餘杭令，興學校，養生徒。絜己修禮，志行之士莫不美之〔二七〕。自中興以來，崇學敦教，未有如甯者也。後爲豫章太守，大設庠序，遣人往交州採磬石，以供學用。改革舊制，不拘常憲。遠近至者千餘人，資給衆費，一出私録。并取郡四姓子弟，皆充學生，課讀五經。又起學臺，功用彌廣。范甯傳。

永和中，征西將軍庾亮在武昌開置學官，起立講舍。亮家子弟及參佐大將子弟，悉令入學。四府博學識義，通涉文學經論者，立儒林祭酒，班同三署，厚其供給。皆妙選邦彦，必有其實者，以充此舉。近臨川、臨賀二郡，並求修復學校。若非束修之流，禮教所不及，而欲階緣免役者，不得爲學生。明爲條制，令法清而人貴。教曰：「人情重交而忽財，好逸而惡勞。

學業致苦，而録答未厚，由捷徑者多，故莫肯用心。洙泗邈遠，風雅彌替。後生放縱，不復憲章典謨。臨官宰政者，務目前之理，遂令詩書荒廢，頌聲寂寥。昔魯秉周禮，齊不敢侮。范會崇典，晉國以理。楚魏之君，皆阻帶山河，而不能保。禮義之固，孰與金城湯池哉？今江表晏然，王道日崇。三時既務，五教並修。軍旅已整，俎豆無廢。庸非善哉？」便處分安學校處所〔二八〕，又繕造禮器，將行大射之禮。亮死，尋廢。通典五十三。

【校勘記】

〔一〕泰始元年　「元年」，宋書作「二年」。

〔二〕晉史及儀禮憲章　「史」，底本誤作「吏」，據晉書改。

〔三〕著絳紗襮　「著」，底本誤作「者」，據宋書改。

〔四〕先郊日未晡五刻　「日」，底本誤作「自」，據宋書改。

〔五〕十年十一月　「十一月」，宋書作「十月」。

〔六〕則明上帝不得爲天地　「明」下，底本原衍「堂」字，據宋書删。

〔七〕三月辛卯　「三」，中華書局本晉書校勘記以爲當作「二」。

〔八〕或同用陽復　「復」，底本原奪，據晉書及宋書補。

〔九〕三牲並陳　「三」，晉書作「玉」。

〔一〇〕禮同人理　「理」，晉書作「鬼」。

〔一一〕殁則配五行　「行」，底本誤作「神」，據通典及上下文義改。

〔一二〕五帝亦如之　「大」，晉書作「天」。

〔一三〕而社稷祠壇　「祠」，晉書無。

〔一四〕以血祭社稷　「祭」，晉書下復有一「祭」字。

〔一五〕吉丑辰良　「丑」，藝文類聚作「酉」。

〔一六〕谷風滌穢　「穢」，底本誤作「歲」，據藝文類聚改。

〔一七〕命於嘉賓　「賓」，底本原奪，據藝文類聚補。

〔一八〕秋頒學　「頒」，底本誤作「領」，據藝文類聚改。

〔一九〕自頃皇綱失墜　「墜」，晉書、宋書均作「統」。

〔二〇〕干戈日聞　「聞」，晉書、宋書均作「尋」。

〔二一〕興復道教　「道教」，晉書同。宋書引作「教道」，更恰文義。

〔二二〕戴邈上疏曰　「邈」，底本誤作「逵」，據晉書改。

〔二三〕通典五十三　「三」，底本誤作「二」，據通典改。

〔二四〕通典五十三　「三」，底本原奪，據通典補。

〔二五〕化至道之入神也　「化」，晉書作「已」。

〔二六〕使班馬韜筆　「班馬」，晉書作「楊班」。

〔二七〕志行之士莫不美之　「美」，晉書作「宗」。

〔二八〕便處分安學校處所　「安」，底本原奪，據通典及宋書補。

晉會要弟四

禮二

太廟

泰始二年正月，有司奏置七廟。帝重其役，詔宜權立一廟。羣臣議：「可依有虞氏故事，即用魏廟。」奏可。於是追祭征西將軍、豫章府君、潁川府君、京兆府君，與宣皇帝、景皇帝、文皇帝爲三昭三穆。是時宣皇未升，太祖虛位，所以祠六世，與景帝爲七廟，其禮則據王肅説也。七月，又詔曰：「主者前奏，就魏舊廟，誠亦有準。然於祗奉明主，情猶未安，宜更營造。」於是改創宗廟。志。

廟制，於中門外之左，通爲屋，四阿。殿制，堂高三尺，隨見廟數爲室，代滿備遷毁。太常博士孫毓議曰：「考工記『左祖右社』，孔子曰：『周人敬鬼神而遠之，近人而忠焉。』禮，諸侯三門，立廟宜在中門外之左。宗廟之制，外爲都宮，内各有寢廟，别有門垣。太祖在北，左昭右穆，次而南。今宜爲殿，皆如古典。」通典四十七。

七月，營太廟〔一〕，致荆山之木，采華山之石，鑄銅柱十二，塗以黄金，鏤以百物，綴以明珠。武紀。

十一月辛卯，遷祖禰神主於太廟。武紀。

太康元年，靈壽公主修麗祔於太廟，周漢未有其準。魏明帝别立平原主廟，晉又異魏也。志。

六年，因廟陷，當改修創，羣臣議奏曰：「古者七廟異所，自宜如禮。」又曰：「古雖七廟，自近代以來皆一廟七室〔二〕，於禮無廢，於情爲敍，亦隨時之宜也。其便仍舊。」至十年，乃更改築於宣陽門内，窮極壯麗，然坎位之制猶如初耳。廟成，帝用摯虞議，率百官遷神主於新廟。自征西以下，車服導從皆如帝者之儀。及武帝崩則遷征西，惠帝崩又遷豫章〔三〕。而惠帝世，愍懷太子、太子二子哀太孫臧、沖太孫尚並祔廟〔四〕。志。

摯虞決疑要注曰：「凡昭穆，父南面，故曰昭。昭，明也。子北面，故曰穆。穆，順也。始祖特於北，其後以次夾始祖而南〔五〕，昭在西，穆在東，相對。」續漢祭祀志注。

太康中制，太廟帝主尺二寸，后主一尺。木以栗。通典四十八。○按：通典原文稍繁，兹據曝書亭集三十三校正。

摯虞決疑要注曰：「凡廟主，藏廟外户之外，西牖之中。有石函，名曰宗祏。函中有笥，以盛主。親盡則廟毁，毁廟之主藏於始祖之廟。一世爲一祧，祧猶四時祭之。二世爲壇，三世爲墠，四世爲鬼，祫乃祭之，有禱亦祭之。祫於始祖之廟，禱則迎主出，陳於壇墠而祭之，事訖還藏故室。迎送蹕，禮也。」續漢祭祀志注。初學記禮部引同。○兆鏞按：「凡」字，續志作「毁」，誤也，據初學記更正。

武帝咸寧三年，作石函藏之宗廟。通鑑八十二胡三省注。

摯虞決疑要注曰：古者帝王出征，於車載遷廟之主及社主以行。秦、漢、魏不載。太平御覽禮部。

泰始四年，有司奏先帝廟存舊物麻繩爲細拂，以明儉約。北堂書鈔儀飾部引晉要事。

太廟有金匱、策文、靈衣及劍。惠帝紀：「光熙四年，盜取太廟金匱、策文。六月，太廟吏賈苞盜靈衣及劍。」

晉太廟左階之前，有石人焉，大張其口，而書其旁曰：古之多言人也。文長不録，見太平御覽五百九十、藝文類聚十九。

魏故事，天子爲次殿於廟殿之北東，天子入自北門。新禮，設次殿於南門中門外之右，天子入自南門。摯虞以爲：「次殿所以爲解息之處，凡適尊以不顯爲恭，以由隱爲順，而設之於上位，入自南門，非謙抑之義。宜定新禮，皆如舊説。」從之。志。

元帝即尊位，時西京神主堙滅虜庭，江左建廟，皆更新造。尋以登懷帝之主，又遷潁川，位雖七室，其實五世，蓋從刁協以兄弟爲世數也。於時百度草創，舊禮未備，毁主權居側室。至太興三年正月，詔曰：「吾雖上繼世祖，然於懷、愍二帝皆北面稱臣。今祠太廟，不親執觴酌，而令有司行事，於情禮不安。可依禮更處。」太常恒言：「今聖上繼武皇帝，宜準漢世祖故事，不親執觴爵。前太常賀循、博士傅純，並以爲惠、懷及愍，宜别立廟。然臣愚謂廟室當無拘常數。殷世有二祖三宗，若拘七室，則當祭禰而已。推此論之，宜還復豫章、潁川。」驃騎長史温嶠議：「凡言兄弟不相入廟，既非禮文，且光武奮劍振起，不策名於孝平。今上以策名爲言，殊於光武之事，躬奉蒸嘗，於繼既正，於情又安矣。太常恒欲還二府君，以全七世，嶠謂是宜。」驃騎將軍王導從嶠議。嶠又曰：「其非子者，可直言皇帝敢告某皇帝。」帝從嶠議，悉施用之。於是乃更定制，還復豫章、潁川於昭穆之位，以同惠帝嗣武故事，而惠、懷、愍三帝自從春秋尊卑之義，在廟不替也。及元帝崩，則豫章復遷。然元帝神位猶在愍帝之下，故有坎室十也。至明帝崩，而潁川又遷，猶十室也。於時續廣太廟，故三遷主並還西儲，名之曰祧，以準遠廟。成帝咸康七年〔六〕，始作武悼皇后神主，祔於廟，配饗世祖。成帝崩而康帝承統，以兄弟一世，故不遷京兆，始十一室也。至康帝崩，穆帝立，永和二年七月，有司奏：「十月殷祭，京兆府君當遷祧室。昔征西、豫章、潁川三府君毁主，中興之初權居天府，在廟門之西。咸康中，太常馮懷表續太廟奉還於西儲夾室，謂之爲祧，疑亦非禮。今京兆遷入，是爲四世遠祖，長在太祖之上。昔周室太祖世遠，故遷有所歸。今晉廟宣皇爲主，而四祖居之，是屈祖就孫也；殷祫在上，是代太祖也。」領司徒蔡謨議：「四府君宜改築別室，若未展者，當入就太廟之室，人莫敢卑其祖，文武不先不窋。殷祭之日，征西東面，處宣皇之上。其後遷廟之主，藏於征西之祧，祭薦不絶。」護軍將軍馮懷議：「禮，無廟者爲壇以祭，可立別室藏之，至殷禘則祭於壇也。」輔國將軍譙王司馬無忌等議：「禘，諸儒謂太王王季遷主，藏於文武之祧。如此，府君遷主宜在宣帝廟中。然今無寢室，宜變通而改築。又殷祫太廟，征西東面。」尚書郎孫綽與無忌議同，尚書郎徐禪議：「禮，去祧爲壇，去壇爲墠，歲祫則祭之。今四祖遷主，可藏之石室，有禱則祭於壇墠。」又遣禪至會稽，訪處士虞喜。喜答曰：「漢世韋玄成等以毁主瘞於園，魏朝議者云應埋兩階之間。且神主本在太廟，若今側室而祭，則不如永藏。又四君無追號之禮，益明應毁而無祭。」是時，簡文爲撫軍，與尚書郎劉邵等奏：「四祖同居西祧，藏主石室，禘祫乃祭，如先朝舊儀。」於是京兆遷入西儲，同謂之祧，如前三祖遷主之禮，故正室猶十一也。穆帝崩而哀帝、海西並爲兄弟，無所登除。咸安之初，簡文上繼元皇，世秩登進，於是潁川、京兆二主復還昭穆之位。至簡文崩，潁川又遷。志。

江左宗廟始建，舊儀多闕，或以惠、懷二帝應各爲世，則潁川世數過七，宜在迭毁。事下太常。循議以爲：「禮，兄弟不相爲後，不得以承代爲世。殷之盤庚不序陽甲，漢之光武不繼成帝，別立廟寢，使臣下祭之，此前代之明典，而承繼之著義也。惠帝無後，懷帝承統，弟不後兄，則懷帝自上繼世祖，不繼惠帝，當同殷之陽甲、漢之成帝。議者以聖德沖遠，未便改舊。諸如此禮，通所未論。是以惠帝尚在太廟，而懷帝復入，數則盈八。盈八之理，由惠帝不出，非上祖宜遷也。下世既升，上世乃遷，未有下升一世而上毁二世者。惠、懷兄弟同爲一世，今以惠帝之崩已毁豫章，懷帝之入復毁潁川，如此則一世再遷，祖位橫折。求之古義，未見此例。惠帝宜出，尚未輕論，況可輕毁一祖而無義例乎？潁川既無可毁之理，則見祀之數居然自八，既有八神，則不得不於七室之外權安一位也。至尊於惠、懷，俱是兄弟，自後世祖不繼二帝，則二帝之神應別出。若當兄弟旁滿，輒毁上祖，則祖位空懸，世數不足，何取於三昭三穆與太祖之廟然後成七哉！世祖定廟禮，京兆、潁川，曾、高之親，豫章五世，征西六世，今至尊繼統，亦宜有五六世之祖，豫章六世，潁川五世，俱不應毁。今既云豫章先毁，又當重毁潁川，此廟中之親惟從高祖已下，無復高祖以上之祖，甚非宗廟之本所據承，又違世祖祭征西、豫章之意，於一王定禮所闕不少。」時尚書僕射刁協與循異議，循答義深備，竟從循議焉。賀循傳。

元帝建武中，尚書符云：「武皇帝崩，遷征西府君；惠皇帝崩，遷豫章府君；懷帝入廟，當遷潁川府君。」賀循議：「古者帝各異廟，廟之有室，以象常居，未有二帝共處之義也。如惠、懷二主，兄弟同位，禘祫之禮，會於太祖，自應同列異坐而正昭穆。惠帝之崩，已遷豫章府君，又以懷帝入廟，當遷潁川府君，此是兩帝兄弟各遷一祖也。主之迭毀，以代爲正，若兄弟相代，則共是一代，昭穆位同，不得兼毀二廟。殷人六廟，有兄弟四人襲爲君者，便當上毀四廟乎？又按殷紀，成湯以下至於帝乙，父子兄弟相繼爲君，合十二代〔七〕，而正代惟六。易乾鑿度曰：『殷帝乙，六代王也。』以此言之，明不數兄弟爲正代。」通典五十一。

晉太常華恒被符，宗廟宜時有定處。恒議以爲：「七代制之正也，兄弟旁及，禮之變也。則宜爲神主立室，不宜以室限神主。今有七室，而神主有十，宜當別立。前太常賀循等並以爲惠、懷、愍三帝別立寢廟。臣以爲廟當以容主爲限，以七爲正，不限之七室。漢之二祖，寢廟各異。明功德之君，自當特立。又周官有先公先王之廟，今宜爲京兆以上別立三室於太廟西廂。宣皇帝得正始祖之位，惠、懷二帝不替，而昭穆不闕，於禮爲安。」温嶠議：「太常恒所上，欲還豫章、潁川以全七代。愚謂是恒求京兆以上三代在廟之西廂，臣竊不安。」通典四十八。

懷帝蒙塵，崩於平陽，梓宮未反京師。元帝立廟之時，欲遷入廟，喪已過三年。太常賀循議云：「懷帝梓宮未反，遭時之故，事難非常〔八〕，不得以常禮自拘，宜以時入太廟，修祭祀之禮。」通典五十一。

元帝崩，温嶠答王導書曰：「近詔以先帝前議所定，惟下太常安坎室數。今坎室窄，其意不過欲先定神主，存正室，故下愍帝也。廟窄之與本體，各是一事，何以廟窄而廢本體也？」明帝崩，祠部以廟過七室，欲毁一廟；又正室窄狹，欲權下一帝。温嶠議：「今兄弟同代，已有七帝。夫兄弟同代，於恩既順，於義無否。至於廟室已滿，大行皇帝神主當登正室。又不宜下正室之主，遷之祧位。自宜增廟。權於廟上設幄坐〔九〕，以安大行之主。若以今增廟違簡約之旨，或可就見廟直增坎室乎？此當問廟室寬窄耳。」通典四十八。

嶠又爲王導答薛太常書曰：「先帝平康北面而臣愍帝〔一〇〕，及終而升上，懼所以取譏於春秋。今所論太廟坎室足容神主不耳，而下愍帝於東序。若按尊尊之旨，愍帝猶子之列，不可爲父，與兄弟之不可一耳。今惟慮廟窄，更思安處，宜令得並列正室。」博士傅純議云：「議者欲安之陰室。夫陰室以安殤主，北向面陰，非人君正位。更衣者，帝王入廟便殿，當歸盛位。議者謂卑於陰室〔一一〕，實所未喻。惠、懷、愍宜更別立廟。」通典四十八。

元帝世，懷帝殤太子又祔廟，號爲陰室四殤。志。

晉氏有陰室四殤，治禮引陰室以次奠爵於饌前。宋書禮志。

孝武帝太元十二年五月壬戌，詔曰：「昔建太廟，每事從儉，稽古之制闕然，便可詳議。」十六年，始改作太廟殿，正室十四間，東西儲各一間，合十六間，棟高八丈四尺。備法駕遷神主於行廟，征西至京兆四主及太孫各用其位之儀服。四主不從帝者之儀，是與太康異也。諸主既入廟，設脯醢之奠。及新廟成，神主還室，又設脯醢之奠。及孝武崩，京兆又遷，如穆帝之世四祧故事。志。

孝武太元十六年，改新太廟，立行廟，移神主。祠部郎傅瑗問徐邈其儀。答曰：「禮，祫祭，祝迎四廟之主。又，國有大故，斂羣廟之主於祖廟。尋文求旨，謂可同時告奠。奠訖，次引大駕鹵簿列於外。左右侍衛各從神輿，不復待一主入室迎一主也。其陪位者，每神輿出，輒遥拜致敬。遷引既畢，乃辭退。特遷主之晨，宜依告以設奠，而啓鼓嚴之節。」又問：「今既啓嚴，復應奏解嚴不？」邈云：「吉凶有事，可相比方。山陵每啓嚴而不解嚴。嚴是遷主之節，不可以不告。解嚴自爲軍徒休息，何取於告神乎！」瑗又問：「四府君室狹，不容四座，可以户外張幔不？」邈云：「室狹不容四座，户外張幔，可謂禮從宜也。」通典四十八〔一二〕。

東晉尚書符問太常賀循：「太廟制度，南向七室，北向陰室復有七。帝后應共處七室埳中，當別處陰室？」循上曰：「謹按后配尊於帝，神主所居，同太室。」循又按：「漢儀藏主於室中西牆壁埳中，去地六尺一寸。當祠則設座於埳下。禮，天子達嚮者，牖也，謂夾户之窗。

古者帝各異廟〔一三〕，今者共堂别室，制度不同，疑室户亦異。」又按：「古禮，神主皆盛以石函。餘薦藉。」通典四十八。

康帝即位，朝議疑七廟迭毁，乃以太學博士徵，沈以質疑滯。謝沈傳。

義熙九年四月〔一四〕，將殷祠，詔博士議遷毁之禮。大司馬琅邪王德文議：「泰始之初，虚太祖之位，而緣情流遠，上及征西，故世盡則宜毁，而宣帝正太祖之位。又漢光武移十一帝主於洛邑，則毁主不設，理可推矣。宜築别室〔一五〕，以居四府君之主，永藏而弗祀也。」大司農徐廣議：「四府君當處廟堂之首，歆率土之祭，若埋之幽壤，於情理未必咸盡。謂可遷藏西儲，以爲遠祧，而禘饗永絶也。」太尉諮議參軍袁豹議：「仍舊無革，殷祠猶及四府君，情理爲允。」時劉裕作輔，意與大司馬議同，須後殷祠行事改制。會安帝崩，未及禘而天禄終焉。志。

廟祭

四時祭祀，皆於將祭，必先夕牲，其儀如郊。武帝泰始七年四月，帝將親祠，車駕夕牲，而儀注還不拜。詔問其故，博士奏歷代相承如此。帝曰：「非致敬宗廟之禮也。」於是實拜而還，遂以爲制。志。

太康中，有司奏議，十一月一日合朔奠、冬烝、夕牲同日，可有司行事。詔曰：「夕牲而令有司行事，非也。改擇上旬他日。」案此則武帝夕牲必躬臨拜也。宋書禮志。江左以來復止。志。

咸寧二年六月癸丑，薦荔枝於太廟。武紀。

五年十一月，弘訓羊太后崩，宗廟廢一時之祀。通典五十二。

太康元年五月丁卯，薦酃渌酒於太廟。武紀。

元帝建武初，孫文上事：「宣帝支子，不應祭豫章、京兆兩府君。」僕射刁協云：「諸侯奪宗，聖庶奪嫡，而況天子乎！自皇祚以來，五十餘年，宗廟已序，而文攻乎異端，宜加議罪。」通典五十二。

元帝時有事於太廟，雅奏曰：「陛下繼承世數，於京兆君爲玄孫，而今祝文稱曾孫，恐此因循之失，宜見改正。又禮，祖之昆弟，從祖父也。景皇帝自以功德爲世宗，不以伯祖而登廟，亦宜除伯祖之文。」詔曰：「禮，事宗廟，自曾孫以下皆稱曾孫，此非因循之失也。義取重孫，可歷世共其名，無所改也。稱伯祖不安，如所奏。」鍾雅傳。

元興三年四月，不得殷祀，進用十月。若計常限，今當用冬；若更起端，則應四月。領司徒王謐議曰：「有非常之慶，必有非常之禮。殷祭舊準不差，至於義熙之慶，經古莫二，雖曰反正，理同受命。愚謂履運維新，於是乎始，宜用四月。」太常劉瑾議：「殷無定月，考時致

敬，其禮意尚簡。去年祠雖於日有差，而情典允備。仍以爲正。」徐乾議：「三年一祫，五年

一禘。經傳記籍，不見補殷之文。」著作郎徐廣議：「若用三十月，今則應用四月。於時有殷

而遷在冬，從太元元年十月殷祠。若用常三十月，今則應用二年四月〔一六〕，是追計辛未歲十

月，未合六十月而再殷。」劉潤之等議：「太元元年四月應殷，而禮官墮失，遂用十月，本非正

朝。」尚書奏，從謐議。徐邈議：「五年再殷，凡六十月，分中，三十月殷也。」從邈議，每三十

月當殷祀。〈通典四十九。〉

穆帝升平五年十月己卯，殷祀，以帝崩後不作樂。〈穆紀。〉

升平五月，穆帝崩，十月殷。興寧三年二月，哀帝崩，廢帝太和元年五月〔一七〕，皇后庾氏

崩。原注：「廢帝海西公后也。」十月殷。原注：「此哀皇帝再周之内，庾氏既葬之後殷也。」太元二十

一年十月應殷，其年九月孝武崩，至隆安三年，國家大吉，乃循殷事。元興三年，應殷，太常博

士徐乾等議，應用孟秋。原注：「孔安國云：『自太和四年以後，殷祭皆用冬。徐乾議用孟秋，非失

也。」安帝義熙三年，當殷，御史中丞范泰議，以章后喪未一周，不應殷祠。時從太常劉瑾

議：「小君之喪，不以廢大禮。」〈通典四十九。〉

冬烝，主者忘設明帝位，祠部太常俱免官。〈蔡謨傳。〉

孝武帝太元十一年九月，皇女亡，應烝祀，中書侍郎范甯奏：「按禮喪服傳『有死宮中

者，三月不舉祭』，不別長幼之與貴賤也。皇女雖曰嬰孩，臣竊以爲疑。」於是使三公行事。通典五十二。

賀循祭議云：「禮，在喪者不祭。祭，吉事故也。其義不但施於生人，亦祖禰之情，同其哀戚，故云於死者無服則祭也。今人有服祭祀如故，吉凶相干，非禮意也。」通典五十二。

賀循祫祭圖：太祖東向，昭北行，南向；穆南行，北向。通典四十九。

告廟

泰始元年冬十二月丙寅，武帝受禪即位。丁卯，遣太僕劉原告於太廟。武紀。

禮，大事則告祖禰，小事則特告禰，秦漢久廢。魏文帝黄初四年七月，將東巡，以大軍當出，使太常以特牛告南郊。自是迄晉相承，告郊之後仍以告廟，江左其禮廢。志。

元帝將即位，告廟，王導書問賀循云：「或謂宜祭壇拜受天命者，或謂直當稱億兆羣臣告四祖之廟而行者，若爾，當立行廟。王今固辭尊號，俯順羣情，還依魏晉故事。然魏晉皆稟命而行，不知今進璽當云何？」循答曰：「愚謂告四祖之廟而行。蜀書劉先主初封漢王時，羣臣共奏上勳德，承以即位。今雖事不正同，然議可方論。」導又書曰：「得刁僕射書，不欲告惠、懷二帝，於禮云何？」循答曰：「古禮，帝異廟。即位大事，告於太祖。故晉文朝於武宮，漢文謁於高廟也。魏晉惟立一廟。則一廟之中，苟在未毀，恐有事之日，不得偏有不告。欲依古禮，惟告宣帝一廟。且太廟合共〔一八〕，事與古異，不得以古禮爲斷。」通典五十五。

成帝咸和三年，蘇峻覆亂京都，温嶠等立行廟於白石，復行告廟之典。告先君及后曰：「逆臣蘇峻，傾覆社稷，毁棄三正。污辱海内。臣侃、臣嶠、臣亮等手刃戎首，龔行天罰。惟中宗元皇帝、肅祖明皇帝、明穆皇后之靈，降鑒有罪，剿絶其命，翦此羣凶，以安宗廟。臣等雖隕首摧軀，猶生之年。」志。

永和十二年，以有事於五陵，告於太廟。穆紀。

升平元年，帝加元服，告於太廟。穆紀。

王岷議：「中朝大事告天地，先郊後廟。」徐邈云：「天子將出，類乎上帝，造乎禰。如此，則宜先告郊也。」按元帝大興元年詔曰：「當先告廟，出便南郊，先人事而後天理，自親及尊？」故武王克商，先祭後郊。通典五十五。

賀循議：「告謚南郊，不當用牲。然告謚於太廟，復有用牲，於禮不正，理應有牲〔一九〕。告郊廟不用牲，牲惟施於祭及禱耳。」徐邈又議云：「按永熙元年，告謚南郊，用牲。自江左以來，哀帝興寧中、簡文帝咸安中告謚，告立太子、太孫，並蒼璧制幣。」邈又與范甯書，問：「告定用牲不？」甯答云：「禮，郊牲必在滌三月。無本郊不滌牲之禮。凡告用制幣，先儒有明義也。」通典五十五。

太元十六年，告移廟奠幣。祠部郎傅瑗問徐邈：「應設奠不？」邈答曰：「禮，君出境，以遷廟主行，每舍奠焉。凡事關宗廟，非幣則薦，未有不告而行。將遷主之晨，宜依告以設奠。」瑗難曰：「禮，諸侯薨及禘祫，則迎羣主歸太祖廟。」又曰：「主出廟入廟必蹕，無將行設奠之文。禮曰『天子諸侯將出，必以幣帛圭璧告於祖禰。遂奉以出，每舍奠焉，而後就舍』者，謂雖侯王之貴，必有尊也。若徵此文，事非其喻。」邈曰：「禮，諸侯出朝，既告祖禰，臨行，又徧告。告不嫌再。所引每舍奠者，取其疏數若隨宜然〔二〇〕，則奠不爲數。今之告廟，戒中期也；至日又告，告將出也。」通典五十五。

又議：「新故兩廟，各有其事。左宗人儐曰：『有司具，請升。』君升，祝奉幣從。祝聲三，曰：『孝嗣侯某，敢以嘉幣告於皇考，成廟，將徙，敢告。』君及祝再拜，興，祝導君降於阼階。下云〔二一〕：『至新廟，筵於户牖間，祝奠幣於几東，薦脯醢。』君盥，酌，奠於薦西。祝聲三，曰：『敢用嘉薦，告於皇考。』又曰：『孝嗣侯某，潔馨明薦，尚饗。』又大戴禮遷廟禮文云：『凡以幣告，皆執幣而告。告畢，乃奠幣於几東。小宰升，取幣，埋兩階間。』禮：『天子諸侯將出，以幣告廟，遂奉幣以出。及告，設奠，乃斂幣而藏之兩階。』此則初告之幣，待後告而藏之。必須事訖，事未訖則未藏。今何不陳之於新廟耶？去舊之新，當於新廟藏幣。故先奠几束，乃取而藏之，非謂舊廟虚告而新廟兼設也。且初告，將移，祝曰：『敢以嘉幣。』後告明享，祝曰：『敢以嘉薦。』尋此二祝之稱，則知幣也薦也，各施於一廟矣。」通典五十五。

伏系問：「宣后移廟，爲但告東廟，抑告太廟耶？」〔二二〕原注：「宣后，簡文帝所生母，别在東廟。」徐邈答：「此無禮文。意謂初崇號，以告太廟。今自一别廟之遷耳，於太廟無事。無事而告，則近黷矣。恐不得復告也。」通典五十五。

康帝立，準禮將改元，尚書下侍御史、太常主者：「殿中屬應告廟，其勒禮官并太史，擇吉日，撰祝文，及諸應所用備辦，符到奉行。」博士徐禪議曰：「按魯文公之書即位也，僖公未葬。蓋改元之道，禮宜親告，不以喪闕。昔世祖受終〔二三〕，亦在諒闇。既正其位於天郊，必告成命於父祖。謂應告。」尚書奏：「按惠帝起居注，改永熙二年爲永平元年，使持節太尉石鑒造於太廟。前朝明準，不應革。如禪議。」通典五十五。

太常問：「今封建諸王，爲告廟不？若告，廟册與告諸王同異？祝文同不？當以竹册白簡？隸書篆書？」博士孫毓議：「按尚書洛誥『王命作册逸祝册，惟告周公其後』。謂成王已冠，命立周公後，作爲册書逸誥〔二四〕，以告伯禽也。又周公請命於三王〔二五〕，乃納册於金縢匱中。今封建諸王，裂土樹藩，爲册告廟，篆書竹册，執册以祝，訖，藏於廟。及封王之日，又以册告所封之王。册文不同。告廟祝文，當竹册篆書，册文即祝詞也。舊告封王、告改年號故事，事訖皆當藏於廟，以皆爲册書。四時享祀祝文，事訖不藏，故禮但稱祝文尺一，白簡隸書而已。」通典五十五。

功臣配饗

咸寧初，論次功臣將配饗太廟：以故太傅鄭沖、太尉荀顗、司徒石苞、司空裴秀、驃騎將軍王沈、安平獻王孚等〔二六〕，及太保何曾、司空賈充、太尉陳騫、中書監荀勖、平南將軍羊祜、齊王攸十二人皆存銘。太常配食於廟。武紀及鄭沖傳。

功臣配饗者，設坐於庭，謁者奠爵於饌前。皇帝不親祠。宋書禮志。

散騎常侍任茂議：「古之王臣有明德大功，若句龍之能平水土，稷之能植百穀，則祀社稷，異代不廢也。非此之類，則雖明如咎繇，勛如伊尹，功如吕尚，各於當代祀之，不祭於異代也。按魏有功臣配食之禮，凡云配食，各配食於主也。今魏主遷廟，臣宜從饗。」大司馬石苞議，魏氏功臣，宜歸之陳留國，俾修常祀，尤合事理。通典五十。

后妃廟

泰始元年，追尊宣王妃張氏爲宣穆皇后，景王夫人羊氏爲景皇后。又追尊景帝夫人夏侯氏爲景懷皇后。任茂議以爲夏侯初嬪之時，未有王業。帝不從。志。

懷帝初，策謚武帝楊皇后曰武悼皇后〔二七〕，別祠弘訓宮，不列於廟。志。成帝時下詔詳議。虞潭議：昔時祭於弘訓宮不入太廟。是事之未盡，非義典也。未有位號居正，而偏祠別室者，由是配食武帝。武悼楊皇后傳。

元帝妃虞氏早薨。及帝爲晉王，有司奏王后應別立廟。令曰：「今宗廟未成，不宜更興作，便修飾陵上屋以爲廟。」太興三年，追謚皇后，乃祔於太廟。元敬虞皇后傳。

晉建武起居注曰：立敬后廟，薦席不用緑緣。太平御覽服用部引。

王導與賀循書，論虞后廟。循答曰：「漢光武於統系，以元帝爲父，故於昭穆之敍，便居成帝之位，而遷成帝之主於長安高廟。今聖上於惠帝爲兄弟，亦當居惠帝之位，而上繼武帝，惠帝亦宜別廟，則虞妃廟，當以此定。」導又云：「戴若思欲於太廟立后別室。」循答曰：「或謂可別立廟，使進退無犯。愚以昭穆既正，則俯從定位，亦無拘小別。然非常之禮，無所取準。於名則未滿，於禮則變常。竊以戴所斟酌，於人情爲未安。」通典四十七〔二八〕。○原注：「元帝子明帝自有母，時以此疑，故比兄弟昭穆之義也。」

敬后追加謚號，改神主，訪賀循云：「瑯琊典祠令孫文立議：『使者奉主及册命詣中閤，中人受取入内，易著石函中。故主留於廟閤。新主出廟，國官拜送。』如文議，則非於行廟受册。」循答曰：「崇謚敬后，宜立行廟。以王后之號，有加常尊，輕重不同，禮宜有變。既立行廟，則常主宜出居座位。臨加册謚，易以新主，常主宜還埋故廟兩階之間。」通典四十八〔二九〕。

昭帝生母豫章君荀氏。成帝立，尊重同於太后。咸康元年薨。別立廟於京都。豫章君傳。

太元十年，追尊簡文母會稽太妃鄭氏爲簡文宣太后，立廟太廟道西。志。○簡文宣太后傳：羣臣希旨，多謂應配食元帝。太子前率徐邈曰：「平素之時，不伉儷於先帝，至於子孫，豈可爲祖考立配？其尊崇盡禮，由於臣子，故得稱太后，陵廟備典。若乃祔葬配食，則義所不可。」從之。

孝武帝追崇庶祖母宣太后，議者咸謂宜配食中宗。燾議曰：「陽秋之義，母以子貴，故仲子、成風咸稱夫人。經言：『考仲子宮。』若配食惠廟，則宮無緣別築前漢孝文、昭太后，並繫子爲號，祭於寢園，不配於高祖之廟。後漢和帝之母曰恭懷皇后，安帝祖母曰敬隱皇后，順帝之母曰恭愍皇后，雖不繫子爲號，亦祭於陵寢。不配章、安二帝。此則二漢雖有太后、皇后之異，至於並不配食，義同陽秋。惟光武追廢吕后，故以薄后配高廟。又衛后既廢，霍光追尊李夫人爲皇后，配孝武廟，此非母以子貴之例，且以高、武二廟無配故耳。謂宜遠準陽秋考宮之義，近摹二漢不配之典。尊號既正，則罔極之情申，別建寢廟，則嚴禰之義顯，繫子爲稱，兼明母貴之所由，一舉而允三義，固哲王之高致也。」議者從之。宋書臧燾傳。

安德陳太后，神主祔於宣太后廟。安德陳太后傳。

孝武文李太后，神主祔宣太后廟。文李太后傳。

皇子及諸王大夫士廟

博士孫毓議曰：「禮，諸侯五廟，二昭二穆及太祖也。今之諸王，實古諸侯也。諸侯不得祖天子，當以始封之君爲太祖，百代不遷，或謂之祧。其非始封，親盡則遷。其沖幼紹位未踰年而薨者，依漢制不立於宗廟，四時祭祀於寢而已。」通典四十八。

荀氏祠制：「神板皆正長尺一寸，博四寸五分，厚五寸八分。大書某祖考某封之神座，夫人某氏之神座，以下皆然。書訖，蠟油炙，令入理，刮拭之。」通典四十八。○晉劉氏問蔡謨：「時人祠有板？」謨答：「今代祠板，乃始禮之奉廟主也。主亦有題，今板書名號，亦是題主之意。」同上。

安昌公荀氏祠制：神板藏以帛囊，白縑裹盛，如婚禮囊板。板與囊合於竹箱中，以帛緘之，檢封曰祭板。通典四十八。

安昌公荀氏祠制云：荀氏進封大國，今祭六代，未立廟，暫以廳事爲祭室，須立廟如制備物。通典五十二。

賀循祭儀云：「祭以首時及臘，原注：「首時者，四時之初月。」歲凡五祭。將祭，前期十日散齋，不御，不樂，不弔。前三日，改服，居於齋室，不交外事，不食葷辛，静志虚心，思親之存。及祭，施位。牲，大夫少牢，士以特豖。祭前之夕，腊鼎陳於門外，主人即位，西面。宗人袒，告充。主人視殺於門外，主婦視饎於西堂下。設洗於阼階東南，酒醴甒於房户。牲皆體解。平明，設几筵，東面，爲神位。進食，乃祝。祝乃酌，奠，拜，祝訖，拜退，西面立，少頃，酌酳。酒一獻畢，受酢，飲畢，拜。婦亞獻，薦棗栗，受酢如主人。原注：「凡獻皆有炙，主人以肝，主婦以肉。」其次，長賓三獻，亦以燔從，如主人。次及兄弟獻，始進俎、庶羞。衆賓兄弟行酬，一徧而止。徹神俎羹飯爲賓食，食物如祭。餕畢，酌酳一周止。佐徹神饋，饌於室中西北隅，以爲厭祭。既設，閉户牖。宗人告畢，乃退。凡明日將祭，今日宿賓。祭日，主人、羣子孫、宗人、祝、史皆詣廳事西面立，以北爲上。有薦新，在四時仲月。大夫士有田者，既祭而又薦；無田者薦而不祭。禮貴勝財，不尚苟豐，貧而不逮，無疑於降，大夫降視士，士從庶人可也。」通典四十八。

咸寧三年，燕國遷廟主當之國，時博士孫繁議：「按禮，凡告事以特牲。又禮，盛主以簞笥，載以齋車，即古之金輅也。每舍奠焉。又禮，廟事考妣，同席共饌，一尸而祭，以神合爲一也。今王之國，迎廟主而行，宜以發日，夙興，告廟迎主。今無齋車，當以犢車，二主同車共祠，合於古〔三〇〕。宗祀國遷，掌奉主祏當侍從。主車在王鹵簿前，設導從。每頓止，傳主車於中門外，左，設脯醢醴酒之奠，而後即安之。」通典四十八〔三一〕。

高陽王睦，初封中山王，自表乞依六蓼祀皋陶，鄫杞祀相立廟。事下太常，依禮典平議。博士祭酒劉憙等議：「禮記王制，諸侯五廟，二昭二穆，與太祖而五。是則立始祖之廟，謂嫡統承重，一人得立耳。假令支弟並爲諸侯，始封之君不得立廟也。今睦非爲正統，若立祖廟，中山不得並也。後世中山乃得爲睦立廟，爲後世子孫之始祖耳。」詔曰：「禮文不明，此制度大事，宜令詳審，可下禮官博議，乃處當之。」高陽王睦傳。

太元六年，詔曰：「亡大兄以司馬珣之爲國後，祭禮何儀？」博士江熙議：「穀梁傳云『公子之重，視大夫』，則王子一例也。請皇子廟祭，用大夫禮，三廟。牲用少牢。若繼嗣之身未準大夫，祭用士禮。宜權立廟，告嗣，而後迎繼嗣之身。」通典四十七。

劉氏問蔡謨曰：「非小宗，及一家之嫡分張不在一處，得立廟不？」曰：「禮，宗子在他國，而庶子在家，則祭。先儒説曰：『有子孫在，不可以乏先祖之祀也。』原注：「不乏祀者〔三二〕，明宗子在他國，不得廟祭，故令庶子祭於家也。」苟在他國，雖是宗子，猶不得立廟，況非嫡長乎！」通典五十一。

劉智釋問曰：「亡其親者，不知其死生則不敢服，然則終身不祭乎？」智答曰：「惟疑其生，故不敢服也；必疑其死焉，可不祭乎！古之死者必告於廟。今亡其親，必告其先廟，使咸知之。求之三年，若不得也，則又告之。告之者，欲令其生也，則隨而祐之。其後疑，祭必告，令知其疑，不受他鬼[三三]，死者終歸饗也。祝辭以告疑，則遠廟不遷矣[三四]。憑靈之心，加崇於尊，此孝子之情也。」通典五十一。

晉荆州刺史殷仲堪問：「禮文，有緦麻服而猶得祭，當不普言新喪之親於所祭者耶？」別駕庾叡、功曹滕恢、主簿劉恬答曰：「尋禮文，當是指明有緦服可以祭耳，不以新喪之親於所祭者有服爲疑。今世中傳重者，而有從祖小功之服，服既除，恐不得以二祖服近而不祭也。」通典五十二。

殷仲堪問庾叡：「綱紀有承重之身，身服已除，其應祭。吾尚有服，當得於廳事上祭不？」庾叡等答曰：「宜在別室。」又問曰：「依禮，祭皆於宗子之家，支子每往助祭耳。又如吾家五等封，乃應有廟。今既無廟，而共家常以廳事爲烝嘗之所。今一朝忽移別室，意殊不安。」劉功曹答云：「昔魯襄公尚於兄弟之廟，假鐘磬以成禮，今於廳事當無嫌也。」通典五十二。

【校勘記】

〔一〕營太廟　「營」，底本誤作「榮」，據晉書改。

〔二〕自近代以來皆一廟七室　「一」，底本原奪，據晉書補。

〔三〕惠帝崩又遷豫章　「惠」，底本誤作「愍」，據晉書改。

〔四〕愍懷太子太子二子哀太孫臧沖太孫尚並祔廟　「太子二子」，底本原奪，據百衲本晉書補。

〔五〕其後以次夾始祖而南　「夾」，底本原奪，據後漢書補。

〔六〕成帝咸康七年　「七」，底本誤作「五」，據晉書改。

〔七〕合十二代　「代」，底本原奪，據通典補。

〔八〕遭時之故事難非常　「故事難」，底本誤作「難故事」，據中華書局本通典校勘記改。

〔九〕權於廟上設幄坐　「廟」，底本誤作「朝」，據通典改。

〔一〇〕先帝平康北面而臣愍帝　「平康」，底本原奪，據通典補。

〔一一〕議者謂卑於陰室　「卑」，底本誤作「宜」，據通典改。

〔一二〕通典四十八　「八」，底本原奪，據通典補。

〔一三〕古者帝各異廟　「各」，底本誤作「后」，據中華書局本通典校勘記改。

〔一四〕義熙九年四月　「九」，底本誤作「元」，據晉書改。

〔一五〕宜築別室　「別」，底本原奪，據晉書補。

〔一六〕今則應用二年四月　「二」，底本誤作「三」，據通典改。

〔一七〕廢帝太和元年五月　「廢」，底本誤作「明」，據通典改。

〔一八〕且太廟合共　「且」，底本誤作「但」，據中華書局本通典校勘記改。

〔一九〕理應有牲　「有牲」，底本原奪，據通典補。

〔二〇〕取其疏數若隨宜然　「若隨宜」，底本誤作「隨宜若」，據中華書局本通典改。

〔二一〕下云　「云」，底本原奪，據通典補。

〔二二〕宣后移廟爲但告東廟亦告太廟耶　「移」，底本誤作「徙」「爲」，底本誤作「或」「耶」，底本原奪。並據中華書局本通典改。

〔二三〕昔世祖受終　「世」，通典諱作「代」。

〔二四〕作爲册書逸誥　「逸誥」，底本原奪，據通典補。

〔二五〕又周公請命於三王　「請」，底本誤作「謂」，據通典改。

〔二六〕安平獻王孚等　「王」，底本原奪，據晉書補。

〔二七〕策謚武帝楊皇后曰武悼皇后　「帝」，底本誤作「後」，據晉書改。

〔二八〕通典四十七　「七」，底本誤作「八」，據通典改。

〔二九〕通典四十八　「八」，底本誤作「一」，據通典改。

〔三〇〕合於古　「合於」，底本原奪，據通典補。

〔三一〕通典四十八　「八」，底本誤作「七」，據通典改。

〔三二〕不乏祀者　「祀」，底本原衍「云」，據中華書局本通典校勘記删。

〔三三〕不受他鬼　「他」，底本誤作「也」，據通典改。

〔三四〕則遠廟不遷矣　「遠」，底本誤作「還」，據中華書局本通典校勘記改。

晉會要弟五

禮三

祀日月

魏明帝太和元年二月丁亥朔，朝日於東郊。八月己丑，夕月於西郊。晉因之。通典四十四。

太康三年，有司奏，春分朝日，寒温未適，可不親出。詔曰：「禮宜有常，若如所奏，與故太尉所撰不同，復爲無定制也。間者方難未平，故每從所奏，今戎事弭息，惟此爲大。」案此詔，帝親祀朝日也。此後廢。志。

祀星

晉以仲秋月，祀於國都遠郊老人星廟。季秋，祀心星於南郊壇心星廟。通典四十四。

晉祠令：「立秋後，祀炅星。」太平御覽時序部。

晉祠令：「縣又祠靈星。」北史劉芳傳。

江左以來，不立七祀，靈星則配享南郊，不復特置焉。志。

祭山川

泰始元年十二月，詔曰：「昔聖帝明王修五嶽四瀆，名山川澤，各有定制，所以報陰陽之功故也。其按舊禮具爲之制。」武紀。

地郊則五嶽、四望、四海、四瀆、五湖、五帝之佐〔一〕、沂山、嶽山、白山、霍山、醫無閭山、蔣山、松江、會稽山、錢唐江、先農，凡四十四神也〔二〕。皆有祭秩。江南諸小山，蓋江左所立。志。

臨晉有河水祠，祠臨晉水。地理志注。

即墨有天山祠。

臨朐有海水祠。

海陽有江海會祠。

江都有江水祠。

天柱山在灊縣南，有祠。均見地理志注。

九山廟。晉元康二年九月，太歲庚午，帝遣殿中中郎將關內侯樊廣、緱氏令王與、主簿傅演，奉宣詔命，興立廟殿焉。水經洛水注。

太寧三年，詔曰：「五嶽、四瀆、名山、大川載在祀典應望秩者〔三〕，悉廢而未舉。主者其依舊詳處。」明紀。

穆帝升平中，何琦論修五嶽祠曰〔四〕：「唐虞之制，天子五載一巡狩，順時之方，柴燎五嶽，望於山川，徧於羣神，故曰，因名山升中於天，所以昭告神祇，享報功德。是以災厲不作，而風雨寒暑以時。降及三代，其禮不易，五嶽視三公，四瀆視諸侯，著在經記。自永嘉之亂，神州傾覆，茲事替矣。惟灊之天柱，在王略之內也，舊臺選百户吏卒，以奉其職。中興之際，未有官守，廬江郡常遣大吏兼假四時禱賽〔五〕，春釋寒而冬請冰。咸和迄今，又復隳替。計今非典之祠，可謂非一。考其正名，則淫昏之鬼；推其糜費，則百姓之蠹。而山川大神更爲簡缺，禮俗頹紊，人神雜擾，公私奔蹩〔六〕，漸以繁滋。良由國家多難，日不暇給，草建廢滯，事有未遑。今元憝已殲，宜修舊典。嶽瀆之域，風教所被，來蘇之衆，咸蒙德澤。而神明禋祀〔七〕，未之或甄，巡狩柴燎，其廢尚矣。崇明前典，將俟皇輿北旋，稽古憲章，大釐制度。俎豆牲牢，祝嘏文辭〔八〕，舊章靡記，可令禮官作式，歸諸誠簡，以達明德馨香，如斯而已。其諸祆孽〔九〕，可粗依法典，先去其甚，俾邪正不黷。」時不見省。志。

大旱經久，太興四年四月始雨，有司奏，應報賽宗廟山川。中宗詔曰：「祈廟報賽，實非奉尊上辭也。吾意有疑，以爲舊山川有祈報，故雨，賽非大事不應告廟。臣子無要君之道，黷祭禰賽，於禮有違。」太平御覽五百二十九引晉中興書。

耕耤　祠先農

泰始四年，有司奏始耕祠先農〔一〇〕，可令有司行事。詔曰：「國之大事，在祀與農。是以古之聖王，躬耕帝耤，以供郊廟之粢盛，且以訓化天下。近世以來，耕耤止於數步之中〔一一〕，空有慕古之名，曾無供祀訓農之實，而有百官車徒之費。今修千畝之制，當與羣公卿士躬稼穡之艱難，以率先天下。主者詳具其制，下河南尹〔一二〕，處其地於東郊之南〔一三〕，洛水之北。若無官田，隨宜便換，而不得侵人也。」於是乘輿御木輅以耕，以太牢祀先農。自惠帝之後，其事便廢。志。

晉耤田，去宮八里，遠十六里，謂之千畝。通典四十六。

潘岳耤田賦云：伊晉之四年正月丁未，兆鏞按：文選注引臧榮緒晉書：「丁亥耤田。」李善云：「今爲丁未，誤也。」皇帝親率羣后耤於千畝之甸，禮也。於是乃使甸師清畿，野廬掃路，封人壝宮，掌舍設枑。青壇蔚其嶽立兮，翠幕黕以雲布。結崇基之靈阯兮，啓四塗之廣阼。沃野墳腴，膏壤平砥。清洛濁渠，引流激水。遐阡繩直，邇陌如矢。葱犗服於縹軛兮，紺轅綴於黛耜。儼儲駕於廛左兮，俟萬乘之躬履。百僚先置，位以職分，自上下下，具惟命臣。森奉璋以階列兮，望皇軒而肅震。於是前驅魚麗，屬車鱗萃，閶闔洞啓，參塗方駟，常伯陪乘，太僕執轡。后妃獻穜稑之種，司農撰播殖之器，挈壺掌升降之節，宮正設門閭之蹕。天子乃御玉輦，蔭華蓋，衝牙錚鎗，綃紈綷縩。金根照耀以烱晃兮，龍驥騰驤而沛艾。表朱玄於離坎兮，飛青縞於震兌。中黄曄以發輝兮，方綵紛其繁會。五路鳴鑾，九旗揚旆，瓊鈒入蘂，雲罕晻藹。簫管嘲哳以啾嘈兮，鼓鞞硡磤以砰磕。筍簴嶷以軒翥兮，洪鐘越乎區外。震震填填，塵霧連天，以幸乎耤田。蟬冕頻以灼灼兮，碧色肅其芊芊。似夜光之剖荆璞兮，若茂松之依山巔也。於是我皇乃降靈壇，撫御耦，游場染屨，洪縻在手。三推而舍，庶人終畝。貴賤以班，或五或九。居靡都鄙，人無華裔，長幼雜遝以交集，士女頒斌而咸戾。被褐振裾，垂髫總髻，躡踵側肩，掎裳連襼。黄塵爲之四合兮，陽光爲之潛翳。動容發音而觀者，莫不忭舞於康衢，謳吟乎聖世。潘岳傳。

八年正月癸亥，帝耕於耤田。武紀。

十年正月辛亥，帝耕於耤田。武紀。

武帝時，有司奏耤田，御牛青絲紖斷，詔以青麻代之。武紀。

晉祠令：「郡、縣、國祠社稷〔一四〕、先農。」北史劉芳傳。

武帝末，有司奏：「古諸侯耕耤田百畝，躬執耒以奉社稷宗廟，以勸率農功。今諸王臨國，宜依修耕耤之義。」然竟未施行。志。

江左元帝將修耕耤，尚書符問：「耤田至尊應躬祠先農不？」賀循答：「漢儀無『至尊應自祭』之文〔一五〕，然周禮『王者祭四望則毳冕，祭社稷五祀則絺冕』，以此不爲無親祭之義也。宜立儀注。」賀循等所上儀注又未詳允，事竟不行。後哀帝欲行其典，亦不能遂。志。

賀循耤田儀曰：「耕日，以太牢祭先農於田所。」續漢禮儀志注。

江東草創，農桑廢弛，遠建議曰：「古者立春之日，天子祈穀於上帝，乃擇元辰，載耒耜，帥三公、九卿、諸侯、大夫躬耕帝耤，以勸農功。詩云：『弗躬弗親，庶民弗信。』自喪亂以來，農桑不修，遊食者多，皆由去本逐末故也。」時論美之。熊遠傳。

哀帝欲躬自耤田，彪以爲禮廢日久，儀注不存，中興以來所不行，謂宜停之。江彪傳。

興寧二年二月癸卯，帝親耕耤田。哀紀。

親蠶

太康六年，散騎常侍華嶠奏：「先王之制，天子諸侯親耕耤田千畝，后夫人躬蠶桑宮。今陛下以聖明至仁，修先王之緒，皇后體資生之德，合配乾之義，而坤道未光，蠶禮尚缺。以爲宜依古式，備斯盛典。」詔使侍中成粲草定其儀。先蠶壇高一丈，方二丈，爲四出陛，陛廣五尺，在皇后採桑壇東南帷宮外門之外，而東南去帷宮十丈，在蠶室西南，桑林在其東。取列侯妻六人爲蠶母。宋書禮志作「民妻六人」。蠶將生，擇吉日，皇后著十二笄、步搖，依漢魏故事，衣青衣，乘油畫雲母車，駕六騩馬。女尚書著貂蟬佩璽陪乘，載筐鉤。公主、三夫人、九嬪、世婦、諸太妃、太夫人及縣鄉君、郡公侯特進夫人、外世婦、命婦皆步搖，衣青，各載筐鉤從蠶〔一六〕。先桑二日，蠶宮生蠶著薄上。桑日，皇后未到，太祝令質明以一太牢告祠，謁者一人監祠。祠畢撤饌，班餘胙於從桑乃奉祠者。皇后至西郊升壇，公主以下陪列壇東。皇后東面躬自採三條，諸妃公主各採五條，縣鄉君以下各採九條，悉以桑授蠶母，還蠶室。事訖，皇后還，便坐，公主以下乃就位，設饗宴，賜絹各有差。志。

晉先蠶儀注曰：「車駕住，吹小菰，發吹大菰。」菰即茄也。初學記樂部引。通典同。茄者，胡人卷蘆葉吹之以作樂也。太平御覽樂部引。

九年三月丁丑，皇后率內外夫人命婦親桑於西郊，賜帛各有差。武紀、武悼楊皇后傳。

華嶠奏修蠶宮之禮。華嶠傳。

晉元康儀曰：採桑壇在蠶宮西南。玉海七十七。

楊皇后親蠶。儀注曰：「皇后乘輦，羣臣皆拜。至壇，下輦。升壇。」通典六十七。

六宗

司馬彪等表奏六宗之祀不應特立新禮，於是遂罷其祀。其後摯虞奏，又以爲：「按舜受終，『類於上帝，禋於六宗，望於山川』，則六宗非上帝之神，亦非山川之靈也。周禮肆師職曰：『用牲於社宗。』肆師之宗，與社並列，則班與社同也。又，月令孟冬祈於天宗。天宗，六宗之神也。漢光武即位高邑，依虞書禋於六宗。安帝元初中，立祀乾位，禮同太社。魏氏因之，至景初二年，大議其神，朝士紛紜，各有所執。惟散騎常侍劉邵以爲萬物負陰而抱陽，沖氣以爲和。六宗者，太極沖和之氣，爲六氣之宗也。虞書謂之六宗，周禮謂之天宗。是時考論異同，而從其議。漢魏相仍，著爲貴祀。凡崇祀百神，有其興之，莫敢廢之。宜定新禮，祀六宗如舊。」詔從之。志。

雩　禜祭祈雨附

咸寧二年春分，久旱。四月丁巳，詔曰：「諸旱處廣加祈請。」五月庚午，始祈雨於社稷山川。六月戊子，獲澍雨。此雩之舊典也。太康三年四月、十年二月，又如之。其雨多則禜祭，赤幘朱衣，閉諸陰，朱索縈社，伐朱鼓焉。志。

惠帝使校尉陳總、仲元詣洛陽山請雨，總盡除小祀，惟存大祀而祈之，七日大雨。水經洛水注引王隱晉書。

太興元年六月，旱，帝親雩。元紀。

咸和八年八月，大雩。成紀。

咸康二年三月，旱，大雩。成紀。

永和元年，大雩。穆紀。

穆帝永和時，有司議，制雩壇於國南郊之旁，依郊壇遠近，原注：「阮諶云『壇在巳地』，衛宏漢儀稱『魯人爲雩壇，在城東南』。諸儒所説皆云『壇』，而今作『墠』。又論語樊遲從遊於舞雩之下，衛宏云在魯城東南，舊跡猶在焉。」祈上帝百辟。旱則祈雨，大雩社稷、山川。原注：「戴邈議云：『周冬及春夏旱，禮有禱無雩。旱日淺則災微，旱日久則災甚。微則禱小神社稷之屬，甚乃大雩帝耳。』」舞僮八佾六十四人，皆玄服，持羽籥，而歌雲漢之詩章。時博士議：「雲漢之詩，宣王承厲王，撥亂遇災而懼，故作是詩。今晉中興，奕葉重光，豈以周人耗斁之辭乎？漢魏之代，別造新詩，晉室太平，不必因故。」司徒蔡謨議曰：「聖人迭興，禮樂之制，或因或革。雲漢之詩，興於宣王，今歌之者，取其修德禳災，以和陰陽之義，故因而用之。」通典四十三。

靈臺

太康五年，修立靈臺。宋書禮志。

靈臺在洛陽南，去城三里。文選閒居賦注引陸機洛陽記。

二至乃候。靈臺用竹律。律曆志。

日將蝕，太史登靈臺，伺候日變。禮志。

靈臺置丞。職官志。

潘岳閒居賦：靈臺傑其高峙。闚天文之秘奥，覩人事之終始。潘岳傳。〇文選「覩」作「究」。

祀皋陶

故事，祀皋陶於廷尉寺，新禮移祀於律署，以同祭先師於太學也。故事，祀以社日，新禮改以孟秋之月，以應秋政。摯虞以爲：「按虞書皋陶作士師，惟明克允，國重其功，人思其當，是以獄官禮其神，繫者致其祭，功在斷獄之成，不在律令之始也。太學之設，義重太常，故祭於太學，是崇聖而從重也。律署之置，卑於廷尉，移祀於署，是去重而就輕也。律非正署，廢興無常，宜如舊祀於廷尉。又，祭用仲春，義取重生，改用孟秋，以應刑殺，理未足以相易。宜定新禮，皆如舊。」制：「可。」志。

祀高禖

元康時，洛陽猶有高禖壇，百姓祠其旁，謂之落星。是後無聞〔一七〕。志。

晉以仲春之月祀高禖於城南，祀以特牲。惠帝元康六年，高禖壇上石，中破。博士議：「禮無高禖置石之文，未知設造所由。既已毁破，可無改造。」束晳議以爲：「石在壇上，蓋主道也。禮：祭器敝則埋而置新。今宜埋而更造，不宜遂廢。」後得高堂隆故事，詔更鐫石，令如舊，置高禖壇上。埋破石入地一丈。通典五十五。

晉元康中，高禖壇上石破，詔問出何經典，朝士莫知。博士束晳答曰：「漢武帝晚得太子，始爲立高禖之祠。高禖者，人之先也。故立石爲主，祀以太牢。」續漢禮儀志注。

江東太廟北門内，道西有石處，如竹葉小屋覆之。宋元嘉中，修廟所得。陸澄以爲晉孝武時郊禖石。然則江左亦有此禮矣。通典五十五。

羣祀

晉祠令：季夏土王日，祀黄帝。迎氣日，祀中霤。立秋祀白帝。季冬藏冰，祭司寒之神。

太平御覽時序部。

丙戌日祠風伯於戌地，己丑日祠雨師於丑地，牲用羊豕。志。

傅玄云：「帝之都城宜祭一門，正宮亦祭一門，正室祭一户，井、竈及中霤，各擇其正者祭之。」以後諸祀無聞，惟司命竈配享於南郊壇。通典五十一。

嵇含祖道賦序曰：祖之在俗尚矣，自天子至於庶人，莫不咸用。有漢卜日丙午，魏氏擇其丁未，至於大晉，則祖孟月之酉日，各因其行運。三代固不同，雖其奉祖，莫識祖之所由興也。説者云〔一八〕，祈請道神謂之祖。有事於道者，吉凶皆名。君子行役，則列之於中路；喪者將遷，則稱名於階庭。或云：百葉遠祖，名皆凋滅，墳塋不復存其銘表，遊魂不得托於廟祧。智者故於歲初良辰，肇建華蓋，揮揚綵旗，將欲招靈爽於今夕，庶衆祖之來憑，蓋有兩端，俯歎壯觀，乃述而賦之。兆鏞按：孫星衍續古文苑據初學記十三録，藝文類聚引「在社門」，誤也。

樓觀祀老子。蘇軾詩：「長有幽人悲晉惠，强修遺廟學秦皇。」自注：「秦始皇立老子廟於觀南，晉惠始修此觀。」

鴻祀

隆和元年，詔曰：「天文失度，太史雖有祈禳之事，猶釁眚屢彰。今欲依鴻祀之制，於太極殿前親執虔肅。」嚴諫曰：「鴻祀雖出尚書大傳，先儒所不究，歷代莫之興，承天接神，豈可以疑殆行事乎！天道無親，唯德是補，陛下祇順恭敬，留心兆庶，可以消災復異。豈須屈萬乘之尊，修雜祀之事？君舉必書，可不慎歟？」帝嘉之。孔嚴傳。

哀帝欲修尚書洪祀之制，逌諫曰：「臣尋史漢舊制〔一九〕，藝文志劉向五行傳，洪祀出於其中。然自前代以來，莫有用者。又其文惟説爲祀，而不載儀注。蓋久遠不經之事。今若於承明之庭，正殿之前，設羣神之位，行躬親之禮，準之舊典，有乖常式。」帝不納。逌又諫曰：「按洪祀之文，惟神靈大略而無所祭之名，稱舉國行祀而無貴賤之阻，有赤黍之盛而無牲醴之奠，儀法所用，闕略非一。若率爾而行，則舉義皆闕；有所施補，則不統其源。漢侍中盧植，時之達學，受法不究。誠以五行深遠，難以常思。臣非至精，孰能與此！」帝猶敕撰定，逌又陳古義，帝乃止〔二〇〕。江逌傳。

哀帝欲於殿前鴻祀，原注：「以鴻雁來爲候，因而祭之，謂之鴻祀。或曰：鴻，大也。鴻雁初來，必將大祀。」侍中劉遵等啓稱：「此惟出大傳，不在六籍，劉向、鄭玄雖爲其訓，自後不同。前代以來，並無其式。」通典五十五。

除淫祀

泰始元年十二月，詔曰：「末世信道不篤，僭禮瀆神，縱欲祈請，曾不敬而遠之，徒偷以求幸，祆妄相煽，舍正爲邪，故魏朝疾之。其按舊禮具爲之制，使功著於人者必有其報，而祆淫之鬼不亂其間。」志。

二年正月，有司奏春分祠厲殃及禳祠，詔曰：「不在祀典，除之。」志。

二年，遣侍中侯史光持節四方，除禳祀之不在祀典者。武紀。

【校勘記】

〔一〕五帝之佐　「五帝之佐」，底本原奪，據晉書補。

〔二〕先農凡四十四神也　「先農」至「神也」，底本原奪，據晉書補。

〔三〕五嶽四瀆名山大川載在祀典應望秩者　「望」，底本誤作「有」，據晉書改。

〔四〕何琦論修五嶽祠曰　「修」，底本原奪，據晉書補。

〔五〕廬江郡常遣大吏兼假四時禱賽　「大吏」，底本誤作「太史」，據晉書改。

〔六〕公私奔蹷　「蹷」，底本誤作「惑」，據晉書改。

〔七〕而神明禋祀　「禋」，底本誤作「湮」，據晉書改。

〔八〕祝嘏文辭　「文」，底本誤作「大」，據晉書改。

〔九〕其諸祆孽　「祆」，底本誤作「妖」，據晉書改。

〔一〇〕有司奏始耕祠先農　「始」，底本原奪，據晉書補。

〔一一〕耕耤止於數步之中　「止」，底本誤作「田」，據晉書改。

〔一二〕下河南尹　「尹」，晉書無，疑衍。

〔一三〕處其地於東郊之南　「其」，晉書作「田」。

〔一四〕郡縣國祠社稷　「社稷」，底本原奪，據北史補。

〔一五〕漢儀無至尊應自祭之文　「無」下，晉書有「正有」二字。

〔一六〕公主三夫人九嬪世婦諸太妃太夫人及縣鄉君郡公侯特進夫人外世婦命婦皆步搖衣青各載筐鉤從蠶　「公主」至「筐鉤」，底本原奪，據晉書補。

〔一七〕是後無聞　「是」，底本誤作「自」，據晉書改。

〔一八〕説者云　「者云」，底本誤作「文」，據藝文類聚改。

〔一九〕臣尋史漢舊制　「制」，晉書作「事」。

〔二〇〕帝乃止　「帝」，底本原奪，據晉書補。

晉會要弟六

禮四

朝會　元會

泰始中，有司奏：「諸侯之國，其王公以下入朝者，四方各爲二番，三歲而周，周則更始。若臨時有故，却在明年。明年來朝之後，更滿三歲乃復朝，不得違本數。朝禮皆親執璧，如舊朝之制。不朝之歲，各遣卿奉聘。」奏可。志。

摯虞決疑要注曰：「古者朝會皆執贄，侯、伯執珪，子、男執璧，孤執皮帛，卿執羔，大夫執雁，士執雉。漢魏粗同其制〔一〕，正旦大會，諸侯執玉璧，薦以鹿皮，公卿以下所執如古禮。古者衣皮，故用皮帛爲幣。玉以象德，璧以稱事。不以貨没禮〔二〕，庶羞不踰牲，宴衣不踰祭服，輕重之宜也。」續漢禮儀志注。

晉制，大會於太極殿，小會於東堂。[初學記禮部引摯虞決疑要注。]
宴之與會，威儀不同。會隨五時朝服，庭設金石，虎賁旄頭、文衣鶡尾以列[三]。宴則服
常服，設絲竹之樂，宿衛列仗。[藝文類聚禮部引摯虞決疑要注。○「虎賁」二字，據初學記禮部引增入。]
太康元年，詔曰：「江表初平，天下同其歡豫。王公卿士，各奉禮稱慶。其於東堂小會，
設樂使加於常。」五月庚寅，御臨軒，大會於太極殿前。四方賀使，國子太學生，司徒吏，副將
以上，及吳降將吏，皆與會。詔引歸命侯孫晧上殿，稽顙陳恩謝罪，稱萬歲。[藝文類聚禮部引晉起
居注。]

武帝更定元會儀，咸寧注是也。[傅玄元會賦曰：「考夏后之遺訓，綜殷周之典藝，採秦漢
之舊儀，定元正之嘉會。」此則兼採眾代可知矣。咸寧注：「先正一日，有司各宿設。夜漏未
盡十刻，羣臣集到，庭燎起火。上賀，起，謁報，又賀皇后。還，從雲龍、東中華門入，詣東閣
下，便坐。漏未盡七刻，百官及受贄郎官以下至計吏皆入立其次，其陛衛者如臨軒儀。漏未
盡五刻，謁者、僕射、大鴻臚各各奏羣臣就位定[四]。漏盡，侍中奏外辦。皇帝出，鐘鼓作，百
官皆拜伏。太常導皇帝升御坐，鐘鼓止，百官起。大鴻臚跪奏：『請朝賀。』掌禮郎贊：『皇
帝延王登。』大鴻臚跪贊：『藩王臣某等奉白璧各一，再拜賀。』太常報：『王悉登。』謁者引

上殿，當御坐。皇帝興，王再拜。皇帝坐，復再拜。跪置璧御坐前，復再拜。成禮訖，謁者引下殿，還故位。掌禮郎讚：『皇帝延太尉等。』於是公、特進、匈奴南單于、金紫將軍當大鴻臚西，中二千石、二千石、千石、六百石當大行令西，皆北面伏。鴻臚跪讚：『太尉、中二千石等奉璧、皮、帛、羔、雁、雉，再拜賀。』太常讚：『皇帝延公等登。』掌禮引公至金紫將軍上殿〔五〕。皇帝興，皆再拜。皇帝坐，又再拜。跪置璧、皮、帛御坐前，復再拜。成禮訖，謁者引下殿，還故位。公置璧成禮時〔六〕，大行令並讚殿下〔七〕，中二千石以下同。成禮訖，以贄授贄郎。郎以璧、帛付諸謁者，羔、雁、雉付太官。太樂令跪請奏雅樂〔八〕，樂以次作。乘黄令乃出車，皇帝罷入，百官皆坐。晝漏上水六刻，諸蠻夷胡客以次入，皆再拜訖，坐。御入後三刻又出，鐘鼓作。謁者、僕射跪奏：『請羣臣上。』謁者引王、公、二千石上殿，千石、六百石停本位。謁者引王詣樽酌壽酒，跪授侍中。侍中跪置御坐前，王還。王自酌置位前，謁者跪奏：『藩王臣某等奉觴，再拜上千萬歲壽〔九〕。』四廂樂作，百官再拜。已飲，又再拜。謁者引王等還本位。陛下者傳就席，羣臣皆跪，諾。侍中、中書令、尚書令各於殿上上壽酒。登歌樂升，太官又行御酒〔一〇〕。御酒升階，太官令跪授侍郎。侍郎跪進御坐前，乃行百官酒。太樂令跪奏：『奏登歌。』三終乃降。太官令跪請具御飯，到階，羣臣皆起。太官令持羹跪授司徒，持飯跪授大司農，尚食持案並授持節，持節跪進御坐前〔一一〕。羣臣就席。太樂令跪奏：『奏食舉樂。』太官行百官飯案徧。食畢，太樂令跪奏：『請進樂。』樂以次作。鼓吹令又前跪奏：『請以次進衆妓。』乃召諸郡計吏前，受勑戒於階下。宴樂畢，謁者一人跪奏：『請罷退。』鐘鼓作，羣臣北面再拜，出。」然則夜漏未盡七刻謂之晨賀。晝漏上三刻更出，百官奉壽酒，謂之晝會。別置女樂三十人於黄帳外，奏房中之歌。皇太子出會者，則在三恪下、王公上。正旦元會，設白虎樽於殿庭〔一二〕，樽蓋上施白虎，若有能獻直言者，則發此樽飲酒。志。

惠帝嘗訪渾元會問郡國計吏方俗之宜，渾奏曰：「舊三朝元會前，計吏詣軒下，侍中讀詔，計吏跪受。臣以詔文相承已久，無他新聲，非陛下留心方國之意也。可令中書指宣明詔，問方土異同、賢才秀異、風俗好尚、農桑本務，刑獄得無冤濫，守長得無侵虐。其勤心政化、興利除害者，授以紙筆，盡意陳聞。不復因循常詞。且察其答對文義〔一三〕，以觀計吏人才之實〔一四〕。又先帝時，正會後東堂見征鎮長史、司馬、諸王國卿、諸州別駕。今若不能別見，可前詣軒下，使侍中宣問，以審察方國，於事爲便。」帝然之。王渾傳。

江左多虞，不復晨賀。夜漏未盡十刻，開宣陽門，至平旦始開殿門。晝漏上五刻，皇帝乃出受賀。志。

有司奏：「魏氏故事，正旦賀，公卿上殿，虎賁六人隨上，以斧柄拄衣裾上〔一五〕。今宜依舊爲儀注〔一六〕。」詔曰〔一七〕：「此非前代善制，其除之。」太平御覽器物部引晉咸和起居注。

建興初，正旦將作樂。遠諫曰：「孝懷皇帝梓宮未反，比歲征行，百姓疲敝。元日，正始之初，貢士鱗萃，有識之士於是觀禮。今榮耳目之觀，崇戲弄之好，非納軌物，謂宜設饌以賜羣下而已。」元帝納之。熊遠傳。

晉咸康起居注曰：「十二月庚子，詔曰：『正會日，百僚增禄，賜醽酒，人二升。』」藝文類聚歲時部。

咸和八年，有司奏：「庭燎，舊在端門内，依舊門内施。」太平御覽火部引晉起居注〔一八〕。

穆帝升平二年，正月朔，朝會，是日賜衆客醁醽酒。藝文類聚禮部引晉起居注。

冬至日，受方國及百僚稱賀。因小會，其儀亞於獻歲之旦。志。

舊制，朝臣家有時疾，染易三人以上者，身雖無病，百日不得入宫。永和末，多疾疫，百官多列家疾，不入。彪之上言〔一九〕：「疾疫之年，家無不染。若以之不復入宫，則直守頓闕〔二〇〕，王者宫省空矣。」朝廷從之。王彪之傳。

穆帝永和中，爲中原山陵未修復，頻年元會廢樂。是時太后臨朝，后父褚裒薨，元會又廢樂也。志。

皇太子正會

皇太子正會儀，著遠遊冠、絳紗襮，登輿。至承華門，設位，拜二傅。交禮畢，不復登車。太傅訓導在前，少傅訓從在後。太子入崇賢門，樂作。登殿，西向坐。藝文類聚禮部引晉東宫舊事。

鄉飲酒

泰始六年十二月，帝臨辟雍，行鄉飲酒禮。詔曰：「禮儀之廢久矣，乃今復講肄舊典。」

賜太常絹百匹，丞、博士、太學生牛酒。咸寧三年，惠帝元康九年，復行其禮。志。

傅玄辟雍鄉飲酒賦曰：「時皇帝親枉萬乘之尊號，以幸乎辟雍。鹵簿齊列，官正其容。乃延卿士，乃命王公。定小會之常儀兮，饗殊俗而見遠邦。揖讓而升，有主有賓。禮雖舊制，其教惟新。若其俎豆有數，威儀翼翼。賓主百拜，貴賤修敕。酒清而不飲，肴乾而不食。及至嘒嘒笙磬，喤喤鐘鼓，琴瑟安歌，德音有序。樂而不淫，好樸尚古。四坐先迷而後悟，然後知禮教之弘普也。」藝文類聚禮部。

鄉射

張軌爲涼州刺史，春秋行鄉射之禮。張軌傳。

晉咸康五年春，征西庾亮行鄉射之禮。依古周制，親執其事，洋洋乎有洙泗之風〔二一〕。通典七十七。

敦煌太守陰澹欲行鄉射之禮，請襲爲三老，曰：「今四表輯寧，將行鄉射之禮。先生年耆望重，道冠一時，養老之義，實繫儒賢。樹非梧桐，而希鸞鳳降翼；器謝曹公，而冀蓋公枉駕，誠非所謂也。然夫子至聖，有召赴焉；孟軻大德，無聘不至。蓋欲弘闡大猷，敷明道化故也。今之相屈，遵道崇教，非有爵位，意者或可乎〔一一一〕？」索襲傳。

讀時令

漢儀，太史每歲上其年曆。先立春、立夏、大暑、立秋、立冬，常讀五時令。皇帝所服，各隨五時之色。帝升坐〔一一二〕，尚書三公郎以令置案上，奉以入。就席，伏讀訖，賜酒一卮。晉受命，亦有其制。志。

懷帝遵舊制，臨太極殿，使尚書郎讀時令。懷紀。

成帝咸和五年六月丁未，有司奏讀秋令。兼侍中散騎常侍荀奕、兼黄門侍郎散騎侍郎曹宇駁曰：「尚書三公曹奏讀秋令，儀注舊典未備。臣等參議光禄大夫臣華恒議，武皇帝以秋夏盛暑，常闕不讀令，在春冬不廢也。夫先王所以順時讀令者，蓋後天而奉天時，正服尊嚴之所重。今服章多闕，加比熱隆赫。臣等謂可如恒議，依故事闕如不讀。」詔可。六年三月，有司奏：「今月十六日立夏。今正服漸備，四時讀令，是祇述天和隆殺之道，謂今宜讀夏令〔二四〕。」奏可。志。

哀帝從博士曹弘等議，立秋御讀月令，改用素幘。通典五十七。○太平御覽服章部引晉要事：「隆和元年，太學博士曹弘之等議，立秋應讀令，不應著緗幘，改爲素。」

臘

泰始元年，定臘以酉。武紀。

晉博士張亮議曰：「臘，接也。祭宜在新，故交接也。俗謂臘之明日爲初歲〔二五〕，秦漢以來有賀，此皆古之遺語也。」藝文類聚歲時部。

元帝大興二年，未臘前一日，詔：「明日當爲范氏從母舉哀，百官戒嚴。」尚書郎張亮議曰：「從母無服之喪，不宜廢事舉哀。又大臘之日，休息黎衆，百日之勤，一日之澤，未可戒嚴。」通典四十五。

合朔

晉代，日月將交會，太史乃上合朔。尚書先事三日，宣攝内外戒嚴。摯虞決疑曰：「凡救日蝕者，著赤幘，以助陽也。日將蝕，天子素服避正殿，内外嚴警。太史登靈臺，伺候日變，便伐鼓於門。聞鼓音，侍臣皆著赤幘，帶劍入侍。三臺令史以上皆各持劍，立其户前。衛尉驅馳繞宫〔二六〕，伺察守備，周而復始。亦伐鼓於社，用周禮也。又以赤絲爲繩以繫社，祝史陳辭以責之。勾龍之神，天子之上公，故陳詞以責之。日復常，乃罷。」志。

漢建安中，將正會，太史上言：「正旦當日蝕。」朝士疑會否，尚書令荀彧用計吏劉邵議〔二七〕，朝會如舊。武帝咸寧三年、四年，並以正旦合朔，却元會，改魏故事也。志。

元帝太興元年四月，合朔。中書侍郎孔愉奏曰：「春秋，日有蝕之，天子伐鼓於社，攻諸陰也；諸侯伐鼓於朝，臣自攻也。按尚書符，日之有變，便擊鼓於諸門，有違舊典。」詔曰：「所陳有正義，輒敕外改之。」志。

康帝建元元年，太史上元日合朔，後復疑應却會與不〔二八〕。庾冰輔政，寫劉邵議以示八座。於時有謂邵爲不得禮意，荀彧從之，實爲勝人之一失。蔡謨遂著議非之，曰：「邵論災異〔二九〕，以梓慎、裨竈猶有錯失，太史之言〔三〇〕，亦未必審〔三一〕，其理誠然也。而云聖人垂制，不爲變異豫廢朝禮，此則謬矣。災祥之發，所以譴告人君。王者之所重誡，故素服廢樂，退避正寢，百官降物，用幣伐鼓，躬親而救之。夫敬誡之事，與其疑而廢之，寧慎而行之。魯桓公壬申有災，而以乙亥嘗祭，春秋譏之。災事既過，猶追懼未已，故廢宗廟之祭，況聞天眚將至，行慶樂之會，於禮乖矣。禮記所云諸侯入門不得終禮者，謂日官不豫言。諸侯既入，見蝕乃知耳，非先聞當蝕而朝會不廢也。引此，可謂失其義旨。劉邵所執、荀令所善〔三二〕、漢朝所從，遂使此言至今見稱，莫知其誤矣。君子將擬以爲式，故正之云爾。」於是冰從衆議，遂以却會。志。

永和中，殷浩輔政，又欲從劉邵議，合朔不却會。志。彪之與殷浩書曰：「太史上元日合朔，談者或有疑應却會否〔三三〕。昔建元元年，亦元日合朔。庾車騎寫劉孔才所論以示八座，於時朝議有謂孔才所論爲不得禮意〔三四〕。何者？禮云，諸侯旅見天子，入門不得終禮而廢者四：太廟火、日蝕、后之喪、雨沾服失容。尋此四事之指，自謂諸侯雖已入門，而卒暴有之，則不得終禮。非爲先存其事〔三五〕，而僥倖史官推術錯繆，故不豫廢朝禮也。夫三辰有災，莫大日蝕，史官告譴而無懼容〔三六〕，不修豫防之禮，而廢消救之術，方大饗華夷，君臣相慶，豈是處災罪己之謂〔三七〕？且檢之事實，合朔之儀，至尊静躬殿堂，不聽政事，冕服、御坐、門闔之制，與元會禮異自不得兼行，則當權其事宜。合朔之禮不輕於元會，元會有可却之禮〔三八〕，合朔無可廢之義〔三九〕，謂應依建元故事〔四〇〕。」却元會。魏志劉邵傳注。又太平御覽二十九引晉起居注同。

於是又從彪之議。志。

封禪

武帝平吴後，太康元年九月，尚書令衛瓘、尚書左僕射山濤、右僕射魏舒、尚書劉寔、司空張華等奏：「宜宣大典，禮中嶽，封泰山，禪梁父，發德號，以明至尊，享天休也。」詔曰：「今逋寇雖殄，外則障塞有警，内則百姓未寧，此盛德之事，所未議也〔四一〕。」志。其後羣臣屢請封禪，帝終謙讓弗許。武紀。

巡狩

新禮，巡狩方嶽，柴望告設壝宫如禮。諸侯之覲者，賓及執贄皆如朝儀，而不建旗。摯虞以爲：「覲禮，諸侯覲天子，各建其旗。旗章所以殊爵命，示等威。詩稱：『君子至止，言觀其旂。』宜定新禮，建旗如舊禮。」詔可其議。然終晉代，其禮不行。志。

【校勘記】

〔一〕漢魏粗同其制　「同」，後漢書作「依」。

〔二〕不以貨没禮　「没」，底本誤作「役」，據後漢書改。

〔三〕文衣鷃尾以列　「文」，藝文類聚作「之」，初學記作「文」。「列」下，藝文類聚有「陛」字。

〔四〕謁者僕射大鴻臚各各奏羣臣就位定　「各各」，底本原奪一「各」字，據晉書補。

〔五〕掌禮引公至金紫將軍上殿　「掌禮」下，中華書局本晉書校勘記引拾補，以爲奪「郎」字。「上殿」下，中華書局本晉書校勘記引拾補，以爲奪「當御坐」三字。

〔六〕公置璧成禮時　「公」上，中華書局本晉書校勘記引拾補，以爲奪「王」字。

〔七〕大行令並讚殿下　「大」，底本誤作「太」，據晉書改。

〔八〕太樂令跪請奏雅樂　「請」，底本原奪，據晉書補。

〔九〕再拜上千萬歲壽　「壽」，底本原奪，據晉書補。

〔一〇〕太官又行御酒　「太官」下，中華書局本晉書校勘記以爲奪「令」字。

〔一一〕持節跪進御坐前　「持節」，中華書局本晉書校勘記疑爲「侍郎」之訛字。

〔一二〕設白虎樽於殿庭　「白虎」，晉書諱作「白獸」。下句「白虎」同。

〔一三〕且察其答對文義　「其」，底本原奪，據晉書補。

〔一四〕以觀計吏人才之實　「人」，底本誤作「賢」，據晉書改。

〔一五〕以斧柄拄衣裾上　「拄衣裾」，清黃奭輯晉各朝起居注同，涵芬樓影宋本太平御覽作「柱衣裾」，四庫全書本太平御覽作「掛衣裾」。

〔一六〕今宜依舊爲儀注　「今」，清黃奭輯晉各朝起居注同，太平御覽作「令」。

〔一七〕詔曰　「詔」，清黃奭輯晉各朝起居注同，太平御覽作「謂」。

〔一八〕太平御覽火部引晉起居注　「太平御覽」，底本誤作「藝文類聚」，據太平御覽改。

〔一九〕彪之上言　「上」，晉書作「又」。

〔二〇〕則直守頓闕　「守」，晉書作「侍」。

〔二一〕洋洋乎有洙泗之風　「乎」，通典作「然」。

〔二二〕意者或可乎　「可」下，晉書有「然」字。

〔二三〕帝升坐　「坐」上，晉書有「御」字。

〔二四〕謂今宜讀夏令　「今」下，晉書有「故」字。

〔二五〕俗謂臘之明日爲初歲　「俗謂」下，藝文類聚有「之」字，太平御覽時序部無。

〔二六〕衛尉驅馳繞宫　「衛尉」下，晉書有「卿」字。

〔二七〕尚書令荀彧用計吏劉邵議　「尚」，底本誤作「中」，據晉書改。

〔二八〕後復疑應却會與不　「不」，晉書作「否」。

〔二九〕邵論災異　「災異」，晉書作「災消異伏」。

〔三〇〕太史之言　「之」，晉書作「上」。

〔三一〕亦未必審　「未」，晉書作「不」。

〔三二〕荀令所善　「善」，底本誤作「言」，據晉書改。

〔三三〕談者或有疑應却會否　「否」，魏書劉劭傳注作「不」，太平御覽引晉起居注作「與否」。

〔三四〕於時朝議有謂孔才所論爲不得禮意　「於時」，底本誤作「於是」，據魏書劉劭傳注改。

〔三五〕非爲先存其事　「爲」，底本誤作「謂」，據魏書劉劭傳注改。

〔三六〕史官告譴而無懼容　「而」，底本誤作「曾」，據魏書劉劭傳注改。

〔三七〕豈是處災罪己之謂　「豈是處災」，魏書劉劭傳注作「豈是將處天災」，太平御覽引晉起居注作「豈復是處天災」。

〔三八〕元會有可却之禮　「禮」，底本誤作「準」，據嚴可均全晉文改。

〔三九〕合朔無可廢之義　「義」，底本誤作「禮」，據魏書劉劭傳注改。

〔四〇〕謂應依建元故事　「建元」上，底本原衍「咸寧」二字，據魏書劉劭傳注删。

〔四一〕所未議也　「未」下，底本原衍「敢」字，據晉書删。

晉會要弟七

禮五

皇帝冠禮

周禮雖有服冕之數，而無天子冠文。又儀禮云：「公侯之有冠禮，夏之末造也。」王、鄭皆以爲夏末上下相亂，簒弒由生，故作公侯冠禮，則明無天子冠禮之審也。大夫又無冠禮，古者五十而後爵，何大夫冠禮之有？周人年五十而有賢才，則試以大夫之事，猶行士禮也。故筮日筮賓，冠於阼以著代，醮於客位，三加彌尊，皆士禮耳。然漢代以來，天子諸侯頗採其儀。正月甲子若丙子爲吉日，可加元服，儀從冠禮是也。漢順帝冠，又兼用曹褒新禮〔一〕，乘輿初加緇布進賢，次爵弁、武弁，次通天，皆於高廟，以禮謁見世祖廟。王公以下，初加進賢而已。按此文，始冠緇布〔二〕，從古制也，冠於宗廟是也。魏天子冠一加。其説曰：「士禮三加，加有成也。」至於天子、諸侯無加數之文者〔三〕，將以踐阼臨下，尊極德備，豈得與士同？魏氏太子再加，皇子、王公、世子乃三加。孫毓以爲一加再加，皆非也。志。

孫毓五禮駁曰：「魏氏天子一加，三加嫌同諸侯。」毓按：玉藻云：「玄冠朱組緌〔四〕，天子之冠也。緇布冠繢緌，諸侯之冠也。」其説謂皆始冠〔五〕，則是有次加之辭。此二冠皆卑服質古，勢不一加，必重加朝祭之服，以崇彌尊。若冠日有不加者，後必不擇吉而服，蓋以服從卑始，象德日新，不可先服尊服，轉而即卑。今從魏氏一加之制，考之玉藻，似非古典。今三加者〔六〕，先冠皮弁，次冠長冠〔七〕，後冠進賢冠，以爲彌尊也。通典五十六。

禮醮辭曰：「令月吉日，以歲之正，以月之令。」按：魯襄公冠以冬，漢惠帝冠以三月，明無定月。而後漢以來，帝加元服咸以正月。及咸寧二年秋閏九月，遣使冠汝南王柬，此則非必歲首。志。

王彪之云：禮、傳冠皆在廟。按，武帝既加元服，車駕出拜於太廟，以告成也。蓋亦猶擬在廟之儀。志。

江左諸帝冠儀，一加幘冕。將冠，金石宿設，百僚陪位。又豫於殿上鋪大牀，御府令奉冕、幘、簪導、衮服以授侍中常侍〔八〕，太尉加幘，太保加冕。將加冕，太尉跪讀祝文曰：「令月吉日，始加元服。皇帝穆穆，思弘衮職。欽若昊天，六合是式。率遵祖考，永永無極。眉壽惟期，介兹景福。」加冕訖，侍中繫玄紞，侍中脱帝絳紗服〔九〕，加衮服冕冠。事畢，太保率羣臣奉觴上壽，王公以下三稱萬歲乃退。志。○通典五十六同。「極」作「斁」，「期」作「祺」，「太保」作「大祝」。

成帝用三元吉日，既加元服，拜於太廟。通典五十六。

穆帝、孝武將冠，皆先以幣告廟。訖，又廟見也。志。

裴頠答治禮問：「天子禮玄冠者〔一〇〕，形之成也。爲君未必成人，故君位雖定，不可孩抱而服冕弁。」摯虞以爲，天子即位之日，即爲成君，冕服以備，不宜有加。諸侯即位爲成君，位豈不定〔一一〕？諸侯成君，不拘盛典而可以冠，天子成君，獨有火龍黼衣便不可乎？意謂宜冠有加〔一二〕。通典五十六。

孝武時，臺符問：「修復未畢，吉凶不相干，爲可加元服與不〔一三〕？」太常王彪之議：「禮雖有喪冠，當是應冠之年，若須服終，便失應冠之年故也〔一四〕。禮所以冠無定時月，春夏不可，便用秋冬。若今歲内修復未畢〔一五〕，入新年，卜仲春之日，加元服，不失年，不失禮。今便准喪冠〔一六〕，闕饗樂而行事。若以加衮冕，火龍焕然，以准喪儀，情有不體。若别有事〔一七〕，必速加元服，權諸輕重，不須修復畢也。」又議：「新年至尊，當加元服〔一八〕。若依成帝故事用三元日，冠有金石之樂，恐今山陵未畢，於樂便闕〔一九〕。冠自卜日。『夏葛屨，冬皮屨』，明無定時〔二〇〕，不必三元也。按晉故事及兩漢，皆非三元，當任時事之宜耳。」又議：「近訪得成皇帝加元服儀注。按禮，冠皆於廟〔二一〕。儀禮云『既畢，賓出，主人送於廟門』，明必在廟。近代以來，不復在廟。成皇帝既加元服〔二二〕，拜太廟以告成。今既加元服，亦應拜廟。」通典五十六。

皇太子冠

惠帝之爲太子，將冠，武帝臨軒，使兼司徒高陽王珪加冠〔二三〕，兼光禄大夫、屯騎校尉華廙贊冠。志。○通典五十六注：「武、惠冠。」

永平元年，正月丙午，皇太子冠，丁未，見於太廟。惠紀。○通典五十六注：「太子冠訖，皆即廟見，斯亦擬在廟之儀。」

皇太子冠，太子進而樂作，位定而樂止〔二四〕。通典七十一〔二五〕。

懷帝亦以正月冠皇太子。通典五十六。○按：懷紀，永嘉元年三月庚午，豫章王詮爲皇太子。無正月冠皇太子明文。

諸王大夫士冠

泰始十年，南宮王承年十五依舊應冠。有司議奏〔二六〕：「禮，十五成童，國君十五而生子，以明可冠之宜。漢魏遣使冠諸王，非古典。」於是制王十五而冠〔二七〕，不復加使命。志。

咸寧二年秋閏九月〔二八〕，遣使冠汝南王柬。志。

晉王堪冠禮儀云：「永平元年，正月戊子，冠中外四孫。立於步廣里舍之阼階〔二九〕，設一席於東廂。引冠者以長幼次於席南，東上。賓宗人立於西廂，東面南上。堪立於東軒西，南面西上。陳元服於席上。宗人執儀，以次呼冠者，各應曰『諾』。宗人申誡之曰：『以歲之正，以月之令，兄弟具來，咸加爾服，棄爾幼志，順爾成德，敬慎威儀，惟人之則，壽考維祺，永受景福。』冠者高跪而冠，各自著布。興，再拜，從立於賓，南上。酌四杯酒，各拜醮而飲。事訖，上堂，向御史府君再拜。訖，冠者皆東面坐，如常燕禮時。賓宗人東平王隆叔祚、王循道安、王業建始。此皆古禮也，但以意斟酌，從其簡者耳。」通典五十六。

册立皇后

武帝咸寧二年，臨軒，遣太尉賈充册立皇后楊氏，納悼后也。因大赦，賜王公以下各有差，百僚上禮。志。

太康八年，有司奏：「大婚納徵用玄纁束帛，加珪，馬二駟。其羊、雁、酒、米如故。」尚書朱整議：「按魏氏故事，天子以皮馬爲庭實，加以穀珪。漢高后制聘，后黄金二百斤，馬十二匹。」志。

王彪之曰：「納悼后，起居注無賀文，而有上禮。武帝以長秋再建，感愴不敍，詔通斷之。」通典五十九。

明帝立庾皇后册文曰：「妃庾氏昔承明命，作嬪東宫，虔恭中饋，思媚軌則。履信思順，以成肅雍之道；正位閨房，以著協德之美。朕夙罹不造，煢煢在疚。羣公卿士，稽之往代，僉以崇嫡明統，載在典謨，宜建長秋，以奉宗廟。是以追述先志，不替舊命，使使持節兼太尉授皇后璽綬。夫坤德尚柔〔三〇〕，婦道承姑，崇粢盛之禮，敦螽斯之義，是以利在永貞，克隆堂基，母儀天下，潛暢陰教。鑒於六列，考之篇籍，禍福無門，盛衰由人，雖休勿休。其敬之哉，可不慎歟！」后妃傳。

成帝咸康二年，臨軒，遣使持節、兼太保、領軍將軍諸葛恢，兼太尉、護軍將軍孔愉，六禮備物，拜皇后杜氏。即日入宫，帝御太極殿，羣臣畢賀。成恭杜皇后傳：「晝漏盡，懸籥，百官乃罷。」賀，非禮也。自漢魏遺事，並皆闕略。武、惠納后，江左又無復儀注。故成帝將納杜后，太常華恒始與博士參定其儀，然其儀注又不具存。志。

康帝建元元年，納皇后褚氏，而儀注陛者不設旄頭。殿中御史奏〔三一〕：「今迎皇后〔三二〕，依成恭皇后入宫御物，而儀注至尊衮冕升殿，旄頭不設，求量處。」又按：昔迎恭皇后，惟作青龍旂，其餘皆即御物。今當臨軒遣使，而立五牛旂旗〔三三〕，旄頭罼罕並出即用，故致今闕。」詔曰：「所以正法服、升太極者，以敬其始，故備其禮也。今云何更闕所重而徹法物耶？」又，恭后神主入廟，先帝詔后禮宜降，不宜建五牛旗，而今猶復設之耶？既不設五牛旗，則旄頭罼罕之物易具也。」又詔曰：「舊制既難準，且於今而備，亦非宜。府庫之儲，惟當以供軍國之費耳。法服儀飾粗令舉，其餘兼副雜器停之。」志。

穆帝永和十年，臺符問：「六禮版文，舊稱皇帝，今太后臨朝，當何稱？」博士曹耽云：「公羊傳：『婚禮不稱主人。』母命諸父爲主。」太常王彪之云：「經、傳異義〔三四〕，不可全據。今皇太后臨朝稱制，文告所達，國之大典，皆仰稟成命，豈婚聘獨不通乎？六禮版文〔三五〕，應稱皇太后詔。」符又問：「今太后還政，不復臨朝，當何稱？」彪之云：「當稱皇帝詔。」通典五十八。

穆帝升平元年，將納皇后何氏。太常王彪之大引經傳及諸故事，深非公羊「婚禮不稱主人」之義。曰：「王者之於四海，無非臣妾，雖復父兄之親，師友之賢，皆純臣也。夫崇三綱之始，以定乾坤之儀，安有天父之尊，而稱臣下之命以納伉儷？安有臣下之卑，而稱天父之名以行大禮？遠尋古禮，近求史籍，於情不安，於義不通。按咸寧二年，納悼皇后時，弘訓太后母臨天下，而無命戚屬之臣爲武皇父兄主婚之文。咸寧故事不稱父兄師友，則咸康華恒所上禮合於舊。謂今納后儀制，宜一依咸寧故事。」從之。恒所定之禮，依漢舊及晉已行之制，故彪之多從咸寧，由此也。惟以娶婦之家三日不舉樂，而咸康羣臣賀，爲失禮。故但依咸寧上禮，不復賀。其告廟六禮版文等儀，皆彪之定也。志。

博士荀納云：「凡六禮，版長尺二寸，以應十二月；博四寸，以象四時；厚八分，以象八節：皆真書。后家答，則以鮫脚書之。」通典五十八〔三六〕。

納采，用雁一頭，白羊一口，酒十二斛，米十二斛。版文璽書曰：「皇帝咨前太尉參軍都鄉侯何琦。渾元資始，肇經人倫，爰及夫婦，以奉宗廟天地社稷。謀於公卿，咸以爲宜，率由舊典。今使使持節、崇德衛尉、領太常彪之，兼宗正、散騎侍郎綜，以禮納采。」后家答曰：「皇帝嘉命，訪婚陋族，備數采擇。臣從祖弟故散騎侍郎準之遺女，未嫻教訓，衣履若而人〔三七〕，欽承舊章，肅奉典制。前太尉參軍、都鄉侯糞土臣何琦稽首頓首再拜承制詔。」

問名，用雁、羊如前。版文曰：「皇帝曰：咨前某官侯何。兩儀配合，承天統物，正位乎內，必俟令族，重申舊典。今使使持節某官彪之、某官綜，以禮問名。」后家答曰：「皇帝嘉命，使者彪之重宣中詔，問臣名族。臣族女父母所生，先臣故光禄大夫、雩婁侯楨之遺玄孫〔三八〕，先臣故豫州刺史、關中侯惲之曾孫〔三九〕，先臣故安豐太守關中侯叡之孫〔四〇〕，先臣故散騎侍郎準之遺女。外出自先臣故尚書左丞孔胄之外曾孫，先臣故侍中關内侯夷之外孫女。年十七。

欽承舊章，肅奉典制。前某官某侯糞土臣何琦稽首頓首再拜承制詔。」

納吉，用雁、羊、酒、米如前〔四一〕。版文曰：「皇帝曰：咨前某官某侯何。人謀龜從，僉曰貞吉，敬順典禮。今使使持節某官彪之、某官綜，以禮納吉。」后家答曰：「皇帝嘉命，使者彪之重宣中詔，大卜元吉。臣陋族卑鄙，憂懼不堪。欽承舊章，肅奉典制。前某官某侯糞土臣何琦稽首頓首再拜承制詔。」

納徵，用白羊一口，玄纁、帛三疋，絳二疋，絹二百疋，虎皮二枚，錢二百萬，玉璧一枚，酒十二斛，白米十二斛，馬六匹。版文曰：「皇帝曰：咨某官某侯何之族女，有母儀之德，窈窕之姿，如山如河，宜奉宗廟，永承天祚。以玄纁皮帛，馬羊錢璧，以章典禮。今使使持節兼司徒、光禄勳、關内侯恪，崇德衛尉領太常彪之，以禮納徵。」后家答曰：「皇帝嘉命，使者恪重宣中詔，降婚卑陋，崇以上公，寵以豐禮，備物典册。欽承舊章，肅奉典制。前某官某侯某云云，再拜承制詔。」

請期，用雁、羊、酒、米如初。版文曰：「皇帝曰：咨前某官某侯何。謀於公卿，大筮元龜，罔有不臧。率遵典禮。今使使持節太常彪之、宗正綜，以禮請期。」后家答曰：「皇帝嘉命，使者彪之重宣中詔，吉日惟八月壬子可迎。臣欽承舊章，肅奉典制。前某官某侯某再拜承制詔。」

迎，用雁、羊、酒、米如初。版文曰：「皇帝曰：咨前某官某侯何。歲吉月令，吉日惟某，率禮以迎。今遣使持節兼太保、侍中、太宰、武陵王晞迎。」后家答曰：「皇帝嘉命，使者晞重宣中詔，令月吉辰，備禮以迎。上公宗卿兼至，副介近臣百兩。螻蟻之族，猥承大禮，憂懼戰悸。欽承舊章，肅奉典制。前某官某侯糞土臣某，謹因使者兼某官某王晞上謹答。」冊皇后文曰：「惟升平元年八月，皇帝使使持節兼太保、侍中、太宰、武陵王晞册命故散騎侍郎女何氏爲皇后。咨爾易本乾坤，詩首關雎，王化之本，實由内輔。是故皇英嬪虞，帝道以光；任姒母周，胤嗣克崇。皇后其祗勖厥德，以肅承宗廟，虔恭中饋，盡敬婦道，帥導六宮，作範儀於四海。皇天無親，惟德是輔，可不慎歟！」通典五十八。○志無册皇后文，六禮版文亦簡漏，兹從通典。

穆帝納后，初欲用九月，九月是忌月。范汪問王彪之，答云：「禮無忌月，不敢以所不見，便謂無之。」博士曹耽、荀訥等並謂無忌月之文，不應有妨。王洽曰：「若有忌月，當復有忌歲。」志。

升平元年八月，符問：「迎皇后大駕應作鼓吹不〔四二〕？」博士胡訥議：「臨軒儀注闕〔四三〕，無施安鼓吹處所，又無舉麾鳴鐘之條。」太常王彪之以爲：「婚禮不樂。鼓吹亦樂之總名。儀注所以無者，依婚禮也。愚謂殿庭備大駕鹵簿鼓吹，並可設而不作。」時用此議。志。○「元年八月」，志誤作「八年」，據通典校正。

蘭臺太常主者：「按儀注云：『皇后列人自閶闔掖門〔四四〕，鳴鐘鼓，填門露仗。』如儀注應施鐘建鼓。」彪之又議：「舊儀，皇后乘輿列閶闔掖門〔四五〕，鳴鼓鐘，所以聲告内外耳，非樂也。今自應施鐘。禮云：『娶婦之家，三日不舉樂，思嗣親也。』經典明文，迎皇后大駕，不應鼓吹。」通典五十九〔四六〕。

穆帝納后，議賀不。王述云：「婚是嘉禮。春秋傳曰：『娶者大吉，非常吉。』又傳曰：『鄭子罕如晉，賀夫人。』鄰國猶相賀，況臣下耶？如此，便應賀，但不在三日內耳。今因廟見成禮而賀〔四七〕，亦是一節也。」王彪之云：「婚禮不樂不賀，禮之明文。傳稱子罕如晉賀夫人，既無經文，又傳不云禮也。禮，娶婦三日不舉樂，明三日之後自當樂。至於不賀，無三日之斷。恐三日之後故無應賀之禮。」志。撫軍答諸尚書云：「禮官所據，誠是古典，然禮亦隨時，今從近代上禮，上禮即是稱慶，將是賀例。又恭后時已賀，今依舊，亦可通。」彪之云：「禮云婚禮不賀，又云賀娶妻者，愚謂婚姻無直相賀之禮，而有禮貺其慶會之義，今代所共行。」范汪云：「先朝所以上禮而不賀者，依傍賀娶妻也。雖名曰賀，實是酒食無慶語也，但是吉事，故曰賀耳。思親之序，故慶辭不可以達於主人，然吉禮宜有敍情，故獻酒食而已。先朝行之，近代得禮。」彪之云：「吾謂婚禮不賀者，謂不如今三節特賀也。禮記所以復言賀娶妻者，固獻酒食而有慶語也。足下今云都不應有慶辭，則何得獻酒肉會同耶〔四八〕？」庾蔚之議：「按禮文及鄭注，是親友聞主人有吉事，故遣人送酒肉以賀之，但婚有嗣親之感，故不斥主人以賀婚，惟云爲有客而已。今上禮既宜爲〔四九〕，亦不得都無慶辭。彪之議爲允。」於時竟不賀，但上禮。通典五十九。

升平元年，臺符問：「皇后拜訖，何官應上禮？上禮悉何用？」太常王彪之上書以爲：「上禮惟酒犢而已，犢十頭，酒十二斛。王公以下，名在三節祥瑞自簡慶賀録者，悉賀。左傳曰：會吴於鄫〔五〇〕，吴徵百牢。子服景伯曰：周制，上物不過十二，天之大數也。太學博士雖不在賀，而常小會，悉應上禮。」通典五十九。

孝武納王皇后，其禮亦如升平故事。其馬之制，備物之數，校太康所奏又有不同。志。

聘拜妃嬪夫人

泰始九年，詔聘公卿以下子女以備六宫，采擇未畢，權禁斷婚姻〔五一〕。武紀。

十年，將聘拜三夫人、九嬪。有司奏：「禮，皇后聘以穀珪，無妾媵禮贄之制。」詔曰：「拜授可依魏氏故事。」於是臨軒，使使持節兼太常拜三夫人，兼御史中丞拜九嬪。志。

武帝遣洛陽令司馬肇策拜胡奮女芳爲貴嬪。胡貴嬪傳。

廷尉諸葛沖女婉，以泰始十年春入宫，帝臨軒，使使持節洛陽令司馬肇拜爲夫人。諸葛夫人傳。

魏舒領吏部，上言：「今選六宫，娉以玉帛，而舊使御府丞奉聘，宣成嘉禮，贄重使輕。以爲拜三夫人宜使卿，九嬪使五官中郎將〔五二〕，美人、良人使謁者，於典制爲弘。」有詔詳之，衆議異同，遂寢。魏舒傳。

晉起居注：「有司奏當拜鄭夫人右婕好。按儀注應服雀釵袿襈。」太平御覽皇親部。

元帝將拜貴人，有司請市雀釵，帝以煩費不許。所幸鄭夫人衣無文綵。元紀。

皇太子納妃

太康中，有司奏：「太子婚，納徵用玄纁束帛，加璧，羊、馬二駟。」通典五十八。○志無「璧」字。

晉東宫舊事：「迎太子妃之日，諸長御皆在幄帳，左右侍宫人重行，北面以準女尚書，西面以準女侍中〔五三〕。」又云：「皇太子納妃，給織成衮帶，白玉佩，四望車羽葆前後部〔五四〕，鼓吹各一部，步摇一具，九鈿函盛之；同心雀鈿函一具〔五五〕，盛鬟花六五枝，登花三五枝〔五六〕，團樹花十株，金簪二枝〔五七〕，碧紗座袿半繡一〔五八〕，丹羅杯文長命綺欘一〔五九〕。絳真文羅一幅被子一，絳羅繡四幅被一，絳真文羅袴漆龍頭支髻枕一，銀花鐶鈕自副，金塗連盤鴨鐙一，絳地文履一〔六〇〕，量漆花篦一，絳地織成綺綬七綵杯文綺一〔六一〕，絳石杯文綺被一，又七綵杯文綺袴，長命杯文綺袴。有紫縠襦，絳紗繡縠襦。有絳紗複裙〔六二〕，絳碧結綾複裙，丹碧紗紋雙有絳紗絞履裙〔六三〕，紫碧紗紋雙裙，紫碧紗紋繡纓雙裙，紫碧紗縠雙裙，丹碧杯文雙裙〔六四〕。有金釧二雙。有赤花雙文簟。有牀上屏風十二牒，織成漆連一緉。有金釧二雙。有綠石綺絹裹牀幨二。有絲布碧裹步障三十，漆竿銅鉤。有漆金渡足奏案銀鉤鈕，織成連地屏風十四牒，銅環紐。有漆書臺。有漆書銀帶唾壺一。銅博山爐一枚，一枚。有玳瑁細鏤鏡臺。有玳瑁梳三枚。有漆書臺。銀塗博山連盤三升，香爐一，金澡灌二枚，金塗熨斗三枚。」御覽。「有七綵杯文綺被。」類聚。「有白縠絹衫紫結纓。有絳文羅繡被四，五幅被一〔六五〕。有大褥二、承牀褥三、獨坐褥二〔六六〕，有八尺六尺褥一、中褥一、步輿褥一、坐褥一〔六七〕。有漆畫手巾熏籠二。有金鐶釵。有象牙梳三枚〔六八〕。有白旄拂二枚。絳綾裹帊五〔六九〕，絳石綺絹裹被囊一〔七〇〕，丹羅長命綺絹裹梳囊一，紫綦文綺絳絹裹椀囊二〔七一〕。」書鈔。○按：類聚、書鈔、御覽雜引，纖瑣，茲彙録之。

江左以來，太子婚，納徵禮用玉璧一、虎皮二，未詳何所準況。或虎取其威猛，有班彩；玉以象德而有潤也。志。

晉孝武起居注：「上臨軒，設懸而不樂，遣司空謝琰納太子妃王氏，賜文武布絹，百官詣上東門上禮。」藝文類聚儲宫部。

司徒會稽王道子等啓云：「皇太子繼體宸極，年德並茂，宜簡國媛，緝宣内教，故中書令太常王獻之、新安公主息女，六行聿修，四德允備〔七二〕，慶深積善，僉曰：宜作配儲宫，正位中饋。」太元二十八年，皇太子納妃瑯琊臨沂王氏，時年十四。有詔以太子納妃，賜帛各有差，使持節司空謝琰、副護軍車胤、詹事王珣，率東宮官屬迎於主第。太平御覽皇親部引東宮舊事。

晉孝武起居注：「納采，聘太子妃，百官會於新安公主第。秘書監王操之爲主人。」太平御覽皇親部。

公主下嫁

太康中，有司議：「婚禮納徵，古者以皮馬爲庭實，天子加穀珪，諸侯加大璋，可依周禮，改用璋，其羊、雁、酒、米、玄纁、帛、馬匹〔七三〕，皆令夫家自備。惟璋，官爲具致之。」尚書朱整議：「按魏氏故事，公主嫁之禮，用絹百九十匹。晉興，故事用絹三百匹。」詔曰：「公主嫁由夫氏，不宜皆爲備物，賜錢使足而已。惟給璋，餘如故事。」志。

太元中，公主納徵，以虎、豹皮各一。志。

漢魏公主居第，尚公主者來第成婚。王朗以爲不可，其後乃革。志。

王侯大夫士婚

太康八年，有司奏：「婚禮納徵，王侯玄纁束帛，加璧。大夫玄纁束帛，加羊。古者諸侯加大璋，可依周禮，改璧用璋，其羊、雁、酒、米、玄纁如故。諸侯加納采、告期、親迎各帛五匹，及納徵馬四匹，皆令夫家自備。惟璋，官爲具致之。」魏氏王娶妃，用絹百九十匹。晉興，故事用絹三百匹。志。

晉王堪六禮辭，並爲贊頌。儀云：「納徵於版上書禮文、壻父名、媒人正版中，納采於版左方。裹以皂囊，白繩纏之，如封章，某官某君大門下封，某官甲乙白奏，無官言賤子。禮版奉案承之。酒、羊、雁、繒、綵、錢、米，別版書之，裹以白繒，同著案上。羊則牽之，豕、雁以籠盛，繒以笥盛，綵以匳盛，米以黃絹囊盛。米稱斛數〔七四〕，酒稱器，脯腊以斤數。媒人齎禮到女氏門，使人執雁。主人出，相對揖，揖畢，以雁付主人侍者。媒人進，主人侍者執雁立於堂下，從者以奉案入。媒人退席，當主人前跪曰：『甲乙使某敬薦不腆之禮。』原注：「按禮，惟婚辭不得稱不腆故，婚記云：『幣必誠，辭無不腆。』此恐王堪之説有誤也。」主人跪答曰：『君之辱，不敢辭。』事畢，還座。從者進奉案主人前，主人侍者以雁退，禮物以次進中庭。主人設酒，媒人跪曰：『甲乙使某獻酒。』却，再拜，主人答拜，還座。主人酢媒人，媒不復答。」通典五十八。

泰始九年，詔聘公卿以下子女以備六宫，采擇未畢，權禁斷婚姻〔七五〕。武紀。

泰始九年十月制，女子年十七，父母不嫁者，使長吏配之。武紀。

泰始十年，詔曰：「近世以來，多由内寵以登后妃，亂尊卑之序。自今以後，皆不得以妾媵爲正嫡。」通鑑八十。

王渾後妻，琅邪顏氏女。王時爲徐州刺史，交禮拜訖，王將答拜，觀者咸曰：「王侯州將，新婦州民，無由答拜。」王乃止。武子以其父不答拜，不成禮，恐非夫婦，不爲之拜，謂爲顏妾。顏氏恥之，以其門貴，終不敢離。世説新語尤悔門。○注云：婚姻之禮，人道之大，豈由一拜而遂爲妾媵乎？世説之言於是乎紕繆。

束皙論婚娶時月，云：「春秋二百四十年，魯女出嫁，夫人來歸，大夫逆女，天王娶后，自正月至十二月，悉不以得時失時爲貶褒，何限於仲春、季秋以相非哉？夫春秋舉秋豪之善，貶纖芥之惡，故春狩於郎，書時，禮也。夏城中丘，書不時也。此人間小事，尚書得時失時，況婚姻人倫端始，禮之大者，不譏得時失時者耶？若婚姻季秋，期盡仲春，則隱二年冬十月，夏之八月，未及季秋，伯姬歸於紀；周之季春，夏之正月也，桓九年春，季姜歸於京師；莊二十五年六月，夏之四月也，已過仲春，伯姬歸於杞。或出盛時之前，或在期盡之後，而經無貶文〔七六〕，三傳不譏，何哉？凡詩人之興，取義繁廣〔七七〕，或舉譬類，或稱所見，不必皆可以定時候也。按桃夭篇，序美婚姻以時，蓋謂盛壯之時，而非日月之時，故『灼灼其華』，喻以盛壯，非謂嫁娶當用桃夭之月。其次章云『其葉蓁蓁』，『有蕡其實，之子于歸』，此豈在仲春之月乎？又，摽梅三章注曰：『夏之向晚，迨冰未泮，正月以前；草蟲喓喓，未秋之時。』或言嫁娶，或美男女及時，然詠各異矣。周禮以仲春會男女之無夫家者，蓋一切相配合之時，而非常人之節。曲禮曰：『男女非有行媒，不相知名。故日月以告君，齋戒以告鬼神。』若萬民必在仲春，則其日月有常，不得前却，何復日月以告君乎？夫冠婚笄嫁，男女之節，冠以二十爲限，而無春秋之期，笄以嫁而設，不以日月爲斷，何獨嫁娶當繫以時月乎？王肅云：『婚姻始於季秋，止於仲春。』不言春不可以嫁也。而馬昭多引春秋之證，以爲反詩，誤矣。兩家俱失，義皆不通。通年聽婚，蓋古之制也。」通典五十九。

寧康二年八月，以長秋將建，權停婚姻。孝武紀。

裴散騎娶王太尉女，婚後三日，諸壻大會，當時名士、王裴子弟悉集。世説新語文學門。

【校勘記】

〔一〕又兼用曹褒新禮　「又」，底本原奪，據晉書補。

〔二〕始冠緇布　「始」，底本誤作「初」，據晉書改。

〔三〕至於天子諸侯無加數之文者　「者」，底本原奪，據晉書補。

〔四〕玄冠朱組綬　「綬」，禮記玉藻作「纓」，五禮通考引亦作「纓」，政和五禮新儀、西晉文紀、淵鑒類函引作「綏」。

〔五〕其説謂皆始冠　「皆」，底本原奪，據通典補。

〔六〕今三加者　「今」，底本原奪，據通典補。

〔七〕次冠長冠　「長」，底本圈改爲「元」，據通典回改。

〔八〕御府令奉冕幘簪導衮服以授侍中常侍　「簪」，底本原奪，據晉書補。

〔九〕侍中脱帝絳紗服　「侍中」，底本誤作「常侍」，據晉書改。

〔一〇〕天子禮玄冠者　「禮」，底本原奪，據通典補。

〔一一〕諸侯即位爲成君位豈不定　「君位」、「不定」，底本原奪，據通典補。

〔一二〕意謂宜冠有加　「謂」，淵鑒類函同，通典、五禮通考、西晉文紀作「爲」。

〔一三〕爲可加元服與不　「爲」，底本原奪，據通典補。

〔一四〕便失應冠之年故也　「故」，底本原奪，據通典補。

〔一五〕若今歲内修復未畢　「若今」，底本原奪，據通典補。

〔一六〕今便准喪冠　「冠」，底本誤作「禮」，據通典改。

〔一七〕若别有事　「若」，底本誤作「然」，據通典改。

〔一八〕當加元服　「當」，底本原奪，據通典補。

〔一九〕於樂便闕　「便」，底本誤作「宜」，據通典改。

〔二〇〕明無定時　「明」，底本原奪，據通典補。

〔二一〕冠皆於廟　「於」，底本誤作「在」，據通典改。

〔二二〕成皇帝既加元服　「加」，底本原奪，據通典補。

〔二三〕使兼司徒高陽王珪加冠　「加冠」，底本原奪，據晉書補。

〔二四〕位定而樂止　「而」，底本原奪，據通典補。

〔二五〕通典七十一　「一」，底本原奪，據通典補。

〔二六〕有司議奏　「議奏」，底本誤倒，據晉書乙正。

〔二七〕於是制王十五而冠　「王」上，晉書有「諸」字。

〔二八〕咸寧二年秋閏九月　「秋」，底本原奪，據晉書補。

〔二九〕立於步廣里舍之阼階　「立」，底本原奪，據通典補。

〔三〇〕夫坤德尚柔　「德」，底本誤作「位」，據晉書改。

〔三一〕殿中御史奏　「御」上，底本原衍「侍」字，據晉書删。

〔三二〕今迎皇后　「今」，底本誤作「令」，據晉書改。

〔三三〕而立五牛旂旗　「立」，底本原奪，據晉書補。

〔三四〕經傳異義　「經傳」，通典作「三傳」，淵鑒類函、通志、文獻通考亦同。

〔三五〕六禮版文　「文」，底本誤作「人」，據通典改。

〔三六〕通典五十八　「八」，底本誤作「九」，據通典改。

〔三七〕衣履若而人　「而」，底本原奪，據晉書補。

〔三八〕先臣故光禄大夫雩婁侯楨之遺玄孫　「楨」，底本誤作「禎」，據通典改。

〔三九〕先臣故豫州刺史關中侯惲之曾孫　「豫州刺史關中侯」，底本誤作「豫州刺史關内侯」，通典作「蔡州刺史關内侯」，據晉書、宋書改。

〔四〇〕先臣故安豐太守關中侯叡之孫　「關中侯叡」，底本誤作「關内侯叡」，通典作「關内中侯友」，據晉書、宋書改。

〔四一〕用雁羊酒米如前　「米」，底本原奪，據通典補。

〔四二〕迎皇后大駕應作鼓吹不　「鼓吹」，底本誤作「樂」，據晉書、通典改。

〔四三〕臨軒儀注闕　「闕」，底本原奪，據晉書、通典補。

〔四四〕皇后列人自閶闔掖門　「人」，底本誤作「入」，據通典改。

〔四五〕皇后乘輿列閶闔掖門　「后」，底本誤作「帝」，據通典改。

〔四六〕通典五十九　「九」，底本誤作「八」，據通典改。

〔四七〕今因廟見成禮而賀　「成禮」，底本原奪，據晉書補。

〔四八〕則何得獻酒肉會同耶　「何」，底本原奪，據通典補。「肉」，底本誤作「食」，據通典改。

〔四九〕今上禮既宜爲　「宜爲」，通典作「所爲者婚」。

〔五〇〕會吴于鄫　「鄫」，底本誤作「繒」，據左傳哀公七年改。

〔五一〕權禁斷婚姻　「斷」，底本原奪，據晉書補。

〔五二〕九嬪使五官中郎將　「五官」，底本原奪，據晉書補。

〔五三〕西面以準女侍中　「侍中」，底本誤作「尚書」，據太平御覽改。

〔五四〕四望車羽葆前後部　「部」，底本原奪，據太平御覽補。

〔五五〕同心雀鈿函一具　「函一具」，底本誤倒作「一具函」，據太平御覽乙正。

〔五六〕登花三五枝　「三」，底本誤作「二」，據太平御覽改。

〔五七〕金簪二枝　「金簪二枝」四字，太平御覽無，汪兆鏞以小字增補。

〔五八〕碧紗座袿半繡一　「袿」，底本誤作「旌」，據太平御覽改。

〔五九〕丹羅杯文長命綺襹一　「一」，底本原奪，據太平御覽補。

〔六〇〕絳地文履一　「地」，底本原奪，據太平御覽補。

〔六一〕絳地織成綺綬七綵杯文綺一　「綬」，太平御覽作「紱」。

〔六二〕有絳紗複裙　「紗」，底本誤作「綃」，據太平御覽改。

〔六三〕丹碧紗紋雙裙　「雙」，底本誤作「複」，據太平御覽改。

〔六四〕丹碧杯文雙裙　「杯」，底本誤作「林」，據太平御覽改。「雙」，初學記、淵鑒類函作「羅」。

〔六五〕有絳文羅繡被四五幅被一　「絳文羅繡被」，北堂書鈔作「絳羅四幅被」。「五幅被」上，北堂書鈔有「綉羅」二字。

〔六六〕有大褥二承牀褥三獨坐褥二　「大褥二」，北堂書鈔無，疑爲衍文。

〔六七〕有八尺六尺褥一中褥一步輿褥一坐褥一　「六尺」，北堂書鈔無，疑爲衍文。「中」，底本誤作「車」，據北堂書鈔改。

〔六八〕有象牙梳三枚　「三」，底本誤作「一」，據北堂書鈔改。

〔六九〕絳綾裹帊五　「帊」上，底本原衍「複」字，據北堂書鈔删。

〔七〇〕絳石綺絹裹被囊一　「石」，底本誤作「樹」，據太平御覽改。

〔七一〕紫綦文綺絳絹裹椀囊二　「紫綦文綺絳絹裹椀囊」，底本作「紫羅綦文綺絹裹枕囊」，據太平御覽改。

〔七二〕四德允備　「允」，底本誤作「光」，據太平御覽改。

〔七三〕其羊雁酒米玄纁帛馬匹　「玄」，底本原奪，據晉書補。

〔七四〕米稱斛數　「數」，底本原奪，據晉書補。

〔七五〕權禁斷婚姻　「斷」，底本原奪，據晉書補。

〔七六〕而經無貶文　「經」，底本誤作「終」，據通典改。

〔七七〕取義繁廣　「廣」，底本誤作「富」，據通典改。

晉會要弟八

禮六

婚禮雜議

晉懷帝永嘉中，太常潘尼爲子娶黄門郎李循女，已拜時，後各有周喪〔一〕，潘迎婦，李遣女。國子博士江統、侍中許遐同議：「已拜舅姑，宜準女在塗之禮，齊縗、大功三月，既葬，可迎婦。禮記：在塗而壻之父母死，則改服，赴喪；女之父母死，則反而服周。今已拜舅姑，其義同於在塗也。降其親而服夫黨，非婦而何？父母既殁而娶，三月廟見，成婦之義；舅姑存則盥饋特豚，以成婦道：皆明重其成婦，不繫其成妻也。然則未廟見，女死，還葬於女氏；若已見舅姑，雖無衽席之接，固當歸葬於夫家，此非可否之斷乎！禮：壻親迎，女未至，而有齊縗、大功之喪，男不入，改服於外次，女入，改服於内次，即位，哭。又，齊縗、大功之喪三月，既葬，雖不可以納徵，而可正御矣。」何琦駁江、許議曰：「夫正名者，理道之本。然拜時非古，而行之歷代，遂以成俗。古者布其几筵，恭告祖禰，將納他族，以奉宗事，父親醮子而命之迎〔二〕。女受父母之遺，以涉夫氏之庭。而交拜敬之禮。在塗，喪紀定矣，服制既正，齊功，卒哭，可迎。此不闕於古而通於今，議是也。然婚姻之道，公私急務，愚以爲拜時及一日二日之婦，婦名既正，即宜一揆。其衾裯未接，歸葬其黨。」通典五十九。○已拜時而後各有周喪迎婦遣女議。

晉武帝謂山濤曰：「拜於舅姑，可準廟見。三日同牢，允稱在塗。」濤曰：「愚論已拜舅姑，重於三日，所舉者但不三月耳。」張華謂：「拜時之婦，盡恭於舅姑；三日之婚，成吉於夫氏。準於古義，可爲成婦。已拜舅姑，即是廟見。」常侍江應元等謂：「已拜舅姑，其義同於在塗。或曰：『失時之女，許不備禮，蓋急嫁娶之道也。』三日之婦，亦務時之婚矣。雖同牢而食，同衾而寢，此曲室衽席之情義耳，豈合古人亡則奠菜，存則盥饋，而婦道成哉！且未廟見之婦，死則反葬女氏之黨，以此推之，貴其成婦，不係成妻，明拜舅姑爲重，接夫爲輕。所以然者，先配而後祖。陳鍼子曰：『是不爲夫婦，誣其祖矣，非禮也。』此春秋明義，拜時重於三日之徵也。」○議曰：有夫婦而後有父子，有父子而後有君臣，則婚姻，王化所先，人倫之本。

拜時之婦，禮經不載，自東漢魏晉〔三〕，咸有此事。按其儀，或時屬艱虞，歲遇良吉，急於嫁娶，權爲此制。以紗縠幪女氏之首，而夫氏發之，因拜舅姑，便成婦道。六禮悉捨，合巹復乖，隳政教之大防〔四〕，成容易之弊法。王肅、鍾毓、陳羣、山濤、張華，皆當時知禮達識者，何謂不非之耶〔五〕？豈時俗久行，因循且便，或彼衆我寡，議論莫從者乎〔六〕？宋齊以後，斯制遂息，後之君子，無愧前賢。通典五十九。○拜時婦三日婦輕重議。

惠帝元康二年，司徒王渾奏曰：「前以冒喪婚娶，傷化悖禮，下十六州推舉，今本州中正各有言上。太子家令虞濬有弟喪，嫁女拜時；鎮東司馬陳湛有弟喪，嫁女拜時；上庸太守王崇有兄喪，嫁女拜時；夏侯俊有弟子喪，爲息恒納婦，恒無服；國子祭酒鄒湛有弟婦喪，爲息蒙娶婦拜時，蒙有周服；給事王琛有兄喪，爲息棱娶婦拜時；并州刺史羊暨有兄喪，爲息明娶婦拜時；征西長史牽昌有弟喪，爲息彥娶婦拜時。湛職儒官，身雖無服，遽爲婚主。按禮：『大功之末可以嫁子，小功之末可以娶婦。』無齊縗嫁娶之文，虧違典憲，宜加貶黜，以肅王法。請臺免官，以正清議。」尚書符下國子學處議。國子助教吴商議：「今之拜時，事畢便歸，婚禮未成，不得與娶婦者同也〔七〕。俊、琛、棱並以齊縗娶婦、娶妻，所犯者重。恒雖無服，當不義而不諍〔八〕，亦禮所譏，然其所犯者猶輕於棱也。湛身既平吉，子雖齊縗，義服之末，又不親迎，則所犯者輕。濬、暨爲子拜時，禮輕，當降也。」國子祭酒裴頠議以爲：「吉凶之别，禮之大端，子服在凶，而行嘉禮，非所以爲訓。雖父兄爲主，事由己興，此悉人倫大綱，典章所慎也。」詔曰：「下殤小功，不可嫁娶〔九〕，俊等簡忽喪紀，輕違禮經，皆宜如所正。」又，司直劉隗上言：「文學王籍有叔母服，未一月，納吉娶妻，虧俗傷化，宜加貶黜，輒下禁止。妻父周嵩知籍有喪而成婚，無王孫恥奔之義，失爲父之道。王廙、王彬於籍親則叔父，皆無君子幹父之風，應清議者，任之鄉論。」主簿江啓曰：「風節不振，無以蕩弊俗；禮義不備，無以正人流。籍以名門，擢登賓友，不能率身正道，公違典憲，誠是愷悌垂恕，亦體例宜全。」通典六十。

○周喪不可嫁女娶婦議。

晉范朗問蔡謨曰：「甲有庶兄乙爲人後，甲妹丙已許嫁而未出。今乙亡。如鄭玄意，已許嫁便降旁親者，丙今應爲乙服小功，本是周親，甲今於禮可得嫁丙不？」蔡答曰：「按禮『大功之末，可嫁子』〔一〇〕，不言降服復有異也。兄在大功，嫁降服小功之妹，猶父在大功，嫁小功之女也。謂甲今嫁丙，於禮無違。」范難曰：「禮『大功不税，降而小功則税之』，又『小功不易喪之練冠，而長殤、中殤之小功則變三年之葛』，又『小功之末可以娶妻，而下殤之小功則不可』。據此數事，則明降服正服，所施各異。今子同之，其禮何居？」蔡答曰：「服有降有正，禮之常也。若其所施，必皆不同，則當舉其一例，無爲復説稅與娶也。今而然者，明其所施有同有異，不可以一例舉，故隨事而言之也。鄭君以爲下殤小功不可娶者，本齊縗之親。按長殤大功亦齊縗親，而禮但言下殤不可以娶，而不言長殤不可以嫁，明殤降之服，雖不可娶而可嫁也。所以然者，陽唱陰和，男行女從，和從者輕，唱行者重，二者不同，故其制亦異也。」范又難曰：「禮舉輕以明重，下殤猶不可以言娶，則長殤大功何可以嫁？知禮所謂大功末者，惟正服大功末耳。」蔡答曰：「下殤不可娶妻〔一一〕，謂己身也。吾言殤可以嫁子者，謂女父也。身自行之，於事爲重；但施於子，其理差輕。然則下殤之不娶，未足以明長殤之不嫁也。」通典六十。○周服降在小功可嫁女娶妻議〔一二〕。

晉南陽中正張輔言司徒府云：「故涼州刺史揚欣女〔一三〕，以九月二十日出赴姊喪殯，而欣息俊因喪後二十六日，强嫁妹與南陽韓氏，而韓就楊家共成婚姻。韓氏居妻喪，不顧禮義，三旬内成婚，傷化敗俗，非冠帶所行。下本品二等第二人，今爲第四。請正黄紙。」梁州中正某言：「俊居姊喪嫁妹，犯禮傷義，貶爲第五品。」通典六十。○降服及大功末可嫁姊妹及女議〔一四〕。

晉劉頌，漢廣陵王後。臨淮陳矯本劉氏子，與頌近親，出養始改姓陳。頌女適陳氏，時人譏之。若同姓得婚，論如虞陳之類，禮所不禁，同姓不殖，非此類也。難者不能屈。通典六十。

○同姓婚議。

東晉廢帝太和中，平北將軍郗愔上言，功曹魏騭周喪内迎拜時婦，鄉曲以違禮譏之。謝奉與郗恢曰：「魏騭後來之良，足以日新其美，近聞邑有異議。從弟異，亦當拜時，婦家遭喪，即是其例。夫拜時之禮，誠非舊典，蓋由季代多難，男女宜各及時，故爲此制，以固婚姻之義也。雖未入壻門，今年吉辰拜後，歲俗無忌，便得以成婦迎之，正以策名委贄有定故也。」謝安議：「拜時雖非正典，世所共行久矣。將以三族多虞，歲有吉忌，故逆成其禮。」通典五十九。

○已拜時而後各有周喪迎婦遣女議。

晉中書郎范汪問劉惔曰：「從妹與荀始文婚，已及好歲拜時，有從叔父德度喪，會叔親患危篤，欲令荀氏迎從妹，盡婦敬於夫氏，以有此喪爲難，故爲此議。拜時出於近代，將以宗族多虞，吉事宜速，故好歲拜，新年便可迎也。惡歲可迎，是拜時已成婦也。在塗之婦，猶服夫氏，況已交拜禮成，便當迎是長還也。」惔答云：「荀今從叔喪五月小功之服，禮云『小功之末，可以納妻』，如此自可比初婚，何疑？」蔡謨曰：「易云：『家有嚴君，父母之謂。』今壻父命使拜其婦，女父遣女拜受此命，即是矣。何謂未拜舅姑，未爲成婦？不修婦禮，是其失耳。」通典五十九。○已拜時壻遭小功喪或婦遭大功喪可迎議。

會稽王道子與王彪之書曰：「東海王來月欲迎妃，而女身有大功服，於禮有疑。但先拜時，大禮已交，且拜時本意，亦欲通如此之閡耳，不得同之初婚，固當可通。」彪之答曰：「女有大功服，若初婚者，禮例無許；既已拜時，自復不同〔一五〕。昔中朝許侍中等曾議此事，以爲拜時不應以喪爲疑，倚傍禮經，甚有理據，談者多謂是。殿下可視而量之。」通典五十九。○已拜時壻遭小功喪或婦遭大功喪可迎議。

王濛息叔仁兄十月亡，至十二月，詔其子與瑯琊王婚拜時，叔仁以喪辭。范尚書與會稽王牋，爲伸其意。會稽王答曰：「古人墨絰注事，豈情所安？逼於君命之所制，奪於人臣之所屈。今拜時，未爲備禮，暫一致身，交拜而已。於情有何不可？」太常王彪之與會稽王牋曰：「王濛女有同生之縗，計其日月，尚未絕哭，豈可成婚？凡在君子，猶愛人以禮，況崇化之主耶？以此爲聖朝故事，寧可執訓，當令流示後裔〔一六〕。忝備禮官，情有不安，謹具白所懷。」通典六十。○周喪不可嫁女娶婦議。

東晉臺符：「廬陵公主薨，瑯琊、東海二王，於公主爲姑，二王出爲人後，主又出適，今應降服小功。然本是周親，雖降而爲疏，本親情重。公主方始薨，疑可婚與不？」太常王彪之曰：「二王出後二國，禮，爲人後，降本親一等，又云『爲姑姊妹適人者小功』。二王應制小功之服。禮，小功絶哭，可以娶妻；下殤之小功則不可。先儒之説，本齊縗之親，故除喪而後可婚〔一七〕。今二王雖以出後降服，本亦齊縗之親，情例如禮，不應成婚。」又與會稽王陖曰：「王者君臨萬國，以禮義聲教也。今若皇子獨違規矩，恐遐邇之譏〔一八〕，必不許也。且自元康以來，朝臣之家犯禮婚者，不見重責。故尚書僕射裴頠，當代名士，於時以兄弟子喪末，爲息拜時，其息服已除。議者猶謂父子並應貶責。兄弟不同於姑。況廬陵公主，於禮法不應絶服，又喪未葬乎？」通典六十。○周服降在小功可嫁女娶妻議。

晉御史中丞高崧有從弟喪，在服末欲爲兒婚〔一九〕，書訪尚書范汪曰：「禮有『大功之末可以嫁子，小功之末可以娶婦』。下章云『己雖小功，既卒哭，可以娶妻』。己有小功喪，則父便應有大功喪。以義例推之，小功卒哭可以娶妻，大功卒哭可以娶婦耶？」原注：「有舅姑曰婦，無舅姑曰妻。」范答曰：「禮：『大功之末，可以冠子嫁子。』此於子爲無服也。以己尚在大功喪中，猶不忍爲子娶婦，近於歡事也。故於冠子嫁子則可，娶婦則不可矣。己有緦麻之喪，於祭亦廢，婚亦不通，況小功乎？」崧又曰：「禮：『小功，既卒哭，可以娶妻。』已有小功，則父有大功。已既小功卒哭可娶妻，則父大功卒哭娶婦，將不嫌耶？」汪曰：「五服之制，各有月數，月數之内，自無吉事，故曰『縗麻非所以接弁冕也』。春秋左氏傳：『齊侯使晏子請繼室於晉，叔向對曰：「寡君之願也。縗絰之中，是以未敢請。」』原注：「時晉侯有少姜之喪耳。」禮貴妾緦，而叔向稱在縗絰之中，推此而言，雖緦麻之喪，猶無婚姻之道也，而敦本敬始之義，於此見之矣。」崧又訪於江虨，虨答曰：「按『大功之末可以嫁子，小功之末可以娶婦』，又以小功卒哭〔二〇〕，可以娶妻，此悉是明文正例，當不如范語。爲此議者，皆於爲婚之主也。娶婦則父爲主，娶妻則己爲主，故父大功之末不得行此嘉禮，至於己小功之末，則可行之。又禮稱娶妻，是無父之正文〔二一〕。今所爲者，自不致嫌。」於是崧依議爲兒婚。通典六十。○大功末可爲子娶婦議。

晉劉嗣問徐野人曰：「嗣去年十二月有周慘，欲爲子用六月婚，而服早已除。大人本無服，是一家主，想無復異？」徐答曰：「此議本據祖爲兒孫婚，自平吉可得娶妻，不計兒之有慘也。」嗣弟損又重問野人曰：「諸賢惟云祖尊一家，得爲婚主。若便婚，損疑速也。」徐答曰：「今歸重於王父，理無取於遲速。」通典六十。○祖無服父有服可娶婦嫁女議。

濮陽太守劉嘏與同姓劉疇婚。司徒下太常諸博士議，非之。嘏以爲：「同姓有庶姓[二二]，有正姓，有複姓，有單姓。鍾云出於鍾離之後，胡母與胡公同本。複鍾單鍾、複胡單胡，近年共婚，理在可通。太常博士議，始祖者，始此姓爲祖也。此既非禮所謂始祖爲正姓之義，如今衆庶之家，或避國諱遁仇逃罪變音易姓者，便可皆言是始祖正姓，爲婚之斷，禮稱『附遠厚别』，『百代不通』之義，復何所施乎？此惑之甚者也。論者又以爲開通同姓婚，則令小人致濫。按禮自有禁限，禁限之外，本自禮所不責。不可以禁。禮所不應責者，而云通禮所應責也。」光禄大夫荀崧云：「荀在限内，雖遠不可；荀在限外，不遠可通。」庾蔚之謂：「嘏據王者，必有始祖，爲正姓，共始祖之後，則百代不得通婚。故魯娶於吴，爲失禮。若各立始祖則可通婚。或帝王遞代，始祖既謝，屬籍亦廢，亦可通婚。如周室已遷，無復后稷之始祖，則當以别子及始封爲判。今宗譜之始，亦可以爲始祖也。古人數易姓，姓異不足明非親，故婚姻必原其姓之所出耳。」通典六十。○同姓婚議。

世子文學王籍之居叔母喪而婚，隗奏之，帝下令曰：「詩稱『殺禮多婚，以會男女之無夫家[二三]』，正今日之謂也，可一解禁止。自今以後，宜爲其防。」東閤祭酒顔含在叔父喪嫁女[二四]，隗又奏論之。劉隗傳。

宗祀

晉賀循宗議曰：「古者，諸侯之别子，及起於是邦爲大夫者，皆有百代祀之，謂之太祖。太祖之代，則爲大宗，宗之本統故也。其支子旁親非太祖之統，謂之小宗。小宗之道，五代則遷。當其爲宗，宗中奉之，加於常禮，平居即每事諮告。凡告宗之例，宗内祭祀、嫁女、娶妻、死亡、子生、行求、改易名字，皆告。若宗子時祭，則宗内男女畢會，喪故亦如之。若宗内吉凶之事，宗子亦普率宗黨以赴役之。若宗子時祭，則告於同宗，祭畢，合族於宗子之家，男子女子以班。宗子爲男主，宗婦爲女主，故宗子雖七十，無無主婦，以當合族紀宗故也。凡所告子生，宗子皆書於宗籍。大宗無後，則支子以昭穆後之；宗立則宗道存，而諸義有主也。立主義存，而有一人不惇者，則會宗而議其罰。族不可以無統，故立宗。宗位既定，則常尊歸之，理其親親者也。是故義定於本，自然不移，名存於政，而不繼其人，宗子之道也。故爲宗子者，雖在凡才，猶當佐之佑之，而奉以爲主。雖有高明之屬，盛德之親，父兄之尊，而不得干其任者，所以全正統而一人情也。若姦回淫亂，行出軌道，有殄宗廢祀之罪者，然後乃告諸宗廟，而改立其次，亦義之權也。」通典七十三。

賀循答庾亮問宗曰：「禮，宗子之義，所以明本祖之正統，紀百代而不紊者也。而宗之義，委曲著見者，多在別子，非卿大夫之文，偏不詳悉。服之致疑，有如來旨。然舊義，雖非別子，起於是邦而爲大夫者，便爲大宗，其嫡繼之，亦百代不遷。禮記王制云：『大夫三廟，一昭一穆，與太祖之廟而三。』鄭君解曰：『太祖，別子始爵者也。雖非別子，始爵者亦然。』此其義也。此謂起於是國，盛德特興，爲一宗之始者也。如此，則百代不遷，統族序親，及族人服之，皆宜如別子之宗也。又宗子之服，雖在絕屬，皆齊縗三月。代衰禮替，敦之者少。吳中略無此服，中土緦而不齊。其所由來，以致政教淩遲，人情漸慢〔二五〕，非謂大夫位卑，或以非代封爲嫌也。」通典七十三。

賀循喪服要記曰：「凡諸侯之嗣子，繼代爲君，君之羣弟不敢宗君，君命其母弟爲宗，諸弟宗之，亦謂之大宗，死則爲齊縗九月。若無母弟，則命庶弟之大者爲宗，諸弟宗之，亦如母弟，則爲之大功九月。此二宗者，一代而已。庶兄弟既死之後，各爲一宗之祖。」殷浩問范宣曰：「『有小宗而無大宗者，有大宗而無小宗者，有無宗亦莫之宗者，公子是也。公子有宗道，公子之公，爲其士大夫之庶宗。』請解之。」答曰：「『有小宗而無大宗者』，謂君之諸弟同庶者，君命庶長爲衆庶之宗，則名小宗，則服大功九月者是也。『有大宗而無小宗者』，謂君有同母弟，命以爲宗，則羣庶昆弟宗之，則名大宗，服齊縗九月者是也。昆弟既親，又是庶中之正者也。『有無宗亦莫之宗者』〔二六〕，謂公子惟己而已，則上不敢宗君，下無昆弟宗己者是也。『公子有宗道』者，禮『諸侯於其非正嫡，一無所服』，則羣昆弟亦不敢相服，則無相統領，無相統領則不可不立宗，立宗然後有服耳，故云『公子有宗道』也。『公子之公』，公者，君也。此立宗君命所制，嫌自相推，故又舉公以明之也。『爲其士大夫之庶宗』者，此獨説庶宗，嫌上總謂『有小宗而無大宗者』爲混〔二七〕，故復指解小宗之義，則大宗自然了也。所以統大夫庶宗、諸侯庶昆弟有爲大夫也。所以正舉大夫者，所宗庶長或可爲士，嫌大夫位尊不相宗，故云『爲大夫之庶宗』，以斷疑也。」曹述初集解明宗義曰：「『公子有宗道』者，禮，諸侯不服庶子，先君之所不服，子亦不敢私相服也。夫兄弟之恩，既不可以無報，親戚羣居，又不可以無主，故君必命長弟以爲之宗。宗立而後相服，相服之義，由於其宗，故曰『公子有宗道』。『公子之公』，爲其士大夫之庶宗者，『公子之公』，謂君之庶弟受命爲宗者也。其有功德，王復命爲諸侯，位尊，羣庶所不敢宗，故君復命其次庶代己爲宗主。士大夫，羣庶之在位者也。」通典七十三。

何琦議孫曾爲後云：「卿士之家，别宗無後，宗緒不可絶，若昆弟以孫若曾孫後之，理宜然也。禮緣事而興，不應拘常以爲礙也。魏之宗聖，遠繼宣尼；琦從父以孫紹族祖；荀顗無子，以兄孫爲嗣： 此成比也。」（通典九十六。）

成帝咸和五年，散騎侍郎賀嶠妻于氏上表云：「妾初奉醮歸於賀氏〔二八〕，胤嗣不殖，母兄羣從以妾犯七出，數告賀氏求妾還。妾姑薄氏過見矜愍，無子歸之天命，婚姻之好，義無絶離，故使夫嶠多立側媵。嶠仲兄羣哀妾之身〔二九〕，恕妾之志，數謂親屬曰：『于新婦不幸無子，若羣陶新婦生前男，以後當以一子與之。』陶氏既産澄、馥二男，其後子輝孕，羣即白薄：『若所育是男，以給新婦〔三〇〕。』妾敬諾拜賜，先爲衣服，以待其生。輝生之日，洗浴斷臍，妾即取還，服藥下乳以乳之。陶氏時取孩抱，羣恒辭止，婢使有言其本末者，羣輒責之，誠欲使子一情以親妾，而絶本恩於所生。輝百餘日，無命不育，妾誠自悲傷，爲之憔悴，姑長上下，益見矜憐。羣續復以子率，重見鎮撫，妾所以訖心盡力〔三一〕，皆如養輝，故率至於有識，不自知非妾之子也。率生過周，而嶠妾張始生子纂，於時羣尚平存，不以爲疑。原薄及羣以率賜妾之意，非惟以續嶠之嗣，乃以存妾之身，妾所以得奉蒸嘗於賀氏，緣守羣信言也。率年六歲，纂年五歲，羣始喪亡。其後言語漏洩，而率漸自嫌爲非妾所生。率既長，與妾九族内外修姑姨之親而白談者，或以嶠既有纂，其率不得久安爲妾子，若不去，則是與爲人後。去年，率即歸還陶氏。嶠時寢疾，曰：『吾母兄平生之日所共議也，陌上游談之士，詎能深明禮情？當與公私共論正之。』尋遂喪亡。率既年小，未究大義，動於游言，無以自處。妾亦婦人，不達典儀，惟以聞於先姑，謂妾養率以爲己子，非所爲人後也。妾受命不天，攖此煢獨，少訖心力，老而見棄〔三二〕，曾無蜾蠃式穀之報，婦人之情，能無怨結？謹備論其所不解六條，其所疑十事如左。」文長不録。敕下太常、廷尉、禮律博士，按舊典決處上。博士杜瑗議云：「所謂爲人後者，言其既歿，於以承之耳，非並存之稱也。率爲嶠嗣，則猶吾子，羣之平素，言又惻至，其爲子道，可謂備矣，而猥欲同之與爲人後，傷情棄義，良可悼也。昔趙武之生，濟由程嬰，嬰死之日，武爲服喪三年。夫異姓名義，其猶若此，況骨肉之親，有顧復之恩，而無終始之報。于氏所據，皆有明證，議不可奪。」廷尉陳序議：「令文：『無子而養人子以續亡者後，於事役復除無迴避者聽之，不得過一人。』又令文：『養人子男，後自有子男，及閹人非親者，皆別爲户。』按嶠自有纂，率應別爲户。」尚書張闓議：「賀嶠妻于氏表，與羣妻陶氏所稱不同。陶辭：『嶠妻于氏無子，夫羣命小息率爲嶠嗣。一年，嶠妾張生纂。故驃騎將軍顧榮謂羣，嶠已有男，宜使率還。故司空賀循取從子紘爲子，鞠養之恩，皆如率。循後有晚生子，遣紘歸本。今于表養率以爲己子，非謂爲人後，古者無此事。且率以若子之輕義，奪至親之重恩，是不可之甚也。』」丹陽尹臣謨議：「按于所陳，雖煩辭博稱，並非禮典正義，可謂欲之而必爲之辭者也。臣按尚書闓議，言辭清允，析理精練。愚以爲宜如閭議。」通典六十九。

【校勘記】

〔一〕後各有周喪　「周」，底本原奪，據中華書局本通典校勘記補。

〔二〕父親醮子而命之迎　「子」，底本誤作「之」，據通典改。

〔三〕自東漢魏晉　「魏晉」下，通典有「及於東晉」四字。

〔四〕隳政教之大防　「防」，底本誤作「方」，據通典改。

〔五〕何謂不非之耶　「謂」，底本原奪，據通典補。

〔六〕議論莫從者乎　「者乎」，底本原奪，據通典補。

〔七〕不得與娶婦者同也　「者」，底本原奪，據通典補。

〔八〕當不義而不諍　「義」，底本誤作「議」，據中華書局本通典校勘記改。

〔九〕不可嫁娶　「不可」，底本誤作「可以」，據中華書局本通典校勘記改。

〔一〇〕按禮大功之末可嫁子　「禮」，底本誤作「經」，據通典改。「可」下，通典有「以」字。

〔一一〕下殤不可娶妻　「下」，底本原奪，據北宋本通典補。

〔一二〕周服降在小功可嫁女娶妻議　「服」，底本誤作「喪」，據通典改。

〔一三〕故涼州刺史揚欣女　「揚」，底本誤作「楊」，據中華書局本通典校勘記改。

〔一四〕降服及大功末可嫁姊妹及女議　「妹」，底本原奪，據通典改。
〔一五〕自復不同　「自」，通典作「猶」。
〔一六〕當令流示後裔　「令」，底本誤作「今」，據北宋本通典改。
〔一七〕故除喪而後可婚　「故」，底本誤作「則」，據通典改。
〔一八〕恐遐邇之譏　「恐」，底本原奪，據通典補。
〔一九〕在服末欲爲兒婚　「兒」，底本誤作「子」，據通典改。
〔二〇〕又以小功卒哭　「以」，底本誤作「云」，據通典改。
〔二一〕是無父之正文　「正文」，底本誤作「子也」，據通典改。
〔二二〕同姓有庶姓　「有」，底本原奪，據北宋本通典補。
〔二三〕以會男女之無夫家　「夫」，底本原奪，據晉書補。
〔二四〕東閤祭酒顏含在叔父喪嫁女　「含」，底本誤作「閻」，據晉書改。
〔二五〕人情漸慢　「慢」，底本誤作「漫」，據通典改。
〔二六〕有無宗亦莫之宗者　「有」，底本誤作「而」，據通典改。
〔二七〕嫌上總謂有小宗而無大宗者爲混　「嫌」，底本誤作「兼」，據北宋本通典改。
〔二八〕妾初奉醮歸於賀氏　「奉」，底本誤作「舉」，據通典改。
〔二九〕嶠仲兄羣哀妾之身　「仲」，底本誤作「從」，據通典改。

〔三〇〕以給新婦　「給」，底本原作「乞」，後改作「給」。通典作「乞」。

〔三一〕妾所以訖心盡力　「訖」，底本誤作「竭」，據通典改。

〔三二〕老而見棄　「老」，底本原奪，據通典補。

晉會要弟九

禮七

皇太后臨朝

成帝即位，尊明庾皇后爲皇太后。羣臣奏：「天子幼沖，宜依漢和熹皇后故事。」辭讓數四，不得已而臨朝攝萬機。后兄中書令亮管詔命，公卿奏事稱皇太后陛下。后妃傳。

太后臨朝，政出舅族。孚謂所親曰：「今江東雖累世，而年數實淺。主幼時艱，運終百六，而庾亮年少，德信未孚，以吾觀之，將兆亂矣。」尋而蘇峻作逆，識者以爲知幾。阮孚傳。

穆帝即位，尊康獻褚皇后曰皇太后〔一〕。時帝幼沖，領司徒蔡謨等奏請，依漢和熹、順烈，近明穆故事，臨朝攝政。太后詔曰：「帝幼沖，當賴羣公卿士將順匡救，以酬先帝禮賢之意，所以欲正位於内而已〔一〕。所奏懇到，形於翰墨，執省未究，以悲以懼。先后允恭謙抑，思順坤道，所以不距羣情，固爲國計。豈敢執守沖闇，以違先旨。輒敬從所奏。」於是臨朝稱制。后妃傳。

永和元年正月朔，皇太后設白紗帷於太極殿，抱帝臨軒。穆紀。

穆帝既冠，太后詔曰：「昔遭不造，帝在幼沖，皇緒之微，眇若贅旒。百辟卿士率遵前朝，勸喻攝政。以社稷之重，先代成義，僶俛敬從〔二〕，弗遑固守。仰憑七廟之靈，俯仗羣后之力，帝加元服，禮成德備，當陽親覽，臨御萬國。今歸事反政，一依舊典。」於是居崇德宫，手詔羣公曰：「昔以皇帝幼沖，從羣后之議，既以闇弱，又頻丁極艱，銜恤歷祀，沈憂在疚。司徒親尊德重，訓救其弊，王室之不壞，實公是憑。帝既備兹冠禮，而四海未一，五胡叛逆，豺狼當路，費役日興，百姓困苦。願諸君子思量遠算，戮力一心，輔翼幼主，匡救不逮。未亡人永歸别宫，以終餘齒。仰惟家國，故以一言托懷。」后妃傳。

興寧二年，帝不豫，不能親萬機。崇德太后復臨朝攝政。哀紀。

海西之世，太后復臨朝稱制。后妃傳。

孝武帝幼沖，羣臣啓曰：「王室多故，禍艱仍臻，天下惘然，若無攸濟。主上雖聖資奇茂，固天誕縱，而春秋尚富，如在諒闇，蒸蒸之思，未遑庶事。伏惟陛下德應坤厚，宣慈聖善，遭家多艱，臨朝親覽。光大之美，化洽在昔，謳歌流詠，播溢無外〔四〕。雖有莘熙殷，妊姒隆周，未足以喻。是以五謀克從，人鬼同心，仰望來蘇，懸心日月。夫隨時之義，周易所尚，寧固社稷，大人之任。伏願陛下撫綜萬機，釐和政道，以慰祖宗，以安兆庶。不勝憂國喁喁至誠。」太后詔曰：「王室不幸，仍有艱屯。覽省啓事，感增悲歎。内外諸君，並以主上春秋沖富，加蒸蒸之慕，未能親覽，號令宜有所由。苟可安社稷，利天下，亦豈有所執？輒敬從所啓。但闇昧之闕，望盡弼諧之道。」於是太后復臨朝。帝既冠，乃詔曰：「皇帝婚冠禮備〔五〕，遐邇宅心，宜當陽親覽，緝熙惟始。今歸政事，率由舊典。」於是復稱崇德太后。后妃傳。

時桓沖、謝安以主上幼沖，未能親覽萬機，太皇太后宜臨朝。彪之曰：「先代前朝，主在繦抱，母子一體，故可臨朝。太后亦不能決政事，終是顧問僕與君諸人耳。今上年出十歲，垂婚冠，反令從嫂臨朝，示人君幼弱，豈是翼戴讚揚立德之謂乎？二君必行此事，豈僕所制？所惜者大體耳。」時安不欲委任桓沖，故使太后臨朝決政，獻替專在乎己。彪之不達安旨，故以爲言。安竟不從。王彪之傳。○按此是孝武初事，太后即崇德宮也。

册拜皇太子

泰始三年正月，立皇子衷爲皇太子。詔以近世每立太子必有赦，今世運將平〔六〕，當示之以好惡，使百姓絶多倖之望。曲惠小仁，故無取焉，遂不赦。通鑑七十九。

博士張放議曰：「符云，至尊受太子拜時，無鐘磬之樂。」按泰始三年，有司奏：『皇太子明膺休命，光啓嘉祚，宜依漢魏故事。』」通典七十一。

皇太子初拜，有旄幢一、石山安車一，建九旗，青色四馬。初學記儲宮部引張敞晉東宮舊事。

皇太子初拜，有柏書廚一、梓書廚一。御覽七百十三引東宮舊事。獨坐龍鬚席、赤皮花經席一枚。七百九。馬齒呈事箱四枚。七百十一。金澡灌一枚；青絲三合繩一枚，長二丈五尺。七百十二。

元帝册皇太子曰：「於戲，朕承天緒，忝繼祖宗之洪基，君臨萬邦。戰戰兢兢，若涉淵冰，未有攸濟。自古聖王敷宅四海，莫不建立元子，本枝百世。今稽古授爾於儲宫，以陪貳朕躬。欽哉！爾其克念乃祖，日新厥德，何遠非佞〔七〕，何親非賢，欽翼師傅，以丕崇大化，可不慎歟？爾其敬之！」太平御覽一百四十八引晉中興書。

元帝愛琅琊王裒，將有奪嫡之議，以問導。導曰：「夫立子以長，且紹又賢，不宜改革。」帝猶疑之。導日夕陳諫，故太子卒定。王導傳。

孝武帝太元十二年，臺符問：「皇太子既拜廟〔八〕，朝臣奉賀，應上禮不？」國子博士車胤云：「百辟卿士，咸與盛禮〔九〕，展敬拜伏，不須復上禮。惟方伯牧守，不覲大禮，自非酒牢貢羞，無以載其欵誠〔一〇〕，故宜有上禮。亦如元正大慶，方伯莫不上禮，朝臣奉璧而已。」太學博士庾弘之議：「按武帝咸寧中，諸王新拜，有司近臣諸王公主上禮。今皇太子國之儲副，既已崇建，普天同慶。謂應上禮奉賀。」通典七十〔一一〕。

册拜諸王公大臣

咸寧三年，始平、濮陽諸王新拜，有司奏：「依故事，聽京城近臣、諸王、公主應朝賀者，復上禮。」博士張放議：「臨軒遣使，應作樂。放按泰始中，皇太子冠，太子進而樂作，位定樂止。王者諸侯，雖殊尊卑，至於禮秩，或有同者。冠之與拜，俱爲嘉禮，是以準昔儀注，謂宜作樂。」通典七十。

前代三公册拜，皆設小會，所以崇宰輔之制也。魏末以後，廢不復行。至鑒領司徒，有詔令會，遂以爲常。石鑒傳。

晉起居注：「太常張華按舊事拜公建始殿，因以小會，今拜公於太極殿，亦宜因以小會，以崇宰輔。」藝文類聚禮部。

成帝臨軒，遣使拜太傅、太尉、司空。會將作樂，宿懸於殿庭。門下奏，非祭祀燕饗則無設樂之制。事下太常。謨議，臨軒遣使，宜有金石之樂。遂從之。臨軒作樂，自此始也。蔡謨傳。

謨以疾乞骸骨，上左光禄大夫、領司徒印綬。穆帝臨軒，遣侍中紀璩、黄門郎丁纂徵謨。謨陳疾篤，不敢奉詔。自旦至申，使者十餘反，而謨不至。時帝年八歲，甚倦，問左右曰：「所召人何以至今不來？臨軒何時當竟？」君臣俱疲弊。皇太后詔：「必不來者，宜罷朝。」中軍將軍殷浩奏免吏部尚書江虨官。於是公卿奏曰：「皇帝臨軒，百僚齊立，俯僂之恭，有望於謨。若志存止退，自宜致辭闕庭，安有人君卑勞終日〔一二〕，而人臣曾無一酬之禮？悖慢傲上，罪同不臣。臣等參議，宜明國憲，請送廷尉。」謨懼，率子弟素服詣闕稽顙，躬到廷尉待罪。皇太后詔曰：「謨，先帝師傅，若遂致之於理，情所未忍。可依舊制，免爲庶人。」蔡謨傳。

雅拜少傅，遇雨，請以繖入。王珣不許，因冒雨而拜。王雅傳。

皇帝敬師傅

時通議元會日，帝應敬司徒王導不〔一三〕。博士郭熙、杜瑗等以爲〔一四〕，禮無拜臣之文，謂謂宜除敬。侍中馮懷議曰：「天子修禮，莫盛於辟雍。當爾之日，猶拜三老，況今先帝師傅。謂宜盡敬。」事下門下，奕議曰：「三朝之首，宜明君臣之體，則不應敬。若他日小會，自可盡禮。又至尊與公書手詔則曰『頓首言』，中書爲詔則云『敬問』，散騎優册則曰『制命』。今詔文尚異，況大會之與小會，理豈得同？」詔從之。荀奕傳。

晉成帝詔曰：「曲陵公等，宣力前朝，致勳皇家，德義優弘，兼保傅朕躬。朕遭家不造，奄在哀疚，稟訓未究，悞事窮蹙。其一遵先帝尊崇師傅之教，拜敬如故，永奉遺範。」尚書令卞壼等奏曰：「臣歷觀紀籍禮經，無拜臣之制。雖漢成帝拜張禹〔一五〕，庸主凡臣，不足爲範。或説師臣友臣，又未見其拜也。至於先帝之拜司徒導，特以元皇帝興自藩國，布衣之交，拜在人臣之日，故率而不改。陛下尊順先典，伏膺禮中〔一六〕，未宜降南面之尊，拜北面之臣。大教有違，名體不順，事應改正。」太后詔：「尊師重道，帝王之所宜務，況童幼方賴師訓。宜令一遵先帝崇賢之禮。」壼又奏：「臣考先典之極，無過周公，而周史無拜敬之禮。禮記稱『王者入學，躬拜三老』，此一朝之敬，猶子冠而母拜之，豈可終身行焉？」太后詔：「帝須成人，更詳師傅之禮。」通典六十七。○太平御覽禮儀部：「壼固争。臣期期不奉詔，又反覆，乃從外奏。」

成帝拜王公，時議曹疑於儀注，博士杜瑗、陳舒議：「禮無以君拜臣若也。小會崇謙，非臣下所知，無在儀注之制。」太平御覽禮儀部引尚書逸令。

皇帝敬父

晉何琦議曰：「父母之尊，擬則天地；君親之道，資敬是同。今承受命運，君臨率土，而父以子尸天位，不敢子天子，以明王者之道；而子以爲雖天子，必有尊也。推斯以言，父自必臣天位之君，而子自必尊天性之父。」通典六十七。

皇后敬父母

武帝太康元年，楊皇后親蠶。儀注曰：「皇后乘輦，羣臣皆拜。安昌君平立。原注：「楊皇后父也〔一七〕。」至壇，下輦，后乃拜安昌君。及升壇，后爲安昌君設榻於其位。及還，后復拜。」通典六十七。

康褚太后時，議褚裒進見之典。蔡謨、王彪之並以：「王者父無拜禮。」尚書八座議以爲：「純子則王道缺，純臣則孝道虧。謂公庭如臣，私覿則嚴父爲允。」志。

博士胡訥議，武帝楊后公庭之内，拜安昌君，蓋公羊傳子尊不加於父也。博士徐禪議：「依鄭玄説，王庭正君臣之禮，私覲全父子之親，是大順之道。」中書監何充曰：「應如禪所正，可敕御史，左將軍入在公庭，則修臣敬；皇太后歸寧之日，則全子禮。申諭内外奉行。」通典六十七。

何充與庾翼書曰：「褚將軍還朝，值太后臨朝，或謂宜不拜，不稱臣，義不敢安。」翼答曰：「太后既臨天位，褚侯便是人臣，人臣而不拜君位，受官而不循天則，竊所不安。鄭君之言，適合情理。」通典六十七。

晉鄧監軍教，參佐綱紀議爲太后父褚將軍施敬〔一八〕，不同〔一九〕。司馬黄整議：「夫子有云：『必也正名乎！』今皇太后臨統朝政，以主上富於春秋耳，諸侯爲國藩翰，北面稽首，豈可得推崇爲太上耶〔二〇〕？尋名定議，謂不應施敬也。」通典六十七。

羣臣致敬太后

晉鄧監軍教出袁歷陽書，參佐綱紀議爲褚太后父左將軍施敬〔二一〕，不同。司馬黄整議：

「夫子有云：『必也正名乎！』」王者象天，后者象地，爲兆庶父母，尊莫重焉，厚莫大焉。若以后尊宜敬於親，於后父也便應有敬之典禮，先無兹比。今皇太后臨統朝政，以主上富於春秋耳，故是本尊之尊，無復異也。且諸侯爲國藩翰，北面稽首，豈可得推崇爲太上耶？尋名定議，謂不應施敬也。」通典六十七。

皇太子稱臣

漢魏故事，皇太子稱臣。新禮以太子既以子爲名，而又稱臣，臣子兼稱，於義不通，除太子稱臣之制。摯虞以爲：「孝經『資於事父以事君』，義兼臣子，則不嫌稱臣，宜定新禮皇太子稱臣如舊。」詔從之。志。

羣臣見皇太子

晉制，皇帝會公卿，座位定，太子後至，孫毓以爲羣臣不應起。禮曰「父在斯爲子，君在斯爲臣」，「侍坐於所尊，見同等不起」，皆以爲尊無二上，故有所厭之義也。昔衛綰不應漢景之召，釋之正公門之法，明太子事同於羣臣，羣臣亦統一於所事。應依同等不起之禮。通典六十七。

太寧三年三月，明帝立皇子衍爲皇太子。詔曰：「禮無生而貴者，故帝元子方之於士。而漢魏以來，尊崇儲貳，使官屬稱臣，朝臣咸拜，此甚無謂。吾昔在東宮，未及啓革。今衍幼沖之年，便臣先達，將令日習所見，謂之自然，此豈可以教之耶？主者其下公卿內外通議，使必允禮。」尚書令卞壼議以爲：「周禮王后太子不會，明禮同於君，皆所以重儲貳，異正嫡。苟奉之如君，不得不拜矣。太子若存謙沖，故宜答拜。臣以爲皇太子之立，郊告天地，正位儲宮，豈得同之皇子揖讓而已？謂宜稽則漢魏，闔朝同拜。」從之。志。

太元中，尚書符問王公以下見皇太子儀及所衣服。侍中領國子博士車胤議：「朝臣宜朱衣褠幘，拜敬，太子答拜。按禮經不見其文〔二二〕，故太傅羊祜牋慶太子，稱『叩頭死罪』，此則拜之證也。又太寧時典，尚書卞壼議宜闔朝同拜。其朱衣冠冕，惟施之天朝，宜褠幘而已。」朝議多同。志。

徐邈云：「東宮臣上表天朝，既用黄紙，上太子疏，則用白紙也。」通典卷六十七。

王公羣妾見夫人

漢魏故事，王公羣妾見於夫人，夫人不答拜。新禮以爲禮無不答，更制公侯夫人答妾拜。

摯虞以爲：「禮，妾事女君如婦之事姑，妾服女君朞，女君不報，則敬與婦同而又加賤也。名位不同，本無酬報。禮無不答，義不謂此〔一三〕，宜定新禮，自如其舊。」詔可其議。志。

封先代後

泰始元年，封魏帝奐爲陳留王。詔曰：「明德昭融，遠鑒天命，欽象曆數，用禪厥位。敢咨詢故訓，以敬授青土於東國，永爲晉賓。載天子旌旗，乘五時副車，行魏正朔；郊祀天地，禮樂制度，皆如魏舊，以承顯祖之禋祀。」又詔王上書不稱臣，答報不爲詔，一如賓禮。通典七十四。

封陳留王，邑萬户，居於鄴宮；魏氏諸王皆爲縣侯。武紀。

除魏宗室禁錮。通鑑七十九。○胡三省注：「魏防禁宗室甚峻，又錮不得仕進，今除之。」

二年詔曰：「陳留王操尚謙沖，每事輒表，非所以優崇之也。主者喻意，非大事皆使王官表上之。」武紀。

二年，除漢宗室禁錮。武紀。○通鑑七十九胡三省注：「魏代漢，禁錮諸劉，今除之。」

吏部郎李重啓云：「魏氏宗室屈滯，每聖恩所存。東莞太守曹嘉，才幹學義，不及志、翕，而良素修潔，性業踰之，又已歷二郡。臣以爲優先代之後，可以嘉爲員外散騎侍郎。」魏志楚王彪傳注引王隱晉書。

翕入晉，封廩丘公。魏宗室之中，名次鄄城公。泰始二年，翕遣世子琨來朝〔二四〕。詔曰：「翕秉德履道，魏宗之良。今琨遠至，其假世子印綬，加騎都尉，賜服一具〔二五〕，錢十萬，隨才敍用。」魏志東平靈王徽傳注。

泰始元年，賜山陽公劉康、安樂公劉禪子弟一人爲駙馬都尉。武紀。

二年，罷山陽公國督軍，除其禁制。武紀。

四年，增置山陽公國相、郎中令、陵令、雜工宰人、鼓吹車馬各有差。武紀。

太康元年，吴平，封孫晧爲歸命侯，拜其太子爲中郎，諸子爲郎中。武紀。進給衣服車乘，田三十頃，歲給穀五千斛，錢五十萬，絹五百匹，緜五百斤〔二六〕。吴志孫晧傳。

元康中，吴令謝詢求爲諸孫置守冢人表云，其私奴多在墓側，今爲平民，乞差五人蠲其徭役，使四時修護頹毁，掃除塋壟，永以爲常。詔從之。文選。

咸康二年，詔曰：「歷觀先代，莫不褒崇〔二七〕，賓禮三恪。故杞宋啓土，光於周典；宗姬侯衛，垂美漢册。自頃喪亂，庶邦殄悴，周漢之後，絶而莫繼。其詳求衛公、山陽公近屬，有履行修明，可以繼承其祀者，依舊典施行。」成紀。

明帝太寧二年，詔曰：「三恪二王，代之所重；興滅繼絶，政之所先。禋祀不傳，甚用傷悼。主者詳議立後以聞。」時曹勵爲嗣陳留王，以主魏祀。通典七十四。

升平元年，陳留王勵表稱：「廢疾積年，不可以奉祭祀。請依春秋之義，求以立後。」太學博士曹耽議：「春秋之義，『立子以貴不以長』，蓋以爲宗廟主故也。晉公族穆子有廢疾，以讓其弟；衛襄公嗣子縶，足不能行，立其弟。晉、衛皆廢嫡立庶者，明臣之義，終無執祭朝見之期，以之居位，違犯情禮故也。禮，有故，使人攝祭，非終身疾者。勵爲君王〔二八〕，故事未有諸侯以疾去國成比。」胡訥議：「孟縶立弟，異於陳留；二王之後，禮不宜廢。」太常王彪之奏：「臣按訥、耽二議，爲許其所陳也，各無明文。臣以爲經史所記，未有南面稱孤而以病疾退爲庶人者也。勵纂封先代，近四十年，位在朝賓，今以疾退，既廢之後，若同庶人，則名賤而役斷；處以朝官，則職替而班下；以舊禮，則制重而無位。量茲三義，莫知其禮。」通典七十四。

太元十二年，議二王後與太子先後。博士庾弘之及尚書參議，並以爲：「陳留，國之上賓。皇太子雖國之儲貳，猶在臣位，陳留王坐應在太子上。」志。

時陳留嗣王薨，王彪之議：「山陽公薨故事，給絹二百疋。山陽公於今稍遠，今可特給絹布二百疋，錢三十萬，宜少優於山陽。」通典七十四。

元帝初將繕宮城，尚書符下陳留王，使出城夫，侍中荀奕駁曰：「昔虞賓在位，書稱其美；詩詠有客，載在雅頌。今陳留王位在三公之上，坐在太子之右，故答表曰書，賜物曰與。此古今之所崇，體國之高義也。謂宜除夫役。」從之。荀奕傳。

封孔子後

泰始三年十一月，改宗聖侯孔震爲奉聖亭侯。志。

太元十一年，封孔靖之爲奉聖亭侯，奉宣尼祀。孝武紀。

講武

武帝泰始四年九月，咸寧元年，太康四年、六年冬，皆自臨宣武觀，大閲衆軍，然不自令進退也。惠帝後，其禮遂廢。志。

泰始四年二月，晉武帝與羣臣射於華林園。文選應貞華林園集詩注引干寶晉紀。

晉令：「弓弩士習弓射者給竹弓、角弓，皆二人一張。」初學記武功部。

元帝太興四年，詔左右衛及諸營教習，依大習儀作雁羽仗。志。

咸和元年十一月壬子，大閱於南郊。成紀。

成帝咸和中，詔内外諸軍戲兵於南郊之場，故其地因名鬬場。自後藩鎮桓、庾諸方伯往往閲習，而朝廷無事焉。志。

九月九日，馬射。或説云：「秋，金之節，講武習射，象立秋之禮也。」志。

宋公在彭城，九月九日，出戲馬臺，射。玉海七十五。

校獵

武帝幸宣武觀校獵。賈充傳。

太康末，武帝常出射雉〔二九〕，陳勰爲都水使者，散從。車駕逼暗乃還，漏已盡，當合函，停乘輿，良久不得合，乃詔𪁺合之。𪁺舉白獸幡指麾，須臾之間而函成。職官志。

楊濟嘗從武帝校獵北芒下，與侍中王濟布袴褶，騎馬執角弓在輦前。楊濟傳。

遣將帥

荀顗等定新禮，遣將，御臨軒，尚書受節鉞，依古兵書跪而推轂之義也。志。

永昌元年，王敦舉兵於武昌。遣平南將軍陶侃、安南將軍甘卓各帥所統，以躡敦後，並遣劉隗軍於金城，右將軍周札守石頭。帝親被甲，徇六師於郊外。元紀。

【校勘記】

〔一〕尊康獻褚皇后曰皇太后　「獻」，底本原奪，據晉書補。

〔二〕所以欲正位於内而已　「以」，底本原奪，據晉書補。

〔三〕僶俛敬從　「俛」，底本誤作「仰」，據晉書改。

〔四〕播溢無外　「溢」，底本誤作「益」，據晉書改。

〔五〕皇帝婚冠禮備　「婚冠」，底本誤倒，據晉書乙正。

〔六〕今世運將平　「將」，底本誤作「垂」，據資治通鑑改。

〔七〕何遠非佞　「佞」，底本誤作「植」，據太平御覽改。

〔八〕皇太子既拜廟　「廟」，底本原奪，據通典補。

〔九〕咸與盛禮　「盛」，底本誤作「成」，據通典改。

〔一〇〕無以載其欵誠　「載其欵誠」，中華書局本通典校勘記以爲當作「表其乃誠」。

〔一一〕通典七十　「七」，底本誤作「六」，據通典改。

〔一二〕安有人君卑勞終日　「卑」，底本誤作「畢」，據晉書改。

〔一三〕帝應敬司徒王導不　「不」，底本誤作「下」，據晉書改。

〔一四〕博士郭熙杜瑗等以爲　「瑗」，底本誤作「援」，據晉書改。

〔一五〕雖漢成帝拜張禹　「雖」，中華書局本通典校勘記以爲當作「唯」。

〔一六〕伏膺禮中　「伏」，底本原奪，據通典補。

〔一七〕楊皇后父也　「父」，底本誤作「母」，據通典改。

〔一八〕參佐綱紀議爲太后父褚將軍施敬　「議」，底本誤作「應」，據通典改。

〔一九〕不同　「同」，底本原奪，據通典補。

〔二〇〕豈可得推崇爲太上耶　「得」，底本原奪，據通典補。

〔二一一〕參佐綱紀議爲褚太后父左將軍施敬　「左」，底本誤作「在」，據中華書局本通典校勘記改。

〔二一二〕按禮經不見其文　「禮經」，晉書作「經傳」。

〔二一三〕義不謂此　「義」，底本誤作「當」，據晉書改。

〔二一四〕翕遣世子琨來朝　「琨」下，三國志有「奉表」二字。

〔二一五〕賜服一具　「一」，底本誤作「二」，據三國志改。

〔二一六〕緜五百斤　「百」，底本原奪，據三國志補。

〔二一七〕莫不褒崇　「崇」下，晉書有「明祀」二字。

〔二一八〕勵爲君王　「君王」，底本作「國君」，據通典改。

〔二一九〕武帝常出射雉　「常」，晉書作「嘗」。

晉會要弟十

禮八

國喪　皇太子太孫喪附

三年之喪，天下之達禮也。漢禮，天子崩，自不豫至於登遐及葬，喪紀之制，與三代變易。魏晉以來，大體同漢。文皇之崩，國内服三日。武帝亦遵漢魏之典，既葬，除喪，然猶深衣素冠，降席撤膳。太宰司馬孚、太傅鄭沖、太保王祥、太尉何曾、司徒領中領軍司馬望、司空荀顗、車騎將軍賈充、尚書令裴秀、尚書僕射武陔、都護大將軍郭建、侍中郭綏、中書監荀勖、中軍將軍羊祜等奏曰：「臣聞禮典軌度，豐殺隨時，虞夏商周，咸不相襲，蓋有由也。大晉紹承漢魏，有革有因，期於足以興化而已，未得皆返太素，同規上古也。陛下既以俯遵漢魏降喪之典，以濟時務，而躬蹈大孝，情過乎哀，素冠深衣，降席撤膳，雖武丁行之於殷世，曾閔履之於布衣，未足以踰。方今荆蠻未夷，庶政未乂，萬機事殷，動勞神慮，豈遑全遂聖旨，以從至情？臣等以爲陛下宜割情以康時濟俗，輒敕御府易服，内者改坐，太官復膳，諸所施行，皆如舊制。」詔曰：「每感念幽冥，而不得終苴絰之禮，以爲沈痛，況當食稻衣錦乎？適足激切其心，非所以相解也。小注：按「苴絰」下，志文多訛奪，兹據通鑑校正〔一〕。朕本諸生家，傳禮來久，何至一旦便易此情於所天〔二〕？相從已多，可試省孔子答宰我之言，無事紛紜也。言及悲殺，奈何！奈何！」孚等重奏：「伏讀聖詔，感以悲懷，輒思仲尼所以抑宰我之問，聖思所以不能以已，甚深甚篤。然今者干戈未戢，武事未偃，萬機至重，天下至衆。陛下以萬乘之尊，履布衣之禮，服麤席稿，水飲疏食，殷憂内盈，毁悴外表。然而躬勤萬機，坐而待旦，降心接下，昃不遑食，所以勞力者如斯之甚。是以臣等悚息不寧，誠懼神氣用損，以疚大事。輒勅有司，改坐復常，率由舊典。惟陛下察納愚款，以慰皇太后之心。」又詔曰：「重覽奏議，益以悲剥，不能自勝，奈何！奈何！三年之喪，自古達禮，誠聖人稱情立哀，明恕而行也。神靈日遠，無所訊告，雖薄於情，食旨服美，所不堪也。不宜反覆，重傷其心，言用斷絶，奈何！奈何！」帝遂以此禮終三年。後居太后之喪亦如之。志。

司馬光曰：「三年之喪，自天子達於庶人，此先王禮，經百世不易者也。漢文師心不學，變古壞禮，絶父子之恩，虧君臣之義，後世帝王不能篤於哀戚之情，而羣臣諂諛，莫肯釐正。至於晉武，獨以天性矯而行之，可謂不世之賢君。而裴、傅之徒，固陋庸臣，習常玩故，而不能將順其美，惜哉！」通鑑七十九。

泰始四年，皇太后崩。有司奏：「前代故事，倚廬中施白縑帳、蓐、素牀，以布巾裹革，軺輦、版轝、細犢車皆施縑裹。」詔不聽，但令以布衣車而已，其餘居喪之制，不改禮文。有司又奏：「大行皇太后當以四月二十五日安厝。故事，小注：張熷讀史舉正四〔三〕：「本紀『四月乙亥，祔葬文明皇后』，以六月甲申朔推之，則乙亥乃四月十五日也。」虞著衰服，既虞而除。其內外官寮皆就朝晡臨位，御服訖，各還所次除衰服。」詔曰：「夫三年之喪，天下之達禮也。受終身之愛，而無數年之報，奈何葬而便即吉，情所不忍也。」有司又奏：「方今戎馬未散，王事至殷，交須聽斷，以熙庶績。昔周康王始登翌室，猶戴冕臨朝。降於漢魏，既葬除釋，諒闇之禮，自遠代而廢矣。惟陛下割高宗之制，從當時之宜。」詔曰：「夫三年之喪，所以盡情致禮，葬已便除，所不堪也。當敍吾哀懷，言用斷絕，奈何！奈何！」有司又固請。詔曰：「不能篤孝，勿以毀傷爲憂也。誠知衣服末事耳，然今思存艸土，率以吉物奪之，迺所以重傷至心，非見念也。每代禮典質文皆不同耳，何爲限以近制，使達喪闕然乎？」羣臣又固請，帝流涕久之，迺許。文明皇后崩及武元楊后崩，天下將吏發哀三日止。志。

晉尚書問：「今大行崩含章殿，原注：「大行，武帝也。」安梓宮宜在何殿？」博士卞搉、楊雍議曰：「臣子尊其君父，必居之以正，所以盡孝敬之心。今太極殿，古之路寢，梓宮宜在太極殿，依周人殯於西階。」「既殯之後，別奠下室之饌，朝夕轉易，諸所應設祭，朔望牲用，宜所施行，按禮具答。」搉、雍議：「按禮，天子日食少牢，月朔太牢。喪禮下室之饌，如他日，宜隨御膳朝夕所常用也。朔望則奠，用太牢備物。」又問：「按景帝故事，施倚廬於九龍殿上東廂。今御倚廬爲當在太極殿不〔四〕？諸王廬復應何所？」搉、雍議：「按尚書顧命，成王崩，康王居於翼室，先儒云『翼室於路寢』。今宜於太極上，諸王宜各於其居爲廬，朝夕則就位哭臨。」通典七十九。

魏晉故事，問：「皇太后、三夫人以下爲天子服斬，諸長公主及諸君崇陽園循容服制之宜。」卞搉等議：「按禮，與諸侯爲兄弟者服斬。依禮則公主宜服斬而不杖。禮，君夫人爲長子三年，妾爲君之嫡子與夫人同。則崇陽園循容宜三年。」又問：「太后及公主應杖不？」卞搉、應琳議：「禮，爲夫杖，自天子達，皇太后應杖明矣。婦爲舅姑，禮無杖文，皇后不應杖也。君之喪，夫人、世婦在次則杖，即位則使人執之如禮。三夫人已下皆杖。」通典八十一。

魏晉故事，博士卞搉、應琳等議：「按禮，諸侯之夫人爲天子，其服齊衰，本無服者也，猶從夫而同。今王始於大行皇帝本服周，以輕明重，依諸兄弟之義；所服至尊，疑當服重。王諸女，依諸侯兄弟禮，則應服斬也。孫女幼，未及於禮；若欲服，宜依諸侯之制。」通典八十一。

魏晉故事，皇子廣陵王年十一，孫爲祖服周，當爲臣服？從本親服？皇弟吴王年十，章郡王年七，又當倚廬，服成人禮，著何幘服？應琳議：「按禮喪服，諸侯爲天子斬。今廣陵王列土建國，古之諸侯，宜從臣例。又禮，童子不居廬，不杖不菲。廣陵王未冠，吴王、章郡王卑幼，不應居廬。古但有冠無幘，漢始制幘，可如今服卷幘。」通典八十一。

晉尚書問：「天子崩，於今臺書令史以上，爲皆服斬衰之服不？」博士卞摧、應琳議：「禮，命士以上皆服斬。臺書令史，列職天朝，皆應服斬。」又問：「天子崩，令司州及河南郡吏出入導從〔五〕，應易服制不？」卞摧答：「禮，庶人在官者，服齊衰三月。又，近臣服斬。導從出入，皆應從服。」又問：「服隨君輕重，今司隸服斬，下吏服齊，爲合禮意不？」卞摧答：「凡臣從君，皆降一等。今之牧守，皆古諸侯，以禮相況，輕重宜矣。」又問：「禮，義服不從。今司隸爲君斬衰，義服也，下吏爲從不？每降一等，當爲君喪其親者耳〔六〕。古今行事復云何？」摧答：「禮，庶人爲國君齊。今則不服。然吏若都官從事，有職司於喪庭者，故宜依庶人在官義耳。義服不從，謂近臣服君斬服之衰，依降一等者之差耳。前稱導從，指謂近臣。」通典八十一〔七〕。

魏晉故事，又問：「諸二千石長吏見在京城，皆應制服不？」卞摧答〔八〕：「禮，臣爲君斬衰。自士以上見在官者，皆應制服。」通典八十一〔九〕。

卞搉又議：「春秋之義，國有喪，未葬，不爵大夫。自非有故不得已，皆須葬畢。」通典八十一。

漢儀，太皇太后、皇太后崩，長樂太僕、少府大長秋典喪事，三公奉制度，他皆如禮。魏晉亦同天子之儀。志。

泰始十年，武元楊皇后崩，及將遷於峻陽陵，依舊制，既葬，帝及羣臣除喪即吉。先是，尚書祠部奏從博士張靖議，皇太子亦從制俱釋服。博士陳逵議，以爲：「今制所依，蓋漢帝權制，興於有事，非禮之正。皇太子無有國事，自宜終服。」有詔更詳議。尚書杜預以爲：「古者，天子諸侯三年之喪始同齊斬，既葬，除喪服，諒闇以居，心喪終制，不與士庶同禮。漢氏承秦，天下爲天子修服三年。漢文帝見其下不可久行，而不知古制，更以意制祥禫，除喪即吉。魏氏直以訖葬爲節，嗣君皆不復諒闇終制。學者非之久矣，然竟不推究經傳，考其行事，專謂王者三年之喪〔一〇〕，當以衰麻終二十五月〔一一〕。嗣君苟若此，則天子羣臣皆不得除喪。雖志在居篤，更不可行。至今世從漢文輕典〔一二〕，由處制者非制也。今皇太子與尊同體，宜復古典，卒哭除衰麻，以諒闇終制。乃所以篤喪禮也。」於是尚書僕射盧欽、尚書魏舒問杜預證據所依。預云：「傳稱三年之喪自天子達，此謂天子絶朞，唯有三年喪也。非謂居喪衰服三年，與士庶同也。周公不言高宗服喪三年，而云諒闇三年，此釋服心喪之文也。叔嚮不譏景王除喪，而譏其燕樂已早，明既葬應除，而違諒闇之節也。春秋，晉侯享諸侯，子産相鄭伯，時簡公未葬，請免喪以聽命，君子謂之得禮。宰咺來歸惠公仲子之賵〔一三〕，傳曰『弔生不及哀』。此皆既葬除服諒闇之證，先儒舊説，往往亦見，學者未之思耳。喪服，諸侯爲天子亦斬衰，豈可謂終服三年耶？非必不能，乃事勢不得，故知聖人不虚設不行之制。仲尼曰『禮所損益雖百世可知』，此之謂也。」於是欽、舒從之，遂命預造議，奏曰：「侍中尚書令司空魯公臣賈充、侍中尚書僕射奉車都尉大梁侯臣盧欽、尚書新沓伯臣山濤〔一四〕、尚書奉車都尉平春侯臣胡威、尚書劇陽子臣魏舒、司徒尚書堂陽子臣石鑒〔一五〕、尚書豐樂亭侯臣杜預稽首言：禮官參議博士張靖等議，以爲：『孝文權制三十六日之服，以日易月，道有污隆，禮不得全，皇太子亦宜割情除服。』博士陳逵等議，以爲：『三年之喪，人子所以自盡，故聖人制禮，自上達下。是以今制，將吏諸遭父母喪，皆假寧二十五月。敦崇孝道，所以風化天下。皇太子至孝著於内，而衰服除於外，非禮所謂稱情者也。宜其不除。』臣欽、臣舒、臣預謹按：靖、逵等議，各見所學之一端，未統帝者居喪〔一六〕，古今之通禮也。自上及下，尊卑貴賤，物有其宜。故禮有以多爲貴者，有以少爲貴者，有以高爲貴者，有以下爲貴者，惟其稱也。不然，則本末不經，行之不遠。天子之與羣臣，雖哀樂之情若一，而所居之宜實異，故禮不得同。易曰『上古之世喪期無數」，虞書稱「三載四海，遏密八音」，其後無文。至周公旦，乃稱「殷之高宗諒闇，三年不言」。其傳曰：「諒，信也。闇，默也。」下逮五百餘歲，而子張疑之，以問仲尼。仲尼答云：「何必高宗？古之人皆然。君薨，百官總己以聽於冢宰三年。」周景王有后、世子之喪，既葬除喪而樂。晉叔向譏之曰〔一七〕：「三年之喪，雖貴遂服，禮也。王雖弗遂，宴樂已早，亦非禮也。」此皆天子喪事見於古文者也。稱高宗不云服喪三年，而云諒闇三年，此釋服心喪之文也。譏景王不譏其除喪，而譏其宴樂已早，明既葬應除，而違諒闇之節也。堯崩，舜諒闇三年，故稱「遏密八音」。由此言之，天子居喪，齊斬之制，菲杖絰帶，當遂其服。既葬而除，諒闇以終之，三年無改於父之道，故百官總己聽於冢宰。喪服已除，故稱不言之美，明不復寢苫枕土，以荒大政也。禮記：「三年之喪，自天子達。」又云：「父母之喪，無貴賤一也。」又云：「端衰喪車皆無等。」此通謂天子居喪，衣服之節同於凡人，心喪之禮終於三年，亦無服喪三年之文。秦燔書籍，率意而行，亢上抑下。漢祖草創，因而不革。乃至率天下皆終重服，旦夕哀臨，經羅寒暑，禁塞嫁娶飲酒食肉，制不稱情。是以孝文遺詔，斂畢便葬，葬畢制紅禫之除〔一八〕。雖不合高宗諒闇之義，近於古典，故傳之後嗣。於時預修陵廟，故斂葬得在浹辰之内〔一九〕，因以定制。近至明帝，存無陵寢，五旬乃葬，安在三十六日。此當時經學疏略，不師前聖之病也。魏氏革命，以既葬爲節，合於古典，然不垂心諒闇，同譏前代。自泰始開元，陛下追尊諒闇之禮，愼終居篤，允臻古制，超絶於殷宗，天下歌德，誠非靖等所能原本也。天子諸侯之禮具矣〔二〇〕。諸侯惡其害己而削其籍，今其存者惟士喪一篇，戴聖之記雜錯其間，亦難以取正。天子之位至尊，萬機之政至大，羣臣之衆至廣，不同之於凡人。故大行既葬，祔祭於廟，則因疏而除之。己不除則羣臣莫敢除，故屈己以除之。而諒闇以終制，天下之人皆曰我王之仁也；屈己以從宜，皆曰我王之孝也。既除而心喪，我王猶若此之篤也。凡等臣子，亦焉得不自勉以崇禮？此乃聖制移風易俗之本，高宗所以致雍熙，豈惟衰裳而已哉！禮：諸子之職，掌國子之倅。國有事，則帥國子而致之太子，惟所用之。傳曰：『君行則守，有守則從，從曰撫軍，守曰監國。』不無事矣。喪服母爲長子，妻爲夫，妾爲主，皆三年。內宮之主，可謂無事？揆度漢制，孝文之喪，紅禫既畢，孝景即吉於未央，薄后、竇后必不得齊斬於別宮，此可知也。況皇太子配貳之至尊，與國爲體，固宜遠遵古禮，近同時制，屈除以寬諸下，協一代之成典。君子之於禮，有直而行，曲而報；有經而等，有順而去之，存諸內而已。禮云非玉帛之謂，喪云惟衰麻之謂乎？此臣等所謂經制大義〔二一〕。今皇太子至孝蒸蒸，發於自然，號咷之慕，匍匐殯宮，大行既奠，往而不反，必想像平故，徬徨寢殿。若不變從諒闇，則東宮臣僕，義不釋服。此爲永福官屬〔二二〕，當獨衰麻從事，出入殿省，亦難以繼。今將吏雖蒙同二十五月之事，寧至於大臣，亦奪其制。昔翟方進自以身爲漢相，居喪三十六日，不敢逾國典，而況於皇太子？臣等以爲皇太子宜如前奏，除服諒闇終制〔二三〕。」於是太子遂從國制除衰麻，諒闇終制。於時外内卒聞預異議〔二四〕，多怪之。或者乃謂其違禮以合時。預亦不自解説，退使博士段暢博採典籍，爲之證據，令大義著明，足以垂示將來。暢承預旨，遂撰集書傳舊文，條諸實事成言，以爲定證，以弘指趣。其傳記有與今議同者，亦具列之，博舉二隅，明其會歸。志。

司馬光曰：「規矩主於方圓，然庸工無規矩，則方圓不可得而制也；衰麻主於哀戚，然庸人無衰麻，則哀戚不可得而勉也。素冠之詩，正爲是矣。杜預巧飾經、傳以附人情，辯則辯矣，臣謂不若陳逵之言質略而敦實也。」通鑑八十。

摯虞答預書曰：「唐稱遏密，殷云諒闇，各舉事以爲名，非既葬有殊降。周室以來，謂之喪服。喪服者，以服表喪。今帝者一日萬機，太子監撫之重，以宜奪禮，葬訖除服，變制通理，垂典將來，何必附之於古，使老儒致争哉？」摯虞傳。

晉惠帝愍懷太子以庶子立爲太子，及薨，議疑上當服三年。司隸王堪議：「聖上統緒，無所他擇，踐祚之初，拜於南郊，告於天地，謁於祖廟，明皇儲也。正體承重，豈復是過？」司隸從事王接議：「愍懷太子雖已建立，所謂傳重而非正體者也。依喪服及鄭氏説，制服不得與嫡同，應從庶例。天子諸侯不爲庶子服，聖上於愍懷無服之喪。」難者曰：「君父立之，與后所生同矣，焉有既爲太子而復非嫡乎？」答曰：「嫡庶定名，非建立所易。喪服，庶子爲其母緦。不言嫡子爲其妾母，而曰庶子爲其母，許其爲後，庶名猶存也。」通典八十一。

惠帝太安元年三月，皇太孫尚薨。有司奏，御服齊衰朞。詔下通議。散騎常侍謝衡以爲：「諸侯之太子，誓與未誓，尊卑體殊。喪服云『爲嫡子長殤』，謂未誓也，已誓則不殤也。」中書令卞粹曰：「太子始生，故已尊重，不待命誓。若衡議已誓不殤，則無服之子當斬衰三年〔二五〕；未誓而殤，則雖十九當大功九月。誓與未誓〔二六〕，其爲升降也微〔二七〕；斬衰與大功，其爲輕重也遠。而今注云『諸侯不降嫡殤重』。嫌於無服，以大功爲重嫡之服，則雖誓，無復有三年之理明矣。男能衛社稷，女能奉婦道，以可成之年而有已成之事，故可無殤，非孩齔之謂也。況以天子之尊，而爲殤行成人之制耶？凡諸宜重之殤，皆士大夫不加服，而令至尊獨居其重，未之前聞也。」博士蔡克同粹。秘書監摯虞云：「太子初生，舉以成人之禮〔二八〕，則殤理除矣。太孫亦體君傳重，由位成而服，全非以年也。天子無服殤之義，絶朞故也。」於是從之。志。

晉惠帝崩，司徒左長史江統議奔山陵曰：「往者蕩陰之役，羣僚奔散，義兵既起，而不附從，主上旋宫〔二九〕，又不歸罪。至於晏駕之日，山陵即安，而猶不到。自臺郎御史以上，應受議責，加貶絶，注列黄紙，不得敍用。至於先有他故去職〔三〇〕，或以喪疾免散，仍遇兵隱遁山孫、寧之變，蘧瑗出關，澤者，宜與上牒異制。按春秋傳曰：『君子避内難，不避外難〔三一〕。』陳力就列，不能者止，未足多責也。及至奔赴，不及在哀，致身後於山陵，故當從時宜以立褒貶，依王政之準繩，不可偏抗古義以傷今實也〔三二〕。承詔書而制奔赴之期，以爲分別遠近，則典而不暢；檢校險易，則密而不弘。故擬七月之典，以議今事。達官名問特通者，過期不到，宜依退免法，注列黄紙，三年乃得敍用。又自非盟主所授，而諸侯州伯用，故不得奔赴，宜與下牒同罰。春秋傳曰『不以家事辭王事』，此上之行乎下也。諸侯州伯輒留應赴之人，而令失節於王庭，坐於周官九代之法，應在犯令陵政之條，諸臺平處，正其削黜。」通典八十。

武帝楊悼皇后既母養懷帝，后遇難時，懷帝尚幼，及即位，中詔述后恩愛。及后祖載，羣官議帝應爲追制服，或以庶母慈母己，依禮制小功五月，或以爲慈母服如母服齊衰者，衆議不同。閭丘沖議云：「楊后母養聖上，蓋以曲情。今以恩禮追崇，不配世祖廟。王者無慈養之服，謂宜祖載之日，可三朝素服發哀而已。」從之。志。

元帝初，孝懷太子爲胡所害，始奉諱，有司奏天子三朝舉哀，羣臣一哭而已。導以爲皇太子副貳宸極，普天有情〔三三〕，宜同三朝之哀。從之。王導傳。

成帝咸康七年，皇后杜氏崩。詔外官五日一入臨，内官旦一入而已，過葬虞祭禮畢止。志。

成恭杜皇后崩，詔曰：「吉凶典儀，誠宜備設。然豐約之度，亦當隨時，況重壤之下，而崇飾無用耶？今山陵之事，一從節儉，陵中惟潔掃而已，不得施塗車芻靈。」有司奏造凶門柏歷及調挽郎，皆不許；又禁遠近遺使。明年元會，有司奏廢樂。詔廢管絃，奏金石如故。后妃傳。

建元元年三月，成恭杜皇后周忌。有司奏，至尊朞年應改服。詔曰：「君親，名教之重也，權制出於近代耳。」於是素服如舊，固非漢魏之典也。志。○志誤作「正月」，據成帝紀校正。

寧康二年七月，簡文帝崩再周而遇閏。博士謝攸、孔粲議：「魯襄二十八年十二月乙未，楚子卒，實閏月而言十二月者，附正於前月也。喪事先遠，應用博士吴商之言，以閏月祥。」尚書僕射謝安、中領軍王劭、散騎常侍鄭襲、右衛將軍殷康、驍騎將軍袁宏、散騎侍郎殷茂、中書郎車胤、左丞劉遵、吏部郎劉耽意皆同〔三四〕。康曰：「過七月而未及八月，豈可謂之踰朞？必所不了〔三五〕，則當從其重者。」宏曰：「假值閏十二月而不取者，此則歲未終，固不可得矣。漢書以閏爲後九月，明其同體也。」襲曰：「中宗、肅祖皆以閏月崩，祥除之變皆用閏之後月。先朝尚用閏之後月，今閏附七月，取之何疑？亦合遠日申情之文。又閏是後七而非八也，豈踰月之嫌乎？」尚書令王彪之、侍中王混、中丞譙王恬、右丞戴謐等議異，彪之曰：「吴商中才小官，非名賢碩儒、公輔重臣，爲時所準則者。又取閏無證據，直擊遠日之義，越祥忌，限外取，不合卜遠之理。又丞相桓公嘗論云，禮，二十五月大祥。何緣越朞取閏，乃二十六月乎？」於是啓曰：「或以閏附七月，宜用閏月除者；或以閏名雖附七月，而實以三旬別爲一月，故應以七月除者。臣等與中軍將軍沖參詳，一代大禮，宜準經典。三年之喪，十三月而練，二十五月而畢，禮之明文也。陽秋之義，閏在年内，則略而不數。明閏在年外，則不應取之以越朞忌之重，禮制祥除必正朞月故也。」己酉晦，帝除縞即吉。徐廣論曰：「凡辨義詳理，無顯據明文可以折中，則禮疑從重，喪易寧戚，順情通物，固有成言。彪之不能徵援正義〔三六〕，有以相屈，但以名位格人，君子虛受，心無適莫，豈其然哉？執政從而行之，其殆過矣。」志。

晉博士徐禪議恭皇后大祥忌日臨哭事：「太學禮官謂至尊行先后之喪，亦同齊衰，今再周及忌日，無復祥變之事，謂不可躬行。臣按無經傳明文，則不應出。若晦日東堂舉哀，由朝廷參議，而事無指條。」兼侍中徐邈等議〔三七〕：「博士議，恭皇后再周，欲依三年之議，至尊東堂舉哀，羣臣詣陵哭。臣按禮，爲王后服，無三年之制。左傳叔向云『王一歲而有三年之喪二焉』，謂三年而後娶，達子之志耳。禮喪大記曰：『祥而外無哭者，禫而内無哭者。』文子之喪既除，越人來弔，受於廟門之外，垂涕洟而不哭，明喪既過無哭。禮不詣墓，而接於廟外。今后服既過，至尊無緣舉哀，羣臣不應詣陵而哭也。」博士許翰等議：「按禮小記曰：『大功者主人之喪，有三年者，則必爲之再祭。』鄭玄曰：『有三年者，謂妻若子幼少也。』再祭謂練祥也。凡人子之生，必有天父地母之道，故記有君薨而生子之禮。今二皇子之育，雖在恭后崩後，於禮是爲有三年子幼少者也，則必爲之有二祥之祭。杜元凱云：『天子諸侯雖卒哭除服，其練祥日，必有位矣。』今皇子出承國藩，王后喪，諸侯卑，不得爲主。夫喪無主〔三八〕，禮有正文，至尊統天承重，則爲主在聖躬也。乃同先帝先后於考妣，哀禮終於今晦，吉禘始於來朔，非人臣之所主也。記云：『爲王后周，服母之義。』虞書曰：『百姓如喪考妣，三載遏密〔三九〕。』恭后母育天下，臣子有喪妣之恩。古門人於師無服，心喪三年，祥月之哭，所以終哀，非服喪三年矣。當博納同異，斟酌而行。」通典八十一。

建元元年六月，有司奏，成帝崩一周，請改素服，御進膳如舊。詔曰：「禮之隆殺，因時而寢興，誠無常矣。至於君親相準，名教之重，莫之改也。權制之作，蓋出近代，雖曰適事，實弊薄之始。先王崇之，後世猶怠，而況因循，又從輕降，義弗可矣。」康紀。

成帝咸康中，恭皇后山陵，禮得奔赴，今以私喪廢奔。司徒西曹屬王濛議立奔赴之制曰：「三代垂文，觀時損益。今服教之地，遠於古之九服，若守七月之斷，遠近一概者，懼非通制。請王畿以外，南極五嶺，非守見職，周年不至者，宜勒注黃紙，有爵土者削降。永嘉中，江統議不奔山陵，但三年不敍，於義爲輕。今更立如牒。若方伯授用，雖未有王命，猶不與停散同。今見在官即吉之後去職，不及凶事，無所貶責。萬里外以再周爲限。自此以內，明依前牒，雖在父母喪，其責不異。」黄門郎徐衆駁濛云：「若如濛議，見在官者，已拘於制度，不得奔赴。至於既去，雖不及哀，臣子之情，何得不暫致身哉？臣謂喪紀雖過，去職者故宜還赴。」詔可。濛又申述前議曰：「喪紀有數，吉凶有斷，豈可於縞素既終而制無限之責哉？若除喪使奔，當以何服？素服敍哀，則在廷已吉，陵無哭禮；若玄冠致敬，宜曰朝謁，非奔喪之謂；若服外更立限斷，則不知所準；若不計遠近，則立制漫而無斷。」詔又付尚書左丞王彪之議：「昔太寧之難，奔赴無過三年之限。恭皇后不宜踰先制。宜一依濛所上。」詔曰：「議者既衆，不必改先制，宜依濛所上施行。」八年，成帝崩，尚書殷融上言：「司徒西曹屬王濛以周年爲限，不及者除名，付之鄉論。臣以爲名教興於義厚，忠孝發於自然，不嚴而著，不肅而成者也。舊禮，國有大諱，外任不得離部，冗散之人，發哀公巷，初無課限有不奔之制。按永平初，先帝稱宣帝遺詔，不得令子弟詣陵。唯蕩陰奔赴，多不逮及，始爲其制，以篤一時。顧觀人情，未有肅愧，正足以彰至道之不弘，表臣子之不義。宜遵前代，聞凶行喪三日而已。」詔曰：「孝慈起於自然，忠厚發於天成〔四〇〕，若道不喪，豈有今弊？弊至醨薄，反之何期？況以今日之弊，而欲廢準式於頹俗，求慈仁於吾朝〔四一〕，其於理化，無乃迂乎？」通典八十。

興寧元年，哀帝章皇太妃薨，帝欲服重。江虨啓：「先王制禮，應在緦服。」詔欲降朞，虨又啓：「厭屈私情，所以上嚴祖考。」於是制緦麻三月。志。

晉廢帝海西公太和中[四二]，太子所生陳淑媛薨，尚書疑所服。徐邈以爲：「宜依公子爲母練冠麻衣，既葬除之。」殷仲堪以爲：「當依庶子爲後，服所生母緦，皇子服乃練冠耳。」通典八十二[四三]。

東晉簡文帝崩，鎮軍府問參佐綱紀服。邵戩答曰：「禮，臣爲君服，皆斬衰。大夫居廬，士居堊室。又禮，君之喪，諸達官之長杖。先儒以爲，非達官謂官長所自除人在官者也。庶人在官服天子，與畿内之人同，齊衰三月。按參佐無除者，宜用此禮。又禮，諸侯之大夫會見天子者，爲天子服繐衰七月。按今綱紀，雖或被除敕，猶古諸侯之卿命於天子比耳。見北面時君[四四]，無二君之道，宜依繐衰之制。其無除敕，又未嘗會見，則宜無服。」通典八十一。

孝武寧康中，崇德太后褚氏崩。后於帝爲從嫂，或疑其服。博士徐藻議，以爲：「資父事君而敬同。又，禮，其夫屬父道者，其妻皆母道也。則夫屬君道，妻亦后道矣。服后宜以資母之義。魯譏逆祀，以明尊尊。今上躬奉康、穆、哀皇及靖后之祀[四五]，致敬同於所天。豈可敬之以君道，而服廢於本親？謂應服齊衰朞。」於是帝制朞服。志。

孝武帝太元十五年，淑媛陳氏卒，皇太子所生也。有司參詳母以子貴，贈淑媛爲夫人，置家令典喪事。太子前衛率徐邈議：「喪服傳稱與尊者爲體[四六]，則不服其私親。又，君父所不服，子亦不敢服。故王公妾子服其所生母練冠麻衣，既葬而除，非五服之常，則謂之無服。」

從之。志。

太元二十一年，孝武帝崩，孝武太后制三年之服。志。

隆安四年，孝武太皇太后李氏崩，疑所服。尚書左僕射何澄、右僕射王雅、尚書車胤、孔安國、祠部郎徐廣議：「太皇太后名位允正，體同皇極，理制備盡，情禮彌申。陽秋之義，母以子貴，既稱夫人，禮服從政。故成風顯夫人之號，文公服三年之喪〔四七〕。子於父母之所生，體尊義重。且禮，祖不厭孫，固宜遂服無屈，而緣情立制。若嫌明文不存，則疑斯從重，謂應同於爲祖母後齊衰朞。百官亦一朞。」詔可。志。永安皇后無服，但一舉哀，於西堂設菰廬，神武門施凶門柏歷。通典八十。

陵寢

惠帝至温，將謁陵。惠紀。○通鑑八十五胡三省注：「自京兆尹防以上〔四八〕，皆葬於温。」

北邙東則乾脯山，山西南晉文帝崇陽陵，陵西武帝峻陽陵。邙之東北宣帝高原陵、景帝峻平陵〔四九〕。邙之南則惠帝陵也。文選傅季友爲宋公至洛陽謁五陵表注引郭緣生述征記。

宣帝預自於首陽山爲土藏，不墳不樹，作顧命終制，斂以時服，不設明器。景、文皆謹奉成命，無所加焉。景帝崩，喪事制度又依宣帝故事。志。

泰始二年八月，詔曰：「此上旬，先帝棄天下日也，便以周年。吾煢煢，當復何時一得敍人子之情耶？思慕煩毒，欲詣陵瞻侍，以盡哀憤。主者具行備。」太宰安平王孚、尚書令裴秀、尚書僕射武陔等奏：「陛下至孝烝烝，哀思罔極。衰麻雖除，哀毁蔬食，有損神和。秋節尚有餘暑，謁見山陵，悲感摧傷，羣下竊用竦息，以爲宜降抑聖情，以慰萬國。」詔曰：「孤煢忽爾，日月已周，痛慕摧感，永無逮及。欲瞻奉山陵，以敍哀憤，體氣自佳耳。又已涼，便當行，不得如所奏也。主者便具行備。」又詔曰：「漢文不使天下盡哀，亦帝王至謙之志。當見山陵，何心而無服，其以衰絰行〔五〇〕。」秀等重奏曰〔五一〕：「臣聞上古喪期無數，後世乃有年月之漸。漢文隨時之義，制爲短喪，傳之於後。陛下社稷宗廟之重，萬方億兆之故，既從權制，除衰麻，羣臣百姓吉服。今者謁陵，以敍哀慕，若加衰絰，進退無當。不敢奉詔。」詔曰：「亦知不在此麻布耳。然人子情思，爲欲令哀喪之物在身，蓋近情也。羣臣自當按舊制。」秀等又奏曰：「臣聞聖人制作，必從時宜。故五帝殊樂，三王異禮，此古今所以不同，質文所以迭用也。陛下隨時之宜，既降心克己，俯就權制，已除衰麻，而行心喪之禮，今復制服，義無所依。若君服而臣不服，亦未之敢安也。參議宜如前奏。」詔曰：「患情不能跂及耳，衣服何在？諸君勤勤之至，豈苟相違？」《志》。

泰始二年十月，詔曰：「昔舜葬蒼梧，農不易畝；禹葬成紀，市不改肆。上惟祖考清簡之旨，所徙陵十里内居人，動爲煩擾，一切停之。」武紀。

四年七月己卯，謁崇陽陵。武紀。

武帝泰始四年，文明王皇后崩，將合葬，開崇陽陵，使太尉司馬望奉祭，進皇帝密璽綬於便房神坐。魏氏金璽，此又儉矣。志。

宣帝遺詔：「子弟羣官不得謁陵。」於是景、文遵旨。至武帝，猶再謁崇陽陵，一謁峻平陵，然遂不敢謁高原陵，至惠帝復止也。志。

江左初，元、明崇儉，且百度草創，山陵奉終，省約備矣。志。

元帝初，時傳北陵被發，帝將舉哀，遠疏言：「園陵既不親行〔五二〕，承傳言之者〔五三〕，未可爲定。且園陵非一，而直言侵犯，遠近弔問，答之宜當有主。謂應更遣使攝河南尹按行，得審問，然後可發哀〔五四〕。」熊遠傳。

太興二年，使冠軍將軍梁堪修復山陵，不克而還。元紀。

漢魏以來，羣臣不拜山陵。導以元帝睠同布衣，非特君臣而已，每一崇進，皆就拜。由是詔百官拜陵，自導始也。王導傳。

元帝崩後，諸公始有謁陵辭告之事。蓋由眷同友執，率情而舉，非洛京之舊也。成帝時，中宫亦年年拜陵，議者以爲非禮，於是遂止，以爲永制。至穆帝時，褚太后臨朝，又拜陵，帝幼故也。至孝武崩，驃騎將軍司馬道子曰：「今雖權制服，至於朔望諸節，自應展情陵所，以一周爲斷。」於是至陵，變服單衣，煩黷無準，非禮意也。及安帝元興元年，尚書左僕射桓謙奏〔五五〕：「百僚拜陵，起於中興，非晉舊典，積習生常，遂爲近法。尋武皇帝詔，乃不使人主諸王拜陵，豈惟百僚？謂宜遵奉。」於是施行。及義熙初，又復江左之舊。志。○「武皇帝詔」，「武」疑「宣」之訛。

初，皇后每年拜陵，勞費甚多。謨建議曰：「古者，皇后廟見而已，不拜陵也。」由是遂止。蔡謨傳。

成帝咸康七年，皇后杜氏崩。詔曰：「重壤之下，豈宜崇飾無用？陵中惟絜掃而已。」志。

咸康時侍御史秦武奏：「平陵前道東，杉樹一株萎死，請收陵令推劾。」藝文類聚木部引晉咸康起居注。

永和八年，峻平、崇陽二陵崩，帝臨三日。穆紀。

十二年十一月，遣兼司空散騎常侍車灌、龍驤將軍袁真等持節如洛陽，修五陵。十二月，以有事於五陵，告於太廟，帝及羣臣皆服緦，於太極殿臨三日。穆紀。

晉修復山陵故事云：梓宮衣物，有緗絳雙裙六腰，練單衫五領，練複衫五領，白紗衫六領，白紗縠衫五領。初學記服食部。又用墨五丸。太平御覽文部。絹團扇六枚。武悼皇后玄宮貯衣蝦蟆籠二〔五六〕。又梓宮中有象牙火籠、象牙梳五枚，后梓宮象牙梳六枚、瑇瑁梳六枚，又梓宮用鐵鏤鑷五枚，用嚴器五具，馬齒嚴器五具〔五七〕。后服有瑇瑁釵三十隻。太平御覽布帛部。武帝悼后玄宮有漆烏瓦槃一枚〔五八〕。太平御覽器物部。帝改服，著白綾帽。太平御覽服用部。后梓宮用翦六枚。太平御覽資産部。

穆帝崩，山陵將用寶器，逌諫曰：「宣皇顧命終制，山陵不設明器，以貽後則。景帝奉遵遺制。逮文明皇后崩，武皇帝亦承前制，無所施設，惟脯糒之奠，瓦器而已。昔康皇帝玄宮始用寶劍金舃，此蓋太妃罔已之情，實違先旨累世之法。今外欲以爲故事，臣請述先旨，停此二物。」書奏，從之。江逌傳。

太元元年，謁建平等四陵。四年，謁建平等七陵。五年正月乙巳，謁崇平陵。十年正月甲午〔五九〕，謁諸陵。孝武紀。

孝武帝太元四年九月，皇后王氏崩。詔：「遠近不得遣山陵使。」志。

桓温平洛，入關。將旋師，留穆之以二千人衛山陵。毛穆之傳。

恭帝爲大司馬，上疏請帥所部，修敬山陵。朝廷從之，乃與裕俱發。及有司以即戎不得奉辭陵廟，帝復上疏曰：「臣推轂閫外，將革寒暑〔六〇〕，不獲展情塋墜，私心罔極。伏願天慈，特垂聽許，使臣微誠粗申，即路無恨。」許之。恭紀。

義熙十二年，洛陽平，裕命修晉五陵，置守備。文選傅季友爲宋公至洛陽謁五陵表注引晉書。

國喪廢樂 停婚嫁附

武帝以來，國有大喪，輒廢樂終三年。志。

武帝皇太后王氏崩，泰始六年正月朔，帝臨軒不設樂。武紀。

惠帝永平元年正月朔，臨朝，不設樂。惠紀。

太安元年，太子喪，元會亦廢樂。志。

明帝太寧二年正月，臨朝，停饗燕之禮，懸而不樂。明紀。

明帝崩，國喪未朞，尚書梅陶私奏女伎，雅劾奏曰：「臣聞放勛之殂，八音遏密，雖在凡庶，猶能三載。自兹以來，歷代所同。肅祖明皇帝崩背萬國，當朞。聖主縞素，泣血臨朝，百寮悽愴，動無歡容。陶無大臣忠慕之節，家庭侈靡，聲伎紛葩，絲竹之音，流聞衢路，宜加放黜，以整王憲。請下司徒，論正清議。」鍾雅傳。

孝武帝太元六年，爲皇后王氏喪，亦廢樂。志。

孝武崩，太傅録尚書會稽王道子議〔六一〕：「山陵之後，通婚嫁不得作樂，以一朞爲斷。」志。

廟諱

晉孫毓七廟諱字議：「乙丑詔書班下尊諱，惟從宣皇帝以來；京兆府君以上，皆不別著〔六二〕。按禮，士立二廟，則諱王父以下，天子諸侯皆諱羣祖，親盡廟遷，乃捨故而諱新。尊者統遠，卑者統近，貴者得申，賤者轉降，蓋所以殊名位之數，理上下之序也。先代創業之主，惟周追王，夏殷以前，未有聞焉。顯考以下謂之親廟，親廟月祭，屬近禮崇。周武王時，諸盩有公諱；原注：「張流反。」爲顯考廟。周人以諱事神，固不以追王所不及而闕正廟之諱也。禮，大夫所有公諱；又曰『子與父同諱』。明君父之諱，臣子不可以不諱也。范獻子聘於魯，問具敖之山，魯人以其鄉對，曰：『先君獻武之諱也〔六三〕。』此時獻武已爲遠祖，鄰國大夫猶以犯諱爲失，歸而作戒，著於春秋。大晉龍興，弘崇遠制，損益因改，思臻其極。以爲京兆府君以上，雖不追王，列在正廟〔六四〕，臣下應諱，禮有明義。宜班下諱字，使咸知所避〔六五〕，上崇寅嚴之典，下防僭同之謬。」通典一百四。

東晳不得避諱議：「元康七年詔書稱，咸寧元年詔下尊諱，風伯雨師〔六六〕，皆爲詁訓〔六七〕。又公官文書吏人上事，稱引經書者，復多迴避，使大義不明。諸經傳咸言天神星宿、帝王稱號，皆不得變易本文，但省事言語，臨時訓避而已。」太常博士華簡言：

「周禮大宗伯職：『槱燎祀司中、司命、風師、雨師。』此禮文正稱，應如丙辰詔書，不改其名。」事下五府博議。賊曹屬束皙議：「按風伯之名，所由來遠，其在漢魏，固已有之，非晉氏避諱始造此號也。若以異於周官，宜當變改，則今國家行事，神物稱號，多因近代，不皆率古，蓋亦簡易以從仍舊，隨時之制，不足悉變。惟雨師之名，實由避諱，宜如舊稱。」通典一百四。

泰始二年正月，有司奏，故事，皇后諱與帝諱俱下。詔曰：「禮，內諱不出宮，而近代諱之，非也。勿下。」通典一百四。

景帝諱師，改太師爲太宰，師氏爲帥氏。文帝諱昭，改昭武爲邵武；昭穆爲韶穆，又爲明穆；韋昭爲韋曜：凡昭之字曰明。帝王廟謚年諱譜。

【校勘記】

〔一〕兹據通鑑校正　「鑑」，底本誤作「典」，據資治通鑑改。

〔二〕何至一旦便易此情於所天　「至」，底本誤作「止」，晉書作「心」，據四庫全書本晉書、資治通鑑改。

〔三〕張熷讀史舉正四　「正」，底本誤作「要」，據張熷讀書舉正改。

〔四〕今御倚廬爲當在太極殿不　「不」，底本誤作「下」，據北宋本通典改。

〔五〕今司州及河南郡吏出入導從　「州」，底本誤作「隸」，據通典改。

〔六〕當爲君喪其親者耳　「爲」，中華書局本通典校勘記以爲當作「謂」。「者」，底本原奪，據通典補。

〔七〕通典八十一　「一」，底本誤作「二」，據通典改。

〔八〕卞摧答　「卞摧」下，通典有「楊雍、應琳等」五字。

〔九〕通典八十一　「一」，底本誤作「二」，據通典改。

〔一〇〕專謂王者三年之喪　「專」，底本原奪，據晉書補。

〔一一〕當以衰麻終二十五月　「當」，底本原奪，據晉書補。

〔一二〕至今世從漢文輕典　「至」，底本原奪，據晉書補。

〔一三〕宰咺來歸惠公仲子之賵　「賵」，底本誤作「賻」，據晉書改。

〔一四〕尚書新沓伯臣山濤　「臣」，底本原奪，據晉書補。

〔一五〕司徒尚書堂陽子臣石鑒　「徒」，底本原奪，據四庫全書本晉書補。

〔一六〕未統帝者居喪　「統」，中華書局本晉書作「曉」。

〔一七〕晉叔向譏之曰　「譏」，底本誤作「議」，據晉書改。

〔一八〕葬畢制紅禫之除　「制」，底本原奪，據晉書補。

〔一九〕故斂葬得在浹辰之内　「辰」，底本誤作「旬」，據晉書改。

〔二〇〕天子諸侯之禮具矣　「子」，底本誤作「下」，據晉書改。

〔二一〕此臣等所謂經制大義　「大義」下，晉書有「且即實近言，亦有不安」九字。

〔二二〕此爲永福官屬　「官」，底本誤作「宫」，據晉書改。

〔二三〕除服諒闇終制　「終」，底本原奪，據晉書、通典補。

〔二四〕於時外内卒聞預異議　「卒」，底本原奪，據晉書補。

〔二五〕則無服之子當斬衰三年　「無」，底本誤作「元」，四庫全書本、百衲本晉書同，據中華書局本晉書改。

〔二六〕誓與未誓　「未」，底本誤作「不」，據晉書改。

〔二七〕其爲升降也微　「其爲」，底本誤倒，據晉書乙正。

〔二八〕舉以成人之禮　「舉」，底本誤作「與」，據晉書改。

〔二九〕主上旋宫　「主」，底本誤作「至」，據通典改。

〔三〇〕至於先有他故去職　「於」，底本原奪，據通典補。

〔三一〕不避外難　「外難」，底本原奪，據春秋公羊傳補。

〔三二〕不可偏抗古義以傷今實也　「不」，底本誤作「而」，據通典改。

〔三三〕普天有情　「有」，底本誤作「同」，據晉書改。

〔三四〕吏部郎劉耽意皆同　「郎」，底本原奪，據晉書補。

〔三五〕必所不了　「不」，底本誤作「未」，據晉書改。

〔三六〕彪之不能徽援正義　「援」，底本誤作「拔」，據文獻通考、晉書改。

〔三七〕兼侍中徐邈等議　「兼」，底本誤作「按」，據北宋本通典改。「徐邈」，中華書局本通典校勘記以爲當作「徐衆」。

〔三八〕夫喪無主　「夫」，底本誤作「人」，據通典改。

〔三九〕三載遏密　「載」，底本誤作「年」，據尚書堯典改。

〔四〇〕忠厚發於天成　「厚」，底本誤作「孝」，據通典改。

〔四一〕求慈仁於吾朝　「慈」，中華書局本通典以爲當作「自」。

〔四二〕晉廢帝海西公太和中　「晉廢帝海西公太和」，中華書局本通典校勘記以爲當作「晉孝武帝太元」。

〔四三〕通典八十二　「八」，底本誤作「七」，據通典改。

〔四四〕見北面時君　底本誤作「會見北面時」，據通典改。

〔四五〕今上躬奉康穆哀皇及靖后之祀　「祀」，底本誤作「禮」，據晉書改。

〔四六〕喪服傳稱與尊者爲體　「尊」下，底本原衍「卑」字，據晉書删。

〔四七〕文公服三年之喪　「文公」，底本誤作「昭公」，據中華書局本晉書校勘記改。

〔四八〕自京兆尹防以上　「京兆」，底本誤作「河南」，據資治通鑒改。

〔四九〕邙之東北宣帝高原陵景帝峻平陵　「邙」上，底本原衍「北」字，據文選注、六臣注文選删。

〔五〇〕其以衰經行　「其」下，底本原衍「禮」字，據晉書删。

〔五一〕秀等重奏曰　「秀」，中華書局本晉書作「孚」。下「秀等」同。

〔五二〕園陵既不親行　「不」，底本誤作「未」，據晉書改。

〔五三〕承傳言之者　「承」，底本原奪，據晉書補。

〔五四〕然後可發哀　「發」，底本誤作「舉」，據晉書改。

〔五五〕尚書左僕射桓謙奏　「左」，底本原奪，據晉書補。

〔五六〕武悼皇后玄宫貯衣蝦蟆籠二　「衣」，太平御覽無。

〔五七〕馬齒嚴器五具　「五」，底本原奪，據太平御覽補。

〔五八〕武帝悼后玄宫有漆烏瓦槃一枚　「瓦」，底本原奪，據太平御覽補

〔五九〕五年正月乙巳謁崇平陵十年正月甲午　「乙巳」至「十年正月」，底本原奪，據晉書補。

〔六〇〕將革寒暑　「革」，底本誤作「易」，據晉書改。

〔六一〕太傅録尚書會稽王道子議　「尚書」下，底本原衍「事」字，據晉書删。

〔六二〕皆不别著　「不」，底本誤作「未」，據通典改。

〔六三〕先君獻武之諱也　「獻武」下，底本原衍「子」字，據晉書删。

〔六四〕列在正廟　「在」，底本誤作「下」，據通典改。

〔六五〕使咸知所避　「咸」，底本原奪，據通典補。

〔六六〕風伯雨師　「風伯」，底本誤作「風師」，據通典改。

〔六七〕皆爲詁訓　「詁訓」，底本誤倒，據北宋本通典乙正。

晉會要弟十一

禮九

喪儀輓紼諸制

魏故事，國有大喪，羣臣凶服，以帛爲綬囊，以布爲劍衣〔一〕。新禮，以傳稱「去喪無所不佩」，明在喪則無佩也，更制齊斬之喪不佩劍綬。摯虞以爲「周禮武賁氏，士大夫之職也，皆以兵守王宮，國有喪故，則衰葛執戈楯守門，葬則從車而哭。又，成王崩，太保命諸大夫以干戈內外警設。明喪故之際，蓋重宿衛之防〔二〕。去喪無所不佩，謂服飾之事〔三〕，不謂防禦之用。宜定新禮布衣劍如舊〔四〕，其餘如新制。」詔從之。志。

魏晉故事，問：「以宗室爲監喪使者，應著何服？」卞搉答：「國有大喪，使者所服，禮無正文。事義相準，以爲奉命監喪，宜服練素。」通典八十一。

漢魏故事，將葬，設吉凶鹵簿，皆有鼓吹。新禮以禮無吉駕導從之文，臣子不宜釋其衰麻以服玄黄，除吉駕鹵簿。又，凶事無樂，遏密八音，除凶服之鼓吹。摯虞以爲：「葬有祥車曠左，則今之容車也。既葬，日中反虞，逆神而還。春秋傳，鄭大夫公孫蠆卒，天子追賜大路，使以行。士喪禮，葬有藁乘車，以載生之服。此皆不惟載柩，兼有吉駕之明文也。既設吉駕，則宜有導從，以象平生之容，明不致死之義。臣子衰麻不得爲身而釋，以爲君父則無不可。顧命之篇足以明之。宜定新禮，設吉服導從如舊，其凶服鼓吹宜除。」詔從之。志。

賀循云：「喪車前後四引，引十人，合四十人。十人一帳，合四十四人。皆素服白幍帳，手執練幡以部伍所主，禁讙呼嬉戲。四帳，一吏主之也。」通典八十六。

銘旌建太常，畫日月星辰。九仞，旒委地。又遣車易以轝牀舉。奠祭之具及器藏物，皆覆以練。通典七十九〔五〕。

賀循葬禮曰：「杠，今之旐也，古以緇布爲之。絳繒，題姓名而已，不爲畫飾。」文選陸機挽歌詩注。

杜元凱云：「諸侯建大旂，原注：「畫熊虎龍文曰旂。」杠七仞，斿至地。」徐宣瑜議云：「王之上公八命，出爲二伯，加一等，謂九命作伯，建九斿。按上公之上服，遠遊冠，佩山玄玉，宜興三公同建八斿。諸位從公者、三公八命，應建旂八斿。侯伯同七命，建旂七斿。」元凱又云：「卿建旃，六斿，至軫。」原注：「孤卿，次三公也。通帛爲旃，謂純赤也。」宣瑜云：「王之卿六命，建旃六斿。王之上大夫五命，建旃五斿〔六〕。」通典八十四。

賀循葬禮曰：「大夫五旒，吉韋車之所建也〔七〕。通而以下，不爲龍畫。」太平御覽禮儀部。

杜預要集曰：「凡挽，天子六紼，諸侯四，大夫二，士一。」太平御覽禮儀部。

漢魏故事，大喪及大臣之喪，執紼者輓歌。新禮以爲輓歌出於漢武帝役人之勞歌，聲哀切，遂以爲送終之禮。雖音曲摧愴〔八〕，非經典所制，違禮設銜枚之義〔九〕。方在號慕，不宜以歌爲名，除輓歌。摯虞以爲：「輓歌因倡和而爲摧愴之聲，銜枚所以全哀，此亦以感衆。雖非經典所載，是歷代故事。詩稱『君子作歌，惟以告哀』，以歌爲名，亦不爲嫌。宜定新禮如舊。」詔從之。志。

武帝崩，選百二十挽郎，皆一時之秀。世説紕漏門。

成帝皇后杜氏崩，有司奏，依舊選公卿以下六品子弟六十人爲挽郎。詔停之。志。

咸康七年，諸葛恢奏：「恭皇后今當山陵，依舊公卿六品清官子弟爲挽郎，非古也。豈有牽曳國士爲之役夫？請悉罷之。」北堂書鈔設官部引晉要事。

孝武皇后王氏崩，有司奏選挽郎三十四人。詔停之。志。

蔡謨云：「以二瓦器盛始死之祭，繫於木，裹以葦席，置庭中，近南，名爲重，今之凶門是其象也。禮，既虞而作主，今未葬，未有主，故以重當之。禮稱爲主道，此其義也。范堅又曰：「凶門非禮。禮有懸重，形似凶門。後人出之門外以表喪，俗遂行之。薄帳，即古弔幕之類也。」志。

琅邪悼王焕薨，詔立凶門柏歷，琅邪國右常侍孫霄上疏曰〔一〇〕：「棺槨與服旒翣之屬，禮典舊制，不可廢闕。凶門柏歷，禮典所無，天晴可不用，遇雨則無益，此至宜節省者也。若琅邪一國一時所用，不爲大費，臣在機近，義所不言。今天臺所居，王公百寮，聚在都輦，凡有喪事，皆當供給材木百數、竹薄千計，凶門兩表，衣以細竹，價值既貴，又非表凶哀之宜，如此過飾，宜從粗簡。」琅邪王焕傳。

傅祇父嘏，魏太常。後母喪葬，詔給太常五等吉凶導從。其後，諸卿夫人葬給導從〔一一〕，自此始也。傅祇傳。

祖奠

載柩於輴，未明而行遷於祖廟者，乃將告辭於先君也。登自西階，正柩於兩楹間，北首，納輴車於階下，載之以適墓。啓奠從設於西方。質明，滅燭，更設奠如啓奠。通典八十六。

祖奠竟，厥明又大奠。大奠者，加於常一等，士以少牢，大夫太牢，盛葬禮也，是謂遣奠。

奠畢，包牲下體以爲藏備〔一二〕。大夫包五，士包三，遂行如墓。初設遣奠，士陳五鼎，用少牢，庶物備包之以葬。今雖不能備禮，宜加於常奠，以盛送終也。其以葬日晨而設之。通典八十六。

葬

晉賀循葬禮云：「至墓之位，男子西向，婦人東向。先施幔幄於埏道北，南向。柩車既至，當坐而住。遂下衣几及奠祭。哭畢柩進，即壙中神位。既窆，乃下器壙中。薦棺以席，緣以紺繒。植翣於牆，左右挾棺，如在道儀。」通典八十六。

晉賀循云：「飾棺衣以布，玄上纁下。畫帷荒雲氣，不爲龍。笭帷易布以紺繒。池以象承霤，以竹爲籠，如今車笭，帷以青絹代布。紐，玄纁二。其明器：憑几一，酒壺一，原注：「受六升，冪以功布。」漆屏風一，三穀三器，原注：「粳、黍、稷，灼而乾。」瓦唾壺一，脯一篋，原注：「以三牲之肉爲一，代包收〔一三〕，所遣奠之俎爲藏物也。」屨一，瓦罇一，屐一，瓦杯盤杓杖一，瓦燭槃一，箸百副，瓦奩一，瓦竈一，瓦香鑪一，釜二，枕一，瓦甑一，手巾繒幣玄三纁二，博充幅，長尺，瓦鑪一，瓦盥盤一。」通典八十六。

東海王越尸既爲石勒所焚，妃裴氏求招魂葬越，朝廷疑之。環與博士傅純議，以爲招魂葬是謂埋神，不可從也。帝然之。雖許裴氏招魂葬越，遂下詔禁之。袁環傳。

太興元年，禁招魂葬。元紀。

賀循爲武康令，俗多厚葬，及有拘忌迴避歲月，停喪不葬者，循皆禁焉。賀循傳。

仲堪爲晉陵太守，禁久喪不葬。殷仲堪傳。

琅琊悼王焕薨，詔營起陵園，功役甚衆。孫霄上疏諫曰：「陛下踐祚，興微濟弊，聖懷勞謙，務從簡儉，憲章舊制，猶欲節省，禮典所無，而反尚飾，此臣愚情竊所不安也〔一四〕。棺槨輿服旒翣之屬，禮典舊制，不可廢闕。凶門柏歷，禮典所無，天晴可不用，遇雨則無益，此至宜節省者也。若琅邪一國一時所用，不爲大費，臣在機近，義所不言。今天臺所居，王公百寮，聚在都輦，凡有喪事，皆當供給材木百數、竹薄千計，凶門兩表，衣以細竹及材，價直既貴，又非表凶哀所宜，如此過飾，宜從麤簡。案禮記，國君之葬，棺槨之間容柷，大夫容壺，士容甀。以壺甀爲差，則柷材大於壺，明矣。槨周於棺，槨不甚大也。語曰：『葬者，藏也，藏欲其深而固也。』槨大則難爲堅固，無益於送終，而有損於財力。凶荒殺禮，經國常典，既滅殺而猶過舊，此爲國之所厚惜也。又禮，將葬，遷柩於廟祖而行，及墓即窆，葬之日即反哭而虞。如此，則柩不宿於墓也。聖人非不哀親，親在土而無情於丘墓焉，以墓非安神之所，故修虞於殯宮。始則營草宮於山陵，遷神柩於墓側，又非典也。非禮之事，不可以訓萬國。」琅邪悼王焕傳。

預先爲遺令曰：「古不合葬，明於終始之禮，同於無有也。中古聖人改而合之，蓋以别合無在，更緣生以示教也。自此以來，大人君子或合或否，未能知生，焉能知死？故各以己意所欲也。吾往爲臺郎，嘗以公事使過密縣之邢山。山上有冢，問耕父，云是鄭大夫祭仲，或云子産之冢也。遂率從者祭而觀焉。其造冢居山之頂，四望周達，連山體南北之正而邪東北〔一五〕，向新鄭城，意不忘本也。其隧道惟塞其後而空其前，不填之，示藏無珍寶，不取於重深也。山多美石不用，必集洧水自然之石以爲冢藏，貴不勞工巧，而此石不入世用也。君子尚其有情，小人無利可動，歷千載無毁，儉之故也。吾去春入朝，因郭氏喪亡，緣陪陵舊義，自表營洛陽城東首陽之南爲將來兆域。所得地中有小山，上無舊冢。其高顯雖未足比邢山，然東望二陵，西瞻宫闕，南觀伊洛，北望夷叔，曠然遠覽，情之所安也。故遂表樹開道，爲一定之制。至時皆用洛水圓石，開隧道南向，儀制取法於鄭大夫，欲以儉自完耳。棺器小斂之事，皆當稱此。」子孫一以遵之。杜預傳。

皇甫謐著論爲葬送之制，名曰篤終，曰：「玄晏先生以爲，亡存天地之定制，人理之必至也。故禮六十而制壽，至於九十，各有等差，防終以素，豈流俗之多忌者哉？吾年雖未制壽，然嬰疢彌紀，仍遭喪難，神氣損劣，困頓數矣。常懼夭殞不期，慮終無素，是以略陳至懷。夫人之所貪者，生也；所惡者，死也。雖貪，不得越期；雖惡，不得逃遁。人之死也，精歇形散，魂無不之，故氣屬於天；寄命終盡，窮體反真，故尸藏於地。是以神不存體，則與氣升降；尸不久寄，與地合形。形神不隔，天地之性也；尸與土并，反真之理也。今生不能保七尺之軀〔一六〕，死何故隔一棺之土？然則衣衾所以穢尸，棺槨所以隔真，故桓司馬石槨不如速朽；季孫璵璠比之暴骸；文公厚葬，春秋以爲華元不臣；楊王孫親土，漢書以爲賢於秦始皇。如今魂必有知，則人鬼異制，黄泉之親，死多於生，必將備其器物，用待亡者。今若以存況終，非即靈之意也。如其無知，則空奪生用，損之無益，而啓奸心〔一七〕，是招露形之禍，增亡者之毒也。夫葬者，藏也；藏也者，欲人之不得見也。而大爲棺槨，備贈存物，無異於埋金路隅而書表於上也。雖甚愚之人，必將笑之。豐財厚葬以啓姦心，或剖破棺槨，或牽曳形骸，或剥臂捋金環，或扪腸求珠玉。焚如之形，不痛於是？自古及今，未有不死之人，又無不發之墓也。故張釋之曰：『使其中有欲，雖錮南山猶有隙；使其中無欲，雖無石槨，又何戚焉？』斯言達矣，吾之師也。夫贈終加厚，非厚死也，生者自爲也。遂生意於無益，棄死者之所屬，知者所不行也。易稱『古之葬者，衣之以薪，葬之中野，不封不樹』。是以死得歸真，亡不損生。故吾欲朝死夕葬，夕死朝葬，不設棺槨，不加纏斂，不修沐浴，不造新服，殯唅之物，一皆絶之。吾本欲露形入坑，以身親土，或恐人情染俗來久，頓革理難，今故觕爲之制。奢不石槨，儉不露形。氣絶之後，便即時服，幅巾故衣，以籧篨裹尸，麻約二頭，置尸牀上。擇不毛之地，穿坑深十尺，長一丈五尺，廣六尺，坑訖，舉牀就坑，去牀下尸。平生之物，皆無自隨，惟齎孝經一卷，示不忘孝道。籧篨之外，便以親土。土與地平，還其故草，使生其上，無種樹木、削除，使生迹無處，自求不知。不見可欲，則奸不生心，終始無怵惕，千載不慮患。形骸與后土同體，魂爽與元氣合靈，真篤愛之至也。若亡有前後，不得移祔。祔葬自周公來，非古制也。舜葬蒼梧，二妃不從，以爲一定，何必周禮。無問師工，無信卜筮，無拘俗言，無張神坐，無十五日朝夕上食。禮不墓祭，但月朔於家設席以祭，百日而止。臨必昏明，不得以夜。制服常居，不得墓次。夫古不崇墓，智也；今之封樹，愚也。若不從此，是戮尸地下，死而重傷。魂而有靈，則寃悲没世，長爲恨鬼。王孫之子，可以爲誡。死誓難違，幸無改焉！」子童靈、方回等遵其遺命。皇甫謐傳。

安平王孚臨終遺令曰：「有魏貞士河内温縣司馬孚，字叔達，不伊不周，不夷不惠，立身行道，終始如一。當以素棺單槨，斂以時服。」及薨，其家遵孚遺旨，詔給器物，一不施用。安平獻王孚傳〔一八〕。◯通鑑七十九：「宣帝執政，孚常自退損。後逢廢立之際，未嘗預謀。魏帝禪晉，出舍於金墉城，孚拜辭，執帝手，歔欷不自勝，曰：『臣死之日，固大魏之純臣也。』」

咸和中，丞相王公教曰：「衛洗馬當改葬。此君風流名士，海内所瞻，可修薄祭，以敦舊好。」世説新語傷逝門。

祔祭

晋賀循曰：「卒哭祭之明日，以其班祔於祖廟，各以昭穆之次，各有牲牢，所用卒哭。今無廟，其儀：於客堂設亡者祖坐，東向；又爲亡者坐於北，少退。平明持饌具設及主人之節，皆如卒哭儀。先向祖座拜，次向祔座拜，訖，西面南上伏哭。主人進酌祖座，祝曰：『曾孫某，敢用潔牲嘉薦於曾祖某君，以隮祔某君之孫某。〔一九〕』又酌亡者座，祝曰：『哀子某，夙興夜處不寧，敢用潔牲嘉薦，祔事於皇祖某君，適明祖某君，尚饗。』皆起再拜，伏哭盡哀，復各再拜，以次出。妻妾婦女以次向神座再拜訖，南向東上，異等少退，哭盡哀，各再拜還房，遂徹之。自祔之後，惟朔日月半殷奠而已，其饌如來時儀，即日徹之。」通典八十七。

國戚百官喪

咸寧二年十一月，詔：「諸王公大臣薨，應三朝發哀者，踰月不舉樂；其一朝發哀者，三日不舉樂也。」志。

摯虞決疑注云：「國家爲同姓王、公、妃、主發哀於東堂，爲異姓公、侯、都督發哀於朝堂。」通典八十一。

摯虞云：「凡使弔祭，同姓者，素冠幘，白練深衣，器用皆素；異姓者，服色器用皆不變。」通典八十一。

太尉賈充薨，皇太子妃之父又太保也。有司奏，依漢元明二帝親臨師保故事，皇太子素服爲發哀，又臨其喪。續漢禮儀志注引晉起居注。

元帝姨廣昌鄉君喪，未葬，中丞熊遠表：「案禮『君於卿大夫，比葬不食肉，比卒哭不舉樂』，惻隱之心未忍行吉事故也。被尚書符，冬至後二日小會。臣以爲廣昌鄉君喪殯日，聖恩垂悼。禮，大夫死，廢一時之祭。祭猶可廢，而況餘事。冬至惟可羣下奉賀而已，未便小會。」詔以遠表示賀循，又曰：「咸寧二年〔二〇〕，武皇帝故事，王公大臣薨，三朝發哀，踰月不舉樂，其一朝發哀，三日不舉樂。此舊事明文。」賀循答曰：「案禮雜記：『君於卿大夫之喪，比葬不食肉，比卒哭不舉樂。』古者君臣義重，雖以至尊之義，降而無服，三月之内，猶錫衰以居，不接吉事。故春秋晉大夫智悼子未葬，平公作樂，爲屠蒯所譏。如遠所啓，合於古義。咸寧詔書，隨時立宜，以爲定制，誠非羣下所得稱論。」志。

建武元年七月，散騎侍郎朱嵩、尚書郎顧球卒。帝痛之，將爲舉哀。有司奏，舊尚書郎不在舉哀之例。帝曰：「衰亂之弊，特相痛悼。」於是遂舉哀。元紀。

升平元年，帝姑廬陵公主未葬，符問太常：「冬至小會，應作樂不？」博士胡訥議曰：

「君於卿大夫，比卒哭不舉樂。公主有骨肉之親，宜闕樂。」太常王彪之云：「案武帝詔，三朝舉哀，三旬乃舉樂；其一朝舉哀者，三日則舉樂。泰始十年春，長樂公主薨，太康七年秋，扶風王亮薨，武帝並舉哀三日而已。中興而後，更參論不改此制。今小會宜作樂。」二議竟不知所取。志。

穆帝時，太后臨朝，后父褚裒薨，元會廢樂。志。

東晉王朔之問范甯曰：「至尊爲后之父母有服不〔二一〕？意謂雖居尊位，亦當不以己尊而便降也。」甯答曰：「王者之於天下，與諸侯之於一國，義無以異。今謂粗可依準。」孝武太元元年正月，王鎮軍薨，按即后父也。尅舉哀而不成出，制服三日。僕射以下皆從服。通典八十。

晉褚太后爲從弟舉哀，博士王臻等議：「於至尊是族舅，雖不及舉哀，可從太后舉哀於朝堂。」又云：「太后前爲褚衞軍劉夫人舉哀於式乾殿，至尊於朝堂，今宜依故事。」尚書王彪之議：「至尊自應舉哀外族於朝堂〔二二〕，是也。自若不舉哀〔二三〕，惟應從太后遠出朝堂。未喻其禮，謂從舉哀之禮〔二四〕，自中朝迄於中興，朝廷已粗有常儀。至尊爲内族於東堂舉哀〔二五〕，則三省從臨；爲外族及大臣於朝堂舉哀，則八座丞郎從臨。若至尊之奉太后，既率朝臣之儀，又盡家人之禮。二三情敬〔二六〕，實兼參臣子〔二七〕。今不應自舉哀者，謂應從太后臨於式乾殿，太后位西面東向，至尊位北面南向。」通典八十一。

廙卒，帝以親故，深痛愍之。喪還京都，皇太子親臨拜柩，如家人之禮。王廙傳。

漢魏故事〔二八〕，無五等諸侯之制，公卿朝士服喪，親疏各如其親。初禮王公五等諸侯成國置卿者，及朝廷公孤之爵，皆傍親絶朞，而傍親爲之服斬衰，卿校位從大夫者皆絶緦。摯虞以爲：「古者諸侯君臨其國，臣諸父兄，今之諸侯未同於古，則其尊未全，不宜便從絶朞之制，而令傍親服斬衰之重也。諸侯既然，則公孤之爵亦宜如舊。」詔從之。志。

東晉咸和七年，虞潭上表言：「今之諸侯服其親，皆與士同，無復降殺。大宗之家，喪服累仍，若皆不祭，是先人之享嘗，永爲有廢。原注：「或難曰：『士獨非孝子也？』答曰：『士賤，不得伸其意也。』」臣謂三月之後，禮情漸殺，若非父母之喪，尚通内外，服踰月，既葬，可祭宗廟。」博士通議，宜如潭所上，會有軍事，未及施行。咸康三年十月二十七日，虞潭有嗣子喪，既葬，依令文行喪三十日，至十二月十日公除，其日腊祭宗廟。徐藻議曰：「古無公除，吉凶之服不可相干，故緦不祭耳。今既公除，吉服而行，則可吉祭。今既吉服〔二九〕，無事不可，而大事反可闕耶？若以心喪爲疑者〔三〇〕，則出母子爲父後，得以含悲而祭矣。又禮有死宫中，三月不舉祭；齊衰之禮，三月不從政。意者雖速公除，猶宜待滿三月。」通典五十二〔三一〕。

泰始三年，初令二千石得終三年喪。武紀。

太康七年，大鴻臚鄭默母喪。既葬，當依舊攝職，固陳不起，於是始制大臣得終喪三年。然元康中，陳準、傅咸之徒，猶以權奪，不得終禮，自兹以往，以爲成比也。志。

晉太康中，尚書令衛瓘表：「前太子洗馬濟陰郤詵寄止衛國文學講堂十餘年〔三三〕，母亡不致喪歸，便於堂北壁外下棺，謂之假葬。三年即吉。或以爲城寺之内，屋壁之間無葬處，不成葬，則不應除服。下司徒博士議〔三三〕。」詵表自理。詔問山濤，濤言：「詵前喪母，得疾不得葬，遂於壁後假葬，服終，爲平輿長史。論者謂不合正禮，是以臣前疑之。詵文義可稱，又甚貧儉，訪其邑黨，亦無有他〔三四〕。」詔問應清議不〔三五〕。濤云：「自爲不與常同，便令人非，恐負其孝慕之心，宜詳極盡同異之論〔三六〕。」兗州大中正魏舒與濤書：「郤詵至孝，中間去郎，正爲母耳。居喪毁瘁，殆不自全。其父喪在緱氏，欲改葬，不能自致，故過時不葬。後於家堂北假葬，埏道通堂中，不時閉，服欲闋乃閉〔三七〕。葬後經年乃見用，作平輿監軍長史〔三八〕。其事灼然，無所爲疑〔三九〕。」瓘書云：「凡以意相是非者，不可輕以相貶也。」通典一百三。

晉喪葬令：「長吏卒官，吏皆齊縗以喪服理事，若代者至，皆除之。」通典九十九。

潭爲琅邪王裒郎中令。會裒薨〔四〇〕，潭上書求行終喪禮，曰：「在三之義，禮有達制，近代以來，或隨時降殺，宜一匡革，以敦於後，輒案令文，王侯之喪，官僚服斬，既葬而除。今國無繼統，喪庭無主，臣實陋賤，不足當重，謬荷首任，禮宜終喪。」詔下博議。國子祭酒杜夷云：「古者諒闇，三年不言。下及周世，稅衰效命。春秋之時，天子諸侯既葬而除。此所謂三代損益，禮有不同。故三年之喪，由此而廢。然則漢文之詔，合於隨時，凡有國者，皆宜同也，非惟施於帝皇而已。按禮，殤與無後，降於成人。有後，既葬而除。今不得以無後之故而獨不除也。愚以丁郎中應除衰麻，自宜主祭，以終三年。」太常賀循議：「禮，天子諸侯俱以至尊臨人，上下之義，君臣之禮，自古以來，其例一也。春秋之事，天子諸侯不行三年。至於臣爲君服，亦宜以君爲節，未有君除而臣服，君服而臣除者。今法令，諸侯卿相官屬爲君斬衰〔四一〕，既葬而除。以令文言之，明諸侯不以三年之喪與天子同可知也。君若遂服，則臣子輕重無應除者也。若當皆除，無一人獨重之文。禮有攝主而無攝重，故大功之親主人喪者，必爲之再祭練祥，以大功之服，主人三年喪者也。苟謂諸侯與天子同制〔四二〕，國有嗣王，自不全服，而人主居喪，素服主祭，三年不攝吉事，以尊令制。若當遠迹三代，令復舊典，不依法令者，則侯之服貴賤一例，亦不得惟一人論。」於是詔使除服，心喪三年。丁譚傳。

晉武帝泰始中，尚書令史恂原注：「本文姓闕。」等是故少府鮑融故吏，假詣喪所行服，散騎常侍何遵駁以「恂等已登天朝，反服舊主，典禮相違」。荀顗表云：「禮，臣爲君斬衰三年，與子爲父同。以進登天朝，絕無舊君之心，廢反服之禮，非所以敦風崇教。今使仕者反服舊君〔四三〕，於義爲弘」。詔曰：「可重下禮官評考。」通典九十。

建武元年，以温嶠爲散騎侍郎，嶠以母亡值寇，不臨殯葬，欲營改葬，固讓不拜。元帝詔曰：「温嶠不拜，以未得改卜葬送。行禮制物者〔四四〕，當使理可經通。古人要絰而服金革之役者〔四五〕，豈營官耶？隨王事之緩急也。今桀逆未梟，平陽道斷，奉迎諸軍猶未得徑進，嶠特一身，於何濟其私艱，而以理闋自疑，不服王命耶？其令三司八座、門下三省、外内羣臣，詳共通議，吾將親裁。」於是太宰西陽王羕、司徒臨潁公組、驃騎將軍即丘子導、侍中紀瞻、尚書周顗、散騎常侍荀邃等議：「温嶠昔在河朔，志刷讎惡，萬里投身，歸赴朝廷，將欲因時竭力，憑賴王威，以展其情，無緣道路未通，師旅未進，而更中辭王事，留志家巷。誠宜如明詔。」於是有司奏曰：「案如衆議，建武元年九月下辛未令書，依禮文，父喪未葬，惟喪主不除。以他故未葬，人子之情，不可居殯而除，故期於畢葬，無遠近之斷也。若亡遇賊難，喪靈無處，求索理絶，固應三年而除，不得故從未葬之例也。若骨肉殲於寇害，死亡漫於中原，而繼以遺賊未滅，亡者無收殯之實，存者又闕於奔赴之禮，而人子之情，哀痛無斷，輒依未葬之義，久而不除，若遂其情，則人居無限之喪，非禮也。諸如此，皆依東關故事，限行三年之禮畢而除也。惟二親生離，吉凶未分，服喪則凶事未據，從吉則疑於不存，心憂居素，出自人情，有如此者，非官制之所裁。今嶠以未得改卜奔赴〔四六〕，累設疾辭。案辛未之制，已有成斷，皆不得復遂其私情，以虧法憲。參議可如前詔嶠受拜，重告司徒中丞諸如嶠比者，依東關故事辛未令書之制。」志。

晉國子博士王翼云：「夫屬子道，則妻亦婦道，不得不制親屬之服。」故孝后崩，庾家訪服〔四七〕。博士王崑議：「五服之内，一同臣妾，宜準小君服周。」侍中高崧答以爲，宜準五屬爲夫人周。祠部郎孔恢云：「庾家男女宜齊衰，庾家諸婦雖非五屬女〔四八〕，今見在五屬之内，亦服周。」護軍江虨云：「按賀公記，天子諸侯，五屬之内，雖不服職爲臣，皆斬衰，爲夫人則齊衰周。天子諸侯既同，后夫人亦不可得異，但文有詳略耳。子姪服周，諸婦非復五屬之例，謂當從降夫一等。」鄭彌云：「諸婦宜從夫。若其夫自同人臣，婦亦宜同於臣之妻。雖欲寧戚，於大典有闕。」通典八十一。

嵇紹轉豫章内史，以母憂，不之官。服闋，拜徐州刺史。後以長子喪去職。嵇紹傳。

陶潛以程氏妹喪，自免，作歸去來辭。曝書亭集五十二。○按：本傳未載。

卹典

太宰安平獻王孚泰始八年薨，帝於太極東堂舉哀三日。給東園溫明秘器、朝服一具、衣一襲、緋練百匹、絹布各五百匹、錢百萬、穀十斛，餘依漢東平獻王蒼故事。及葬，又幸都亭，望柩而拜。給鑾輅輕車，介士虎賁百人，吉凶導從二千餘人，前後鼓吹。

扶風武王駿薨，追贈大司馬，加侍中、假黄鉞〔四九〕。

齊獻王攸薨，詔喪禮，依安平王孚故事。

汝南王亮爲楚王瑋所害，及瑋誅，追復亮爵位〔五〇〕，給東園温明秘器、朝服一襲、錢三百萬、布絹三百匹，餘依安平王孚故事。

秦獻王柬薨〔五一〕，葬禮依齊王攸故事。

忠敬王遵薨，詔賜東園温明秘器、朝服一具、衣一襲、錢百萬、布百疋，册贈太傅。

會稽王道子爲桓玄酖殺之，册追崇爲丞相，加殊禮，一依安平王孚故事。

太保睢陵公王祥泰始五年薨，詔賜東園秘器、朝服一具、衣一襲、錢三十萬、布帛百匹。時文明皇太后崩始踰月，其後詔曰：「爲睢陵公發哀，事乃至今。雖每爲之感傷〔五二〕，要未得特敍哀情，今便爲哭之。」册謚曰元。

太傅壽光公鄭沖泰始十年薨，賜秘器、朝服、衣一襲、錢三十萬、布百匹。帝於朝堂發哀，册謚曰成。

太宰何曾咸寧四年薨，帝於朝堂素服舉哀，賜東園秘器、朝服一具、衣一襲、錢三十萬、布百匹。將葬，下禮官議謚。博士秦秀謚爲繆醜〔五三〕。帝不從，策謚曰孝。太康末，子劭自表改謚爲元。

大司馬石苞泰始八年薨。帝發哀於朝堂，賜秘器、朝服一具、衣一襲、錢三十萬、布百匹。及葬，給節幢麾、曲蓋、追鋒車、鼓吹、介士、大車，皆如魏司空陳泰故事，車駕臨送於東掖門外。册謚曰武。

南城侯羊祜卒，帝素服哭之，甚哀。賜東園秘器、朝服一襲、錢三十萬、布百匹。詔賜去城十里外近陵葬一頃，謚曰成。祜喪既引，帝於大司馬門臨送。

當陽侯杜預卒，追贈征南大將軍，開府儀同三司，謚曰成。

大司馬陳騫元康二年薨，加以衮斂〔五四〕，贈太傅。謚曰武。及葬，帝於大司馬門臨喪，望柩流涕，禮依大司馬石苞故事。

司空裴秀泰始七年薨，詔賜秘器、朝服一具、衣一襲、錢三十萬、布百匹。謚曰元。

驃騎將軍録尚書事王沈泰始二年薨，帝素服舉哀，賜秘器、朝服一具、衣一襲、錢三十萬、布百疋、葬田一頃〔五五〕，謚曰元。沈素清儉，不營産業，其使所領兵作屋五十間。沈夫人荀氏後卒，將合葬。沈棺已毁，更賜東園秘器。

太尉行太子太傅荀顗泰始十年薨，帝爲舉哀，皇太子臨喪，二宫賻贈，禮秩有加〔五六〕。賜温明秘器、朝服一具、衣一襲，謚曰康。又賜家錢二百萬，使立宅舍。

司徒荀勖太康十年卒，賜東園秘器、朝服一具、錢五十萬、布百疋，遣兼御史持節護喪。

謚曰成。

太尉賈充太康三年薨，帝爲之慟，使使持節、太常奉策追贈太宰，加衮冕之服、緑綟綬、御劍，賜東園秘器、朝服一具、衣一襲〔五七〕，大鴻臚護喪事，假節鉞、前後部羽葆、鼓吹、緹麾，大路、鑾輅、輼輬車、帳下司馬大車，椎斧文衣虎賁、輕車介士。葬禮依霍光及安平獻王故事，給塋田一頃。謚曰武。

雍州刺史唐彬卒，謚曰襄。賜絹二百匹，錢二十萬。

司徒山濤太康四年薨，詔賜東園秘器、朝服一具、衣一襲、錢五十萬、布百疋，策賜司徒，蜜印紫綬，侍中貂蟬，新沓伯蜜印青朱綬，祭以太牢，謚曰康。將葬，賜錢四十萬、布百匹。

光禄大夫鄭袤泰始九年薨。帝於東堂發哀，賜秘器、朝服一具、衣一襲、錢三十萬、絹布各百匹。謚曰元。

司徒李胤太康三年薨〔五八〕，詔遣兼御史持節監喪致祠。

尚書僕射盧欽咸寧四年卒，詔贈衛將軍、開府儀同三司，賜秘器、朝服一具、衣一襲、布五十匹、錢三十萬。謚曰元。又以欽清貧，特賜錢五十萬，爲作第舍。

太常華表咸寧元年卒，詔賜朝服〔五九〕。

太子太傅和嶠元康二年卒，贈金紫光禄大夫，加金章紫綬。永平初，策謚曰簡。

少府侯史光卒，詔賜朝服一具、衣一襲、錢三十萬、布百疋。

相國左司馬李重卒，家貧，宅宇狹小，無殯斂之地，詔於典客署營喪。追贈散騎常侍，謚曰成。

御史中丞傅咸卒，詔贈朝服一具、衣一襲、錢二十萬〔六〇〕。

御史中丞庾峻卒，詔賜朝服一具、衣一襲、錢三十萬。

振武將軍周訪太興三年卒，帝哭之慟，詔贈征西將軍，策謚曰壯，立碑於本郡。

散騎常侍周處征齊萬年，力戰而歿。追贈平西將軍，賜錢百萬，葬地一頃，京城地五十畝爲第，又賜王家近田五頃。詔曰：「處母年老，給其醫藥酒米。」

太尉廣武侯劉琨爲段匹磾所害，從事中郎盧諶及太子中庶子温嶠等上疏理之，詔下幽州，依舊弔祭。贈侍中、太尉，謚曰愍。

丞相王導咸和五年薨，帝舉哀於朝堂三日，遣大鴻臚持節監護喪事，賵襚之禮，一依漢博陸侯及安平獻王故事〔六一〕。及葬，給九斿轀輬車、黄屋左纛、前後羽葆鼓吹、虎賁班劍百人，中興名臣莫與爲比。册謚文獻，祠以太牢。

太尉、都督荆江雍梁交廣益寧八州諸軍事、荆江二州刺史、長沙郡公陶侃薨，成帝下詔，追贈大司馬，假蜜章，祠以太牢，謚曰桓。

驃騎將軍始安郡公温嶠卒，詔贈侍中、大將軍、持節、都督、刺史，公如故〔六二〕，賜錢百萬、布千匹，謚曰忠武，祠以太牢，葬建平陵北。

司空郗鑒薨，帝朝晡哭於朝堂，遣御史持節護喪事，贈賻依温嶠故事。策謚文成，祠以太牢。

太常賀循太興二年卒，帝素服舉哀。贈司空，謚曰穆。將葬，帝出臨其柩，遣兼侍御史持節監護〔六三〕。

右將軍卞壺死蘇峻之難。峻平，朝議贈壺左光禄大夫〔六四〕，加散騎常侍。尚書郎弘訥議以爲：「死事之臣，古今所重，卞壺忠貞之節，當書之竹帛。今之追贈，實未副衆望，謂宜加鼎司之號，以旌忠烈之勳。」司徒王導議：「進贈驃騎將軍，加侍中。」訥重議曰：「在三大節，臣子之極行。案壺委賢三朝，盡規翼亮，遭世險難，存亡以之。賊峻造逆，戮力致討，身當矢旝，父子并命，可謂破家爲國，守死勤事。昔許男疾終，猶蒙二等之贈，况壺伏節國難者乎？」於是改贈壺侍中、驃騎將軍、開府儀同三司。謚曰忠貞，祠以太牢。

平南將軍、江州刺史應詹咸和六年卒，册贈鎮南大將軍、儀同三司。謚曰烈，祠以太牢。

侍中、右衛將軍劉超死蘇峻之難。及將改葬，帝痛念之不已，詔遷高顯近地葬之，使出入得瞻望其墓。追贈衛尉，謚曰忠。

侍中鍾雅死蘇峻之難，追贈光禄勳。其後以家貧，賜布帛百匹。

征西將軍庾亮咸康六年薨，追贈太尉，謚文康。喪至，車駕親臨。及葬，又贈永昌公印綬。

光禄大夫、儀同三司、領秘書監荀崧咸和三年薨，贈侍中，謚曰敬。著作郎虞預與丞相王導牋曰：「伏見前秘書、光禄大夫荀公，少有儒雅之稱。蘇峻肆虐，乘輿失幸，公扶侍至尊，繾綣不離。朝野之望，許以台司，雖未正位，已加儀同。而薨卒之日，直加侍中，寵不增於前秩，榮不副於本望。今承大弊之後，淳風頹散，苟有一介之善，宜在旌表之例，而況國之元老，志節若斯者乎？」不從。升平四年，崧改葬，詔賜錢百萬、布五千匹。

尚書令王彪之疾篤，帝遣黄門侍郎問所苦，賜錢三十萬，以營醫藥。太元二年卒，即以光禄爲贈，謚曰簡。

太尉陸玩薨，謚曰康。給兵千人，守冢七十家。

司徒蔡謨永和十二年卒，賵贈之禮，一依太尉陸玩故事。詔贈侍中、司空，謚文穆。

大司馬桓温薨，皇太后與帝臨於朝堂三日，詔賜九命兖冕之服，及朝服一具、衣一襲、東園秘器、錢二百萬、布二千疋、蠟五百斤。及葬，一依太宰安平獻王、漢大將軍霍光故事，賜九旒鸞輅、黄屋左纛、轀輬車、挽歌二部、羽葆鼓吹、虎賁班劍百人，優册即前南郡公增七千五百户，進地方三百里，賜錢五千萬、絹二萬匹、布十萬匹，追贈丞相。

太保謝安薨，帝三日臨於朝堂，賜東園秘器、朝服一具、衣一襲、錢百萬、布千匹、蠟五百斤，贈太傅，謚曰文靖。以無下舍，詔府中備凶儀。及葬，加殊禮，依大司馬桓温故事。

右軍將軍、會稽内史王羲之卒，贈金紫光禄大夫。諸子遵父先旨，固讓不受。

輔國將軍毛寶於蘇峻之亂溺死。詔曰：「寶之傾敗，宜在貶裁。然蘇峻之難，致力王室，今咎其過，故不加贈，祭之可也。」其後，公卿言寶有重勳，加死王事，不宜奪爵，乃下詔復本封。以上均見本傳。

王隱晉書：贈馬敦詔曰：「今追贈牙門將軍印綬，祠以少牢。」文選馬汧督誄注。

謚儀

太尉荀顗上謚法云：「若賜謚而道遠不及葬者，皆封策下屬，遣所承長吏奉策即家祭賜謚。」志。

太康八年十月，太常上謚故太常平陵男郭奕爲景侯。有司奏云：「晉受命以來，祖宗號謚，羣下未有同者。郭奕與景皇同，不可聽〔六五〕，宜謚曰穆。」王濟、羊璞等言：「夫無窮之祚，名謚不一，若皆相避，於制難全。如悉不避，復非推崇事尊之禮。宜依諱名之義，但及七廟祖宗而已，不及遷毁之廟。」成粲、武茂、劉訥並云：「同謚非嫌。號謚者，國家之大典，所以勵時作教。雖君父，義有所不避〔六六〕。」武帝詔曰：「非言君臣不可同，正以奕謚景不相當耳，宜謚曰簡。」及太元四年，侍中王欣之表君臣不嫌同謚，尚書奏以欣之言爲然〔六七〕。詔可。志。

太康六年，劉毅卒。羽林左監北海王宫上疏曰：「中詔以毅忠允匪躬，贈班台司，斯誠聖朝考績之美事也。臣謹按，謚者行之迹，而號者功之表。今毅功德並立，而有號無謚，於義不體。漢魏相承，爵非列侯，則不加謚，至使三事之賢臣，不如野戰之將。臣願聖世改列爵之舊限，使功行之實不相掩替。若以革舊毁制，非所倉卒，則毅之忠益，雖不攻城略地，論德進爵，亦應在例。謹牒毅功行如右。」帝出其表使八座議之，多同宫議。奏寢不報。劉毅傳。

自漢魏以來，賜謚者多由封爵，雖位通德重，先無爵者，例不加謚。導乃上疏稱：「武官有爵必謚，卿校常伯無爵不謚，甚失制度之本意也。」從之。自後公卿無爵而謚，導所議也。王導傳。

永和十一年，彭城國爲李太妃求謚。博士曹耽之議：「夫婦行不必同，不得以夫謚謚婦。春秋婦人有謚甚多，經無譏文，知禮得謚也。」胡訥云：「禮，婦人生以夫爵，死以夫謚。春秋夫人有謚，不復依禮耳〔六八〕。安平獻王李妃、琅邪武王諸葛妃、太傅東海王裴妃並無謚，今宜率舊典。」王彪之云：「婦人有謚，禮失故耳。聲子爲謚，服虔諸儒以爲非。杜預亦云：『禮，婦人無謚。』春秋無譏之文，所謂不待貶絶自明者也。近世惟后乃有謚耳。」志。

志遭母憂，居喪過禮，因此篤病，喜怒失常。卒，太常奏以惡謚。崔褒歎曰：「魏顆不從亂，以病爲亂故也〔六九〕。今謚曹志而謚其病，豈謂其病不爲亂乎？」於是改謚爲定。曹志傳。

何曾卒，禮官議謚。博士秦秀曰：「故太宰何曾，事親有色養之名，在官奏科尹模，此二者實得臣子事上之概〔七〇〕。然資性驕奢，不循軌則。宰相大臣，人之表儀。若生極其情，死又無貶，是則帝室無正刑也。王公貴人，復何畏哉？謹按謚法，『名與實爽曰繆，怙亂肆行曰醜』，宜謚繆醜公。」時雖不同秀議，而聞者懼焉。秦秀傳。帝策謚曰孝。通鑑八十。胡三省注：「策謚者，不用博士議，以詔策賜謚。」

秀素輕鄙賈充，及充薨，秀議曰：「充舍宗族弗授，而以異姓爲後，悖禮溺情，以亂大倫。謚法『昏亂紀度曰荒』，請謚荒公。」秦秀傳。帝不納。博士段暢希旨，建議謚曰武，從之。賈充傳。

梁王肜薨，博士蔡克議謚曰：「肜位爲宰相，責深任重，屬尊親近，且爲宗師，而臨大節，無不可奪之志，當危事，不能舍生取義，愍、懷之廢，不聞一言之諫，趙王倫簒弑，不能引身去朝。宋有蕩氏亂，華元自以不能居官，曰：『君臣之訓，我所司也。公室卑而不正，有罪大矣。」夫以區區之宋，猶有不素餐之臣，而況帝王之朝，有苟容之相，此而不貶，法將何施？謹按謚法，『不勤成名曰靈』，彤見義不爲，不可爲勤，宜謚曰靈。」梁王彤傳。

弟子爲師服

喪服無弟子爲師服之制，新禮弟子爲師齊衰三月。摯虞以爲：「自古無師服之制，故仲尼之喪，門人疑於所服〔七一〕。子貢曰：『昔夫子之喪顔回，若喪子而無服，請喪夫子若喪父而無服。』遂心喪三年。此則懷三年之哀，而無齊衰之制也。羣居，入則絰，出則否，所謂弔服加麻也。先聖爲禮，必易從而可傳。師徒義誠重，而服制不著，歷代相襲，不以爲闕。且尋師者以彌高爲得，故屢遷而不嫌；修業者以日新爲益，故舍舊而不疑。仲尼稱：『三人行，必有我師焉。』子貢云：『夫何常師之有？』淺學之師，暫學之師，不可皆爲之服。義有輕重，服有廢興，則臧否由之而起，是非因之而争，愛惡相攻，悔吝生焉。宜定新禮無服如舊。」詔從之。志。

許孜師事豫章太守會稽孔沖，受詩、書、禮、易及孝經、論語。學竟，還鄉里。沖在郡喪亡〔七二〕，孜聞問盡哀，負擔奔赴，送喪還會稽，蔬食執役，制服三年。孝友傳。

【校勘記】

〔一〕以布爲劍衣　「衣」，底本原奪，據晉書補。

〔二〕蓋重宿衛之防　「蓋」，底本誤作「益」，據晉書改。

〔三〕謂服飾之事　「飾」，底本誤作「制」，據晉書改。

〔四〕宜定新禮布衣劍如舊　「如舊」，底本原奪，據晉書補。

〔五〕通典七十九　「七」，底本誤作「三」，據通典改。

〔六〕建旃五斿　「旃」，北宋本通典作「物」。

〔七〕吉韋車之所建也　「韋」，太平御覽作「委」。

〔八〕雖音曲摧愴　「摧」，底本誤作「悽」，據晉書改。

〔九〕違禮設衔枚之義　「違」，底本原奪，據晉書補。

〔一〇〕琅邪國右常侍孫霄上疏曰　「右」，底本原奪，據晉書補。

〔一一〕諸卿夫人葬給導從　「夫人」，底本誤作「大夫」，據晉書改。

〔一二〕包牲下體以爲藏備　「下」，底本原奪，據通典補。

〔一三〕代包收　「代」，底本原奪，據晉書補。「收」，中華書局點校本通典以爲當作「俎」。

〔一四〕此臣愚情竊所不安也　「情竊」，底本原奪，據晉書補。

〔一五〕連山體南北之正而邪東北　「連」，底本原奪，據晉書補。

〔一六〕今生不能保七尺之軀　「之」，底本原奪，據晉書補。

〔一七〕而啓奸心　「奸」，底本誤作「姸」，據晉書改。

〔一八〕安平獻王孚傳　「平」，底本誤作「王」，據晉書改。

〔一九〕以隮祔某君之孫某　上「某」，底本誤作「其」，據明刻本通典改。

〔二〇〕咸寧二年　「二」，底本誤作「三」，據晉書改。

〔二一〕至尊爲后之父母有服不　「有」，底本原奪，據通典補。

〔二二〕至尊自應舉哀外族於朝堂　「自」，底本原奪，據通典補。

〔二三〕自若不舉哀　「自若不舉哀」，底本原奪，據通典補。

〔二四〕謂從舉哀之禮　「謂從」，底本原奪，據通典補。

〔二五〕至尊爲内族於東堂舉哀　「内」，底本誤作「同」，據通典改。

〔二六〕二三情敬　「二三」，底本原奪，據通典補。

〔二七〕實兼參臣子　「參」，底本原奪，據通典補。

〔二八〕漢魏故事　「故事」，底本原奪，據晉書補。

〔二九〕今既吉服　「今」，底本原奪，據通典補。

〔三〇〕若以心喪爲疑者　「者」，底本原奪，據通典補。

〔三一〕通典五十二　「五十二」，底本誤作「八十」，據通典改。

〔三二〕前太子洗馬濟陰郤詵寄止衛國文學講堂十餘年　「止」，底本誤作「上」，據通典改。

〔三三〕下司徒博士議　「司徒」下，通典有「部」字。「議」上，通典有「評」字。

〔三四〕亦無有他　「有他」，底本誤作「他説」，據通典改。

〔三五〕詔問應清議不　「詔」，底本原奪，據通典補。「不」，通典作「與否」。

〔三六〕宜詳極盡同異之論　「極盡」，底本原奪，據通典補。

〔三七〕服欲闋乃閉　「服欲闋」，底本誤倒作「欲服闋」，據通典乙正。

〔三八〕作平輿監軍長史　「作」，底本原奪，據通典補。

〔三九〕無所爲疑　「所爲」，底本原奪，據通典補。

〔四〇〕會哀薨　「會」，底本原奪，據晉書補。

〔四一〕諸侯卿相官屬爲君斬衰　「君」，底本原奪，據晉書補。

〔四二〕苟謂諸侯與天子同制　「謂」，底本誤作「爲」，據晉書改。

〔四三〕今使仕者反服舊君　「今」，底本誤作「宜」，據通典改。

〔四四〕行禮制物者　「者」，底本原奪，據晉書補。

〔四五〕古人要經而服金革之役者　「者」，底本原奪，據晉書補。

〔四六〕今嶠以未得改卜奔赴　「奔」，底本誤作「葬」，據晉書改。

〔四七〕庾家訪服　「訪」，底本誤作「議」，據通典改。

〔四八〕庾家諸婦雖非五屬女　「女」，底本原奪，據通典補。
〔四九〕加侍中假黃鉞　「假」，底本誤作「加」，據晉書改。
〔五〇〕追復亮爵位　「追」，底本誤作「詔」，據晉書改。
〔五一〕秦獻王柬薨　「柬」下，底本原衍「孚」字，據晉書删。
〔五二〕雖每爲之感傷　「每」，底本原奪，據晉書補。
〔五三〕博士秦秀謚爲繆醜　「醜」，底本原奪，據晉書補。
〔五四〕加以衮斂　「斂」，底本誤作「冕」，據晉書改。
〔五五〕賜秘器朝服一具衣一襲錢三十萬布百疋葬田一頃　「三」，底本原奪，據晉書補。
〔五六〕禮秩有加　「禮秩」，底本原奪，據晉書補。
〔五七〕賜東園秘器朝服一具衣一襲　「賜」，底本原奪，據晉書補。
〔五八〕司徒李胤太康三年薨　「三」，底本誤作「四」，據晉書改。
〔五九〕詔賜朝服　「詔賜朝服」上，晉書有「謚曰康」三字。
〔六〇〕詔贈朝服一具衣一襲錢二十萬　「贈」下，晉書有「司隸校尉」四字。「萬」下，晉書有「謚曰貞」三字。
〔六一〕一依漢博陸侯及安平獻王故事　「陸」，底本誤作「陵」，據晉書改。
〔六二〕公如故　「公」，底本原奪，據晉書補。

〔六三〕遣兼侍御史持節監護　「侍」，底本原奪，據晉書補。
〔六四〕朝議贈壺左光禄大夫　「左」，底本原奪，據晉書補。
〔六五〕不可聽　「聽」，底本原奪，據晉書補。
〔六六〕義有所不避　「避」，晉書作「隆」。
〔六七〕尚書奏以欣之言爲然　「以」，底本原奪，據晉書補。
〔六八〕不復依禮耳　「復」，底本原奪，據晉書補。
〔六九〕以病爲亂故也　「故」，底本原奪，據晉書補。
〔七〇〕此二者實得臣子事上之概　「概」，底本誤作「義」，據晉書改。
〔七一〕門人疑於所服　「於」，底本原奪，據晉書補。
〔七二〕沖在郡喪亡　「亡」，底本原奪，據晉書補。

晉會要弟十二

禮十

喪服雜議

河南尹王愔上言：「弘訓太后入廟，合食於景皇帝，齊王攸不得行其子禮〔一〕。」充議以爲：「禮，諸侯不得祖天子，公子不得禰先君，皆謂奉統承祀，非謂不得復其父祖也。攸宜服三年喪事，自如臣制。」有司奏：「若如充議，服子服，行臣制，未有前比。宜如愔表，攸喪服從諸侯之例。」帝從充議。賈充傳。

咸寧二年，安平穆王薨，無嗣，以母弟敦上繼獻王後，移太常問應何服。博士張靖答：「宜依魯僖公服閔三年例。」尚書符詰靖：「穆王不臣敦，敦不繼穆，與閔僖不同。」孫毓、宋昌議，以穆王不之國，敦不仕諸侯，不應三年。以義處之，敦宜服本服，一朞而除，主穆王喪祭三年畢，乃吉祭獻王。「禮，君之子孫所以臣諸兄者，以臨國故也。禮又與諸侯爲兄弟服斬者，謂鄰國之臣於鄰國之君，有猶君之義故也〔二〕。今穆王既不之國，不臣兄弟，敦不仕諸侯，無鄰臣之義，異於閔、僖，如符旨也。但喪無主，敦既奉詔紹國，受重主喪，典其祭祀。『大功者，主人之喪。有三年者，則必爲之再祭』。鄭氏注云：『謂死者之從父昆弟來爲喪主也〔三〕。有三年者，謂妻若子幼少也。再祭，謂大小祥也。』穆妃及國臣，於禮皆當三年。此爲有三年者，敦當爲之主大小兩祥祭也。且哀樂不相雜，吉凶不相干。凶服在宮〔四〕，哭泣未絶。敦據主穆王之喪，而國制未除，則不得以己本親服除，而吉祭獻王也」。志。

咸寧四年，陳留國上，燕公是王之父，王出奉明帝祀〔五〕，今於王爲從祖父。有司奏：「應服朞，不以親疏尊卑爲降。」詔曰：「王奉魏氏，所承者重，不得服其私親。」志。

杜元凱云：「自天子諸侯以下，若赴時速葬則赴虞，至於卒哭〔六〕，必須其哀殺也。若過時不葬，則以麻終喪而除，至葬復修服〔七〕，既祔，明一月練而祭，又明一月大祥而祭。必再祭者，象本當再歲也。若二十五月而葬，則便祥除不復練也。」束晳問步熊云：「三年喪不葬，五年後復葬，當練不？」熊答：「禮云練祥之間必異月，與此同也。」通典一百三。

杜元凱曰：「父在爲母，冠縗裳絰帶皆疏縗。三年者始死之制，如不杖周。」通典八十四。

晉或人問徐邈：「嫡孫承重，在喪中亡，其從弟已孤，又未有子姪相繼，疑於祭祀〔八〕。」

邈答：「今見有諸孫，而祖無後〔九〕，甚非禮意。禮，『宗子在外，則庶子攝祭』，可依此使一孫攝主，攝主則本服如故。禮，大功者主人之喪，猶爲之練祥再祭，況諸孫耶？若周既除，當以素服臨祭，依心喪以終三年。」通典八十八。

晉或問曰：「若祖父先卒，父自爲之三年，已爲之服周矣。而父卒祖母後卒，當服三年不？」劉智答：「嫡孫服祖三年，誠以父卒則已不敢不以子道盡孝於祖，爲是服三年。謂之受重，父卒則祖當爲己服周。祖母亦當服己周，己不得不爲祖母三年。」小記曰『祖父卒而後爲祖母後者三年』，特爲此發也。」通典八十九。

晉束晳問：「繼母嫁從服，當立廬不？」步熊答：「父卒，繼母嫁，如母，居應倚廬。」皇甫謐云：「經稱繼母如母者，蓋謂配父之義，恩與母同，故孝子之心不敢殊也。傳云繼母何以如母，明其不同也。是以出母服周，而繼母無制，不同之驗也。夫一與之齊，終身不改，故死則同穴，無再醮之義。而許其嫁，謂己稚子幼，不能自存。故攜其孤孩與之適人，上使祖宗無曠祀之闕，下令弱嗣無窮屈之難，故曰貴終也。若偏喪之日，志存爽貳，不遵共姜靡他之節，而襲夏姬無厭之欲，輕忽先亡，棄己如遺，無顧我之恩，何貴終之有也？如禮之旨，則子無不從。非禮而嫁，則義之所黜，何服之有哉？」通典八十九。

晉傅玄云：「先王之制禮也，使疏戚有倫，貴賤有等，上下九代，別爲五族。骨肉者，天屬也，正服之所經也。義立者，人紀也，名服之所緯也。記曰：『其夫屬乎父道者，妻皆母道也；夫屬乎子道者，妻皆婦道也。』人紀準之，兄不可以比父，弟不可以爲子〔一〇〕。嫂之與叔，異族之人，本之天屬，嫂非姊，叔非弟也。校之人紀，嫂非母也，叔非子也。稽之五服，禮無正統；定其名分，不知所附。」袁準正論云：「長嫂少弟，有生長之恩，而云無服者，近非古也，殆秦燔詩書之所失也。」太常成粲云：「嫂應有服，作傳者横曰無服。蔣濟引娣姒婦證非其義〔一一〕。論云：喪服『夫爲兄弟服，妻降一等』，則專服夫之兄弟，固已明矣。尊卑相侔，服無不報。由此論之，嫂叔大功，可得而從。」通典九十二。

晉步熊問曰：「己出爲人後而母在，後見出，應服不？己爲人後，所後之母出，得與繼母出同不？復與親母同耶？父亡，己爲祖後，祖母見出，服之云何？祖父亡與在，服之有異不？」許猛答：「禮，爲人後者，爲所後者若子，則不應復服親母出，以廢所後者之祭也。爲人後者若子，繼母如母，夫言若言如者，明其制如親，其情則異也。繼母如母，則異親母。爲人後者若子，母出，亦當異於親子矣。爲父後者不得服出母，則足明祖後〔一二〕。是以經文不見出祖母之服。無服，則無繫祖存亡〔一三〕。」又問：「爲人後者爲母，出妻之子爲母，皆至親，何以有不杖耶？」許猛答：「爲人後者爲父猶不杖，何嫌母乎？母雖至親，出，義則異也。」通典九十四。

石苞問淳于睿曰：「聞嫁母凶諱，便制服，議者所難。以爲父改者，不爲出母服，嫁母猶出母也。或者以爲嫁與見出者異，不達禮意，雖執從重之義，而以廢祭見譏，君爲詳正也。」睿答：「按禮檀弓，子思之母死於衛。柳若謂子思：『子聖人之後也，四方於子乎觀禮，子盍慎諸？』子思曰：『吾何慎哉？』喪之之禮，如此經文，〔一四〕父卒爲繼母嫁者服而已。」通典九十四。

晉束晳問：「有婦人再嫁爲人繼母而亡，前家子取母柩，父與之去，繼子之服如何？」步熊云：「當爲服周，亡取去亦服周。」通典九十四。

晉束晳問曰：「有父母喪，遭外緦麻喪，往奔不？」步熊答：「不得也。若外祖父母喪，非嫡子可往。若姑姊妹喪，嫡庶皆宜往奔也。」通典九十七。

太康元年，東平王楙上言：「相王昌父毖〔一五〕，本居長沙，有妻息。漢末使入中國，值吳叛，仕魏爲黄門郎，與前妻息死生隔絕〔一六〕，更娶昌母。今江表一統，昌聞前母久喪，言疾求平議。」守博士謝衡議：「雖有二妻，蓋有故而然，不爲害於道，宜更相爲服。」守博士許猛以爲：「無前母之制，正以在前非歿則絕故也，前母雖在，猶不應服。」段暢、秦秀、騶沖從猛。散騎常侍劉智安議：「禮爲常事制，不爲非常設也，亡父母不知其死生者，不著於禮。平生不相見，去其加隆，以朞爲斷。」都令史虞溥議：「臣以爲，禮不二嫡，所以重正，非徒如前議者防妬忌而已，故曰『一與之齊，終身不改』，未有遭變而二嫡。苟不二，則昌父更娶之辰，是前妻義絶之日也。使昌父尚存，二妻俱在，必不使二嫡專堂，兩婦執祭，同爲之齊也。」秦秀議：「二妾之子，父命令相慈養，而便有三年之恩，便同所生。昌父何義不命二嫡依此禮乎？」許猛又議：「夫少婦稚，則不可許以改娶更適矣。今妻在許以更聘，夫存而妻得改醮，非絶而何？」侍中領博士張惲議：「昔舜不告而娶，婚禮蓋闕，故堯典以『釐降二女』爲文，不殊嫡媵。宜使各自服其母。」黄門侍郎崔諒、荀悝、中書監荀勖、領中書令和嶠、侍郎夏侯湛皆如溥議。侍郎山雄、兼侍郎著作陳壽以爲：「若昌父及二母於今各存者，則前母不廢，已有明徵也。設令昌父將前母之子來入中國，昌父無棄前妻之命，昌兄有服母之理，則昌無疑於不服。」賊曹屬卞粹議：「昌父當莫審之時而娶後妻，則前妻同之於死而義不絶。議者以爲禮無前母之服者，可謂以文害意。愚以爲，母之不親，而服三年非一，無異於前母也。」倉曹屬衛恒議：「或云，嫡不可二，前妻宜絶。此爲奪舊與新，違母從子，禮律所不許，人情所未安也〔一七〕。謂宜一如前母，不復追服。」主簿劉卞議：「毖在南爲邦族，於北爲羈旅，前妻爲元配，後婦爲繼室。趙姬雖貴，必推叔隗；原同雖寵，必嫡宣孟。何爲追而絶之耶？」司空齊王攸議：「禮記：『生不及祖父母、諸父昆弟，而父稅喪，已則否。』但不相見，尚不服其先終〔一八〕，而況前母非親所生，莫往莫來，恩絶殊隔，而令追服，殆非稱情立文之謂也。以爲昌不宜追服。」司徒李胤議：「毖爲黄門侍郎，江南已叛。大義滅親，可得以爲妻乎？」大司馬齎不議，太尉充、撫軍大將軍汝南王亮皆從主者。制曰：「凡事有非常，當依準舊典，爲之立斷，今議此事，稱引趙姬、叔隗者粗是也。然後狄與晉和，故姬氏得迎叔隗而下之〔一九〕。吴寇隔塞，毖與前妻終始永絶〔二〇〕，必義無兩嫡，則趙衰可以專制隗氏〔二一〕。昌爲人子，豈得擅替其母？且毖二妻並以絶亡，其子猶後母之子耳，昌故不應制服也。」太興初，著作郎干寶論之曰：「禮有經有變有權。王毖之事，有爲爲之也，有不可責以始終之義，不可求以循常之文。夫吉凶哀樂，動乎情者也；五禮之制，所以敍情而即事也。今二母，本他人也，以名來親，而恩否於時，敬不及生，愛不及喪，夫何追服之道哉？張惲、劉卞得其先後之節，齊王、衛恒通於服絶之制，可以斷矣。朝廷於此，導之以趙姬，齊之以詔命，使先妻恢含容之德〔二二〕，後妻崇卑讓之道，室人達長少之序〔二三〕，百姓見變禮之中。若此，可以居生，又況於死乎？」志。

晉太康中，尚書令史遂殷表云：「父翔，少繼叔父榮。榮早終，不及持重。今祖母姜亡，主者以翔後榮，從出降之制，斷殷爲大功〔二四〕，假二十日。愚以爲翔既不及榮持重服，雖名户別繼，奉養姜故如親子，便依降例，情制爲輕。且殷是翔之嫡子，應爲姜之嫡孫。乞得依令，遣寧去職〔二五〕。」尚書奏：「禮無不及還重之制，翔自應降姜，殷無緣還重。」詔可。通典九十六。

摯虞理疑云[二六]：「父亡，服竟，繼母還前親子家，當爲何服？蓋有夫婦生男女三人，遭荒亂離散，不知死生。母後嫁，有繼子。後夫未亡，得親子信，請還親子家[二七]，後夫言可爾。後數年，夫亡，喪之如禮，服竟，隨親子去，別繼子云：『我則爲絶，死不就汝家葬也。』而名户籍如故。母今亡，繼子當何服？服之三年則不來葬，服之周則無所嫁[二八]。」博士淳于睿等以爲，當依繼母嫁，從爲服周[二九]。博士孫綽議：『父答雖有可爾之語，夫妻枕席相順之意，固非決絶之辭也。繼母喪父如禮，服竟之後，踰歲歷年，循養無二[三〇]，母恩不衰[三一]。適見親子，專自任意[三二]，無所關報，私隨其志，絶亡夫，背繼子，違三從正義。今母雖不母，子何緣得計去留，權輕重而降之哉？便決降服，許令制周，頗在可怪。』徐叔中難孫曰：『本有求還之計[三三]，去誓不還葬之詞[三四]。生則已不得養，死則不與己父同穴，就不成嫁，當爲去母，附之於嫁，不亦宜乎？』」通典九十四。

安豐太守程諒先已有妻，後又娶，遂立二嫡。前妻亡，後妻子勳疑所服。中書令張華造甲乙之問曰：「甲娶乙爲妻，後又娶丙，匿不説有乙，居家如二嫡，無有貴賤之差。乙亡，丙之子當何服？」太傅鄭沖議：「甲失禮於家，二嫡並在，誠非人子所得正。則乙丙之子，並當三年，禮疑從重。」車騎賈充、侍中少傅任愷議略與鄭同。太尉荀顗議：「春秋並后匹嫡，古之明典。不可犯禮並立二妻，不別尊卑而遂其失也[三五]。故當斷之以禮，先至爲嫡，後至爲庶。

丙子宜以嫡母服乙，乙子宜以庶母事丙。斯先後貴賤順敍之義也。」志。

咸康二年，零陵李繁姊先適南平郡陳詵爲妻，産四子而遭賊。姊投身於賊〔三六〕，請活姑命，賊略將姊去。詵更娶嚴氏，生三子。繁得姊消息，往迎還詵，詵籍注領二妻。及李亡，詵疑制服，以事言征西大將軍庾亮府平議，時議亦往往異同。司馬王愆期議：「案禮不二嫡，故惠公元妃孟子，孟子卒，繼室以聲子。諸侯猶爾，況庶人乎？士喪禮，繼母本實繼室，故稱繼母，事之如嫡，謂如母也。詵不能遠慮避難，以亡其妻，非犯七出見絶於詵。始不見絶，終又見迎，養姑於堂，子爲首嫡，列名黄籍。爲詵也妻，則爲暉也母，暉之制服無所疑也。禮，爲繼母服，而不爲前母服者。前母既終，後子不及前母，故無制服之文。然礿祠蒸嘗，未有不以前母爲母。亡猶母之，況其存乎？詵有老母，不可以莫之養，妻無歸期，納妾可也。李雖没賊，尚有生冀。詵尋求之理不盡〔三七〕，而便娶妻，誠詵之短也。然隴畝之夫，不達禮義，考之傳記，施孝叔之妻失身於郤犨而不棄者，以非其罪也。李鄙野人，而能臨危請活姑命，險不忘順，可謂孝婦矣。議者欲令在没略之中，必全苦操，有隕無二，是望凡人皆爲宋伯姬也。詵雖不應再娶妻，要以嚴爲妻，則繼室，非嫡也。雖云非嫡，義在始終。若能下之，則趙姬之義；若云不能，官當有制。先嫡後繼，有自來矣。衆議貶譏太峻，故略序異懷。」亮從愆期議定。志。

淮南小中正王式繼母，前夫終〔三八〕，更適式父。式父終，喪服訖，議還前夫家。前夫家亦有繼子，奉養至終，遂合葬於前夫。式自云：「父臨終，母求去，父許諾。」於是制出母齊衰朞。壼奏曰：「就如式父臨終許諾。當存時棄之，無緣以絶義之妻留家制服。若式父臨困謬亂，使去留自由者，此必爲相要以非禮〔三九〕，則存亡無所得從，式宜正之以禮。式母於夫，生事奉終，非爲既絶之妻。夫亡制服，不爲無義之婦。離絶之斷，在夫歿之後。夫之既歿，是其從子之日，而式以爲出母。此離絶爲出於意斷。式爲國士，閨門之内犯禮違義，於父無追亡之善，於母無孝敬之道，存則去留自由，亡則合葬路人，可謂生事不以禮，死葬不以禮也。虧損世教，不可以居人倫詮正之任。」詔式付鄉邑清議，廢棄終身。下壼傳。

穆帝時，東海國言，哀王薨踰年，嗣王乃來繼〔四〇〕，不復追服，羣臣皆已反吉，國妃亦宜同除。詔曰：「朝廷所以從權制者，以王事奪之，非爲變禮也。婦人傳重義大，若從權制，義將安托？」於是國妃終三年之禮。孫盛以爲：「廢三年之禮，開偷薄之源，漢魏失之奢也。今若以大夫宜奪以王事，婦人可終本服，是吉凶之儀雜陳於宮寢，綵素之制乖異於内外，無乃情禮俱違，哀樂失所乎？」志。

太興二年，司徒荀組云：「二親陷没寇難，萬無一冀者，宜使依王法，隨例行喪。」庾蔚之云：「二親爲戎狄所破，存亡未可知者，宜盡尋求之理。尋求之理絶，三年之外，便宜婚宦，胤嗣不可絶，王政不可廢也。猶宜以哀素自居，不預吉慶之事。若境內賊亂清平，肆眚之後，尋覓無蹤迹者，便宜制服。」志。

太元十七年，太常車胤上言：「謹按喪服禮經：『庶子爲母緦麻三月。』傳曰：『何以緦麻？以尊者爲體，不敢服其私親也。』此經傳之明文，聖賢之格言，而自頃開國公侯，至於卿士，庶子爲後，各肆私情，服其庶母，同之於嫡。此末俗之弊，溺情傷教，縱而不革，則流蕩忘返矣。誠宜崇明禮訓，以一風俗，請臺省考修經典，式明王度。」不答。十八年，胤又上言：「去年上，自頃開國公侯，至於卿士，庶子爲後者，服其庶母，同之於嫡，違禮犯制，宜加裁抑。事上經年，未被告報，未審朝議以何爲疑。若以所陳或謬，則經有文；若以古今不同，則晉有成典。升平四年，故太宰武陵王所生母喪，表求齊衰三年，詔聽依昔樂安王故事，制大功九月。興寧三年，故梁王璲所生母喪，亦求三年。庚子詔書依太宰故事，同服大功。若謹按周禮，則緦麻三月；若奉晉制，則大功九月。古禮今制，並無居廬三年之文，而頃年以來，各申私情，更相擬襲，漸以成俗。縱而不禁，則聖典滅矣。」內外參詳，謂宜聽胤所上，可依樂安王大功爲正，請爲告書，班下內外，以定永制，普令依承，事可奉行。詔可。志。

汝南王統、江夏公衞崇並爲庶母制服三年，和奏曰：「禮，所以軌物成教。斯人倫之紀，不二之道也。爲人後者，降其所出，奪天屬之性，顯至公之義，降殺節文，著於周典。按汝南王統爲庶母居廬服重，江夏公衞崇本由疏屬，開國之緒，近喪所生，復行重制，違冒禮度，肆其私情。閭閻許其過厚，談者莫以爲非〔四一〕，則政道陵遲，憲章穨替。若弗糾正，無以齊物，皆可下太常奪服。若不祗王命，應加貶黜。」詔從之。顧和傳。

咸和中，瑯邪王昱原注：「簡文皇帝。」母鄭氏薨，王服重朝。以出繼，宜降。國相諸葛頤坐不正諫，被彈。王表曰：「亡母生臨臣宮〔四二〕，歿留臣第。雖出後而上無所厭，則私情得申。昔敬后崩時，孝王先出後，亦還服重，此則明典〔四三〕，臣之所憲章也。」通典八十二。

晉崔諒父命妾祝撫養諒爲子，祝亡，鉅鹿公裴頠議：「依禮，服慈母如母。」劉智釋疑曰：「喪服傳云：『妾之無子，妾子無母，父命爲母子，是名慈母也。』」通典九十四。

劉智釋疑：「問曰：『昆弟骨肉以罪惡徒流死者，諸侯有服不？』智曰：『凡以罪惡徒者〔四四〕，絶之；國君於兄弟有罪者，亦絶也。諸侯之身，體先君，奉祭祀，是以不得盡其情於所絶耳。』」通典一百一。

晉劉智釋疑：「問曰：『今有狂癡之子，不識菽麥，不能行步〔四五〕，起止了無人道，年過二十而死者。或以爲禮無廢疾之降殺，父當正服服之耶？以爲殤之不服，爲無所知耶？此疾甚於殤，非禮服所加也。禮之所不及，將焉從？』智曰：『無服之殤，至愛過於成人，以其生性未成，因斯而不服。至於廢疾，多感外物而得之，父母養之，或不盡理而使之然，仁人痛深，不忍不服。故禮不爲作降殺，不得同殤例也。」通典一百一。

晉新蔡王年四歲而亡，東海王移訪太常。博士張亮議：「聖人因親以教愛，親不同而殤有降殺，蓋由知識未同成人故也。七歲以下，謂之無服之殤。記曰：『臣不殤君，子不殤父。』東海與新蔡，別國旁親，尊卑敵均，宜同殤制無服也。」國子祭酒杜夷議：「諸侯體國，備物典事，不異成人，宜從成人之制〔四六〕。」通典八十二。

晉有問者曰：某國中尉虞某訪太常王冀云：「臺贈國王第二郎，年在殤，爲世子，臣當有服不？」冀云：「禮無從君服殤之文。夫臣從君而服，以其體尊承緒也。苟爲代嫡，君爲之服，則臣以何而不從服乎？」通典八十二。

廬江太守梁龕明日當除父服，今日請客奏伎，丞相長史周顗等三十餘人同會。隗奏曰：「夫嫡妻、長子皆杖居廬，故周景王有三年之喪，既除而宴，春秋猶譏，況龕匹夫，暮宴朝祥，慢服之愆，宜肅喪紀〔四七〕。請免龕官，削侯爵。顗等知龕有喪，吉會非禮，宜各奪俸一月，以肅其違。」從之。劉隗傳。

【校勘記】

〔一〕齊王攸不得行其子禮　「其」，底本原奪，據晉書補。

〔二〕有猶君之義故也　「故」，底本原奪，據晉書補。
〔三〕謂死者之從父昆弟來爲喪主也　「也」，底本誤作「者」，據晉書改。
〔四〕凶服在宫　「宫」，底本誤作「官」，據晉書改。
〔五〕王出奉明帝祀　「王」，底本原奪，據晉書補。
〔六〕至於卒哭　「卒哭」，中華書局本通典校勘記以爲當作「平坐」。
〔七〕至葬復修服　「葬」下，底本原衍「後」字，據通典删。
〔八〕疑於祭祀　「祀」，中華書局本通典校勘記以爲當作「事」。
〔九〕而祖無後　「祖」，中華書局本通典校勘記以爲當作「事」。
〔一〇〕弟不可以爲子　「爲」，底本誤作「比」，據通典改。
〔一一〕蔣濟引娣姒婦證非其義　「婦」，底本原奪，據通典補。「非」，底本原奪，據通典補。
〔一二〕則足明祖後　「後」，底本誤作「母」，據通典改。
〔一三〕則無繫祖存亡　「繫」，中華書局本通典校勘記以爲當作「繼」。
〔一四〕如此經文　「此經文」，底本誤作「子此經」，據通典改。
〔一五〕相王昌父毖　「相」，底本誤作「祖」，據晉書改。
〔一六〕與前妻息死生隔絶　「息」，底本原奪，據晉書補。
〔一七〕人情所未安也　「未」，底本誤作「不」，據晉書改。

〔一八〕尚不服其先終　「終」，底本原奪，據晉書補。

〔一九〕故姬氏得迎叔隗而下之　「氏」，底本原奪，據晉書補。

〔二〇〕毖與前妻終始永絶　「毖」，底本原奪，據晉書補。

〔二一〕則趙衰可以專制隗氏　「衰」，底本誤作「姬」，據晉書改。

〔二二〕使先妻恢含容之德　「容」，底本誤作「宏」，據晉書改。

〔二三〕室人達長少之序　「少」，底本誤作「幼」，據晉書改。

〔二四〕斷殷爲大功　「斷」，底本原奪，據中華書局本通典補。

〔二五〕遺寧去職　「遺寧」，底本原奪，據通典補。

〔二六〕摯虞理疑云　「理」，中華書局本通典校勘記以爲當作「決」。

〔二七〕請還親子家　「還」，中華書局本通典校勘記以爲當作「就」。

〔二八〕服之周則無所嫁　「嫁」，底本誤作「據」，據通典改。

〔二九〕從爲服周　「周」，底本原奪，據通典補。

〔三〇〕踰歲歷年循養無二　「歲歷年循」，底本誤作「年奉」，據通典改。

〔三一〕母恩不衰　「不」，底本誤作「未」，據通典改。

〔三二〕專自任意　「專自任」，底本誤作「任其私」，據通典改。

〔三三〕本有求還之計　「本有」，底本誤作「去無」，據通典改。

〔三四〕去誓不還葬之詞　「去」，底本原奪，據通典補。
〔三五〕不別尊卑而遂其失也　「其」，底本原奪，據晉書補。
〔三六〕姊投身於賊　「姊投身」，底本原奪，據晉書補。
〔三七〕詵尋求之理不盡　「詵」，底本原奪，據晉書補。
〔三八〕前夫終　「夫」，底本誤作「未」，據晉書改。
〔三九〕此必爲相要以非禮　「爲」，底本原奪，據晉書補。
〔四〇〕嗣王乃來繼　「繼」，底本原奪，據晉書補。
〔四一〕談者莫以爲非　「莫」，底本誤作「不」，據晉書改。
〔四二〕亡母生臨臣宫　「宫」，底本誤作「官」，中華書局本通典校勘記據北宋本改，今據改。
〔四三〕此則明典　「典」，中華書局本通典校勘記以爲當作「比」。
〔四四〕凡以罪惡徒者　「徒」，底本原奪，據通典補。
〔四五〕不能行步　「不」，中華書局本通典校勘記以爲當作「又」。
〔四六〕宜從成人之制　「從」，底本誤作「同」，據通典改。
〔四七〕宜肅喪紀　「紀」下，晉書有「之禮」二字。

晉會要弟十三

禮十一

皇帝車輅

玉、金、象、革、木等路，是爲五路，並天子之法車，皆朱班漆輪，畫爲檳文。三十輻〔一〕，法月之數；重轂貳轄。以赤油，廣八寸，長三尺，注地，繫兩軸頭，謂之飛軨。金薄繆龍之爲輿倚較，較重，爲文獸伏軾，龍首銜軛，左右吉陽筩，鸞雀立衡，檳文畫輈及轓。青蓋，黄爲裏，謂之黄屋。金華施橑末〔二〕，橑二十八以象宿。兩箱之後，皆玳瑁爲鶡翅，加以金銀雕飾，故世人亦謂之金鶡車。斜注旂旗於車之左，又加棨戟於車之右，皆櫜而施之。棨戟韜以黻繡〔三〕，上爲亞字，繫大蛙蟆幡。軛長丈餘。於戟之杪，以氂牛尾，大如斗，置左騑馬軛上，是爲左纛。輈皆曲向上，取禮緯「山車垂句」之義，言不揉而能自曲。以下均輿服志。

玉、金、象三路，各以其物飾車，因以爲名。革者漆革，木者漆木。其制，玉輅最尊，建太常，十有二旒，九軔委地，畫日月升龍，以祀天。金路建大旂，九旒，以會萬國之賓，亦以賜上公及王子母弟。象路建大赤，通赤無畫，所以視朝，亦以賜諸侯。革路建大白，以即戎兵事，亦以賜四鎮諸侯。木路建大麾，以田獵，其麾色黑，亦以賜藩國。玉路駕六黑馬，餘四路皆駕四馬，馬並以黃金爲文髦，插以翟尾。象鑣而鏤錫〔四〕，原注：「錫在馬面，所謂當顱者也。」金叉而方釳，原注：「金叉，謂以金叉爲文。釳，以鐵爲之〔五〕，其大三寸，中央兩頭高，如山形，貫中以翟尾而結著之也。」繁纓赤罽易茸，金就十有二。原注：「繁纓〔六〕，馬飾纓，在馬膺前，如索帬。」五路皆有錫鸞之飾，和鈴之響，鉤膺玉瓖，原注：「鉤膺，即繁纓也。瓖，馬帶玦名。」龍輈華轙，原注：「輈，車轅也，頭爲龍象。轙，謂車衡上環受鸞者也。」朱幩。原注：「幩，飾也，人君以朱纏鑣扇汗〔七〕，以爲飾也。」法駕行則五路各有所主，不俱出；臨軒大會則陳乘輿車輦旌鼓於殿庭。

車，坐乘者謂之安車，倚乘者謂之立車，亦謂之高車。周禮，惟王后有安車。自漢以來制乘輿，乃有之。有青立車、青安車、赤立車、赤安車、黃立車、黃安車、白立車、白安車、黑立車、黑安車，合十乘，名爲五時車，俗謂之五帝車。天子所御則駕六，其餘並駕四。建旗十二，各如車色。立車則正豎其旂，安車則邪注。駕馬，馬亦各隨五時之色，白馬則朱其鬣尾。左右騑驂，金叉鏤錫，黃屋左纛，如金根之制，行則從後。五牛旗，平吴後所造，以五牛建旗，車設五牛，青赤在左，黄在中，白黑在右。

金根車，駕四馬〔八〕，不建旂幟，其上如畫輪車，下猶金根之飾〔九〕。

耕根車，駕四馬，建赤旗，十有二旒，天子親耕所乘者也。一名芝車，一名三蓋車。置耒耜於軾上。

魏景初元年，改正朔，易服色，色尚黄，牲用白，戎事乘黑首白馬，建大赤之旗，朝會則建大白。泰始二年，有司奏：「宜如有虞遵唐故事，皆用前代正朔服色，其金根、耕根車，並以建赤旗。」帝從之。

輦，漢以來爲人君之乘，魏晉御小出即乘之。

戎車，駕四馬，天子親戎所乘者也。載金鼓、羽旗、幢翳，置弩於軾上，其建矛麾悉邪注。

獵車，駕四馬，天子校獵所乘也。重輞漫輪，繆龍繞之。一名闟戟車，一名蹋豬車。

遊車，九乘，駕四，先驅之乘是也。

雲罕車，駕四。

皮軒車，駕四，以虎皮爲軒〔一〇〕。

鸞旗車，駕四，先輅所載也。鸞旗者，謂析羽旄而編之〔一一〕，列繫幢旁也。

建華車，駕四，凡二乘，行則分居左右。

輕車，駕二，古之戰車也〔一二〕。前後二十乘〔一三〕，分居左右。輿輪洞朱，不巾不蓋，建矛戟麾幢，置弩箙於軾上。大駕法駕出，射聲校尉、司馬、吏士、戰士載，以次屬車。

司南車，一名指南車，駕四馬，其下制如樓，三級，四角金龍銜羽葆，刻木爲仙人。衣羽衣，立車上，車雖回運而手常南指。大駕出行，爲先啓之乘。

記里鼓車，駕四，形制如司南，其中有木人執槌向鼓，行一里則打一槌。

羊車，一名輦車，其上如軺，伏兔箱，漆畫輪軛。

畫輪車，駕牛，以綵漆畫輪轂，故名曰畫輪車。上起四夾杖，左右開四望，緑油幢，朱絲絡，青交路，其上形制如輦，其下猶如犢車。古貴者不乘牛車，漢諸侯貧弱者乘之，其後稍見貴。靈獻以來，天子至士遂以爲常乘，至尊出朝堂舉哀乘之。

屬車，一曰副車，一曰貳車，一曰左車。漢因秦制，大駕屬車八十一乘，行則中央左右分爲行。

法駕屬車三十六乘。最後車懸豹尾，豹尾以前比之省中。屬車皆皁蓋朱裏。

御衣車、御書車、御軺車、御藥車，皆駕牛。

雲母車，以雲母飾犢車。臣下不得乘，以賜王公耳。

陽遂四望繐牕皁輪小形車，駕牛。

象車。武帝太康中平吴後，南越獻馴象，詔作大車駕之，以載黄門鼓吹數十人，使越人騎之。元正大會，駕象入庭。

自過江之後，舊章多缺。元帝踐極，始造大輅、戎路各一，皆即古金根之制也，無復充庭之儀。至於郊祀大事，則權飾餘車以周用。六師親征則用戎路，去其蓋而乘之，屬車但五乘而已。加緑油幢，朱絲絡，飾青交絡，黄金塗五采，其輪轂猶素，兩箱無金錦之飾。其一車又是軺車。舊儀，天子所乘駕六，是時無復六馬之乘，五路皆駕四而已，同用黑，是爲玄牡。無復五時車，有事則權以馬車代之，建旗其上。其後但以五色木牛象五時車〔一四〕，豎旗於牛背，行則使人輿之。牛之義，蓋取其負重致遠安而穩也。旗常纏而不舒旆，所謂德車結旌者也。惟天子親戎，五旗舒旆，所謂武車綏旌者也。指南車，過江亡失，及義熙五年，劉裕屠廣固，始復獲焉，及使工人張綱補緝周用。十三年，裕定關中，又獲司南、記里諸車，制度始備。其輦，過江亦亡制度，太元中，謝玄率意造焉。及破苻堅於淮上，獲京都舊輦，形制無差，大小如一，時人服其精記。義熙五年，劉裕執慕容超，獲金鉦輦、豹尾，舊式猶存。元、興中〔一五〕，屬車惟九乘。苻堅敗，得僞車輦，增爲十二乘。通典六十六。◯「謝玄」，輿服志作「謝安」。

中朝大駕鹵簿

先象車，鼓吹一部，十三人，中道。輿服志。

次靜室令，駕一，中道。式道候二人，駕一，分左右。

次洛陽尉二人，騎，分左右。

次洛陽亭長九人，赤車，駕一，分三道，各吹正二人引。

次洛陽令，皁車，駕一，中道。

次河南中部掾，中道。河橋掾在左，功曹史在右，並駕一。

次河南尹，駕四〔一六〕，戟吏六人。

次河南主簿，駕一，中道。

次河南主記，駕一，中道。

次司隸部河南從事，中道。都部從事居左〔一七〕，別駕從事居右，並駕一。

次司隸校尉，駕三，戟吏八人。

次司隸主簿，駕一，中道。

次司隸主記，駕一，中道。

次廷尉明法掾，中道。五官掾居左，功曹史居右，並駕一。

次廷尉卿，駕駟，戟吏六人。

次廷尉主簿、主記，並駕一，在左。太僕引從如廷尉，在中。宗正引從如廷尉，在右。

次太常，駕駟，中道，戟吏六人。太常外部掾居左，五官掾、功曹史居右，並駕一。

次光禄引從，中道。太常主簿、主記居左，衛尉引從居右，並駕一

次太尉外督令史，駕一，中道。

次西東賊倉户等曹屬，並駕一，引從。

次太尉，駕駟，中道。太尉主簿、舍人各一人，祭酒二人，並駕一，在左。

次司徒引從，駕駟，中道。

次司空引從，駕駟，中道。三公騎令史戟各八人，鼓吹各一部，七人。

次中護軍，中道，駕駟。鹵簿左右各二行，戟楯在外，弓矢在内，鼓吹一部，七人。

次步兵校尉在左，長水校尉在右，並駕一，各鹵簿左右二行，戟楯在外，刀楯在内，鼓吹各一部，七人。

次射聲校尉在左，翊軍校尉在右，並駕一。各鹵簿左右二行，戟楯在外，刀楯在内，鼓吹各一部，七人。

次驍騎將軍在左，游擊將軍在右，並駕一。皆鹵簿左右引各二行，戟楯在外，刀楯在内，鼓吹各一部，七人。

騎隊，五在左，五在右，隊各五十四，命中督二人分領左右。各有戟吏二人，麾幢獨揭，鼓在隊前。

次左將軍在左，前將軍在右，並駕一。皆鹵簿左右各二行，戟楯在外，刀楯在内，鼓吹各一部，七人。

次黄門麾騎，中道。

次黄門前部鼓吹，左右各一部，十三人，駕駟。八校尉佐仗〔一八〕，左右各四行，外大戟楯。

次九尺楯。

次弓矢，次弩，並熊渠、佽飛督領之。

次司南車，駕駟，中道。護駕御史，騎，夾左右。

次謁者僕射，駕駟，中道。

次御史中丞，駕一，中道。

次虎賁中郎將，騎，中道。

次九斿車，中道，武剛車夾左右，並駕駟。

次雲罕車，駕駟，中道。

次闟戟車，駕駟，中道，長戟邪偃向後。

次皮軒車，駕駟，中道。

次鸞旗車，中道，建華車分左右，並駕駟。

次護駕尚書郎三人，都官郎中道，駕部在左，中兵在右，並騎。又有護駕尚書一人，騎，督攝前後無常。

次相風，中道。

次司馬督，在前，中道。左右各司馬史三人引仗，左右各六行，外大戟楯二行。

次九尺楯。

次刀楯。

次弓矢。

次弩。

次五時車，左右有遮列騎。

次典兵中郎，中道，督攝前卻無常。

左殿中御史，右殿中監，並騎。

次高蓋，中道，左罼，右罕。
次御史，中道，左右節郎各四人。
次華蓋，中道。
次殿中司馬，中道。殿中都尉在左，殿中校尉在右，左右各四行。
細楯一行在弩内，又殿中司馬一行，殿中都尉一行〔一九〕，殿中校尉一行。
次樫鼓，中道。
次金根車，駕六馬，中道。
太僕卿御〔二〇〕，大將軍參乘。左右又各增三行，爲九行。
司馬史九人，引大戟楯二行，九尺楯一行，刀楯一行，由基一行，細弩一行，跡禽一行，椎斧一行，力人分楯一行。連細楯、殿中司馬、殿中都尉、殿中校尉爲左右，各十二行。
金根車建青旂十二，左將軍騎在左，右將軍騎在右，殿中將軍持鑿腦斧夾車，車後衣書主職步從，六行，合左右三十二行。
次曲華蓋，中道。侍中、散騎常侍、黄門侍郎並騎，分左右。
次黄鉞車，駕一，在左，御麾騎在右。
次相風，中道。

次中書監騎左，秘書監騎右。
次殿中御史騎左，殿中監騎右。
次五牛旗，赤青在左，黃在中，白黑在右。
次大輦，中道。太官令丞在左，太醫令丞在右。
次金根車，駕駟，不建旗。
次青立車，次青安車，
次赤立車，次赤安車，
次黃立車，次黃安車，
次白立車，次白安車，
次黑立車，次黑安車。合十乘，並駕駟。建旗十二，如車色。立車正豎旗，安車邪拖之。
次蹋豬車，駕駟，中道，無旗。
次耕根車，駕駟，中道，赤旗十二，熊渠督左，佽飛督右。
次御軺車，次御四望車，
次御衣車，次御書車，

次御藥車，並駕牛，中道。

次尚書令在左，尚書僕射在右，又尚書郎六人，分次左右，並駕。又治書侍御史二人，分左右，又侍御史二人，分次左右，又蘭臺令史分次左右，並騎。

次豹尾車，駕一。自豹尾車後而鹵簿盡矣。但以神弩二十張夾道，至後部鼓吹，其五張神弩置一將，左右各二將。

次輕車二十乘，左右分駕。

次流蘇馬六十匹。

次金鉞車，駕三，中道。左右護駕尚書郎并令史，並騎，各一人。

次金鉦車，駕三，中道。左右護駕侍御史并令史等，並騎，各一人。

次黄門後部鼓吹，左右各十三人。

次戟鼓車，駕牛，二乘，分左右。

次左大鴻臚外部掾，右五官掾、功曹史，並駕。

次大鴻臚，駕駟，鉞吏六人。

次大司農引從，中道，左大鴻臚主簿、主記，右少府引從。

次三卿，並騎，吏四人，鈴下二人，執馬鞭辟車六人，執方扇羽林郎十人〔二二〕，朱衣。

次領軍將軍，中道。鹵簿左右各二行，九尺楯在外，弓矢在內，鼓吹如護軍。

次後軍將軍在左，右將軍在右，各鹵簿鼓吹如左軍、前軍〔二二〕。

次越騎校尉在左，屯騎校尉在右。各鹵簿鼓吹如步兵、射聲〔二三〕。

次領護軍驍騎、游軍校尉〔二四〕，皆騎，吏四人，乘馬夾道，都督兵曹各一人，乘馬在中。騎將軍四人，騎校、鞉角、金鼓、鈴下、信幡、軍校並駕一。功曹吏、主簿並騎從。織扇幢麾各一騎，鼓吹一部，七騎。

次領護軍，加大車斧，五官掾騎從。

次騎十隊，隊各五十匹。將一人，持幢一人，鞉一人，並騎在前，督戰伯長各一人，並騎在後，羽林騎督、幽州突騎督分領之。郎簿十隊，隊各五十人。絳袍將一人，騎、鞉各一人，在前，督戰伯長各一人，步，在後。騎督持稍。

次大戟一隊，九尺楯一隊，刀楯一隊，弓一隊，弩一隊，隊各五十人。黑袴褶將一人，騎校、鞉角各一人，步，在前，督戰伯長各一人，步，在後。金顏督將并領之。

皇太后皇后車輦

皇太后、皇后法駕，乘重翟羽蓋金根車，駕青輅，青帷裳，雲橂畫轅，黃金塗五采，蓋爪施金華，駕三，左右騑。其廟見小駕，則乘紫罽軿車，雲㯶畫輈，黃金塗五采，駕三。非法駕則皇太后乘輦，皇后乘畫輪車。皇后先蠶，乘油畫雲母安車，駕六騩馬；原注：「騩，淺黑色。」油畫兩轅安車，駕五騩馬，爲副。又，金薄石山駢、紫絳罽軿車，皆駕三騩馬，爲副。女旄頭十二人，持棨戟二人，共載安車，儷駕。女尚輦十二人，乘輜車，儷駕。女長御八人，乘安車，儷駕。輿服志。

中宮初建，及祀先蠶，皆用法駕，太僕妻御，大將軍妻參乘，侍中妻陪乘，丹陽尹、建康令及公卿之妻奉引，各乘其夫車服，多以宮人權領其職。

皇太子皇子皇孫車

皇太子安車，駕三，左右騑。朱班輪，倚虎較，伏鹿軾。九旒，畫降龍〔一二五〕。青蓋，金華蚤二十八枚。黑㯶文畫轓〔一二六〕，文輈，黃金塗五采。亦謂之鸞輅。非法駕則乘畫輪車，上開四望，綠油幢，朱絲繩絡，兩箱裏飾以金錦，黃金塗五采。其副車三乘，形制如所乘，但不畫輪耳。輿服志。

皇子青蓋車，皇孫綠蓋車，並駕三，左右騑〔一二七〕。

元帝太興三年，皇太子釋奠。制曰：「今草創，未有高車，可乘安車也。」

太元中，東宮建，乘路有青赤旂，致疑。徐邈議，太子既不備五路，赤旂宜省。漢制，太子鸞路皆以安車爲名。自晉過江，禮儀疏舛，王公以下，車服卑雜，惟東宮禮秩崇異，上次辰極，下納侯王。而安帝爲皇太子乘石山安車，制爲金路，義不經見，事無所出。

張敞晉東宮舊事：皇太子鹵簿有黄麾。初學記儲宮部引。

妃嬪公主王太妃王妃車

三夫人油軿車，駕兩馬，左騑。其貴人駕節畫輈。三夫人助蠶，乘青交絡，安車，駕三，皆以紫絳罽軿車。輿服志。○「軿車」下，疑脱「爲副」二字。

九嬪世婦乘軿車，駕三。

長公主赤罽軿車，駕兩馬。

公主、王太妃、王妃，皆油軿車，駕兩馬，右騑。公主助蠶，乘油畫安車，駕三。青交絡，以紫絳罽軿車爲副，王太妃亦如之。公主有先置者，乘青交絡安車，駕三。

王公侯卿大夫車從

博士孫毓議：禮「上公九命，以九爲節；伯七命，以七爲節；子男五命，以五爲節」。旌

旗游數，繁纓貳車，各以其命之等。「金輅建大旂，同姓以封；象輅建大赤，異姓以封」。今制
從簡除之餘，諸王從公者出就國〔二八〕，朝祀之車，宜輅車駟馬，建大旂九斿，畫交龍。〈通典七
十一。

安平王孚，給雲母輦、青蓋車。〈宗室傳。

義陽王望，給追鋒車一乘，虎賁五人。　又假羽葆鼓吹，官騎十人。〈宗室傳。

扶風王駿，給羽葆、鼓吹。〈宣五王傳。

齊王出鎮，詔賜黃鉞朝車乘輿之副。〈文六王傳。

齊王出鎮，賜青油雲母犢車，又賜衣香輦。〈太平御覽車部引太康起居注。

皁輪車，駕四牛，形制猶如犢車，但皁添輪轂，上加青油幢，朱絲繩絡。　諸王三公有勳德
者特加之。〈輿服志。

位至公或三望、或四望、夾望車。　油幢車，駕牛，形制如皁輪〔二九〕，但不漆轂耳。　王公大
臣有勳德者特給之。

通幔車，駕牛，猶如今犢車制，但舉其幔通覆車上也。　諸王三公並乘之。

諸公給朝車駕四，安車黑耳駕三各一乘，皁輪犢車各一乘。　自祭酒掾屬以下及令史，皆
皁零，辟朝服。　其武官，公又別給大車。

特進及車騎將軍驃騎將軍以下諸大將軍不開府非持節都督者〔三〇〕，給安車黑耳駕二，軺車施耳後户一乘。職官志：「左右光禄大夫與特進同。」

三公、九卿、中二千石、二千石、河南尹、謁者僕射，郊廟明堂法出，皆大車立乘，駕四。前後導從大車駕二，右騑。他出乘安車。其去位致仕告老，賜安車駟馬〔三一〕。北堂書鈔設官部引徐廣車服儀「大車立乘」作「大使車」，「駕四」下有「赤帷裳，朱班輪，赤衡軛」九字。

郡縣公侯，安車駕二，右騑。皆朱班輪，倚鹿較，伏熊軾，黑轓〔三二〕，皁繒蓋。

公旗旂八旒，侯七旒，卿五旒，皆畫降龍。

中二千石、二千石，皆皁蓋，朱兩轓，銅五采，駕二。中二千石以上，右騑。千石、六百石，朱左轓。車轓長六尺，下屈廣八寸，上業廣尺二寸，後謙一寸，若月初生，示不敢自滿也。

王公之世子攝命理國者，安車，駕三，旗旂七旒，其封侯之世子五旒。

太康四年，制：「依漢故事，給九卿朝車駕四及安車各一乘。」

八年，詔：「諸尚書軍校加侍中、常侍者，皆給傳事乘軺車，給劍，得入殿省中，與侍臣升降相隨。」

大使車，立乘，駕四，赤帷裳，騶騎導從。原注：「公卿二千石郊廟上陵從駕，乘大使車，他出乘安車也。」

小使車，不立乘，駕四，輕車之流也。蘭輿皆朱，赤轂，赤屏泥，白蓋，赤帷裳，從騶騎四十人。又别有小使車，赤轂皁蓋，追捕考按有所執取者之所乘也。凡諸使車皆朱班輪，赤衡軛。

追鋒車，去小平蓋，加通幰，如軺車，駕二。追鋒之名，蓋取其迅速也，施於戎陣之間，是爲傳乘。

軺車，古之軍車也。一馬曰軺車，二馬曰軺傳。漢世貴輜軿而賤軺車，魏晉重軺車而賤輜軿。三品將軍以上、尚書令軺車黑耳有後户，僕射但有後户無耳，並皁輪。尚書及四品將軍則無後户，漆轂輪。其中書監令如僕射、侍中、黄門、散騎，初拜及謁陵廟，亦得乘之。

汝南王亮之國，給追鋒車、皁輪犢車。汝南王亮傳。

賈充爲大都督，給羽葆、鼓吹、緹幢。賈充傳。

太保王導，加羽葆鼓吹，班劍二十人。王導傳。

會稽王道子，假黄鉞，羽葆鼓吹。會稽王道子傳。

武陵威王晞，加羽葆鼓吹。元四王傳。

司徒魏舒喪子，哀慟，詔曰：「舒惟一子，薄命短折，爲之嗟悼。思所以散愁養氣，仍給賜陽燧四望繐牎户皁輪車牛一乘，庶出入觀望，或足散憂也。」魏舒傳。

晉制，諸公給騶八人，下至御史，有差。騶蓋辟車之卒也。通鑑八十六胡三省注。

桓宣武與簡文、太宰武陵王晞共載，密令人在輿前後鳴鼓大叫。鹵簿中驚擾，太宰惶怖，求下輿。顧看簡文，穆然清和。宣武語人曰：「朝廷間故復有此賢。」世說雅量門。

諸命婦車

諸王妃、公太夫人、夫人、縣鄉君、諸郡公侯特進夫人助蠶，乘皁交絡安車，駕三。輿服志。

諸侯監國世子之世婦、侍中常侍尚書中書監令卿校世婦、命婦助蠶，乘皁交絡安車，儷駕。

郡縣公侯、中二千石、二千石夫人會朝及蠶，各乘其夫之安車，皆右騑，皁交絡，皁帷裳。自非公會則不得乘軺車〔三三〕，止乘漆布輜軿，銅五采而已。

王妃、特進夫人、封郡君，安車，駕三，皁交絡。封縣鄉君油軿車，駕兩馬，右騑。

璽綬

乘輿六璽：「皇帝行璽」、「皇帝之璽」、「皇帝信璽」、「天子行璽」、「天子之璽」、「天子信璽」。輿服志。○續漢志注引漢舊儀曰：「皇帝行璽，凡封之璽，賜諸侯王書。信璽，發兵，徵大臣。天子行璽，策拜外國，事天地鬼神。」

六璽之外，有秦始皇藍田玉璽，螭虎紐，文曰「受天之命，皇帝壽昌」。漢高祖佩之，後世名曰「傳國璽」，爲乘輿所寶。懷帝没胡，傳國璽没於劉聰，後又没於石勒。及石季龍死，胡亂，穆帝世乃還江南。

冉閔大將軍蔣幹以傳國璽付河南太守戴施，施獻之，百僚皆賀。璽光照洞徹，上蟠螭文隱起，書曰：「昊天之命，皇帝壽昌。」秦舊璽也。續漢志注引晉陽秋。又引徐廣曰：「璽文：受天之命，皇帝壽昌。」

元帝初，有白玉麒麟神璽，出於江寧，文曰：「長壽萬年。」元紀。○御覽六百八十二引鄧粲晉紀：「江寧民虞迪墾地，得之以獻。」

太興三年三月，慕容廆奉送玉璽三紐。元紀。

四年二月，鮮卑末波奉送皇帝信璽。元紀。

太寧元年，王敦獻皇帝信璽一紐。明紀。

義熙十二年，左衛將軍陳陽於府事前淮水中得璽。其文曰：「王者不隱其過，則玉璧見。」北堂書鈔儀飾部引晉中興書。

天子綬黄、赤、縹、紺四采。輿服志。

印綬

皇太子金璽龜紐，朱黄綬，四采：赤、黄、縹、紺。輿服志。○御覽六百八十二引晉令：「皇太子纁朱綬。」

貴人、夫人、貴嬪，皆金章紫綬，文曰貴人、夫人、貴嬪之章。淑妃、淑媛、淑儀、修華、修容、修儀、婕妤、容華、充華，銀印青綬。輿服志。

皇太子妃金璽龜紐，纁朱綬。輿服志。

帝之姑姊妹皆爲長公主，加緑綬。太平御覽皇親部引臧榮緒晉書。

諸王金璽龜紐，纁朱綬，四采：朱、黄、縹、紺。輿服志。

諸王太妃、妃、諸長公主、公主、封君〔三四〕，金印紫綬。輿服志。

晉令：「郡公主，朱綬；郡侯，青朱綬〔三五〕。」初學記服食部〔三六〕。

丞相，金印緑綟綬，三采，緑紫紺。通典六十三。○「金印」二字，據續漢志注引徐廣説增。

郡公綬朱〔三七〕，侯伯青朱，子男素朱，皆三采〔三八〕。通典六十三。

三公緑綟綬。初學記職官部引晉官品令。

文武官公，假金章紫綬。通典六十三〔三九〕。

鄉、亭、關内侯紫綬，皆二采〔四〇〕。通典六十三。

公嗣子綬紫，侯嗣子青。通典六十三。

左右光禄大夫，假金章紫綬。職官志。

光禄大夫，加金章紫綬。職官志。

光禄大夫，假銀章青綬。職官志。

太常，銀章青綬。通典二十五〔四一〕。

衛尉，銀章青綬。通典二十五。

尚書令，銅印墨綬。通典二十二。

中書監及令，銅印墨綬。通典二十一。

秘書監，銅印墨綬。通典二十六。

秘書丞〔四二〕，銅印墨綬。通典二十六。

僕射，銅印墨綬。初學記職官部引晉百官表注。○漢官：「僕射，青綬。」

司隸校尉，銀印青綬。地理志。

郡國太守、相、内史〔四三〕，並銀章青綬。通典六十三。

郡公侯縣公侯太夫人、夫人，銀印青綬〔四四〕。輿服志。

諸假印綬而官不給鞶囊者，得自具作，其但假印不假綬者，不得佩綬。鞶，古制也。漢世著鞶囊者，側在腰間，或謂之傍囊，或謂之綬囊，然則以紫囊盛綬也。或盛或散，各有其時。輿服志。

孔琳之上言：「夫璽印者，所以辨章官爵，立契符信。官莫大於皇帝，爵莫尊於公侯，而傳國之璽，歷代遞用，襲封之印，奕世相傳，貴在仍舊，無取改作。今世惟尉一職獨用一印，至於內外羣官，每遷悉改〔四五〕，討尋其義，私所未達。若謂官各異姓，與傳襲不同，則未若異代之爲殊也；若論其名器，雖有公卿之貴，未若帝王之重；若以或有誅夷之臣，忌其凶穢，則漢用秦璽，延祚四百，未聞以子嬰身戮國亡而棄不佩。帝王公侯之尊，不疑於傳璽；人臣衆僚之卑，何嫌於即印？！載籍未聞其說，推例自乖其準〔四六〕，而終年刻鑄，喪功銷實，金銀銅炭之費，不可稱言，非所以因循舊貫，易簡之道。愚請衆官積用一印〔四七〕，無煩改作，若新置官，又官多印少，文或零失，然後乃鑄，則仰裨天府，非爲小益。」南史孔琳之傳。○按：傳此下云：「義熙十一年，除宋武帝平北、征西長史。」則此議尚在晉時也。

孔愉少時嘗得一龜〔四八〕，放於餘不溪中〔四九〕，龜中路左顧者數過。及後鑄印，而龜左顧，更鑄猶如此。印師以聞，愉悟，取而佩焉。世說新語方正門注引孔愉別傳。

幡

晉，節幡用黃，東晉同。

晉制，有白虎幡、騶虞幡。白虎威猛，主殺，故以督戰；騶虞仁獸，故以解兵。〈通鑑八十二胡三省注。〉

傳詔以騶虞幡勅將士解兵。〈趙王倫傳。〉

武帝每出入殿中，典兵中郎將陳勰持白虎幡在乘輿左右，鹵簿陳列齊肅。〈職官志。〉

趙王倫有異志，淮南王允討倫。中書令陳準欲應允，言於帝曰：「宜遣白虎幡以解鬬。」〈通鑑八十三胡三省注云：「白虎幡以麾軍進戰，非解鬬也。」陳準蓋以帝庸愚，故請以白虎幡麾軍，欲倫兵見之，以爲允之攻倫，出於帝命，將自潰也。否則何以應允？」〉

乃使司馬督護伏胤持幡從宮中出。

元興元年，討桓玄，遣兼侍中齊王柔之以騶虞宣告荊、江二州。〈安紀。〉

豹尾

豹尾，儀服之主。〈海西嗣位，忘設豹尾。〈五行志。〉

大駕鹵簿，自豹尾車後而鹵簿盡矣。〈輿服志。〉

符節

符節御史掌授節、銅虎符、竹使符。職官志。

晉令：「使信節皆鳥書之。」御覽六百八十一。

元帝使司空王導拒王敦，詔曰：「吾征東時，節給司空。」太平御覽儀式部引晉永昌起居注〔五〇〕。

晉制，諸公任方面者，皆給節、麾、緹幢、曲蓋。通鑑九十五胡三省注。

鈴

羊祜都督荆州諸軍事，鎮襄陽。鈴閣之下，侍衛不過十數人。羊祜傳。○通鑑七十九胡三省注：「鈴下卒及閤下威儀也。鈴下者，有使令則掣鈴以呼之，因以爲名。閤下威儀，掌出入贊導及納謁受事。」

【校勘記】

〔一〕三十輻　「十」下，底本原衍「六」字，據晉書删。

〔二〕金華施橑末　「末」，底本誤作「朱」，據中華書局本晉書校勘記改。

〔三〕�以黻繡　「黻」，底本誤作「黼」，據晉書改。

〔四〕象鑣而鏤錫　「鑣」，底本誤作「鹿」，據中華書局本晉書校勘記改。
〔五〕釳以鐵爲之　「釳」，底本誤作「旄」，據中華書局本晉書校勘記改。
〔六〕繁纓　底本誤倒，據中華書局本晉書校勘記乙正。
〔七〕人君以朱纏鑣扇汗　「汗」，底本誤作「汙」，據晉書改。
〔八〕駕四馬　「馬」下，底本原衍「者」字，據晉書删。
〔九〕下猶金根之飾　「根」，底本誤作「鵾車」，據晉書改。「飾」，底本誤作「制」，據晉書改。
〔一〇〕以虎皮爲軒　「虎」，底本誤作「獸」，據通典改。
〔一一〕謂析羽旄而編之　「旄」，底本誤作「毛」，據晉書改。
〔一二〕古之戰車也　「戰」，底本誤作「獸」，據中華書局本晉書校勘記改。
〔一三〕前後二十乘　「二十」，底本誤倒，據晉書乙正。
〔一四〕其後但以五色木牛象五時車　「車」，底本原奪，據晉書補。
〔一五〕元興中　「元」，中華書局本通典校勘記以爲當作「太」。
〔一六〕駕四　「四」，晉書作「駟」。
〔一七〕都部從事居左　「左」，底本原奪，據晉書補。
〔一八〕八校尉佐仗　「仗」，底本誤作「校」，據晉書改。
〔一九〕殿中都尉一行　「行」，底本誤作「人」，據晉書改。

〔二〇〕太僕卿御　「御」，底本原奪，據中華書局本晉書校勘記補。

〔二一〕執方扇羽林郎十人　「郎」，通典無，中華書局本晉書校勘記以爲衍文。

〔二二〕各鹵簿鼓吹如左軍前軍　「軍前」，底本誤作「將」，據晉書改。

〔二三〕各鹵簿鼓吹如步兵射聲　「各鹵」至「射聲」，底本原奪，據晉書補。

〔二四〕次領護軍驍騎游軍校尉　「次領」至「校尉」，底本原奪，據晉書補。「游軍」，晉書原作「游擊」，據中華書局本校勘記改。

〔二五〕畫降龍　「降」，底本誤作「絳」，據晉書改。

〔二六〕黑櫎文畫轓　「轓」，底本誤作「幡」，據晉書改。

〔二七〕「皇子」至「右騑」　本條原在本節末尾，據晉書移至此。

〔二八〕諸王從公者出就國　「國」，通典作「封」。

〔二九〕形制如皁輪　「制」，底本原奪，據晉書補。

〔三〇〕「特進」至「督者」　「車騎將軍」，底本原奪「將軍」二字，據晉書補。

〔三一〕賜安車駟馬　「賜」，底本誤作「則」，據晉書改。

〔三二〕黑轓　「轓」，底本誤作「緇」，據晉書改。又，中華書局本晉書校勘記以爲當作「轓」。

〔三三〕自非公會則不得乘軺車　「軺」，底本誤作「朝」，據晉書改。

〔三四〕諸王太妃妃諸長公主公主封君　「諸長公主、公主」，底本誤作「長公主」，據晉書補。

〔三五〕青朱綬　「朱」，底本原奪，據初學記、太平御覽補。

〔三六〕初學記服食部　「服食」，底本誤作「儀飾」，初學記無儀飾部，據初學記改。此文又見太平御覽儀式部。

〔三七〕郡公綬朱　「朱」上，中華書局本通典校勘記以爲奪「玄」字。

〔三八〕皆三采　「皆」，底本原奪，據通典補。

〔三九〕通典六十三　按，上文不見於通典，見晉書職官志。

〔四〇〕皆二采　「皆」，底本誤作「白」，據中華書局本通典校勘記改。

〔四一〕通典二十五　「五」，底本原奪，據通典補。

〔四二〕秘書丞　「丞」，底本誤作「郎」，據通典改。

〔四三〕郡國太守相内史　「太」，底本原奪，據通典補。

〔四四〕銀印青綬　「印」，底本誤作「章」，據晉書改。

〔四五〕每遷悉改　「悉」，底本誤作「即」，據南史改。

〔四六〕推例自乖其準　「例」，底本誤作「别」，據中華書局本南史校勘記改。

〔四七〕愚請衆官積用一印　「請」，底本誤作「謂」，據南史改。

〔四八〕孔愉少時嘗得一龜　「愉」，底本誤作「瑜」，據世説新語改。

〔四九〕放於餘不溪中　「放」，底本誤作「族」，據世説新語改。

〔五〇〕太平御覽儀式部引晉永昌起居注　「式」，底本誤作「飾」，據太平御覽改。

晉會要弟十四

禮十二

皇帝冠服

天子郊祀天地明堂宗廟，元會臨軒，介幘[一]，通天冠，平冕。冕，皁表，朱緑裏，廣七寸，長二尺二寸，加於通天冠上，前圓後方，垂白玉珠，十有二旒，以朱組爲纓，無緌。佩白玉，垂珠黄大旒。衣皁上，絳下，前三幅，後四幅，衣畫而裳繡，爲日、月、星辰、山、龍、華蟲、藻、火、粉米、黼、黻之象，凡十二章。素帶廣四寸，朱裏，以朱緑裨飾其側。中衣以絳緣其領袖。赤皮爲韍，絳袴襪，赤舄。未加元服者，空頂介幘。其釋奠先聖，則皁紗袍，絳緣中衣，絳袴襪，黑舄。其臨軒，亦衮冕也。其朝服，通天冠高九寸，金博山顔，黑介幘，絳紗袍，皁緣中衣。其拜陵，黑介幘，單衣。其雜服，有青赤黄白緗黑色，介幘，五色紗袍，五梁進賢冠，遠遊冠，平上幘武冠。其素服，白幍單衣。後漢以來，天子之冕，前後旒用真白玉珠。魏明帝好婦人之飾，改以珊瑚珠。晉初仍舊不改。輿服志。

魏明帝制天子服刺繡文，公卿服織成文。晉遵而無改。輿服志。

泰始四年八月，詔曰：「車服之制，象數是遵。故盛王留範，列聖垂制。朕近改定五路，修成六服，沿時變禮。所施之事，各有條敍。便可付外，載之典章。朕以大冕純玉繅，玄衣黄裳，乘玉輅，郊祀天，宗祀明堂。又以法冕五綵繅，玄衣絳裳，乘金輅，祀太廟，元正大會諸侯。又以飾冠冕四綵繅，紫衣紅裳，乘象輅，小會宴饗，餞送諸侯，臨軒會王公。又以繡冕三綵繅〔二〕，朱衣裳，乘革輅，征伐不賓，講武校獵。又以紘冕二綵繅〔三〕，青衣裳，乘木輅，耕稼，饗國子。又以通天冠，朱紗袍，爲聽政之服。」宋書禮志。

中興過江，服章多闕，而冕旒飾以翡翠、珊瑚、雜珠。侍中顧和奏：「舊禮，冕十二旒，用白玉珠。今美玉難得，不能備，用雜珠等，非禮。可用白璇珠。」成帝於是始下太常改之。顧和傳。

元帝郊祀天地明堂宗廟，元會臨軒，改服黑介幘，通天冠〔四〕，平冕。冕〔五〕，皁表，朱緑裏，廣七寸，長一尺二寸，加於通天冠上，垂珠十二旒，以朱組爲纓，無緌。通典五十七。

哀帝從博士曹弘之等議，立秋御讀令，用素白幍。輿服志〔六〕。

通天冠，晉依漢制，前加金博山述〔七〕，乘輿常服。通典五十七。原注：「述，即鷸也。」○輿服志：「通天冠，本秦制。高九寸，正竪，頂少斜卻，乃直下，鐵爲卷梁，前有展筩，冠前加金博山述。」

天子始加元服，冠五梁進賢冠。輿服志〔八〕。

皮弁，以鹿皮淺毛黄白色者爲之。禮「王皮弁，會五采玉璂，象邸玉笄〔九〕」，謂合爲弁〔一〇〕。其縫中名曰會，以采玉珠爲璂。璂，結也。天子五采，諸侯三采。天子則縫十二，公九〔一一〕，侯伯七，子男五，孤四，卿大夫三。輿服志。

太后皇后服飾

太后、皇后白玉珮。御覽六百九十二引晉宋舊事。

皇后謁廟，其服皁上皁下，親蠶則青上縹下，皆深衣制，隱領袖緣以絛。首飾則假髻，步摇，俗謂之珠松也，簪珥。步摇以黄金爲山題，貫白珠爲支相繆。八爵九華，熊、虎、赤羆、天鹿、辟邪、南山豐大特六獸，諸爵獸皆以翡翠爲毛羽，金題白珠璫，繞以翡翠爲華。元康六年，詔曰：「魏以來，皇后蠶服皆文繡，非古義也。今宜純服青，以爲永制。」輿服志。

后服有瑇瑁釵三十隻。御覽七百一十八引晉山陵故事。

妃嬪服飾

貴人、夫人、貴嬪，爲三夫人，佩于闐玉。淑妃、淑媛、淑儀、修華、修容、修儀、婕妤、容華、充華，爲九嬪，佩采瓄玉。貴人、貴嬪、夫人助蠶，服純縹，皆深衣制。太平髻，七鏌蔽髻，黑玳瑁，又加簪珥。九嬪五鏌，世婦三鏌。輿服志。

皇太子冠服

皇太子遠遊冠，介幘，翠緌。給五時朝服，佩瑜玉，垂組。朱衣絳紗褠，皁緣白紗，其中衣白曲領。帶劍，火珠素首。革帶，玉鈎燮虎頭鞶囊。其大小會、祠宗廟、朔望、五日還朝皆朝服，常還上宮則朱服，預上宮、正會則於殿下脱劍舄。又有三梁進賢冠。其侍祀則平冕九旒，衮衣九章，白紗絳緣中單，絳繒韠，采畫織成衮帶，金辟邪首，紫緑二色帶，采畫廣領、曲領各一，赤舄絳袜。若講，則著介幘單衣；釋奠，則遠遊冠，玄朝服，絳緣中單，絳袴袜，玄舄。若未加元服，則中舍人執冕從。輿服志。

泰始六年正月〔一二〕，有司奏：「被勑皇太子正冬朝賀〔一三〕，合著衮冕九章衣不？」儀曹郎丘仲起議：「案周禮，公自衮冕以下〔一四〕。鄭注：『衮冕以至卿大夫之玄冕，皆其朝聘天子之服也。』伏尋古之上公，尚得服衮以朝。皇太子以儲副之尊，率土瞻仰。愚謂宜式遵盛典，服衮冕九旒以朝賀。」兼左丞陸澄議：「服冕以朝，實著經典。秦除六冕之制，至漢明帝始備古章。自魏、晉以來，宗廟行禮之外，不欲令臣下服衮冕，故位公者，每加侍官〔一五〕。今皇太子承乾作副，禮絶羣后，宜遵聖王之盛典，革近代之陋制。臣等參議，依禮，皇太子元正朝賀，應服衮冕九章衣。以仲起議爲允。撰載儀注。」詔可。宋書禮志。

遠遊冠，傅玄云秦冠也。似通天而前無山述，有展筩横於冠前。皇太子及王者後、帝之兄弟、帝之子封郡王者服之。諸王加官者自服其官之冠服，惟太子及王者後常冠焉。太子則以翠羽爲緌，綴以白珠，其餘但青絲而已。輿服志。

太子妃公主王妃服飾

皇太子妃佩瑜玉。輿服志。

長公主、公主佩山玄玉。見會，太平髻，七鏌蔽髻。其長公主得有步摇，皆有簪珥，衣服同制。

諸王太妃、妃、封君佩山玄玉。

諸王公冠服

諸王五時朝服，遠遊冠介幘，亦有三梁進賢冠。朱衣絳紗襮皁緣，中衣表素。革帶，黑舄，佩山玄玉，垂組，大帶。若加餘官，則服其加官之服也。輿服志。

諸王將之國，博士孫毓等議曰：「禮，公之服自衮冕而下，侯伯自鷩冕而下，皆如王之服。祭服宜玄冕朱裏，玳玉三采九旒，藻三色九就，丹組纓，玄衣纁裳，畫九章，以事宗廟。其祀社稷山川，及其羣臣助祭者，皆長冠玄衣。其位不從公者，皆以七爲節，其他則同諸王。朝服依漢魏故事，皆遠遊冠，五時朝服，佩山玄玉，不復以國大小爲差。其羣臣侍從冠服，皆宜如服制令也。諸王公應助祭。按司服之職：『王祀昊天上帝，則大裘而冕，享先王則衮冕，先公則鷩冕。公之服，自衮冕而下，如王之服；侯伯之服，自鷩冕而下，如公之服。』禮記王制曰：『制，三公一命衮。』謂三公八命，復加一命，則服衮龍，與王者之後同。然則九命及二王之後，乃服衮衣，無升龍。三公之服，當從鷩冕而下。太尉三公助祭，宜服鷩冕七章，冕繅九旒，赤舄。三公助導從外官不與齊祭者，自可如舊。」通典七十一。

公卿百官冠服

平冕，王公、卿助祭於郊廟服之。王公八旒〔一六〕，卿七旒。王公衣山龍以下九章，卿衣華蟲以下七章。輿服志。

丞相，衮冕緑綟綬。通典二十一〔一七〕。

郡公、太宰、太傅、太保、太尉、司空、大司馬、大將軍，佩山玄玉，進賢三梁冠，介幘，絳朝服。若郊廟，冕服七旒，玄衣纁裳，七章。通典二十。○御覽六百九十二。

尚書令，進賢兩梁冠，納言幘，五時朝服，佩水蒼玉。通典二十四〔一八〕。

中書監、令，進賢兩梁冠，絳朝服，佩水蒼玉。通典二十三〔一九〕。

僕射，五時朝服，納言幘〔二〇〕，進賢冠，佩水蒼玉。初學記職官部引晉百官表注。

太常，進賢兩梁冠，絳朝服，佩水蒼玉。通典二十五〔二一〕。

衛尉，五時朝服，武冠，佩水蒼玉。通典二十五。

秘書監，進賢兩梁冠，絳朝服，佩水蒼玉。通典二十六。

秘書丞，進賢一梁冠，絳朝服。通典二十六。

著作郎，進賢兩梁冠，介幘，絳朝服。通典二十六。

三品將軍，武冠，平上黑幘，五時朝服，佩水蒼玉。職官志[二二]。

漢制，一歲五郊，天子與執事者所服各如方色[二三]，百官不執事者服常服絳衣以從[二四]。魏以來，名爲五時朝服，又有四時朝服，又有朝服[二五]。自皇太子以下隨官受給。百官雖服五時朝服，實止四時朝服，闕秋服。三年一易。輿服志。

特進冠進賢兩梁，黑介幘，五時朝服，佩水蒼玉。左右光禄大夫與特進同。職官志。

祭酒以下，令史以上，皆皁零辟朝服。太尉雖不加兵者，吏屬皆絳服。職官志。

王渾爲司徒，加兵。渾以司徒文官，吏屬絳衣。非舊典，仍令皁服。王渾傳。

大司馬、將軍、尉、驃騎、車騎、衛軍、諸大將軍開府從公者[二六]，著武冠，平上幘。續漢輿服志注引晉公卿禮秩。

蘭臺寺正書令史[二七]，朱衣執版。通典二十二[二八]。

郡國守相、内史，進賢兩梁冠。文獻通考職官十七。

縣令進賢兩梁冠。文獻通考職官十七。

國子生見祭酒、博士，單衣角巾，執經一卷以代手版。通典五十三。

晉令：「朝服，皁緣，中單衣。」御覽六百九十一。

晉令：「六品以下得服羅綃。」初學記寶器部。

進賢冠，古緇布遺象也，蓋文儒者之服〔二九〕。前高七寸，後高三寸，長八寸，有五梁、三梁、二梁、一梁。人主元服，始加緇布〔三〇〕，則冠五梁。三公及封郡公、縣公、郡侯、縣侯、鄉亭侯，則冠三梁。卿、大夫、八座，尚書、關中内侯、二千石及千石以上，則冠兩梁。中書郎、秘書丞郎、著作郎、尚書丞郎、太子洗馬、舍人、六百石以下至於令史、門郎、小史，並冠一梁。以下輿服志。

行鄉射禮則公卿委貌冠〔三一〕，以皁絹爲之。形如覆杯，與皮弁同制，長七寸，高四寸。衣黑而裳素，其中衣以皁緣領袖。其執事之人皮弁，以鹿皮爲之。

緇布冠，蔡邕云即委貌冠也。太古冠布，齊則緇之。緇布冠，始冠之冠也。其制有四形：一似武冠；又一似進賢；其一上方，其下如幘顏；其一刺上而方下。

武冠，一名武弁，一名大冠，一名繁冠，一名建冠，一名籠冠，即古之惠文冠。或曰趙惠文王所造，因以爲名。亦云，惠者蟪也，其冠文輕細如蟬翼，故名。左右侍臣及諸將軍武官通服之。侍中、常侍則加金璫，附蟬爲飾，插以貂毛，黄金爲竿，侍中插左，常侍插右。

法冠，一名柱後，或謂之獬豸冠。高五寸，以縱爲展筩。鐵爲柱卷，取其不曲撓也。侍御史、廷尉正監平，凡執法官皆服之。獬豸，一角，性別曲直。見人鬥，觸不直者；聞人爭，咋不正者。

長冠，一名齊冠。高七寸，廣三寸，漆纚爲之，制如版，以竹爲裏。漢高祖微時，以竹皮爲此冠，世因謂之劉氏冠。後除竹，用漆纚。救日蝕則冠之。

高山冠，一名側注，高九寸〔三二〕，鐵爲卷梁，制如通天。頂直豎，不斜卻，無山述展筩。中外官、謁者、謁者僕射所服。傅子曰：「魏明帝以其制似通天、遠遊，故改令卑下。」

韋弁，制如皮弁，頂上尖，韎草染之，色如淺絳。

建華冠，以鐵爲柱卷，貫大銅珠九枚，古用雜木珠。祀天地、五郊、明堂，舞人服之〔三三〕。

方山冠，制似進賢。鄧展曰：「以五采縠爲之。」天子八佾樂人所服，冠衣各如其行方之色而舞焉。

巧士冠〔三四〕，前高七寸，要後相通，直豎。此冠不常用，漢氏惟郊天，黃門從官四人冠之，在鹵簿中，夾乘輿車前〔三五〕，以備宦者四星。

卻非冠，高五寸，制似長冠。宮殿門吏僕射冠之。負赤幡，青翅燕尾，諸僕射幡亦如之。

卻敵冠，前高四寸，通長四寸，後高三寸，制如進賢。凡當殿門衛士服之。

樊噲冠，廣九寸，高七寸，前後出各四寸，制如平冕。項籍圖危高祖，樊噲嘗持鐵楯，聞急，乃裂裳包楯；戴以爲冠，排入，高祖乘間得脫。後人壯其意，乃制冠象焉。凡殿門司馬衛士服之。

鶡冠，加雙鶡尾，豎插兩邊。鶡，鳥，性果勇，其鬥到死乃止。上黨貢之，趙武靈王以表顯壯士。漢以來，施之武人。

爵弁，一名廣冕。高八寸，長尺二寸〔三六〕，如爵形，前小後大。增其上似爵頭色。祀天地、五郊、明堂，雲翹舞樂人服之〔三七〕。

幘者，古賤人不冠者之服也。漢元帝額有壯髮，始引幘服之。王莽頂禿，又加其屋。漢注曰：冠進賢者宜長耳，今介幘也；冠惠文者宜短耳，今平上幘也。始時各隨所宜，遂因冠爲別。介幘服文吏，平上幘服武官也。童子幘無屋者，示未成人也〔三八〕。又有納言幘，幘後收又一重，方三寸。又有赤幘，騎吏、武吏、乘輿鼓吹所服。救日蝕，文武官皆免冠著幘，對朝服，示武威也。

帢，漢末王公名士多委王服，以幅巾爲雅。魏武擬古皮弁，裁縑帛以爲帢，合乎簡易隨時之義。漢氏立秋服緗幘。哀帝立秋讀令，改用素白帢。今通以爲慶弔之服。成帝咸和九年，制聽尚書、八座丞郎、門下三省侍官乘車〔三九〕，白帢低幃，出入掖門。又，二宮直官著烏紗帢。然則往往士人宴居皆著帢矣。巾，以葛爲之，形如帢而橫著之，尊卑共服也。

帽，猶冠也，義取於蒙覆其首，其本纚也。古者冠無幘，冠下有纚，以繒爲之。後世施幘於冠，因或裁纚爲帽。自乘輿宴居，下至庶人無爵者皆服之。

袴褶之制，未詳所起，近世凡車駕親戎、中外戒嚴服之。服無定色，冠黑帽，綴紫摽，摽以繒爲之，長四寸，廣一寸，腰有絡帶以代鞶。中官紫摽，外官絳摽。又有纂嚴戎服而不綴摽，行留文武悉同。其畋獵巡幸，則惟從官戎服帶鞶革，文官不下纓，武官脫冠〔四〇〕。

晉令：「旄頭羽林著韋腰襦。」太平御覽二百九十五。

孫盛晉陽秋論曰：「晉爲金行，而服色尚赤，考之古道，乖違甚矣。」通典五十五。○通典又載，魏服尚黃，晉服色依前代。而此云「服尚赤」，互異。

笏 手版

笏，古者貴賤皆執笏，其有事則搢之於腰帶，所謂搢紳之士者，搢笏而垂紳帶也。紳垂長三尺。笏者，有事則書之，故常簪筆，今之白筆是其遺象。三臺五省二品文官簪之，王、公、侯、伯、子、男、卿尹及武官不簪，加内侍位者乃簪之。手版即古笏矣。尚書令、僕射、尚書手版頭復有白筆，以紫皮裹之，名曰笏。輿服志。○左傳桓公正義引徐廣車服儀制云：「古者，貴賤皆執笏，即今手版也。」

彬詣相府計事，於時僚佐皆當世英彥。帝問其參軍孔顥〔四一〕，忌其能，良久不答。陳騫在坐，斂版而稱曰：「彬之爲人，勝騫甚遠。」因辟彬爲鎧曹屬。唐彬傳。

簡文帝崩，桓温入赴山陵，止新亭，大陳兵衛，呼謝安及王坦之。至，既見温，坦之流汗沾衣，倒執手版。安從容就席。謝安傳。

王徽之爲車騎桓沖騎兵參軍，沖謂曰：「卿在府日久，比當相料理。」徽之初不酬答，直高視，以手版拄頰，云：「西山朝來致有爽氣耳。」王徽之傳。

劍佩

漢制，自天子至於百官，無不佩劍，其後惟朝帶劍。晉世始代之以木，貴者猶用玉首，賤者亦用蚌、金銀、玳瑁爲雕飾。輿服志。◯通典六十三：「晉制，盛服則雜寶爲佩，金銀飾。」

革帶，古之鞶帶也，文武衆官牧守丞令下及騶寺皆服之。其有囊綬，則以綴於革帶，其戎服則以皮絡帶代之。八座尚書荷紫，以生紫爲袷囊，綴之服外，加於左肩。昔周公負成王，制此服衣〔四二〕，至今以爲朝服。或云漢世用盛奏事，負之以行也。輿服志。

諸命婦服飾

封君佩山玄玉。輿服志。

郡公侯、縣公侯太夫人、夫人，佩水蒼玉。

公特進侯卿校世婦〔四三〕、中二千石、二千石夫人紺繒幗，黄金龍首銜白珠，魚須擿，長一尺，爲簪珥〔四四〕。入廟佐祭者皁絹上下，助蠶縹絹上下，皆深衣制緣〔四五〕。自二千石夫人以上至皇后，皆以蠶衣爲朝服。

晉令：「六品以下得服金釵以蔽髻，三品以上服爵釵。」北堂書鈔服飾部〔四六〕。

士庶冠服

晉令：「織成衣爲禁物。」御覽八百十六。

晉令：「第三品已下得服雜杯之綺，第六品已下得服七綵綺。」御覽八百十六。

晉令：「士卒百工不得服犀、瑇瑁、真珠、璫珥。」御覽八百二、八百七。

晉令：「士卒不得服越疊。」御覽八百二十。

士人宴居皆著帢。以下輿服志。

巾，以葛爲之，尊卑共服也。

帽，自乘輿宴居，下至庶人無爵者，皆服之。

晉令曰〔四七〕：「第六品已下，不得服今縝綾錦，有私織者，録付尚方。」藝文類聚布帛部。○御覽八百十六：「晉令：『第六品已下，不得服羅綃。』」

晉令：「山鹿白豽遊毛，狐白，貂領黄，貂斑白，鼲子渠搜裘，皆禁物。」初學記服食部〔四八〕。

晉令：「士卒百工履〔四九〕，色無過緑、青、白；奴婢履，色無過純青。」初學記服食部。○御覽引作「紅青」，「紅」，當是「純」之誤。

晉令：「儈賣者皆當著巾，白帖額，題所儈賣者及姓名。一足著黑履，一足著白履。」御覽八百二十八。

咸寧四年，太醫司馬程據獻雉頭裘〔五〇〕，帝以奇技異服典禮所禁，焚之於殿前。敕內外敢有犯者罪之。武紀。

太康中，王宏爲司隸校尉，於是檢察士庶，使車服異制，庶人不得衣紫絳及綺繡錦繢〔五一〕。帝嘗遣左右微行，觀察風俗，宏緣此復遣吏科檢婦人袒服，至褰發於路〔五二〕。論者以爲暮年謬妄，坐免官。良吏傳。

泰始初，衣服上儉下豐，著衣者皆厭褄，此君衰弱，臣放縱，下掩上之象也。至元康末，婦人出兩襠，加乎交領之上，此內出外也。爲車乘者苟貴輕細，又數變易其形，皆以白篾爲純，蓋古喪車之遺象也〔五三〕。夫乘者，君子之器。蓋君子立心無恒，事不崇實也。干寶以爲晉之禍徵也。及惠帝踐阼，權制在於寵臣，下掩上之應也〔五四〕。永嘉末，六宮才人流沒戎狄，內出外之應也。及天下撓亂，宰輔方伯多負其任，又數改易不崇實之應也。以下五行志。

初作屐者，婦人頭圓，男子頭方。圓者順之義，所以別男女也。至太康初，婦人屐乃頭方，與男無別。此賈后專妬之徵也。

惠帝元康中〔五五〕，婦人之飾有五兵佩，又以金銀瑇瑁之屬爲斧鉞戈戟，以當笄。干寶以爲，男女之别，國之大節，故服物異等，贄幣不同。今婦人而以兵器爲飾，此婦人妖之甚者。於是遂有賈后之事，終亡天下。是時，婦人結髮者既成，以繒急束其環，名曰擷子紒。始自中宮，天下化之。其後賈后廢害太子之應也。

初，魏造白帢，横縫其前，以别後，名之曰顔帢，傳行之。至永嘉之間，稍去其縫，名無顔帢，而婦人束髮，其緩彌甚，紒之堅不能自立，髮被於額，目出而已。無顔者，愧之言也。覆額者，慚之貌也。其緩彌甚者，言天下亡禮與義，及其終極，至於大恥也。永嘉之後，二帝不反，天下愧焉。

懷帝永嘉中，士大夫競服生箋單衣。識者指之曰：「此古者緦衰，諸侯所以服天子也。今無故服之，殆有應乎？」其後遂有胡賊之亂，帝遇害焉。

孝武太元中，人不復著帩頭。天戒若曰，頭者，元首；帩者，助元首爲儀飾者也。今忽廢之，若人君獨立無輔佐，以至危亡也。至安帝，而桓玄篡位焉。

太元中，公主婦女必緩鬢傾髻，以爲盛飾。用髮既多，不可恒戴，乃先於木及籠上裝之，名曰假髻，或名假頭。至於貧家，不能自辦，自號無頭，就人借頭。遂布天下，亦服妖也。無幾時，孝武晏駕而天下騷動，刑戮無數，多喪其元。至於大殮，皆刻木及蠟或縛菰草爲頭，是假頭之應云。

舊爲屐者，齒皆達楄上，名曰露卯。太元中忽不徹，名曰陰卯。識者以爲，卯，謀也，必有陰謀之事。至烈宗末，袁悅之始攬構内外，隆安中遂謀詐相傾，以致大亂。

桓玄篡立，殿上施絳帳，鏤黄金爲顔，四角金龍銜五色羽葆流蘇。羣下相謂曰：「頗類轜車。」尋而玄敗，此服妖也。

晉末皆冠小而衣裳博大，風流相放，輿臺成俗。識者曰：「上小而下大，此禪代之象也。」尋而宋受終焉。

【校勘記】

〔一〕介幘　「介」上，中華書局本晉書校勘記以爲奪「黑」字。
〔二〕又以繡冕三綵纓　「繡」，底本誤作「繡」，據宋書改。
〔三〕又以紘冕二綵纓　「紘」，底本誤作「宏」，據中華書局本宋書校勘記改。
〔四〕通天冠　「冠」，底本原奪，據通典補。
〔五〕冕　「冕」，底本原奪，據通典補。
〔六〕輿服志　「輿服」，底本原奪，據晉書補。
〔七〕前加金博山述　「前」，底本原奪，據通典補。

〔八〕輿服志　上文不見於晉書輿服志，見於通典禮典。

〔九〕象邸玉笄　「象」下，底本原衍「玉」字，據晉書删。

〔一〇〕謂合爲弁　「合」下，中華書局本晉書校勘記據宋本以爲奪「皮」字。

〔一一〕公九　「九」，底本原奪，據晉書補。

〔一二〕泰始六年正月　「六」，底本誤作「八」，據宋書改。

〔一三〕被勑皇太子正冬朝賀　「冬朝賀」，底本誤作「朝駕」，據中華書局本宋書校勘記改。

〔一四〕公自衮冕以下　「下」，底本誤作「上」，據宋書改。

〔一五〕每加侍官　「官」，底本誤作「中」，據宋書改。

〔一六〕王公八旒　「八」，底本誤作「九」，據晉書改。

〔一七〕通典二十一　「一」，底本原奪，據通典補。

〔一八〕通典二十四　「通典二十四」，底本原奪，據通典補。

〔一九〕通典二十三　「三」，底本原奪，據通典補。

〔二〇〕納言幘　「言」，底本誤作「賢」，據初學記改。

〔二一〕通典二十五　「五」，底本誤作「四」，據通典改。

〔二二〕職官志　「職官志」，底本誤作「通典二十七」，上文不見於通典，據晉書改。

〔二三〕天子與執事者所服各如方色　「各」，底本誤作「皆」，據晉書改。

〔二四〕百官不執事者服常服絳衣以從　上「服」字，底本原奪，據晉書補。

〔二五〕又有朝服　底本原奪，據晉書補。

〔二六〕「大司馬」至「從公者」　「尉」，底本原奪，據後漢書志補。

〔二七〕蘭臺寺正書令史　「書」，底本原奪，據通典、文獻通考補。

〔二八〕通典二十二　「二十二」，底本誤作「三十五」，據通典改。又，上文亦見於文獻通考卷三十五。

〔二九〕蓋文儒者之服　「者」，底本原奪，據晉書補。

〔三〇〕始加緇布　「緇布」，底本原奪，據晉書補。

〔三一〕行鄉射禮則公卿委貌冠　「射」，底本誤作「飲」，據晉書改。

〔三二〕高九寸　「九」，底本誤作「七」，據晉書改。

〔三三〕舞人服之　「舞」，底本誤作「樂」，據晉書改。

〔三四〕巧士冠　「冠」，底本誤作「服」，據晉書改。

〔三五〕夾乘輿車前　「車前」，底本原奪，據晉書補。

〔三六〕長尺二寸　「尺」，底本原奪，據中華書局本晉書校勘記補。

〔三七〕雲翹舞樂人服之　「雲」，底本原奪，據晉書補。

〔三八〕示未成人也　「未」，底本誤作「不」，據晉書改。

〔三九〕「制聽」至「乘車」　「丞」，底本誤作「承」，據晉書改。

〔四〇〕武官脱冠　「脱」，底本誤作「服」，據晉書改。
〔四一〕帝問其參軍孔顒　「其」，底本原奪，據晉書補。
〔四二〕制此服衣　「衣」，底本原奪，據晉書補。
〔四三〕公特進侯卿校世婦　「世婦」，底本原奪，據晉書補。
〔四四〕爲簪珥　「簪」上，底本原衍「簪」字，據晉書删。
〔四五〕皆深衣制緣　「緣」，底本原奪，據晉書補。
〔四六〕北堂書鈔服飾部　「服」，底本誤作「儀」，據北堂書鈔改。
〔四七〕晉令曰　「曰」，底本誤作「綾」，據藝文類聚改。
〔四八〕初學記服食部　「食」，底本誤作「飾」，據初學記改。本卷後「服食部」同，不復出校。
〔四九〕士卒百工履　「卒」，底本誤作「庶」，據初學記改。
〔五〇〕太醫司馬程據獻雉頭裘　「太醫」下，底本原衍「令」字，據晉書删。
〔五一〕庶人不得衣紫絳及綺繡錦繢　「繢」，底本誤作「織」，據晉書改。
〔五二〕至褰發於路　「於」，底本誤作「道」，據晉書改。
〔五三〕蓋古喪車之遺象也　「古」上，底本原衍「蓋」字，據晉書改。
〔五四〕下掩上之應也　「應」，底本誤作「象」，據晉書改。
〔五五〕惠帝元康中　「中」，底本誤作「初」，據晉書改。

晉會要弟十五

樂上

郊祀明堂宗廟朝會樂制

漢自東京大亂，絶無金石之樂，樂章亡缺，不可復知。及魏武平荆州，獲漢雅樂郎河南杜夔，能識舊法，使創定雅樂。時又有散騎侍郎鄧静、尹商善訓雅樂，歌師尹胡能歌宗廟郊祀之曲，舞師馮肅、服養曉知先代諸舞，夔悉總領之。遠詳經籍，近採故事，考會古樂，始設軒懸鐘磬。晉武帝受命之初，百度草創。泰始二年，詔郊祀明堂禮樂權用魏儀，遵周室肇稱殷禮之義，但改樂章而已，使傅玄爲之詞云。《志》。

祀天地五郊夕牲歌

天命有晉，穆穆明明。我其夙夜，祇事上靈。常于時假，迄用其成。於薦玄牡，進夕其牲。崇德作樂，神祇是聽。

祀天地五郊迎送神歌

宣文蒸哉，日靖四方。永言保之，夙夜匪康。光天之命，上帝是皇。嘉樂殷薦，靈祚景長。神祇降格，享福無疆。

饗天地五郊歌

天祚有晉，其命維新。受終於魏，奄有黎民。郭茂倩樂府詩集「黎」作「兆」。燕及皇天，懷和百神。郭集「和」作「柔」。丕顯遺烈，之德之純。享其玄牡，式用肇禋。神祇來格，福禄是臻。

時邁其猶，昊天子之。祐享有晉，肇庶戴之。郭集「肇」作「承」。畏天之威，敬授人時。丕顯丕承，於猶繹思。皇極斯建，庶績咸熙。庶幾夙夜，惟晉之祺。

宣文維后，克配彼天。撫寧四海，尚有康年。郭集「尚」作「保」。於乎緝熙，肆用靖民。爰立典制，爰修禮紀。作民之極，莫匪資始。克昌厥後，永言保之。

天地郊明堂夕牲歌

皇矣有晉，時邁其德。受終於天，光濟萬國。萬國既光，神定厥祥。虔于郊祀，祇事上皇。祇事上皇，百福是臻。巍巍祖考，克配彼天。嘉牲匪歆，德馨惟饗。受天之祐〔一〕，神化四方。

天地郊明堂降神歌

於赫大晉，應天景祥。二帝邁德，宣此重光。我皇受命，奄有萬方。郊祀配享，禮樂孔章。神祇嘉享，祖考是皇。克昌厥後，保祚無疆。

天郊饗神歌

整泰壇，禮皇神。精氣感，百靈賓。蘊朱火，燎芳薪。遊紫煙[二]，冠青雲。神之體，靡象形。曠無方，幽以清。神之來，光景照。聽無聞，視無兆。神之至，舉歆歆。靈爽協，動余心。神之坐，同歡娛。澤雲翔，化風舒。嘉樂奏，文中聲。八音諧，神是聽。咸絜齊，並芬芳。烹牷牲，享玉觴。神悦饗，歆禋祀。祐大晉，降繁祉。作京邑，廣四海。郭集「廣」作「行」。保天年，窮地紀。

地郊饗神歌

整泰折[三]，竢皇祇。衆神感，羣靈儀。陰祀設，吉禮施。夜將極，時未移。祇之體，無形象。潛泰幽，洞忽荒。祇之出，薆若有。靈無遠，天下母。祇之來，遺光景。昭若存，終冥冥。祇之至，舉欣欣。舞象德，歌成文。祇既坐，同歡豫。澤雨施，化雲布。樂八變，聲教敷。物咸亨，祇是娛。齊既絜，侍者肅。玉觴進，咸穆穆。饗嘉豢，歆德馨。祚有晉，暨羣生。溢九壤，格天庭。保萬壽，延億齡。

明堂饗神歌

經始明堂，享祀匪懈。於皇烈考，光配上帝。赫赫上帝，既高既崇。聖考是配，明德顯融。率土敬職，萬方來祭。常于時假，保祚永世。

祠廟夕牲歌　郭集引南齊書樂志：「晉泰始中，傅玄造祠廟夕牲昭夏歌一篇〔四〕，迎送神肆夏歌一篇，登歌七廟七篇，饗神歌二篇，云：『登歌歌盛德之功烈，故廟異其文。饗神猶周頌之有瞽及雍，但說祭饗神明禮樂之盛，七廟饗神皆用之。』」

我夕我牲，猗歟敬止。嘉豢孔時，供茲享祀。神鑒厥誠，博碩斯歆。祖考降饗，以虞孝孫之心〔五〕。

祠廟迎送神歌

嗚呼悠哉，日監在茲。以時享祀，神明降之。神明斯降，既祐饗之。祚我無疆，受天之祜。赫赫太上，巍巍聖祖。明明烈考，丕承繼序。

祠征西將軍登歌

經始宗廟，神明戾止。申錫無疆，祗承享祀。假哉皇祖，綏予孫子。燕及後昆，錫茲繁祉。

祠豫章府君登歌

嘉樂肆筵，薦祀在堂。皇皇宗廟，乃祖乃皇。濟濟辟公，相予烝嘗。享祀不忒，降福穰穰。

祠潁川府君登歌

於邈先后，實司于天。顯矣皇祖，帝祉肇臻。本枝克昌，資始開元。惠我無疆，享祚永年。

祠京兆府君登歌

於維曾皇，顯顯令德。高明清亮，匪競柔克。保乂命祐〔六〕，基命惟則。篤生聖祖，光濟四國。

祠宣皇帝登歌

於鑠皇祖，聖德欽明。勤施四方，夙夜敬止。載敷文教，載揚武烈。匡定社稷，龔行天罰。經始大業，造創帝基。畏天之命，于時保之。

祠景皇帝登歌

執競景皇，克明克哲。旁作穆穆，惟祇惟畏。纂宣之緒，耆定厥功。登此雋乂，糾彼羣凶。業業在位，帝既勤止。惟天之命，於穆不已。

祠文皇帝登歌

於皇時晉，允文文皇，聰明睿智，聖敬神武。萬機莫綜，皇斯清之。蛇豕放命〔七〕，皇斯平之。柔遠能邇，簡授英賢。創業垂統，勳格皇天。

祠廟饗神歌二篇

曰晉是常〔八〕，享祀時序。宗廟致敬，禮樂具舉。惟其來祭，普天率土。犧尊既奠，清酤既載。亦有和羹，薦羞斯備。蒸蒸永慕，感時興思。登歌奏舞，神樂其和。祖考來格，祐我邦家〔九〕。溥天之下，罔不休嘉。

肅肅在位，濟濟臣工。四海來格，禮儀有容。鐘鼓振，管絃理，舞開元，歌永始，神胥樂兮。

肅肅在位，臣工濟濟。小大咸敬，上下有禮。理管絃，振鼓鐘，舞象德，歌詠功，神胥樂兮。

肅肅在位，有來雍雍。穆穆天子，相維辟公。禮有儀，樂有則，舞象功，歌詠德，神胥樂兮。

杜夔傳舊雅樂四曲，一曰鹿鳴，二曰騶虞，三曰伐檀，四曰文王，皆古聲辭。太和中，左延年改夔騶虞、伐檀、文王三曲，更自作聲節，其名雖存，而聲實異。惟因夔鹿鳴，全不改易。每正旦大會，太尉奉璧，羣后行禮，東廂雅樂常作者是也〔一〇〕。及晉初，食舉亦用鹿鳴。泰始五年，尚書奏，使太僕傅玄、中書監荀勖、黄門侍郎張華各造正旦行禮及王公上壽酒、食舉樂歌詩。荀勖云：「魏氏行禮、食舉，再取周詩鹿鳴以爲樂章。又鹿鳴以宴嘉賓，無取於朝，考之舊聞，未知所應。」勖乃除鹿鳴舊歌，更作行禮詩四篇，先陳三朝朝宗之義。又爲正旦大會、王公上壽歌詩并食舉樂歌詩，合十三篇。又以魏氏歌詩或二言，或三言，或四言，或五言，與古詩不類，以問司律中郎將陳頎。頎曰：「被之金石，未必皆當。」故勖造晉歌，皆爲四言，惟王公上壽酒一篇爲三言五言焉。張華以爲，「魏上壽、食舉詩及漢氏所施用，其文句長短不齊，未皆合古。蓋以依詠弦節，本有因循，而識樂知音，足以制聲度曲，法用率非凡近之所能改〔一一〕。二代三京，襲而不變，雖詩章辭異，廢興隨時，至其韻逗曲折〔一二〕，皆繫於舊，有由然也。是以一皆因就，不敢有所改易」。此則華、勖所明異旨也。時詔又使中書侍郎成公綏亦作焉。今並採列之云。志。

四廂樂歌

正旦大會行禮歌　荀勖

於皇元首〔一三〕，羣生資始。履端大享，敬御繁祉。肆覲羣后，爰及卿士。欽順則元，允也天子。

明明天子，臨下有赫。四表宅心，惠浹荒貊。柔遠能邇，孔淑不逆。來格祁祁，邦家是若。

光光邦國，天篤其祜。丕顯哲命，顧柔三祖。世德作求，奄有九土。思我皇度，彝倫攸序。

惟祖惟宗，高朗緝熙。對越在天，駿惠在兹。聿求厥成，我皇崇之。式固其猶，往敬用治。

正旦大會行禮歌　張華

於赫皇祖，迪哲齊聖。經緯大業，基天之命。克開洪緒，誕篤天慶。旁濟彝倫，仰齊七政。

烈烈景皇，克明克聰。静封略，定勳功。成民立政，儀刑萬邦。式固崇軌，光紹前蹤〔一四〕。

允文烈考，濬哲應期。參德天地，比功四時。大亨以正，庶績咸熙。肇啓晉宇，遂登皇基。

明明我后，玄德通神。受終正位，協應天人。容民厚下，育物流仁。躋我王道，輝光日新。

正旦大會行禮歌　成公綏

○禮志：元會儀，藩王等上千萬歲壽〔一五〕，四廂樂作。侍中、中書令、尚書令各於殿上上壽酒，登歌樂升。食畢，太樂令跪奏「請進樂」，樂以次作，鼓吹令又跪奏「請進伎」。別置女樂三十人於黄帳外，奏房中之歌。

穆穆天子，光臨萬國。多士盈朝，莫匪俊德。流化罔極，王猷允塞。嘉會置酒，嘉賓充庭。羽旄曜宸極，鐘鼓振泰清。百辟朝三朝，彧彧明儀形〔一六〕。濟濟鏘鏘，金聲玉振。郭集作「金振玉聲」。

禮樂具，宴嘉賓。眉壽祚聖皇〔一七〕，景福惟日新。羣后戾止，有來雍雍。獻酬納贄，崇此禮容。豐羞萬俎，旨酒千鍾。嘉賓盡宴樂，福禄咸攸同。

樂哉！天下安寧。道化行，風俗清。簫韶作，詠九成。年豐穰，世泰平。至治哉，樂無窮。元首聰明，股肱忠。樹豐澤，揚清風。

嘉瑞出，靈應彰。麒麟見，鳳皇翔。醴泉湧，流中唐。嘉禾生，穗盈箱。降繁祉，祚聖皇。承天位，統萬國。受命應期，授聖德。四世重光。宣開洪業，景克昌〔一八〕。文欽明，德彌彰。肇啓晉邦，流祚無疆。

泰始建元，鳳皇龍興。龍興伊何，享祚萬乘。奄有八荒，化育黎蒸。圖書既煥，金石有徵。德光大，道熙隆。被四表，格皇穹。奕奕萬嗣，明明顯融，高朗令終。保兹永祚，與天比崇。

聖皇君四海，應天期。郭集「應」上有「順人」二字。三葉合重光，泰始開洪基。明曜參日月，功化侔四時。宇宙清且泰，黎庶咸雍熙，善哉雍熙。

惟天降命，翼仁祐聖。於穆三皇，載德彌盛。總齊琁璣，光統七政。百揆時序，化若神聖。

四海同風，興至仁。濟民育物，擬陶鈞。擬陶鈞，垂惠潤。皇皇羣賢，峨峨英雋。德化宣，芬芳播來胤。播來胤，垂後昆。清廟何穆穆，皇極辟四門。皇極辟四門，萬機無不綜。亹亹翼翼，樂不及荒，饑不遑食。大禮既行，樂無極。

登崑崙，上曾城。乘飛龍，升泰清。冠日月，佩五星。揚虹蜺，建篲旌。披慶雲，蔭繁榮。覽八極，遊天庭。順天地，和陰陽。序四時，曜三光。張帝網，正皇綱。播仁風，流惠康。

邁洪化，振靈威。懷萬方，納九夷。朝閶闔，宴紫微。建五旗，羅鐘簴。列四懸，奏韶武。鏗金石，揚旌羽。縱八佾，巴渝舞。詠雅頌，和律呂。于胥樂，樂聖主。

化蕩蕩，清風泄。總英雄，御俊傑。開宇宙，掃四裔。光緝熙，美聖哲。超百代，揚休烈[一九]。流景祚，顯萬世。

皇皇顯祖，翼世佐時。寧濟六合，受命應期。神武鷹揚，大化咸熙。廓開皇衢，用成帝基。

光光景皇，無競惟烈。匡時拯俗，休功蓋世。宇宙既康，九域有截。天命降監，啓祚明哲。

穆穆烈考，克明克儁〔二〇〕。實天生德，誕應靈運。肇建帝業，開國有晉。載德奕世，垂慶洪胤。

明明聖帝，龍飛在天。與靈合契，通德幽玄。仰化青雲〔二一〕，俯育重川。郭集「川」作「淵」。受靈之祐，於萬斯年。

正旦大會王公上壽酒歌　荀勖

踐元辰，延顯融。獻羽觴，祈令終。我皇壽而隆，我皇茂而嵩。本枝奮百世，休祚鍾聖躬。

食舉樂東西廂歌　荀勖

煌煌七曜，重明交暢。我有嘉賓，是應是貺。邦政既圖〔二二〕，接以大饗。人之好我，式遵德讓。

賓之初筵，藹藹濟濟。既朝乃宴，以洽百禮。頒以位序，或庭或陛。登儐台叟，亦有兄弟。胥子陪寮，憲兹度楷。觀頤養正，降福孔偕。

昔我三后，大業是維。今我聖皇，焜燿前輝。奕世重規，明照九畿。思輯用光，時罔有違。陟禹之跡，莫不來威。天被顯禄，福履是綏。

赫矣太祖，克廣明德。廓開宇宙，正世立則。變化不經，民無瑕慝。創業垂統，兆我晉國。

烈文伯考，時惟帝景。夷險平亂，威而不猛。御衡不迷，皇塗焕景。郭集「景」作「炳」。

七德咸宣，其寧維永。

猗歟盛歟〔一三〕，先皇聖文。則天作孚，大哉爲君。慎徽五典，帝載是勤。文武發揮，茂建嘉勳。修己濟治，民用寧殷。懷遠燭幽，玄教氤氳。善世不伐，服事三分。德博化隆，道昌無垠。

隆化洋洋，帝命溥將。登我晉道，越惟聖王。龍飛革運，臨肅八荒。睿哲欽明，配蹤虞唐。封建厥福，駿發其祥。三朝習吉，終然允臧。其臧維何，總彼萬方。元侯列辟，四嶽藩王。時見世享，率兹有常。旅揖在庭，嘉客在堂。宋衛既臻，陳留山陽。有賓有使，觀國之光。貢賢納計，獻璧奉璋。保佑命之，申錫無疆。

振鷺于飛，鴻漸其翼。京邑穆穆，四方是式。無競惟人，王綱允敕。君子來朝，言觀其極。翼翼大君，民之攸暨。信理天工，惠康不匱。將遠不仁，訓以醇粹。幽明有倫，俊乂在位。九族既睦，庶邦順比。開元布憲，四海鱗萃。協時正統，殊塗同致。厚德載物，靈心隆貴。敷奏讜言，納以無諱。樹之典象，誨之義類。上教如風，下應如卉。一人有慶，羣萌以遂。我后宴喜，令問不墜。

既宴既喜，翕是萬邦。禮儀卒度，物有其容〔二四〕。晳晳庭燎，喤喤鼓鐘。笙磬詠德，萬舞象功。八音克諧，俗易化從。其和如樂，庶品時邕。

時邕斌斌，六合同塵。往我祖宣，威静殊鄰。首定荆楚，遂平燕秦。亹亹文皇，邁德流仁。爰造草昧，應乾順民。靈瑞告符，休徵響震。天地弗違，以和神人。既禽庸蜀，吴會是賓。肅慎率職，楛矢來陳。韓濊進樂，宫徵清鈞。西旅獻獒，扶南效珍。蠻裔重譯，玄齒文身。我皇撫之，景命惟新。

愔愔嘉會，有聞無聲。清酤既奠，籩豆既升。禮充樂備，簫韶九成。愷樂飲酒，酣而不盈。率土歡豫，邦國以寧。王猷允塞，萬載無傾。

冬至初歲小會歌 張華

日月不留，四氣回周。節慶代序，萬國同休。庶尹羣后〔二五〕，奉壽升朝。我有壽禮，式宴百僚。繁肴綺錯，旨酒泉渟。笙鏞和奏，磬管流聲。上隆其愛，下盡其心。宣其壅滯，訓之德音。乃宣乃訓，配享交泰。永載仁風，長撫無外。

宴會歌　張華

亹亹我皇，配天垂光。留精日昃，經覽無方。聽朝有暇，延命衆臣。冠蓋雲集，罇俎星陳。肴蒸多品，八珍代變。羽爵無算，究樂極宴〔二六〕。歌者流聲，舞者投袂。動容有節，絲竹並設。宜揚四體，繁手趣摯。懽足發和，酣不忘禮。好樂無荒，翼翼濟濟。

命將出征歌　張華

重華隆帝道，戎蠻或不賓。徐夷興有周，鬼方亦違殷。今在盛明世，寇虐動四垠。豺狼染牙爪，羣生號穹旻。元帥統方夏，出車撫涼秦。衆貞必以律，臧否實在人。威信加殊類，疏逖思自親。單醪豈有味，挾纊感至仁。武功尚止戈，七德美安民。遠跡由斯舉，永世無風塵。

勞還師歌　張華

玁狁背天德，構亂擾邦畿。戎車震朔野，羣帥贊皇威。將士齊心膂，感義忘其私。積勢如鞹弩，赴節如發機。囂聲動山谷，金光曜素暉。揮戈凌勁敵，武步蹈橫屍〔二七〕。鯨鯢皆授首，北土永清夷。昔往冒隆暑，今來白雪霏。征夫信勤瘁，自古詠采薇。收榮於舍爵，燕喜在凱歸。

中宮所歌　張華

先王統大業，玄化漸八維。儀刑孚萬邦，内訓隆壺闈。皇英垂帝典，大雅詠三妃〔二八〕。執德宣隆教，正位理厥機。含章體柔順，帥禮蹈謙祇。螽斯弘慈惠，樛木逮幽微。徽音穆清風，高義邈不追。遺榮參日月，百世仰餘暉。

宗親會歌　張華

族燕明禮順，啜食序親親。骨肉散不殊，昆弟豈他人。本枝篤同慶，棠棣著先民。於皇聖明后，天覆弘且仁。降禮崇親戚，旁施協族姻。式宴盡酣娱，飲御備羞珍。和樂既宣洽，上下同歡欣。德教加四海，敦睦被無垠。

泰始九年，光禄大夫荀勖以杜夔所制律吕，校太樂、總章、鼓吹八音，與律吕乖錯，乃制古尺，作新律吕，以調聲韻。律成，遂班下太常，使太樂、總章、鼓吹、清商施用。勖遂典知樂事，啓朝士解音律者共掌之。志。

荀勖作新律笛十二枚，以調律吕，正雅樂，正會殿庭作之，自謂宫商克諧，然論者猶謂勖暗解。時阮咸妙達八音，論者謂之神解。咸常心譏勖新律聲高，以爲高近哀思，不合中和。每公會樂作，勖意咸謂之不調，以爲異己，乃出咸爲始平相。後有田父耕於野，得周時玉尺，勖以校己所治鐘鼓金石絲竹，皆短校一米，於此伏咸之妙，復徵咸歸。勖以新律造二舞，次更修正鐘聲。會勖薨，未竟其業。元康三年，詔其子藩修定金石，以施郊廟。尋值喪亂，莫有記之者。志。○裴頠傳：「詔藩鑄鐘鑿磬，以備郊廟，朝享禮樂。」

永嘉之亂，海内分崩，伶官樂器，皆没於劉、石。江左初立宗廟，尚書下太常祭祀所用樂名。太常賀循答曰：「魏氏增損漢樂，以爲一代之禮，未審大晉樂名所以爲異。遭罹喪亂，舊典不存。然此諸樂皆和之以鐘律，文之以五聲，詠之於歌辭〔二九〕，陳之於舞列。宫懸在庭，琴瑟在堂，八音迭奏，雅樂並作，登歌下管，各有常詠，周人之舊也。自漢氏以來，依倣此禮，自造新詩而已。舊京荒廢，今既散亡，音韻曲折，又無識者，則於今難以意言。」於時以無雅樂器及伶人，省太樂并鼓吹令。是後頗得登歌，食舉之樂，猶有未備。太寧末，明帝又訪阮孚等增益之。咸和中，成帝乃復置太樂官，鳩集遺逸，而尚未有金石也。庾亮爲荆州，與謝尚修復雅樂，未具而薨。庾翼、桓温專事軍旅，樂器在庫，遂至朽壞焉。及慕容儁平冉閔〔三〇〕，兵戈之際，而鄴下樂人亦頗有來者。永和十一年，謝尚鎮壽陽，於是採拾樂人，以備太樂，并制石磬，雅樂始頗具。而王猛平鄴，慕容氏所得樂聲又入關右。太元中，破苻堅，又獲其樂工楊蜀等，嫻習舊樂，於是四廂金石始備焉。乃使曹毗、王珣等增造宗廟歌詩，然郊祀遂不設樂。今列其詞於後云。志。

歌宣帝　**曹毗**

於赫高祖，德協靈符。應運撥亂，釐整天衢。勳格宇宙，化動八區。肅以典刑，陶以玄珠。神石吐瑞，靈芝自敷。肇基天命，道均唐虞。

歌景帝　**曹毗**

景皇承運，纂隆洪緒。皇維重抗〔三一〕，天暉再舉。蠢矣二寇，擾我揚楚。乃整元戎，以膏齊斧。亹亹神算，赫赫王旅。鯨鯢既平，功冠帝宇。

歌文帝　**曹毗**〔三二〕

太祖齊聖，王猷誕融。仁教四塞，天基累崇。皇室多難，嚴清紫宮。威厲秋霜，惠過春風。平蜀夷楚，以文以戎。奄有參墟，聲流無窮。

歌武帝　**曹毗**

於穆武皇，允龔欽明。應期登禪，龍飛紫庭。百揆時序，聽斷以情。殊域既賓，僞吴亦平。晨流甘露，宵應朗星。郭集「應」作「映」。野有擊壤，路垂頌聲。

歌元帝　**曹毗**

運屯百六，天羅解貫。元皇勃興，網籠江漢。仰齊七政，俯平禍亂。化若風行，澤猶雨散。淪光更耀〔三三〕，金輝復焕。德冠千載，蔚有餘粲。

歌明帝　**曹毗**

明明肅祖，闡弘帝祚。英風夙發，清暉載路。姦逆縱忒，罔式皇度。躬振朱旗，遂豁天步。宏猷允塞〔三四〕，高羅雲布。品物咸寧，洪基永固。

歌成帝　**曹毗**

於休顯宗，道澤玄播。式宣德音，暢物以和。邁德蹈仁，匪禮不過。敷以純風，濯以清波。連理映阜，鳴鳳棲柯。同規放勳，義蓋山河。

歌康帝　**曹毗**

康皇穆穆，仰嗣洪德。爲而不宰，雅音四塞。閑邪以誠，鎮物以默。威静區宇，道宣邦國。

歌孝宗穆帝　**曹毗**

孝宗夙哲，休音允臧。如彼晨離，耀景扶桑。垂訓華幄，流潤八荒。幽贊玄妙，爰該典章。西平僭蜀，北靖舊疆〔三五〕。高猷遠暢，朝有遺芳。兆鏞按：此篇晉書無之，據宋書樂志補。

歌哀帝　**曹毗**

於穆哀皇，聖心虚遠。雅好玄古，大庭是踐。道尚無爲，治存易簡。化若風行，時猶草偃〔三六〕。雖曰登遐，徽音彌闡。愔愔雲韶，盡美盡善。

歌簡文帝　**王珣**

皇矣簡文，於昭于天。靈明若神，周濬如川〔三七〕。沖應其來，實與其遷。亹亹心化，日用不言。易而有親，簡而可傳。觀流彌遠，求本逾玄。

歌孝武帝 **王珣**

天監有晉，欽哉烈宗。同規文考，玄默允恭。威而不猛，約而能通。神鉦一震，九域來同。道積淮海，雅頌自東。氣陶醇露，化協時雍。

四時祠祀 **曹毗**

肅肅清廟，巍巍聖功。萬國來賓，禮儀有容。鐘鼓振，金石熙。宣兆祚，武開基。神斯樂兮。理管絃，有來斯和。説功德，吐清歌。神斯樂兮。洋洋元化，潤被九壤。民無不悦，道無不往。禮有容，樂有式。詠九功，永無極。神斯樂兮。

皇太子樂制

皇太子大小會，庭設三廂樂，舞六佾。初學記儲宮部引張敞晉東宮舊事。

皇太子冠，太子進而樂作，位定樂止。通典七十一。

【校勘記】

〔一〕受天之祐　「祐」，底本誤作「祜」，據晉書改。

〔二〕遊紫煙　「遊紫煙」，晉書作「紫煙遊」。
〔三〕整泰折　「折」，底本誤作「圻」，據宋書、樂府詩集改。
〔四〕傅玄造祠廟夕牲昭夏歌一篇　「牲」下，底本原衍「歌」字，據樂府詩集删。
〔五〕以虞孝孫之心　「孫」，底本誤作「子」，據晉書改。
〔六〕保乂命祐　「祐」，底本誤作「祜」，據晉書改。
〔七〕蛇豕放命　「蛇豕」，此因唐諱改，當從宋書、樂府詩集作「虎兕」。
〔八〕曰晉是常　「常」，底本誤作「帝」，據晉書改。
〔九〕祐我邦家　「祐」，底本誤作「祜」，據晉書改。
〔一〇〕東廂雅樂常作者是也　「常」，通典、通志、玉海同，宋書、樂府詩集作「郎」。
〔一一〕法用率非凡近之所能改　「改」，底本誤作「故」，據晉書改。
〔一二〕至其韻逗曲折　「逗」下，底本原衍「留」字，晉書同，據宋書、隋書删。
〔一三〕於皇元首　「首」，底本誤作「晉」，據宋書、樂府詩集改。
〔一四〕光紹前蹤　「紹」，底本誤作「昭」，據宋書、樂府詩集改。
〔一五〕藩王等上千萬歲壽　「壽」，底本原奪，據晉書補。
〔一六〕彧彧明儀形　「彧彧」，底本誤作「式式」，據中華書局本晉書校勘記改。
〔一七〕眉壽祚聖皇　「祚」，底本誤作「作」，據中華書局本晉書校勘記改。

〔一八〕景克昌　「昌」，底本原缺，據晉書補。
〔一九〕揚休烈　「休」，底本誤作「馨」，據晉書改。
〔二〇〕克明克雋　「雋」底本誤作「俊」，據晉書改。
〔二一〕仰化青雲　「仰」，底本誤作「御」，據晉書改。
〔二二〕邦政既圖　「政」，底本誤作「國」，據晉書改。
〔二三〕猗歟盛歟　「歟」，底本誤作「哉」，據晉書改。
〔二四〕物有其容　「有其」，底本誤倒，據晉書乙正。
〔二五〕庶尹羣后　「尹」，底本誤作「允」，據中華書局本晉書校勘記改。
〔二六〕究樂極宴　「樂極」，底本誤倒，據晉書乙正。
〔二七〕武步蹈橫屍　「步」，底本誤作「節」，據晉書改。
〔二八〕大雅詠三妃　「三」，底本誤作「二」，據晉書改。
〔二九〕文之以五聲詠之於歌辭　「以」底本原缺，據晉書補。「於」，底本誤作「以」，據晉書改。
〔三〇〕及慕容儁平冉閔　「儁」，底本誤作「雋」，據晉書改。
〔三一〕皇維重抗　「維」，宋書、樂府詩集同，晉書作「羅」。
〔三二〕曹毗　底本誤作「缺」，據晉書改。
〔三三〕淪光更耀　「耀」，宋書、樂府詩集同，晉書作「曜」。

〔三四〕宏猷允塞　「允」，此因唐諱改，當從宋書、樂府詩集作「淵」。

〔三五〕北靖舊疆　「靖」，宋書、樂府詩集作「静」。

〔三六〕時猶草偃　「時」，此因唐諱改，當從宋書、樂府詩集作「民」。

〔三七〕周澮如川　「川」，此因唐諱改，當從宋書、樂府詩集作「淵」。

晉會要弟十六

樂中

舞

魏景初中，尚書奏，考覽三代禮樂遺曲，據功象德，應作舞[一]，皆執羽籥。晉改魏昭武舞曰宣武舞，羽籥舞曰宣文舞。志。

泰始九年，光禄大夫荀勖典樂事，使郭夏、宋識等造正德、大豫二舞，其樂章張華所作。志。

咸寧元年，詔定祖宗之號，廟樂乃停宣武、宣文二舞，同用荀勖使宋識等所造正德、大豫二舞。志。

時以正德、大豫雅頌未合，命司徒荀顗定樂事。荀顗傳。

鞞舞，未詳所起，漢代已施於燕享矣。舊曲已亡，魏曹植作新歌五篇。泰始中，又更製其辭焉。其舞故常二八，桓玄將僭位，尚書殿中郎袁明子啓增滿八佾。志。

鞞舞歌辭五篇

洪業篇。當魏曲明明魏皇帝，古曲關東有賢女〔二〕。

天命篇。當魏曲太和有聖帝，古曲章和二年中。

景皇篇。當魏曲魏曆長，古曲樂久長。

大晉篇。當魏曲天生蒸民，古曲四方皇。

明君篇。當魏曲爲君既不易，古曲殿前生桂樹。

拂舞，出自江左。舊云吴舞，檢其歌，非吴辭也。亦陳於殿庭。楊泓序云：「自到江南見白符舞，或言白鳧鳩舞，云有此來數十年矣。察其辭旨，乃是吴人患孫皓虐政，思屬晉也。」志。

拂舞歌詩五篇

白鳩篇。郭集：「晉白鳩舞歌七解。」

濟濟篇。南齊書樂志：「晉濟濟舞歌六解。」

獨禄篇。南齊書樂志：「晉獨禄舞歌六解。」

碣石篇。南齊書樂志：「晉碣石舞歌四章。」

淮南王篇。南齊書樂志：「晉淮南王舞歌六解〔三〕。」

槃舞，漢曲，至晉加之以杯，謂之世寧舞。干寶云：「武帝太康中，天下爲晉世寧舞，矜手以接槃反覆之。通典一百四十五。○原注：「至危之象，言晉代之士苟貪飲食，智不及遠。」○樂志「矜」作「務」，「接」作「按」。○郭集引唐書樂志：「漢有盤舞，晉世謂之杯盤舞。樂府詩云：『妍袖陵七盤。』言舞用盤七枚也。」

杯槃舞歌詩一篇。宋書樂志。

公莫舞、灑舞、拂舞，並晉初時俗所作。初學記樂部。

鐸舞歌一篇，幡舞歌一篇，鼓舞伎六曲，並陳於元會。志。

白紵舞，按舞辭有巾袍之言。紵本吴地所出，宜是吴舞也。志。

公莫舞，今之巾舞也。相傳云項莊劍舞，項伯以袖隔之，使不得害漢高祖，且語項莊曰「公莫！」古人相呼曰公，言公莫害漢王也。今之用巾蓋像項伯衣袖之遺式。然按琴操有公莫渡河曲，然則其聲所從來已久，俗云項伯，非也。志。

鼓吹

漢時有短簫鐃歌之樂，其曲有朱鷺、思悲翁、艾如張、上之回、雍離、戰城南、巫山高、將進酒、君馬黄、上陵一在巫山高下、有所思、雉子班、聖人出、芳樹、上邪、臨高臺、遠如期、石留、務成、玄雲、黄爵行、釣竿等曲，列於鼓吹，多序戰陣之事。魏改其十二曲，述以功德代漢。晉武帝受禅，令傅玄製为二十二篇，亦述以功德代魏。改朱鷺爲靈之祥，言宣帝之佐魏，猶虞舜之事堯，既有石瑞之徵，又能用武以誅孟達之逆命也。改思悲翁爲宣受命，言宣帝禦諸葛亮，養威重，運神兵，亮震怖而死也。改艾如張爲征遼東，言宣帝陵大海之表，討滅公孫氏而梟其首也。改上之回爲宣輔政，言宣帝聖道深遠，撥亂反正，網羅文武之才，以定二儀之序也。改雍離爲時運多難，言宣帝致討吴方，有征無戰也。改戰城南爲景龍飛，言景帝克明威教，隆無疆，崇洪基也。改巫山高爲平玉衡，言景帝一萬國之殊風，齊四海之乖心，禮賢養士，而纂洪業也。改上陵爲文皇統百揆，言文帝始統百揆，用人有序，以敷太平之化也〔四〕。改將進酒爲因時運，言因時運變，聖謀潛施，解長蛇之交，離羣桀之黨，以武濟文，以邁其德也。改有所思爲惟庸蜀，言文帝既平蜀，封建萬國，復五等之爵也。改芳樹爲天序，言聖皇應曆受禪，弘濟大化，用人各盡其才也。改上邪爲大晉承運期，言聖皇應籙受圖，化象神明也。改君馬黄爲金靈運，言聖皇踐阼，致敬宗廟，而孝道行於天下也。改雉子班爲於穆我皇，言聖皇受禪，德合神明也。改聖人出爲仲春振旅，言大晉申文武之教，畋獵以時也。改臨高臺爲夏苗田，言大晉畋狩順時，爲苗除害也。改遠如期爲仲秋獮田，言大晉雖有文德，不廢武事，順時以殺伐也。改石留爲順天道，言仲冬大閱，用武修文，大晉之德配天也。改務成爲唐堯，言聖皇陟帝位，德化光四表也。玄雲依舊名，言聖皇用人，各盡其材也。改黄爵行爲伯益，言赤烏銜書，有周以興，今聖皇受命，神雀來也。釣竿依舊名，言聖皇德配堯舜，又有呂望之佐，濟大功，致太平也。志。

鼓角横吹曲，魏以來有之。胡角者，本以應胡笳之聲，後漸用之横吹，有雙角，即胡樂也。張博望入西域，傳其法於西京，惟得摩訶兜勒一曲。李延年因胡曲更造新聲二十八解。魏晉以來，二十八解不復具存，用者有黄鵠、隴頭、出關、入關、出塞、入塞、折楊柳、黄覃子、赤之楊、望行人十曲。志。

雜伎

泰始元年，罷樂府靡麗百戲之伎。武紀。

晉訖江左，有夏育扛鼎、巨象行乳、神龜抃舞、背負靈嶽、桂樹白雪、畫地成川之樂。志。

咸康七年，除樂府雜伎。成紀。

桓石民遣軍，伐弘農賊，獲關中擔幢伎，以充太樂。桓石民傳〔五〕。

成帝咸康七年，尚書蔡謨奏：「八年正會儀注，惟作鼓吹鐘鼓，其餘伎樂盡不作。」侍中張澄、給事黄門侍郎陳逵駁，以爲：「王者觀時設教，至於吉凶殊斷，不易之道也。今四方觀禮，陵有儐弔之位，庭有宫懸之樂，二禮兼用，哀樂不分，體國經制，莫大於此。」詔曰：「今既以天下體大，禮從權宜，三正之饗，宜盡用吉禮也〔六〕。至娱耳目之樂，所不忍聞，故闕之耳。」澄、逵又啓：「大禮雖降，事之大者，不過上壽酒，稱萬歲，已許其大，不足復闕鐘鼓鼓吹也。」是以咸寧之會，有徹樂之典，實先朝稽古憲章，垂式萬世者也。」詔曰：「若元日大饗，萬國朝宗，庭廢鐘鼓之奏，遂闕起居之節，朝無磬制之音，賓無蹈履之度。其於事義，不亦闕乎？惟可量輕重，以制事中。」散騎侍郎顧臻表曰：「臣聞聖王制樂，讚揚政道，養以仁義，防其淫佚，上享宗廟，下訓元元〔七〕，體五行之正音，協八風以陶物。宫聲正方而好義，角聲堅齊而率禮，絃歌鐘鼓金石之作備矣。故通神至化，有率舞之感；移風易俗，致和樂之極。末世之伎，設禮外之觀；逆行連倒，頭足入筥之屬〔八〕。皮膚外剥，肝心内摧。敦彼行葦，猶謂勿踐；矧伊生靈，而不惻愴。加四海朝覲，言觀帝庭，耳聆雅頌之聲，目覩威儀之序，足以蹋天，頭以履地，反天地之至順，傷彝倫之大方。今夷狄對岸，外禦爲急，兵食七升，忘身赴難，過泰之戲，日廩五斗。方掃神州，經略中甸，若此之事，不可示遠。宜下太常，纂備雅樂，簫韶九成，惟新於盛運，功德頌聲，永著於來葉。此乃所以『燕及皇天，克昌厥後』者也。諸伎而傷人者，皆宜除之。」於是除高絙、紫鹿、跂行、鼈食及齊王捲衣、笮兒等樂，又減其廩。其後復尚高絙、紫鹿焉。志。

雜樂

泰始二年，罷雞鳴歌。武紀。○續漢百官志注引漢儀：「宮中不畜雞，五更未明三刻，衛士候朱雀門外，專傳雞鳴於宮中。」晉太康地道記曰：「後漢固始、鮦陽、公安、細陽四縣衛士，習此曲於闕下歌之〔九〕，今雞鳴是也。」

太安時，劉弘爲荆州刺史。時總章太樂伶人，避亂多至荆州，或勸可作樂者。弘曰：「昔劉景升以禮壞樂崩，命杜夔爲天子合樂，樂成，欲庭作之。夔曰：『爲天子合樂而庭作之，恐非將軍本意。』吾常爲之歎息。今主上蒙塵，吾未能展效臣節，雖有家伎，猶不宜聽，況御樂哉？」乃下郡縣〔一〇〕，須朝廷旋反〔一一〕，送還本署。劉弘傳。

傅隆議：總章伎，即古之女樂。文選陸士龍爲顧彦先贈婦詩注引孫盛晉陽秋。

嵇紹詣齊王冏諮事，遇冏讌會。董艾言於冏曰：「嵇侍中善絲竹，公可令操之。」左右進琴，紹推不受。冏曰：「今日爲歡，卿何吝此耶？」紹對曰：「公匡復社稷，當軌物作則，垂之於後。紹雖虛鄙，忝備常伯，腰紱冠冕，鳴玉殿省，豈可操作絲竹，以爲伶人之事？若釋公服，從私宴，所不敢辭也。」嵇紹傳〔一二〕。

永和時，詔太史，解土非祠典〔一三〕，可給琵琶箜篌也。初學記樂部引晉永和起居注〔一四〕。

笳者〔一五〕，卷蘆葉吹之以作樂也。太平御覽樂部引晉先蠶儀注。

碧玉歌者，晉汝南王妾名。寵好，故作歌之。通典一百四十五。

懊憹歌〔一六〕，石崇、緑珠所作「絲布澀難縫」一曲而已。通典一百四十五。○樂志：「懊憹歌，隆安初俗間訛謠之曲。」五行志：「懊憹歌曰：草生可攬結，女兒可攬擷。」

魏晉之世，有孫氏善舊曲，宋識善擊節唱和，陳左善清歌，列和善吹笛，郝索善彈箏，朱生善琵琶，尤發新聲。故傅玄著書曰：「人若欽所聞而忽所見，不亦惑乎？設此六人生於上世，越今古而無儷，何但夔牙同契哉？」按此說，則自茲以後，皆孫朱等之遺則也。志。

相和，漢舊歌也，絲竹更相和，執節者歌。本一部，魏明帝分爲二，更遞夜宿。本十七曲，朱生、宋識、列和等復合之爲十三曲。志。

凡樂章古辭，今之存者，並漢世街陌謠謳，江南可採蓮、烏生十五子、白頭吟之屬也。吳歌雜曲並出江南，東晉以來，稍有增廣。蓋永嘉以後渡江，都建業，吳聲歌曲，起於此也。志。

子夜歌者，女子名子夜，造此聲。孝武太元中，琅琊王軻之家有鬼歌子夜，則子夜是此時人也〔一七〕。志。

阿子及歡聞歌者，穆帝升平初，歌畢輒呼：「阿子，汝聞不？」後人衍其聲，以爲此二曲。志。

團扇歌者，中書令王珉與嫂婢愛好甚篤，嫂捶撻婢甚苦，婢素善歌，而珉好捉白團扇，故制此歌也。志。

凡此諸曲，始皆徒歌，既而被之絃管。又有因絲竹金石，造歌以被之，魏世三調歌辭之類是也。志。

漢梁孝王築睢陽城〔一八〕，鼓倡節杵而下和之者稱睢陽曲，今踵以爲故。今之樂家睢陽曲是其遺音。漢書梁孝王傳注引晉太康地記。○按：郭茂倩樂府詩集載大雅吟、王明君等篇，皆民間歌曲，非廟堂典制，所聞概不收入。

荀邃解音樂。以下本傳。

張亢解音樂。

阮籍善彈琴。

謝鯤善鼓琴。

阮咸妙解音律，善彈琵琶。

阮瞻善彈琴。

嵇康於絲竹特妙。

左思少學鼓琴。

王廙善音樂。

傳玄解鐘律。

桓伊善音樂，爲江左第一。有蔡邕柯亭笛，常自吹之。

袁山松善音樂。舊歌有行路難曲，詞頗疏質，山松好之，乃文其辭句，婉其節制，每因酣醉縱歌之。初，羊曇能唱樂，桓伊能挽歌，及山松行路難繼之，時人謂之「三絕」。永嘉末，山簡出鎮襄阳。時四方寇亂，樂府伶人避難，多奔沔漢。讌會之日，寮佐或勸奏之。簡曰：「社稷傾覆，不能匡救，有晉之罪人也，何作樂之有？」因泣涕慷慨，坐者咸愧焉。山簡傳。

賜樂

安平獻王孚，廟設軒懸之樂。宗室傳〔一九〕。

齊獻王攸薨，詔廟設軒懸之樂。文六王傳。

梁王彤，給軒懸之樂十人。宣五王傳〔二〇〕。

秦獻王柬薨〔二一〕，詔廟設軒懸之樂，武十三王傳。

汝南王亮，出鎮許昌，加軒懸之樂，六佾之舞。本傳。

詔加賈充廟備六佾之樂。本傳。

【校勘記】

〔一〕應作舞　「應」，晉書作「奏」。

〔二〕古曲關東有賢女　「東」，底本誤作「中」，據中華書局本晉書校勘記改。

〔三〕晉淮南王舞歌六解　「淮南王」，底本誤作「碣石」，據南齊書改。

〔四〕「改上陵」至「之化也」　底本原奪，據晉書補。

〔五〕桓石民傳　「石」，底本原奪，據晉書補。

〔六〕宜盡用吉禮也　「宜」下，底本原衍「書」字，據晉書删。

〔七〕下訓元元　「元元」，晉書作「黎元」。

〔八〕頭足入笞之屬　「笞」，中華書局本晉書校勘記以爲當作「筥」。

〔九〕習此曲於闕下歌之　「此」，底本原奪，據後漢書志補。

〔一〇〕乃下郡縣　「乃」，底本誤作「可」，據晉書改。

〔一一〕須朝廷旋反　「須」，底本誤作「俟」，據晉書改。

〔一二〕嵇紹傳　「紹」，底本誤作「含」，據晉書改。

〔一三〕解土非祠典　「土」，底本誤作「士」，據初學記改。
〔一四〕初學記樂部引晉永和起居注　「樂」，底本誤作「寶器」，據初學記改。
〔一五〕�者　「筍」，底本誤作「茹」，據太平御覽改。
〔一六〕懊憹歌　「憹」，底本誤作「儂」，據晉書改。下「懊憹」同。
〔一七〕則子夜是此時人也　「時」下，晉書有「以前」二字。
〔一八〕漢梁孝王築睢陽城　「睢」，底本誤作「雎」，據漢書改。下「睢陽」同。
〔一九〕宗室傳　正文不見於宗室傳，而見於宣五王傳、汝南王亮傳。
〔二〇〕宣五王傳　「宣五」，底本誤作「文六」，據晉書改。
〔二一〕秦獻王柬薨　「秦獻」，底本誤作「汝南」，據晉書改。

晉會要弟十七

樂下

律呂

漢末天下大亂，樂工散亡，器法湮滅。魏武始獲杜夔，使定樂器聲調。夔依當時尺度，權備典章。及武帝受命，遵而不革。至泰始十年，光禄大夫荀勖奏造新度，更鑄律呂。元康中，勖子藩嗣其事，未及成功，屬永嘉之亂，中朝典章，咸没於石勒。及元帝南遷，皇度草昧，禮容樂器，掃地皆盡，雖稍加采掇，而多所淪胥，終於恭、安，竟不能備。志敍。

泰始十年，中書監荀勖、中書令張華出御府銅竹律二十五具，部太樂郎劉秀等校試，其三具與杜夔及左延年律法同，其二十二具，視其銘題尺寸，是笛律也。志。

問協律中郎將列和，辭：「昔魏明帝時，令和承受笛聲以作此律〔一〕，欲使學者別居一坊，歌詠講習，依此律調。至於都合樂時，但識其尺寸之名，則絲竹歌詠，皆得均合。歌聲濁者，用長笛長律；歌聲清者，用短笛短律。凡絃歌調張清濁之制，不依笛尺寸名之，則不可知也。」勖等奏：「昔先王之作樂也，以振風蕩俗，饗神祐賢，必協律吕之和，以節八音之中。是故郊祀朝宴，用之有制，歌奏分敘，清濁有宜。故曰『五聲、十二律還相爲宫』，此經傳記籍可得而知者也。如和對辭，笛之長短無所象則，率意而作，不由曲度。考以正律，皆不相應；吹其聲均，多不諧合。又辭『先師傳笛，别其清濁，直以長短。工人裁制，舊不依律』，是爲作笛無法。而和寫笛造律，又令琴瑟歌詠，從之爲正，非所以稽古先哲，垂憲於後者也。謹條牒諸律，問和意狀如左。及依典制，用十二律造笛象十二枚，聲均調和，器用便利，講肄彈擊，必合律吕，況乎宴饗萬國，奏之廟堂者哉？雖伶夔曠遠，至音難精，猶宜儀形古昔〔二〕，以求厥衷，合乎經禮，於制爲詳。若可施用，請更部笛工選竹造作，下太樂樂府施行。平議諸杜夔、左延年律可皆留〔三〕，其御府笛正聲、下徵各一具，皆銘題作者姓名，其餘無所施用，還付御府毁。」奏可。志。

勖又問和：「作笛爲可依十二律作十二笛，令一孔依一律，然後乃以爲樂不？」和辭：「東廂長笛正聲已長四尺二寸〔四〕，今當復取其下徵之聲。於法，聲濁者笛當長，計其尺寸乃五尺有餘，和昔日作之〔五〕，不可吹也。又，笛諸孔雖不校試，意謂不能得一孔輒應一律也。」

案：太樂四尺二寸笛正聲均應蕤賓，以十二律還相爲宮，推法下徵之孔當應律大吕。大吕笛長二尺六寸有奇，不得長五尺餘。輒令太樂郎劉秀、鄧昊等依律作大吕笛以示和〔六〕，又吹七律，一孔一校，聲皆相應。然後令郝生鼓筝，宋同吹笛，以爲雜引、相和諸曲。和乃辭曰：「自和父祖漢世以來，笛家相傳，不知此法，而令調均與律相應，實非所及也。」郝生、魯基、种整、朱夏皆與和同。

又問和：「笛有六孔，及其體中之空爲七，和爲能盡名其宮商角徵羽〔七〕。孔調與不調，以何檢知？」和辭：「先師相傳，吹笛但以作曲，相語爲某曲當舉某指，初不知七孔盡應何聲也。若當作笛，其仰尚方笛工依按舊像訖，但吹取鳴者，初不復校其諸孔調與不調也。」

按：周禮調樂金石，有一定之聲，是故造鐘磬者先依律調之，然後施於廂懸。作樂之時，諸音皆受鐘磬之均，即爲悉應律也。至於饗宴殿堂之上，無廂懸鐘磬，以笛有一定調，故諸絃歌皆從笛爲正，是爲笛猶鐘磬，宜必合於律吕。如和所對，直以意造，率短一寸。七孔聲均，不知其皆應何律，調無以檢正，惟取竹之鳴者，爲無法制。輒部郎劉秀、鄧昊、王豔、魏邵等與笛工參共作笛，工人造其形，律者定其聲，然後器象有制，音均和協。

又問和：「若不知律吕之義作樂，音均高下清濁之調，當以何名之？」和辭：「每合樂時，隨歌者聲之清濁，用笛有長短。假令聲濁者用三尺二笛，因名曰此三尺二調也；聲清者用二尺九笛，因名曰此二尺九調。漢魏相傳，施行皆然。」按：周禮奏六樂，乃奏黄鍾，歌大呂；奏太簇，歌應鍾：皆以律呂之義，紀歌奏清濁。而和所稱以二尺、三尺爲名，雖漢魏用之，俗而不典。部郎劉秀、鄧昊等以律作笛〔八〕，三尺二寸者應無射之律，若宜用長笛，執樂者曰請奏無射；二尺八寸四分四釐應黄鍾之律，若宜用短笛，執樂者曰請奏黄鍾。則歌奏之義，若合經禮，考之古典，於制爲雅。

書曰：「予欲聞六律、五聲、八音，在治忽。」周禮、國語載六律六同〔九〕，禮記又曰：「五聲、十二律還相爲宫。」劉歆、班固撰律曆志亦紀十二律，惟京房始創六十律。至章帝時，其法已絶，蔡邕雖追紀其言，亦曰今無能爲者。依按古典及今音家所用，六十律者無施於樂。謹依典記，以五聲、十二律還相爲宫之法，制十二笛象，記注圖側，如别，省圖，不如視笛之孔，故復重作蕤賓伏孔笛〔一〇〕。其制云：

黄鍾之笛，正聲應黄鍾，下徵應林鍾，長二尺八寸四分四釐有奇。原注：「正聲調法，以黄鍾爲宫，則姑洗爲角〔一一〕。翕笛之聲應姑洗，故以四角之長爲黄鍾之笛也。其宫聲正而不倍，故曰正聲。」

正聲調法：黄鍾爲宫，原注：「第一孔也。」應鍾爲變宫，原注：「第二孔也。」南呂爲羽，原注：「第三孔也。」林鍾爲徵，原注：「第四孔也。」蕤賓爲變徵，原注：「第五附孔也。」姑洗爲角，原注：「笛體中聲。」太簇爲商。原注：「笛後出孔也。商聲濁，當在角下，而角聲在體中，故上其商孔，令在宫上，清於宫也。然則宫商正也，餘聲皆倍也；是故從宫以下〔一二〕，孔轉下轉濁也〔一三〕。」

此章記笛孔上下次第之名也。下章説律吕相生，笛之制也。

正聲調法，黄鐘爲宫。作黄鐘之笛，將求宫孔，以姑洗及黄鐘律，從笛首下度之，盡二律之長而爲孔，則得宫聲者也〔一四〕。宫生徵，黄鐘生林鐘。以林鐘之律從宫孔下度之，盡律作孔，則得徵聲也。徵生商，林鐘生太簇。以太簇律從徵孔上度之，盡律以爲孔，則得商之聲也。商生羽，太簇生南吕。以南吕律從商孔下度之，盡律爲孔，則得羽聲也。羽生角，南吕生姑洗。以姑洗律從羽孔上行度之〔一五〕，盡律爲孔，則得角聲也。然則出於商孔之上〔一六〕，吹笛者左手所不及也〔一七〕。從羽孔下行度之，盡律而爲孔，亦得角聲，出於商附孔之下〔一八〕，則吹者右手所不逮也，故不作角孔。推而下之，復倍其均，是以角聲在笛體中，古之制也。音家舊法，雖一倍再倍，但令均同，適足爲唱和之聲，無害於曲均故也。國語曰，匏竹利制〔一九〕，議宜，謂便於事用從宜者也。角生變宫，姑洗生應鐘也。上句所謂，當爲角孔而出於商上者〔二〇〕，墨點識之，以應鐘律也〔二一〕。從此點下行度之，盡律爲孔〔二二〕，則得變宫之聲也。變宫生變徵，應鐘生蕤賓也。以蕤賓律從變宫下度之，盡律爲孔，則得變徵之聲。十二笛之制，各以其宫爲主，相生之法，或倍或半，其便事用，例皆一者也。

下徵調法：林鐘爲宫，第四孔也。本正聲黄鐘之徵。徵清，當在宫上，用笛之宜，倍令濁下，故曰下徵。下徵更爲宫者，記所謂「五聲、十二律還相爲宫」也。然則正聲清，下徵爲濁也。南吕爲商，第三孔也。本正聲黃鐘之羽，今爲下徵之商也〔二三〕。**應鐘爲角**，第二孔也。本正聲黃鐘之變宮〔二四〕，今爲下徵之角也。**黃鐘爲變徵**，下徵之調，林鐘爲宮，大呂當爲變徵，而黃鐘笛本無大呂之聲，故假用黃鐘以爲變徵也。假用之法，當爲變徵之聲，則俱發黃鐘及太簇、應鐘三孔。黃鐘應濁而太簇清，大呂律在二律之間，俱發三孔，則得大呂變徵之聲矣。諸笛下徵調求變徵之法〔二五〕，皆如此也。**太簇爲徵**，笛後出孔。本正聲之商，今爲下徵之徵也。**姑洗爲羽**，笛體中翕聲。本正聲之角，今爲下徵之羽。**蕤賓爲變宮**。附孔是也。本正聲之變徵也，今爲下徵之變宮。然則正聲之調，轉下轉濁；下徵之調，轉上轉清也。

清角之調：以姑洗爲宮，即是笛體中翕聲。於正聲爲角，於下徵爲羽。清角之調乃以爲宮，而哨吹令清，故曰清角。是以謠俗之曲，不合雅樂也。**蕤賓爲商**，正也。**林鐘爲角**，非正也。**南呂爲變徵**，非正也。**應鐘爲徵**，正也。**黃鐘爲羽**，非正也。**太簇爲變宮**。非正也。清角之調，惟宮、商及徵與律相應〔二六〕，餘四聲非正者皆濁〔二七〕，一律哨吹令清，假而用之，其例一也。

凡笛體用角律，其長者八之，蕤賓、林鐘也。**短者四之**。其餘十笛〔二八〕，皆四角也。**宮中實容**〔二九〕，**長者十六**。短笛竹宜受八律之黍也。若長短大小不合於此，或器用不便聲均、法度之齊等也。然笛竹率上大下小，不能均法度齊〔三〇〕，必不得也〔三一〕，取其聲均合。**三宮**，一曰正聲，二曰下徵，三曰清角。**二十一變也**。宮有七聲，錯綜用之，故二十一變也。諸笛例皆一者也。**伏孔四，所以便事用也**〔三二〕。一曰正角，出於商上者也；二曰倍角，近笛下者也；三曰變宮，近於宮孔，倍令下者也；四曰變徵，遠於徵孔，倍令高者也。或倍或半，或四分一，取則於琴徵也。四者皆不作其孔，而取其度，以應進退上下之法〔三三〕，所以協聲均，便事用也。其本孔隱而不見，故曰伏孔也。

大吕之笛，正聲應大吕，下徵應夷則，長二尺六寸六分三釐有奇。

太簇之笛，正聲應太簇，下徵應南吕，長二尺五寸三分一釐有奇〔三四〕。

夾鐘之笛，正聲應夾鐘，下徵應無射，長二尺四寸有奇〔三五〕。

姑洗之笛，正聲應姑洗，下徵應應鍾，長二尺二寸三分三釐有奇〔三六〕。

按：陳先生澧聲律通考云：「晉志無仲吕之笛，蓋有闕文也。」律吕正義後編依其法補之，曰：「仲吕之笛，正聲應仲吕，下徵應黄鐘，長二尺一寸三分二釐有奇。」

蕤賓之笛，正聲應蕤賓，下徵應大吕，長三尺九寸九分五釐有奇。

林鍾之笛，正聲應林鍾，下徵應太簇，長三尺七寸九分七釐有奇〔三七〕。

夷則之笛，正聲應夷則，下徵應夾鍾，長三尺六寸。

南吕之笛，正聲應南吕，下徵應姑洗，長三尺三寸七分有奇〔三八〕。

無射之笛，正聲應無射，下徵應中吕，長三尺二寸有奇〔三九〕。

應鍾之笛，正聲應應鍾，下徵應蕤賓，長二尺九寸九分六釐有奇〔四〇〕。

武帝太康元年，汲郡盜發六國時魏襄王冢，得古周時玉律。古者以玉爲管，取其體含廉潤也。又得鐘、磬，與新律聲韻闇同。志。

荀勖作新律笛十二枚，以調律呂，正雅樂，自謂宮商克諧。阮常譏勖新律聲高，不合中和。樂志。

初，勖於路逢趙賈人牛鐸，識其聲。及掌樂，音律未調，乃曰：「得趙之牛鐸則諧矣。」遂下郡國，悉送牛鐸，果得諧者。荀勖傳。

尺度

將作大匠陳勰掘地得古尺。尚書奏：「今尺長於古尺，宜以古爲正。」潘岳以爲習用已久，不宜復改。虞駿曰：「昔聖人有以見天下之賾而擬其形容，象物制器，以存時用。故參天兩地，以正算數之紀；依律計分，以定長短之度。其作之也有則，故用之也有徵。考步兩儀，則天地無所隱其情；準正三辰，則懸象無所容其謬；施之金石，則音韻和諧；措之規矩，則器用合宜。一本不差而萬物皆正。及其差也，事皆反是。今尺長於古尺幾於半寸，樂府用之，律呂不合；史官用之，曆象失占；醫署用之，孔穴乖錯。此三者，度量之所由生〔四一〕，得失之所取徵，皆絓閡而不得通，故宜改今而從古也。唐虞之制，同律度量衡；仲尼之訓，謹權審度。今兩尺並用，不可謂之同；知失而行，不可謂之謹。不同不謹，是謂謬法，非所以軌物垂則，示人之極。凡物有多而易改，亦有少而難變，亦有改而致煩，有變而之簡。度量是人所常用，而長短非人所戀惜，是多而易改者也。正失於得，反邪於正，一時之變，永世無二，是變而之簡者也。憲章成式，不失舊物。季末苟合之制，異端雜亂之用，當以時釐改，貞夫一者也。臣以爲宜如所奏。」摯虞傳。

泰始九年，中書監荀勖校大樂，八音不和，始知後漢至魏，尺長於古四分有餘。勖乃部著作郎劉恭依周禮制尺，所謂古尺也。依古尺更鑄銅律呂，以調聲韻。以尺量古器，與本銘尺寸無差。又，汲郡盜發六國時魏襄王冢，得古周時玉律及鐘、磬，與新律聲韻闇同。於時郡國或得漢時故鐘，吹新律〔四二〕，命之皆應。勖銘其尺曰：「晉泰始十年，中書考古器，揆校今尺，長四分半。所校古法有七品：一曰姑洗玉律，二曰小吕玉律，三曰西京銅望臬，四曰金錯望臬，五曰銅斛，六曰古錢，七曰建武銅尺。姑洗微彊，西京望臬微弱，其與此尺同〔四三〕。」銘八十二字。此尺者，勖新尺也；今尺者，杜夔尺也。志。○隋書律志引徐廣、徐爰、王隱等晉書同。○宋王厚之鐘鼎款識有晉前尺。近人王國維觀堂集林云：「晉尺未有傳者，世所謂晉前尺，皆出於王復齋鐘鼎款識，以爲是真晉尺。此尺苟爲荀勖所制，無自稱晉前尺之理。攷宋史律志，『高若訥用漢貨泉度尺寸，依隋書定尺十五種上之，藏於太常寺。一周尺，與漢志劉歆銅斛尺、後漢建武中銅尺、晉前尺同』云云，則此尺爲若訥所造甚明。然復齋款識收此拓本，所謂得其近似。以爲真晉尺，誤矣。」

荀勖造新鐘律，與古器諧韻，時人稱其精密。惟散騎侍郎陳留阮咸譏其聲高，聲高則悲，非興國之音。亡國之音哀以思，其人困。今聲不合雅，懼非德正至和之音，必古今尺有長短所致也。會咸病卒，武帝以勖律與周漢器合，故施用之。後始平掘地，得古銅尺，歲久欲腐，不知所出，果長勖尺四分。時人服咸之妙，而莫能厝意焉。志。○按：此與樂志所載微異，樂志蓋本於世説也。

史臣按：勖於千載之外，推百代之法，度數既宜，聲韻又契，可謂切密，信而有徵也。而時人寡識，據無聞之一尺，忽周漢之兩器，雷同臧否，何其謬哉？世説稱：「有田父於野地中得周時玉尺，便是天下正尺。荀勖試以校己所治金石絲竹，皆短校一米。」又，漢章帝時，零陵文學史奚景於泠道舜祠下得玉律，度以爲尺，相傳謂之漢官尺。以校荀勖尺，勖尺短四分；漢官、始平兩尺，長短度同。又，杜夔所用調律尺，比勖新尺，得一尺四分七釐。魏景元四年，劉徽注九章云：「王莽時，劉歆斛尺弱於今尺四分五釐，比魏尺，其斛深九寸五分釐，即荀勖所謂今尺長四分半是也。」志。

元帝后，江東所用尺，比荀勖尺一尺六分二釐。志。

荀勖新尺惟以調音律，至於人間未甚流布，故江左與魏尺略相依準。志。

衡權

荀勖之修律度也，檢得古尺，短世所用四分有餘。元康中，侍中裴頠上言：「宜改諸度量。若未能悉革，可先改太醫權衡。此若差違，遂失神農、岐伯之正。藥物輕重，分兩乖互，所可傷夭，爲害尤深。古壽考而今短折者，未必不由此也。」卒不能用。裴頠傳。○志云：「裴頠以爲醫方人命之急，而稱兩不與古同，爲害特重。」

【校勘記】

〔一〕令和承受笛聲以作此律　「受」下，底本原衍「一」字，據晉書删。

〔二〕猶宜儀形古昔　「昔」，底本誤作「者」，據晉書改。

〔三〕平議諸杜夔左延年律可皆留　「諸」，底本原奪，據晉書補。

〔四〕東廂長笛正聲已長四尺二寸　「東廂」上，晉書有「太樂」二字。

〔五〕和昔日作之　「和」，底本誤作「知」，據晉書改。

〔六〕輒令太樂郎劉秀鄧昊等依律作大吕笛以示和　「律」，底本原奪，據晉書補。

〔七〕和爲能盡名其宫商角徵羽　「羽」，荀勖集、全晉文同，晉書、宋書作「不」，律吕後編、西晉文紀無。

〔八〕部郎劉秀鄧昊等以律作笛　「笛」，底本原奪，據晉書補。

〔九〕周禮國語載六律六同　「六」，底本原奪，據中華書局本晉書補。

〔一〇〕故復重作蕤賓伏孔笛　「重」，底本原奪，據晉書補。

〔一一〕則姑洗爲角　「洗」，底本誤作「冼」，據晉書改。下「姑洗」同。

〔一二〕是故從宫以下　「故」，底本誤作「改」，據晉書改。

〔一三〕孔轉下轉濁也　「下轉」，底本原奪，據晉書補。

〔一四〕則得宫聲者也　「得」下，底本原衍「之」字，據晉書删。

〔一五〕以姑洗律從羽孔上行度之　「行」，底本原奪，據晉書補。

〔一六〕然則出於商孔之上　「出」，底本原奪，據晉書補。

〔一七〕吹笛者左手所不及也　「所」，底本誤作「前」，據晉書改。

〔一八〕出於商附孔之下　「商」，底本誤作「南」，據晉書改。

〔一九〕匏竹利制　「制」，底本誤作「器」，據晉書、國語改。

〔二〇〕當爲角孔而出於商上者　「上」，底本誤作「下」，據晉書改。

〔二一〕以應鐘律也　「鐘」，底本原奪，據晉書補。

〔二二〕盡律爲孔　「盡」，底本誤作「應」，晉書諸本同，據張文虎舒藝室隨筆、中華書局本晉書改。

〔二三〕今爲下徵之商也　「今」，底本誤作「合」，據晉書改。

〔二四〕本正聲黄鍾之變宫　「宫」，底本誤作「法」，據晉書改。

〔二五〕諸笛下徵調求變徵之法　「諸」，底本誤作「謂」，據晉書改。

〔二六〕惟宫商及徵與律相應　「惟」，底本誤作「準」，據晉書改。

〔二七〕餘四聲非正者皆濁　「皆」，底本誤作「音」，據晉書改。

〔二八〕其餘十笛　「十」，底本誤作「下」，據晉書改。

〔二九〕宫中實容　「宫」，宋書作「空」。

〔三〇〕不能均法度齊　「法度」二字，宋書無。

〔三一〕必不得也　「也」，宋書作「已」。

〔三二〕所以便事用也　「事用」，底本誤倒，據百衲本晉書及下注文乙正。

〔三三〕以應進退上下之法　「應」，底本誤作「近」，據殿本晉書及宋書改。

〔三四〕長二尺五寸三分一釐有奇　「三分一釐」，張文虎舒藝室隨筆謂當作「二分八釐」。

〔三五〕長二尺四寸有奇　「有奇」二字，晉書無。

〔三六〕長二尺二寸三分三釐有奇　「三分三釐」，張文虎舒藝室隨筆謂當作「四分七釐」。

〔三七〕長三尺七寸九分七釐有奇　「七釐」，錢寶琮宋書律志校勘記以爲當作「二釐」。

〔三八〕長三尺三寸七分有奇　「七分」下，錢寶琮宋書律志校勘記以爲當奪「一釐」二字。

〔三九〕長三尺二寸有奇　「有奇」二字，晉書無。

〔四〇〕長二尺九寸九分六釐有奇　「二尺」，底本誤作「三尺」，據殿本、四庫全書本晉書及宋書改。

〔四一〕度量之所由生　「由」，底本原奪，據晉書補。

〔四二〕吹新律　「新」，晉書無。

〔四三〕其與此尺同　「其」下，中華書局本晉書據局本補「餘」字。

晉會要弟十八

兵上

宿衛兵

泰始元年置中軍將軍，以統宿衛七軍。武紀。

武帝使中軍將軍羊祜統二衛、前、後、左、右、驍騎衛等營。職官志。

懷帝改中軍曰中領軍。職官志。

祜悉統宿衛，入直殿中，執兵之要。羊祜傳。

晉仍魏左軍，武帝又置前軍、右軍、後軍，是爲四軍。職官志。○文獻通考一百五十一〔一〕：「武帝伐吴，遂置左、右各一將軍。」按：此四軍，合左衛、右衛、驍騎衛爲七軍，即統於中軍者也。是七軍，皆宿衛兵之證。

屯騎、步兵、越騎、長水、射聲等校尉，是爲五校，中領軍統之。職官志。○太平御覽職官部引陶氏職官要録云：「屯騎、越騎、步兵、長水、射聲五校尉，晉承漢，置以爲宿衛官，各領千兵。」

濬平吴，還，欲以爲五官校尉而無缺，始置翊軍校尉，而以梁益所省兵爲營。太平御覽職官部引王隱晉書。○錢氏儀吉補晉兵志云：「王濬傳：『吴平，拜濬輔國大將軍，領步兵校尉。舊校惟五置，此營自濬始。』考五校之有步兵，自漢已然，不得謂吴平始置，以王隱之言爲可信。」

二衛始制前驅、由基、彊弩爲三部司馬〔二〕，各置督史。左衛，熊渠虎賁；右衛，佽飛虎賁。二衛各五部督。其命中虎賁，驍騎、游擊各領之。又置虎賁、羽林、上騎、異力四部，并命中爲五督。其衛鎮四軍如五校，各置千人。更制殿中將軍，中郎、校尉、司馬比驍騎〔三〕。持椎斧虎賁，分屬二衛。尉中虎賁、持披冗從、羽林司馬〔四〕，常從人數各有差。職官志。○職官志又云：「陳勰爲殿中典兵中郎將，武帝每出入，勰持白虎幡在乘輿左右。」文獻通考一百五十一：「前驅、由基、彊弩三部司馬〔五〕，以中領軍統之。」沈約宋書百官志：「晉武帝時，殿内宿衛號曰三部司馬。」是皆宿衛兵之證。

孟觀爲積弩將軍，氐帥齊萬年反，中書令陳準、監張華啓觀討之〔六〕。觀所領宿衛兵，皆趫捷勇悍。孟觀傳。

武帝時，立射營、弩營。文獻通考五十九〔七〕。○按：孟觀以積弩將軍領宿衛兵，則射營、弩營皆宿衛兵也。

成都王穎表罷宿衛兵屬相府，以王官宿衛。成都王穎傳。

東海王越專政，又以頃者興事皆由殿省，乃奏宿衛有侯爵者皆罷之。時殿中武官並封侯，由是出者略盡，皆泣涕而去。乃以東海國兵數百人宿衛。東海王越傳。

王浚攻鄴，盧志勸成都王穎奉天子還洛陽。時甲士尚萬五千人，志夜部分，至曉，衆皆成列，而程太妃戀鄴不行，穎未能決。俄而衆潰，惟志與子謐、兄子綝、殿中虎賁千人而已。盧志傳。

三王之討倫也，琨率宿衛兵三萬拒成都王穎於黃橋。劉琨傳。

王敦稱兵，六軍敗散，惟超按兵直衛。出爲義興太守〔八〕。穆帝臨朝，遷射聲校尉。時軍校無兵，義興人多義隨超，因統其衆以宿衛，號爲君子營。劉超傳。

明帝徵默爲右軍將軍，默樂爲邊將，不願宿衛，曰：「我能禦胡而不見用。右軍主禁兵，若疆埸有虞，方始配給，將卒無素，恩信不著，以此臨敵，少有不敗矣。」郭默傳。

成帝時，左衛將軍陳光請伐胡，詔令攻壽陽，謨上言：「壽陽城小而固。今征軍五千，皆皇都精鋭之衆。光爲左衛，遠近聞之，名爲殿中之軍。以國之上駟擊寇之下邑，得之則利薄而不足損敵〔九〕，失之則害重而足以益寇，懼非策之上者。」蔡謨傳。

王彪之上言：「宿衛之重，二衛任之，其次驍騎、左軍各有所領，無兵軍校皆應罷廢。四軍皆罷，則左軍之名不宜獨立，宜改游擊以對驍騎。」王彪之傳。

哀帝興寧二年，改左軍將軍爲游擊將軍，罷右軍、前軍、後軍、將軍五校三將官〔一〇〕。哀紀。

東宫兵

惠帝建東宫〔一一〕，置衛率，初曰中衛率。泰始五年，分爲左右，各領一軍。愍懷太子在東宫，又加前後二率。職官志。

裴頠啓增置後衛率吏〔一二〕，給三千兵，於是東宫宿衛萬人。裴頠傳。

江左省前後二率，孝武太元中又置。職官志。

郡國兵

封諸王以郡爲國。大國置上、中、下三軍，中軍二千人，上、下軍各千五百人。次國置上軍、下軍，上軍二千人，下軍千人。小國置一軍，兵千五百人。地理志。皆中尉領兵。職官志。

郡公制度如小國王，亦中尉領兵。郡侯如不滿五千户王，置一軍，一千一百人，亦中尉領之。縣王如郡侯，置一軍。而諸王之支庶，推恩受封者，公如五千户國，侯如不滿五千户國，亦置一軍，千人，中尉領之。伯、子、男以下不置軍。職官志。

王大國始封之孫罷下軍，曾孫又罷上軍，次國始封子孫亦罷下軍，其餘皆以一軍爲常。職官志。

馮紞以郡兵随王濬入秣陵。馮紞傳。

吴平，帝詔州郡悉去兵，大郡置武吏百人，小郡五十。山濤傳。

吴平，普減州郡兵。交州牧陶璜上言曰：「交土荒裔，斗絶一方，或重譯而言，連帶山海。又南郡去州海行千有餘里〔一三〕，外距林邑纔七百里。夷帥范熊世爲逋寇，自稱爲王，數攻百姓。且連接扶南，種類猥多，朋黨相倚，負險不賓。往隸吴時，數作寇逆，攻破郡縣，殺害長吏。臣以尫駑，昔爲故國所採，偏戍在南，十有餘年。雖前後征討，翦其魁桀，深山僻穴，尚有逋竄。又臣所統之卒本七千餘人，南土温溼，多有氣毒，加累年征討，死亡減耗，其見在者二千四百二十人。今四海混同，無思不服，當卷甲消刃，禮樂是務。而此州之人，識義者寡，厭其安樂，好爲禍亂。又廣州南岸，周旋六千餘里，不賓屬者乃五萬餘户，及桂林不羈之輩，復當萬户。至於服從官役，纔五千餘家。二州脣齒，惟兵是鎮。又寧州興古接據上流，去交阯郡千六百里，水陸並通，互相維衛。州兵未宜約損〔一四〕，以示單虚。夫風塵之變，出於非常。臣亡國之餘，議不足採，聖恩廣厚，猥垂飾擢，蠲其罪釁，改授方任，誓念投命，以報所受，臨履所見，謹冒瞽陳。」陶璜傳。

帝嘗講武於宣武場，山濤從，因與盧欽論用兵之本，以爲不宜去州郡武備。其論甚精，時咸謂濤不學孫吳，而闇與之合。帝稱之曰「名言也」，而不能用。及永寧之後，屢有變難，寇賊焱起，郡國皆以無備不能制，天下遂以大亂，如濤言焉。〈山濤傳。〉

桓溫反，平北司馬下邳發諸縣兵二千，并力屯新城。〈庾希傳。〉

募兵

泰始中，涼州爲虜所没，河西斷絶，帝每有西顧之憂。隆曰：「臣請募勇士三千人，無問所從來，率之鼓行而西，稟陛下威德，醜虜何足滅哉[一五]？」公卿僉曰：「六軍既衆，州郡兵多，但當用之，不宜横設賞募以亂常典。」帝弗納。隆募限腰引弩三十六鈞，弓四鈞，立標簡試。自旦至中，得三千五百人。隆曰：「足矣。」因請自至武庫選杖[一六]，又給其三年軍資。轉戰千里，涼州遂平。隆使夜到，帝撫掌歡笑。詰朝，召羣臣謂曰：「若從諸卿言，是無秦涼也。」〈馬隆傳。〉

太安二年，發奴助兵，號爲四部司馬。〈惠紀。〉

李流寇蜀，壬午詔書發武勇以赴益土，號曰壬午兵。〈張昌傳。〉民憚遠征，皆不欲行。詔書督遣嚴急，所經之界停留五日者，二千石免官。由是郡縣官長皆親出驅逐，展轉不遠，輒復屯聚爲羣盜〔一七〕。通鑑八十五。

元帝南渡，有大將軍、都督、四鎮、四征、四平之號。然調兵不出三吴，大發無過三萬，每議出討，多取奴兵。文獻通考一百五十一。

太興四年，詔曰：「昔漢二祖及魏武，皆免良人。武帝時，涼州覆敗，諸爲奴婢，亦皆復籍。此累代成規也。其免中州良人遭難爲揚州諸郡僮客者，以備征役。」元紀。

元帝方拓定江南，未遑北伐。逖進説曰：「晉室之亂，非上無道而下怨叛也。由藩王爭權，自相誅滅，遂使戎狄乘隙，毒流中原。今遺黎既被殘酷，人有奮擊之志。誠能發威命將，使若逖等爲之統主，則郡國豪傑必因風向赴，沈溺之士欣於來蘇，庶幾國恥可雪。」帝乃以逖爲奮威將軍、豫州刺史，給千人廩，布三千匹，不給鎧仗，使自招募。仍將本流徙部曲百餘家渡江，中流擊楫而誓曰：「祖逖不能清中原而復濟者，有如大江！」辭色壯烈，衆皆慨歎。屯於江陰，起冶鑄兵器，得二千餘人而後進〔一八〕。祖逖傳。

蘇峻之亂，坦募江淮流人爲軍，有殿中兵，因亂東還，來應坦募，坦不知而納之。或諷朝廷，以坦藏臺叛兵，遂坐免。孔坦傳。

康帝時，翼表率衆北伐，於是並發所統江、荆、司、雍、梁、益六州奴及車牛驢馬，百姓嗟怨。庾翼傳。○何充傳：「翼悉發江、荆二州編户奴以充兵役，士庶嗷然。充復欲發揚州奴以均其謗。後以中興時已發三吴,今不宜復發而止。」

太元初,謝玄北鎮廣陵。時苻堅方盛,玄多募勁勇,牢之與東海何謙、琅邪諸葛侃、樂安高衡、東平劉軌、西河田洛及晉陵孫無終等以驍猛應選。玄以牢之爲參軍,領精鋭爲前鋒,百戰百勝,號爲北府兵。劉牢之傳。

防戍兵

諸王中尉及諸軍皆典兵,以備不虞。乃有著中戰衣、木履〔一九〕,持長矛者。太平御覽兵部引晉太康起居注。

劉毅上言,尋陽接蠻,宜示有遏防〔二〇〕,可即州府千兵以助郡戍。劉毅傳。

津邏。王恭傳:「時京外疑阻,津邏嚴急。」

温嶠上言:「諸外州郡將兵者及都督府非臨敵之軍,且田且守。又先朝使五校出田,今四軍五校有兵者,及護軍所統外軍,可分遣二軍出〔二一〕,並屯要處〔二二〕。」温嶠傳。

江東草創,盜賊多有,帝思所以防之,以問於循。循答曰:「江道萬里,通涉五州,朝貢商旅之所來往也。今議者欲出宣城以鎮江渚,或欲使諸縣領兵。愚謂令長威弱,而兼才難備,發憚役之人,而御之不肅,恐未必爲用。以循所聞,江中劇地惟有闔廬一處,地勢險奥,亡逃

所聚。特宜以重兵備戍，隨勢討除，絕其根蔕。沿江諸縣各省分界，分界之內，官長所任，自

可度土分力〔二三〕，多置亭候，恒使徼行，峻其綱目，嚴其刑賞，使越常科，勤則有殊榮之報，惰

則有一身之罪，謂於大理不得不肅。所給人以時番休，役不至困，代易有期。按漢制十里一

亭，亦以防禁切密故也。可指其縱跡，言所在都督尋當致討。今不明部分，使所在百姓與軍

家雜其徼備，兩情俱惰，莫適任負，所以徒有備名而不能爲益者也。」帝從之。〈賀循傳。〉

尚書符下以益州所統梁州三郡人丁一千番戍漢中，益州未肯承遣。仲堪奏曰：「巴西、

梓潼、宕渠三郡去漢中遼遠，在劍閣之內，成敗與蜀爲一，而統屬梁州。自皇居南遷，李勢初

平，割此三郡配隸益州。梁州以統接曠遠〔二四〕，求還得三郡。益州以本統有定，更相牽制，莫

知所從。致令巴、宕二郡爲羣獠所覆。今遠慮長規，宜保全險塞。如經理乖謬，則劍閣非我

保〔二五〕，醜類轉難制。此乃藩扞之大機，上流之至要。昔三郡全實，正差文武三百，以助梁

州。今俘沒蠻獠〔二六〕，十不遺二〔二七〕，加逐食鳥散，資生未立，苟順符指以副梁州，恐公私困

弊，無以堪命。謂今正可加梁州文武五百，合前爲一千五百，自此之外，一仍舊貫。設梁州有

急，蜀當傾力救之。」朝廷許焉。〈殷仲堪傳。〉

吳平，預以天下雖安，忘戰必危，勤於講武，攻破山夷，錯置屯營，分據要害之地，以固維

持之勢。〈杜預傳。〉

蔡謨爲征北將軍，統七千餘人，所戍東至土山，西至江乘，鎮守八所，城壘凡十一處〔二八〕，烽火樓望三十餘處，隨宜防備，甚有算略。蔡謨傳。

征鎮

四征四鎮大將軍，開府者位從公，品秩第一。都督諸軍爲上，監諸軍次之，督諸軍爲下。江左以來，都督中外尤重，使持節、持節、假節，皆得殺犯軍令者。職官志。

永嘉四年，石勒圍倉垣，東海王越羽檄徵天下兵，帝謂使者曰：「爲我語諸征鎮，若今日，尚可救，後則無逮矣。」懷紀。

涼州

咸寧初，羌虜樹機能等叛，詔扶風王駿遣七千人代涼州守兵〔二九〕。扶風王駿傳。

涼州刺史楊欣失羌戎之和，爲虜所没。以隆爲武威太守，轉戰千里。虜大人猝跋韓、且萬能等率萬餘落歸降，又率善戎没骨能等與樹機能大戰，斬之，涼州遂平。太康初，朝廷以西平荒毁，宜時興復，以隆爲平虜護軍〔三〇〕、西平太守，將所領精兵，又給牙門一軍，屯據西平。馬隆傳。

北平

太康中，北虜侵掠北平，以彬爲使持節、監幽州諸軍事、領護烏桓校尉〔三一〕。彬至鎮，訓卒厲兵，廣農重稼，震威耀武，宣喻國命，示以恩信。於是鮮卑二部大莫廆、擿何等並遣侍子入貢〔三二〕。兼修學校，誨誘無倦，仁惠廣被。遂開拓舊境，卻地千里。復秦長城塞，自溫城洎於碣石，緜亘山谷且三千里，分軍屯守，烽堠相望。由是邊境獲安，無犬吠之警，自漢魏征鎮莫之比焉。唐彬傳。

襄陽

武帝將伐吳，以祜爲都督荆州諸軍事，出鎮南夏。詔罷江北都督，所統諸軍在漢東者皆以益祜。羊祜傳。

庾翼上表曰：「臣近以胡寇有弊亡之勢，暫率所統，致討山北，并分見衆，略復江夏。臣以九月十九日發武昌，以二十四日達夏口，輒簡率蒐乘停當上道。而所調借牛馬，來處皆遠，百姓所蓄，並多羸瘠，難以涉路。又山南諸城，每至秋冬，水多燥涸，運漕用功，實爲艱阻。計襄陽、荆楚之舊，西接益梁，與關隴咫尺，北去洛河，不盈千里，土沃田良，方城峻險，水路流通，轉運無滯，進可掃蕩秦趙，退可保據上流。不可不進據要害，思攻取之宜。輒量宜入沔，移鎮襄陽〔三三〕。」庾翼傳。

庾翼將屯襄陽，汪上疏曰：「臣伏思安西將軍翼今至襄陽，倉卒攻討，凡百草創，安陸之調，不復爲襄陽之用。而玄冬之月，沔漢乾涸，皆當魚貫而行，排推而進。設一處有急，勢不相救。臣所慮一也。又既至之後，桓宣當出。宣往，實翦豺狼之林，招攜貳之衆，待之以至寬，御之以無法。田疇墾闢，生産始立，而當移之，必有嗷然，悔吝難測。臣所慮二也。襄陽頓益數萬口，奉師之費，皆當出於江南。運漕之難，船人之力，不可不熟計。臣所慮三也。且申伯之尊，而與邊將並驅。又東軍不進，殊爲孤懸。兵書云：「知彼知此，百戰不殆。知彼不知此，一勝一負。」賊誠衰弊，然得臣猶在；我雖方隆，今實未暇。而連兵不解，患難將起，臣所慮四也。翼豈不知兵家所患常在於此，顧以門户事任，憂責莫大，晏然終年，非心情所安〔三四〕，是以抗表輒行〔三五〕，畢命原野。以翼宏規經略，文武用命，忽遇釁會，大事便濟。然國家之慮，當以萬全，非至安至審，王者不舉。臣謂宜嚴詔諭翼，還鎮養鋭，以爲後圖。若少合聖聽，乞密出臣表，與車騎臣冰等詳共集議。」范汪傳。

翼、冰等卒，充曰：「荆楚，國之西門，户口百萬，北帶彊胡，西鄰勁蜀，經略險阻，周旋萬里。得賢則中原可定，勢弱則社稷同憂。桓温英略過人，西夏之任，無出温者。」何充傳。

石城

羊祜鎮荆州，於此置戍。水經注：「沔水南徑石城西，城因山爲固。」通鑑地理通釋十三。

庾亮上言：「襄陽北接宛許，南阻漢水，其險足固，其土足食。臣宜移鎮襄陽之石城下，并遣諸軍羅布江沔。比及數年，戎士習練〔三六〕，乘隙齊進〔三七〕，以臨河洛。臣輒簡練部分。

乞槐棘參議〔三八〕，以定經略。」庾亮傳。

庾亮欲移鎮石城，謨上言曰：「自沔以西，水急岸高，魚貫溯流，首尾百里。若賊無宋襄之義，及我未陣而擊之，將如之何？王士與賊，水陸異勢，便習不同。寇若送死，雖開江延敵，以一當千，猶吞之有餘，宜誘而致之，以保萬全。棄江遠進，以我所短，擊彼所長，懼非廟勝之算。」朝議同之，亮不果移鎮。蔡謨傳。

王應麟云：「亮欲移鎮，朝議不從，遂不果移。終晉之世，卒於宴安江左，而不能混一中原也。」通鑑地理通釋十三注。

夏口

永嘉中，荆州刺史山簡自襄陽奔夏口，庾翼爲荆州，治夏口〔三九〕，並依地險。通鑑地理通釋十二〔四〇〕。

桓沖表：「夏口，江沔衝要，密邇强寇，兄子石民堪居此任，輒版督荆江十郡軍事。」桓沖傳。

武昌

陶侃爲武昌太守。帝使侃擊杜弢，侃部將朱伺擊之，賊退泠口。侃謂諸將曰：「此賊必更步向武昌，吾宜還城。」賊果來攻，逆擊，大破之。陶侃傳。

咸和中，温嶠代應詹爲江州刺史，鎮武昌。温嶠傳。

陶侃薨，遷亮都督江、荆、豫、益、梁、雍六州諸軍事，領江、荆、豫三州刺史，遷鎮武昌〔四一〕。庾亮傳。

亮卒，弟翼時爲荆州刺史，代亮鎮武昌。庾翼傳。

庾翼鎮武昌，以累有妖怪，欲移鎮避之。述與冰牋曰：「聞安西欲移鎮樂鄉，不審此爲算耶，將爲情耶？若謂爲算，則彼去武昌千有餘里，數萬之衆造創移徙〔四二〕，方當興立城壁，公私勞擾。若信要害之地，所宜進據，猶當計移徙之煩。權二者輕重，況此非今日之要耶？方今彊胡陸梁，當畜力養鋭，而無故遷動，自取非算。又江州當泝流數千，供繼軍府，力役增倍，疲曳道路。且武昌實是江東鎮戍之中〔四三〕，非但扞禦上流而已。急緩赴告，駿奔不難。若移樂鄉，遠在西陲，一朝江渚有虞，不相接救。方岳取重將，故當居要害之地，爲内外形勢。使闚闔之心不知所向。若是情耶，則天道玄遠，鬼神難言〔四四〕，妖祥吉凶，誰知其故？是以達人君子直道而行，不以情失也。若安西盛意已爾，不能安於武昌，但近移夏口，則其次也。樂鄉之舉，咸謂不可。」時朝議亦不允，翼遂不移鎮。王述傳。

雍丘

王應麟云：「郡縣志：『故城北臨汴河，祖逖爲豫州刺史，治於此〔四五〕。』」通鑑地理通釋十三。

逖鎮雍丘，數遣軍要截石勒。候騎常獲濮陽人，逖厚待遣歸，咸感逖恩德。勒鎮戍，歸附者甚多。由是黄河以南盡爲晉土。祖逖傳。

祖逖鎮雍丘，以合肥、淮陰、壽陽、泗口爲重鎮。通典州郡門。

壽陽

温嶠上言：「祖約退舍壽陽，有將來之難。今二方守禦，爲功尚易。淮泗都督，宜竭力以資之。選名重之士，配征兵五千人，又擇一偏將，將二千兵，以益壽陽，可以保固徐、豫，援助司土。」温嶠傳。

元帝初，戴若思爲征西將軍、都督兗豫幽冀雍并六州諸軍事。發投刺王官千人爲軍吏，調揚州百姓家奴萬人爲兵配之〔四六〕，鎮壽陽。戴若思傳。

淮陰

永和中，荀羨云：「淮陰舊鎮，地形都要〔四七〕，水陸交通，易以觀釁。沃野有開殖之利，方舟運漕，無他屯阻〔四八〕。」乃營立城池。通鑑地理通釋十三。

孫皓寇壽春，詔望統中軍二萬，騎三千，據淮北。皓退，軍罷。義陽王望傳。

太興四年，劉隗爲鎮北將軍、都督青徐幽平四州諸軍事〔四九〕，鎮淮陰。元紀。

泗口

初，隗以王敦威權太盛，終不可制，勸帝出腹心以鎮方隅，乃用隗及戴若思爲都督。隗率萬人鎮泗口，敦甚惡之。及作亂，以討隗爲名，詔徵隗還京師。劉隗傳。

徐龕反，以遐爲北中郎將，自彭城移屯泗口。劉遐傳。

石季龍死，裒上表請伐之，即日戒嚴，直指泗口。褚裒傳。

合肥

晉爲重鎮，戴若思鎮合肥。通鑑地理通釋十三。

鑒都督揚州、江西諸軍，鎮合肥。郗鑒傳。

羲之與會稽王牋，陳浩不宜北伐：「且千里饋糧，自古爲難〔五〇〕。今轉運供繼，西輸許洛，北入黃河。雖秦政之弊，未至於此。令殷浩、荀羨還據合肥、廣陵，許昌、譙郡、梁、彭城諸軍皆還保淮，爲不可勝之基，須根立勢舉，謀之未晚。」王羲之傳。

上明

苻堅彊盛，沖上疏曰：「中興以來，荊州所鎮，隨宜回轉。臣亡兄温以石季龍死，經略中原，因江陵路便，即而鎮之。事與時遷，勢無常定。今宜全重江南，輕戍江北，南平孱陵縣界，地名上明，田土膏良，可以資業軍人，在吴時樂鄉城以上四十餘里，北枕大江，西接三峽。若狂侵逆死，則舊郢以北堅壁不戰，接會濟江，路不云遠〔五一〕，乘其疲墮〔五二〕，撲翦爲易。臣司存閫外，輒隨宜處分。」於是移鎮上明。桓沖傳。○水經：「江水東徑上明城〔五三〕。」注云：「晉太元中，苻堅寇荆州，桓沖徙渡江南，使劉波築之，移州治城。其地夷敞，北據大江。」

彭城

東晉以彭城爲北境藩扞，每因劉、石、苻、姚衰亂之際，則進兵屯戍在於漢中、襄陽、彭城。通典。

晉以彭城爲重鎮，宋王玄謨曰：「彭城南届大淮，左右清汴，表裏京甸，捍接邊境，城隍峻整，襟衛周固〔五四〕。又自淮以西，襄陽以北，經塗三千，達於濟、岱。六州之人，三十萬户〔五五〕，常得安全，實由此鎮。」通鑑地理通釋十三。

石季龍死，裒請伐之。遣前鋒徑造彭城，示以威信。後遣督護麋嶷進軍，賊即奔潰，嶷率所領兵據其城池。裒於是率衆三萬徑進彭城，河朔士庶歸降者日衆。褚裒傳。

京口

桓沖爲都督徐兗豫青揚五州之六郡軍事、徐州刺史，以北中郎府并中軍〔五六〕，鎮京口。桓沖傳。

蘇峻反，王師敗績，鑒謂温嶠曰：「今賊謀欲挾天子東入會稽，宜先立營壘，屯據要害，既防其越逸，又斷賊糧運。然後静鎮京口，清壁以待賊。賊攻城不拔，野無所掠。東道既斷，糧運自絶，不過百日，必自潰矣。」郗鑒傳。

石勒入寇，紀瞻都督京口以南至蕪湖諸軍事〔五七〕。紀瞻傳。

江州

杜弢亂，王鑒上言：「江揚本六郡之地，若兵不時戢，人不堪命，三江受敵，彭蠡振摇，是賊踰我垣牆之内，闚我室家之好。愚謂尊駕宜親幸江州，進左軍於武昌，爲陶侃之重；建名將於安成，連甘卓之壘。南望交廣，西撫蠻夷。要害之地，勒勁卒以保之；深溝堅壁，按精甲而守之。六軍既瞻〔五八〕，戰士思奮〔五九〕。」王鑒傳。

桓沖表：「尋陽北接彊蠻，西連荆郢，一任之要〔六〇〕。今府州既分，請以王薈補江州刺史。」詔從之。桓沖傳。

【校勘記】

〔一〕文獻通考一百五十一　「一」，底本原奪，據文獻通考補。

〔二〕二衛始制前驅由基彊弩爲三部司馬　「二衛始制前驅由」，底本原奪，據晉書補。

〔三〕中郎校尉司馬比驍騎　「比」，底本誤作「此」，據晉書改。

〔四〕尉中虎賁持披冗從羽林司馬　「尉」，中華書局本晉書校勘記以爲當作「殿」。「披」，或本作「鈒」。　「司」，底本原奪，據晉書補。

〔五〕前驅由基彊弩三部司馬　「由」，底本誤作「田」，據文獻通考改。

〔六〕中書令陳準監張華啓觀討之　「監」，底本原奪，據晉書補。

〔七〕文獻通考五十九　「五十九」，底本誤作「一百五十二」，據文獻通考改。

〔八〕出爲義興太守　「興」，底本誤作「陽」，據晉書改。

〔九〕得之則利薄而不足損敵　「則」，底本原奪，據晉書補。

〔一〇〕罷右軍前軍後軍將軍五校三將官　下「將」，底本誤作「部」，據晉書改。

〔一一〕惠帝建東宮　「惠」，中華書局本晉書校勘記以爲當作「武」。

〔一二〕裴頠啓增置後衛率吏　「頠」，底本誤作「秀」，據晉書改。下「裴頠傳」同。

〔一三〕又南郡去州海行千有餘里　「南」上，中華書局本晉書校勘記以爲當有「日」字。

〔一四〕州兵未宜約損　「約損」，底本誤倒，據晉書乙正。

〔一五〕醜虜何足滅哉　「何足滅哉」，底本誤作「不足滅也」，據晉書改。

〔一六〕因請自至武庫選杖　「杖」，底本誤作「仗」，據晉書改。

〔一七〕輒復屯聚爲羣盜　「輒」，底本誤作「尋」，據資治通鑑改。

〔一八〕得二千餘人而後進　「二」，底本誤作「三」，據晉書改。

〔一九〕乃有著中戰衣木履　「著中戰」，底本誤作「藏甲□」，據太平御覽改。
〔二〇〕宜示有遏防　「示」，底本原奪，據晉書補。
〔二一〕可分遣二軍出　「二」，底本誤作「三」，據晉書改。
〔二二〕並屯要處　「並」，底本原奪，據晉書補。「處」，底本誤作「害」，據晉書改。
〔二三〕自可度土分力　「土」，底本誤作「地」，據晉書改。
〔二四〕梁州以統接曠遠　「接」，底本誤作「按」，據晉書改。
〔二五〕則劍閣非我保　「保」，底本誤作「有」，據晉書改。
〔二六〕今俘没蠻獠　「俘」，底本誤作「浮」，據晉書改。
〔二七〕十不遺二　「二」，底本誤作「一」，據晉書改。
〔二八〕城壘凡十一處　「凡」，底本誤作「百」，據晉書改。
〔二九〕詔扶風王駿遣七千人代涼州守兵　「遣七」，底本誤作「率二」，據晉書改。
〔三〇〕以隆爲平虜護軍　「護」，底本誤作「將」，據晉書改。
〔三一〕以彬爲使持節監幽州諸軍事領護烏桓校尉　「護」，底本原奪，據晉書補。
〔三二〕於是鮮卑二部大莫廆擿何等並遣侍子入貢　「侍」，底本原奪，據晉書補。
〔三三〕移鎮襄陽　「移」，晉書作「徙」。
〔三四〕非心情所安　「情」，底本原奪，據晉書補。

〔三五〕是以抗表輒行　「輒」，底本誤作「請」，據晉書改。
〔三六〕戍士習練　「士習練」，底本誤作「事練習」，據晉書改。
〔三七〕乘隙齊進　「進」，底本誤作「發」，據晉書改。
〔三八〕乞槐棘參議　「槐棘」，底本誤作「下」，據晉書改。
〔三九〕治夏口　「治」，底本誤作「鎮」，據通鑒地理通釋改。
〔四〇〕通鑒地理通釋十二　「二」，底本誤作「三」，據通鑒地理通釋改。
〔四一〕遷鎮武昌　「遷」，底本誤作「遠」，據晉書改。
〔四二〕數萬之衆造創移徙　「造創」，底本誤倒，據晉書乙正。
〔四三〕且武昌實是江東鎮戍之中　「戍」，底本誤作「成」，據晉書改。
〔四四〕鬼神難言　「神」，底本誤作「情」，據晉書改。
〔四五〕治於此　「治」，底本誤作「鎮」，據通鑒地理通釋改。
〔四六〕調揚州百姓家奴萬人爲兵配之　「爲兵」，底本原奪，據晉書補。
〔四七〕地形都要　「地形」，底本誤作「形勢」，據通鑒地理通釋、南齊書改。
〔四八〕無他屯阻　「屯」，底本空出，據通鑒地理通釋、南齊書補。
〔四九〕劉隗爲鎮北將軍都督青徐幽平四州諸軍事　「四州」，底本原奪，據晉書補。
〔五〇〕自古爲難　「古」，底本誤作「昔」，據晉書改。

〔五一〕路不云遠　「云」，底本誤作「去」，據晉書改。

〔五二〕乘其疲墮　「墮」，底本誤作「惰」，據晉書改。

〔五三〕江水東徑上明城　「城」下，水經有「北」字。

〔五四〕襟衛周固　「衛」，底本誤作「帶」，據通鑒地理通釋改。

〔五五〕三十萬户　「三」，底本誤作「二」，據通鑒地理通釋改。

〔五六〕以北中郎府并中軍　「府」，底本誤作「將」，據晉書改。

〔五七〕紀瞻都督京口以南至蕪湖諸軍事　「至」，底本原奪，據晉書補。

〔五八〕六軍既贍　「六」，底本誤作「三」，據晉書改。

〔五九〕戰士思奮　「思」，底本誤作「自」，據晉書改。

〔六〇〕一任之要　「任」，底本誤作「方」，據晉書改。

晉會要弟十九

兵下

水軍

晉令曰：「水戰有飛雲舟，相去五十步；蒼隼船，相去四十步；金船，相去二十步；小兒先登飛鳥船，相去五十步。」北堂書鈔舟部〔一〕。

武帝與祜謀伐吳，祜以伐吳必藉上流之勢〔二〕。時童謡曰：「阿童復阿童，銜刀浮渡江。不畏岸上虎，但畏水中龍。」祜聞之曰：「此必水軍有功。」王濬小字阿童，因表加龍驤將軍，密令修舟檝〔三〕，爲順流之計。祜上疏曰：「吳弓弩戟楯不如中國〔四〕，惟有水戰是其所便〔五〕。一入其境，則長江非復所固。」羊祜傳。

濬作大船連舫，方百二十步，受二千餘人。以木爲城，起樓櫓，開四出之門，其上皆得馳馬來往。造船於蜀，其木杮蔽江而下。吴建平太守吾彦取流杮以呈孫晧曰〔六〕：「晋必有攻吴之計〔七〕，宜增建平兵。建平不下，終不敢渡江〔八〕。」晧不從。彦於江險磧要害之處〔九〕，並以鐵鏁横截之，又作鐵錐〔一〇〕，長丈餘，暗置江中，以逆拒船。先是，羊祜獲吴間諜，具知情狀。濬乃作大筏數十，亦方百餘步，令善水者以筏先行，筏遇鐵錐，錐輒著筏去。又作火炬，長十餘丈，大數十圍，灌以麻油，在船前。遇鏁，然炬燒之，須臾，融液斷絶，於是船無所礙，順流鼓棹，徑造三山。晧聞濬軍旌旗器甲，屬天滿江，威勢甚盛，莫不破膽。王濬傳。

預以太康元年正月陳兵於江陵，遣牙門管定等率奇兵八百，泛舟夜渡，以襲樂鄉，多張旗幟，起火巴山，出於要害之地，以奪賊心。吴都督孫歆震恐，與伍延書曰：「北來諸軍，乃飛渡江也。」杜預傳。

陳敏作亂，時陶侃鎮江夏，以伺能水戰，曉作舟艦，乃遣作大艦，署爲左甄，據江口，摧破敏前鋒。朱伺傳。

琅邪國侍郎王鑒勸帝親征杜弢，遠上疏曰：「杜弢小豎，寇抄湘州〔一一〕，比年征討，經載不夷。今帝親征〔一二〕，文武將吏、度支籌量、舟輿器械所出若足用者，然後可征。愚謂宜如前遣五千人，徑與水軍進征，既可得速，必不後時。使督護得才，賊不足慮也。」熊遠傳。

蘇峻作逆，竇爲温嶠前鋒，次茄子浦。初，嶠以南軍習水，峻軍便步，欲以所長制之，宣令三軍，有上岸者死。時峻送米萬斛饋祖約。寶告其衆曰：「兵法，軍令有所不從〔一三〕，豈可不上岸耶？」乃設變力戰，悉獲其米。毛寶傳。

李矩守洛，劉粲率師來攻。矩使壯士三千泛舟迎張皮〔一四〕。賊臨河結陣，作長鈎以鈎船。李矩傳。

訪與諸將共征杜弢。弢作桔槔打官軍船艦，訪作長岐原注：「一作技。」根以距之，桔槔不得爲害。訪以舟師造湘城。周訪傳。

安帝義熙六年，盧循因劉裕北伐，乘虚襲建康，率衆數萬，方艦而下。裕引兵南還拒之，出輕利鬬艦，躬提幡鼓，衆軍齊力擊之。右軍參軍庾樂生乘艦不進〔一五〕，斬而徇之。於是衆軍踊騰争先。軍中多萬鈞神弩，所至摧陷。裕自中流蹙之，因風水之勢，賊艦悉泊西岸。上軍先備火具，乃投火焚之。賊衆大敗。宋書武帝紀。○按：此晉時事也。

太尉劉裕率師伐秦，王鎮惡請率水軍自河入渭，直至渭橋。鎮惡所乘皆艨衝小艦，行船者悉在艦内，泝渭而進，艦外不見有行船人。北土素無舟楫，莫不驚異以爲神。宋書王鎮惡傳。

車戰

馬隆西討樹機能等，虜以衆萬計，或乘險以遏隆前，或設伏以截隆後。隆依八陣圖作偏箱車，地廣則鹿角車營，路狹則木屋施於車上，且戰且前，弓矢所及，應弦而倒。奇謀間發，出敵不意。或夾道累磁石，賊負鐵鎧，行不得前，隆卒悉被犀甲，無所留礙，賊咸以爲神。馬隆傳。

王濬乘勝追石超軍於斥丘，超持重不與戰，以鹿角爲營。原注：「一云，以鹿角步安爲營。」○北堂書鈔武功部引惠帝起居注。

兵廪

太安二年，發王公奴婢手舂給兵廪，一品以下不從征者、男子十三以上皆從役。惠紀。

馬隆征河西，給其三年軍資。馬隆傳。

庾希盜北府軍資。庾希傳。

兵仗

陳勰明解軍令，武帝委任使典兵事。及蜀破後，令勰受諸葛亮圍陣用兵倚伏之法，又甲乙校標幟之制。勰悉闇練之，遂以勰爲殿中典兵中郎將。武帝每出入，勰持白虎幡在乘輿左右，鹵簿陳列齊肅。帝嘗出射雉，勰從。車駕逼暗乃還，漏已盡，當合函，停乘輿，良久不得合，乃詔緦合之。緦舉白虎幡指麾，須臾之間而函成。皆謝緦嫻解。職官志。

馬隆將征河西，請自至武庫選仗。武庫令與隆忿爭，御史中丞奏劾隆，隆曰：「臣當亡命戰場，以報所受，武庫令乃以魏時朽杖見給，不可復用，非陛下使臣滅賊意也。」帝從之。馬隆傳。

永平五年十月，武庫火。十二月，新作武庫，大調兵器。惠紀。

軍司執棨當營門。羊祜傳。

以騶虞幡勅將士解兵。趙王倫傳。

潘岳閒居賦曰：「其西則有元戎禁營，玄幕緑徽，谿子巨黍，異絭同機〔一六〕，礮石雷駭，激矢虻飛，以先啓行〔一七〕，耀我皇威。」潘岳傳。◯文選注引陸機洛陽記曰：「五營校尉、前後左右將軍府，皆在城中。」又引方言曰：「凡箭，三鎌，長六尺，謂之飛虻。」郭璞注：「今之射箭也。」

元帝太興中，兵士以絳囊傳原注：「一作縛。」紒。五行志。

桓伊表：「謹奉輸馬具裝百具、步鎧五百領。」桓伊傳。

陳聲斷江抄掠，伺作高櫓，以勁弩下射之。朱伺傳。

簡文帝登阼，未解嚴，大司馬桓温屯中堂，吹警角。敬王恬劾温大不敬。宗室傳。

箭箙謂之步叉。續漢輿服志注引干寶周禮注〔一八〕。

校閱

泰始四年九月，臨宣武觀大閱衆軍。禮志〔一九〕。

九年十一月丁酉，臨宣武觀大閱諸軍，甲辰乃罷。

十年十一月，帝臨宣武觀大閱諸軍。

咸寧元年十一月癸亥，大閱於宣武觀，至於乙巳。

三年十一月丙戌，帝臨宣武觀大閱，至於壬辰。

太康四年十二月庚午〔二〇〕，大閱於宣武觀。

六年十二月甲申〔二一〕，大閱於宣武觀，旬日而罷。以上武紀。

陳勰持白虎幡，以武侯遺法教五營士。通鑒地理通釋十一。

咸和元年十一月，大閱兵於南郊。成紀。

元帝詔左右衛及諸營教習，依大習儀作雁羽仗。禮志。

成帝詔諸軍戲兵於南郊之場，其地因名鬬場。自後藩鎮桓、庾諸方伯往往閱習。禮志。

武帝常幸宣武場，以三十六軍兵簿令柬料校之。秦獻王柬傳〔二二〕。

配補併省諸兵

兵死，兵例須代。劉卞傳。

右軍將軍桓伊轉護軍將軍，以右軍府千人自隨，配護軍府。桓伊傳。

范甯上言：「官制謫兵，不相襲代。頃者小事，便以補役，一愆之違，辱及累世。皆宜料遣，以全國信。」范甯傳。

齊獻王攸爲驃騎將軍後，驃騎當罷營兵，兵士數千人戀攸恩德，不肯去，遮京兆主言之。武帝乃還攸兵。齊獻王攸傳。

武帝甚重兵官，故軍校多選朝廷清望之士居之。職官志。

武帝重兵官，多授貴戚清望〔一三〕。楊濟傳。

范甯上言：「方鎮去官，皆割精兵器仗以爲送故〔一四〕。送兵多者，至於千餘家，少者數十户。既力入私門，復資官廩布。兵役既竭，枉服良人，牽引無端，以相充補。若是功勳之臣，則已享裂土之祚，豈應封外復置吏兵乎？謂送故之格，宜爲節制。」范甯傳。

傅咸上言：「舊都督有四，今并監軍，乃盈於十。空校牙門，無益宿衛，而虚立軍府，動有百數。以爲當今之急，宜加并省〔一五〕，静事息役。」傅咸傳。

應詹上言：「三臺九府，中外諸軍，多可減省〔二六〕。」應詹傳。

給兵

武帝崩，楊駿以后父置步兵三千人，騎千人。若止宿殿中，其差左右衛三部司馬各二十人、殿中都尉司馬十人給駿，令得持兵出入。楊駿傳。

太尉何曾給親兵。

衛將軍、尚書右僕射羊祜給本營兵。

大司馬陳騫給親兵百人。

司空、太子少傅衛瓘加千兵百騎。

義陽王望給兵二千人。

高密王泰給步兵二千五百人，騎五百匹。固辭，乃給千兵百騎。

梁孝王肜給千兵百騎。

北海王實給千兵百騎。

汝南王亮給兵五百人。

成都王穎給兵千人。

趙王倫爲相國，增相府兵爲二萬人，與宿衛同。

吴平，詔王濬依征鎮給五百大車，增兵五百人，給親騎百人、官騎十人。

太熙初，王渾爲司徒。惠帝加渾兵，渾以司徒文官，主史，不持兵，持兵乃吏屬絳衣。自以權得持兵，非是舊典，皆令皁服。

鎮南大將軍杜預給追鋒車、第二駙馬。

右衛將軍陸曄給千兵百騎。

秘書監荀崧給親兵百二十人。

光禄大夫虞潭給親兵三百人。

兵略

衛將軍羊祜都督荆州諸軍事，率營兵之鎮。吴石城守去襄陽七百餘里，每爲邊害，祜患之，以詭計令吴罷守。於是戍邏減半，分以墾田八百餘頃。祜之始至，軍無百日之糧，及至季年，有十年之積。乃進據險要，開建五城，收膏腴之地，奪吴人之資，石城以西，盡爲晉有。前後降者不絶，乃增修德信，以懷柔初附，慨然有吞并之心〔二七〕。每與吴人交兵，剋日方戰，不爲掩襲之計。將帥有欲進譎詐之策者，輒飲以醇酒，使不得言。人有略吴二兒爲俘者，祜遣送還其家。後吴將夏詳、邵顗等來降，二兒之父亦率其屬與俱。吴將陳尚、潘景來寇，祜追斬之，美其死節，厚加殯斂。景、尚子弟迎喪，祜以禮遣還。吴將鄧香掠夏口，祜募生縛香，既至，宥之。香感其恩甚，率部曲而降。祜出軍行吴境，刈穀爲糧，皆計所侵，送絹償之。每會衆江沔遊獵，常止晉地。若禽獸先爲吴人所傷而爲晉兵所得者，皆封還之。於是吴人翕然悦服。祜以伐吴必藉上流之勢。知益州刺史王濬可任，表加龍驤將軍，密令修舟楫，爲順流之計。祜繕甲訓卒，廣爲戎備。上疏言：「孫皓恣情任意，與下多忌，名臣重將不復自信。將疑於朝，士困於野。平常之日，猶懷去就，兵臨之際，必有應者，終不能齊力致死，已可知也。其俗急速，不能持久，弓弩戟楯不如中國，惟有水戰是其所便。一入其境，則長江非復所固，還保城池，則去長入短。而官軍懸進，人有致節之志，吴人戰於其内，有憑城之心。如此，軍不逾時，尅可必矣。」帝深納之。會吴人寇弋陽、江夏，略户口，詔遣侍臣移書詰祜不追討之意，并欲移州復舊之宜〔二八〕。祜曰：「江夏去襄陽八百里，比知賊問，賊去亦已經日矣〔二九〕。步軍方往，安能救之哉？勞師以免責，恐非事宜也。昔魏武帝置都督，類皆與州相近，以兵勢好合惡離。疆埸之間，一彼一此，慎守而已，古之善教也。若輒徙州，賊出無常，亦未知州之所宜據也。」使者不能詰。祜入朝，面陳伐吴之計。帝遣中書令張華問其籌策。祜曰：「吴人虐政已甚，可不戰而尅。若孫皓不幸而殁，吴人更立令主，雖百萬之衆，長江未可而越也，將爲後患乎？」華深贊成其計。時祜寢疾，帝欲使祜卧護諸將，祜曰：「取吴不必須臣自行，但既平之後，當勞聖慮耳。功名之際，臣所不敢居。若事了，當有所付托，願審擇其人。」疾漸篤，乃舉杜預自代。羊祜傳。

預除秦州刺史，領東羌校尉。屬虜兵强盛，石鑒時爲安西將軍，使預出兵擊之。預以虜乘勝馬肥，而官軍懸乏，宜并力大運，須春進討，陳五不可、四不須。鑒大怒，奏預稽乏軍興，檻車徵詣廷尉。以贖論。祜卒，拜鎮南大將軍，繕甲兵，簡精鋭，襲吴西陵督張政，大破之。政，吴之名將也，恥以無備取敗，不以所喪之實告於孫皓。預欲間吴邊將，乃表還所獲於皓。皓果召政，遣劉憲代之〔三〇〕。故大軍臨至，使其將帥移易，以成傾蕩之勢。預處分既定，乃啓請伐吴之期。帝報待明年，預表言：「自閏月以來，賊但敕嚴，下無兵上。以理勢推之，賊之窮計，力不兩完，必先護上流〔三一〕，保夏口以東，以延視息，無緣多兵西上，空其國都。我自秋以來，討賊之形已露。若今中止，孫皓怖而生計，或徙都武昌，更完修江南諸城，遠其居人，城不可攻，野無所掠，積大船於夏口，則明年之計或無所及。」時帝與中書令張華圍棋，而預表適至。華推枰斂手曰：「陛下聖明神武，國富兵强，號令如一。吴主荒淫驕虐，誅殺賢能。當今討之，可不勞而定。」帝乃許之。預以太康元年正月，陳兵於江陵，遣參軍樊顯等率衆循江西上，按：「西」，疑「東」之訛。授以節度，旬日之間，累克城邑，皆如預策。又遣牙門管定、周旨等率奇兵八百，泛舟夜渡，以襲樂鄉，多張旗幟，起火巴山，出於要害之地，以奪賊心。吳都督孫歆震恐，與伍延書曰：「北來諸軍，乃飛渡江也。」旨等伏兵樂鄉城外。歆遣軍出距王濬，大敗。旨等發伏兵，隨歆軍而入，不覺，直至帳下，虜歆而還。軍中爲之謠曰：「以計代戰一當萬。」於是進逼江陵。既平上流，沅湘以南，至於交廣，皆望風歸命。時衆軍會議，以今向暑，水潦方降，疾疫將起，宜俟來冬，更爲大舉。預曰：「今兵威已振，譬如破竹，數節之後，皆迎刃而解，無復著手處也。」遂指授羣帥，徑造秣陵〔三二〕。所過城邑，莫不束手。孫皓既平，預以天下雖安，忘戰必危，勤於講武，攻破山夷，錯置屯營，分據要害，以固維持之勢。杜預傳。

大舉伐吳，安東將軍王渾陳兵東疆，視其地形險易〔三三〕，歷觀敵城，察攻取之勢。王渾傳。

武帝謀伐吳，詔濬修舟艦。濬造船於蜀，其木柹蔽江而下。吳建平太守吾彥取流柹以呈孫皓〔三四〕，曰：「晉必有攻吳之計，宜增建平兵。建平不下，終不敢渡。」皓不從。時朝議咸諫伐吳，濬上言：「臣作船七年，恐日有朽敗〔三五〕，願無失事機。」帝納焉。濬於是統兵。太康元年正月，發自成都，兵不血刃，攻無堅城，夏口、武昌，無相支抗。順流鼓棹，徑造三山。皓聞濬軍旌旗器甲，屬天滿江，威勢甚盛，莫不破膽。遂降。初，詔書使濬下建平，受杜預節度，至秣陵，受王渾節度。預至江陵，謂諸將帥曰：「若濬得下建平，則順流長驅，威名已著，不宜令受制於我。若不能剋，則無緣得施節度。」預與之書曰：「足下既摧其西藩，便當徑取秣陵，討累世之逋寇，釋吴人於塗炭。自江入淮，逾於泗汴，溯河而上，振旅還都，亦曠世一事也。」濬大悦，表呈預書。及濬將至秣陵，王渾遣信要令暫過論事，濬舉帆直指，報曰：「風利，不得泊也。」王渾頓兵不敢進。而濬乘勝納降，渾恥而且忿，乃表濬違詔不受節度，誣罪狀之。有司遂按濬檻車徵，帝弗許，詔讓責之。濬上書自理曰：「臣前被庚戌詔書曰：『軍人乘勝，猛氣益壯，便當順流長騖，直造秣陵。』臣被詔之日，即便東下。又前被詔書云『太尉賈充總統諸方，自鎮東大將軍伷及渾、濬、彬等皆受充節度』，無令臣別受渾節度之文。臣自達巴丘，所向風靡，知孫皓窮蹙。十四日至牛渚，去秣陵二百里，宿設部分，爲攻取節度。前至三山，見渾軍在北岸，遣書與臣，可暫來過〔三六〕，共有所議〔三七〕，亦不語臣當受節度之意。臣水軍風發，乘勢造賊城，加宿設部分行有次第，無緣得於長流之中迴船過渾，令首尾斷絶。須臾之間，皓遣使歸命。臣即報渾書，并寫皓牋，具以示渾，使速來，當於石頭相待。軍以日中至秣陵，暮乃被渾所下當受節度之符，欲令臣明十六日悉將所領，還圍石頭，備皓越逸。又索蜀兵及鎮南諸軍人名定見〔三八〕。臣以爲皓已來首都亭，無緣共合空圍。又兵人定見，不可倉卒，皆非當今之急，不可承用。中詔謂臣忽棄明制，專擅自由。伏讀嚴詔，驚怖悚慄。豈惟老臣獨懷戰灼〔三九〕？三軍上下咸盡喪氣。臣受國恩，任重事大，常恐托付不效，孤負聖朝，故投身死地，轉戰萬里。憑賴威靈，幸而能濟，皆是陛下神策廟算。臣承指授，效鷹犬之用，有何勳勞而恃功肆意，寧敢昧利以違聖詔？臣以十五日至秣陵，而詔書以十六日起洛陽，其間懸闊，不相赴接，則臣之罪責，宜蒙察恕。假令孫皓猶有螳螂舉斧之勢，而臣輕軍單入，有所虧喪，罪之可也。臣所統八萬餘人，乘勝席捲。皓以衆叛親離，無復羽翼。江北諸軍不知其虛實，不早縛取，自爲小誤。臣至便得，更見怨恚，並云守賊百日，而令他人得之，言語噂沓，不可聽聞。臣以爲事君之道，惟當竭節盡忠，奮不顧身，量力受任，臨事制宜，苟利社稷，死生以之。若其顧護嫌疑，以避咎責，此是人臣不忠之利，實非明主社稷之福也。臣不自料，忘其鄙劣，輸寫肝腦，願陛下明臣赤心而已。」渾又騰周浚書，云濬軍得吴寶物。濬復上表曰：「被壬戌詔書，下安東將軍所上揚州刺史周浚書，謂臣諸軍得孫皓寶物，又謂牙門將李高放火燒皓僞宫。輒公文上尚書，具列本末。臣受性愚忠，行事舉動，期於不負神明而已。秣陵之事，皆渾之支黨姻族，内外根據磐互〔四〇〕。遣人在洛中，專共交構，疑惑觀聽。僞吴君臣，今皆生在，便可驗問，以明虛實。前僞中郎將孔攄說，去二月武昌失守，水軍行至。皓按行石頭還，左右人皆跳刀大呼云：『當爲陛下一死戰。』皓大喜，謂必能然，便盡出金寶賜與之。小人無狀，得便持走〔四一〕，皓懼，乃圖降。左右劫奪財物，略取妻妾，放火燒宫。臣至，遣參軍主者救斷其火耳。周浚前以十六日入皓宫，臣時遣記室吏往觀書籍〔四二〕，浚使收縛。若有遺寶，則浚前得，不應移蹤後人，欲求苟免也。臣前在三山得浚書，云：「晧散寶貨以賜將士，府庫略虛。」而今復言「金銀篋笥，動有萬計」，疑臣軍得之。言語反覆，無復本末。臣復與軍司張牧、汝南相馮紞等共入觀晧宮，乃無席可坐。後日又與牧等共視晧舟船，渾又先臣一日上其船。船上之物，皆渾所知見〔四三〕。臣之按行，皆出其後，若有寶貨，渾應得之。又臣將軍素嚴，兵人不得妄離部陣間。在秣陵諸軍，凡二十萬衆。臣軍先至，爲土地之主。百姓之心，皆歸仰臣，臣切敕所領，秋毫不犯。諸有市易，皆有伍任證佐，明從券契，有違犯者，凡斬十三人，皆吴人所知也。餘軍縱横，詐稱臣軍，而臣軍類皆蜀人，幸以此自别耳。豈獨浚之將士皆是夷齊，而臣諸軍悉聚盜蹠耶？緣石頭城刦取布帛〔四四〕，臣牙門將軍馬潛即收得二十餘人〔四五〕，并疏其督將姓名，移以付浚，使得自科結，而寂無反報，疑皆縱遣，絶其端緒也。又聞吴人言，前張悌戰時，所殺財二千人，而渾、浚露布言以萬計。可具問孫晧及其諸臣，則知其定審。浚等虛詐，尚欺陛下，豈惜於臣？今年平吴，誠爲大慶，於臣之身，更受咎累。令濟濟之朝有讒邪之人，虧穆穆之風，損皇代之美。由臣疏頑，使致於此，拜表流汗，言不識次。」濬至京都，有司奏，濬表既不列前後所被七詔月日，又違詔不受渾節度，大不敬，付廷尉科罪。詔曰：「濬前受詔徑造秣陵，後乃下受渾節度。詔書稽留，所下不至，便令與不受詔同責，未爲經通。濬不即表上被渾宣詔，此可責也。濬有征伐之勞，不足以一眚掩之。」有司又奏，濬敕後燒賊船百三十五艘，輒敕付廷尉禁推。詔曰「勿推」。益州護軍范通，濬之外親也，謂濬曰：「卿功則美矣，然恨所以居美者，未盡善也。卿旋旆之日，角巾私第，口不言平吳之事。若有問者，輒曰：『聖主之德，羣帥之力，老夫何力之有焉？』如斯，顏老之不伐，龔遂之雅對，將何以過之？藺生所以屈廉頗，王渾能無愧乎？」濬曰：「吾始懼鄧艾之事，畏禍及，不得無言，亦不能遣諸胸中〔四六〕，是吾褊也。」王濬傳。

彬與王濬共伐吳，彬屯據衝要，爲衆軍前驅。每設疑兵，應機制勝。陷西陵、樂鄉，多所擒獲。彬知賊寇已殄，孫晧將降，未至建鄴二百里，稱疾遲留，以示不競。果有先到者争物，後到者争功。於時有識莫不高彬此舉。唐彬傳。

浚隨王渾伐吳，斬僞丞相張悌等首級數千，進軍屯於横江。聞龍驤將軍王濬既破上方，别駕何惲説浚曰：「張悌殄滅，吳之朝野，莫不震懾。今王龍驤破武昌，兵威甚盛〔四七〕，順流而下，所向輒克，土崩之勢見矣。竊謂宜速渡江，直指建鄴，大軍卒至，奪其膽氣，可不戰而擒。」浚善之，使白渾。惲曰：「渾闇於事機，而欲慎己免咎，必不我從。」浚固使白之，渾果曰：「受詔但令江北抗衡吳軍，不使輕進。貴州雖武，豈能獨平江東？今者違命〔四八〕，勝不足多；若其不勝，爲罪已重。且詔令龍驤受我節度，但當具君舟楫，一時俱濟耳。」惲曰：「龍驤克萬里之寇，以既濟之功來受節度，未之聞也。且握兵之要，可則奪之，所謂受命不受辭也。今渡江必全克獲，將有何慮？若疑於不濟，不可謂智；知而不行，不可謂忠。」渾執不聽。無何而濬至，渾召之不來，乃直指三江山，孫皓遂降於濬。渾深恨之，而欲與濬爭功。惲牋與浚曰：「書貴克讓，易大謙光，斯古文所詠，道家所崇〔四九〕。前破張悌，吳人失氣，龍驤因之，陷其區宇。論其前後，我實緩師，動則爲傷，事則不及，而今方競其功。彼既不吞聲，將虧雍穆之弘，興矜爭之鄙，斯愚情之所不取也。」浚得牋，即諫止渾，渾不能納〔五〇〕，遂相表奏。浚既濟江，與渾共行吳城壘，綏撫新附。初，吳之未平也，浚在弋陽，南北爲互市，而諸將多相襲奪以爲功。吳將蔡敏守沔中，其兄珪爲將在秣陵，與敏書曰：「古者兵交，使在其間，軍國固當舉信義以相高。而聞疆埸之上，往往有襲奪互市，甚不可行，弟慎無爲小利而忘大備也。」候者得珪書以呈浚，浚曰：「君子也。」及渡江，求珪，得之，問其本，曰：「汝南人也。」浚戲之曰：「吾固疑吳無君子，而卿果吾鄉人。」周浚傳。

涼州刺史楊欣失羌戎之和，爲虜所沒，河西斷絕。帝每有西顧之憂，臨朝而歎曰：「誰能爲我討此虜通涼州者乎？」隆進曰：「陛下若能任臣，臣能平之。」帝曰：「必能滅賊，何爲不任？顧卿方略何如耳。」隆曰：「陛下若能任臣，當聽臣自任。」帝曰：「云何？」隆曰：「臣請募勇士三千人，無問所從來，率之鼓行而西，稟陛下威德，醜虜何足滅哉？」帝許之，乃以隆爲武威太守。隆募限腰引弩三十六鈞、弓四鈞，立標簡試，得三千五百人。隆曰：「足矣。」因請自至武庫選杖〔五一〕。武庫令與隆忿争，御史中丞奏劾隆，隆曰：「臣當亡命戰場，以報所受，武庫令乃以魏時朽杖見給，不可復用，非陛下使臣滅賊意也。」帝從之，又給其三年軍資。隆於是西渡温水。奇謀間發，出敵不意。或夾道累磁石，賊負鐵鎧，行不得前，隆卒悉被犀甲，無所留礙。轉戰千里，遂平之。南虜成奚又每爲邊患，據險距守，隆令軍士皆負農器，將若田者。虜以隆無征討意，御衆稍怠。隆因其無備，進兵擊破之。馬隆傳。○周札傳：「王敦遣軍襲札，兵至之日，庫中有精杖，外白以配兵，札猶惜不與，以弊者給之，其鄙吝如此，故士卒莫爲之用。」

徐州刺史郗隆被齊王冏檄，使起兵討趙王倫。隆諸子侄在洛陽，欲坐觀成敗，進退有疑，會羣吏計議。主簿趙誘説隆曰：「趙王篡逆，海内所病〔五二〕。今義兵飆起，其敗必矣。今爲明使君計：莫若自將精兵，徑赴許昌，上策也；不然，且可留後，遣猛將將兵會盟，亦中策也；若遣小軍隨形助勝，下策耳。」隆猶豫不決，遂爲其下所害。誘子胤從周訪擊杜曾，使其衆疲而後擊之，多梟首級。趙誘傳。

周處爲御史中丞，糾劾不避權貴〔五三〕。梁王肜違法，處深文按之。及氐人齊萬年反，朝臣惡處彊直，皆曰：「處，吴之名將子也。」使隸夏侯駿西征。萬年聞之，曰：「周府君昔臨新平，我知其爲人，才兼文武，若專斷而來，不可當也。如受制於人，此成擒耳。」既而梁王肜爲征西大將軍、都督關中諸軍事。處知肜必陷己，自以人臣盡節，不宜辭憚，乃悲慨即路，志不生還。中書令陳準知肜將逞宿憾[五四]，乃言於朝曰：「駿及梁王皆是貴戚，非將率之才。周處吴人，忠勇果勁，有怨無援，將必喪身。宜詔孟觀以精兵萬人，爲處前鋒，必能殄寇。不然，肜當使處先驅，其敗必也。」朝廷不從。時賊屯梁山，有衆七萬，而駿逼處以五千兵擊之。處曰：「軍無後繼，必至覆敗，雖在亡身，爲國取耻。」肜復命處進討，乃與振威將軍盧播、雍州刺史解系攻萬年於六陌。將戰，處軍人未食，肜促令速進，而絶其後繼。處知必敗，自旦及暮，斬首萬計。弦絶矢盡，播、系不救。左右勸退，處按劍曰：「此是吾效節授命之日，何退之爲？且古者良將受命，凶門以出[五五]，蓋有進無退也。今諸軍負信，勢必不振。我爲大臣，以身殉國，不亦可乎？」遂力戰而殁。周處傳。

賊率杜曾聚兵數萬，破陶侃於石城。元帝命周訪擊之[五六]。訪有衆八千，進至沌陽。曾鋭氣甚盛，訪曰：「先人有奪人之心，軍之善謀也。」使將軍李恒督左甄，許朝督右甄，訪自領中軍，高張旗幟。曾果畏訪，先攻左右甄。曾勇冠三軍，訪甚惡之，自於陣後射雉，以安衆心。令其衆曰：「一甄敗，鳴三鼓；兩甄敗，鳴六鼓。」趙胤領其父餘兵屬左甄，力戰，敗而復合。胤馳馬告訪，訪怒，叱令更進。胤號哭還戰，自旦至申，兩甄皆敗。訪聞鼓音，選精鋭八百人，自行酒飲之，敕不得妄動，聞鼓音乃進。賊未至三十步，訪親鳴鼓，將士皆騰躍奔赴，曾遂大潰，殺千餘人。訪夜追之，諸將請待明日，訪曰：「曾驍勇能戰，向之敗也，彼勞我逸，是以尅之。宜及其衰乘之，可滅。」鼓行而進，遂定漢、沔。周訪傳。

永嘉時，劉琨爲并州刺史，時寇賊縱横，道路斷塞。琨募得千餘人〔五七〕，轉鬥至晉陽。府寺焚毁，僵尸蔽地，其有存者，飢羸無復人色，荆棘成林，豺狼滿道。琨翦除荆棘，收葬枯骸，造府朝，建市獄。寇盜互來掩襲，恒以城門爲戰場，百姓負楯以耕，屬鞬而耨。琨撫循勞來，甚得物情。表曰：「臣前表當與鮮卑猗盧尅今年三月都會平陽，會匈羯石勒以三月三日徑掩薊城，大司馬、博陵公浚受其僞和，爲勒所虜，勒勢轉盛，欲來襲臣。城塢駭懼，志在自守。勒據襄國，與臣隔山，寇騎朝發，夕及臣城，同惡相求，其徒實繁。自東北八州，勒滅其七，先朝所授，存者惟臣。是以勒朝夕謀慮，以圖臣爲計，闚伺間隙，寇抄相尋，戎士不得解甲，百姓不得在野。惟臣孑然與寇爲伍。自守則稽聰之誅〔五八〕，進討則勒襲其後，進退惟谷，首尾狼狽。徒懷憤踊，力不從願，形留所在，神馳寇庭。秋穀既登，胡馬已肥，前鋒諸軍並有至者，臣當首啓戎行，身先士卒。臣與二虜，勢不並立，聰、勒不梟，臣無歸志，庶憑陛下威靈，使微意獲展，然後隕首謝國，没而無恨。」劉琨傳。

元帝拓定江南，未遑北伐，逖進説之，乃以逖爲奮威將軍、豫州刺史，給千人廩，布三千匹，不給鎧仗，使自招募。仍將本流徙部曲百餘家渡江，屯於江陰〔五九〕，起冶鑄兵器，得二千餘人而後進。逖設奇以擊，石虎大敗〔六〇〕。逖以布囊盛土如米狀，使千餘人運上臺，又令數人擔米，僞爲疲極而息於道，賊果逐之，皆棄擔而走。賊既獲米，謂逖士衆豐飽，而胡戍饑久，益懼，無復膽氣。逖數遣軍要截石勒，勒屯戍漸蹙。候騎常獲濮陽人，逖厚待遣歸，咸感逖恩德，率鄉里降逖。勒遣兵距逖〔六一〕，復爲逖所破，勒鎮戍歸附者甚多。黄河以南盡爲晉土。方當推鋒越河，掃清冀朔，會朝廷將遣戴若思爲都督，逖以若思是吴人〔六二〕，雖有才望，無弘致遠識，且已翦荆棘，收河南地，而若思雍容，一旦來統之〔六三〕，意甚怏怏。且聞王敦與劉隗構隙，慮有内難，大功不遂，感激發病。逖雖内懷憂憤，而圖進取不輟，營繕虎牢城，城北臨黄河，西接城皋，四望甚遠。逖恐南無堅壘，必爲賊所襲，乃使從子汝南太守濟等率衆築壘。未成，而逖病甚。有妖星見於豫州之分，歷陽陳訓謂人曰：「今年西北大將當死。」逖亦見星，曰：「爲我矣！方平河北，而天欲殺我，此乃不祐國也。」祖逖傳。

陶侃爲武昌太守。時天下饑荒，山夷多斷江劫掠。侃令諸將詐作商船以誘之。劫果至，生獲數人，是西陽王羕之左右。侃即遣兵逼羕，令出向賊，侃整陣於釣臺爲後繼。羕縛送帳下二十人，侃斬之，自是水陸肅清。時周顗爲荆州刺史，先鎮潯水城，賊掠其良口。侃使部將朱伺救之，賊退保泠口。侃謂諸將曰：「此賊必更步向武昌〔六四〕，吾宜還城，晝夜三日行可至。卿等誰能忍饑鬥耶？」部將吴寄曰：「要欲十日忍饑〔六五〕，晝當擊賊，夜分捕魚，足以相濟。」侃曰：「卿健將也。」賊果增兵來攻，侃使朱伺等逆擊，大破之。告捷於王敦，敦曰：

「若無陶侯，便失荆州矣。」轉廣州刺史。先是，廣州人背刺史郭訥，迎長沙人王機爲刺史。機未發，會杜弘據臨賀，弘遂與温邵及交州秀才劉沈俱謀反。或勸侃且住始興，觀察形勢。侃不聽，直至廣州。弘遣使僞降。侃知其詐，先於封口起發石車。俄而弘率輕兵而至，知侃有備，乃退。侃追擊破之，執劉沈於小桂。又遣部將許高討機，斬之，傳首京都。諸將皆請乘勝擊温邵，侃笑曰：「吾威名已著，何事遣兵？但一函紙自足耳。」於是下書諭之。邵懼而走，追獲於始興。遷征西大將軍〔六六〕、都督荆雍益梁州諸軍事、荆州刺史。蘇峻作逆，平南將軍温嶠要侃同赴朝廷，推爲盟主。與温嶠、庾亮俱會石頭。諸將請於查浦築壘。監軍部將李根建議，請立白石壘。曰：「查浦地下，又在水南，惟白石峻極險固〔六七〕，可容數千人，賊來攻不便，滅賊之術也。」侃笑曰：「卿良將也。」乃從根謀，夜修曉訖。賊見壘大驚。賊攻大業壘，侃將救之，長史殷羨曰：「若遣救大業，步戰不如峻，則大事去矣。但當急攻石頭，賊必救之，而大業自解。」侃又從羨言。峻果棄大業而救石頭。諸軍與峻戰陳陵東〔六八〕，侃督部將斬峻於陣，賊衆大潰。屬後將軍郭默矯詔〔六九〕，襲殺平南將軍劉胤，輒領江州。侃聞之曰：「此必詐也。」遣將率兵據湓口，侃以大軍繼進。默遣使送妓婢絹百匹〔七〇〕，寫中詔呈侃。參佐多諫曰：「默不被詔，豈敢爲此事？若進軍，宜待詔報。」侃厲色曰：「國家年小，不出胸懷。且劉胤爲朝廷所禮，雖方任非才，何緣猥加極刑？郭默虓勇，所在暴掠，以大難新除，威網寬簡，欲因隙會騁其縱橫耳。」發使上表討默。與王導書曰：「郭默殺方州，即用爲方州；害宰相，便爲宰相乎？」導答曰：「默居上流之勢，加有船艦成資，故苞含隱忍。潛嚴足下軍到，是以得風發相赴，豈非遵養時晦以定大事者？」侃省書笑曰：「是乃遵養時賊也。」侃至，斬默。默在中原，數與石勒等戰[七二]，賊畏其勇，聞侃討之，兵不血刃而擒也，益畏侃。　初，議者以武昌北岸有邾城，宜分兵鎮之。　侃每不答，而言者不已，侃迺渡水獵，引將佐語之曰：「我所以設險而禦寇，正以長江耳。邾城隔在江北，內無所倚，外接羣夷。夷中利深，晉人貪利，夷不堪命，必引寇虜，迺致禍之由，非禦寇也。且吳時，此城乃三萬兵守，今縱有兵守之，亦無益於江南。若羯虜有可乘之會，此又非所資也。」後庾亮戍之，果大敗。　〈陶侃傳〉。

劉琨初以嶠爲右司馬。　於時幷土荒殘，寇盜羣起，石勒、劉聰跨帶疆場，嶠爲之謀主，琨所憑恃焉。　元帝初鎮江左，琨謂嶠曰：「昔班彪識劉氏之復興，馬援知漢光之可輔。今晉祚雖衰，天命未改，吾欲立功河朔，使卿延譽江南，子其行乎？」王敦構逆，嶠燒朱雀桁以挫其鋒，帝怒之，嶠曰：「今宿衛寡弱，徵兵未至，若賊豕突，危及社稷，陛下何惜一橋？」賊果不得渡。　嶠自率衆與賊夾水戰，擊敗之。　嶠奏軍國要務，曰：「祖約退舍壽陽，有將來之難。　今二方守禦，爲功尚易。　淮泗都督，宜竭力以資之。　選名重之士，配征兵五千人，又擇一偏將，將二千兵，以益壽陽，可以保固徐豫，援助司土。」嶠聞蘇峻之徵也，慮必有變，求還朝以備不虞，不聽。未幾而峻果反。京師傾覆，嶠聞之號慟。人有候之者，悲哭相對。要陶侃同赴國難，侃恨不受顧命，不許。固請，推爲盟主。侃許之，遣督護龔登率兵詣嶠。嶠於是列上尚書〔七二〕，陳峻罪狀，有衆七千，灑泣登舟，移告四方征鎮。時陶侃雖許自下而未發，復追其督護龔登。嶠重與侃書曰：「僕謂軍有進而無退，宜增而不可減。近已移檄遠近，言於盟府，尅後月半大舉。南康、建安、晉安三郡軍並在路次，同赴此會，惟須仁公所統至，便齊進耳。仁公今召軍還，疑惑遠近，成敗之由，將在於此。僕才輕任重，實憑仁公篤愛，遠稟成規。至於首啓戎行，不敢有辭，僕與仁公當如常山之蛇，首尾相衛，又脣齒之喻也。恐惑者不達高旨，將謂仁公緩於討賊，此聲難追。僕與仁公並受方嶽之任，安危休戚，理既同之。況社稷之難！惟僕偏當一州，州之文武莫不翹企。若此州不守〔七三〕，約、峻樹置官長於此，荆楚西逼强胡，東接逆賊，因之以饑饉〔七四〕，將來之危乃當甚於此州之今日也。以大義言之，則社稷顛覆，主辱臣死。公進當爲大晉之忠臣，參桓文之義，開國承家，銘之天府；退當以慈父雪愛子之痛。約、峻凶逆無道，人皆切齒。今之進討，若以石投卵耳！今出軍既緩，復召兵還，人心乖離，是爲敗於幾成也。願深察所陳，以副三軍之望。」峻時殺侃子瞻，由是侃激勵，遂率所統與嶠、亮同赴京師，戎卒六萬，旌旗七百餘里，鉦鼓之聲震於百里，直指石頭。侃屯查浦，嶠屯沙門浦。時峻軍多馬，南軍仗舟楫，不敢輕與交鋒。用將軍李根計，據白石築壘以自固，使庾亮守之。賊步騎萬餘來攻，不下而退，追斬二百餘級。嶠又於四望磯築壘以逼賊，曰：「賊必爭之，設伏以逸待勞，是制賊之一奇也。」是時，義軍屢戰失利，嶠軍食盡，陶侃怒曰：「使君前云不憂無將士，惟得老僕爲主耳。今數戰皆敗，良將安在？荆州接胡、蜀二虜，倉廪當備不虞〔七五〕，若復無食，僕便欲西歸〔七六〕，更思良算。」嶠曰：「不然。自古成監，師克在和。光武之濟昆陽，曹公之拔官渡，以寡敵衆，仗義故也。峻、約小豎，爲海内所患，今日之舉，決在一戰。峻勇而無謀，藉勝而驕〔七七〕，自謂無前，今挑之戰，可一鼓而擒也。奈何捨垂立之功，設進退之計？且天子幽逼，社稷危殆，四海臣子，肝腦塗地，嶠等與公並受國恩，是致命之日，事若克濟，則臣主同祚，如其不捷，身雖灰滅，不足以謝責於先帝。今之事勢，義無旋踵，騎猛獸，安可中下哉？公若違衆獨反，人心必沮。沮衆敗事，義旗將迴指於公矣。」侃無以對，遂留不去。嶠於是創建行廟，廣設壇場，告皇天后土祖宗之靈，親讀祝文，聲氣激揚，流涕覆面，三軍莫能仰視。其日侃督水軍向石頭，亮、嶠率精勇一萬從白石以挑戰。時峻勞其將士，因醉，突陣馬躓，爲侃將所斬，遂破之。奮威長史滕含抱天子奔於嶠船。時陶侃雖爲盟主，而處分規略一出於嶠。温嶠傳。

蘇峻之亂，鑒遣將軍夏侯長等間行，謂平南將軍温嶠曰：「今峻謀欲挾天子東入會稽，宜先立營壘，屯據要害，既防其越逸，又斷賊糧運，然後静鎮京口，清壁以待賊。賊攻城不拔，野無所掠，東道既斷，糧運自絶，不過百日，必自潰矣。」嶠深以爲然。嗣率衆渡江，與侃會於茄子浦。諸將戰不利，鑒與後將軍郭默還丹徒，立大業、曲阿、庱亭三壘以距賊。賊攻大業，城中乏水，郭默窘迫，突圍而出，三軍失色。參軍曹納以爲大業京口之扞，一旦不守，賊方軌而前，勸鑒退還廣陵。鑒乃大會僚佐，責納曰：「吾蒙先帝托付之重，正復捐軀九泉不足以報。今强寇在郊，衆心危迫，君腹心之佐，而生長異端，當何以率先義衆〔七八〕，鎮一三軍耶？」將斬之，久而乃釋。會峻死，大業圍解。郗鑒傳。

詹與陶侃破杜弢於長沙，賊中金寶溢目，詹一無所取，惟收圖書，莫不歎之。應詹傳。

杜弢作逆，朝廷深以爲憂。鑒上疏言：「江揚本六郡之地，一州封域耳。若兵不時戢，人不堪命，三江受敵，彭蠡振摇，是賊踰我垣牆之内，闚我室家之好。去年以來，累喪偏將，軍師屢失，賊量我力。雖繼遣偏裨，懼未足成功也。愚謂尊駕宜親幸江州，進左軍於武昌，爲陶侃之重；建名將於安成，連甘卓之壘。南望交廣，西撫蠻夷。要害之地，勒勁卒以保之；深溝堅壘，按精甲而守之。六軍既贍，戰士思奮，乃乘隙騁奇，擣其窟穴，顯示大信，開以生塗，杜弢之頸固以鎖於麾下矣。議者將以大舉役重，人不可擾。鑒謂暫擾以制敵，愈於放敵而常擾也。」王鑒傳。

蘇峻多納亡命，專用威刑，亮知峻必爲禍亂，徵爲大司農。舉朝謂之不可，温嶠亦累書止之，不納。峻遂與祖約俱舉兵反。温嶠聞峻不受詔，便欲下衛京都，三吴又欲起義兵，亮並不聽，而報嶠書曰：「吾憂西陲過於歷陽，足下無過雷池一步也。」既而峻寇宣城，亮不能制，峻乘勝至京都。亮戰於建陽門外〔七九〕。未及陣，士衆棄甲而走。亮奔温嶠。議者咸謂陶侃欲誅執政以謝天下。亮甚懼，及見侃，引咎自責，侃遂釋然。石勒死，亮有開復中原之謀，乃解豫州授輔國將軍毛寶，使與西陽太守樊峻精兵一萬〔八〇〕，俱戍邾城。又以陶稱爲南中郎將、江夏相，率部曲五千人入沔中。亮弟翼爲南蠻校尉、南郡太守，鎮江陵。以武昌太守陳囂爲輔國將軍、梁州刺史，趣子午。又遣偏將軍伐蜀，至江陽，執僞荆州刺史李閎、巴郡太守黄植，送於京都。亮當率大衆，據石頭城〔八一〕，爲諸軍聲援，乃上疏曰：「蜀、胡二寇凶虐滋甚〔八二〕，内相誅鋤，衆叛親離。蜀甚弱而胡尚强，並佃並守，修進取之備。襄陽北接宛許，南阻漢水，其險足固，其土足食。臣宜移鎮襄陽之石城下，並遣諸軍羅布江沔。比及數年，戎士習練，乘釁齊進，以臨河洛。誅逋逆，雪大恥，實聖朝所先務也。」會寇陷邾城，毛寶赴水死。亮陳謝，自貶，憂慨發疾。庾亮傳。

康帝初，翼欲率衆北伐，上疏曰：「賊虎年已六十，奢淫理盡，醜類怨叛，又欲決死遼東。虓雖驍果，未必能固。若北無掣手之虞，則江南將不異遼左矣。臣所以輒發良人，不顧忿咎。

且欲北進，移鎮安陸，入沔五百，涓水通流。輒率南郡太守王愆期、江夏相謝尚、尋陽太守袁真、西陽太守曹據等精鋭三萬，風馳上道，并勒平北將軍桓宣撲取黄季，欲并丹水，摇盪秦雍。御以長轡，用逸待勞，比及數年，興復可冀。臣既臨許洛，竊謂桓温可渡戍廣陵，何充可移據淮泗赭圻，路永進屯合肥。伏願表御之日便決聖聽，不可廣詢同異，以乖時會。兵聞拙速，不聞工之久也。」庾翼傳。

賊率張健寇無錫。會稽内史王舒、吴興内史虞潭並檄衆爲五郡大督護，統諸義軍討健。潭遣將姚休爲衆前鋒〔八三〕，與賊戰，殁。衆還守紫壁。時賊黨方鋭〔八四〕，義軍沮退，人咸勸衆過浙江。衆曰：「不然。今保固紫壁，可得全錢唐以南五縣。若越他境，便爲寓軍，控引無所，非長計也。」臨平人范明亦謂衆曰：「此地險要，可以制寇〔八五〕，不可委也。」衆乃版明爲參軍。明率宗黨五百人，合諸軍，凡四千人，復進討健。破，斬之。瀬衆傳。

苻堅自率兵次於項城，衆號百萬。詔以玄爲前鋒、都督徐兖青三州揚州之晉陵幽州之燕國諸軍事，與叔父征虜將軍石、從弟輔國將軍琰等距之，衆凡八萬。堅進屯壽陽，列陣臨肥水，玄軍不得渡。玄使謂苻融曰：「君遠涉吾境，而臨水爲陣，是不欲速戰。諸君稍卻，令將士得周旋，僕與諸君緩轡而觀之，不亦樂乎？」堅衆皆曰：「宜阻肥水，莫令得上。我衆彼寡，勢必萬全。」堅曰：「但卻軍，令得過，而我以鐵騎數十萬向水，逼而殺之。」融亦以爲然，遂麾使卻陣，衆因亂不能止。於是玄等以精鋭八千涉渡肥水。石軍距張蚝，小退。玄、琰仍進，決戰肥水南。堅中流矢，臨陣斬融。堅衆奔潰，自相蹈藉投水死者不可勝計，肥水爲之不流。餘衆棄甲宵遁，聞風聲鶴唳，皆以爲王師已至。謝玄傳。

庾亮爲荆州，以宣爲都督沔北前鋒征討軍事，鎮襄陽。石虎使騎七千渡沔水，三面爲地窟攻城。宣募精勇，出其不意，殺傷數百，多獲鎧馬，賊解圍退走。桓宣傳。

蘇峻之亂，嶠以南軍習水，峻軍便步，欲以所長制之，宣令三軍，有上岸者死。時蘇峻送米萬斛饋祖約。寶告其衆曰：「兵法，軍令有所不從，豈可不上岸耶？」乃設變力戰，悉獲其米，約用大飢。嶠嘉其勳。毛寶傳。

朱序陷於苻堅。太元中，苻堅南侵。堅大兵尚在項，苻融以三十萬衆先至。堅遣序説謝石，稱己兵威。序反謂石曰：「若堅百萬之衆悉到，莫可與敵。及其未會，擊之，可以得志。」於是石遣謝琰選勇士八千人涉肥水挑戰〔八六〕。堅衆小卻，序時在其軍後，唱云：「堅敗！」衆遂大奔，序乃得歸。朱序傳。

西陽夷賊抄掠江夏，太守楊珉每請督將議距賊之計，伺獨不言。珉曰：「朱將軍何以不言？」伺答曰：「諸人以舌擊賊，伺惟以力耳。」珉又問：「將軍前後擊賊，何以每得勝耶〔八七〕?」伺曰:「兩敵共對,惟當忍之。彼不能忍,我能忍,是以勝耳。」朱伺傳。

馬政

太僕,統左右中典牧都尉,乘黃廄、驊騮廄、龍馬廄等令。侍御史,置庫曹,掌廄牧。職官志。

晉有赤龍、騄驥諸苑。玉海一百四十八。

郭展爲太僕,廄馬充多。玉海一百四十八。

大駕鹵簿,有流蘇馬六十匹。輿服志。

咸和七年,詔諸養獸之屬,損費者多,一切除之。成紀。

【校勘記】

〔一〕北堂書鈔舟部　「舟」,底本誤作「器物」,據北堂書鈔改。

〔二〕祜以伐吴必藉上流之勢　「流」,底本誤作「游」,據晉書改。

〔三〕密令修舟檝　「修」,底本誤作「治」,據晉書改。

〔四〕吴弓弩戟楯不如中國　「戟」,底本原奪,據晉書補。

〔五〕惟有水戰是其所便　「便」，底本誤作「長」，據晉書改。

〔六〕吴建平太守吾彦取流柹以呈孫晧曰　「柹」，底本誤作「沛」，據上文及晉書改。

〔七〕晉必有攻吴之計　「有」，底本原奪，據晉書補。

〔八〕終不敢渡江　「江」，底本原奪，據晉書補。

〔九〕彦於江險磧要害之處　「彦」，晉書作「吴人」。

〔一〇〕又作鐵錐　「錐」，底本誤作「椎」，據晉書改。下同。

〔一一〕寇抄湘州　「州」，晉書作「川」，當誤。

〔一二〕今帝親征　「帝」，晉書作「公」。

〔一三〕軍令有所不從　「不」下，底本原衍「敢」字，據晉書删。

〔一四〕矩使壯士三千泛舟迎張皮　「張皮」，底本原奪，據晉書補。

〔一五〕右軍參軍庾樂生乘艦不進　「生」，底本原奪，據宋書補。

〔一六〕異衆同機　「機」，文選同，晉書誤作「歸」。

〔一七〕以先啓行　「行」，底本原奪，據晉書補。

〔一八〕續漢輿服志注引干寶周禮注　「干寶周禮注」，當作「通俗文」。

〔一九〕禮志　按：正文未見於武帝紀，但見於禮志，據晉書補。

〔二〇〕太康四年十二月庚午　「太康」、「庚午」，底本原奪，據晉書補。「二」，底本誤作「一」，據晉書改。

〔二一〕六年十二月甲申　「二」，底本誤作「一」，據晉書改。

〔二二〕秦獻王柬傳　「秦獻」，底本誤作「汝南」，據晉書改。

〔二三〕多授貴戚清望　「貴」，底本誤作「親」，據晉書改。「清」，底本誤作「貴」，據晉書改。

〔二四〕皆割精兵器仗以爲送故　「故」，底本原奪，據晉書補。

〔二五〕宜加并省　「宜加并省」，晉書作「先并官省事」。

〔二六〕多可減省　「多」，晉書作「有」。「減省」下，晉書又有「皆以附農」四字。

〔二七〕慨然有吞并之心　「吞并」，底本誤倒，據晉書乙正。

〔二八〕并欲移州復舊之宜　「復舊之宜」，底本原奪，據晉書補。

〔二九〕賊去亦已經日矣　「亦」，底本原奪，據晉書補。

〔三〇〕遣劉憲代之　「劉」，中華書局本晉書校勘記以爲當作「留」。

〔三一〕必先護上流　「護」，底本誤作「認」，據晉書改。

〔三二〕徑造秣陵　「造」，底本誤作「進」，據晉書改。

〔三三〕視其地形險易　「易」，底本誤作「要」，據晉書改。

〔三四〕吴建平太守吾彦取流柹以呈孫晧　「吾」，底本誤作「吴」，據中華書局本晉書校勘記改。

〔三五〕恐日有朽敗　「有」，底本誤作「夜」，據晉書改。

〔三六〕可暫來過　「來」，底本原奪，據晉書補。

〔三七〕共有所議　「共」，底本原奪，據晉書補。

〔三八〕又索蜀兵及鎮南諸軍人名定見　「南」，底本誤作「軍」，據晉書改。

〔三九〕豈惟老臣獨懷戰灼　「惟」，底本誤作「獨」，據晉書改。

〔四〇〕內外根據磐互　「互」，底本誤作「牙」，據晉書改。

〔四一〕得便持走　「走」，底本誤作「去」，據晉書改。

〔四二〕臣時遣記室吏往觀書籍　「觀」，嚴可均全晉文同，晉書作「視」。

〔四三〕皆渾所知見　「見」，底本原奪，據晉書補。

〔四四〕緣石頭城劫取布帛　「緣」上，晉書有「時有八百餘人」六字。

〔四五〕臣牙門將軍馬潛即收得二十餘人　「牙」，底本誤作「衙」，據晉書改。

〔四六〕亦不能遣諸胸中　「亦」，底本誤作「末」，據晉書改。

〔四七〕兵威甚盛　「威」，底本誤作「勢」，據晉書改。

〔四八〕今者違命　「者」，底本誤作「日」，據晉書改。

〔四九〕道家所崇　「崇」，底本誤作「宗」，據晉書改。

〔五〇〕渾不能納　「渾」，底本原奪，據晉書補。

〔五一〕因請自至武庫選杖　「杖」，底本誤作「仗」，據晉書改。

〔五二〕海内所病　「病」，底本誤作「痛」，據晉書改。
〔五三〕糾劾不避權貴　「權貴」，晉書作「寵戚」。
〔五四〕中書令陳準知彤將逞宿憾　「憾」，底本誤作「忿」，據晉書改。
〔五五〕凶門以出　「凶」上，中華書局本晉書校勘記以爲奪「鑿」字。
〔五六〕元帝命周訪擊之　「擊」，底本誤作「禦」，據晉書改。
〔五七〕琨募得千餘人　「得」，底本原奪，據晉書補。
〔五八〕自守則稽聰之誅　「誅」，底本誤作「謀」，據晉書改。
〔五九〕屯於江陰　「江陰」，中華書局本晉書校勘記以爲當作「淮陰」。
〔六〇〕石虎大敗　「敗」下，底本原衍「之」字，據晉書删。
〔六一〕勒遣兵距逖　「兵」，晉書作「精騎萬人」。
〔六二〕逖以若思是吴人　「是」，底本原奪，據晉書補。
〔六三〕而若思雍容一旦來統之　「雍容一旦」，底本誤倒作「一旦雍容」，據晉書乙正。
〔六四〕此賊必更步向武昌　「此」，底本原奪，據晉書補。
〔六五〕要欲十日忍饑　「欲」，底本誤作「可」，據晉書改。
〔六六〕遷征西大將軍　「大」，底本原奪，據晉書補。
〔六七〕惟白石峻極險固　「險」，底本誤作「顯」，據中華書局本晉書校勘記改。

〔六八〕諸軍與峻戰陳陵東　「陳」，中華書局本晉書校勘記以爲當作「東」。

〔六九〕屬後將軍郭默矯詔　「屬」，底本原奪，據晉書補。

〔七〇〕默遣使送妓婢絹百匹　「送」，底本原奪，據晉書補。

〔七一〕數與石勒等戰　「等」，底本原奪，據晉書補。

〔七二〕嶠於是列上尚書　「嶠」，底本原奪，據晉書補。

〔七三〕若此州不守　「若」，晉書作「假令」。

〔七四〕因之以饑饉　「饑」，底本誤作「飢」，據晉書改。

〔七五〕倉廩當備不虞　「廩當」，底本誤作「庫常」，據晉書改。

〔七六〕僕便欲西歸　「欲」，底本誤作「得」，據晉書改。

〔七七〕藉勝而驕　「勝而驕」，晉書作「驕勝之勢」。

〔七八〕當何以率先義衆　「當」，底本原奪，據晉書補。

〔七九〕亮戰於建陽門外　「建」，中華書局本晉書校勘記以爲當作「宣」。

〔八〇〕使與西陽太守樊峻精兵一萬　「峻」，中華書局本晉書校勘記以爲當作「俊」。

〔八一〕據石頭城　「頭」，中華書局本晉書校勘記以爲當爲衍文。

〔八二〕蜀胡二寇凶虐滋甚　「虐」，底本誤作「虛」，據晉書改。

〔八三〕潭遣將姚休爲衆前鋒　「遣」，底本原奪，據晉書補。

〔八四〕時賊黨方鋭　「黨」，底本誤作「勢」，據晉書改。

〔八五〕可以制寇　「制」，底本誤作「致」，據晉書改。

〔八六〕於是石遣謝琰選勇士八千人涉肥水挑戰　「人」，底本原奪，據晉書補。

〔八七〕何以每得勝耶　「得」下，底本原衍「每」字，據晉書删。

晉會要弟二十

刑法上

律令

文帝爲晉王，患前代律令本注煩雜，陳羣、劉邵雖經改革〔一〕，而科網本密，又叔孫、郭、馬、杜諸儒章句，但取鄭氏，又爲偏黨，未可承用。於是令賈充定法律，令與太傅鄭沖、司徒荀顗、中書監荀勖、中軍將軍羊祜、中護軍王業、廷尉杜友、守河南尹杜預〔二〕、散騎侍郎裴楷、潁川太守周權、齊相郭頎、騎都尉成公綏、尚書郎柳軌及吏部令史榮邵等十四人典其事，張熷讀史舉正四：「按充傳，在武帝受禪後，非文帝時也。」就漢九章增十一篇，仍其族類，正其體號，改舊律爲刑名、法例，按唐律疏義，李悝具律，今名例律是也。「舊」，當作「具」，音近致誤耳。辨囚律爲告劾、繫訊、斷獄，分盜律爲請賕、詐僞、水火、毀亡，因事類爲衛宮、違制，撰周官爲諸侯律，合二十篇〔三〕，六百二十條〔四〕，二萬七千六百五十七言。蠲其苛穢，存其清約，事從中典，歸於益時。其餘未宜除者，若軍事、田農、酤酒，未得皆從人心，權設其法，太平當除，故不入律，悉以爲令。施行制度，以此設教，違令有罪則入律。其常事品式章程，各還其府，爲故事。減梟斬族誅從坐之條，除謀反、適養、母出、女嫁，皆不復還坐父母棄市，省禁錮相告之條，去捕亡、亡没爲官奴婢之制。輕過誤老少女人〔五〕，當罰金杖罰者，皆令半之。重姦伯叔母之令，棄市。淫寡女，三歲刑。崇嫁娶之要，一以下聘爲正，不理私約。峻禮教之防，準五服以制罪也。凡律令，合二千九百二十六條，十二萬六千三百言，六十卷，故事三十卷。泰始三年，事畢，表上。武帝詔曰：「昔蕭何以定律令受封，叔孫通制儀爲奉常，賜金五百斤，弟子百人皆爲郎中〔六〕。夫立功立事，古今之所重，宜加禄賞，其詳考差敍。輒如詔簡異弟子百人，隨才品用，賞帛萬餘匹。」武帝親自臨講，使裴楷執讀。四年正月，大赦天下，乃班新律。志。○世説新語政事門注引續晉陽秋曰：「賈充、裴秀等分定禮儀律令，皆先咨鄭沖，然後施行。」

泰始四年，歲在戊子，正月二十日，晉律成。太平御覽刑法部引晉雜事。

侍中盧珽、中書侍郎張華表：「抄新律諸死罪條目，懸之亭傳，以示兆庶。」詔從之。志。

律令既成，杜預爲之注解，乃奏之曰：「法者，蓋繩墨之斷例，非窮理盡性之書也。故文約而例直，聽省而禁簡。例直易見，禁簡難犯。易見則人知所避〔七〕，難犯則幾於刑措。刑之本在於簡直，故必審名分。審名分者〔八〕，必忍小理。古之刑書，銘之鐘鼎，鑄之金石，所以遠塞異端，使無淫巧也。今所注皆網羅法意，格之以名分。使用之者執名例以審趣舍，伸繩墨之直，去析薪之理也。」詔班於天下。杜預傳。

明法掾張斐又注律，表上之，「斐」，志作「裴」，南齊書孔稚圭傳及太平御覽諸書所引皆作「斐」。其要曰：「律始於刑名者，所以定罪制也；終於諸侯者，所以畢其政也。王政布於上，諸侯奉於下，禮樂撫於中，故有三才之義。其相須而成，若一體焉。刑名所以經略罪法之輕重，正加減之等差，明發衆篇之大義，補其章條之不足，較舉上下綱領。其犯盜賊、詐僞、請賕者，則求罪於此，作役、水火、畜養、守備之細事，皆求之作本名〔九〕。告訊爲之心舌，捕繫爲之手足，斷獄爲之定罪，名例齊其制〔一〇〕。自始及終，往而不窮，變動無常，周流四極，上下無方，不離於法律之中也。其知而犯之謂之故，意以爲然謂之失，違忠欺上謂之謾，背信藏巧謂之詐，虧禮廢節謂之不敬，兩訟相趣謂之鬭，兩和相害謂之戲，無變斬擊謂之賊，不意誤犯謂之過失，逆節絶理謂之不道，陵上僭貴謂之惡逆，將害未發謂之戕，倡首先言謂之造意，二人對議謂之謀，制衆建計謂之率，不和謂之强，攻惡謂之略，三人謂之羣，取非其物謂之盜，貨財之利謂之贓：凡二十者，律義之較名也。夫律者，當慎其變，審其理。若不承用詔書，無故失之刑，當從贖。謀反之同伍，實不知情〔一一〕，當從刑。此故失之變也。卑與尊鬭，皆爲賊。鬭之加兵刃水火中，不得爲戲，戲之重也。向人室廬道徑射，不得爲過，失之禁也。都城人衆中走馬殺人，當爲賊，賊之似也。過失似賊，戲似鬬，鬬而殺傷旁人，又似誤，盜傷縛守似强盜，呵人取財似受賕，囚辭所連似告劾，諸勿聽治似故縱〔一二〕，持質似恐喝。如此之比，皆爲無常之格也。五刑不簡，正於五罰，五罰不服，正於五過，意善功惡，以金贖之。故律制，生罪不過十四等，死刑不過三，徒加不過六，囚加不過五，累作不過十二歲〔一三〕，累笞不過千二百，太平御覽六百四十二引張斐律序：「徒加不過六，囚加不過五」下有注云：「罪已定爲徒，未定爲囚。」「累作不過十二歲」句下有注云：「五歲徒犯一等加六歲，犯六等加爲十二歲作。」「累笞不過千二百」句下有注云：「五歲徒加六等，笞之一千二百。」刑等不過一歲，金等不過四兩。月贖不計日，日作不拘月，歲數不疑閏。不以加至死，并死不復加。不可累者，故有并數；不可并數，乃累其加。以加論者，但得其加；與加同者，連得其本。不在次者，不以通論。以人得罪與人同，以法得罪與法同。侵生害死，不可齊其防；親疏公私，不可常其教。禮樂崇於上，故降其刑；刑法閑於下，故全其法。是故尊卑敍，仁義明，九族親，王道平也。律有事狀相似而罪名相涉者，若加威勢下手取財爲强盜，不自知亡爲縛守，將中有惡言爲恐猲，不以罪名呵爲呵人，以罪名呵爲受賕，漢書王子侯表：「坐縛家吏恐猲受賕，棄市。」師古曰：「猲謂以威力脅人。賕，枉法以財相謝。」「猲」，唐律作「喝」，明律作「嚇」。劫召其財爲持質。此六者〔一四〕，以威勢得財而名殊者也。即不求自與爲受求，所監求而後取爲盜贓〔一五〕，輸入呵受爲留難，斂人財物積藏於官爲擅賦，加毆擊之爲戮辱。諸如此類，皆爲以威勢得財而罪相似者也〔一六〕。夫刑者，司理之官；理者，求情之機；情者，心神之使。心感則情動於中而形於言，暢於四支，發於事業。是故姦人心愧而面赤，內怖而色奪。論罪者務本其心，審其情，精其事，近取諸身，遠取諸物，然後乃可以正刑。仰手似乞，俯手似奪，捧手似謝，擬手似訴，拱臂似自首，攘臂似格鬭，矜莊似威，怡悦似福，喜怒憂懽，貌在聲色。姦貞猛弱，候在視息。出口有言當爲告，下手有禁當爲賊，喜子殺怒子當爲戲，怒子殺喜子當爲賊。諸如此類，自非至精不能極其理也。律之名例，非正文而分明也。若八十，非殺傷人，他皆勿論，即誣告謀反者反坐。十歲，不得告言人；即奴婢捍主〔一七〕，主得謁殺之。賊燔人廬舍積聚，盜賊贓五匹以上，棄市；即燔官府積聚盜，亦當與同。毆人教令者與同罪，即令人毆其父母，不可與行者同得重也。若得遺物强取强乞之類，無還贓法隨例畀之文〔一八〕。法律中諸不敬，違儀失式，及犯罪爲公爲私，贓入身不入身，皆隨事輕重取法，以例求其名也。夫理者，精玄之妙，不可以一方行也；律者，幽理之奥，不可以一體守也。或計過以配罪，或化略以循常〔一九〕，或隨事以盡情，或趣舍以從時，或推重以立防，或引輕而就下。公私廢避之宜，除削重輕之變，皆所以臨時觀釁，使用法執詮者幽於未制之中〔二〇〕，採其根牙之微，致之於機格之上，稱輕重於豪銖，考輩類於參伍，然後乃可以理直刑正。夫奉聖典者，若操刀執繩，刀妄加則傷物，繩妄彈則侵直。梟首者，惡之長；斬刑者，罪之大；棄市者，死之下；髡作者，刑之威；贖罰者，誤之誡。王者立此五刑，所以寶君子而逼小人，故爲敕慎之經，皆擬周易有變通之體焉。欲令提綱而大道清，舉略而王法齊，其旨遠，其辭文，其言曲而中，其事肆而隱。非天下之賢聖〔二一〕，孰能與於斯？刑殺者，是冬震曜之象；髡罪者，似秋彫落之變；贖失者，是春陽悔吝之疵也。五刑成章，輒相依準，法律之義焉。」志。

晉律，文簡辭約，旨通大綱，事之所質，取斷難釋。張斐、杜預同注一章，而生殺永殊〔二二〕。自晉泰始以來，斟酌參用。南齊書孔稚圭傳。

賈充等增損漢、魏律爲二十篇：○按：晉志：「魏李悝撰次諸國法，著法經〔二三〕。以爲王者之政，莫急於盜賊，故其律始於盜賊。盜賊須劾捕，故著囚捕二篇。其輕狡、越城、博戲、借假不廉、淫侈、踰制以爲雜律一篇，又以其律（據唐律義疏，「其」是「具」之訛。）具其加減。所著六篇而已。漢蕭何益事律興、廐、户三篇，合爲九篇。」唐六典云：「魏增刦掠、詐僞、毁亡、告劾、繫訊、斷獄、請賕、驚事、償贓等九篇，爲十八篇。」今晉損漢之囚具二篇，損魏之刦掠、驚事、償贓三篇，增刑名、法例、衛宫、水火、違制、關市、諸侯七篇，以增損之數，適合二十篇也。

一、刑名，

二、法例，

三、盜律〔二四〕，
四、賊律，
五、詐僞，
六、請賕，
七、告劾，
八、捕律，
九、繫訊，
十、斷獄，
十一、雜律，
十二、户律，
十三、擅興律，
十四、毁亡，
十五、衛宫，
十六、水火，
十七、廐律，

十八、關市，

十九、違制，

二十、諸侯。

凡一千五百三十條。

其刑名之制，大辟之刑有三：

一曰梟，

二曰斬，

三曰棄市。

髡刑有四：

一曰髡鉗五歲刑，笞二百；

二曰四歲刑；

三曰三歲刑；

四曰二歲刑。

贖死，金二斤；贖五歲刑，金一斤十二兩；四歲、三歲、二歲各以四兩爲差。

又有雜抵罪，罰金十二兩、八兩、四兩、二兩、一兩之差。

棄市以上爲死罪，二歲刑以上爲耐罪，罰金一兩以上爲贖罪。惟贖罪絹兼用之。唐六典卷六。

晉律云：髡鉗五歲刑，笞二百。若諸王亡，詐僞將吏，越武庫垣，兵守逃歸家，兄弟保人之屬，并五歲刑也。四歲刑，若闌上殿閇上變事通，露泄選舉事，訐發密事，毆兄姊之屬，並四歲刑也。三歲刑，若傷人，兆鏞按：南史何承天傳：「律，過誤傷人，三歲刑。」疑「傷人」字上奪「過誤」二字。僞造官印，不憂軍事，戲殺人之屬，並三歲刑也。二歲刑，減一等入罰金，三歲至五歲刑皆耐罪，越戍作穽走馬衆中；挾天文圖讖之屬，並爲二歲刑也。太平御覽五百四十二。

晉律云：「諸有所督罰，五十以下鞭如令。平心無私而以辜死者〔二五〕，二歲刑。」太平御覽六百五十。

晉律云：「吏犯不孝，謀殺其國王侯伯子男官長、誣偷受財枉法，及掠人和賣、誘藏亡奴婢〔二六〕，雖遇赦，皆除名爲民。」「除名，比三歲刑。」「其當除名，而所取飲食所用之物，非以爲財利者，應罰金四兩以下，勿除名。」太平御覽刑法部。

晉律云：「其年老小篤癃病及女徒，皆收贖。」太平御覽六百五十一。

晉律云：「諸應收贖者，皆月入中絹一匹，老小女人半之。」

晉律云：「失贖罪囚，罰金四兩。」「以金罰相代者，率金一兩以罰當十也。」同上。

晉律云：「贖死，金二斤。」原注謂：「其五歲以下一等，減半；四歲以下一等，減半。」贖囚，金四兩。諸侯不敬，皆贖論。原注：「凡諸侯上書言及不敬，皆贖論。」八議得減，皆收贖。原注：「諸侯應八議以上，請得減收贖，勿髡鉗笞也。」○北堂書鈔刑法部。

晉律注云：「梟棄之於市斬者，斬頭也。令上不及天，下不及地也。」北堂書鈔刑法部。

晉律：「鉗重二斤，翹長一尺五寸。」廣韻。○太平御覽刑法部同。

晉新律：「意善功惡，以金贖之。金等不過四兩。」文獻通考一百六十四〔二七〕。

晉武帝制新律，累作不過十一歲，月贖不計日，日作不拘月，歲數不疑閏。文獻通考一百六十八。

律斷罪，皆當以律令正文。若無正文，依附名例斷之。其正文名例所不及，皆勿論。法吏以上，所執不同，得爲異議。志引〔二八〕，下有「如律之文」云云，則是晉律文矣。

律，詐取父母寧依毆詈法棄市〔二九〕。又異姓相養，律所不許，子孫繼親族無後者，惟令主其烝嘗，不聽別籍避役〔三〇〕。殷仲堪傳。

律，受教殺人〔三一〕，不得免死。衛瓘傳。

賈充等撰令四十篇：

一、户，

二、學，
三、貢士，
四、官品，
五、吏員，
六、俸廩，
七、服制，
八、祠，
九、户調，
十、佃，
十一、復除，
十二、關市，
十三、捕亡，
十四、獄官，
十五、鞭杖，
十六、醫藥疾病，

十七、喪葬，
十八、雜上，
十九、雜中，
二十、雜下，
二十一、門下散騎中書〔三二〕，
二十二、尚書，
二十三、三臺秘書，
二十四、王公侯，
二十五、軍吏員，
二十六、選吏，
二十七、選將，
二十八、選雜士，
二十九、宮衛〔三三〕，
三十、贖，
三十一、軍戰，

三十二、軍水戰，

三十三至三十八皆軍法，

三十九、四十皆雜法。唐六典卷六。

晉令：「錦帳爲禁物。」太平御覽六百九十九。

晉令：「女奴不得服銀釵〔三四〕。」同上，七百一十八〔三五〕。

晉令：「士卒百工不得服真珠璫〔三六〕。」同上。

晉令：「若作漆器物賣者，各先移主吏者名乃得作，皆當純漆著布骨。器成，以朱題年月姓名。」同上，七百五十六。

晉令曰：「郡國諸户口黄籍，籍皆用一尺二寸札，已在官役者載名。」玉海二十。○按：此當是户令。

晉令：「諸縣率千餘户置一小學，不滿千户亦立〔三七〕。」太平御覽禮儀部。○按：此當是學令。

晉官品令：「舉秀才明經傳者入學宫。」「試秀才，五策皆通，爲郎中。」北堂書鈔設官部。

晉官品令：「九品皆正，無從，以第八品準古下士。」魏書禮志。

晉官品令：「三公緑綟綬。」初學記職官部。

令：「御史中丞督司百僚。皇太子以下，其在行馬内，有違法憲者，皆彈糾之。雖在行馬外，而監司不糾，亦得奏之。」傅咸傳引，下有「如令之文」云云，此當是官品令文矣。

晉令曰：「國史之任，委之著作，每著作郎初至，必撰名臣傳一人。」史通覈才篇。

晉令：「官曹文案於紙縫上署記，謂之款縫。」顔師古匡謬正俗云：「此語出魏、晉律令。」

晉令：「縣千户以上，及五百以上〔三八〕，皆爲令；不滿此爲長。」北堂書鈔設官部。

晉令：「大小中正爲内官者，聽月三會議。上於東門外〔三九〕，設幔陳席。」文獻通考。○按：以上八條當是官品令。

晉令：「諸郡國不滿五千以下，置幹吏二人。」後漢書欒巴傳注引。

晉令：「郡縣皆有幹。」後漢書欒巴傳注引。○按：以上二條當是吏員令。

晉令：「六品以下，得服金釵以蔽髻；三品以上，服爵釵。」北堂書鈔儀飾部。

晉令：「六品以下，得服羅綃。」初學記寶器部〔四〇〕。

晉令：「綾，弟六品已不得服今縝綾錦。有私織者，録付尚方。」藝文類聚布帛部。

晉令：「山鹿白狐遊毛，狐白，貂領黄，貂斑白，鼲子渠搜裘，皆禁物。」初學記服飾部。

晉令：「士卒百工履，色無過緑、青、白。奴婢履，色無過純青。」初學記服飾部。○按：以上五條，當是服制令。又通典七十一：「博士孫毓議，羣臣冠服，皆宜如服制令也。」

晉祠令：「郡縣國祠先農〔四一〕，又祠靈星〔四二〕。」北史劉芳傳。

晉祠令：「季夏土王日，祀黄帝；迎氣日，祀中霤。立秋祀白帝。季冬藏冰，祭司寒之神。」太平御覽時序部。

晉祠令：「立秋後祀靈星。」太平御覽時序部。

晉令：「趙郡、中山、常山國輸縑當絹者，及餘處常輸疏布當縣絹者，縑一疋當絹六丈，疏布一疋當絹一疋，絹一疋當緜三斤。」初學記寶器部。○按：此當是户調令。

晉令：「居洛陽内，園菜欲以當課者，聽其引長流，灌紫葱，可各三畝。」藝文類聚草部。

晉令：「丞尉以官舍有桑果，皆給之。其無桑及不滿三百株，皆使吏卒隨閒，於官舍種桑，滿三百株。」藝文類聚木部。○按：以上二條或是佃令。

晉令：「其夷民守護椶皮者，一身不輸。」藝文類聚木部。○按：此當是復除令。

晉令：「奴婢亡，加銅青若墨黥，黥兩眼。後再亡，黥兩頰上。三亡，横黥目下。皆長一寸五分，廣五分。」太平御覽四百六十八。○按：此當是捕亡令。

晉令：「獄屋皆當完固，厚其草蓐。家人餉饋，獄卒爲温煖傳致。去家遠，無餉饋者，悉給廩，獄卒作食，寒者與衣〔四三〕，疾者給醫藥。」太平御覽六百四十三。○按：此當是獄官令、醫業疾病令。書鈔引，「草蓐」下有「無令漏濕」四字。

晉令：「應得法鞭者，執以鞭，過五十，稍行之。有所督罪，皆隨過大小，大過五十，小過二十。鞭皆用牛皮革廉成〔四四〕，法鞭生革，去四廉，常鞭用熟靼，原注：「之列反。柔革也。」不去廉，作鵠頭，紉長一尺一寸，鞘長二尺二寸，廣三分，厚一分，柄皆長二尺五寸。」太平御覽六百四十九。○書鈔引，「皮」下有「生」字。

晉令云：「應得法杖者，以小杖，過五寸者〔四五〕，稍行之。應杖而體有瘡者〔四六〕，緩臀也。」北堂書鈔刑法部。○御覽六百五十引作「應受杖而體有瘡者，督之也」。

晉令：「杖皆用荆，長六尺，制杖大頭圍一寸，尾三分半。笞者，箠長五尺，其本大一寸，其末薄半寸〔四七〕，皆平其節也。」北堂書鈔刑法部。

晉令云：「死罪，二械加拲原注：「音拱。」手。」太平御覽刑法部。○按：此上三條當是鞭杖令。

晉喪葬令曰：「長吏卒官，吏皆齊縗以喪服理事，若代者至，皆除之。」通典九十九。

晉令：「諸葬者，皆不得立祠堂、石碑、石表、石獸。」太平御覽五百八十九。○文選任彦昇爲范始興求立太宰碑表注引，無「石表」字。○宋書禮志：「晉武帝咸寧四年，詔曰：『石獸碑表既私褒美，興長虚僞，傷財害人，莫大於此。一禁斷之。其犯者，雖會赦令，皆當毀壞。』」○按：此當是喪葬令。

晉令：「使信節皆鳥書之。」太平御覽六百八十一。

晉令：「諸有虎處，皆作檻穽籬柵，皆施餌。捕得大虎，賞絹三疋，虎子半之。」太平御覽八百九十二。○按：此二條當是雜法令。○沈括夢溪筆談引作「晉律」，誤。

晉令：「秘書郎掌中外三閣經書，覆校殘闕，正定脱誤。」文選陸士衡謝平原内史表注引〔四八〕。○按：此當是三臺秘書令。

晉令曰：「有郡公、縣公、郡侯、縣侯、伯、子、男及鄉亭、關中、關内等侯之爵。」文獻通考封建門。○按：此當是王公侯令。

晉令：「軍列營，步騎士以下，皆著兜鍪。」御覽三百五十六。○按：此當是軍吏員令。

晉令：「弓弩士習射者，給竹弓、角弓，皆二人一張。」御覽三百四十七。○初學記武部引，「弓弩士習」下有「弓」字，是衍文。○按：此當是軍吏員令。

晉令：「車駕出入，相風已前侍御史、令史〔四九〕。」太平御覽九。○按：此當是官衛令。

晉令：「兩頭進戰，視麾所指。聞三金音止，二金音還。」御覽三百四十一。

晉軍令：「凡戰，臨陣皆無讙原注：「音諠。」嘩原注：「音花。」，明聽鼓音，謹視幡麾，麾前則前，麾後則後，麾左則左，麾右則右，麾不聞令而擅前後左右者斬。」御覽三百四十一。○按：以上兩條當是軍戰令。

晉令：「水戰有飛雲船、蒼隼船、先登船、飛鳥船。」初學記器物部。○按：此當是軍水戰令。

晉令：「誤舉烽燧，罰金一斤八兩，故不舉者棄市。」御覽三百三十五。○按：此當是軍法令。

晉令云：「凡民，不得私煮鹽，犯者四歲刑，主吏二歲刑。」北堂書鈔酒食部。御覽八百六十五同。

晋令云：「犯免官者，禁錮三年。」太平御覽刑法部。○按：以上二條疑是律非令。

晋令：「坐廬使者，皆不得宿肆上。」御覽八百二十八。

晋令：「翡鳥不得西度隴。」御覽九百二十四。

賈充撰律、令，兼删定當時制、詔之條，爲故事三十卷，與律、令並行。唐六典卷六。

己巳詔書申明律令：諸士卒百工以上，所服乘皆不得違制。若一縣一歲之中，有違犯者三家，洛陽縣十家以上，官長免。李重傳。

故事，祀皋陶於廷尉寺，祀以社日。禮志。

故事，父祖與官職同名者〔五〇〕，皆得改選。江統傳。

舊制，朝臣家有時疾，染易三人以上者，身雖無病，百日不得入宫。王彪之傳。

舊制，峴方二山澤中不聽百姓捕魚。劉弘傳。

晋制，刺史三年一入奏事。甲午詔書：「刺史，國之外臺。其非所部而在境者，刺史並糾之。」文獻通考。

晋制，大縣令有治績，報以大郡〔五一〕。不經宰縣，不得入爲臺郎。文獻通考。

舊制，姻親不得相監。劉弘傳。

舊制，官假六十日〔五二〕。陸曄傳。

舊制，遭喪，既葬，還職。鄭默傳〔五三〕。

太醫司馬程據上雉頭裘一領，詔曰：「此裘非常衣服，消費功用，其於殿前燒之，勑外內有造異服〔五四〕，依律治罪。」藝文類聚服飾部引晉咸寧起居注。

藏戶當棄市。山遐傳。

揚州刺史劉陶亡，其門人宋挺娶陶愛妾爲小妻，又割盜官布六百餘疋，正刑棄市，遇赦免。劉隗傳。

泰始八年六月，益州牙門張弘誣其刺史皇甫晏反，殺之，傳首京師。弘坐伏誅，夷三族。武紀。

楚王瑋啓帝作手詔，免瓘官。夜使清河王遐收瓘。左右疑遐矯詔，咸諫曰：「禮律刑名，台輔大臣，未有此比，且請距之。須自表得報，就戮未晚也。」衛瓘傳。

閻纘上言：「自晉興以來，用法太嚴，遲速之間，輒加誅斬。一身伏法，猶可强爲，今世之誅，動輒滅門。昔呂后臨朝，肆意無道。周昌相趙，三召其王而昌不遣，先徵昌入，乃後召王。此由漢制本寬，得使爲快。假令如今，呂后必謂昌已反，夷其三族，則誰敢復爲殺身成義者哉〔五五〕？此法宜改，可使經遠。」閻纘傳。

劉頌爲三公尚書，上疏曰：「近世以來，法漸多門，令甚不一。臣今備掌刑斷，職思其憂，謹具啓聞：伏惟陛下爲政，每盡善，故事求曲當，例不得直〔五六〕；盡善，故法不得全。何則？夫法者〔五七〕，固以盡理爲法，而上求盡善，則諸下牽文就意，以赴主之所許，是以法不得全。刑書徵文，徵文必有乖於情聽之斷，而上安於曲當，故執平者因文可引，則生二端。是法多門，令不一，則吏不知所守，下不知所避。姦僞者因法之多門，以售其情，所欲淺深，苟斷不一，則居上者難以檢下，於是事同議異，獄犴不平，有傷於法。古人有言：『人主詳，其政荒；人主期，其事理。』詳匪他，盡善則法傷，故其政荒也。期者輕重之當，雖不厭情，苟入於文，則循以行之，故其事理也。君臣之分，各有所司。法欲必奉，故令主者守文〔五八〕；理有窮塞，故使大臣釋滯；事有時宜，故人主權斷。主者守文，若釋之執犯蹕之平也；大臣釋滯，若公孫弘斷郭解之獄也；人主權斷，若漢祖戮丁公之爲也。天下萬事，不得出以意妄議〔五九〕，皆以律令從事。然後法信於下，人聽不惑，吏不容奸〔六〇〕。行之信如四時〔六一〕，執之堅如金石，羣吏豈得在成制之内，復稱隨時之宜？今若設法未盡當，則宜改之。若謂已善，不得使奉用之司公得出入以差輕重也〔六二〕。夫人君所與天下共者，法也。已令四海，不可以不信，而繩以不信之法。上古議事以制，夏殷及周，書法象魏，咸棄曲當之妙鑒，而任徵文之直準。今論時弊〔六三〕，不及中古，而執平者欲適情之所安，自托於議事以制。臣竊以爲聽言則美，論理則違。然天下至大，事務衆雜，時有不得悉循文如令。臣謂宜立格爲限，使主者守文，死生以之，不敢錯思於成制之外，以差輕重，則法恒全。事無正據，名例不及，大臣論當，以釋不滯〔六四〕，則事無閡。至如非常之斷，出法賞罰，若漢祖戮楚臣之私己，封趙氏之無功，惟人主專之，非奉職之臣所得擬議。然後情求旁請之迹絶，似是而非之奏塞，此蓋齊法之大準也。主者小吏，處事無常。無情則法徒克〔六五〕，有情則撓法。積克似無私〔六六〕，然乃所以得其私。又斷當恒克，世謂盡公，時一曲法，迺所不疑。故人君不善倚深似公之斷，而責守文如令之奏，然後得爲有檢，此又平法之一端也。夫出法權制〔六七〕，指施一事，厭情合聽，可適耳目，誠有臨時當意之快，勝於徵文不允人心也。然起爲經制，終年施用，恒得一而失十。故小有所得者，必大有所失；近有所漏者，必遠有所包。諳事識體者，善權輕重，不以小害大，不以近妨遠。忍曲當之近適，以全簡直之大準。不牽於凡聽之所安，必守徵文以正例。每臨其事，恒御此心以決斷，此又法之大概也。又律法斷罪，皆當以法律令正文。若無正文，依附名例斷之。其正文名例所不及，皆勿論。法吏以上，所執不同，得爲異義。如律之文，守法之官，惟當奉用律令。至於法律之内，所見不同，迺得爲異議也。今限法曹郎令史，意有不同爲駁，惟得論釋法律，以正所斷，不得援求諸外，論隨時之宜，以明法官守局之分。」詔下其事，侍中、太宰、汝南王亮奏以爲：「禮以訓世，而法以整俗，理化之本，事實由之。若斷不斷，常輕重隨意，則王憲不一，人無所措矣。故觀人設教，在上之舉；守文直法，臣吏之節也。臣以去太康八年，隨事異議。周懸象魏之書，漢詠畫一之法，誠以法與時共，義不可二。今法素定，而議則有所開長〔六八〕，以爲宜如頌所啓，爲永久之制。」於是門下屬三公曰〔六九〕：「昔先王議事以制，自中古以來，執法斷事，既以立法，誠不宜復求法外小善也。若常以善奪法，則人逐善而不忌法，其害甚於無法也。按啓事，欲令法令斷一〔七〇〕，事無二門，郎令史以下，應復出法駁案，隨事以聞也。」志。

付暴室考竟。通鑑八十三：「廢賈后，收趙粲、賈午等，付暴室考竟。」

永嘉元年，除三族刑。懷紀。

建興三年，敕雍州掩骼埋胔，修復陵墓，有犯者誅三族〔七一〕。愍紀。

江左朝廷草創，議斷不循法律，人立異議，高下無狀。主簿熊遠奏曰：「禮以崇善，法以閑非，故禮有常典，法有常防，人知惡而無邪心。是以周建象魏之制，漢創畫一之法，故能闡弘大道，以至刑措。律令之作，由來尚矣。經賢智，歷夷險，隨時斟酌，最爲周備。自軍興以來，法度陵替，至於處事不用律令，競作屬命，人立異議，曲適物情，虧傷大例。府立節度，復不奉用，臨事改制，朝作夕改，至於主者不敢任法，每輒關諮，委之大官，非爲政之體。若本曹處事不合法令〔七二〕，監司當以法彈違，不得動用開塞，以壞成事。按法蓋麤術，非妙道也，矯割物情，以成法耳。若每隨物情，輒改法制，此爲以情壞法。法之不一，是謂多門，開人事之路，廣私請之端，非先王立法之本意也。凡爲駁議者，若違律令節度，當合經傳及前比故事，不得任情以破成法。愚謂宜令録事更立條制，諸立議者皆當引律令經傳，不得直以情言，無所依準，以虧舊典也。若開塞隨宜，權道制物，此是人君之所得行，非臣子所宜專用。主者惟當徵文據法，以事爲斷耳。」是時帝以權宜從事，尚未能從。志。

河東衛展爲晉王大理，考擿故事有不合情者，上書曰：「今施行詔書，有考子正父死刑〔七三〕，或鞭父母問子所在。近主者所稱庚寅詔書，舉家逃亡家長斬。若長是逃亡之主，斬之雖重猶可。設子孫犯事，將考祖父逃亡，逃亡是子孫〔七四〕，而父祖嬰其酷。傷順破教，如此者衆。相隱之道離，則君臣之義廢；君臣之義廢，則犯上之奸生矣。秦網密文峻，漢興，掃除煩苛，風移俗易，幾於刑措。大人革命，不得不蕩其穢匿，通其圮滯。今詔書宜除者多，有便於當今，著爲正條，則法差簡易。」元帝令曰：「禮樂不興，則刑罰不中，是以明罰勑法，先王所慎。自元康以來，事故薦臻，法禁滋漫。大理所上，宜朝堂會議，蠲除詔書不可用者，此孤所虚心者也。」志。

太寧三年，復三族刑，惟不及婦人。明紀。

温嶠上言：「罪不相及，古之制也。近者大逆，誠由凶戾。凶戾之甚，一時權用。今遂施行，非聖朝之令典，宜如先朝除三族之刑。」議奏，納之。温嶠傳。

桓温在荆州，欲以德被江、漢，恥以威刑肅物。令史受杖，正從朱衣上過。桓式年少，從外來，云：「向從閤下過，見令史受杖，上捎雲根〔七五〕，下拂地足。」意譏不著。桓公云：「我猶患其重。」世説新語政事門

咸康之世，庾冰好爲糾察，近於繁細，後益矯違，復存寬縱，疏密自由，律令無用矣。志。

義熙五年新制：「凡劫身斬刑，家人棄市。」南史何尚之傳。

法禁

泰始元年，禁樂府靡麗百戲之伎及雕文遊畋之具。

三年，禁星氣讖緯之學。兆鏞按：通鑑胡三省注云：「星謂星者，氣謂望氣者。」

五年，禁游食商販。

八年，禁雕文綺組非法之物〔七六〕。武紀。

永平七年，關中飢。詔骨肉相賣者不禁。惠紀。

太興元年，禁招魂葬。元紀。

興寧二年三月庚戌，大閱户人，嚴法禁，稱爲庚戌制。哀紀。

隆安五年，禁酒。

義熙元年，禁絹扇及摴蒲。安紀。

九年，弛湖池之禁。安紀。

殺牛有禁。張茂傳。

石崇在南中，得鴆鳥雛，以與後軍將軍王愷。時制，鴆鳥不得過江，爲司隸校尉傅祇所糾，詔原之，燒鴆於都街。石崇傳。

江統上言：「竊見禁土，令不得繕修牆壁，動正屋瓦。臣以爲此既違典彝舊義，且以拘攣小忌而廢大道〔七七〕，宜可蠲除。」朝廷善之。江統傳。

録囚

泰始四年十二月〔七八〕，帝臨聽訟觀，録廷尉洛陽獄囚，親平決焉。

五年正月，帝臨聽訟觀，録囚徒，多所原遣。

十年六月，臨聽訟觀，録囚徒。武紀。

太興元年，新作聽訟觀。

四年四月，帝親覽庶獄。元紀。

行刑於東市。嵇康傳。〇石崇傳：「車載詣東市。」

【校勘記】

〔一〕陳羣劉邵雖經改革　「羣」，底本誤作「郡」，據晉書改。

〔二〕守河南尹杜預　「守」，底本原奪，據晉書補。

〔三〕合二十篇　「二十」，中華書局本晉書校勘記以爲當作「二十一」。

〔四〕六百二十條　「二」，中華書局本晉書校勘記以爲當作「三」。

〔五〕輕過誤老少女人　「少」，底本誤作「小」，據晉書改。

〔六〕弟子百人皆爲郎中　「中」，中華書局本晉書校勘記以爲衍文。

〔七〕易見則人知所避　「所」，底本原奪，據晉書補。

〔八〕審名分者　「者」，底本原奪，據晉書補。

〔九〕皆求之作本名　「作」，底本誤作「於」，據晉書改。

〔一〇〕名例齊其制　「制」上，通典、文獻通考有「法」字。

〔一一〕實不知情　「情」，底本原奪，據晉書補。

〔一二〕諸勿聽治似故縱　「治」，底本作「理」，晉書同，當爲避唐高宗李治諱，據通典、文獻通考改。

〔一三〕累作不過十二歲　「二」，太平御覽同，晉書、通典、文獻通考等書皆作「一」。

〔一四〕此六者　「六」，底本誤作「八」，據上文及中華書局本晉書校勘記改。

〔一五〕所監求而後取爲盜贓　「贓」，底本誤作「賊」，據中華書局本晉書校勘記改。

〔一六〕皆爲以威勢得財而罪相似者也　「者」，底本原奪，據晉書補。

〔一七〕即奴婢捍主　「即」，底本原奪，據晉書補。

〔一八〕無還贓法隨例畀之文　「畀」，底本誤作「卑」，據晉書改。

〔一九〕或化略以循常　「以」，底本誤作「不」，據通典改。

〔二〇〕使用法執詮者幽於未制之中　「使」，底本原奪，據晉書補。

〔二一〕非天下之賢聖　「非」上，底本原衍「通」字，據晉書删。

〔二二〕而生殺永殊　「殊」，底本誤作「除」，據南齊書改。

〔二三〕著法經　「著」，底本誤作「爲」，據晉書改。

〔二四〕盜律　「律」，底本原奪，據唐六典補。下「賊律」同。

〔二五〕平心無私而以辜死者　「者」下，底本原衍「者」字，據太平御覽删。

〔二六〕及掠人和賣誘藏亡奴婢　「賣」下，底本原衍「人」字，據太平御覽删。

〔二七〕文獻通考一百六十四　「六十四」，底本誤作「七十三」，據文獻通考改。

〔二八〕志引　「志」，底本作「劉頌傳」，正文不見於劉頌傳，僅見於刑法志，據晉書改。

〔二九〕詐取父母寧依毆詈法棄市　「寧」，底本誤作「卒」，據晉書改。

〔三〇〕不聽別籍避役　「聽」，底本誤作「得」，據晉書改。

〔三一〕受教殺人　「教」，底本空出，據晉書補。

〔三二〕門下散騎中書　「中書」，底本原奪，據唐六典補。

〔三三〕宫衛　「宫」，底本誤作「官」，據唐六典改。

〔三四〕女奴不得服銀釵　「銀」，底本原奪，據太平御覽補。

〔三五〕七百一十八　「七百一十八」，底本原無，據本書體例與太平御覽補。

〔三六〕士卒百工不得服真珠璫　「真」，底本原奪，據太平御覽補。

〔三七〕不滿千户亦立　「亦」，底本誤作「不」，據太平御覽改。

〔三八〕及五百以上　「及」，北堂書鈔陳俞本同，或本作「州郡治」。

〔三九〕上於東門外　「上於」，底本誤倒，據文獻通考乙正。

〔四〇〕初學記寶器部　「寶器」，底本誤作「職官」，據初學記改。

〔四一〕郡縣國祠先農　「祠」下，北史有「社稷」二字。

〔四二〕又祠靈星　「又」上，北史有「縣」字。

〔四三〕寒者與衣　「者」，底本原奪，據太平御覽補。

〔四四〕鞭皆用牛皮革廉成　「成」，底本誤作「或」，據太平御覽改。

〔四五〕過五寸者　「寸」，底本誤作「十」，據北堂書鈔改。

〔四六〕應杖而體有瘡者　「體」，北堂書鈔作「髀」。

〔四七〕其末薄半寸　「半」，底本誤作「一」，據北堂書鈔改。

〔四八〕文選陸士衡謝平原内史表注引　初學記、北堂書鈔、白孔六帖所引同。文選注所引，無後二句。

〔四九〕相風已前侍御史令史　「令史」下，底本原衍「主之」，據太平御覽删。

〔五〇〕父祖與官職同名者　「官職」，底本誤倒，據晉書乙正。

〔五一〕報以大郡　「報」上，文獻通考有「官」字。

〔五二〕官假六十日　「六」，底本誤作「二」，據晉書改。

〔五三〕鄭默傳　「鄭默」，底本誤作「華廙」，據晉書改。

〔五四〕勑外内有造異服　「外内」，底本誤倒，據藝文類聚乙正。

〔五五〕則誰敢復爲殺身成義者哉　「者」，底本原奪，據晉書補。

〔五六〕例不得直　「直」，底本原奪，據晉書補。

〔五七〕夫法者　「夫」，底本誤作「執」，據晉書改。

〔五八〕故令主者守文　「守」，底本誤作「平」，據晉書改。

〔五九〕不得出以意妄議　「出」，底本原奪，據晉書補。

〔六〇〕吏不容奸　「吏」，底本誤作「史」，據晉書改。

〔六一〕行之信如四時　「行之」上，晉書有「法軌既定則行之」七字。

〔六二〕不得使奉用之司公得出入以差輕重也　「公」，底本原奪，據晉書補。

〔六三〕今論時弊　「弊」，通典引作「敦朴」。

〔六四〕以釋不滯　「不滯」，底本原奪，據晉書補。
〔六五〕無情則法徒克　「徒克」，底本誤作「刻」，據晉書改。
〔六六〕積克似無私　「克」，底本誤作「刻」，據晉書改。下「恒克」同。
〔六七〕夫出法權制　「制」，底本誤作「斷」，據晉書改。
〔六八〕議則有所開長　「長」，底本原奪，據晉書補。
〔六九〕於是門下屬三公曰　「屬」下，底本原衍「屬」字，據晉書删。
〔七〇〕欲令法令斷一　「一」，底本原奪，據晉書補。
〔七一〕有犯者誅三族　「誅」下，晉書有「及」字。
〔七二〕若本曹處事不合法令　「法」，底本誤作「律」，據晉書改。
〔七三〕有考子正父死刑　「考」，底本誤作「拷」，據晉書改。下「考」字同。「正」，底本誤作「證」，據晉書改。
〔七四〕逃亡是子孫　「逃亡」，底本原奪，據晉書補。
〔七五〕上捎雲根　「根」，底本誤作「眼」，據世説新語改。
〔七六〕禁雕文綺組非法之物　「文綺」，底本原奪，據晉書補。
〔七七〕且以拘攣小忌而廢大道　「廢」下，晉書有「弘廓」二字。
〔七八〕泰始四年十二月　「四」，底本誤作「元」，據晉書改。

晉會要弟二十一

刑法下

斷獄

太康九年八月，詔郡國五歲刑以下決遣，無留庶獄。（武紀。）

惠帝之世，政出羣下，每有疑獄，各立私情，刑法不定，獄訟繁滋。尚書裴頠表陳之曰：「夫天下之事多塗，非一司之所管；中才之情易擾，賴恒制而後定。先王知其所以然也，是以辨方分職，爲之準局。準局既立，各掌其務，刑賞相稱，輕重無二，故下聽有常，羣吏安業也。舊宮掖陵廟有水火毀傷之變，然後尚書乃躬自奔赴，其非此也，皆止於郎令史而已。刑罰所加，各有常刑云。元康四年，大風之後，廟闕屋瓦有數枚傾落，免太常荀寓。於時以嚴詔所譴，莫敢據正。然內外之意，僉謂事輕責重，有違於常。會五年二月有大風，主者懲懼前事。

臣新拜尚書始三日，本曹尚書有疾，權令兼出，按行蘭臺。主者乃瞻望阿棟之間，求索瓦之不正者，得棟上瓦小邪十五處。或是始瓦時邪，蓋不足言，風起倉卒，臺官更往，太常按行，不及得周，文書未至之頃，便競相禁止。臣以權兼暫出，出還便罷，不復得窮其事。而本曹據執，卻問無已。臣時具加解遣，而主者畏咎，不從臣言，禁止太常，復興刑獄。昔漢氏有盜廟玉環者，文帝欲族誅，釋之但處以死刑，曰：『若侵長陵一抔土，何以復加？』文帝從之。大晉垂制，深維經遠，山陵不封，園邑不飾，墓而不墳，同乎山壤，是以丘阪存其陳草，使齊乎中原矣。雖陵兆尊嚴〔一〕，惟毁發然後族之，此古典也。若登踐犯損，失盡敬之道，事止刑罪可也。去八年，奴聽教加誣周龍燒草，廷尉遂奏族龍，一門八口并命。會龍獄翻，然後得免。考之情理，準之前訓，所處實重。今年八月，陵上荆一枝圍七寸二分者被斫，司徒太常，奔走道路，雖知事小，而案劾難測，搔擾驅馳，各競免負，於今太常禁止未解。近日太祝署失火，燒屋三間半。署在廟北，隔道在重牆之内，又即已滅，頻爲詔旨所問。主者以詔旨使問頻繁，便責尚書不即按行，輒禁止，尚書免，皆在法外。刑書之文有限，而舛違之故無方，故有臨時議處之制，誠不能皆得循常也。至於此等〔二〕，皆爲過當，每相逼迫，不復以理，上替聖朝畫一之德，下損崇禮大臣之望。臣愚以爲犯陵上草木，不應乃用同産異刑之制。按行奏劾，應有定準，相承務重，體例遂虧。或因餘事，得容淺深。」頠雖有此表，曲議猶不止。志。

陸雲補浚儀令。人有見殺者，主名不立，雲録其妻，而無所問。十許日遣出，密令人隨後，謂曰：「其去不出十里，當有男子候之與語，便縛來。」既而果然。問之具服，云：「與妻通〔三〕，共殺其夫，聞妻得出，欲與語，憚近縣，故遠相要候。」於是一縣稱其神明。陸雲傳。

周處爲廣漢太守。郡多滯訟，有經三十年而不決者，處詳其枉直〔四〕，一朝決遣。周處傳。

曹攄爲臨淄令。縣有寡婦，養姑甚謹。姑以其年少〔五〕，勸令改適，婦守節不移。姑愍之，密自殺。親黨告婦殺姑，官爲考鞫〔六〕，寡婦不勝苦楚，乃自誣。獄當決，適值攄到。攄知其有冤，更加辨究，具得情實，時稱其明〔七〕。曹攄傳。

廷尉奏殿中帳吏邵廣盜官幔三張，合布三十四，有司正刑棄市。廣二子，宗年十三，雲年十一，黄幡撾登聞鼓乞恩，辭求自没爲奚官奴，以贖父命。尚書郎朱暎議以爲，天下之人父，無子者少，一事遂行，便成永制，懼死罪之刑，於此而弛。堅亦同暎議。時議者以廣爲鉗徒，二兒没入，既足以懲，又使百姓知父子之道，聖朝有垂恩之仁。可特聽減廣死罪爲五歲刑〔八〕，宗等付奚官爲奴，而不爲永制。堅駁之曰：「自淳朴澆散，刑辟乃作。刑之所以止刑，殺之所以止殺。雖時有赦過宥罪，議獄緩死，未有行小不忍而輕易典刑者也。且既許宗等，宥廣以死，若復有宗比而不求贖父者，豈得不擯絶人倫，同之禽獸耶？按主者今奏云，惟特聽宗等而不爲永制。臣以爲王者之作，動關盛衰，顰笑之間，尚慎所加，況於國典，可以徒虧？

今之所以宥廣，正以宗等耳。人之愛父，誰不如宗？今既居然許宗之請，將來訴者，何獨匪民？特聽之意，未見其益；不以爲例，交興怨讟。此爲施一恩於今，而開萬怨於後也。」成帝從之，正廣死刑。范堅傳。

建興中，丞相府斬督運令史淳于伯而血逆流，隗奏曰：「古之爲獄必察五聽，三槐九棘以求民情。雖明庶政，不敢折獄。死者不得復生，刑者不可復續，是以明王哀矜用刑。曹參去齊，以市獄爲寄。自頃蒸荒〔九〕，殺戮無度，罪同斷異，刑罰失宜。謹按行督運令史淳于伯刑血著柱〔一〇〕，遂逆上終極柱末二丈三尺，旋復下流四尺五寸。百姓喧譁，士女縱觀，咸曰其冤。伯息忠訴辭稱枉，云伯督運訖去二月，事畢代還，無有稽乏。受賕使役，罪不及死。軍是戍軍，非爲征軍，以乏軍興論，於理爲枉。四年之中，供給運漕，凡諸徵發租調百役，皆有稽停，而不以軍興論，至於伯也，何獨明之？捶楚之下，無求不得，囚人畏痛，飾辭應之。理曹，國之典刑，而使忠等稱冤明時。謹按從事中郎周筵、法曹參軍劉胤屬李匡幸荷殊寵，並登列曹，當思敦奉政道，詳法慎殺，使兆庶無枉，人不稱訴。而令伯枉同周青，冤魂哭於幽都，訴靈恨於黃泉〔一一〕，嗟歎甚於杞梁，血妖過於崩城。刑殺失中〔一二〕，妖眚並見，以古況今，其揆一也。皆由筵等不勝其任，請皆免官。」劉隗傳。

卒士韓帳逃亡歸首，云：「失牛，故叛。」有司劾帳偷牛，考掠服罪〔一三〕。坦之云，帳束身自歸，而法外加罪，懈怠失牛，事或可恕，加之木石，理有自誣，宜附罪疑從輕之例，遂以見原。王坦之傳。

桂陽人黃欽生父歿已久，詐服衰麻，言迎父喪。府曹先依律詐取父母卒棄市，仲堪曰：「律詐取父母寧依毆詈法棄市〔一四〕。原此之旨，當以二親生存而橫言死歿，情事悖逆，忍所不當，故同之毆詈之科，正以大辟之刑。今欽生父實終歿，墓在舊邦，積年久遠，方詐服迎喪，以此爲大妄耳。比之於父存言亡，相殊遠矣。」遂活之。殷仲堪傳。

桓溫執權，大辟之罪皆自己決。沖爲揚豫二州刺史，上疏以爲，生殺之重，古今所慎，凡諸死罪，先上，須報。桓沖傳。

義熙五年，吳興武康縣人王延祖爲劫〔一五〕，父睦以告官。新制，凡劫身斬刑，家人棄市。睦既自告，於法有疑。叔度爲尚書，議曰：「設法止姦，必本於情理，非謂一人爲劫，闔門應刑。所以罪及同産，欲開其相告，以出爲惡之身〔一六〕。睦父子之至，容可悉共逃亡，而割其天屬，還相縛送，螫毒在手，解腕求全，於情可愍，理亦宜宥。使凶人不容於家，逃刑無所，乃大絶根源也。睦既糾送，則餘人無應復告，並合從原。」從之〔一七〕。宋書何尚之傳。叔度，尚之父也。

撫軍將軍劉毅鎮姑孰，嘗出行，而鄢陵縣吏陳滿射鳥，箭誤中直帥，雖不傷人，處法棄市。何承天議曰：「獄貴情斷，疑則從輕。昔驚漢文帝乘輿馬者，張釋之劾以犯蹕，罪止罰金。何者？明其無心於驚馬也。故不以乘輿之重，加以異制。今滿意在射鳥，非有心於中人。案律過誤傷人，三歲刑，況不傷乎？微罰可也。」宋書何承天傳。

義熙十四年，軍人朱興妻周生子道扶〔一八〕，年三歲，先得癇病。周因其病發，掘地生埋之，爲道扶姑雙女所告〔一九〕，周棄市〔二〇〕。羨之曰：「自然之愛，虎狼猶仁〔二一〕。周之凶忍，宜加顯戮。臣以爲法律之外，尚弘通理〔二二〕。母之即刑，由子明法。爲子之道，焉有自容之地？愚謂可特申之遐裔。」從之。南史徐羨之傳。

廷尉監陸鸞上表求增築訊堂，詔許之。太平御覽職官部引晉起居注。

劉裕嘗訊囚，其旦刑獄參軍有疾，以謝晦代之。於車中一覽訊牒，催促便下。相府多事，獄繫殷積，晦隨問酬辨，曾無違謬。通鑑一百一十六。○胡三省注：「刑獄分民曹、賊曹。」

議肉刑

劉頌爲廷尉，頻表宜復肉刑，不見省，又上言曰：「臣昔上行肉刑，從來積年，遂寢不論。臣竊以爲，議者拘孝文之小仁，而輕違聖王之典刑，未詳之甚，莫過於此。今死刑重，故非命者衆；生刑輕，故罪不禁奸。所以然者，肉刑不用之所致也。今爲徒者，類性原惡不軌之族也，去家懸遠，作役山谷，饑寒切身，志不聊生，雖有廉士介者〔二三〕，苟慮不首死，則皆爲盜賊，何況本性姦凶無賴之徒乎？又令徒富者輸財，解曰歸家，乃無役之人也。貧者起爲姦盜，又不制之虜也。不刑，則罪無所禁；不制，則羣惡橫肆。爲法若此，近不盡善也。是以徒亡日屬，賊盜日煩，亡之數者至有十數，得輒加刑，日益一歲〔二四〕，此爲終身之徒也。自顧反善無期，而災困逼身，其志亡思盜，勢不得息，事使之然也。古者用刑以止刑，今反於此。諸重犯亡者，髮過三寸輒重髡之，此以刑生刑；加作一歲，此以徒生徒也。亡者積多，繫囚猥畜。議者曰，囚不可救，復從而赦之，此爲刑不制罪，法不勝奸。下知法之不勝，相聚而謀爲不軌，月異而歲不同。故自頃年以來，奸惡陵暴，所在充斥。議者不深思此故，而曰肉刑於名忤聽，忤聽孰與盜賊不禁？聖王之制肉刑，遠有深理，其事可得而言，非徒懲其畏剥割之痛而不爲也，乃去其爲惡之具，使夫姦人無用復肆其志，止奸絶本，理之盡也。亡者刖足，無所用復亡。盜者截手，無所用復盜。淫者割其勢，理亦如之。除惡塞源，莫善於此，非徒然也。此等已刑之後，便各歸家，父母妻子，共相養恤，不流離於塗路。有今之困，創愈可役，上準古制，隨宜業作，雖已刑殘，不爲虚棄，而所患都塞，又生育繁阜之道自若也。今宜取死刑之限輕，及三犯逃亡淫盜，悉以肉刑代之。其三歲刑以下，已自杖罰遣，又宜制其罰數，使有常限，不得減此。其有宜重者，又任之官長。應四五歲刑者，皆髡笞，笞至一百，稍行，使各有差，悉不復居作。然後刑不復生刑，徒不復生徒，而殘體爲戮，終身作誡。人見其痛，畏而不犯，必數倍於今。

且爲惡者隨發被刑，去其爲惡之具，此爲諸已刑者皆良士也，豈與全其爲奸之手足，而蹴居必死之窮地同哉？而猶曰肉刑不可用，臣竊以爲不識務之甚也。臣昔常侍左右，數聞明詔，謂肉刑宜用，事便於政〔二五〕。願陛下信獨見之斷，使夫能者得奉聖慮，行之於今。比填溝壑，冀見太平。周禮三赦三宥，施於老幼悼耄，黔黎不屬逮者，此非爲惡之所出，故刑法逆舍而宥之。至於自非此族，犯罪則必刑而無赦，此政之理也。暨至後世，以時嶮多難，因赦解結，權以行之，又不以寬罪人也。至今恒以罪積獄繁，赦以散之，是以赦愈數而獄愈塞，如此不已，將至不勝。原其所由，肉刑不用之故也。今行肉刑，非徒不積〔二六〕，且爲惡無具則奸息。去此二端，獄不得繁，無取於數赦，於政體勝矣。」疏上，又不見省。志。

曹彦議曰：「嚴刑以殺，犯之者寡；刑輕易犯，蹈惡者多。臣謂玩常苟免，犯法乃衆；黥刖彰刑，而民甚恥。且創黥刖，見者知禁，彰罪表惡，亦足以畏，所以易曰『小懲大戒』，豈蹈惡者多耶？假使惡多〔二七〕，尚不至死，無妨産育。苟必行殺，爲惡縱寡而不已〔二八〕，將至無人〔二九〕，天無以神〔三〇〕，君無以尊矣，故人寧過不殺。是以爲上寧寬得衆。若乃于張聽訟刑以止刑，不可革舊，過此以往，肉刑宜復。肉刑於死爲輕，於五歲爲重，重不害生，足以懲奸，輕則不知禁，禁民爲非，所謂相濟經常之法〔三一〕。」議云：「不可，或未知之也〔三二〕。」太平御覽刑法部引王隱晋書。○藝文類聚引，「曹彦」作「曹志」。

尚書梅陶問光禄大夫祖納〔三三〕：「漢文帝故當爲英雄，既除肉刑，而五六百歲無能復者。」納答曰：「諸聖制肉刑，而漢文擅除已來，無勝漢文者。故不能復。非聖人者無法，何足爲英雄？」於是陶不能對。太平御覽刑法部引王隱晉書。

元帝即位，衛展爲廷尉，又上言：「古者肉刑，事經前聖，漢文除之，增加大辟。今人户彫荒，百不遺一，而刑法峻重，非句踐養胎之義也。愚謂宜復古施行，以隆太平之化。」詔内外通議。於是驃騎將軍王導、太常賀循、侍中紀瞻、中書郎庾亮、大將軍諮議參軍梅陶、散騎郎張嶷等議，以：「肉刑之典，由來尚矣。肇自古先，以及三代，聖哲明王所未曾改也〔三四〕。豈是漢文常主所能易者乎？時蕭曹已没，絳灌之徒不能正其義。逮班固深論其事，以爲外有輕刑之名，内實殺人。又死刑太重，生刑太輕，生刑縱於上，死刑怨於下，輕重失當，故刑政不中也。且原先王之造刑也，非以過怒也，非以殘人也，所以救奸，所以當罪。今盜者竊人之財，淫者好人之色，亡者避叛之役，皆無殺害也，則加之以刑。刑之則止，而加斬戮，戮過其罪，死不可生，縱虐於此，歲以巨計。此迺仁人君子所不忍聞，而況行之於政乎？若乃惑其名而不練其實，惡其生而趣其死，此畏水投舟，避坎蹈井，愚夫之不若，何取於政哉？今大晉中興，遵復古典，率由舊章，起千載之滯義，拯百殘之遺黎，使皇典廢而復存，黔首死而更生，至義暢於三代之際，遺風播乎百世之後，生肉枯骨，惠侔造化，豈不休哉？惑者乃曰，死猶不懲，而況於刑？然人者，冥也，其至愚矣，雖加斬戮，忽爲灰土，死事日往，生欲日存，未以爲改。若刑諸市朝，朝夕鑒戒，刑者詠爲惡之永痛，惡者覩殘刖之長廢，故足懼也。然後知先王之輕刑以御物，顯誡以懲愚，其理遠矣。」志。

尚書令刁協、尚書薛兼等議，以爲：「聖上悼殘荒之遺黎，傷犯死之繁衆，欲行刖以代死刑，使犯死之徒得存性命，則率土蒙更生之澤，兆庶必懷恩以反化也。今中興祚隆，大命維新，誠宜設寬法以育人。然懼羣小愚蔽，習翫所見而忽異聞，或未能咸服。愚謂行刑之時，先明申法令，樂刑者刖，甘死者殺，則心必服矣。古典刑不上大夫，今士人有犯者，謂宜如舊，不在刑例，則進退爲允。」志。

尚書周顗、郎曹彥、中書郎桓彝等議，以爲：「復肉刑以代死，誠是聖王之至德，哀矜之弘私。然竊以爲刑罰輕重，隨時而作。時人少罪而易威，則從輕而寬之；時人多罪而難威，則宜化刑以濟之〔三五〕。肉刑平世所應立，非救弊之宜也。方今聖化草創，人有餘奸，習惡之徒，爲非未已，截頭絞頸，尚不能禁，而乃更斷足劓鼻，輕其刑罰，使欲爲惡者輕犯寬刑，蹈罪更衆，是爲輕其刑以誘人於罪，殘其身以加楚酷也。昔之畏死刑以爲善人者，今皆犯輕刑而殘其身，畏重之常人，反爲犯輕而致囚，此則何異斷刖常人以爲恩仁耶？受刑者轉廣，而爲非者日多，踊貴屨賤，有鼻者醜也〔三六〕。徒有輕刑之名，而實開長惡之源，不如以殺止殺，重以全輕，權小停之。須聖化漸著，兆庶易威之日，徐施行也。」議奏，元帝猶欲從展所上。大將軍王敦以爲：「百姓習俗日久，忽復肉刑，必駭遠近。且逆寇未殄，不宜有慘酷之聲以聞天下。」於是乃止。志。

安帝元興末，桓玄輔政，又議欲復肉刑斬左右趾之法，以輕死刑，命百官議。蔡廓上議曰：「建邦立法，弘教穆化，必隨時置制，德刑兼施。長貞一以閑其邪[三七]，教禁以檢其慢，灑湛露以流潤，厲嚴霜以肅威，雖復質文迭用，而斯道莫革。肉刑之設，肇自哲王。蓋由曩世風純，人多惇謹，圖像既陳，則機心直戢，刑人在塗，則不逞改操，故能勝殘去殺，化隆無爲。季末澆僞，設網彌密，利巧之懷日滋，恥畏之情轉寡。終身劇役，不足止其奸，況乎黥劓，豈能反於善？徒有酸慘之聲，而無濟俗之益。至於棄市之條，實非不赦之罪，事非手殺，考律同歸，輕重均科，減降路塞，鍾陳以之抗言，元皇所爲留愍。今英輔翼贊，道邈伊周，誠宜明慎用刑，愛人弘育，申哀矜以革濫，移大辟於支體，全性命之至重，恢繁息於將來。」而孔琳之議不同，用王朗、夏侯玄之旨。時論多與琳之同，故遂不行。志。

孔琳之議以爲[三八]：「唐虞象刑，夏禹立辟，蓋淳薄既異，致化不同。書曰『世輕世重』，言隨時也。夫三代風純而事簡，故罕蹈刑辟，季末俗巧而務殷，故動陷憲網。若三千行於叔世[三九]，必有踊貴之尤[四〇]，此五帝不相循法[四一]，肉刑不可悉復者也。漢文發仁惻之意，傷自新之路莫由，革古創制，號稱刑措；然名輕而實重，反更傷人。故孝景嗣位，輕之以緩，緩而人慢，又不禁邪。期於刑罰之中，所以見美於昔，歷代詳論而未獲厥中者也。兵荒以後，罹法更多，棄市之刑，本斬右趾，漢文一謬，承而弗革〔四二〕，所以前賢悵恨〔四三〕，議之而未辨。鍾繇、陳羣之意雖小有不同，欲以右趾代棄市。若從其言，則所活者衆矣。降死之生，誠爲輕法，可以全其性命，蕃其産育，仁既濟物，功亦益衆。又今之所患，逋逃爲先，屢叛不革，宜令逃身靡所，亦以肅戒未犯，永絶惡原〔四四〕。至於餘條，宜且依舊。」桓玄好人附悦，而琳之不能順旨，是以不見知。南史孔琳之傳。

獄

獄制見律令門。

廷尉獄武紀。

洛陽獄武紀。

黄沙獄武紀。太康五年，置以典詔囚。○高光傳作「長沙」。

壽陽獄華譚傳。

傅咸議移縣獄於郡。傅咸傳。

永嘉中，劉琨爲并州刺史，建市獄。劉琨傳。

曹攄爲臨淄令，獄有死囚〔四五〕，歲夕，攄行獄，愍之，曰：「卿等不幸致此非所，如何？新歲人情所重，豈不欲暫見家耶？」衆囚皆涕泣曰：「若得暫歸，死無恨也。」攄悉開獄出之，尅日令還。掾吏固争，咸謂不可。攄曰：「此雖小人，義不見負，自爲諸君任之。」至日，相率而還，並無違者。一縣歎服，號曰聖君。曹攄傳。

喬智明爲隆慮、共二縣令。部人張兑爲父報仇〔四六〕，母老，無子，智明愍之，停其獄。歲餘，令兑將妻入獄，於獄産一男。會赦，得免。喬智明傳。

愍懷太子廢，詔宫臣不得辭送。洗馬江統等冒禁至伊水拜辭。司隸校尉滿奮收縛統等送獄。其繫河南獄者，樂廣悉解遣之；繫洛陽縣獄者〔四七〕，猶未釋。都官從事孫琰説賈謐，語洛陽令曹攄釋之。通鑑八十三。胡三省注云：「付郡者，河南尹得解遣之；繫洛陽獄者，尹不得與也。」

登聞鼓

登聞鼓之名，蓋起於魏晉之間。周禮：「太僕建路鼓於大寢之門外〔四八〕，以待達窮者。」鄭司農注：「窮，謂窮冤失職者，來擊此鼓，以達於王，若今時上變事擊鼓矣。」此則登聞鼓之始也。通鑑八十二胡三省注。

泰始五年六月，西平人麴路伐登聞鼓，言多祅謗，有司奏棄市。帝曰：「朕之過也。」捨而不問。武紀。

元康元年，楚王瑋矯詔誅太保，衛瓘女與國臣書曰〔四九〕：「先公名謚未顯，每怪一國蔑然無言，春秋之失，其咎安在？」於是太保主簿劉繇等執黄幡，撾登聞鼓。上言訟瓘冤。通鑑八十二。

元帝時，廷尉張闓在小市居，私作都門，早閉晚開，羣小患之，詣州府訴，不得理，遂撾登聞鼓。世説規箴篇〔五〇〕。

贖罪　贖制見律令門。

杜預爲東羌校尉，石鑒奏預擅飾城門官舍，稽乏軍興，檻車徵詣廷尉。以尚主，在八議，以侯贖論。白帖。

華表初有賜客在鬲，使子廙因縣令袁毅録名，三客各代以奴。及毅以貨賕致罪，獄辭迷謬，不復顯以奴代客，直言送三奴與廙，而毅亦盧氏壻也。又中書監荀勖先爲中子求廙女，廙不許，爲恨，因密啓帝，以袁毅貨賕者多，不可盡罪，宜責最所親者一人〔五一〕，因指廙當之。遂於喪服中免廙官，削爵土。大鴻臚何遵奏廙免爲庶人，不應襲封，請以表世孫混嗣表。有司奏曰：「廙所坐除名削爵，一時之制。廙爲世子，著在名簿，不聽襲嗣，此爲刑罰再加。諸侯犯法，八議平處者，褒功重爵也。嫡統非犯終身棄罪，廢之爲重，依律應聽襲封。」詔曰：「諸侯薨，子踰年即位，此古制也。應即位而廢之，爵命皆去矣，何爲罪罰再加？且吾之責廙，以肅貪穢，本不論常法也。諸賢不能將明此意，乃更詭易禮律，不顧憲度，君命廢之，而羣下復之，此爲上下正相反也。」於是有司奏免議者官，詔皆以贖論。華廙傳。

王宏爲河南尹，坐桎梏罪人，以泥墨塗面，置深坑中，餓不與食，又擅縱五歲刑以下二十一人〔五二〕，爲有司所劾。帝以宏累有功績，聽以贖罪論。王宏傳。

劉道真嘗爲徒，扶風王駿以五百疋布贖之，既而用爲從事中郎。當時以爲美事。世說新語德行門。

赦宥

泰始元年十二月〔五三〕，帝受禪即位，大赦。

五年五月，曲赦交阯、九真、日南五歲刑。

六年三月〔五四〕，赦五歲刑以下。

七年八月，分益州之南中四郡，置寧州，曲赦四郡殊死以下。

咸寧元年正月，改元，大赦。

二年二月〔五五〕，赦五歲刑以下。

五年四月，星孛於女御，大赦。

太康元年，吴平，改元，大赦。

十年，太廟成，大赦。（武紀。）

太熙元年四月，惠帝即位，大赦。

永平元年三月，大赦。

六月，曲赦洛陽。

二年八月，大赦。

四年九月，赦上谷、居庸、上庸諸州之遭地災者。

六年，大赦。

永康元年正月，大赦。

十一月〔五六〕，立皇后，大赦。

永寧元年，乘輿反正，大赦。

太安元年，大赦。

二年，赦五歲刑。

永興元年正月，大赦。

三月〔五七〕，大赦。

七月，大赦。

十一月〔五八〕，大赦。

十二月〔五九〕，大赦。

二年八月，大赦。惠紀。

光熙元年，懷帝即位，大赦。

永嘉元年正月，大赦。

三月，立皇太子，大赦。

八月，曲赦幽、并、司、冀、兖、豫等六州。

二年正月，大赦。

十二月，大赦。

三年，曲赦河南郡〔六〇〕。懷紀。

建興元年，愍帝即位，大赦。

二年，大赦。

三年，大赦。愍紀

太興元年，元帝即位，大赦。

永昌元年，大赦。元紀。

明帝即位，大赦。

太寧二年正月，赦五歲刑以下。

七月，大赦。

三年三月〔六一〕，立皇太子，大赦。明紀。

成帝即位，大赦。

咸和元年二月〔六二〕，大赦。

十月，赦百里内五歲刑以下〔六三〕。

五年，大赦。

七年，大赦。

八年，大赦〔六四〕。

咸康元年，帝加元服，大赦。

二年，立皇后，大赦。

五年，大赦。
六年，大赦。成紀。
康帝即位，大赦。
建元元年十一月〔六五〕，大赦。康紀。
穆帝即位，大赦。
永和二年正月，大赦。
五年，大赦。
升平元年正月，帝親政，大赦。
八月，立皇后，大赦。穆紀。
五年正月，大赦〔六六〕。
哀帝即位，大赦。
隆和元年正月，大赦。
四月，旱，詔出輕繫。
興寧元年，大赦。
九月，皇子生，大赦。哀紀。

廢帝即位，大赦。

太和元年，曲赦梁、益二州。

三年，大赦。

六年，大赦。海西紀。

簡文帝即位，大赦。簡文紀。

孝武帝即位，大赦。

寧康二年，大赦。〔六七〕

寧康三年，大赦。

太元元年，詔議獄緩死，赦過宥罪。

四年，大赦郡縣。

五年，大赦。

十二年，大赦。孝武紀。

安帝即位，大赦。

義熙十一年，大赦。安紀。

恭帝即位，大赦。恭紀。

穆帝時，當南郊，簡文爲撫軍，執政，訪彪之應有赦不。答曰：「中興以來，郊祀往往有赦，愚意嘗謂非宜。何者？黎庶不達其意，將謂效祀必赦。至此時〔六八〕，凶愚之輩復生心於僥倖矣〔六九〕。」遂從之。王彪之傳。

永昌元年，皇孫生，郭璞曰：「臣去春啓事，以囹圄充斥，陰陽不和，推之卦理，宜因郊祀作赦，以蕩滌瑕穢。不然，將來必有愆災。其後月餘，日果薄鬥。去秋以來，諸郡並有暴雨，水皆洪潦，歲用無年。適聞吴興復欲有構妄者，咎徵漸成〔七〇〕，臣甚惡之。今皇孫載育，宜於此時崇恩布澤〔七一〕，則火氣潛消，災譴不生矣。」疏奏，納焉，即大赦。郭璞傳。

義熙六年，鮮之使治書侍御史丘洹奏彈毅，曰：「上言傳詔羅道盛輒開棧，遂盜發密事，依法棄市，奏報行刑，而毅以道盛身有侯爵，輒復停宥。按毅勳德光重，任居次相，既殺之非己，無緣生之自由。又奏之於先，而弗請於後，閫外出疆，非此之謂。中丞鮮之，於毅舅甥，制不相糾，臣請免毅官。」詔無所問。宋書鄭鮮之傳。○毅，即劉毅，晉人也。

律學

廷尉屬有律博士員。職官志。

杜預注律。

張斐注律。志。

高光以歷世明法，用爲長沙御史。高光傳。○按：「長」，當是「黄」之誤。

續咸修陳杜律，明達刑書，持法平詳。續咸傳。

魯勝采諸家雜集爲刑、名二篇，略解指歸。魯勝傳。

李充好刑名之學。李充傳。

氾毓撰肉刑論。氾毓傳。

王坦之頗尚刑名學。王坦之傳。

易雄習律令，及施行故事，州里稱之。易雄傳。

謝萬爲豫州都督。嵩徑造之，爲敍刑政之要數百言。萬起坐，呼嵩小字曰：「阿鄢！故有才具耶！」高嵩傳。

謝安每言：「陶公雖用法，而恒得法外意。」通鑑九十五。○陶公，侃也。

【校勘記】

〔一〕雖陵兆尊嚴　「尊」，底本誤作「森」，據晉書改。

〔二〕至於此等　「等」，底本誤作「輩」，據晉書改。

〔三〕與妻通　「與」下，晉書有「此」字。
〔四〕處詳其枉直　「枉」，底本誤作「曲」，據晉書改。
〔五〕姑以其年少　「姑」，底本原奪，據晉書補。
〔六〕官爲考鞫　「考」，底本誤作「拷」，據晉書改。
〔七〕時稱其明　「明」下，底本原衍「獄」字，當從下讀，據晉書删。
〔八〕可特聽減廣死罪爲五歲刑　「五」，底本誤作「二」，據晉書改。
〔九〕自頃蒸荒　「頃蒸」，底本誤作「今哭」，據晉書改。
〔一〇〕謹按行督運令史淳于伯刑血著柱　「刑」，底本原奪，據晉書補。
〔一一〕訴靈恨於黄泉　「訴靈恨」，底本誤倒作「靈恨訴」，據晉書乙正。
〔一二〕刑殺失中　「殺失」，底本誤作「罰不」，據晉書改。
〔一三〕考掠服罪　「考」，底本誤作「拷」，據晉書改。
〔一四〕律詐取父母寧依毆詈法棄市　「寧」，底本誤作「卒」，讀禮通考引晉書同，據晉書、通志改。
〔一五〕吴興武康縣人王延祖爲刦　「人」，宋書作「民」。
〔一六〕以出爲惡之身　「爲」，底本誤作「造」，據宋書改。
〔一七〕並合從原從之　「合從原從」，底本誤作「全」，據中華書局本宋書校勘記改。
〔一八〕軍人朱興妻周生子道扶年三歲　「生子」，宋書作「坐息男」。

〔一九〕爲道扶姑雙女所告　「姑」，底本原奪，據南史補。宋書無「雙」字，作「姑女」。

〔二〇〕周棄市　宋書作「正周棄市刑」。

〔二一〕虎狼猶仁　「虎」，底本誤作「豺」，據宋書改。

〔二二〕尚弘通理　「尚」上，宋書有「故」字。「通」，宋書作「物之」。

〔二三〕雖有廉士介者　「雖」，底本誤作「又」，據中華書局本晉書校勘記改。

〔二四〕日益一歲　「日」，底本原奪，據晉書補。

〔二五〕事便於政　「事」，底本原奪，據晉書補。

〔二六〕非徒不積　「非」，底本誤作「之」，據中華書局本晉書校勘記改。

〔二七〕假使惡多　「惡多」，底本誤倒，四庫全書本同，據宋本太平御覽乙正。

〔二八〕爲惡縱寡而不已　「寡」，底本誤作「害」，據太平御覽改。

〔二九〕將至無人　「至」下，底本原衍「死」字，據太平御覽删。

〔三〇〕天無以神　「神」，底本誤作「大」，據太平御覽改。

〔三一〕所謂相濟經常之法　「相濟經常」，底本誤作「輕重相濟」，據太平御覽改。

〔三二〕或未知之也　「未」，底本誤作「不」，據太平御覽改。

〔三三〕尚書梅陶問光禄大夫祖納　「納」，底本誤作「訥」，據太平御覽改。下「訥」同。

〔三四〕聖哲明王所未曾改也　「王」，底本誤作「主」，據晉書改。

〔三五〕則宜化刑以濟之　「化」，中華書局本晉書校勘記以爲當作「死」。

〔三六〕有鼻者醜也　「鼻」，底本誤作「國」，據晉書改。

〔三七〕長貞一以閑其邪　「長」，底本原奪，據晉書補。

〔三八〕孔琳之議以爲　「之」，底本原奪，據文義補。

〔三九〕若三千行於叔世　「世」，底本原奪，據南史補。

〔四〇〕必有踊貴之尤　「尤」，底本誤作「謡」，據南史改。

〔四一〕此五帝不相循法　「五帝」下，底本原衍「所以」，據南史删。

〔四二〕承而弗革　「承」，底本誤作「從」，據南史改。

〔四三〕所以前賢悵恨　「恨」，底本誤作「悵」，據南史改。

〔四四〕永絶惡原　「原」，底本誤作「源」，據南史改。

〔四五〕獄有死囚　「獄」，底本原奪，據晉書補。

〔四六〕部人張兑爲父報仇　「部」，底本誤作「共」，據晉書改。

〔四七〕繫洛陽縣獄者　「縣」，底本原奪，據資治通鑒補。

〔四八〕太僕建路鼓於大寢之門外　「路」，底本原奪，據資治通鑒及周禮補。

〔四九〕衛瓘女與國臣書曰　「女」上，底本原衍「瓘」字，據通鑑删。

〔五〇〕世説規箴篇　「規箴」，底本誤倒，據世説新語乙正。

〔五一〕宜責最所親者一人　「所」，底本原奪，據晉書補。

〔五二〕又擅縱五歲刑以下二十一人　「二」，底本原奪，據晉書改。

〔五三〕泰始元年十二月　「二」，底本誤作「一」，據晉書改。

〔五四〕六年三月　「三」，底本誤作「五」，據晉書改。

〔五五〕二年二月　下「二」，底本誤作「正」，據晉書改。

〔五六〕十一月　「一」，底本原奪，據晉書補。

〔五七〕三月　「三」，底本誤作「二」，據晉書改。

〔五八〕十一月　「一」，底本原奪，據晉書補。

〔五九〕十二月　「二」，底本誤作「一」，據晉書改。

〔六〇〕曲赦河南郡　「南」，底本誤作「内」，據晉書改。

〔六一〕三年三月　下「三」，底本誤作「十二」，據晉書改。

〔六二〕咸和元年二月　「二」，底本誤作「正」，據晉書改。

〔六三〕赦百里内五歲刑以下　「内」，底本原奪，據晉書補。

〔六四〕大赦　「大赦」，晉書作「赦五歲刑以下」。

〔六五〕建元元年十一月　「十一」，底本誤作「正」，據晉書改。

〔六六〕五年正月大赦　「五年正月大赦」六字，底本原奪，據晉書補。

〔六七〕寧康二年大赦　此六字底本無，據晉書補。

〔六八〕至此時　「至」，底本誤作「宥」，據晉書改。

〔六九〕凶愚之輩復生心於僥倖矣　「凶」，底本空出，據晉書補。

〔七〇〕咎徵漸成　「漸」，底本誤作「將」，據晉書改。

〔七一〕宜於此時崇恩布澤　「布」，底本誤作「沛」，據晉書改。

晋會要弟二十二

食貨上

田制

制：男子一人占田七十畝，女子三十畝。其外丁男課田五十畝，丁女二十畝，次丁男半之，女則不課。男女年十六以上至六十爲正丁，十五以下至十三、六十一以上至六十五爲次丁，十二以下、六十六以上爲老小，不事。志。

官品弟一至弟九，各以貴賤占田，品弟一者占五十頃，弟二品四十五頃，弟三品四十頃，弟四品三十五頃，弟五品三十頃，弟六品二十五頃，第七品二十頃，弟八品十五頃，弟九品十頃。而又各以品之高卑蔭其親屬，多者及九族，少者三世。宗室、國賓、先賢之後及士人子孫亦如之。而又得蔭人以爲衣食客及佃客，品弟六以上得衣食客三人，弟七、弟八品二人，弟九品及舉輦、跡禽、前驅、由基、强弩、司馬、羽林郎、殿中冗從虎賁、殿中虎賁、持椎斧武騎虎賁〔一〕、持鈒冗從虎賁、命中虎賁武騎一人。其應有佃客者，官品弟一、弟二者佃客無過五十户，弟三品十户，弟四品七户，弟五品五户，弟六品三户，弟七品二户，弟八品、弟九品一户。志。

平吴之後，有司奏：「詔書：『王公以國爲家，京城不宜復有田宅。今未暇作諸國邸，當使城中有往來處，近郊有芻藁之田。』今可限之，國王公侯，京城得有一宅之處。近郊田，大國田十五頃，次國十頃，小國七頃。城内無宅城外有者，皆聽留之。」志。

杜預議立耤田。杜預傳。

泰始四年正月丁亥，帝親耕耤田。庚寅，詔曰：「使四海之内，棄末反本，競農務功，能奉宣朕志，令百姓勸事樂業者，其惟郡縣長吏乎？先之勞之，在於不倦。每念其經營職事，亦爲勤矣。其以中左典牧種草馬，賜縣令長相及郡國丞各一匹。」志。

泰始中，有水旱之災。傅玄上便宜五事：其一曰：「耕夫務多種而耕暵不熟，徒喪功力而無收。又舊兵持官牛者，官得六分，士得四分；自持私牛者，與官中分，施行來久，衆心安之。今一朝減持官牛者，官得八分，士得二分；持私牛及無牛者，官得七分，士得三分，人失所作，必不懽樂。臣愚以爲宜佃兵持官牛者與四分，持私牛者與官中分，則天下懽然悦樂〔一〕，愛惜成穀，無有損棄之憂。」其二曰：「二千石雖奉務農之詔，猶不勤心以盡地利。昔漢氏以墾田不實，徵殺二千石以十數。臣愚以爲宜申漢氏舊典，以警天下郡縣，皆以死刑督之。」其三曰：「魏初未留意水事，先帝統百揆，分河堤爲四部，并本凡五謁者，以水功至大，與農事並興，非一人所周故也。今謁者一人之力，行天下諸水，無時得偏。伏見河堤謁者車誼不知水勢〔三〕，更選知水者代之。可分爲五部，使各精其方宜。」其四曰：「古以步百爲畝，今以二百四十步爲畝，所覺過倍。魏初課田，不務多其頃畝，但務修其功力〔四〕，故白田收至十餘斛，水田數十斛。頃增田頃畝之課，而田兵益甚，功不能修理，至畝數斛以還，或不足以償種。非與曩時異天地，橫遇災害也，其病正在於務多頃畝而功不修耳。竊見河隄謁者石恢甚精練田事〔五〕，知其利害，乞中書召恢，問其得失，必有所補益。」其五曰：「臣以爲胡夷獸心，不與華同，鮮卑最甚。鄧艾苟欲取一時之利，不慮後患，使鮮卑數萬散居人間，此必爲害之勢也。秦州刺史胡烈素有恩信於西方，今烈往，諸胡必且消弭，然獸心難保，惟恐困於討擊，便能東入安定，西赴武威，外名爲降，可動復動。此二郡非烈所制，則惡胡東西有窟穴浮游之地，無以禁之。宜更置一郡於高平川，因安定西州都尉募徙其民，重其復除以充之，以通北道，漸以實邊。詳議此二郡及新置郡，皆使并屬秦州，令烈得專禦邊之宜。」詔曰：「得所陳便宜，言農事得失及水官興廢，又安邊禦胡政事寬猛之宜，申省周備，一二具之，此誠爲國大本，當今急務也。如所論皆善，深知乃心，廣思諸宜，動静以聞也。」傅玄傳。

司徒石苞奏：「州郡農桑未有賞罰之制，宜遣掾屬循行，皆當均其土宜，舉其殿最〔六〕。」詔曰：「農殖者，爲政之本，有國之大務也。雖欲安時興化，不先富而教之，其道無由。而至今四海多事〔七〕，軍國用廣，加承征伐之後〔八〕，屢有水旱之事，倉庫不充，百姓無積。古者稼穡樹藝，司徒掌之。今雖登論道，然經國立政，惟時所急。其使司徒督察播殖，若宜有所循行者，其增置掾屬十人。」石苞傳。

王宏爲汲郡太守，督勸開荒五千餘頃，而熟田常課頃畝不減。比年饑，人食不足〔九〕，而宏郡界獨無匱乏。王宏傳。

束晳上言曰：「伏見詔書，以倉廩不實，關右饑窮，欲大興田農，以蕃嘉穀，此誠有虞戒大禹盡力之謂。然農穰可致，所由者三：一曰天時不愆，二曰地利無失，三曰人力咸用。若必春無霢霂之潤，秋繁滂沱之患，水旱失中，雩禳有請。雖使羲和平秩，后稷親農，猶不足以致倉庾盈億之積也。然地利可以計生，人力可以課致，詔書之旨，亦將欲盡此理乎？今天下千城，人多游食，廢業占空，無田課之實。較計九州，數過萬計。可申嚴此防，令監司精察，一人失課，負及郡縣，此人力之可致也。又州司十郡，土狹人繁，三魏尤甚，而豬羊馬牧，布其境內，宜悉破廢，以供無業。業少之人，雖頗割徙，在者猶多，田諸菀牧，不樂曠野，貪在人間。

故謂北土不宜畜牧，此誠不然。案古今之語，以爲馬之所生，實在冀北；大賈牂羊，取之清渤；放豕之歌，起於鉅鹿：是其效也。可悉徙諸牧，以充其地，使馬牛豬羊齕草於空虚之田，游食之人受業於賦給之賜，此地利之可致者也。昔騑駓在坰，史克所以頌魯僖；郤馬務田，老氏所以稱有道，豈利之所會哉？又如汲郡之吴澤，良田數千頃，濘水停洿〔一〇〕，人不墾植。聞其國人，皆謂通泄之功不足爲難，舄鹵成原，其利甚重。而豪强大族，惜其魚捕之饒，構説官長，終於不破〔一一〕。此亦谷口之謡，載在史篇。謂宜復下郡縣，以詳當今之計〔一二〕。荆、揚、兖、豫，汙泥之土，渠塢之宜，必多此類，最是不待天時而豐年可獲者也。以其雲雨生於畚臿，多稌生於決泄，不必望朝隮而黄潦臻，禜山川而霖雨息。是故兩周争東西之流，史起惜漳渠之浸，明地利之重也。宜詔四州刺史，使謹按以聞。又昔魏氏徙三郡人在陽平、頓丘界，今者繁盛，合五六千家。二郡田地逼狹，謂可徙還西州，以充邊土，賜其十年之復，以慰重遷之情。一舉兩得，外實内寬，增廣窮人之業，以闢西郊之田，此又農事之大益也。」束晳傳。

温嶠上言：「一夫不耕，必有受其饑者。今不耕之夫，動有萬計。春廢勸課之制，冬峻出租之令，下未見施，惟賦是聞。賦不可以已，當思令百姓有以殷實。司徒置田曹掾，州一人，勸課農桑，察吏能否，今宜依舊置之。」温嶠傳。

屯田

咸寧元年十二月，詔曰：「出戰入耕，雖自古之常，然事力未息，未嘗不以戰士爲念也。今以鄴奚官奴婢著新城，代田兵種稻，奴婢各五十人爲一屯，屯置司馬，使皆如屯田法。」志。

羊祜爲征南大將軍，鎮襄陽，墾田八百餘頃。其始至也，軍無百日之糧，及至季年，有十年之積。羊祜傳。

元帝爲晉王，課督農功，詔二千石長吏以入穀多少爲殿最。其非宿衛要任，皆宜赴農，使軍各自佃作，即以爲廩。志。

太興元年，詔曰：「徐、揚二州土宜三麥，可督令熯地，投秋下種，至夏而熟，繼新故之交，於以周濟，所益甚大。昔漢遣輕車使者氾勝之督三輔種麥，而關中遂穰。勿令後晚。」其後頻年麥雖有旱蝗，而爲益尤多。志。

後軍將軍應詹表曰：「夫一人不耕，天下必有受其饑者。而軍興以來，征戰運漕，朝廷宗廟，百官用度，既已殷廣，下及工商流寓僮僕不親農桑而遊食者，以十萬計。不思開立美利，而望國足人給，豈不難哉？古人言曰：『飢寒並至，堯舜不能使野無寇盜；貧富并兼〔一三〕，皋陶不能使强不陵弱。』故有國有家者，何嘗不務農重穀？近魏武帝用棗祗、韓浩之議，廣建屯田，又於征伐之中，分帶甲之士，隨宜開墾，故下不甚勞，而大功克舉也。間者流人奔東吴，東吴今儉，皆已還返。江西良田，曠廢未久[一四]，火耕水耨，爲功差易。宜簡流人，興復農官，功勞報賞，皆如魏氏故事，一年中與百姓，二年分税，三年計賦税以使之[一五]，公私兼濟，則倉盈庾億，可計日而待也。」又曰：「昔漢高祖使蕭何鎮關中，光武令寇恂守河内，魏武委鍾繇以西事，故能使八表夷蕩，區内輯寧[一六]。今中州蕭條，未蒙疆理，此兆庶所以企望。壽春一方之會，去此不遠，宜選都督有文武經略者，遠以振河洛之形勢，近以爲徐豫之藩鎮，綏集流散，使人有攸依，專委農功，令事有所局。趙充國農於金城，以平西零；諸葛亮耕於渭濱，規抗上國。今諸軍自不對敵，皆宜齊課。」志。

詹又言：「都督可課佃二十頃，州十頃，郡五頃，縣三頃。皆取文武吏醫卜，不得撓亂百姓。三臺九府，中外諸軍，有可減損，皆令附農。市息末役，道無游人，不過一熟，豐穰可必。」應詹傳。

温嶠上言：「諸外州郡將兵者及都督府非臨敵之軍，宜且田且守。又先朝使五校出田，今四軍五校有兵者，及護軍所統外軍，可分遣二軍出，并屯要處。緣江上下，皆有良田，開荒須一年之後即易[一七]。且軍人累重者在外，有樵採蔬食之人，於事爲便。」温嶠傳。

蔡謨議曰：「昔祖士稚在譙[一八]，佃於城北，慮賊來攻，因以爲資，故預安軍屯，以禦其外。穀將熟，賊果至。丁夫戰於外，老弱穫於内，多持炬火，急則燒穀而走。如此數年，竟不得其利〔一九〕。」蔡謨傳。

升平初，荀羡鎮淮陰，起田於東陽之石鼈，公私利之。志。○兆鏞按：志作「鎮下邳」。考荀羡傳，起屯田在鎮淮陰時，後領兖州刺史，始鎮下邳也。

殷浩請北征許洛，開江西疁田千餘頃，以爲軍儲。玉海一百七十七。

時農務頓息，末役繁興，弘以爲宜建屯田，陳之曰：「近面諮立屯田事，已具簡聖懷。南畝事興，時不可失，宜早督田畯，以要歲功。而府資單刻，控引無所，雖復厲以重勸，肅以嚴威，適足令囹圄充積，而無救於事實也。伏見南局諸冶，募吏數百，雖資以廩贍〔二〇〕，收入甚微。愚謂若回以配農〔二一〕，必功利百倍矣。然軍器所須，不可都廢，今欲留銅官大冶及都邑小冶各一所〔二二〕，重其功課，一準揚州，州之求取，亦當無乏，餘者罷之，以充東作之要。又欲二局田曹，各立典軍募吏，依冶募比例，并聽取山湖人，此皆無損於私，有益於公者也。其中亦應籌量，分判番假，及給廩多少，自可一以委之本曹。親局所統，必當練悉，且近東曹版水曹參軍納之領此任，其人頗有幹能，自足了其事耳。頃年以來，斯務弛廢〔二三〕，田蕪廩虚，實亦由此。弘過蒙飾擢，志輸短效，豈可相與寢默，有懷弗聞耶？至於當否，尊自當裁以遠鑒。若所啓謬允者，伏願便以時施行〔二四〕，庶歲有務農之勤，倉有盈廩之實，禮節之興，可以垂拱待也。」宋書王弘傳。○按：弘時爲會稽王道子驃騎參軍主簿，則是東晉時之議也。

倉穀

泰始初，武帝欲平一江表。時穀賤而布帛貴，帝欲立平糴法，用布帛市穀，以爲糧儲。議者謂，軍資尚少，不宜以貴易賤。二年，乃下詔曰：「夫百姓年豐則用奢，凶荒則窮匱〔二五〕，是相報之理。故古人權量國用，取贏散滯，有輕重平糴之法。理財均施，惠而不費，政之善者也。然此事廢久，天下希習其宜。加以官蓄未廣，言者異同，財貨未能達通其制。更令國寶散於穰歲而上不收，貧弱困於荒年而國無備。豪人富商，挾輕資，蘊重積，以管其利。故農夫苦其業，而末作不可禁也。今者省徭務本，并力墾殖，欲令農功益登，耕者益勸，而猶或騰踊，至於農人並傷。今宜通糴，以充儉法〔二六〕。主者平議，具爲條制。」然事竟未行。志。

四年，詔立常平倉，豐則糴，儉則糶，以利百姓。志。

咸寧二年，起太倉於城東，常平倉於東西市。武紀。

大城東有太倉，倉下運船，常有千計。水經穀水注。

杜預奏：「興常平倉，定穀價。」杜預傳。

劉頌上言：「倉廩欲實，實在利農，利農在平糴。平糴已有成制，其未備者可就周足。夫王者之利，在生天地自然之財，農是也。此事誠有功益。苟或妨農，皆務所息。權計輕重，積穀爲急矣。」劉頌傳。

江左有龍首倉，原注：「即石頭津倉也。」臺城内倉〔二七〕，南塘倉，常平倉，東、西大倉，東宮倉，所貯不過五十餘萬。在外有豫章、釣磯、錢塘倉。玉海一百八十四。

庾翼言：「往年偷石頭倉米一百萬斛，皆是豪將輩，而直打殺倉督監以塞責。」庾翼傳。

王羲之遺謝安書：「倉督監耗盜官米，動以萬計。檢校諸縣，無不皆爾。餘姚近十萬斛，重斂以資姦吏，令國用空乏，良可歎也。」王羲之傳。

默婦兄陸嘉取官米數石餉妹，默以爲違制，將殺嘉，嘉奔石勒。默乃自射殺婦，以明無私。郭默傳。

水利

初，宣帝督諸軍伐吴將諸葛恪，恪棄城遁走。帝因欲廣田積穀，爲兼并之計，乃使鄧艾行陳、項以東，至壽春地。艾以爲，田良水少，不足以盡地利，宜開河渠，可以大積軍糧，又通運漕之道。乃著濟河論以喻其指。又以爲昔破黄巾，因爲屯田，積穀許都，以制四方。今三隅已定，事在淮南。每大軍征舉，運兵過半，功費巨億，以爲大役。陳、蔡之間，土下田良，可省許昌左右諸稻田，并水東下。令淮北二萬人、淮南三萬人分休，且佃且守。水豐，常收三倍於西，計除衆費，歲完五百萬斛以爲軍資。六七年間，可積三千萬餘斛於淮土，此則十萬之衆五年食也。以此乘敵，無不克矣。宣帝善之，皆如艾計施行。遂北臨淮水，自鍾離而南、横石以西，盡沘水四百餘里〔二八〕，五里置一營，營六十人，且佃且守。兼修廣淮陽、百尺二渠，上引河流，下通淮潁，大治諸陂於潁南、潁北〔二九〕，穿渠三百餘里，溉田二萬頃，淮南、淮北皆相連接。自壽春到京師，農官兵田，雞犬之聲，阡陌相屬。每東南有事，大軍出征，汎舟而下，達於江淮，資食有儲，而無水害，艾所建也。志。

咸寧三年，詔曰：「今年霖雨過差，又有蟲災。潁川、襄城自春以來，略不下種，深以爲慮。主者何以爲百姓計，促處當之。」杜預上疏曰：「臣輒思維，今者水災東南特劇，非但五稼不收，居業并損，下田所在渟汙，高地皆多磽瘠〔三〇〕，此即百姓困窮方在來年。雖詔書切告長吏二千石爲之設計，而不廓開大制，定其趣舍之宜，恐徒文具，所益蓋薄。當今秋夏蔬食之時，而百姓已有不贍，前至冬春，野無青草，則必指仰官穀，以爲生命。此乃一方之大事，不可不豫爲思慮者也。臣愚謂，既以水爲困，當恃魚菜螺蜯，而洪波泛濫，貧弱者終不能得。」志。「宜敕兖、豫等州留漢氏舊陂，繕以蓄水，餘皆決瀝，令饑者盡得魚菜螺蚌之饒，此目下日給之益也。水去之後，填淤之田，畝收數鍾，此又明年益也。典牧種牛有四萬五千餘頭〔三一〕，不供耕駕，至有老不穿鼻者，可分以給民。使及春耕種，穀登之後，責其租税，此又數年之後之益也。」帝從之，民賴其利。通鑑八十。

預又言：「諸欲修水田者，皆以火耕水耨爲便。非不爾也，然此事施於新田草萊，與百姓居相絶離者耳。往者東南草創，人稀，故得火田之利。自頃户口日增，而陂堨歲決，良田變生蒲葦，人居沮澤之際，水陸失宜，放牧絶種，樹木立枯，皆陂之害也。陂多則土薄水淺，潦不下潤。故每有水雨，輒復横流，延及陸田。言者不思其故，因云此土不可陸種。臣計漢之户口，以驗今之陂處，皆陸業也。其或有舊陂舊堨，則堅完修固，非今所謂當爲人害者也。臣前見尚書胡威啓宜壞陂，其言懇至。臣中者又見宋侯相應遵上便宜，求壞泗陂，徙運道。時下都督度支共處當，各據所見，不從遵言。臣按遵上事，運道東詣壽春，有舊渠，可不由泗陂。泗陂在遵地界壞地凡萬三千餘頃，傷敗成業。遵縣領應佃二千六百口，可謂至少，而猶患地狹，不足肆力，此皆水之爲害也。當所共恤，而都督度支方復執異，非所見之難，直以不同害理也。人心所見既不同，利害之情又有異。軍家之與郡縣，士大夫之與百姓，其意莫有同者，此皆偏其利以忘其害者也。此理之所以未盡，而事之所以多患也。臣又案，豫州界二度支所領佃者，州郡大軍雜士，凡用水田七千五百餘頃耳，計三年之儲，不過二萬餘頃。以常理言之，無爲多積無用之水，況於今者水潦瓫溢〔三二〕，大爲天害。臣以爲與其失當，寧瀉之不滀。宜發明詔，勅刺史二千石，其漢氏舊陂舊堨及山谷私家小陂，皆當修繕以積水。其諸魏氏以來所造立，及諸因水雨決溢蒲葦馬腸陂之類，皆決瀝之。長吏二千石躬親勸功，諸食力之人並一時附功令〔三三〕，比及水凍，得粗枯涸，其所修功實之人皆以俾之。其舊陂堨溝渠當有所補塞者，皆尋求微迹，一如漢時故事，豫爲部分列上，須冬東南休兵交代，各留一月以佐之。夫川瀆有常流，地形有定體，漢氏居人衆多，猶以無患，今因所患而宣瀉之，跡古事以明近，大理顯然，可坐論而得。臣不勝愚意，竊謂最是今日之實益也。」朝廷從之。志。

泰始時，光禄勳夏侯和上修新渠、富壽、遊陂三渠，凡溉田千五百頃。志。

杜預修邵信臣遺跡，激用滍、淯諸水以浸原田萬餘頃，分疆刊石，使有定分，公私同利。衆庶賴之。杜預傳。

河内郡界多公主水碓，遏塞流水，轉爲浸害，太守劉頌表罷之，百姓獲其利。舊修芍陂，年用數萬人，豪彊兼并，孤貧失業，頌使大小戮力，計功受分，民歌其平惠。劉頌傳。

舊制，峴、方二山澤中不聽百姓捕魚，劉弘下教曰：「禮，名山大澤不封，與共其利。今公私并兼，百姓無復厝手地，當何謂耶？速改此法〔三四〕。」劉弘傳。

張闓爲晉陵内史，所部四縣並以旱失田，闓乃立曲阿新豐塘，溉田八百餘頃，每歲豐稔。葛洪爲其頌。計用二十一萬一千四百二十功，以擅興造免官。後公卿並爲言之曰：「張闓興陂溉田，可謂益國，而反被黜，使臣下難復爲善。」帝感悟，乃下詔曰：「倉廩，國之大本，宜得其才。以闓爲大司農。」張闓傳。

孔愉爲會稽内史，句章縣有漢時舊陂，毁廢數百年。愉自巡行，修復故堰〔三五〕，溉田二百餘頃，皆成良業。孔愉傳。

運漕

泰始十年，鑿陝南山，决河，東注洛，以通運漕。武紀。

都水使者陳良鑿運渠，從洛口入，注九曲，至東陽門。水經穀水注引傅暢晉書。

杜預表云：「長史劉繪修治洛陽以東運渠，通赤馬舟〔三六〕。」北堂書鈔舟部〔三七〕。

舊水道惟沔漢達江陵，北無通路。杜預開楊口，起夏水，達巴陵千餘里，通零桂之漕。杜預傳。

永嘉初，汝陰太守李矩與汝南太守袁孚率衆修洛陽千金堨，以利運漕。李矩傳。

咸和時，朝廷空罄，惟資江州運漕。劉胤傳。

咸和六年，以海賊寇抄，運漕不繼，發王公以下餘丁，各運米六斛。志。

穆帝之世，頻有大軍，糧運不繼，制王公以下十三户〔三八〕，共借一人，助度支運。志。

江逌上疏言：「二虜未殄，神州荒蕪，舉江左之衆，經略艱難，漕揚越之粟，北餽河洛，兵不獲戢，運戍悠遠，倉庫内罄，百姓力竭矣。」江逌傳。

興寧二年，江夏相劉岵等鑿楊儀道以通運。哀紀。

蘇峻之役，閶到晉陵，使内史劉耽盡以一部穀，并遣吴郡度支運四部穀〔三九〕，以給車騎將軍郗鑒。張閶傳。

兖州既平，玄患水道險澀，糧運艱難，用督護聞人奭謀，堰吕梁水，樹柵，立七埭爲派，擁二岸之流，以利運漕，自此公私便利。謝玄傳。

羲之遺尚書僕射謝安書曰：「今事之大者未布，漕運是也。吾意望朝廷可申下定期，委之有司，勿復催下，但當歲終考其殿最。長吏尤殿，命檻車送詣天臺。三縣不舉，二千石必免，或左降。」王羲之傳。

咸安元年十二月，詔以京都有經年之儲，權停一年之運。簡文紀。

太元六年〔四〇〕，初置督運御史。孝武紀。

田賦　户調〔四一〕

泰始初，制户調之式：丁男之户，歲輸絹三匹，緜三斤，女及次丁男爲户者半輸。其諸邊郡或三分之二，遠者三分之一。夷人輸賨布，户一匹，遠者或一丈。男子一人占田七十畝，女子三十畝。其外丁男課田五十畝，丁女二十畝，次丁男半之，女則不課。遠夷不課田者輸義米，户三斛，遠者五斗，極遠者輸算錢，人二十八文。志。

馬端臨曰：「兩漢之制，三十而税一者，田賦也；二十始傅，人出一算者，户口之賦也。今晉法如此，則似合二賦而爲一。然男子一人占田七十畝，丁男課田五十畝，則無無田之户矣，此户調所以可行歟？」文獻通考二。

晉令：「趙郡、中山、常山國輸縑當絹者，及餘處常輸疏布當緜絹者，縑一疋當絹六丈，疏布一匹當絹一疋，絹一疋當緜三斤。」初學記寶器部。

晉令：「其夷民守護椶皮者，一身不輸。」藝文類聚木部，御覽九百五十九引同。

晉令：「居洛陽内，園菜欲以當課者，聽其引長流，灌紫葱，可各三畝。」藝文類聚草部。

晉令：「其上黨及平陽，輸上麻二十二斤、下麻三十六斤，當絹一疋。課應田者，枲麻加半畝。」御覽九百九十五。

杜預制課調。杜預傳。

太康五年，減天下户課三分之一。武紀。

六年，減百姓緜絹三分之一。武紀。

太康時，束晳上疏曰：「天下千城，人多游食，廢業占空，無田課之實。較計九州，數過萬計。可申嚴此防，令監司精察，一人失課，負及郡縣。」束晳傳。

永平元年，除天下户調緜絹。惠紀。

永安元年，留臺，詔：「户調田租三分減一。」惠紀。

咸和五年，成帝始度百姓田，取十分之一，率畝税米三升。志。

咸康初，算度田税米，空懸五十餘萬斛，尚書褚裒以下免官〔四二〕。志。

哀帝隆和元年，減田租，畝收二升。志。

孝武太元二年，除度田收租之制，王公以下口税三斛，惟蠲在役之身。八年，又增税米，口五石。志。

馬端臨曰：「晉制，子男一人授田七十畝，以畝收三升計之，當口税二斛一斗；以畝收二升計之，當口税一斛四斗。今除度定田收租之制〔四三〕，而口税二斛增至五石〔四四〕，則賦頗重矣。」文獻通考二。

晉氏初遷，江左草創，絹布所直，十倍於今。賦調多少，因時增減。通典五引齊竟陵王子良啓。

劉超爲句容令，常年賦税，主者常四出結評百姓家資。至超，但作大函，村别付之，使各自書家産，投函中訖，送還縣〔四五〕。百姓依實投上，課輸所入，有踰常年。劉超傳。

朝廷賦役繁重，吳會尤甚，羲之每上疏爭之，事多見從。王羲之傳。

雜稅

關市稅。武紀：「泰始元年，復關市之稅一年。」

交州牧陶璜上言：「合浦百姓惟以採珠爲業，商賈往來，以珠貿米〔四六〕。而吳時珠禁甚嚴，慮百姓私散好珠，禁絶來去，人以饑困。又所調猥多，限每不充。今請上珠三分輸二，次者輸一，粗者蠲除。自十月訖二月，非採上珠之時〔四七〕，聽商旅往來如舊。」從之。陶璜傳。

武帝時以逆旅逐末廢農，奸淫亡命，多所依湊，敗亂法度，敕當除之。十里一官𣘻，使老小貧户守之，又差吏掌主，依客舍收錢。懷令潘岳議曰：「謹案：逆旅，久矣其所由來也。行者賴以頓止，居者薄收其直，交易貿遷，各得其所。官無賦役，因人成利，惠加百姓而公無末費。語曰：『許由辭帝堯之命，而舍於逆旅。』外傳曰：『晉陽處父過甯，舍於逆旅。』魏武帝亦以爲宜，其詩曰：『逆旅整設，以通商賈。』然則自堯到今，未有不得客舍之法。惟商鞅尤之，固非聖世所言也。方今四海會同，九服納貢，八方翼翼，公私滿路。近畿輻輳，客舍亦稠。冬有温廬，夏有涼蔭，芻秣成行，器用取給。疲牛必投，乘涼近進，發槅寫鞍，皆有所憩。又諸劫盜皆起於迥絶，止乎人衆。十里蕭條，則奸宄生心；連陌接館，則寇情震懾。且聞聲有救，已發有追，不救有罪，不追有戮，禁暴捕亡，恒有司存。凡此皆客舍之益，而官櫟之所乏也。又行者貪路，告糴炊爨，皆以昏晨。盛夏晝熱，又兼星夜，既限早閉，不及櫟門。或避晚關，迸逐路隅，祇是慢藏誨盜之原。苟以客舍多敗法教，官守棘櫟，獨復何人？彼河橋孟津，解券輸錢，高第督察，數入校出，品郎兩岸相檢，猶懼或失之。故懸以禄利，許以功報。今賤吏疲人，獨專櫟税，管開閉之權，藉不校之勢，此道路之蠹，奸利所殖也。率歷代之舊俗，獲行留之懽心，使客舍灑掃，以待征旅擇家而息，豈非衆庶顒顒之望？」請曹列上，朝廷從之。潘岳傳。

晉自過江，凡貨賣奴婢、馬牛、田宅，有文券，率錢一萬輸估四百入官，賣者三百，買者一百。無文券者，隨物所堪，亦百分收四〔四八〕，名爲散估。以此人競商販〔四九〕，不爲田業，故使均輸，欲爲懲勵。雖以此爲辭，其實利在侵削。通典十一。○原注：「此亦算緡之類。」

東晉西有石頭津，東有方山津，各置津主一人，賊曹一人〔五〇〕，直水五人，以檢察禁物及亡叛者。有荻炭魚薪之類出津者〔五一〕，並十分税一以入官。淮水北有大市百餘〔五二〕，小市十餘所，備置官司〔五三〕，税斂既重，時甚苦之。通典十一。

寧康元年，詔除丹陽竹格等四桁税。孝武紀。

甘卓爲梁州刺史，善於綏撫〔五四〕，估税悉除，市無二價。州境所有魚池，先恒責税，卓不收其利，皆給貧民，西土稱爲惠政。甘卓傳。

東海王奕求海鹽，錢塘以水牛牽埭稅取錢直，帝初從之。嚴諫而止。孔嚴傳。

【校勘記】

〔一〕持椎斧武騎虎賁　「椎」，底本誤作「錐」，據晉書改。

〔二〕則天下懽然悦樂　「下」下，晉書有「兵作」二字。

〔三〕伏見河堤謁者車誼不知水勢　「水」，底本誤作「山」，據晉書改。

〔四〕但務修其功力　「修」，底本原奪，據晉書補。

〔五〕竊見河隄謁者石恢甚精練田事　「石」，底本誤作「田」，據晉書改。

〔六〕舉其殿最　「殿」，底本誤作「課」，據晉書改。

〔七〕而至今四海多事　「四海」，底本誤作「海内」，據晉書改。

〔八〕加承征伐之後　「承」，底本原奪，據晉書補。

〔九〕人食不足　「食不足」，底本誤作「不足食」，據晉書乙正。

〔一〇〕濘水停洿　「停」，底本誤作「渟」，據晉書改。

〔一一〕終於不破　「破」，底本誤作「足」，據晉書改。

〔一二〕以詳當今之計　「計」，底本誤作「制」，據晉書改。

〔一三〕貧富并兼　「并兼」，底本誤倒，據晉書乙正。

〔一四〕曠廢未久　「未」，底本誤作「來」，據通典改。

〔一五〕三年計賦税以使之　「以」，底本原奪，據晉書補。

〔一六〕區内輯寧　「内」，底本誤作「宇」，據晉書改。

〔一七〕開荒須一年之後即易　「須」，底本原奪，據晉書補。

〔一八〕昔祖士稚在譙　「稚」，底本誤作「雅」，據晉書改。

〔一九〕竟不得其利　「不」，底本原奪，據晉書補。

〔二〇〕雖資以廩贍　「贍」，底本誤作「膳」，據宋書改。

〔二一〕愚謂若回以配農　「以」，底本誤作「使」，據宋書改。

〔二二〕今欲留銅官大冶及都邑小冶各一所　「銅」，底本誤作「鐵」，據宋書改。

〔二三〕斯務弛廢　「弛」，底本誤作「宏」，據宋書改。

〔二四〕伏願便以時施行　「時」，底本原奪，據宋書補。

〔二五〕凶荒則窮匱　「窮」，底本誤作「用」，據晉書改。

〔二六〕以充儉法　「法」，中華書局本晉書校勘記據殿本改爲「乏」。

〔二七〕臺城内倉　「内」，底本原奪，據玉海補。

〔二八〕盡泚水四百餘里　「泚」，底本誤作「洮」，據晉書改。

〔二九〕大治諸陂於潁南潁北　「治」，底本空出，據晉書補。

〔三〇〕高地皆多磽瘠　「地」，底本誤作「田」，據晉書改。
〔三一〕典牧種牛有四萬五千餘頭　「五」，底本誤作「數」，據資治通鑑改。
〔三二〕況於今者水潦瓫溢　「瓫」，底本誤作「坌」，據晉書改。
〔三三〕諸食力之人並一時附功令　「附」，底本誤作「赴」，據晉書改。
〔三四〕速改此法　「速」，底本誤作「當」，據晉書改。「法」，底本誤作「地」，據晉書改。
〔三五〕修復故堰　「故」，底本誤作「陂」，據晉書改。
〔三六〕通赤馬舟　「赤馬舟」，底本誤倒作「舟赤馬」，據北堂書鈔乙正。
〔三七〕北堂書鈔舟部　「舟」，底本誤作「器物」，據北堂書鈔改。
〔三八〕制王公以下十三户　「三」，底本誤作「二」，據晉書改。
〔三九〕并遣吴郡度支運四部穀　「穀」，底本原奪，據晉書補。
〔四〇〕太元六年　「六」，底本誤作「五」，據晉書改。
〔四一〕户調　按：底本正文原奪，據底本目録補。
〔四二〕尚書褚裒以下免官　「尚」，底本誤作「詔」，據晉書改。
〔四三〕今除度定田收租之制　「定」，底本原奪，據文獻通考補。
〔四四〕而口税二斛增至五石　「五石」，底本誤作「三斛」，據文獻通考改。
〔四五〕送還縣　「送還」，底本誤倒，據晉書乙正。

〔四六〕以珠貿米　「貿」，底本誤作「貨」，據晉書改。

〔四七〕非採上珠之時　「上」，底本原奪，據晉書補。

〔四八〕亦百分收四　「分」，底本誤作「文」，據通典改。

〔四九〕以此人競商販　「此」，底本原奪，據通典補。

〔五〇〕賊曹一人　「賊」，底本誤作「賦」，據中華書局本通典校勘記改。

〔五一〕有荻炭魚薪之類出津者　「出」，中華書局本通典校勘記以爲當作「過」。

〔五二〕淮水北有大市百餘　「百」，底本誤作「自」，據中華書局本通典校勘記改。

〔五三〕備置官司　「備」上，中華書局本通典校勘記以爲奪「大市」二字。

〔五四〕善於綏撫　「綏撫」，底本誤倒，據晉書乙正。

晉會要弟二十三

食貨下

錢幣

魏明帝更立五銖錢，至晉用之，無所改創。志。

愍帝時，軌爲鎮西將軍，都督隴右諸軍事。參軍索輔言於軌曰：「古以金貝皮幣爲貨，息穀帛量度之耗。二漢制五銖錢，通易不滯。泰始中，河西荒廢，遂不用錢，裂匹以爲段數。縑布既壞，市易又難，徒壞女工，不任衣用，弊之甚也。今中州離亂，此方安全，宜復五銖以濟通變之會。」軌納之，立制準布用錢，錢遂大行，人賴其利。張軌傳。

孫權嘉禾五年〔一〕，鑄大錢一當五百。赤烏元年，又鑄一當千錢。錢既太貴，但有空名，人間患之。權聞百姓不以爲便，省息之，鑄爲器物，官勿復出。私家有者，並以輸藏。晉自中原喪亂，元帝過江，用孫氏舊錢，輕重雜行，大者謂之比輪，中者謂之四文。吴興沈充又鑄小錢，謂之沈郎錢。錢既不多，由是稍貴。志。○兆鏞按：隋書經籍志有晉吴興太守沈充，此當是吴興官鑄小錢也。王敦參軍沈充傳無鑄錢事，當别一人耳。

晉元帝過江，用赤烏舊錢。玉海。

孝武太元三年，詔曰：「錢，國之重寶。小人貪利，銷壞無已，監司當以爲意。廣州夷人寶貴銅鼓，而州境素不出銅，聞官私賈人皆於此下貪比輪錢斤兩差重，以入廣州，貨與夷人，鑄敗作鼓。其重爲禁制，得者科罪。」志。

安帝元興中，桓玄輔政，立議欲廢錢用穀帛。孔琳之議曰：「洪範八政，貨爲食次。豈不以交易所資，爲用之至要者乎？若使百姓用力於爲錢，則是妨爲生之業，禁之可也。今農自務穀，工自務器，各隸其業，何嘗致勤於錢〔二〕？故聖王制無用之貨，以通有用之財，既無毁敗之費，又省難運之苦，此錢所以嗣功龜貝，歷代不廢也。穀帛爲寶，本充衣食，分以爲貨，則致損甚多。又勞毁於商販之手，耗棄於割截之用，此之爲弊，著自於曩。故鍾繇曰：『巧僞之人，競濕穀以要利，制薄絹以充資。』魏世制以嚴刑，弗能禁也。是以司馬芝以爲用錢非徒豐國，亦所以省刑。錢之不用，由於兵亂積久，自致於廢，有由而然，漢末是也。今既用而廢之，則百姓頓亡其利〔三〕。今括囊天下之穀，以周天下之食，或倉廩充溢，或糧靡并儲〔四〕，以相資通，則貧者仰富。致富之道，實假於錢，一朝斷之，便爲棄物。是有錢無糧之人，皆坐而饑困〔五〕，以此斷之，又立弊也。且據今用錢之處，不以爲貧，用穀之處，不以爲富。又人習來久，革之必惑。語曰：『利不百，不易業。』況又錢便於穀耶？魏明帝時錢廢，穀用既久，不以便於人，乃舉朝大議。精才達政之士莫不以宜復用錢，下無異情，朝無異論。彼尚舍穀帛而用錢，足以明穀帛之弊著於已誡也。世或謂魏氏不用錢久，積累巨萬，故欲行之，利公富國，斯殆不然。晉文後舅犯之謀，而先成季之信，以爲雖有一時之勳，不如萬世之益。於時名賢在列，君子盈朝，大謀天下之利害，將定經國之要術。若穀實便錢〔六〕，義不昧當時之近利，而廢永用之通業，斷可知矣。斯實由困而思革，易更張耳〔七〕。近孝武之末，天下無事，時和年豐，百姓樂業，穀帛殷阜，幾乎家給人足，驗之實事，錢又不妨人也。頃兵革屢興，荒饉薦及，饑寒未振，實此之由。公既援而拯之，大革視聽，弘敦本之教，明廣農之科，敬授人時，各從其業，遊蕩知返，務末自休〔八〕，同以南畝競力，野無遺壤矣。於此以往，將昇平必至，何衣食之足恤？愚謂救弊之術，無取於廢錢。」朝議多同琳之，故玄議不行。志。

袁豹爲丹陽尹，義熙七年，坐使徙上錢〔九〕，降爲太尉諮議參軍。宋書袁豹傳。〔一〇〕

鹽鐵

晉令：「凡民，不得私煮鹽，犯者四歲刑，主吏二歲刑。」北堂書鈔酒食部。

杜預較鹽運。杜預傳。

錢唐令領司鹽都尉。王允之傳。

鹽池在河東安邑縣，有司鹽都尉。北堂書鈔酒食部引晉太康地記。

河東鹽池長七十里，廣七里。續漢郡國志注引晉楊佺期雒陽記。

司州河東郡解縣有鹽池。地理志。

鹽池澤在姑復南。續漢郡國志注引地道記。

益州有卓王孫井，舊常於此井取水煮鹽。北堂書鈔酒食部引杜預益州記。

梓潼縣出傘子鹽。太平御覽飲食部引太康地記。

魚腹縣入湯口四十三里〔二〕，有石煮爲鹽石，大者如升，小者如拳。煮之水竭，鹽成。蓋蜀漢火井之倫，水火相得乃佳矣。水經江水注引地道記。玉海一百八十一引作王隱地記。

陶璜爲交州刺史時，滕脩數討南賊，不能制，璜曰：「南岸仰吾鹽鐵，斷勿與市，皆壞爲田器。如此二年，可一戰而滅也。」脩從之，果破賊。陶璜傳。

咸和二年十二月，蘇峻使其將韓晃等襲陷姑孰，取鹽米。姑孰臨江渚，舟船所凌，晉積鹽米於此。通鑑九十三胡三省注。

蜀郡臨邛縣、江陽漢安縣皆有鹽井。巴西西充國縣有鹽井數十。文選左太沖蜀都賦注。

河東猗氏縣有鹽池。山海經郭璞注。

甘水有石鹽，武都有平田百頃，煮土成鹽。玉海一百八十一引郭義恭廣志。〇按：郭，晉人也。

凡公侯，名山大澤不以封，金銀銅錫鹽鐵皆不爲屬國。職官志。

衛尉掌冶鑄，領冶令三十九〔一二〕。凡領五千三百五十〔一三〕。冶在江北，而江南惟有梅根及冶塘二冶，皆屬揚州，不屬衛尉。通典二十五。

荆州武昌郡鄂縣有新興、馬頭鐵官。地理志。

石苞販鐵於鄴市〔一四〕。石苞傳。

東土多賦役，百姓乃從海道入廣州，刺史鄧嶽大開鼓鑄，諸夷因此知造兵器。翼表：東境國家所資，侵擾不已，逃逸漸多，夷人若知造鑄之利，將不可制矣〔一五〕。庾翼傳。

礦

鄱陽樂安出黃金，鑿土十餘丈，披沙之中，所得大如豆，小如粟米。南郡象林南有四國，皆稱漢人，貢金供稅。初學記寶器部引王隱晋書。

金山，縣多山，所治名金山。山北有鑿石爲冢〔一六〕，深十餘丈，隧長三十丈。傍郤入爲堂三方〔一七〕，云得白兔不葬，更葬南山，鑿而得金，故曰金山。續漢郡國志注引晋地道記。

南烏山出錫。續漢郡國志注引晋地道記〔一八〕。

畜牧

杜預上言：「臣前啓，典牧種牛不供耕駕，至於老不穿鼻者，無益於用，而徒有吏士穀草之費，歲送任駕者甚少，尚復不調習，宜大出賣，以易穀及爲賞直。」詔曰：「孳育之物，不宜減散，事遂停寢。問主者，今典虞右典牧種産牛，大小相通，有四萬五千餘頭。苟不益世用，頭數雖多，其費日廣。古者匹馬匹牛〔一九〕，居則以耕，出則以戰，非如豬羊類也。今徒養宜用之牛，終爲無用之費，甚失事宜。東南以水田爲業，人無牛犢。可分種牛三萬五千頭，以付二州將吏士庶，使及春耕。穀登之後，頭責三百斛。是爲化無用之費，得成穀七百萬斛也。」志。

束皙上言：「州司十郡〔二〇〕，土狹人繁，而豬羊馬牧，布其境内。故謂北土不宜畜牧，此誠不然。案古今之語，以爲馬之所生，實在冀北，大賈牂牛，取之清渤，放豕之歌，起於鉅鹿，是其效也。可悉徙諸牧，以充其地，使馬牛豬羊齕草於空虚之田〔二一〕。」束皙傳。

郭璞云：「今華陰山中多山牛、山羊，肉皆千斤。」山海經西山經注。

貢産

宜春縣出美酒，隨歲貢上。說郛吴録引地道記。

泉陵有香茅，氣甚芬香，貢之以縮酒。水經湘水注引晉書地道記。

城陽姑幕有五色土，封諸侯，錫之茅土，用爲社。此即禹貢徐州土也。史記夏本紀正義引太康地記。

泗水出磬石。水經泗水注引晉太康地記。

交趾出丹。葛洪傳。

郭璞云：「今漢中郡出䈽竹，厚裏而長節，根深，筍冬生地中，人掘取食之。」山海經西山經注。

又云：「今蜀郡平澤出青珠。」西次二經注。

又云：「今越嶲會稽縣東山出碧〔一三〕。」西次二經注。

又云：「晉太興三年，高平郡界有山崩，其中出數千斤雄黄。」西次二經注。

又：「今徼外出金剛石，石屬而似金，有光色，可以刻玉。」西次二經注。

又云：「今昆吾山出名銅，色赤如火，以之作刀，切玉如割泥。」中山經注〔二三〕。又交趾有簗竹，實中，勁强，有毒。鋭以刺虎，中之則死〔二四〕。」中次十二經注〔二五〕。又云：「今南方有文木。」大荒西經注〔二六〕。

鶡鳥形類鷂而微黑，性果勇，其鬥到死乃止。上黨貢之。輿服志。

温嶠表：遣取供御之調，條列真上茶千片，茗三百，大薄。藝文類聚飲食部引晉書。

泰始六年，大宛獻汗血馬，焉耆來貢方物。武紀。

咸寧五年，肅慎國來獻楛矢石砮。武紀。

太康四年，交州刺史陶璜表送林邑王范熊所獻銀鉢一口，白水精鉢一口〔二七〕，紫水精唾壺一口〔二八〕，青白水精唾壺一口，縹、紺水精槃各一枚，青白石盌一口，白水精盌二口。藝文類聚器物部、初學記政理部、太平御覽器物部並引交州雜事。

七年，扶南等二十一國〔二九〕，馬韓等十一國遣使來獻。武紀。

八年，南夷、西域康居國各遣使來獻。武紀。

武帝時，西域有貢奇香，一著人則經月不歇，帝甚貴之，惟以賜充及大司馬陳騫。賈謐傳〔三〇〕。

咸康六年，林邑獻馴象。成紀。

咸康時，臨邑王范柳貢絳綾。藝文類聚布帛部引晉咸康起居注。○按：臨是林之誤。柳，亦疑誤。

升平元年，扶南竺旃檀獻馴象〔三一〕。穆紀。

寧康元年，西平公張天錫貢方物。孝武紀。

太元十四年〔三二〕，扶南國貢方物。孝武紀。

七年三月，林邑范熊遣使獻方物。孝武紀。

九月，東夷五國遣使獻方物。孝武紀。

義熙九年〔三三〕，高句麗、倭國及西南夷銅頭大師並獻方物。安紀。

十三年，林邑國貢馴象、白鸚鵡。安紀。

義熙時，倭國獻貂皮、人參。太平御覽菜茹部引晉義熙起居注〔三四〕。

夫餘國，武帝時來朝貢。

康居國，泰始中獻善馬。

馬韓，武帝太康元年、二年，其主頻遣使入貢方物，七年、八年、十年，又頻至。太熙元年，詣東夷校尉何龕上獻。

辰韓，武帝太康元年，其王遣使獻方物。二年復來朝貢。

肅慎國，元康初來貢獻。元帝時，詣江左貢石砮。

倭人，泰始初，遣使入貢。

大秦國，太康中遣使貢獻。

扶南國，泰始初遣使貢獻。

林邑國，寧康中來貢獻〔三五〕。義熙中，貢金盤椀及金鉦等物。均四夷傳。○太平御覽引作：「林邑王獻金盌一副，蓋百副。」

晉太興四年，天竺胡王來朝獻珍寶。山海經海内經郭璞注。

永和時，廬江太守路永表言〔三六〕，於穀城北，見水岸邊紫赤光，得金一枚，狀如印齒，奉上。初學記寶器部引晉永和起居注。

國用

世祖武皇帝太康元年，既平孫皓，納百萬而罄三吳之資，接千年而總西蜀之用，韜干戈於府庫，破舟船於江壑，河濱海岸，三丘八藪，耒耨之所不至者，人皆受焉。農祥晨正，平秩東作，荷鍤贏糧，有同雲布。世屬升平，物流倉府，宮闈增飾，服翫相輝。於是王君夫、武子、石崇等更相誇尚，輿服鼎俎之盛，連衡帝室，布金埒之泉〔三七〕，粉珊瑚之樹。物盛則衰，固其宜也。永寧之初，洛中尚有錦帛四百萬，寶珠金銀百餘斛。惠后北征，蕩陰反駕，寒桃在御，隻雞以給，其布衾兩幅，囊錢三千，以爲車駕之資焉。懷帝爲劉曜所圍，王師累敗，府帑既竭，百官饑甚，比屋不見火煙，饑人自相啖食。愍皇西宅，餒饉弘多〔三八〕，斗米二金，死者大半。劉曜陳兵，内外斷絶，十辦之麴，屑而供帝，君臣相顧，莫不揮涕。志。

永平五年十月，武庫火，累代之寶及漢高斬蛇劍、王莽頭、孔子屐盡焚焉〔三九〕。張華傳。

張方移惠帝於長安〔四〇〕，兵入内殿取物，人持調御絹二疋〔四一〕。自魏晉之積將百餘萬疋，三日輦之，尚不缺用。帝於成都還洛陽，道中有驅羊二百餘口者，勒使至洛，得以爲糧。至洛，盧志啓以右藏絹倍還羊主。太平御覽布帛部引晉四王起事〔四二〕。

元帝渡江，軍事草創，蠻陬賧布，不有恒準，中府所儲布四千匹。於時，石勒勇鋭，挻亂淮南。帝懼其侵逼，甚患之，乃詔方鎮：有斬勒首者，賞布千疋云。志。

晉自寓居江左，僑立郡縣，諸蠻陬俚洞霑沐皇化者，各隨輕重收其賧物，以裨國用。文獻通考八。

蘇峻陷宫城，時官有布二十萬匹，金銀五千斤，錢億萬，絹數萬匹，他物稱是。蘇峻傳。

蘇峻初平，時帑藏空竭，庫中惟有練數千端，鬻之不售，而國用不給。導患之，乃與朝賢俱製練布單衣，於是士人翕然競服之，練遂踊貴。乃令主者出賣，端至一金。王導傳。

峻平，京邑荒殘，資用不給，嶠借資蓄，具器用。温嶠傳。

穆帝時，逌上言：「二虜未殄，神州荒蕪，舉江左之衆，經略艱難，漕揚越之粟，北餽河洛，兵不獲戢，運戍悠遠，倉庫内罄，百姓力竭。加春夏以來，水旱爲害，遠近之收普減常年，財傷人困，大役未已，軍國之用無所取給。方之往代，豐弊相懸矣。」江逌傳。

劉毅上言：荆州編户不盈十萬，器械索然。廣州雖彫殘，猶出丹漆之用。劉毅傳。

孝武之末，天下無事，時和年豐，百姓樂業，穀帛殷阜，幾乎家給人足矣。志。

【校勘記】

〔一〕孫權嘉禾五年　「禾」，底本誤作「平」，據三國志吴志改。

〔二〕何嘗致勤於錢　「嘗」，底本誤作「當」，據晉書改。

〔三〕則百姓頓亡其利　「亡」，底本誤作「忘」，據晉書改。

〔四〕或糧靡并儲　「并」，通典作「斗」。

〔五〕皆坐而饑困　「困」，底本誤作「因」，據晉書改。

〔六〕若穀實便錢　「便」下，底本原衍「於」字，據晉書删。

〔七〕易更張耳　「易」，晉書作「改而」。

〔八〕務末自休　「末」，底本誤作「本」，據晉書改。

〔九〕坐使徙上錢　「上」，底本誤作「大」，據宋書改。

〔一〇〕宋書袁豹傳　「豹」，底本誤作「湛」，據宋書改。

〔一一〕魚腹縣入湯口四十三里　「口」，底本誤作「谷」，據水經注改。

〔一二〕領治令三十九　「令三十九」，底本誤作「金」，據通典改。

〔一三〕凡領五千三百五十　「凡領」，宋書作「户」，中華書局本通典同。

〔一四〕石苞販鐵於鄴市　「石苞」，底本誤作「索靖」，據晉書改。下注同。

〔一五〕將不可制矣　「制矣」，晉書作「禁」。

〔一六〕山北有鑿石爲冢　「有」下，底本原衍「人」字，據後漢書志删。

〔一七〕傍卻入爲堂三方　「傍」，底本誤作「俯」，據後漢書志改。「堂」，底本誤作「室」，據後漢書志改。

〔一八〕續漢郡國志注引晉地道記　「晉」，底本原奪，據後漢書志補。

〔一九〕古者匹馬匹牛　下「匹」，底本誤作「邱」，據晉書改。

〔二〇〕州司十郡　「州司」，底本誤倒，據晉書乙正。

〔二一〕使馬牛豬羊齕草於空虚之田　「之」，底本原奪，據晉書補。

〔二二〕今越巂會稽縣東山出碧　「稽」，底本誤作「無」，據山海經郭璞注改。

〔二三〕中山經注　「注」，底本原奪，據山海經郭璞注補。下同。
〔二四〕中之則死　「死」，底本誤作「化」，據山海經郭璞注補。
〔二五〕中次十二經注　「注」，底本原奪，據山海經補。
〔二六〕大荒西經注　「大荒西經注」，底本誤作「海内經」，據山海經郭璞注改。
〔二七〕白水精鉢一口　「白」，底本原奪，據太平御覽補。
〔二八〕紫水精唾壺一口　「紫」，底本原奪，據太平御覽補。
〔二九〕扶南等二十一國　「二」，底本原奪，據晉書補。
〔三〇〕賈謐傳　「謐」，底本誤作「充」，據晉書改。
〔三一〕扶南竺旃檀獻馴象　「竺」上，底本原衍「天」，據殿本晉書及中華書局本晉書校勘記删。
〔三二〕太元十四年　「十四」，底本誤作「元」，據晉書改。
〔三三〕義熙九年　「九」，底本誤作「八」，據晉書改。
〔三四〕太平御覽菜茹部引晉義熙起居注　「菜茹」，底本空出，據太平御覽補。
〔三五〕寧康中來貢獻　「寧」，底本誤作「太」，據晉書改。
〔三六〕廬江太守路永表言　「永表」，底本作「□□」，據初學記補。
〔三七〕布金埒之泉　「泉」，底本誤作「錢」，據晉書改。
〔三八〕餧饉弘多　「弘」，底本諱作「良」，據晉書回改。

〔三九〕王莽頭孔子屐盡焚焉　「屐」，底本誤作「履」，據晉書改。

〔四〇〕張方移惠帝於長安　「惠」，底本原奪，據太平御覽補。

〔四一〕人持調御絹二疋　「調」，底本原奪，據太平御覽補。

〔四二〕太平御覽布帛部引晉四王起事　「太平御覽」，底本誤作「北堂書鈔」，據太平御覽改。

晉會要第二十四

選舉上

舉賢良方正直言

泰始四年，詔王公卿尹及郡國守相〔一〕，舉賢良方正直言之士。武紀。

摯虞舉賢良，與夏侯湛等十七人策爲下第，拜中郎。武帝詔曰：「省諸賢良答策，雖所言殊塗，皆明於王義，有益政道。欲詳覽其對，究觀賢士大夫用心。」因詔諸賢良方正直言，會東堂策問之。虞對，擢爲太子舍人，除聞喜令。摯虞傳。

泰始中，詔天下舉賢良直言之士，太守文立舉詵應選。詵對策上第，拜議郎，累遷雍州刺史。武帝於東堂會送，問詵曰：「卿自以爲何如？」詵對曰：「臣舉賢良對策，爲天下第一，猶桂林之一枝，崑山之片玉。」郤詵傳。

太保何曾舉种賢良。時种與郤詵及東平王康俱居上第，即除尚書郎。然毀譽之徒，或言對者因緣假托，帝乃更延羣士，庭以問之。种策奏，帝親覽焉，又擢爲第一〔二〕，轉中書郎。阮种傳。

夏侯湛泰始中舉賢良，對策中第，拜郎中。夏侯湛傳。

索靖，郡舉賢良方正，對策高第。索靖傳。

韓友以元康六年舉賢良。韓友傳。

懷帝詔王公舉賢良方正，刺史王敦以賀循爲賢良，夷爲方正。杜夷傳。

東海王越爲兗州牧。與統書曰：「昔王子師爲豫州，未下車，辟荀慈明；下車，辟孔文舉。貴州人士有堪應此者否？」統舉高平郗鑒爲賢良，陳留阮脩爲直言，濟北程收爲方正，時以爲知人。江統傳。

索襲舉賢良方正，以疾辭。索襲傳。

咸和六年三月，詔舉賢良直言之士。成紀。

七年，詔舉賢良。成紀。

咸和末，詔公卿舉賢良方正直言之士，太常華恒舉喜爲賢良。會國有軍事，不行。虞喜傳。

舉孝廉秀才

晉官品令：「舉秀才明經傳者，以入學宫。舉秀才五策皆通〔三〕，拜爲郎中〔四〕。」北堂書鈔設官部。

太康中，刺史嵇紹舉譚秀才。譚至洛陽，武帝親策之。時九州秀孝策無逮譚者。譚素以才學爲東土所推。同郡劉頌爲廷尉，見之歎曰：「不悟鄉里乃有如此才也！」華譚傳。

惠帝永寧元年，趙王倫篡帝位。是歲，賢良方正直言、秀才、孝廉、良將皆不試。趙王倫傳。○通鑑胡注：「舊制，賢良、秀、孝皆策試而後補官。此蓋倫欲以濫恩收衆心也。」

尚書陳頵上言：「江外初平，中州荒亂，故貢舉不試。宜漸循舊，搜揚隱逸，試以經策。」陳頵傳。

元帝制：揚州歲舉孝廉二人，諸州各一人。文獻通考二十八。

時以兵亂之後，務存慰悦，遠方秀孝到，不策試，普皆除署。元帝申明舊制，皆令試經，有不中科，刺史、太守免官。太興三年，秀孝多不敢行，其有到者，並托疾。帝欲除署孝廉，而秀才如前制。坦奏議曰：「古者且耕且學，三年而通一經，以平康之世，猶假漸漬，積以日月。自喪亂以來，十有餘年，干戈載揚，俎豆禮戢，家廢講誦，國闕庠序，率爾責試〔五〕，竊以爲疑。

然宣下以來，涉歷三載，累遇慶會，遂未一試。揚州諸郡，接近京都，懼累及君父，多不敢行。其遠州邊郡，掩誣朝廷，冀於不試，冒昧來赴，既到審試，遂不敢會。臣愚以不會與不行，其爲闕也同〔六〕。若當偏加除署〔七〕，是爲肅法奉憲者失分，僥倖投射者得官，頽風傷教，懼於是始。夫王言如絲，其出如綸，臨事改制，示短天下〔八〕，人聽有惑，臣竊惜之。愚以王命無貳，憲制宜信。去年察舉，一皆策試。如不能試，可不拘到，遣歸不署。又秀才雖以事策，亦泛問經義，苟所未學，實難闇通，不足復曲碎垂例〔九〕，違舊造異。謂宜因其不會，徐更革制。可申明前下〔一〇〕，崇修學校，普延五年，以展講習，鈞治齊訓，示人軌則。」帝納焉。聽孝廉申至七年，秀才如故。孔坦傳。

中興初，學校陵遲，特聽不試孝廉，而秀才猶依舊策試。湘州刺史甘卓上疏以爲：「答問損益，當須博通古今，明達政體，必求諸墳索，乃堪其舉。臣所忝州往遭寇亂，學校久替，人士流播，不得比之餘州。策試之由，當藉學功，謂宜同孝廉例，申與期限。」疏奏，朝議不許。卓於是精加隱括，備禮舉桂陽谷儉爲秀才。儉辭不獲命，州厚禮遣之。諸州秀才聞當考試，皆憚不行，惟儉一人到臺，遂不復策試。儉恥其州少士，乃表求試，以高第除中郎。甘卓傳。

馬氏貴輿曰：「孝廉諸科，自東漢以來，皆有策試之事。夫以文墨小技，而定其優劣，已不足以稱其科之名矣。今觀東晉之事，則應舉者皆不能試之人〔一一〕，且以孝廉、秀才自名，而必遲以五歲，待以講習，不亦有靦面目乎？然觀惠帝永寧初，王接舉秀才，報友人書曰：『今世道交喪，將遂剥亂，而智識之士鉗口韜筆，非榮此行，欲極陳所言，冀有覺悟。』會是歲，三王舉義，惠帝復阼，以國有大慶，天下秀才、孝廉，一皆不試，接以爲恨。然則上下相蒙，姑息具文，其來久矣，宜其皆欲僥倖於不試也。」文獻通考二十八。○按：王接事見本傳。

魏舒年四十餘，察孝廉。宗黨以舒無學業，勸令不就〔二二〕，可以爲高耳。舒曰：「若試而不中，其負在我，安可虚竊不就之高以爲己榮乎？」於是自課，百日習一經，因而對策升第。除澠池長。魏舒傳。

傅玄，州舉秀才，除郎中。

索紞舉秀才，除郎中。

李含初舉孝廉。尋舉秀才，薦之公府。

紀瞻初舉孝廉，不行。後舉秀才。

賀循舉秀才，除陽羨令。

薛兼察河南孝廉，除比陽相。

張憑舉孝廉，負其才，自謂必參時彦。初，欲詣惔，鄉里及同舉者共笑之。既至，惔處之下坐，憑欲自發而無端。會王濛就惔清言，有所不通，憑於末坐判之，言旨深遠。惔延之上

「張憑」曰：「帝召與語，簡文帝。言之於同載，便與船，張孝廉覓教傳遣惔，須臾，憑既還船，坐。勃窣爲理窟〔一三〕。」

丁潭察孝廉，除郎中。

王遜，仕郡察孝廉，爲吏部令史。

陳壽舉孝廉，除佐著作郎〔一四〕。

虞溥舉孝廉，除郎中。

江灌舉秀才，爲治中。

何琦察孝廉，除郎中。

易雄舉孝廉，爲州主簿。

竇允察孝廉，除浩亹長。

杜軫察孝廉，除建寧令。

文立舉秀才，除郎中。

曹毗察孝廉，除郎中。

王雅舉秀才，除郎中，出補永興令。

高崧舉州秀才〔一五〕，除太學博士。以上本傳。

傅咸舉孝廉，拜太子洗馬。文選傅長虞贈何劭詩注引王隱晉書。

鄧攸祖父殷有賜官，敕攸受之。後太守勸攸去王官，欲舉爲孝廉，攸曰：「先人所賜，不可改也。」鄧攸傳。

温嶠舉秀才，司徒辟爲東閣祭酒。温嶠傳。

陶侃察孝廉，入洛，司空張華見而謂曰：「後來匡主寧民，君其人也。」世説言語篇注引陶氏敍。

舉清白異行

泰始四年，詔：「士庶有好學篤道，孝弟忠信，清白異行者，舉而進之。」武紀。

范喬舉清白異行〔一六〕。

庾衮舉清白異行，不就。世遂號之爲異行。

徐苗舉異行，不就。

孔衍舉異行直言。

鍾雅舉異行〔一七〕，除汝陽令。以上本傳。

咸康中，成帝博求異行之士，高密劉�π、城陽邴郁並被公卿薦舉，於是依績及翟湯等例，以博士徵之。郁辭以疾，緬隨使者到京師，自陳年老，不拜。韓績傳。

徵隱逸

武帝爲晉王時，令諸郡中正以六條舉淹滯：一曰忠恪匪躬，二曰孝敬盡禮，三曰友于兄弟，四曰絜身勞謙，五曰信義可復，六曰學以爲己。武紀。

咸寧二年，徵處士安定皇甫謐爲太子中庶子。武紀。

李重遷尚書吏部郎〔一八〕，務抑華競，不通私謁，特留心隱逸。拔用北海西郭湯〔一九〕、琅邪劉珩、燕國霍原、馮翊吉謀等爲秘書郎及諸王文學，海内莫不歸心。李重傳。

重又上疏曰：「凡山林避寵之士，雖違世背時，出處殊軌，而先王許之者，嘉其服膺高義也。昔先帝患風流之弊，而思返純朴，乃諮詢朝衆，搜求隱逸。咸寧二年，始以太子中庶子徵安定皇甫謐。四年，又以博士徵南安朱沖。太康元年，復以太子庶子徵沖，雖皆以病疾不至〔二〇〕，而朝野悦服。陛下遠邁先帝禮賢之旨，臣訪沖州邑，言其雖年近耋耄，而志氣克壯，耽道窮藪，老而彌新，操尚貞純，所居成化，誠山栖耆德，足以表世篤俗者也。臣以爲宜垂聖恩，及其未没，顯加優命。」李重傳。

元康中，彬領雍州刺史。下教曰：「此州名都〔二一〕，士人林藪。處士皇甫申叔、嚴舒龍、姜茂時、梁子遠等，並志節清妙，履行高潔。踐境望風，虛心饑渴，思加延致，待以不臣之典。幅巾相見，論道而已，豈以吏職屈染高規？郡國備禮發遣，以副於邑之望。」於是四人皆到，彬敬而待之。唐彬傳。

太寧三年，徵處士臨海任旭、會稽虞喜並爲博士。明紀〔二二〕。

咸和八年，以束帛徵處士尋陽翟湯、會稽虞喜。成紀。

咸康元年，束帛徵處士翟湯、郭翻。成紀。

建元元年，又以束帛徵翟湯、虞喜。康紀。

太元十二年，束帛聘處士戴逵、龔玄之。孝武紀。

桓玄以前世皆有隱士，恥於己時獨無，求得西朝隱士皇甫謐六世孫希之，給其資用，使隱居山林；徵爲著作郎，使希之固辭不就，然後下詔旌禮，號曰高士。時人謂之「充隱」。通鑑一百一十三。

舉寒素

太康九年〔二三〕，詔内外百官舉清能、拔寒素。武紀。

燕國中正劉沈舉霍原爲寒素，司徒府不從，沈又抗詣中書奏原，而中書復下司徒參論。

司徒左長史荀組以爲：「寒素者，當謂門寒身素，無世祚之資。原爲列侯，顯佩金紫，先爲人間流通之事，晚乃務學，少長異業，年踰始立，草野之譽未洽，德禮無聞，不應寒素之目。」重奏曰：「案如癸酉詔書，廉讓宜崇，浮競宜黜。其有履謙寒素靖恭求己者〔二四〕，應有以先之。如詔書之旨，以二品繫資，或失廉退之士，故開寒素以明尚德之舉。司徒總御人倫，實掌邦教，當務峻準評，以一風流。然古之厲行高尚之士，或棲身巖穴，或隱跡丘園，或克己復禮，或耄期稱道，出處默語〔二五〕，惟義所在。未可以少長異操，疑其所守也。誠當考之於邦黨之倫，審之於任舉之主。沈爲中正，親執銓衡。陳原隱居求志，篤古好學，學不爲利，行不要名，絶迹窮山，蘊躅道義，外無希世之容，內全遯逸之節，行成名立，搢紳慕之。始舉原，先諮侍中領中書監華、前州大中正後將軍嬰、河南尹軼。去三年，諸州還朝，幽州刺史許猛特以原名聞，擬之西河，求加徵聘。如沈所列，州黨之議既舉，又刺史班詔表薦，如此而猶謂草野之譽未洽，德禮無聞，舍所徵檢之實，而無明理正辭，以奪沈所執。且應二品，非所求備。但原定志窮山，修述儒道，義在可嘉。若遂抑替，將負幽邦之望，傷敦德之教。如詔書所求之旨，應爲二品。」詔從之。李重傳。

元康中，詔求廉讓沖退履道寒素者，不計資，以參選敍。尚書郎王琨薦喬曰：「喬稟德真粹，立操高絜，安貧樂道，棲志窮巷，簞瓢詠業，長而彌堅，誠當今之寒素，著厲俗之清彦〔二六〕。」時張華領司徒，天下所舉凡十七人，於喬特重之，除樂安令，辭疾不拜。范喬傳〔二七〕。

紀瞻，永康初，州舉寒素。紀瞻傳。

辟召

李胤初仕郡上計掾，州辟部從事，舉孝廉，參鎮北軍事。遷樂平侯相，入爲尚書郎。

盧志初辟公府掾、尚書郎，出爲鄴令。

盧諶舉秀才，辟太尉掾。劉琨爲司空，以爲主簿，轉從事中郎。

劉毅辟司隸都官從事。

程衛辟公府掾，遷尚事郎。

侯史光，州辟別駕。

何攀辟益州別駕，濬謀伐吳，遣攀奉表詣臺，口陳事機，詔再引見，令張華與攀籌量進討之宜〔二八〕。

摯虞，郡檄主簿。

潘岳辟司空太尉府，舉秀才。

張協辟公府掾〔二九〕，轉秘書郎。

江虨，州辟舉秀才，平南將軍温嶠以爲參軍。復爲州別駕，辟司空郗鑒掾，除長山令。鑒又請爲司馬，轉黄門郎。庾冰鎮江州，請爲長史。

周虓，州召爲祭酒，後歷位至西夷校尉。

郗鑒初辟趙王倫掾，知倫有不臣之迹，稱疾去職。惠帝反正，參司空軍事，累遷太子中舍人。

郗超，桓温時辟爲征西大將軍掾。温遷大司馬，轉爲參軍。時王珣爲温主簿，亦爲温所重。府中語曰：「髯參軍，短主簿，能令公喜，能令公怒。」超髯，珣短故也。謝安與王坦之嘗詣温論事，温令超帳中卧聽之，風動帳開，安笑曰：「郗生可謂入幕之賓矣。」桓温廢立之計，超始謀也。卒，父哀悼，見超與温往返密計諸書，大怒曰：「小子死恨晚矣！」

紀瞻辟大司馬東閤祭酒。其年，除鄮陵公國相，不之官。明年，左降松滋侯相。

應詹初辟公府，爲太子舍人。鎮南大將軍劉弘，詹之祖舅也，請爲長史，謂之曰：「君器識弘深，後當代老子於荆南矣。」仍委以軍政。弘著績漢南，詹之力也。遷南平太守。

甘卓，郡命主簿、功曹，察孝廉，州舉秀才。

劉超爲縣小吏，稍遷琅邪國記室掾。以忠謹清慎爲元帝所拔，恒親侍左右，從渡江，轉安東府舍人，專掌文檄。相府建，又爲舍人。超自以職在近密，而書跡與帝手筆相類，乃絶不與人交書。時出休沐，閉門不通賓客。

高崧寓居江州〔三〇〕，刺史華軼辟爲西曹書佐。

東海王沖爲長水校尉，清選綱紀，以庾懌爲功曹，除暨陽令。

司徒王導以門地辟王述爲中兵屬。既見，無他言，惟問以江東米價〔三一〕。述但張目不答。導曰：「王掾不癡，人何言癡也？」

王廙辟太傅掾，轉參軍。

虞潭大司馬，齊王冏請爲祭酒，除祁鄉令。

顧衆辟丞相掾。

太常薛兼言，張闓才幹貞固，當今之良器。元帝引爲安東參軍，甚加禮遇。轉丞相從事中郎。

何充初辟大將軍王敦掾，轉主簿。敦兄含時爲廬江郡，貪汙狼藉。敦嘗於座中稱曰：「家兄在郡定佳，廬江人士咸稱之。」充正色曰：「充即廬江人，所聞異於此。」由是忤敦，左遷東海王文學。

殷浩爲征西將軍庾亮引爲記室參軍，累遷司徒左長史。

謝安初辟司徒府，除佐著作郎。

謝奕辟爲安西司馬。

虞預，太守紀瞻命爲功曹。安東從事中郎諸葛恢、參軍庾亮等薦預，召爲丞相行參軍兼記室。

干寶以才器召爲著作郎。

鄧粲不應州郡辟命。

習鑿齒，州辟爲從事。

徐廣，州辟從事，補參軍。

江逌，州辟從事，征北將軍蔡謨命爲參軍，何充復引爲驃騎功曹。以家貧，求試守，爲太末令。

王雅，州檄主簿。

薛兼初辟公府。

阮裕辟太宰掾。

郭象辟司徒掾。

温嶠年十七，州郡辟召，皆不就。司隸命爲都官從事。散騎常侍庾敳頗聚斂，嶠舉奏之，京都震肅。

魯芝，州辟別駕。

鄧攸，令召爲主簿。

劉兆五辟公府，三徵博士。以上均本傳。

元帝初爲丞相，招延四方之士，多辟府掾，時人謂之「百六掾」。元紀、虞悝傳〔三二〕。

司徒王戎問瞻曰：「聖人貴名教，老莊明自然，其旨同異？」瞻曰：「將無同。」戎咨嗟良久，即命辟之。時人謂之「三語掾」。阮瞻傳。

國子學生　太學生

咸寧時，置國子祭酒、博士、助教，以教生徒。職官志。

武帝初，太學生三千人。泰始八年，有司奏：「太學生七千餘人，才任四品，聽留。」詔曰：「已試經者留之。大臣子弟堪受教者，令入學。其餘遣還郡國。」通典五十三。

太元九年，尚書謝石請興復國學，以訓胄子，頒下州郡，普修鄉校。帝納其言。明年，選公卿二千石子弟爲學生〔三三〕，增造廟房屋百五十五間。而品課無章，君子恥與其列。國子祭酒殷茂上言：「臣聞舊制，國學生皆取冠族華胄，比列皇儲。而中混雜蘭艾，遂令人情恥之。」詔雖褒納，竟不施行。通典五十三。

孝武權以中堂爲太學。於時無復國子生，有司奏：「應須復二學生百二十人。太學生取見人六十，國子生權銓大臣子孫六十人，釋奠事訖罷。」禮志。

太元中，增置太學生百人。車胤傳。

康將刑東市，太學生三千人請以爲師，弗許。嵇康傳。

范甯爲豫章太守，大設庠序，并取郡四姓子弟，皆充學生，課讀五經。范甯傳。

舉將帥

泰始五年，詔州郡舉勇猛奇異之才。武紀。

七年〔三四〕，詔公卿以下舉將帥各一人。武紀。

將伐吴，詔曰：「吴會未平，宜得猛士以濟武功。雖舊有薦舉之法，未足以盡殊才。其普告州郡，有壯勇秀異、才力傑出者，皆以名聞，將簡其尤異，擢而用之。苟有其人，勿限所取。」

兖州遂舉隆才堪良將。馬隆傳。

陳頵上言：「昔馬隆、孟觀雖出貧賤，勳濟甚大，以所不習〔三五〕，而統戎事〔三六〕，鮮能以濟〔三七〕。宜開舉武略任將率者，言問核試〔三八〕，盡其所能〔三九〕，然後隨才授任。日磾降虜，七世内侍；由余戎狄，入爲秦相。豈藉華宗之族，見齒於奔競之流乎？宜引幽滯之雋，抑華校實，則天清地平，人神感應〔四〇〕。」陳頵傳。

咸和八年，詔諸郡舉力人能舉千五百斤以上者。成紀。

苻堅彊盛，邊境數被侵寇，朝廷求文武良將以禦北方，安乃以玄應舉。謝玄傳。

計吏

武帝嘗訪渾元會問郡國計吏方俗之宜，渾奏曰：「陛下欽明聖哲，光於遠近，明詔沖虛，詢及芻蕘，斯乃周文疇咨之求，仲尼不恥下問也。舊三朝元會前計吏詣軒下，侍中讀詔，計吏跪受。臣以詔文相承已久，無他新聲，非陛下留心方國之意也。可令中書指宣明詔，問方土異同，賢才秀異，風俗好尚，農桑本務，刑獄得無冤濫，守長得無侵虐。其勤心政化興利除害者，授以紙筆，盡意陳聞。以明聖指垂心四遠，不復因循常辭。且察其答對文義，以觀計吏賢才之實。」王渾傳。

劉寔以計吏入洛，調爲河南尹丞。劉寔傳。

羊祜舉上計吏。羊祜傳。

何楨爲弘農郡守，貢縣吏楊囂於朝。初學記設官部引虞預晉書。

晉代有計偕簿。漢書武帝紀注。

趙王倫篡位，是歲，郡國計吏及太學生年十六以上皆署吏；郡綱紀並爲孝廉，縣綱紀並爲廉吏。通鑑八十四胡三省注。○郡綱紀，功曹之屬；縣綱紀，主簿、録事史之屬。廉吏，亦選舉之一科。

選官

泰始八年〔四一〕，詔内外羣官舉任邊郡者各三人〔四二〕。武紀。

太康九年，詔内外羣臣舉守令之才。武紀。

山濤居選職十有餘年，每官缺，輒啓擬數人，詔旨有所向，然後顯奏，隨帝所欲爲先。故帝之所用，或非舉首，衆情不察，以濤輕重任意。或譖之於帝，故帝手詔戒濤曰：「夫用人惟才，不遺疏遠單賤，天下便化矣。」而濤行之自若，一年之後衆情乃寢。濤所奏甄拔人物，各爲題目，時稱山公啓事。山濤傳。

山濤爲吏部尚書，每官缺，輒啓擬數人〔四三〕。曰：「侍中彭權遷，當選代。按，雍州刺史郭奕，高簡有雅量，在兵間，少不盡下情；處朝廷，足以肅正左右。衛將軍王濟，才高美茂，後來之冠。此二人，誠顧問之秀。聖意倘惜濟主兵者，驍騎將軍荀愷，智器明敏，其典宿衛，終不減濟。祭酒庾純，彊正有學義，亦堪此選。國學初建，王、荀已亡，純能其事，宜當小留，粗立其制，不審宜爾有當聖旨者不？尚書令缺，宜得其人。征南大將軍祜，體義立正，可以肅整朝廷。」又云：「有疾苦者，大將軍雖不整正，須筋力戎馬間，猶宜得健者。征北大將軍瑾，貞正静一；中書監勖〔四四〕，達練物事〔四五〕。三人皆人彦〔四六〕，不審有可參舉者不？」通典十四。

詔選秘書丞。山濤薦曰：「嵇紹平簡温敏，有文思，又曉音，當成濟也。猶宜先作秘書郎。」詔曰：「紹如此，便可爲丞，不足復爲郎也。」世説政事篇注引山公啓事。

王戎領吏部，始爲甲午制，凡選舉皆先治百姓，然後授用。司隸校尉傅咸奏言：「書稱『三載考績，三考黜陟幽明』，今送故迎新，相望道路，巧詐由生，傷農害政。非徒無益，乃有大損。宜免戎官，以敦風俗。」戎自典選，未嘗進寒素，退虚名，但與時浮沈，户調門選而已。王戎傳。

劉頌爲吏部尚書，復建九班之制，令百官在職少遷。時賈、郭專政〔四七〕，仕者務速進，故皆不行〔四八〕。通典十四。

李胤爲吏部尚書〔四九〕，刊定選例，而著令。玉海一百十七。

露泄選舉事，四歲刑。太平御覽刑法部引晉律。

陸機上言：「荆、揚二州，户各數十萬，今揚州無郎，而荆州江南乃無一人爲京城職者，誠非聖朝待四方之本心〔五〇〕。至於才望資品，循可尚書郎〔五一〕，訥可太子洗馬、舍人。此乃衆望所積，非但企及清塗，苟充方選也。」賀循傳。

傅玄上疏曰：「魏武好法術，而天下貴刑名；魏文慕通達，而天下賤守節。其後綱維不攝，而虛無放誕之論盈於朝野，使天下無復清議，而亡秦之病復發於今。陛下聖德，龍興受禪，弘堯舜之化，開正直之路，臣將又奚言？惟未舉清遠有禮之臣，以敦風節；未退虛鄙，以懲不恪，臣是以猶敢有言。」詔報曰：「舉清遠有禮之臣，此尤今之要也。」乃使玄草詔進之。傅玄傳。

丙寅，詔羣僚舉郡縣之職以補內官〔五二〕。咸復上書曰：「臣咸以爲，興化之要，在於官人。才非一流，職有不同。譬諸林木，洪纖枉直，各有攸施。內外之任，出處隨宜，中間選用，惟內是隆；外舉既積，復多節目，競內薄外，遂成風俗。此弊誠宜亟革之，當內外通塞無所偏，選用乃平。伏思所限者，以防選用不能出人。不能出人，當隨事而制，無須限法。或謂不制其法〔五三〕，以何爲貴？臣聞刑懲小人，義責君子，君子之責，在心不在限也。正始中，任何晏以選舉，內外衆職各得其才，粲然之美，於斯可觀。如此〔五四〕，非徒御之以限，法之所致，乃委任之由也。委任之懼，甚於限法。所謂『齊之以刑，民免而無恥』者。苟委任之，一則慮罪之及，二則懼致怨謗。己快則朝野稱詠，不善則衆惡見歸，此之戰戰兢兢，孰與倚限法以苟免乎？」傅咸傳。

劉寔以世多進趣，乃著崇讓論以矯之，略曰：「士無素定之價，官職有闕，主選之吏不知所用，但案官次而舉之。同才之人先用者，非勢家之子，則必爲有勢者之所念也。且因其先用之資，而復遷之無已。遷之無已，不勝其任之病發矣。觀在官之人，政績無聞，自非勢家之子，率多因資次而進也。而望其益國朝〔五五〕，不亦難乎？竊以爲改此俗甚易耳。人臣初除，皆通表上聞，名之謝章，所由來尚矣〔五六〕。原謝章之本意，欲讓賢能以謝國恩也。夫敍用之官得通章表者〔五七〕，其讓賢推能乃通，其不能有所讓徒費簡紙者〔五八〕，皆絶不通。讓之文付主者掌之。三司有缺，擇三司所讓最多者而用之。四征缺，擇四征所讓最多者而用之。尚書缺，擇尚書所讓最多者而用之。郡守缺，擇衆郡所讓最多者而用之。賢愚皆讓，百姓耳目盡爲國耳目。篤論了了如此。典選大官，能不以人廢言，則羣才猥出，能否殊别，蓋世之功，莫大於此。」劉寔傳。

山簡領吏部，欲令朝臣各舉所知，以廣得才之路。上疏曰：「臣以爲自古興替，實在官人；苟得其才，則無物不理。書言：『知人則哲，惟帝難之。』唐虞之盛，元愷登庸；周室之隆，濟濟多士。秦漢以來，風雅漸喪。至於後漢，女君臨朝，尊官大位，出於阿保，斯亂之始也。是以郭泰、許劭之倫，明清議於草野；陳蕃、李固之徒，守忠節於朝廷。然後君臣名節，古今遺典，可得而言。自初平之元，訖於建安之末，三十年中，萬姓流散，死亡略盡，斯亂之極也。世祖武皇帝應天順人，受禪於魏，泰始之初，躬親萬機，佐命之臣，咸皆率職。時黄門侍郎王恂、庾純始於太極東堂聽政，評尚書奏事，多論刑獄，不論選舉。臣以不先所難，而辨其所易。陛下初臨萬國，人思盡誠，宜每於聽政之日〔五九〕，命公卿大臣先議選舉，各言所見後進儁才、鄉邑尤異、才堪任用者，皆以名奏，主者隨缺先敍。是爵人於朝，與衆共之之義也。」山簡傳。

泰始五年，詔蜀相諸葛亮孫京隨才署吏。武紀。

八年，詔舉奇才可以安邊者，衍初好論縱橫之術，故尚書盧欽舉爲遼東太守。不就，於是口不論世事，唯雅詠玄虚而已。王衍傳。

嵇紹以父得罪，靖居私門。山濤領選，啓武帝曰：「康誥有言：『父子罪不相及。』嵇紹賢侔郤缺，宜加旌命，請爲秘書郎。」帝謂濤曰：「如卿所言，乃堪爲丞，何但郎也？」乃發詔徵之。嵇紹傳。

劉弘都督荆州，時荆部守宰多闕，弘請補選，帝從之。弘乃敍功銓德，隨才補授，甚爲論者所稱。乃表曰：「被中詔，敕臣隨資品選，補諸缺吏。夫慶賞刑威，非臣所專，且知人則哲，聖帝爲難，非臣闇蔽所能斟酌。然萬事有機，毫釐宜慎，謹奉詔書，差所應用。蓋崇化莫若貴德，其次立功〔六〇〕。頃者多難，醇朴彌凋，臣輒以徵士伍朝補零陵太守，庶以懲波蕩之弊，養退讓之操。臣以不武，前退於宛，長史陶侃、參軍蒯恒、牙門皮初，戮力致討，蕩滅奸凶，侃、恒各以始終軍事，初爲都戰帥，忠勇冠軍，漢沔清肅，實初等之勳也〔六一〕。司馬法『賞不逾時』，欲人知爲善之速福也。若不超報，無以勸徇功之士，慰熊羆之志。臣以初補襄陽太守，侃爲府行司馬，使典論功事，恒爲山都令。詔惟令臣以散補空缺〔六二〕，然沶鄉令虞潭忠誠烈正，首唱義舉〔六三〕，臣特轉潭補醴陵令。南郡廉吏仇勃，母老疾困，賊至守衛不移，以致拷掠，幾至隕命。尚書令史郭貞，張昌以爲尚書郎，欲訪以朝儀，遁逃不出，昌質其妻子，避之彌遠。勃孝篤著於臨危，貞忠厲於强暴〔六四〕，雖各四品，皆可以訓奬臣子，長益風教。臣輒以勃爲歸鄉令，貞爲信陵令。皆功行相參，循名校實，條列行狀，公文具上。」朝廷以初雖有功，襄陽又是名郡，名器宜慎，不可授初，乃以前東平太守夏侯陟爲襄陽太守，餘並從之。陟，弘之壻也。弘表：「姻親，舊制不得相監。皮初之勳宜見酬報。」詔聽之。劉弘傳。

盧欽領吏部，清實選舉，稱爲廉平。文選王文憲集序注引虞預晉書。

崔洪爲吏部尚書，舉用甄明，門無私謁。薦雍州刺史郤詵代己爲左丞。詵後糾洪，洪謂人曰：「我舉郤丞而還奏我，是挽弩自射也〔六五〕。」詵聞曰：「昔趙宣子任韓厥爲司馬，以軍法戮宣子之僕。宣子謂諸大夫曰：『可賀我矣，我選厥也任其事。』崔侯爲國舉才，我以才見舉，惟官是視，各明至公，何故私言乃至此？」洪聞其言而重之。崔洪傳。

任愷在吏部，選舉公平，盡心所職。甚得朝野稱譽。任愷傳。

應詹上言：「弘濟兹務，在乎官人。今南北雜錯，屬托者無保負之累，而輕舉所知，此博采所以未精，職理所以多闕。今凡有所用，宜隨其能否而與舉主同乎褒貶，則人有慎舉之恭，官無廢職之吝〔六六〕。」應詹傳。

僕射江虨領選，將擬以坦之爲尚書郎〔六七〕。坦之聞曰：「自過江來，尚書郎正用第二人，何得以此見擬？」王坦之傳。

彪之從伯導謂曰：「選官欲以汝爲尚書郎，汝幸可作諸王佐耶？」彪之曰：「位之多少既不足計，自當任之於時。至於超遷，是所不願。」王彪之傳。

陳頵遺王導書曰：「中華所以傾弊者，正以取才失所，先白望而後實事，浮競驅馳，互相貢薦，言重者先顯，言輕者後敍，遂相波扇，乃至陵遲。加有莊、老之俗，傾惑朝廷，養望者爲弘雅，政事者爲俗人，王職不恤，法物墜喪。夫欲制遠，先由近始。今宜改張，明賞信罰，拔卓茂於密縣，顯朱邑於桐鄉，然後大業可舉，中興可冀耳。」導不能從。通鑑八十七。

陸亮字長興，河内野王人，太常陸乂兄也。爲賈充所親待。山濤爲左僕射，領選。濤行業即與充異，自以爲世祖所敬，選用之事，與充咨論，充每不得其所欲。好事者説充宜授心腹人爲吏部尚書，參同選舉。若意不齊，事不得諧，可不召公與選，而實得敍所懷。充以爲然，乃啓亮公忠無私。濤以亮將與己異，又恐其協情，不允。累啓亮可爲左丞相，非選官才。世祖不許，濤乃辭疾還家。亮在職，果不能允，坐事免官。世説政事篇注引晉諸公贊。

王忱死，西鎮未定，朝貴人人有望。時殷仲堪在門下，雖居機要，資名輕小，人情未以方嶽相許。晉孝武欲拔親近腹心，遂以殷爲荆州。事定，詔未出，王珣問殷曰：「陝西何故未有處分？」殷曰：「已有人。」王歷問公卿，咸云「非」。王自許才地，必應在己。復問：「非我耶？」殷曰：「亦似非。」其夜，詔出用殷。王語所親曰：「豈有黄門郎而受如此任？仲堪此舉，乃是國之亡徵。」世説識鑒篇。〇注引晉安帝紀云：「孝武深爲晏駕後計〔六八〕，擢仲堪代王忱爲荆州。仲堪雖有美譽，議者未以相許〔六九〕。既受腹心之任，居上流之重〔七〇〕，識者謂其殆矣。終爲桓玄所敗。」

【校勘記】

〔一〕詔王公卿尹及郡國守相　「及」，底本誤作「九」，據晉書改。

〔二〕又擢爲第一　「又」，底本誤作「及」，據晉書改。

〔三〕舉秀才五策皆通　「舉」，底本空出，據北堂書鈔補。

〔四〕拜爲郎中　「拜」，底本原奪，據北堂書鈔補。

〔五〕率爾責試　「爾」，底本誤作「以」，據晉書改。

〔六〕其爲闕也同　「爲」，底本原奪，據晉書補。

〔七〕若當偏加除署　「偏」，底本誤作「徧」，據晉書改。

〔八〕示短天下　「短」，底本誤作「疑」，據晉書改。

〔九〕不足復曲碎垂例　「例」，底本誤作「制」，據晉書改。

〔一〇〕可申明前下　「下」，底本誤作「令」，據晉書改。

〔一一〕則應舉者皆不能試之人　「能」，底本空出，據文獻通考補。

〔一二〕勸令不就　「令」，底本誤作「其」，據晉書改。

〔一三〕張憑勃窣爲理窟　「窣」，底本誤作「萃」，據晉書改。

〔一四〕除佐著作郎　「郎」，底本空出，據晉書補。

〔一五〕高崧舉州秀才　「崧」，底本誤作「嵩」，據晉書改。下「高崧」同。

〔一六〕范喬舉清白異行　「范」，底本誤作「袁」，據晉書改。

〔一七〕鍾雅舉異行　「異」，晉書作「四」。

〔一八〕李重遷尚書吏部郎　「尚書」，底本原奪，據晉書補。「郎」，底本誤作「科」，據晉書改。

〔一九〕拔用北海西郭湯　「西」，底本原奪，據晉書補。

〔二〇〕雖皆以病疾不至　「病疾」，底本誤倒，據晉書乙正。

〔二一〕此州名都　「州」，底本誤作「邦」，據晉書改。
〔二二〕明紀　「明」，底本誤作「元」，據晉書改。
〔二三〕太康九年　「太康九」，底本誤作「泰始四」，據晉書改。
〔二四〕其有履謙寒素靖恭求己者　「恭」，底本誤作「共」，據晉書改。
〔二五〕出處默語　「默語」，底本誤倒，據晉書乙正。
〔二六〕著厲俗之清彥　「厲」，底本誤作「勵」，據晉書改。
〔二七〕范喬傳　「范」，底本誤作「袁」，據晉書改。
〔二八〕令張華與攀籌量進討之宜　「攀」，底本原奪，據晉書補。
〔二九〕張協辟公府掾　「協」，底本誤作「載」，據晉書改。
〔三〇〕高崧寓居江州　「崧」，底本誤作「嵩」，據晉書改。
〔三一〕惟問以江東米價　「江」，底本誤作「在」，據晉書改。
〔三二〕元紀虞悝傳　「悝」，底本誤作「俚」，據晉書改。
〔三三〕選公卿二千石子弟爲學生　「爲學生」，通典無「爲學」二字，宋書無「學」字。
〔三四〕七年　「七」，底本誤作「六」，據晉書改。
〔三五〕以所不習　「以所」，底本誤倒，據晉書乙正。
〔三六〕而統戎事　「而統」，底本原奪，據晉書補。

〔三七〕鮮能以濟　「能以」，底本誤作「克有」，據晉書改。

〔三八〕言問核試　「言」，底本誤作「以」，據晉書改。

〔三九〕盡其所能　「盡其」，底本原奪，據晉書補。

〔四〇〕人神感應　「感」，底本誤作「咸」，據晉書改。

〔四一〕泰始八年　「泰始」，底本誤作「咸寧」，據晉書改。

〔四二〕詔内外羣官舉任邊郡者各三人　「官」，底本誤作「臣」，據晉書改。

〔四三〕輒啓擬數人　「啓」，底本誤作「列」，據通典改。

〔四四〕中書監勖　「中書監勖」，底本空出，據通典補。

〔四五〕達練物事　「物事」，底本誤倒，據通典乙正。

〔四六〕三人皆人彦　上「人」字，底本誤作「者」，據通典改。

〔四七〕時賈郭專政　「政」，通典作「朝」。

〔四八〕故皆不行　「皆」，底本原奪，據通典補。

〔四九〕李胤爲吏部尚書　「胤」，底本誤作「重」，據玉海改。

〔五〇〕誠非聖朝待四方之本心　「誠」，底本原奪，據晉書補。

〔五一〕循可尚書郎　「可」下，底本原衍「爲」字，據晉書删。

〔五二〕詔羣僚舉郡縣之職以補内官　「詔」下，底本原衍「書」字，據晉書删。

〔五三〕或謂不制其法　「制」，底本誤作「限」，據晉書改。

〔五四〕如此　「如」，底本原奪，據晉書補。

〔五五〕而望其益國朝　「其」下，底本原衍「裨」字，據晉書刪。

〔五六〕所由來尚矣　「所」，底本原奪，據晉書補。

〔五七〕夫敍用之官得通章表者　「夫」，底本誤作「使」，據晉書改。

〔五八〕其不能有所讓徒費簡紙者　「讓」下，底本原衍「者」字，據晉書刪。「者」，底本誤作「耳」，據晉書改。

〔五九〕宜每於聽政之日　「日」，底本誤作「餘」，據通典改。

〔六〇〕其次立功　「其」上，晉書有「則所以濟屯，故太上立德」十字。

〔六一〕實初等之勳也　「實」，底本原奪，據晉書補。

〔六二〕詔惟令臣以散補空缺　「空」，底本原奪，據晉書補。

〔六三〕首唱義舉　「唱」，底本誤作「倡」，據晉書改。

〔六四〕貞忠厲於强暴　「忠」下，底本原衍「節」字，據晉書刪。

〔六五〕是挽弩自射也　「挽」，底本誤作「援」，據晉書改。

〔六六〕官無廢職之吝　「吝」，底本誤作「咎」，據晉書改。

〔六七〕將擬以坦之爲尚書郎　「將」，底本原奪，據晉書補。

〔六八〕孝武深爲晏駕後計　「計」，底本原奪，據世説新語補。

〔六九〕議者未以相許　「以」下，世説新語有「方嶽」二字。

〔七〇〕居上流之重　「流」，底本誤作「游」，據世説新語改。

晉會要弟二十五

選舉下

九品制

晉依魏氏九品之制，内官吏部尚書、司徒、左長史，外官州有大中正，郡國有小中正，皆掌選舉。若吏部選用，必下中正，徵其人居及父祖官名。通典十四。癸酉詔書廉讓宜崇，浮競宜黜。其有履謙寒素靖恭求己者，應有以先之。燕國霍原隱居求志，篤古好學，學不爲利，行不要名。定志窮山，義在可嘉。如詔書所求之旨，應爲二品。李重傳。

張軌泰始初，受叔父錫官五品。中書監張華與軌論經義及政事損益，甚器之，謂安定中正爲蔽善抑才，宜以爲二品之精。張軌傳。

青州自二品以上光禄勳石鑒等共奏，毅遂爲州都〔一〕，銓正人流。劉毅傳。

傅宣定九品未訖，劉疇代之，悉改宣法。於是人人望品，求者奔競。文選王文憲集序注引晉諸公贊。

刺史解結問僚佐曰：「河北白壤膏粱，何故少人士，每以三品爲中正？」陳頵傳。

泰始八年，有司奏：「太學生七千餘人，才任四品，聽留〔二〕。」通典五十三。

惠帝元康三年，制立學官品，弟五以上得入國學。通典五十三。

李含爲秦國郎中令，司徒選含領始平中正。秦王柬薨，含依臺儀，葬訖除喪。尚書趙浚奏含不應除喪。本州大中正傅祗以名義貶含。中丞傅咸上表理含曰：「含忠公清正〔三〕，才經世務，實有史魚秉直之風。雖以此不能協和流俗，然其名行峻厲，不可得掩。尚書勑王葬日在近，葬訖，含應攝職，不聽差代。葬訖，含猶躊躇，司徒屢罰訪問〔四〕，踧含攝職，而隨擊之，此爲臺勑府符陷含於惡。臣從弟祇爲州都督〔五〕，意在欲隆風教，議含已過，不良之人遂相扇動，冀挾名義，法外致案。中正龐隆便割含品。臣見含爲騰所侮，謹表以聞〔六〕，乞朝廷以時博議，無令騰得妄弄刀尺。」帝不從，含遂被貶，退割爲五品。李含傳。

何劭初亡，袁粲弔劭子岐，岐辭以疾。粲獨哭而出曰〔七〕：「今年決下婢子品。」王詮謂之曰：「知死弔死，何必見生？岐前多罪，爾時不下，何公新亡，便下岐品，人謂中正畏强易弱。」粲乃止。何劭傳。

孫秀爲琅邪郡吏，求品於鄉議。戎從弟衍將不許，戎勸品之。王戎傳。

衛瓘以魏立九品，是權時之制，非經通之道，宜復古鄉舉里選。與太尉亮等上疏曰：「昔聖王詢事考言，必得其善，人知名不可虛求〔八〕，故還修其身。自此法陵遲，魏氏承顛覆之運，起喪亂之後，人士流移，考詳無地，故立九品之制，粗具一時選用之本耳。其始造也，鄉邑清議，不拘爵位，褒貶所加，足爲勸勵，猶有鄉論餘風〔九〕。中間漸染，遂計資定品，使天下觀望，惟以居位爲貴，人棄德而忽道業，爭多少於錐刀之末，傷損風俗，其弊不細。臣等以爲，宜皆蕩除末法，一擬古制，以土斷定〔一〇〕，自公卿以下，皆以所居爲正，無復懸客遠屬異土者。如此，則同鄉鄰伍，皆爲邑里，郡縣之宰，即以居長，盡除中正九品之制，使舉善進才，各由鄉論。人知善否之教，不在交遊，華競自息。」武帝善之，而卒不能改。衛瓘傳。

毅以魏立九品，權時之制，未見得人，而有八損，乃上疏曰：「臣聞立政，以官才爲本。今立中正，定九品，高下任意，榮辱在手。操人主之威福，奪天朝之權勢。愛憎決於心，情僞由於己。公無考校之負，私無告訐之忌。用心百態，求者萬端。廉讓之風滅，苟且之俗成。天下汹汹，但爭品位，不聞推讓，竊爲聖朝恥之。夫名狀以當才爲清，品輩以得實爲平。清平者，政化之美也；枉濫者，亂敗之惡也。不可不察。今之中正，不精才實，務依黨利；不均稱尺，務隨愛憎。所欲與者，獲虛以成譽〔一一〕；所欲下者，吹毛以求疵。高下逐强弱，是非由愛憎。隨世興衰，不顧才實，衰則削下，興則扶上，一人之身，旬日異狀。或以貨賂自通，或以計協登進，附托者必達，守道者困悴。無報於身，必見割奪；有私於己，必得其欲。是以上品無寒門，下品無勢族。暨時有之〔一二〕，皆曲有故。慢主罔時，實爲亂源。損政一也。置州都者，取州里清議，咸所歸服，將以鎮異同，一言議。不謂一人之身，了一州之才。自仲尼至於庖犧，則皆不堪，何獨責於中人哉？今重其任而輕其人，所立品格，還訪刁攸。攸非州里之所歸，非職分之所置。主者既善刁攸，攸之所下而復選以二千石，已有數人。劉良上攸之所下，石公罪攸之所行，駁違之論横於州里，嫌讎之隙結於大臣。人倫交争而部黨興〔一三〕，刑獄滋生而禍根結。損政二也。本立格之體，將謂人倫有序，若貫魚成次也。爲九品者，取下者爲格，謂才德有優劣，倫輩有首尾。今之中正，務自遠者，則抑割一國，使無上人；穢劣下比，則拔舉非次。乃使優劣易地，首尾倒錯。貴異在凡品之下，不肖越成人之首。損政三也〔一四〕。陛下踐阼，弘不諱之詔，納忠直之言。然賞罰，自王公以至於庶人，無不加法。置中正，委以一國之重，而無賞罰之防。人心多故，清平者寡，故怨訟者衆。聽之則告訐無已，禁絶則侵枉無極，與其理訟之煩，猶愈侵枉之害。今禁訟訴，則杜一國之口，培一人之勢，使得縱横，無所顧憚。諸受枉者抱怨積直，獨不蒙天地無私之德，而長壅蔽於邪人之銓。損政四也。昔在前聖之世，欲敦風俗，鎮静百姓，隆鄉黨之義，崇六親之行。鄉老書其善以獻天子，司馬論其能以官於職，有司考績以明黜陟。故天下之人退而修本，州黨有德義，朝廷有公正，浮華邪佞無所容措。今一國之士多者千數，或流徙異邦，或取給殊方，面猶不識，況盡其才力？而中正知與不知，皆當品狀，采譽於臺府，納毁於流言。所知者以愛憎奪其平，所不知者以人事亂其度；既無鄉老紀行之譽，又非朝廷考績之課；遂使進官之人，棄近求遠，背本逐末。位以求成，不由行立，品不校功，黨譽虚妄。損政五也。凡所以立品設狀者，求人才以理物也，非虚飾名譽，相爲好醜。今則反之，於限當報，雖職之高，還附卑品，無績於官，而獲高敍，是爲抑功實而隆虚名也。上奪天朝考績之分，下長浮華朋黨之士。損政六也。凡官不同事，人不同能，得其能則成，失其能則敗。今品不狀才能之所宜，而以九等爲例。以品取人，或非才能之所長；以狀取人，則爲本品之所限。若狀得其實，猶品狀相妨，繫縶選舉，使不得精於才宜〔一五〕。況今九品，所疏則削其長，所親則飾其短。徒結白論，以爲虚譽，則品不料能，百揆何以得理，萬機何以得修？損政七也。前九品詔書，善惡必書，以爲褒貶，當時天下，少有所忌。今之九品，所下不彰其罪，所上不列其善，廢褒貶之義，任愛憎之斷，清濁同流，以植其私。故反違前品，以驅動衆人，使必歸於己。懲勸不明，則風俗汙濁，天下人焉得不解德行而鋭人事？損政八也。由此論之，選中正而非其人，授權勢而無賞罰。雖職名中正，實爲姦府；事名九品，而有八損。自魏立以來，未見其得人之功，而生讎薄之累。毁風敗俗，無益於化，古今之失，莫大於此。愚臣以爲宜罷中正〔一六〕，除九品，棄魏氏之弊法〔一七〕，立一代之美制。」疏奏，優詔答之。竟不施行。劉毅傳。

段灼上言：「今臺閣選舉，塗塞耳目，九品訪人，惟問中正。故據上品者，非公侯之子孫，則當塗之昆弟也。二者苟然，則華門蓬户之俊，安得不有陸沈者哉？」段灼傳。

周馥主定九品，檢括精詳。周馥傳。

李重上疏陳九品曰：「九品始於喪亂，軍中之政，誠非經國不刊之法也。且其檢防轉碎，徵刑失實，故朝野之論，僉謂驅動風俗，爲弊已甚。而至於議改，又以爲疑。臣以革法創制，當先盡開塞利害之理，舉而措之，使體例大通而無否滯亦未易故也。古者，諸侯之治，分土有常，國有定主，人無異望，卿大夫世禄，仕無出位之思，臣無越境之交，上下體固，人德歸厚。秦反斯道，罷侯置守，風俗淺薄，自此來矣。漢革其弊，斟酌周秦，並建侯守，亦使分土有定，而牧司必各舉賢，貢士任之鄉議，事合聖典，比蹤三代。今承魏氏彫弊之迹，人物播越，仕無常朝，人無定處，郎吏蓄於軍府，豪右聚於都邑，事體駁錯，與古不同。謂九品既除，宜先開移徙，聽相併就。且明貢舉之法，不濫於境外，則冠帶之倫將不分而自均，即土斷之實行矣。李重傳。

馬端臨曰：「魏晉以來，雖立九品中正之法，然仕進之門，則與兩漢一而已。或公府辟召，或郡國薦舉，或由曹掾積累而升，或由世胄承襲而用，大率不外此三四塗轍。然諸賢之說，多欲廢九品，罷中正，何也？蓋鄉舉里選者，採毀譽於衆多之論，而九品中正者，寄雌黄於一人之口。且兩漢如公府辟掾屬，州郡選曹僚，皆自薦舉而自試用之，若非其人，則非特累衡鑑之明，抑且失倚毗之助，故終不敢十分徇其私心。至中正之法行，則評論者自是一人，擢用者自是一人，評論所不許〔一八〕，則司擢用者不敢違其言；擢用或非其人〔一九〕，則司評論者不任其咎。體統脈絡，各不相關，故徇私之弊，無由懲革。又必限以九品，專以一人，其法太拘，其意太狹，其迹太露，故趨勢者不暇舉賢，如劉毅所謂『上品無寒門，下品無世族』是也。畏禍者不敢嫉惡，如孫秀爲琅邪郡吏，求品於清議王戎從弟衍，衍將不許，戎勸品之。及秀得志，朝士有怨者皆被害〔二〇〕，戎、衍獨免是也。快恩讎者得以自恣，如何劭初亡，袁粲弔劭子岐，岐辭以疾，粲曰『今年決下婢子品』是也。又如陳壽遭父喪，有疾，使婢丸藥，客見之，鄉里以爲貶，坐是沈滯累年。閻纘父卒，繼母不慈，纘恭事彌謹，而母疾之愈甚〔二一〕，乃誣纘盜父時金寶，訟於有司，遂被清議十餘年。纘孝謹不怠〔二二〕，母後意解，更移中正，乃得復品。以此觀之，其法甚嚴，然亦太拘。蓋人之履行稍虧者〔二三〕，一入品目，遂不可以拭拭湔滌〔二四〕，則天下無全人矣。況中正所品者，未必皆當乎。固不若採之於無心之鄉評，以詢其履行，試之以可見之職業，而驗其才能，一如兩漢之法也。」文獻通考二十八。

品目

孫楚與同郡王濟友善，濟爲本州大中正，訪問銓邑人品狀〔二五〕，至楚，濟曰：「此人非卿所能目，吾自爲之。」乃狀楚曰：「天才英博，亮拔不羣。」孫楚傳。

武帝爲撫軍，妙選寮采。文帝問其人於鍾會〔二六〕。曰：「裴楷清通，王戎簡要，皆其選也。」裴楷傳。

戎嘗目山濤如璞玉渾金，人皆欽其寶，莫知名其器；王衍神姿高徹，如瑤林瓊樹，自然是風塵表物。謂裴頠拙於用長，荀勖工於用短，陳道寧綅綅如束長竿。王戎傳。

王澄字平子，衍弟。衍有人倫鑒，尤重澄及王敦、庾敳，嘗爲天下人士目曰：「阿平第一，子嵩第二，處仲第三。」澄嘗謂衍曰：「兄形似道，而神鋒太儁。」衍曰：「誠不如卿落落穆穆然也。」澄由是顯名。有經澄題目者，衍不復有言，輒云：「已經平子矣」。王澄傳。

楷嘗目夏侯玄，云「肅肅如入宗廟中，但見禮樂器」；鍾會「如觀武庫森森，但見矛戟在前」；傅嘏「汪翔靡所不見」，山濤「若登山臨下，幽然深遠」。裴楷傳。

散騎常侍翟嬰薦長樂馮恢高行邁俗，侔繼古烈。洪奏恢不敦儒素，令學生番直左右，雖有讓侯微善，不得稱無倫輩，嬰爲浮華之目。遂免嬰官。崔洪傳。

王恭美姿儀，或目之云：「濯濯如春月柳。」王恭傳。

陸喜有校論格品篇。陸喜傳。

山公舉阮咸爲吏部郎，目曰：「清真寡欲，萬物不能移也。」世説賞譽門〔二七〕。

王戎目阮文業：「清倫有鑒識，漢元以來，未有此人。」世説賞譽門。○注引杜篤新書：「阮武，字文業，陳留人。」

武元夏目裴、王曰：「戎尚約，楷清通。」世説賞譽門。○武陔，字元夏。

王公目太尉：「巖巖清峙，壁立千仞。」世説賞譽門。○按：王公，戎。太尉，衍也。

王丞相目庾子躬：「入理泓然，我已上人。」世説賞譽門。

庾公目庾中郎：「神氣融散，差如得上。」世説賞譽門。○中郎，庾敳也。

世目周侯嶷如斷山。世説賞譽門。○周顗也。

世目楊朗沈審經斷。蔡司徒云：「若使中朝不亂，楊氏作公方未已。」世説賞譽門。

有人目杜弘治標鮮清令，盛德之風，可樂詠也。世説賞譽門。

會稽孔沈、魏顗、虞球、虞存、謝奉，並是四族之儁。孫興公目之曰：「沈爲孔家金，顗爲魏家玉，虞爲長、琳宗，謝爲弘道伏。」世説賞譽門。○注：「長、琳，即存及球字。弘道，謝奉字。言虞氏宗長、琳之才，謝氏伏弘道之美也。」

簡文目庾赤玉「省率治除」。世說賞譽門。○注：「赤玉，庾統字。」

簡文目敬豫爲「朗豫」。世說賞譽門。○注：「敬豫，王恬字。」

王右軍目陳玄伯「壘塊有正骨」。世說賞譽門。○注：「陳泰也。」

吴四姓，舊目云：「張文，朱武，陸忠，顧厚。」世說賞譽門。

司馬太傅爲二王目曰：「孝伯亭亭直上，阿大羅羅清疏。」世說賞譽門。○注：「王恭、王忱也。」

世論温太真是過江第二流之高者。時名輩共説人物第一將盡之間，温常失色。世說品藻門。

世目殷中軍「思緯淹通」，比羊叔子。世說品藻門。○注云：「羊叔子德高一世，才經夷險，淵源蒸燭之曜，豈喻日月之明也？」

時人目王右軍「飄如遊雲，矯若驚龍」。世說容止門。

永和中，劉真長、謝仁祖共商略中朝及江左人物。或問：「杜弘治可方衛洗馬不？」謝曰：「安得比？其間可容數人。」「吾請評之。弘治膚清，叔寶神清。」論者謂爲知言。世說品藻門注。

清議

陳壽遭父喪，有疾，使婢丸藥，客往見之，鄉黨以爲貶議。坐是沈滯者累年。司空張華愛其才，以壽雖不遠嫌，原情不至貶廢，舉爲孝廉。陳壽傳。

閻纘父卒，繼母不慈，纘事之彌謹。而母族之愈甚，乃誣纘盜父時金寶，訟於有司。遂被清議十餘年，纘無怨色〔二八〕，孝謹不怠。母後意解，更移中正，乃得復品。閻纘傳。

何攀爲梁、益二州中正，時巴西陳壽、閻乂並被鄉閭所謗，清議十餘年。攀申明曲直，咸免冤濫。何攀傳。

淮南小中正王式父亡，繼母終喪服訖，還前夫家。至歿，式制出母齊蓑朞。壺奏：「式母於夫，生事奉終，非爲既絶之妻。夫亡制服，不爲無義之婦。夫之既歿，是其從子之日，而式以爲出母。犯禮違義，不可以居人倫詮正之任。」詔式付鄉邑清議，廢棄終身。卞壺傳。

陳郡周勰爲謝安主簿，居喪廢禮，脱落名教。伯領中正，不通勰，議曰：「拜下之敬，猶違衆從禮。情理之極，不宜以多比爲通。」時人憚焉。識者謂伯可謂澄世所不能澄，而裁世所不能裁者矣。韓伯傳。

祖納嘗問梅陶曰〔二九〕：「君鄉里立月旦評，何如？」陶曰：「善褒惡貶，則佳法也。」

納曰：「未益。」時王隱在坐，因曰：「尚書稱『三載考績，三考黜陟幽明』，何得一月便行褒貶？」陶曰：「此官法也。月旦，私法也。」隱曰：「必須積久，善惡乃著，公私何異？若必月旦，則顔回食埃，不免貪污；盜蹠引少，則爲清廉。朝種暮穫，善惡未定矣。」祖納傳。

【校勘記】

〔一〕毅遂爲州都　「遂」，底本誤作「宜」，據晉書改。
〔二〕聽留　「聽」，底本誤作「請」，據通典改。
〔三〕含忠公清正　「忠公」，底本誤倒，據晉書乙正。
〔四〕司徒屢罰訪問　「罰」，底本誤作「勑」，據晉書改。
〔五〕臣從弟祇爲州都督　「督」，中華書局本晉書校勘記以爲係衍文。
〔六〕謹表以聞　「謹」，底本誤作「詔」，據晉書改。
〔七〕粲獨哭而出曰　「曰」，底本誤作「者」，據晉書改。
〔八〕人知名不可虚求　「名」，底本原奪，據晉書補。
〔九〕猶有鄉論餘風　「有」，底本誤作「是」，據晉書改。

〔一〇〕以土斷定　「定」，底本原奪，據晉書補。

〔一一〕獲虛以成謷　「謷」，底本誤作「與」，據晉書改。

〔一二〕暨時有之　「暨」，底本誤作「或」，據晉書改。

〔一三〕人倫交争而部黨興　「交」，底本誤作「相」，據晉書改。「而」，底本原奪，據晉書補。

〔一四〕損政三也　「三」，底本誤作「二」，據晉書改。

〔一五〕使不得精於才宜　「使」，底本原奪，據晉書補。「才」，底本誤作「人」，據晉書改。

〔一六〕愚臣以爲宜罷中正　「愚臣」，底本誤倒，據晉書乙正。

〔一七〕棄魏氏之弊法　「弊」，底本誤作「敗」，據晉書改

〔一八〕評論所不許　「論」下，底本原有「者」字，據文獻通考删。

〔一九〕擢用或非其人　「或」，底本誤作「者」，據文獻通考改。

〔二〇〕朝士有怨者皆被害　「士」，底本誤作「臣」，據文獻通考改。

〔二一〕而母疾之愈甚　「疾」，底本誤作「嫉」，據文獻通考改。

〔二二〕纘孝謹不怠　「怠」，底本誤作「忘」，據文獻通考改。

〔二三〕蓋人之履行稍虧者　「人之」，底本誤作「令」，據文獻通考改。

〔二四〕遂不可以拉拭湔滌　「遂」下，文獻通考有「永」字。「拉」，底本空出，據文獻通考補。「滌」，底本誤作「除」，據文獻通考改。

〔二五〕訪問銓邑人品狀　「銓」，底本原奪，據晉書補。

〔二六〕文帝問其人於鍾會　「文帝」，底本原奪，據晉書補。

〔二七〕世説賞譽門　「賞譽」，底本誤作「識鑒」，據世説新語改。下同。

〔二八〕纘無怨色　「色」，底本原奪，據晉書補。

〔二九〕祖納嘗問梅陶曰　「納」，底本誤作「訥」，據晉書改。

晉會要弟二十六

職官一

丞相

丞相，晉初不置。惠帝之後，省置無恒。爲之者，趙王倫、梁王肜、成都王穎、南陽王保、王敦、王導之徒，皆非復尋常人臣之職。志。

惠帝改丞相爲司徒，尋復舊〔一〕，俱爲宰相。而中書監、令，常管機要，亦是相也。通典十九。

惠帝永康元年，改司徒爲丞相。永寧元年，罷丞相，復置司徒。永昌元年，罷司徒并丞相，與司徒不並置。元帝渡江，以王敦爲丞相，轉司徒，荀組爲太尉，以司徒官屬并丞相爲留府，敦不受。成帝以王導爲丞相，罷司徒府爲丞相府。導薨，罷丞相，復爲司徒府。文獻通考。

○通鑑八十六胡三省注：「永嘉元年，王衍爲司徒，東海王越爲丞相，乃兩置焉。」

左司馬。荀組傳〔二〕：「爲相國，以王堪、劉謨爲左右司馬。」

右司馬。

左長史。

右長史。

府屬有：西東閣祭酒、西東曹掾、户倉賊曹令史屬各一人，御屬閣下令史、西東曹倉户賊曹令史、門令史、記室省事令史、閣下記室書令史、西東曹學事各一人。志。丁潭傳：「除郎中，稍遷丞相西閣祭酒。」

丞相諸曹史。掾屬三十，御屬一。通典。○續漢百官志注引荀綽晉百官表注云：「御屬如録事。」

記室參軍。鍾雅傳：「元帝引爲丞相記室參軍。」

從事中郎。王稜傳：「渡江，爲元帝丞相從事中郎。」

司直。劉隗傳：「元帝爲丞相，以隗爲從事中郎，遷丞相司直，委以刑憲。」

舍人。劉超傳：「元帝相府建，爲舍人。」

主簿。隋經籍志：「晉相國主簿殷闡。」

太宰　太傅　太保

太宰、太傅、太保爲三公。秩增三司，無其人則闕。晋避景帝諱，採周官官名，置太宰以代太師，以安平獻王孚居之。自渡江以來，其名不替，而居之者甚寡。志。○通典二十云：「晋書太安元年，『以齊王冏爲太師』，當時撰述之誤也。」

各置長史一人，西東閤祭酒、西東曹掾、户倉賊曹令史屬各一人，御屬閤下令史、西東曹倉户賊曹令史、門令史、記室省事令史、閤下記室書令史、西東倉學事各一人。給虎賁二十人。志。

晋制：文武官公及諸方面征鎮府〔三〕，皆置軍諮祭酒。東曹在倉曹之上，户曹在倉曹之下。通鑑八十四胡三省注。

安平王孚爲太宰，增掾屬十人。安平獻王孚傳〔四〕。

楊駿爲太傅，增祭酒爲四人，掾屬二十人，兵曹爲左右。楊駿傳〔五〕。

太傅主簿。潘岳傳：「楊駿引岳爲太傅主簿。」

太傅軍司。王衍傳：「爲太傅軍司。」

太傅丞。世説言語門注引晋百官名：「崔豹，惠帝時爲太傅丞。」

衛瓘進位太保，增置司馬、長史、從事中郎掾屬。衛瓘傳。

大司馬

大司馬，漢制以冠大將軍、驃騎、車騎之上，以代太尉之職，故恒與太尉不並列〔六〕。魏有太尉，而大司馬、大將軍各自爲官，位在三司上。晉因其制，自義陽王望爲大司馬之後，定令如舊。志。

置長史一人，西東閤祭酒、西東曹掾、户倉賊曹令史屬各一人，御屬閤下令史、西東曹倉户賊曹令史、門令史、記室省事令史、閤下記室書令史、西東曹學事各一人。志。○孫惠傳：「辟大司馬户曹掾。」

太尉　司徒　司空

太尉、司徒、司空爲三公。晉受命，迄江左，其官相承不替。志。

晉司徒與丞相通職，更置迭廢，未嘗並立。永嘉元年，始兩置焉。文獻通考。

惠帝崇重舊臣〔七〕，加渾兵。渾以司徒文官，主史不持兵，持兵乃吏屬絳衣。自以偶因時寵，權得持兵，非是舊典，皆令皁服。論者美其謙而識體。王渾傳。

國喪，尚書梅陶私奏女伎，雅請下司徒論正。鍾雅傳。

各置長史一人，西東閤祭酒、西東曹掾、户倉賊曹令史屬各一人，御屬閤下令史、西東曹倉户賊曹令史、門令史、記室省事令史、閤下記室書令史、西東曹學事各一人〔八〕。志。○華恒傳：「辟司徒王渾倉曹掾。」

太尉雖不加兵者，吏屬皆絳服。志。

軍司。義陽王望傳：「置太尉軍司一人。」蔡謨傳：「出爲太尉軍司。」

司徒加置左長史一人。

干寶司徒儀：「左長史之職，掌差次九品，銓衡人倫。佐公修文政，掌察郡吏。」北堂書鈔設官部。

右長史一人。

干寶司徒儀：「右長史之職，掌檢其法憲〔九〕，明其分職。」太平御覽職官部。

録事一人。

干寶司徒儀：「録事之職，掌總録衆曹，管其文案。」北堂書鈔設官部。

主簿一人。

左西曹掾屬一人。志。

干寶司徒儀：「掾屬之職，掌敦明教義，肅勵清風，以訓郡吏，以重朝望。」北堂書鈔設官部。

司馬。荀顗傳：「爲司徒，置司馬親兵百人。」

干寶司徒儀：「司馬之職，佐公修武政，簡其軍旅，飭其器械。」北堂書鈔設官部。

武帝時，詔：「司徒督察州郡播殖。若有所循行者，增掾屬十人。」石苞傳。

蔡司徒在洛，見陸機兄弟住參佐廨中，三間瓦屋，士龍住東頭，士衡住西頭。世説賞譽門。

陳留周震累爲諸府所辟，辟書既下，公輒喪亡，僉號震爲殺公掾。舒領司徒，命之而竟無患。魏舒傳。

司空加置導橋掾一人。志。

開府諸公

太宰、太傅、太保、司徒、司空、左右光禄大夫、光禄大夫，開府位從公者爲文官公。大司馬、大將軍、太尉、驃騎、車騎、衛將軍、諸大將軍，位從公者爲武官公〔一〇〕。志。

諸公及開府位從公者，品秩第一。志。

晉初，以安平王孚爲太宰、鄭沖爲太傅〔一一〕、王祥爲太保、義陽王望爲太尉、何曾爲司徒、荀顗爲司空、石苞爲大司馬、陳騫爲大將軍，凡八公，同時並置。志。

開府儀同三司，漢官也。志。

羊祜加車騎將軍，開府如三司之儀。羊祜傳：「讓表曰：『恩詔拔臣使同台司。』」○荀崧傳：「遷開府儀同三司，旋卒。虞預牋云：『朝野之望，許以台司，雖未正位，已加儀同。』」

諸公及開府位從公者，置長史、西東閤祭酒、西東曹掾，皆如前。加兵者，增置司馬一人；從事中郎二人；干寶云：「從事中郎之職，分曹綱紀，維正大體。」主簿、記室督各一人；干寶云：「記室之職，凡有表章雜記之書，掌創其草；又掌文墨，表章啓奏，弔賀之禮題署也。」舍人四人；兵鎧、士曹，營軍、刺姦、帳下都督，外都督，令史各一人。司馬給吏卒如長史，從事中郎給侍二人，主簿、記室督各給侍一人。其餘臨時增崇者，則褒加各因時其爲節文〔一二〕，不爲定制。志。

中書省

中書監及令，魏始置，典尚書奏事。晉因之，各置員一人。志。

東晉嘗併其職入散騎省，尋復置。文獻通考。

晉以來，中書監、令掌贊詔命，記會時事，典作文書。通典二十一。

中書監典尚書奏事，若密詔下州郡及邊將，不由尚書。唐六典。

謝靈運晉書云：「總掌禁中書記，謂之中書。」初學記職官部。○汝南王亮傳：「武帝疾大漸，詔留亮委以後事。楊駿從中書監華廙索詔視，遂不還。」

元康中，賈后專朝，猶知敬重張華，以華爲中書監，典管機要。通鑑八十二〔一三〕。○張華傳：「摯虞於華歿後入中書省，得華先帝時答詔本草。」

壺爲中書令，與庾亮對直省中，共參機要。卞壺傳。

周顗料檢中書故事〔一四〕。周顗傳。

荀勖久居中書，專管機事。及遷尚書令，失之，甚悒。有賀者，勖怒曰：「奪我鳳皇池〔一五〕，諸君賀我耶？」荀勖傳。

監、令常同車入朝〔一六〕，及荀勖爲監，和嶠鄙勖爲人，以意氣加之，每同乘，高抗專車而坐。乃使監令異車，自嶠始也。和嶠傳。

荀勖爲中書監，使子組草詔。傅祇爲監，病風，又使息暢爲啓。華廙爲監，時戎事多不洩，啓武帝，召授子薈草詔。前後相承，以子弟管之，自此始也。通典二十一。

中書侍郎，員四人。江左初，改曰通事郎，尋復爲中書侍郎。志。

中書侍郎，其職副掌王言，更入直省五日，從駕則正直從，次直守。文獻通考。

張華兼中書侍郎，從駕征鍾會，掌書疏表檄。文獻通考〔一七〕。

江左以中書侍郎一人直西省，掌詔命。志。

晉帝自孝武以來常居内殿，武官主書於中通呈〔一八〕，以省官一人管詔誥，住西省，因謂之西省郎。南史王韶之傳。

中書舍人，晉初置舍人、通事各一人〔一九〕，江左合舍人、通事謂之通事舍人，掌呈奏案章〔二〇〕。後省。志。

中興初〔二一〕，超爲中書舍人。時臺閣初建，超職典文翰，畏慎静密〔二二〕。尋出補句容令，又入爲中書通事郎。劉超傳。

通事令史。通鑑八十三胡注：「通事令史，中書令史也。中書侍郎本通事郎，官名雖改，令史猶以通事冠之。」

尚書

録尚書事，知樞要，公卿權重者爲之。志。

太熙元年，以楊駿爲太尉、都督中外諸軍〔二三〕、録尚書事。武紀。

元康九年〔二四〕，徵征西大將軍、梁王肜録尚書事。惠紀。

成帝即位，司徒王導録尚書事，與中書令庾亮參輔朝政。成紀。

建元元年，以驃騎將軍何充爲中書監、都督揚豫二州諸軍事、揚州刺史、録尚書事，輔政。康紀。

永和元年，詔會稽王昱録尚書六條事。二年，以左光禄大夫領司徒蔡謨録尚書六條事，會稽王昱及謨並輔政。穆紀。○宋書百官志：「晉康帝世，何充表曰：『咸康中，分置三録。王導録其一，荀崧、陸曄各録六條事。』然則似有二十四條，若止有十二條，則荀、陸各録六條，導又何所司乎？其後每置二録，輒云各掌六條事，又是止有十二條。晉江右有四録〔二五〕，則四人參録。江右張華、江左庾亮並經關尚書七條〔二六〕，不知何條也〔二七〕。」玉海六十五引之，亦云不知何條，不知何事。通鑑八十九胡三省注云：「杜佑曰：何充讓録表：『咸康中，分置三録，王導録其一，荀崧、陸曄各録二條事。』晉氏渡江，有吏部、祠部、左民、五兵、度支五尚書，是五條也。晉初，有吏部、三公、客曹、駕部、屯田、度支六曹。太康有吏部、殿中、五兵、田曹、度支、左民六曹，蓋六條也。如杜佑之言，則六條蓋六曹。沈約以何充表『各録二條』爲『各録六條』，致有此誤。」

太元元年，加尚書僕射謝安中書監、録尚書事。孝武紀。

義熙四年，劉裕爲揚州刺史、録尚書事。安紀。

尚書令，受拜則册命之，以在端右故也。志。

荀綽晉百官表注：「尚書令，唐、虞官也。詩云『仲山甫，王之喉舌』，蓋謂此人。」續漢百官志注。

王隱晉書：「尚書令，古之百揆之任也。」文選任彦昇齊竟陵文宣王行狀注〔二八〕。

晉百官名：「尚書令、尚書僕射、六尚書，古爲八座尚書。」文選任彦昇齊竟陵文宣王行狀注〔二九〕。

尚書僕射，晉迄江左，省置無恒。置二，則爲左、右僕射；或不兩置，但曰尚書僕射。闕右，則左爲省主；若左、右並闕，則置尚書僕射主左事，志。置祠部尚書主右事。文獻通考。

左丞

右丞　通典。

列曹尚書，晉置吏部、通典：「掌選事。」三公、通典：「掌刑獄。」客曹、駕部、屯田、度支，通典：「主算計。」而無五兵。咸寧二年，省駕部尚書。四年，省一僕射，又置駕部尚書。太康中，有吏部、殿中及五兵、田曹、度支、左民，爲六曹尚書，又無駕部、三公、客曹。惠帝世，又有右民尚書，止於六曹，不知省何曹也。及渡江，有吏部、祠部、通典：「掌廟祧之禮。」五兵、左民、度支五尚書。祠部尚書常與右僕射通職，不恒置，以右僕射攝之。志。

晉有起部尚書而不常置，每營宗廟宫室則權置之，事畢則省，以其事分屬都官、左民二尚書。通典二十三。

太康中，有五兵尚書，又分中兵、外兵爲左右，與舊五兵爲七曹。然尚書惟置五兵而已，無七兵尚書之名。至後魏，始有七兵尚書耳。諸家著述或謂晉有七兵尚書，誤矣。通典二十三。

杜預拜度支尚書，興常平倉，定穀價，較鹽運，制課調，内以利國，外以救邊者五十餘條。杜預傳。

張華爲度支尚書，量計運漕。張華傳。

山濤以尚書僕射領吏部，所奏甄拔人物，各爲題目，時稱山公啓事。疾退，詔起視事，遷右僕射，掌選如故。山濤傳。

冬烝，謨領祠部，主者忘設明帝位〔三〇〕，與太常張泉俱免。蔡謨傳。

尚書左丞，主臺内禁令、宗廟祠祀、朝儀禮制、選用署吏，急假。志。

荀晞傳〔三一〕：「拜尚書左丞，廉察諸曹，八座以下皆側目憚之。」

尚書右丞，掌臺内庫藏廬舍，凡諸器用之物，及廩振人租布、刑獄兵器，督録遠道文書、章表奏事。志。

尚書郎，武帝置直事、殿中、祠部、儀曹、吏部、三公、比部、金部、倉部、度支、都官、二千石、左民、右民、虞曹、屯田、起部、水部、左右主客、駕部、車部、庫部、左右中兵、左右外兵、别兵、都兵、騎兵、左右士、北主客、南主客，爲三十四曹郎。後又置運曹，凡三十五曹，二十三人，更相統攝。及江左，無直事、右民、屯田、車部、別兵、都兵、騎兵、左右士、運曹十曹郎〔三二〕。康、穆以後，又無虞曹、二千石二郎，但有殿中、祠部、吏部、儀曹、三公、比部、金部、倉部、度支、都官、左民、起部、水部、主客、駕部、庫部、中兵、外兵十八曹郎。後又省主客、起部、水部，餘十五曹。志。

八座郎初拜，皆沿漢制，並集都座交禮，遷職又解交焉。志。

郎主作文書起草，更直五日。每一郎缺，白試諸孝廉能結文案者五人，謹封奏其姓名以補之。志。○世說政事篇：「王忱爲吏部郎，嘗作選草。王僧彌來，出示之。僧彌改易近半，忱甚以爲佳，更寫即奏。」

臺郎初到，普加策試。孔坦傳。

劉頌傳：「拜尚書三公郎，典科律，申冤訟。」

唐彬傳：「除尚書水部郎，出補鄴令。」

鄭袤傳：「以尚書郎，出爲黎陽令，遷尚書右丞。」

裴秀傳：「以三十六曹統事準例不明，宜使諸卿任職，未及奏而薨。」

成都王穎之役，尚書郎旦出督戰，夜還理事。含言之於長沙王乂曰：「昔魏武每有軍事，增置掾屬。今奸逆四逼，居曹理事，尚須增郎，況今都官中騎三曹晝出督戰，夜還理事，一人兩役，內外廢乏。今都督各有主帥，推轂授綏，委付大將，不宜復令臺僚雜與其間。」從之，乃增郎及令史。嵇含傳。

門下啓通事令史伊羨、趙咸爲舍人，對掌文法。詔以問勖，勖曰：「昔張釋之諫漢文，謂獸圈嗇夫不宜見用。豈不知小吏之惠，誠重惜大化也。頃論者皆云省官減事，而求益吏者相尋。多云尚書郎太令史不親文書，乃委付書令史及幹，誠吏多則相倚也。增置文法之吏，適恐更耗擾臺閣，臣竊謂不可。」及勖在尚書，課試令史以下，覈其才能。有闇於文法，不能決疑處事者，即時遣之。荀勖傳。

王導謂彪之曰：「選曹舉汝爲尚書郎，可作諸王佐耶？」此知郎官，寒素之品也。世說方正篇注引王彪之別傳。

中興膏腴之族，惟作吏部，不爲餘曹郎。王國寶傳。

晉尚書令史，朝晡詣都座朝。通典二十三。

省事吏。通鑑八十三胡注：「賈充爲尚書令，以目疾表置省事吏四員。」

侍中　常侍　給事中　散騎常侍

侍中，晉置四人，別加官者則非數〔三三〕，掌儐贊威儀，大駕出則次直侍中護駕，正直侍中負璽陪乘，不帶劍，餘皆騎從。御登殿，與散騎常侍對扶，侍中居左，常侍居右。備切問近對，拾遺補闕。及江左哀帝興寧四年，桓温奏省二人，後復舊。志。

泰始二年，詔曰：「古者百官，官箴王闕，然保氏特以諫諍爲職。今之侍中、常侍，實處此位。擇其能正色弼違者，以兼此選。」武紀。

明帝初，嶠拜侍中，機密大謀皆所參綜，詔命文翰亦參預焉。俄轉中書令。温嶠傳。

給事黄門侍郎，晉置員四人，與侍中俱管門下衆事，無員。志。○唐六典：「給事黄門侍郎，掌侍從左右，關通中外。與侍中俱出入禁中，近侍帷幄，省尚書事。」

散騎常侍，魏置，同掌規諫，不典事，貂璫插右，騎而散從，至晉不改。元康中，惠帝始以宦者董猛爲中常侍，後遂止。志。

泰始元年，初置諫官，以散騎常侍傅玄、皇甫陶爲之。通鑑七十九。胡注：「漢有諫議大夫〔三四〕，魏不復置。晉散騎常侍，即諫官職也。」

給事中，所加或大夫、博士、議郎，掌顧問應對。位在散騎常侍下、給事黄門侍郎上〔三五〕，無員。志。

黄門冗從僕射一人，主中黄門冗從，居則宿衛，直守門户，出則騎從，夾乘輿車。

小黄門，掌侍左右，及中宫以下衆事，諸公主及王太妃等有疾苦，則使問之。

中黄門，主給事禁中。以上三官據洪飴孫三國職官表補。

通直散騎常侍，魏末散騎常侍有在員外者。泰始十年，武帝使二人與散騎常侍通員直，故謂之通直散騎常侍。江左置四人。志。

散騎侍郎四人。散騎常侍、侍郎與侍中、黄門侍郎共平尚書奏事，江左乃罷。志。

員外散騎侍郎，武帝置，無員。志。

通直散騎侍郎四人。初，武帝置員外散騎侍郎，及太興元年，元帝使二人與散騎侍郎通員直，故謂之通直散騎侍郎，後增爲四人。志。

束晳集：「員外侍郎及給事冗從，皆帝室茂親，或貴遊子第。若悉從高品，則非本意；若精鄉議，則必有降損。」太平御覽二百二十一。

御史

御史中丞，晉因漢制，以爲臺主。志。在殿中蘭臺，掌圖籍秘書，外督部刺史，内領侍御史，受公卿奏事，舉劾彈章。漢志。惠帝以後，無所平治，備位而已。續漢百官志注引荀綽晉百官表注。

中丞與司隸分督百僚。自皇太子以下，無所不糾。初不得糾尚書，後亦糾之。通典二十四。

傅咸上言：按令，御史中丞督司百僚。皇太子以下，其在行馬内，有違法憲者，皆彈糾之；雖在行馬外，而監司不糾，亦得奏之。得糾皇太子而不得糾尚書，無有此理。傅咸傳。

治書侍御史，晉初置員四人，掌律令。太康中，省二員。志。

侍御史，置員九人，掌察舉非法，受公卿羣吏奏事，有違失舉劾之。有十三曹：吏曹、課第曹、直事曹、印曹、中都督曹、外都督曹、媒曹、符節曹、按：宋本通典、唐六典皆云晉有符節令一人，掌授節、銅虎符、竹使符。晉志無。水曹、中壘曹、營軍曹、法曹、算曹。及江左初，省課第曹，置庫曹，掌廄牧牛馬市租，後分曹，置外左庫、内左庫。志。

山公啓事：「舊侍御史頗用郡守，今散二千石有才能尚少者可用不？」詔使八座詳之。通典二十四。

殿中侍御史，晉初置四人。魏蘭臺遣二御史居殿中，伺察非法，即此之始。江左置二人。志。

禁防御史。

檢校御史。魏晉官品有禁防御史第七品，又孝武太元中，有檢校御史吴琨，則此二者亦蘭臺之職也。志。

符節御史，位次中丞，掌授節、銅虎符、竹使符。泰始九年〔三六〕，省併蘭臺，置之掌其事焉。志。

黄沙獄治書侍御史一人，泰始四年置，掌詔獄及廷尉不當者，皆治之，後省。志。○武紀作「太康五年六月置」。

高光傳：「武帝置黄沙獄，以典詔囚。以光爲黄沙御史，秩與中丞同。遷廷尉。」劉頌傳：「中正劉友辟公府掾、尚書郎、黄沙御史。」

督運御史。孝武紀：「太元中置。」○通典云：「出征則置。」

蘭臺令史，掌奏及印工文書。

晉蘭臺寺正令史〔三七〕，雖行文書，皆有品秩。通典二十二〔三八〕。

列卿

太常、光禄勳、衛尉、太僕、廷尉、大鴻臚、宗正、大司農、少府、將作大匠、太后三卿、大長秋，皆爲列卿。志。

太常，統太學博士、祭酒。志。

太常掌禮儀、祭祀；及行事，贊天子；大射、養老、大喪，皆奏其禮儀；每月前晦〔三九〕，察行陵廟；并選試博士，奏其能否[四〇]。唐六典。

循拜太常，朝廷疑滯皆諮之，循輒依經禮而對，爲世儒宗。又以九卿舊不加官，不宜兼職，惟拜太常而已。賀循傳。

恒拜太常，議立郊祀。尋以疾求解，詔曰：「太常職主宗廟，烝嘗敬重，而華恒所疾，不堪親奉職事。轉恒爲廷尉。」華恒傳。

康帝建元元年，詔曰：「太常職奉天地，兼掌宗廟，其爲任也，可謂重矣。是以古今選建，未嘗不妙簡時望，兼之儒雅。」簡文紀。

丞

主簿

五官

功曹

太常博士，掌引導乘輿。王公以下應追謚者，則博士議定之[四一]。

協律校尉，掌舉麾節樂[四二]，調和律吕，監試樂人典課。通典。

太史令，掌天時、星曆；凡歲將終，奏新年曆；凡國祭祀、喪娶之事[四三]，掌奏良日及時節禁忌；凡國有瑞應、災異，掌記之。

太廟令，守廟掌，按行掃除。通考：「領齋郎二十四人〔四四〕。」

太樂令，凡國祭祀，掌請奏樂，及大饗用樂，掌其陳序。

鼓吹令。

陵令，掌守陵園，按行掃除。

靈臺丞，志。主候望，册府元龜。頒厤。唐六典。

太祝令，凡國祭祀，掌讀祝及迎送神。

太醫令，掌諸醫。

廩犧令。通典。

理禮郎。通考。

漏刻史。玉海：「太元十二年置。」

光禄勳，哀帝興寧二年省，并司徒。孝武寧康元年復置。志。

光禄勳，掌宿衛宫殿門户，朝會則皆禁止。通典。

丞。

功曹。

主簿。

虎賁中郎將，主宿衛。

羽林郎將。

冗從僕射。

羽林左監。

羽林右監。

五官中郎將。

左中郎將。

右中郎將。

東園匠。

太官令，掌御飲食。

漢書貨殖傳注引晉灼曰：「今太官常以十月作沸湯燖羊胃，以末椒薑坋之，暴使燥是也。」按：灼，晉尚書郎。

文獻通考：「晉太官有錫官、果官二人〔四五〕。」

甘丞

果丞

續漢百官志注引荀綽晉百官表注云：「甘丞掌諸甘肥〔四六〕，果丞別在外諸果菜茹。」

御府令。

守宫令，主御紙筆墨、尚書財用諸物及封泥〔四七〕。

黄門令，主省中諸宦者。洪飴孫云：「魏晉有此官，非宦者。」

掖庭令，掌後宫貴人、采女事。

典櫛三人，掌宫中櫛膏沐。北史后妃傳引晉舊儀。

司飾三人，掌簪珥花嚴器。

清商令。所掌如掖庭令。洪飴孫云：「魏置，漢無此官。」

華林園令。

暴室令。志。○主中婦人疾病者，就此室治；其皇后、貴人有罪，亦就此室。

衛尉，掌宫門衛士宫中徼巡事，並主治鑄。通典二十五。渡江省。志。

衛尉坐武庫火免官。孫旂傳。

丞。

功曹。

主簿。

五官。

武庫令。

公車令，掌宮南闕門，凡吏民上章、四方貢獻及徵詣公車者。印綬有左公車官印。

衛士令，掌衛士。

左右都候，主劍戟士，徼循宮。

南、北、東、西督治掾。

諸治令。

宗正，統皇族宗人圖諜，又統太醫令史。渡江，哀帝省并太常，太醫以給門下省。志。

咸寧三年，詔曰：「宗室戚屬，國之枝葉，欲令奉率德義，爲天下式。今以衛將軍扶風王亮爲宗師，所當施行，皆諮之於宗師也。」武紀。○汝南王亮傳：「時宗室殷盛，無相統攝，乃以亮爲宗師，使訓導觀察，有不遵禮法，小者正以義方，大者隨事聞奏。」

丞。

功曹。

主簿。

五官。

司牧掾員。志。

太僕，掌車馬，天子每出，奏駕上鹵簿用，大駕則執馭。元帝渡江之後，或省或置，故驊騮爲門下之職。志。

晉諸公贊云：「郭展爲太僕，留心養牲，是以廄馬充多，征吳得以濟事。」通典。

晉以來，太僕不常置，郊祀則權置太僕執轡，事畢則省。通典。

丞。

功曹。

主簿。

五官。

典虞都尉，主田獵。

典虞丞。

左右中典牧都尉，主邊郡苑馬。

車府令，主乘輿諸車。

典牧令，主牧馬。

乘黄廄令。通典：「乘黄，古之神馬，故以爲名。」

驊騮廄令，掌乘輿及廄中諸馬。

龍馬廄令。

羊牧丞。志。

劉超傳：「超須純色牛，市不可得，啓買官外廄牛，詔便賜之。」張茂傳：「官有老牛數十，將賣之，茂曰：『殺牛有禁，買者不得輒屠，齒力疲老，又不任耕駕，是以無用之物，收百姓利也。』」

廷尉，主刑法獄訟。志。

廷尉正，掌平決詔獄。

廷尉監。掌同上。

廷尉評。掌同上。

丞。

咸寧中，曹志上表請廷尉置丞。文獻通考。

功曹。

主簿，省録衆事。

五官。

律博士員，掌科律。志。

定科郎。裴楷爲之〔四八〕，見本傳。

明法掾。張裴爲之〔四九〕，見刑法志。

左獄丞一人。

右獄丞一人。通考。

大鴻臚，掌郊廟行禮、贊導，及封拜諸王侯，贊授印綬；諸王入朝、郡國上計，禮儀亦屬焉。江左有事則權置，無事則省。志。

丞。

功曹。

主簿。

五官。

大行令。

典客令。

園池令。

華林園令。按：與光禄勳官屬複，不知孰誤。

鈎盾令，典諸近池苑囿遊觀之處。

青宫列丞。

鄴玄武苑丞。《志》。

大司農，掌諸錢穀金帛貨幣。邊郡諸官請調度者，皆爲報給，損多益寡，取相給足。哀帝省并都水，孝武復置。《志》。

丞。

功曹。

主簿。

五官。

太倉令〔五〇〕。

導官令，主春御米及作乾精。導，擇也。

襄國都水長。

東、西、南、北部護漕掾。《志》。

典農都尉。按志，屬太僕令。今從通典，列此。○册府元龜：「主屯田。」

上林署。通典：「晉有，江左無聞。」

耤田令。武紀：「泰始十年置。」通典云：「江左省。」

河南淇園竹，各置官守之。通典。

司竹都尉，治鄠縣。其園周百里，以供國。宋敏求長安志卷八引王隱地道記。

東倉丞一人。

石頭倉丞一人。通考：「東晉有東倉、石頭倉丞各一人。」

晉令：「諸宫有秩〔五一〕，梔子守護者，置吏一人。」藝文類聚木部。○御覽九百五十九引，「宫」作「官」，「梔」作「文」。

晉令：「諸宫有梨，守護者置吏一人；諸官有秩者，守護橙者，置吏一人。」御覽卷九百六十九、九百七十一。

少府，掌中服御諸物，衣服、寶貨、珍膳之屬。哀帝省并丹陽尹，孝武復置。志。

丞。

功曹。

主簿。

五官。

材官校尉，主天下材木。

中、左、右三尚方。渡江，惟置一尚方。

中黄令。

左、右藏令，掌中幣帛、金銀諸貨物。

左校令。

平準令，掌知物價及主練染，作采色。

奚官令。

左校坊丞。

鄴丞。

中黄丞。

左、右藏丞。

油官丞。志。

將作大匠，有事則置，無事則罷。志。

丞。

功曹。

主簿。

五官。

甄官署。文獻通考：「掌甄瓦之事。」○按志，屬少府。今從通考，列此。

太后三卿：衛尉、少府、太僕，皆隨太后宮爲官，位在同號卿上，無太后則闕。志。

武帝尊母王氏爲皇太后，宮曰崇化。初置宮卿，重選其職，以太常諸葛緒爲衛尉、太僕劉原爲太僕、宗正曹楷爲少府。文明王皇后傳。

丞。

功曹。

主簿。

五官。志。

大長秋，皇后卿也。掌奉宣中宮命，及給賜宗親、宗親當謁見者，關通之中，宮出則從。

有后則置，無后則省。志。

丞。

功曹。

主簿。

五官。

【校勘記】

〔一〕尋復舊　「舊」，底本誤作「置」，據通典改。

〔二〕荀組傳　「荀組」，底本誤作「趙王倫」，據晉書改。

〔三〕文武官公及諸方面征鎮府　「府」，底本原奪，據資治通鑑胡三省注補。

〔四〕安平獻王孚傳　按：正文未見於晉書安平獻王孚傳，見於宋書百官志、通典卷二十等。又，晉書汝南王亮傳言亮爲太宰，增掾屬十人。

〔五〕楊駿傳　按：正文未見於晉書楊駿傳，見於宋書百官志、通典卷二十等。

〔六〕故恒與太尉不並列　「列」，底本誤作「立」，據晉書改。

〔七〕惠帝崇重舊臣　「重」，底本誤作「尚」，據晉書改。

〔八〕西東曹學事各一人　「曹」，底本誤作「倉」，據晉書改。

〔九〕掌檢其法憲　「其」，底本原奪，據太平御覽補。

〔一〇〕位從公者爲武官公　「位」上，晉書有「開府」二字。

〔一一〕鄭沖爲太傅　「傅」，底本誤作「尉」，據晉書改。

〔一二〕則褒加各因時其爲節文　「時」，底本原奪，據晉書補。

〔一三〕通鑑八十二　「鑑」，底本誤作「典」。按正文不見通典，見於通鑑卷八十二，據改。

〔一四〕周顗料檢中書故事　「檢」，底本誤作「簡」，據晉書改。

〔一五〕奪我鳳皇池　「奪」，底本誤作「失」，據晉書改。

〔一六〕監令常同車入朝　「常同」，晉書作「共」。

〔一七〕文獻通考　「文獻通考」，底本誤作「張華傳」，按正文未見於晉書，見於文獻通考。

〔一八〕武官主書於中通呈　「通呈」，底本空出，據南史補。

〔一九〕晉初置舍人通事各一人　「一」，底本誤作「十」，據中華書局本晉書校勘記改。

〔二〇〕掌呈奏案章　「章」，底本原奪，據中華書局本晉書校勘記補。

〔二一〕中興初　「初」，晉書作「建」。

〔二二〕畏慎静密　「密」，底本誤作「默」，據晉書改。

〔二三〕都督中外諸軍　「軍」下，底本原衍「事」字，據晉書删。

〔二四〕元康九年　「九」，底本誤作「七」，據晉書改。

〔二五〕晉江右有四録　「右」，底本誤作「左」，據宋書改。

〔二六〕江右張華江左庾亮並經關尚書七條　「七」，底本誤作「六」，據宋書改。

〔二七〕不知何條也　「條」，宋書作「事」。

〔二八〕文選任彦昇齊竟陵文宣王行狀注　「任彦昇齊竟陵文宣王行狀」十一字，底本空出，據文選補。

〔二九〕文選任彦昇齊竟陵文宣王行狀注　「齊竟陵文宣王」，底本誤作「蘭陵蕭公」，據文選改。

〔三〇〕主者忘設明帝位　「主者」，底本原奪，據晉書補。

〔三一〕荀晞傳　「荀」，底本誤作「苟」，據晉書改。

〔三二〕無直事右民屯田車部別兵都兵騎兵左右士運曹十曹郎　「士」，底本誤作「事」，據晉書改。

〔三三〕別加官者則非數　「非」，底本誤作「無」，據晉書改。

〔三四〕漢有諫議大夫　「議」，底本原奪，據資治通鑑注補。

〔三五〕位在散騎常侍下給事黄門侍郎上　「下」，底本誤作「上」，據晉書改。「上」，底本誤作「下」，據晉書改。

〔三六〕泰始九年　「九」，底本誤作「元」，據晉書改。

〔三七〕晉蘭臺寺正令史　「正」下，通典有「書」字。

〔三八〕通典二十二　「二十二」，底本誤作「三十五」，據通典改。

〔三九〕每月前晦　「前」，底本誤作「朔」，據唐六典改。

〔四〇〕奏其能否　「奏」，底本誤作「察」，據唐六典改。

〔四一〕則博士議定之　「定」，底本原奪，據晉書補。

「四」，底本空出，據文獻通考補。

〔四二〕掌舉麾節樂　「舉」、「樂」二字，底本原奪，據通典補。

〔四三〕凡國祭祀喪娶之事　「喪」，底本誤作「嫁」，據通典改。

〔四四〕領齋郎二十四人　「齋」，底本誤作「齊」，據文獻通考改。

〔四五〕晉太官有錫官果官二人　「錫」，底本誤作「甘」，據文獻通考改。

〔四六〕甘丞掌諸甘肥　「甘肥」，底本誤倒，據後漢書乙正。

〔四七〕主御紙筆墨尚書財用諸物及封泥　「御」，底本原奪，據後漢書及玉海補。

〔四八〕裴楷爲之　「楷」，底本誤作「頠」，據晉書改。

〔四九〕張裴爲之　「裴」，底本誤作「斐」，據晉書改。

〔五〇〕太倉令　「倉」，底本誤作「篁」，據晉書改。

〔五一〕諸宮有秩　「秩」，底本原奪，據藝文類聚補。

晉會要第二十七

職官二

秘書省

秘書監，典文籍，通典：「掌三閣圖書。」武帝初以秘書并中書省，其秘書著作之局不廢。惠帝永平中，復置秘書監，並統著作省。志。自是秘書之府，始居於外。通典。

賈謐爲秘書監，掌國史，議立晉書限斷。賈充傳。○潘岳傳：「謐晉書限斷，岳之辭也。」

時得汲冢中古文竹書，詔勖撰次之，以爲中經，列在秘書。荀勖傳。

秘書丞，掌藝文圖籍。

山公啓事曰：「詔選秘書丞，濤薦曰：『嵇紹平簡温敏，有文思，宜先作秘書郎。』詔曰：『紹如此，便可爲丞，不足復爲郎也。』」世說新語政事。

秘書郎。志。四人，掌中外三閣經書，覆校殘闕，正定脱誤，亦謂之郎中。武帝分秘書圖籍爲甲、乙、丙、丁四部，使秘書郎中四人各掌其一。北堂書鈔引晉官品令、晉太康起居注。文獻通考同。

左思爲三都賦，自以所見不博，求爲秘書郎。左思傳。

大著作郎一人，專掌史任。志。

晉武帝以繆徵爲中書著作郎。元康二年，詔曰：「著作舊屬中書，而秘書既典文籍，今改中書著作爲秘書著作。」於是改隸秘書省。後別自置省而猶隸秘書。志。

傅玄與東海繆施俱以時譽選入著作，撰集魏書。傅玄傳。

佐著作郎八人，志。掌貳著作郎，修國史。

著作郎始到職，必撰名臣傳一人。志。

國子祭酒鄒湛以纘才堪佐著作〔一〕，薦於秘書監華嶠。嶠曰：「此職閒廩重，貴勢多争之，不暇求其才。」遂不能用。閻纘傳。

汝陽令鍾雅入爲佐著作郎。鍾雅傳。

秘書著作有治書、主書、主圖、主譜令史。通典三十七。

國子學　太學

國子祭酒一人，以博士之聰明有威重者爲之，掌國子學。

國子博士一人。

武帝咸寧四年，初立國子學，定置祭酒、博士各一人，助教十五人，以教生徒。博士皆取履行清淳，通明典義者，若散騎常侍、中書侍郎、太子中庶子以上，乃得召試。志。

惠帝元康三年，以人多猥雜，欲辨其涇渭，於是制立學官品，弟五以上得入國學。通典五十三。

咸寧太康、永嘉之中，侍中、常侍、黄門通洽古今、行爲世表者，領國子博士。一則應對殿堂，奉酬顧問；二則參訓國子，以弘儒訓；三則祠、儀二曹及太常之職，以得質疑。今皇朝中興，宜憲章令軌，祖述前典。荀崧傳。

助教十五人，江左初減爲九人。孝武太元十年，損國子助教爲十人。志。

太學博士十九人，掌以五經，教諸子弟。通典。

武帝時，太學有賈、馬、鄭、杜、服、孔、王、何、顔、尹諸家之學，置博士十九人。荀崧傳。

元帝初，方修學校，簡省博士。置周易王氏、尚書鄭氏、古文尚書孔氏、毛詩鄭氏、周官禮記鄭氏、春秋左傳杜氏服氏、論語孝經鄭氏博士各一人，凡九人。其儀禮、公羊、穀梁及鄭易，皆省不置。崧以爲不可，乃上疏曰：「伏聞節省之制，皆三分置二。博士舊置十九人，今五經合九人，準古計今，猶未能半。今九人外，猶宜增四。願陛下萬機餘暇，時垂省覽。宜爲鄭易置博士一人，鄭儀禮博士一人，春秋公羊博士一人，穀梁博士一人。」詔共博議詳之。議者多請從崧取奏。詔曰：「穀梁膚淺，不足置博士，餘如奏。」荀崧傳。

元帝末，增儀禮、春秋公羊博士各一人，合爲十一人。後又增爲十六人，不復分掌五經，而詔之太學博士。志。

太興四年，置周易、儀禮、公羊博士。元紀。

太常賀循上言：「尚書被符，經置博士一人。學者能兼明經義者少，且春秋三傳俱出聖人，而義歸不同，自前代通儒，未有能通得失兼而學之者也，況今學義甚頹，不可令一人總之。今宜周禮、儀禮二經置博士二人，春秋三傳置博士三人，其餘則經置一人，合八人。」通典五十三。

太常車胤上言：「按二漢舊事，博士之職，惟舉明經之士，遷轉各以本資，初無定班。魏及中朝多以侍中、常侍儒學最優者領之。職雖不同漢氏，盡於儒士之用〔二〕，其掞一也。今博士八人，愚謂宜依魏氏故事，擇朝臣一人經學最優者，不繫位之高下，常以領之。每舉太常，共研厥中。其餘七人，自依常銓選。」通典五十三。

樂平太守曹志請爲博士置吏卒。曹志傳。

特進

特進，漢魏及晉皆以加官從本官車服，無吏卒。太僕羊琇遜位，拜特進，加散騎常侍，無餘官，故給吏卒車服。其餘加特進者，惟食其禄賜，位其班位而已，不別給特進吏卒車服〔三〕，後定令。特進品秩弟二，位次諸公，在開府驃騎上。志。

置主簿、功曹史、門亭長、門下書佐各一人。志。

光禄大夫

左、右光禄大夫，假金章紫綬。光禄大夫加金章紫綬者，品秩弟二，禄賜、班位及卒，諸所賜給，皆與特進同。其以爲加官者，惟假章綬、禄賜班位而已，不別給車服吏卒也。又卒贈此位，本已有卿官者，不復重給吏卒，其餘皆給。志。

光禄大夫假銀章青綬者，品秩弟三，位在金紫將軍下，諸卿上。漢以爲拜假賻贈之使，及監護喪事。魏諸公告老者，皆家拜此位。晉仍之，復以爲優崇之制。諸公遜位，不復加之，或更拜上公，或以本封食公禄。其諸卿尹中朝大官年老致仕加此者〔四〕，前後甚衆。由是或因得開府，或進加金章紫綬，又復以爲禮贈之位。泰始中，惟太子詹事楊珧加給事中光禄大夫。加兵之制，諸所供給依三品將軍。其餘自如舊制。志。○通鑑八十三胡三省注〔五〕：「後世金紫光禄大夫，蓋魏晉之左、右光禄大夫也。但魏晉皆爲專官，漢世則爲寄禄官耳。」

光禄大夫與卿同秩中二千石。志。

置主簿、功曹史、門亭長、門下書佐各一人。志。

奉朝請

奉朝請，本不爲官，無員，奉朝會請召而已。武帝以宗室、外戚爲奉車、駙馬、騎三都尉，而奉朝請焉。元帝爲晉王，以參軍爲奉車都尉，掾屬爲駙馬都尉，行參軍舍人爲騎都尉，皆奉朝請。後罷奉車、騎二都尉，惟留駙馬都尉奉朝請。諸尚公主者劉惔、桓温皆爲之。志。

都水使者

都水使者，掌舟航及運部。通考十一。武帝省水衡，置員一人。志。

泰始時，諸州郡大水，勖陳宜立都水使者。荀勖傳。

都水參軍二人。册府元龜。

河隄謁者五人，主陂池灌溉，保守河渠。江左省河隄謁者，置謁者六人。志。

水衡都尉

水衡都尉，主天下水軍舟船器械。宋志。武帝省。本志。元康中復置。通典。

元康百官名及晉起居注：「陳慎、戴熊俱以都水使者領水衡都尉。」通典。

參軍。

主簿

船曹史。通考。

令史。戴洋傳：「都水馬武舉洋爲都水令史。」

將軍

大將軍，後漢時，爲之者皆擅朝權。至景帝爲大將軍，亦受非常之任。後改大將軍在太尉下。晉受命，猶依其制，位次三司下，後復舊，在三司上。太康元年，琅邪王伷遷大將軍，復制在三司下，佃薨後如舊。志。

大將軍，驃騎、車騎、衛將軍，伏波、撫軍、都護、鎮軍、中軍、四征、四鎮、龍驤、典軍、上軍、輔國等大將軍，開府者位皆從公，品秩弟一。志。

諸將軍位從公者，各置長史一人。西東閤祭酒、西東曹掾、户倉賊曹令史屬各一人，御屬閤下令史、西東曹倉户賊曹令史、門令史、記室省事令史、閤下記室書令史、西東曹學事各一人。給虎賁二十人。志。

王濬拜輔國大將軍，有司奏：「輔國依比，未爲達官，不置司馬，不給官騎。」詔依征鎮給五百大軍，增兵五百人，爲輔國營，給親騎百人、官騎十人〔六〕，置司馬。王濬傳。

軍司。按：潛研堂金石跋云：「傅祗傳：『齊萬年反，以祗爲安西軍司。』劉胤傳：『爲平南軍司。』李憙傳〔七〕：『司馬伷爲寧北將軍〔八〕，鎮鄴，以憙爲軍司。』羊祜傳：『都督荆州諸軍事，嘗欲夜出，軍司徐胤執棨當營門〔九〕，曰：「將軍都督萬里，安可輕脱？」』是軍司爲軍中要職。竊意軍司即軍師，晉避諱改師爲司也。」

中領軍將軍，魏官。武帝初省，使中軍將軍羊祜統二衛、前、後、左、右、驍衛等營，即領軍之任也。懷帝永嘉中，改中軍曰中領軍。永昌元年，改曰北軍中候，尋復爲領軍。成帝世，復爲中候，尋復爲領軍。志。

護軍將軍，主武官選，不隸領軍。元帝永昌元年，省護軍，并領軍。明帝太寧二年，復置領、護，各領營兵。江左以來，領軍不復別領營，總統二衛、驍騎、材官諸營，護軍猶別有營也。資重者爲領軍、護軍，資輕者爲中領軍、中護軍。志。

長史。

功曹。

主簿。

五官。志。

受命出軍，則置參軍。志。

孫楚傳：「參石苞驃騎軍事。楚負才氣，侮易苞，初至，長揖曰：『天子命我參卿軍事。』因此嫌隙遂搆。紛紜經年，事乃判。初，參軍不敬府主，楚既輕苞，遂制施敬，自楚始也。」

左右衛將軍，文帝置中衛，武帝分爲左右衛。志「武帝」上有「魏」字，錢氏考異云：「衍文也。」

長史，江左罷。

司馬。

功曹。

主簿。志。

驍騎將軍、遊擊將軍，並漢雜號將軍也。晉以領、護、左右衛、驍騎、遊擊爲六軍〔一〇〕。志。

左、右、前、後將軍，魏有左軍，晉不改；武帝初，又置前軍、右軍；泰始八年，又置後軍：是爲四軍。志。

龍驤將軍。王濬傳。

宋書百官志：「龍驤將軍，晉武帝始以王濬居之。」

廣威將軍。隋經籍志：「晉廣威將軍裴邈。」

冠軍將軍。通考云：「晉有。」

寧遠將軍。通考云：「晉有。」

驃騎以下及諸大將軍不開府、非持節都督者，品秩弟二，其禄與特進同。志。

置長史、司馬各一人；主簿，功曹史，門下督，録事，兵鎧士賊曹，營軍、刺姦、帳下都督，功曹書佐門吏，門下書吏各一人。志。

驃騎以下及諸大將軍〔一一〕，其假節爲都督者，所置與四征、鎮加大將軍不開府爲都督者同。志。

四征、鎮、安、平加大將軍不開府、持節都督者，品秩弟二。志。

參佐吏卒、幕府兵騎如常。志。

三品將軍秩中二千石者，如光禄大夫諸卿制。志。

長史、司馬各一人。主簿，功曹，門下都督〔一二〕，録事，兵鎧士賊曹，營軍、刺姦吏、帳下都督，功曹書佐門吏，門下書吏各一人。志。

都督

都督諸軍爲上，監諸軍次之，督諸軍爲下；使持節爲上，持節次之，假節爲下。江左以來，都督中外尤重，惟王導等權重者乃居之。志。○通鑑七十九胡三省注：「晉制，方面之任，資重者爲都督諸軍事，資望輕者爲監軍事。」

使持節，得殺二千石以下。持節，殺無官位人，若軍事，得與使持節同。假節，惟軍事得殺犯軍令者。志。

都督，惟朝會禄賜從二品將軍之例，然則持節、都督無定員。志。

晉人稱方面專征之將帥曰節下。通鑑八十四胡注。

校尉

屯騎、步兵、越騎、長水、射聲等校尉，是爲五校。晉逮江左，皆領營兵，中領軍統之。志。

司馬。

功曹。

主簿。

城門校尉。侯史光傳：「爲散騎常侍，持節循省風俗。還，轉城門校尉。」

門候。續漢百官志：「城門每門候一人。」注引干寶周禮注云：「如今門候。」

翊軍校尉。太平御覽職官部引王隱晉書〔一三〕：「平吴後置。」

三部　五督

前驅、由基、彊弩爲三部司馬〔一四〕，各置督史。左衛，熊渠虎賁；右衛，佽飛虎賁。二衛各五部督。其命中虎賁，驍騎、遊擊各領之。又置虎賁、羽林、上騎、異力四部，并命中爲五督。其衛、鎮四軍如五校，各置千人。更制殿中將軍，中郎、校尉、司馬此驍騎〔一五〕。持椎斧虎賁，分屬二衛。尉中虎賁、持鈒冗從、羽林司馬〔一六〕，常從人數各有差。武帝甚重兵官，故軍校多選朝廷清望之士居之。志。

荀綽晉百官表注：「虎賁諸郎，皆父死子代。漢制也。」續漢百官志注引。

桓玄欲復虎賁中郎將，疑應直與不。訪之僚佐，咸莫能定。參軍劉簡之曰：「昔潘岳秋興賦敍云：『余兼虎賁中郎將，寓直於散騎之省。』以此言之，是應直也。」世說言語篇引劉謙之晉紀。

按：印統有「殿中都尉」印，云環衛之官。大駕出，則居華蓋後、乘輿前、楯弩間。殿中校尉、都尉共一行。

洛陽置五部。地理志注。

太子官屬

太子太傅、少傅。泰始三年，武帝各置一人，尚未置詹事〔一七〕，宮事無大小〔一八〕，皆由二傅。其訓導者，太傅在前，少傅在後。皇太子先拜，諸傅然後答之。武帝後以儲副體尊，遂命諸公居之，以本位重，故或行或領。時侍中任愷，武帝所親敬，復使領之，蓋一時之制也。其後衛將軍楊珧領少傅，司空齊王攸領太傅，太尉汝南王亮、車騎將軍楊駿、司空衛瓘、石鑒、太尉賈充皆領傅、保，以終武帝之世。及愍懷建官〔一九〕，乃置六傅，三太、三少。以景帝諱，改太師爲太保。元康之後，諸傅或二或三，或四或六。渡江之後，有太傅、少傅，不立師、保。志。

太子太傅、少傅掌輔導太子。太子於二傅執弟子禮，皆爲書，不曰令。少傅稱臣，太傅不稱臣，朔望不朝。通典、北堂書鈔引漢魏故事，晉必亦相同也。

泰始五年，有司奏東宮施敬二傅，其禮不同。帝曰：「夫崇敬師傅，所以尊道重教也。何言臣不臣乎？其令太子申拜禮。」通鑑七十九。

主簿，五官掾，功曹史，主記門下史，録事，户曹、法曹、倉曹、賊曹、功曹書佐，門下亭長，門下書佐，省事，各一人。志。

太子詹事，咸寧元年，以給事黄門侍郎楊珧爲詹事，掌宫事〔二〇〕，二傅不復領官屬。尋省詹事。惠帝元康元年，復置。永康中，復省。自太安以來置詹事，終孝懷之世。志。

中庶子四人，職如侍中。志。

中舍人四人，咸寧四年置，以舍人才學美者爲之，與中庶子共掌文翰，職如黄門侍郎，在中庶子下、洗馬上。

洗馬八人，職如謁者秘書，掌圖籍。釋奠講經則掌其事，出則直者前驅，導威儀。桓玄初拜太子洗馬，時議謂温有不臣之跡，故折玄兄弟而爲素官。桓玄傳。

食官令一人，職如太官令。

庶子四人，職比散騎常侍、中書監令。

舍人十六人，職比散騎、中書等侍郎。

率更令，主宫殿門户及賞罰事，職如光禄勳、衛尉。

家令，主刑獄、穀貨、飲食，職比司農、少府。

僕，主車馬、親族[二一]，職如太僕、宗正。

左右衛率，主門衛事。武帝建東宫[二二]，置衛率，初曰中衛率。泰始五年，分爲左右，各領一軍。惠帝時，愍懷在東宫，又加前後二率。及江左，省前後二率，孝武太元中又置。孝武時，邈爲前衛率，授太子經。帝謂邈曰：「雖未勅以師禮相待，然不以博士相遇也。」古之帝王，受經必敬。自魏晉以來，多使微人教授，號爲博士，不復尊以爲師。故帝有云。徐邈傳。

劉卞傳：「兄爲太子長兵，既死，兵例須代。」

廐牧署丞。志。○通典、唐六典有太子廐長一人，主車馬。

愍懷太子之東宫，惠帝詔曰：「遹幼蒙，今出止東宫，雖賴師傅羣賢之訓，其遊處左右，宜得正人，能相長益者。太保衛瓘息庭，司空隴西王泰息略[二三]，太子太傅楊濟息毖[二四]，太子少師裴楷息憲，太子少傅華廙息恒，各道義之門，有不肅之訓。

其令五人更往來與太子習數，備賓友〔二五〕。」其時雖非官，而謂東宮賓客。華恒傳：「選爲太子賓客。」皆選文學之士，以侍儲皇。通典三十。

閻纘上言：「東宮旦夕訓誨輔導，宜選寒門孤宦以學行自立者，及取服勤吏事、涉履艱難、事君事親、名行素聞者，使與共處。絶貴戚子弟、輕薄賓客。如此則左右前後，莫非正人。其以文學爲名，實不讀書，但共鮮衣好馬，縱酒高會，豈有切磋，能相長益？」閻纘傳。

時以陳準子匡、韓蔚子嵩並侍東宮。頠諫曰：「東宮之建，以儲皇極。其所與游接，必簡英俊，宜用成德。匡、嵩幼弱，未識人理立身之節。而有童子侍從之聲，未是光闡遐風之弘理也。」裴頠傳。

武帝時，朝廷以太子官屬宜稱陪臣，中庶子鄭默上言：「皇太子體皇極之尊，無私於天下。宮臣皆受命天朝，不得同之藩國。」從之。鄭默傳。

王導代賀循爲太子太傅。時中興草創，未置史官，導始啓立，於是典籍頗具。王導傳。

司隸校尉　揚州刺史

司隸校尉，掌察舉百官以下及京師近郡犯法者。歷漢東京及魏晉，其官不替。志。

司隸與御史中丞俱得糾皇太子以下，對司内外。傅咸傳。

晉仍魏，置司州，以司隸校尉統之。地理志。

傅玄爲司隸校尉時，獻皇后崩於弘訓宫，設喪位。舊制，司隸於端門外坐，在諸卿上，絶席。其入殿，按本品秩在諸卿下，以次坐，不絶席。而謁者以弘訓宫爲殿内，制玄位在卿下。玄厲責謁者，謁者妄稱尚書所處，玄對百僚，罵尚書以下。御史中丞庾純奏玄不敬，玄又自表不以實，免官。傅玄傳。

功曹、都官從事、諸曹從事、部郡從事、主簿、録事、門下書佐、省事、記室書佐、諸曹書佐、守從事、武猛從事等員，凡吏一百人，卒三十二人。志。

渡江，罷司隸校尉，其職乃揚州刺史也。志。

州

州置刺史。志。

晉制，刺史三年一入奏事。甲午詔書曰：「刺史銜命，國之外臺，其非所部而在境者，刺史并糾之。」通考。

太康三年，罷平州、寧州刺史三年一入奏事。武紀。

陳頵劾按沛王韜獄，未竟，會解結代爲刺史，問曰：「沛王貴藩，州據何法而擅拘耶？」頵曰：「甲午詔書，非所部而在境者，刺史並糾之。事徵文墨，前後列上，七被詔書〔二六〕，如州所劾，無有違謬。」陳頵傳。

晉太康中，都督知軍事，刺史治民，各用人。惠帝末，乃并任，非要州則單爲刺史。南齊書百官志。○錢氏攷異引温嶠傳：「宜選單車刺史，專治黎庶。」按：刺史不督軍事，謂之單車刺史。

魏晉以後，刺史多帶將軍。開府則州與府各置寮屬：州官理民，別駕、治中以下是；府官理戎，長史、司馬等官是。文獻通考。

置別駕、治中從事、諸曹從事等員。所領中郡以上及江陽、朱提郡，郡各置部從事一人，小郡亦置一人。又有主簿、門亭長、録事、記室書佐、諸曹書佐、守從事、武猛從事等，凡吏四十一人，卒二十人。諸州邊遠，或有山險，濱近寇賊羌夷者，又置弓馬從事五十餘人。徐州又置淮海，梁州置河津，諸州置都水從事各一人。涼、益州置吏八十五人，卒二十人。荆州又置監佃督一人。志。○通鑑七十九胡注：「州主簿，録閤下事，省文書。」八十六胡注：「州有部從事，部管内諸郡。」

劉昭曰：晉太康之初，武帝詔曰：「上古及中代〔二七〕，或置州牧，或置刺史、置監御史，皆總綱紀。而不賦政〔二八〕，治民之事，任之諸侯、郡守。昔漢末四海分崩，因以吴蜀自擅，自是刺史内親民事，外領兵馬，此一時之宜爾。今賴宗廟之靈、士大夫之力〔二九〕，江表平定，合之爲一，當韜戢干戈，與天下休息。諸州無事者罷其兵，刺史分職，皆如漢氏故事，出頒詔條，入奏事京城。二千石專治民之重，監司清峻於上，此經久之體也。其便省州牧。」晉武帝又見其弊矣，雖有其言，不卒其事。後嗣纘繼，牧鎮愈重，據地分争，竟覆天下。昔王畿之大，不過千里，州之所司，廣袤兼遠〔三〇〕。争强虎視之辰，遷鼎革終之日，未嘗不藉藩兵之權，挾董司之力，逼迫伺隙，陵奪沖幼。其甚者，臣主揚兵，骨肉戰野，昆弟梟懸，伯叔屠裂。末壯披心，尾大不掉，既用此始，亦病以終。傾輈愈襲，莫或塗改。致雒京有銜璧之痛，秦臺有不守之酷，胡羌遞興，氐鮮更起，磨滅羣黎，流禍百世。堅冰所漸，兼緣兹蠹。續漢百官志注。

郡

郡皆置太守，掌治民進賢，決訟撿姦。河南郡，京師所在，則曰尹。諸王國以内史掌太守之任。志。元帝渡江，太興元年，改丹陽内史曰尹。元紀。

晉郡守皆加將軍。通典三十三〔三一〕。

王浚嗣爵博陵郡公。元康初，出爲河内太守，以郡公不得爲二千石，轉東中郎將。王浚傳〔三一〕。

阮籍拜東平相，到郡，壞府舍屏鄣，使内外相望，法令清簡。阮籍傳。

丞一人。宋志。置主簿、主記室、門下賊曹、議生、門下史、記室史、録事史、書佐、循行、幹、小史、五官掾、功曹史、功曹書佐、循行小史等員。志。

郡國户不滿五千者，置職吏五十人，散吏十三人；五千户以上，則職吏六十三人，散吏二十一人；萬户以上，職吏六十九人，散吏三十九人。郡國皆置文學掾一人。志。

晉令：「諸郡國不滿五千以下，置幹吏二人。」後漢書樂巴傳注：「幹，猶主也。」

晉成帝咸康七年，省諸郡丞，惟丹陽丞不省。通典三十三〔三二〕。

陽平太守杜恕以劉毅爲功曹，沙汰郡吏三百餘人。三魏僉：「但聞劉功曹，不聞杜府君。」世説德行門注引王隱晉書。

郡督郵。

頵爲郡督郵，檢獲隱匿者三千人，爲一州尤最。陳頵傳。

陶侃傳：「廬江太守張夔召爲督部，領樅陽令，轉主簿。」

唐彬傳：「初爲郡門下掾，轉主簿。」

王濬傳：「州郡辟濬河東從事。守令有不廉潔者，皆望風引去。」

縣

縣大者置令，小者置長。志。

晉令：「縣千户以上及五百以上皆爲令，不滿此爲長。」北堂書鈔設官部〔三四〕。

晉制，大縣令有治績，報以大郡。不經宰縣，不得入爲臺郎。文獻通考。○魏舒傳：「除澠池長，遷浚儀令，入爲尚書郎。」

山公啓事：「温令許奇等，並見能名，雖在職各自淺，宜顯報大郡，以勸天下。詔曰：『按其資歷，悉自足爲郡守，各以在職日淺，則宜盡其政績，不宜速他轉也。』」文獻通考。

山公啓事：「晉制，春夏農月不遷改長吏、郡守、縣令之屬，以其妨農事也。」藝文類聚職官部〔三五〕。

遐爲餘姚令，以輒造縣舍，坐免官。山遐傳。

有主簿、録事史、主記室史、門下書佐、幹、游徼、議生、循行功曹史、小史、廷掾、功曹史、小史書佐幹、户曹掾史幹、法曹門幹、金倉賊曹掾史、兵曹史、吏曹史、獄小史、獄門亭長、都亭長、賊捕掾等員。志。

户不滿三百以下，職吏十八人，散吏四人；三百以上，職吏二十八人，散吏六人；五百以上，職吏四十人，散吏八人；千以上，職吏五十三人，散吏十二人；千五百以上，職吏三十八人，散吏一十八人；三千以上，職吏八十八人，散吏二十六人。志。

晉令郡縣皆有幹。後漢書樂巴傳注。

縣皆置方略吏四人，洛陽置六部尉。江左以後，建康亦置六部尉，餘大縣置二人，次縣、小縣各一人。鄴、長安置吏如三千户以上之制〔三六〕。志。

晉起居注：「泰始元年，詔曰：『若縣令有缺〔三七〕，掾屬才堪治民者，當以參選。』」北堂書鈔職官部。

卞少爲縣小吏〔三八〕，功曹銜之，以他事補亭子。有祖秀才者，詔縣令曰：「卞，公府掾之精者，云何以爲亭子？」令即召爲門下史。劉卞傳。

縣召遠爲功曹，不起，强與衣幘，扶之使謁。十餘日薦於郡，由是辟爲文學掾。遠曰：「辭大不辭小也。」固請留縣。熊遠傳。

郡縣學官

郡國皆置文學掾一人。志。

晉郡、國並有文學，即博士、助教之任。唐六典。

崇文祭酒。張軌傳：「爲涼州刺史，立學校，置崇文祭酒，位視別駕。」

儒林祭酒。華軼傳：「爲江州刺史，置儒林祭酒。」○杜夷傳：「爲儒林祭酒。」

典學從事。通鑑七十九：「益州典學從事何旅。」胡三省注：「漢諸州有孝經師，主監試經；月令師，主時節祭祀。魏晉合其職爲典學從事。」

縣户千以上，置校官掾一人。志。

鄉里官

縣五百户以上，皆置鄉；三千以上，置二鄉；五千以上，置三鄉；萬以上，置四鄉。鄉置嗇夫一人。志。○續漢百官志：「嗇夫主知民善惡，爲役先後，知民貧富，爲賦多少，平其差品。」

縣率百户置里吏一人，其土廣人稀，聽隨宜置里吏，限不得減五十户。志。○續漢百官志：「里魁掌一里百家，以相檢察。民有善惡，以告監官。」

鄉户不滿千以下，置治書史一人；千以上，置史、佐各一人，正一人；五千五百以上，置史一人，佐二人。志。

農官

農官，泰始二年，罷爲郡縣。武紀。後復有之。通典。

郡國及縣，農月皆隨所領户多少爲差，散吏爲勸農。志。

榷税官

司鹽都尉，郡國有鹽者置。通典。安邑司鹽都尉，别領兵五千。

鐵官。地理志有新興、馬頭鐵官〔三九〕。

河橋官。潘岳傳：「河橋孟津，解券輸錢，高第督察，數入校出，品郎兩岸相檢。」

司竹都尉。唐六典注：「魏、晉河内、淇園竹，各置司守之。」

孟津、石頭津及方山津，各置津主一人、賦曹一人、直水五人。通典十一。

驛官

東晉有郵驛共置，承受旁郡縣文書〔四〇〕。有郵有驛，行傳以相付。縣置屋二區，有承驛吏〔四一〕，皆條所受書，每月言上州郡。續漢輿服志注。

關官

關谷長。

關谷塞護道尉。通典：「晋有。」

市官

洛陽市置長及丞。通典。○石苞傳：「販鐵於鄴市。市長沛國趙元儒名知人，見苞，異之，歎爲遠量。」

護羌夷蠻等校尉

武帝置南蠻校尉於襄陽，西戎校尉於長安，南夷校尉於寧州。元康中，護羌校尉爲涼州刺史，西戎校尉爲雍州刺史，南蠻校尉爲荆州刺史。及江左初，省南蠻校尉，尋又置於江陵，改南夷校尉曰鎮蠻校尉。及安帝時，於襄陽置寧蠻校尉。志。

護東夷校尉。四夷傳。

護匈奴、羌、戎、蠻、夷、越中郎將。

武帝置護匈奴、羌、戎、蠻、夷、越四中郎將，或領刺史，或持節爲之。武帝又置平越中郎將，居廣州，主護南越。志。

中正

晉因魏制，九品，加置大中正，掌九品官人之法，選舉人材。有大小中正，其用人甚重。文獻通考。○魏志陳羣傳：「以天臺選用，不盡人才，擇州之才優有昭鑒者，除爲中正，自拔人才，銓定九品。」

州有大中正，郡國有小中正。通典十四。

晉令曰：「大小中正爲内官者，聽月三會議於上東門外，設幔陳席。」通考。

晉起居注：「僕射諸葛恢啓稱，州都大中正爲吏部尚書，及郎、司徒左長史掾屬皆爲中正，臣今領吏部，請解大中正，以爲都中正。職局司理〔四二〕，不宜兼也。」通考。

劉毅年七十，告老。司徒舉毅爲青州大中正，尚書以毅懸車致仕，不宜勞以碎務。陳留相孫尹表曰：「司徒魏舒、校尉嚴詢與毅年齒相近。今詢管四十萬户州，兼董司百僚，總攝機要；舒所統殷廣，兼執九品，銓十六州論議，主者不以爲劇。毅僅以知一州，便謂不宜累以碎事，於毅太優，詢、舒太劣。且毅雖有風疾，而志氣聰明，一州品第，不足勞其思慮。臣州茂德惟毅，越毅不用，則清談倒錯矣〔四三〕。」於是青州自二品已上光禄勳鑒等共奏，如尹表。毅遂爲州都，銓正人流，清濁區别。劉毅傳。

司徒選含領始平中正。含自以隴西人，雖户屬始平，非所綜悉。反覆言辭，非始平國人，不宜爲中正。李含傳。

舒領司徒，以疾遜位。起，署兖州中正。魏舒傳。

何充領州大中正，以州有先達宿德，固讓不拜。何充傳。

譚遷太子舍人、本國中正。舉寒族周訪爲孝廉，訪果立功名，時以譚爲知人。華譚傳。

王氏鳴盛曰：「魏陳羣始立九品官人之法，晉武帝紀則云：『咸熙二年十一月，令諸郡中正以六條舉淹滯，一曰忠恪匪躬，二曰孝敬盡禮，三曰友于兄弟，四曰絜身勞謙，五曰信義可復，六曰學以爲己。』故三國志、晉書、南史諸列傳中，多有爲州郡大中正者，蓋以他官或老於鄉者充之，掌鄉黨評論，人才臧否，請議係焉。乃晉職官志中絶不一見，何也？」十七史商榷四十七。

【校勘記】

〔一〕國子祭酒鄒湛以纘才堪佐著作　「作」，底本原奪，據中華書局本晉書校勘記補。

〔二〕盡於儒士之用　「之」，底本誤作「取」，據中華書局本通典校勘記改。

〔三〕不別給特進吏卒車服　「特進」，底本原奪，據晉書補。

〔四〕其諸卿尹中朝大官年老致仕加此者　「加」，底本誤作「如」，據晉書改。

〔五〕通鑑八十三胡三省注　上「三」，底本誤作「二」，據資治通鑑注改。

〔六〕給親騎百人官騎十人　「官」，底本原奪，據晉書補。

〔七〕李憙傳　「憙」，底本誤作「熹」，據潛研堂金石文跋尾及晉書改。下「憙」同。

〔八〕司馬伷爲寧北將軍　「伷」，底本誤作「仙」，據潛研堂金石文跋尾及晉書改。

〔九〕軍司徐胤執棨當營門　「胤」，底本誤作「裔」，據潛研堂金石文跋尾及晉書改。「棨」，底本誤作「戟」，據潛研堂金石文跋尾及晉書改。

〔一〇〕晉以領護左右衛驍騎遊擊爲六軍　「左右衛」，底本誤倒作「衛左右」，據晉書乙正。

〔一一〕驃騎以下及諸大將軍　「驃騎以」，底本空出，據晉書補。

〔一二〕門下都督　「都」，底本原奪，據晉書補。

〔一三〕太平御覽職官部引王隱晉書　「職」，底本誤作「設」，據太平御覽改。

〔一四〕前驅由基彊弩爲三部司馬　「前驅由」三字，底本原奪，據晉書補。

〔一五〕中郎校尉司馬此驍騎　「此」，中華書局本晉書校勘記以爲當作「比」。

〔一六〕尉中虎賁持鈒冗從羽林司馬　「鈒」，底本誤作「披」，據晉書改。「司」，底本原奪，據晉書補。

〔一七〕尚未置詹事　「詹事」，底本空出，據晉書補。

〔一八〕宮事無大小　「宮」，底本空出，晉書訛作「官」，據下文及中華書局本晉書校勘記改。

〔一九〕及愍懷建官　「官」，中華書局本晉書校勘記以爲當作「宮」。

〔二〇〕掌宮事　「宮」，底本誤作「官」，據晉書改。

〔二一〕主車馬親族　「族」，底本誤作「秩」，據晉書改。

〔二二〕武帝建東宮　「武」，底本誤作「惠」，據中華書局本晉書校勘記改。

〔二三〕司空隴西王泰息略　「泰」，底本誤作「恭」，據通典改。

〔二四〕太子太傅楊濟息毖　「傅」，底本誤作「傳」，據通典改。

〔二五〕備賓友　「友」，底本誤作「客」，據通典改。

〔二六〕七被詔書　「七」，底本原奪，據晉書補。

〔二七〕上古及中代　「及中」，底本空出一格，據後漢書志補。

〔二八〕而不賦政　「不賦」，底本空出，據後漢書志補。

〔二九〕今賴宗廟之靈士大夫之力　「宗廟」，底本誤作「祖宗」，據後漢書志改。

〔三〇〕廣袤兼遠　「袤」，底本誤作「褒」，據後漢書志改。

〔三一〕通典三十三　「三十三」，底本誤作「六十」，據通典改。

〔三二〕王浚傳　「浚」，底本誤作「沈」，據晉書改。

〔三三〕通典三十三　「三十三」，底本誤作「六十二」，據通典改。

〔三四〕北堂書鈔設官部　「設」，底本誤作「職」，據北堂書鈔改。下「設官部」同。

〔三五〕藝文類聚職官部　按，正文不見於藝文類聚，見於通典卷三十三、文獻通考卷六十三等。

〔三六〕鄰長安置吏如三千户以上之制　「以上」，底本原奪，據晉書補。

〔三七〕若縣令有缺　「缺」，底本原奪，據黄奭輯劉道薈晉起居注補。

〔三八〕卞少爲縣小吏　「吏」，底本誤作「史」，據晉書改。

〔三九〕地理志有新興馬頭鐵官　「新」，底本空出，據晉書補。

〔四〇〕承受旁郡縣文書　「承」，底本誤作「丞」，據後漢書志改。

〔四一〕有承驛吏　「承驛」，底本誤作「驛丞」，據後漢書志改。

〔四二〕職局司理　「局」，底本空出，據文獻通考補。

〔四三〕則清談倒錯矣　「談」，底本誤作「議」，據晉書改。

晉會要弟二十八

職官三

官品 據通典三十七晉官品。

弟一品〔一〕魏書禮志：「晉官品令所制九品，皆正無從，故以弟八品準古下士。」

公　諸位從公　開府郡公、縣公

弟二品

特進　驃騎將軍　車騎將軍　諸大將軍　諸持節都督　開國郡侯、伯、

子、男

弟三品〔二〕

侍中　散騎常侍　中常侍　尚書令　僕射　尚書　中書監、令　秘

書監　諸征、鎮、安、平將軍　鎮軍將軍　撫軍將軍　前、後、左、右將軍

征虜將軍　輔國將軍　龍驤將軍　光禄大夫　諸卿尹　太子保、傅

大長秋　太子詹事　司隸校尉　中領軍　中護軍　縣侯

弟四品〔三〕

武衛將軍　左、右衛將軍　中堅將軍　中壘將軍　驍騎將軍　游擊將軍

五營校尉　左、右積弩將軍　積射將軍　强弩將軍　奮武將軍

城門校尉　護軍監軍　東、西、南、北中郎將　州刺史領兵者　護羌、戎、

夷、蠻、越、烏丸校尉〔四〕　護匈奴中郎將　御史中丞　都水使者　鄉侯

弟五品〔五〕

給事中　給事黄門侍郎〔六〕　散騎侍郎　中書侍郎　謁者僕射　虎賁中

郎將　冗從僕射　羽林監　太子中庶子　庶子　家令　率更令

僕　衛率　諸軍司　北軍中候　禮見諸將軍　鷹揚將軍　折衝將軍

輕車將軍　武牙將軍　威遠將軍　寧遠將軍　虎威將軍　材官將

軍　伏波將軍　凌江將軍　牙門將　騎督〔七〕　安夷、撫夷護軍　郡

國太守、相、内史　州郡國都尉　亭侯

弟六品〔八〕

尚書左、右丞　尚書郎　治書侍御史　侍御史　諸督軍糧都尉〔九〕　奉

車、騎、駙馬等都尉　諸博士　公府長史、司馬　從事中郎　二品將軍及

諸大將軍、特進、都督、中護軍長史、司馬　廷尉正、監、評〔一〇〕　秘書郎　著

作郎　黃沙治書侍御史　水衡都尉　典虞都尉　牧官都尉　典牧都尉

司鹽都尉　太子門大夫　度支中郎校尉都督〔一一〕　材官校尉　王、

郡、公、侯郎中令　中尉　大農　王傅、師〔一二〕　諸國將軍　諸縣置令

秩千石者　太子侍講、門大夫　中舍人　司馬督　太子常從虎賁〔一三〕

督守殿中將軍　黃門令　黃門冗從僕射　關內名號侯〔一四〕

弟七品〔一五〕

殿中監　諸卿尹、丞　符節御史　獄丞部丞〔一六〕　黃沙典事　太子保、

傅、詹事、丞　諸軍長史、司馬、秩六百石者　護匈奴中郎將、護羌戎夷蠻越烏

桓校尉、長史、司馬　北軍中候丞　城門五營校尉司馬　宜禾伊吾都尉

公府行相郎中令〔一七〕　淮海津都尉　門下中書通事舍人　尚書曹典事

太子洗馬　食官令　太子舍人　諸縣置令六百石者　黃門中郎將校尉都

督　左右都候　閶闔門司馬　城門候　尚藥監　大官食監〔一八〕　中署監　小黄門諸署令、監〔一九〕　藥長寺人監　副牙門將〔二〇〕　部曲部督殿中　中黄門　大中、中散、諫議大夫、議郎　關外侯

弟八品

門下中書主事、通事　散騎、集書、中書、尚書、秘書、著作、治書、主書、主閤、主譜令史　郡國相、内史、丞、長史　烏丸西域代部騎馬〔二一〕　四安、四平長史、司馬　水衡典虞牧官〔二二〕　典牧材官　州、郡、國都尉、司馬　司鹽、司竹監、丞　諸縣令長相　關谷長　諸縣署令千石之丞尉　王、郡、公、侯諸侍郎、諸雜署令　王太妃、公主家令　副散督司馬、長史　部曲將、郡中都尉、司馬　羽林郎　黄門從官　寺人中郎、郎中　雜號宣威將軍以下

弟九品

蘭臺謁者令史　都水令史　黄沙令史　司理治書、謁者、中大夫署丞　門下、散騎、中書、尚書、秘書令史　殿中、蘭臺謁者、都水、黄沙書令史　諸縣署令長相之丞尉〔二三〕　關谷塞護道尉　王、郡、公、侯諸署長　王太妃、公主家丞、僕、舍人〔二四〕　副散部曲將　武猛中郎將校尉　別部司馬　軍司馬

軍假司馬

右内外文武官六千八百三十六人，原注：「内八百九十四人，外五千九百四十二人。」内外諸色職掌一十一萬一千八百三十六人〔二五〕，原注：「百八十九人内職掌，據史所載數。門亭長、書佐、書吏、卒騶等，其餘色目史闕〔二六〕。一十一萬一千六百四十七人外職掌，王國及州縣職吏散吏等。」都計内外官及職掌人一十一萬八千六百七十二人，又每四鄉置一嗇夫，及鄉據大小户口數多少等級置治書史及佐正等數〔二七〕，并命數未詳〔二八〕。通典三十七。

禄秩

諸公及開府位從公者，食奉日五斛。太康二年，又給絹，春百匹，秋絹二百匹，緜二百斤。元康元年，給菜田十頃。立夏後不及田者，食奉一年。

特進食奉日四斛。太康二年，始賜春服絹百五十匹〔二九〕，秋絹百五十匹，緜一百五十斤。元康元年，給菜田八頃。立夏後不及田者，食奉一年。

光禄大夫食奉日三斛。太康二年，始給春絹五十匹，秋絹百匹，緜百斤。元康元年，給菜田六頃。

尚書令食奉月五十斛。太康二年，始給絹，春三十匹，秋七十匹，緜七十斤。元康元年，給菜田六頃。立夏後不及田者，食奉一年。

太子太傅、少傅，食奉日三斛。太康二年，給絹春五十匹，秋百匹，緜百斤。元康元年，給菜田六頃。立夏後不及田者，食奉一年。通鑑七十九胡三省注：「晉制，太子太傅中二千石，少傅二千石。」

諸公長史秩千石。

諸公加兵者司馬秩千石。

驃騎長史秩千石。

驃騎司馬秩千石。

諸卿長史秩千石。

諸卿司馬秩千石。

光禄大夫秩中二千石。

三品將軍秩中二千石。

諸公從事中郎秩比千石。志。

僕射俸月四十五石。初學記職官部引晉百官表注。

諸縣令秩千石者。

諸縣令秩六百石者。

諸軍長史司馬秩六百石者。通典。

泰始三年九月，詔曰：「古者，以德詔爵，以庸制禄。雖下士猶食上農，外足以奉公忘私，内足以養親施惠。今在位者禄不代耕，非所以崇化之本也，其議增吏俸。」武紀。

咸寧元年，以俸禄薄，賜公卿以下帛各有差。武紀。

太康四年六月，增九卿禮秩。武紀。

官品弟一至弟九，各以貴賤占田。詳食貨門。

司隸校尉李憙上言：騎都尉劉尚爲尚書令裴秀占官稻田〔三〇〕，求禁止。裴秀傳。

太興初，以會稽内史諸葛恢莅官三年，政清人和，增秩中二千石。諸葛恢傳。

晉康帝起居注曰：「尚書，萬事之本，朕所責成也。而廩秩儉薄，甚非治體。今雖軍國多費，不爲元凱惜禄，其依令、僕，給尚書各親信五十人廩賜。」北堂書鈔設官部。

太元四年，詔曰：「年穀不登，百姓多匱。九親供給、衆官廩俸，權可減半。」孝武紀。

咸安二年，詔曰：「往事故之後，百度未充，羣僚常俸，並皆寡約，蓋隨時之義也。然退食在朝，而禄不代耕，非經通之制。今資儲漸豐，可籌量增俸。」簡文紀。

增位

泰始元年，文武普增位二等。

惠帝即位，增天下位一等。

太興元年，文武增位二等。

太寧三年〔三一〕，皇太子立，增文武位二等。

成帝即位，增文武位二等。

咸康元年，帝加元服，增文武位一等。

二年，立皇后，增文武位一等。

康帝即位，增文武位二等。

升平元年，帝加元服，親萬機，增文武位一等。

簡文帝即位，增文武位二等。

太元元年，帝臨朝，增文武位各一等。

安帝即位，增文武位一等。以上均帝紀。

中興建，帝欲賜諸吏投刺勸進者加位一等，百姓投刺者賜司徒吏，凡二十餘萬。遠以爲：「秦漢因赦賜爵，非長制也。今按：投刺者，不獨近者情重，遠者情輕，可依漢法例，賜天下爵，於恩爲普，無偏頗之失，可以息拾覈之煩，塞巧僞之端。」帝不從。熊遠傳。

恢爲尚書郎。元帝承制，調爲會稽太守。謂曰：「今之會稽，昔之關中。足食足兵，在於良守。以君有莅任之方，是以相屈。」太興初，以政績弟一，詔曰：「自頃多難，官長數易，益有諸弊，雖聖人猶久於其道，然後化成，況其餘乎？漢宣帝稱『與我共安天下者，其惟良二千石』，斯言信矣。是以黃霸等或十年、或二十年而不徙，所以能濟其中興之勳也。賞罰黜陟，所以明政道也。會稽内史諸葛恢莅官三年，政清人和，爲諸郡首。宜進其位，以勸風教。今增恢秩中二千石。」諸葛恢傳。

頒賜羣臣

泰始元年，出御府珠玉玩好之物，頒賜王公以下各有差。

四年，律令成，賜帛各有差。又賜長吏、郡丞、長史各馬一匹〔三二〕。耕耤田，長吏、郡丞、長史各賜馬一匹。

六年，幸辟雍。賜太常博士、學士帛、牛、酒各有差。

七年，皇太子冠，賜王公以下帛各有差。

咸寧元年，以故鄴令夏諟有清稱，賜穀百斛。

二年，以平州刺史傅詢、前廣平太守孟桓清白有聞，詢賜帛二匹，桓百匹。

太康元年，吴平，賜公卿以下帛各有差。以上武紀。

太康起居注：「詔：尚書令荀勖既久羸毁〔三三〕，可賜乳酪，大官隨日給之。」藝文類聚食物部〔三四〕。

太康起居注：「尚書令郭奕有疾，日賜酒米、豬羊肉。石崇母疾，日賜清酒、粳米、豬羊肉。」太平御覽飲食部。

惠帝起居注：「愍懷太子賜典兵中郎將，複紵襪一緉。」北堂書鈔儀飾部。

晉故事：「咸康元年，有司奏：上元給賜衆官銀，檢金部見銀一萬五千兩充給。」太平御覽八百十二。

太康起居注：「尚書令荀勖羸毁，賜乳酪，太官隨日給之。」御覽八百五十八。

封贈

吴平，封羊祜夫人夏侯氏爲萬歲鄉侯。羊祜傳。

驃騎將軍温嶠前妻李氏，在嶠微時便卒。又娶王氏、何氏，並在嶠前死。及嶠薨，朝廷以問陳舒：「三人並得爲夫人不？」舒云：「禮記：『其妻爲夫人而卒，而後其夫不爲大夫，而祔於其妻，則不易牲。妻卒，而後夫爲大夫，而祔於其妻，則以大夫牲。』然則夫榮於朝，妻貴於室，雖先夫歿，榮辱常隨於夫也。禮記曰：『妻祔於祖姑，祖姑有三人，則祔其親者。』如禮，則三人皆爲夫人也。自秦漢以來，廢一娶九女之制，近世無復繼室之禮，先妻卒則更娶。苟生加禮，則亡不應貶。」庾蔚之云：「賤時之妻不得並爲夫人，若有追贈之命則不論耳。」嶠傳，贈王、何二人夫人印綬，不及李氏。禮志。

鄱陽縣侯孟懷玉上母檀拜國太夫人，有司奏許〔三五〕。豹以婦人從夫爵，懷玉父大司農綽現居列卿，妻不宜從子。奏免尚書右僕射劉柳等官。南史袁豹傳。◯按：豹義熙九年卒，則晉人也。

章表

表文加封印。文選劉琨勸進表注。

人臣初除，皆通表上聞，名之謝章。劉寔傳。

寫章表，別起行頭者謂之跳出。左傳襄公正義引晉儀注。

泰始之初，黄門侍郎王恂、庾純始於太極東堂聽政〔三六〕，評尚書奏事。山簡傳。

傳祗以聞奏稽留，免官。傅祗傳。

符

符。禮志：尚書符問太常，臺符問太常。荀奕傳：「尚書符下陳留王。」劉毅傳：「前被司徒符，當參舉州大中正。」

牒　黄紙

牒。石崇傳：「泰始平吴論功，制度、名牒具存。」通典八十：「山陵即安，不到。臺郎御史以上，應受議加貶，注列黄紙，不得敍用。至先有他故者，宜與上牒異制。」又，咸康中，王濛以江統議輕，宜更立如牒。劉卞傳：「爲臺四品吏，令寫黄紙一鹿車。卞曰：『劉卞非爲人寫黄紙者也。』」

啓

啓。山濤傳：「每官缺，輒啓擬數人，詔旨有所向，然後顯奏，時稱山公啓事。」

牋

牋。荀崧傳：「著作郎虞預與丞相王導牋。」

版

版。陳頵傳：「建興初，版補録事參軍。」皇甫重傳：「張華版爲秦州刺史。」世説新語文學門：「桓玄領荆、江二州、二府、一國。於時始雪，五處俱賀，五版并入。玄在聽事，版至，即答版後，皆粲然成章，不相揉雜。」

檄

檄。李含傳：「州以短檄，召爲門亭長。」○華軼傳：「被檄助討諸賊。」○懷紀：「永嘉四年，劉曜兵逼京師。東海王越羽檄徵天下兵。」

諾

諾。世説政事篇：「王丞相末年，略不復省事，正封籙諾之〔三七〕。」

送迎錢

鄧攸爲吴郡守，郡嘗有送迎錢數百萬〔三八〕。攸去郡，不受一錢。鄧攸傳。

劉毅傳：言：「役調送迎，不得止息。應隨宜并合以簡衆費。」

孔愉爲會稽内史，去官，送資數百萬，悉無所取。孔愉傳。

晉宋舊制，受官二十日，輒送修城錢二千。南史齊武帝紀。

初拜官

過江初，拜官輿飾供饌。羊曼拜丹陽尹，客來蚤者，並得佳設，日晏漸罄，不復及精，隨客蚤晚，不問貴賤。羊固拜臨海，竟日皆美供，雖晚至，亦獲盛饌。時論以固之豐華，不如曼之真率。世説新語雅量門。

王珣兒婚，賓客車騎甚衆，會聞雅拜少傅，迴詣雅者過半。王雅傳。

任子

泰始元年，罷部曲將長吏以下質任。武紀。○通鑑七十九胡三省注：「諸將征戍及長吏仕州郡者，皆留質任於京師，今罷之。」

咸寧五年，降除部曲督以下質任。武紀。○通鑑八十胡三省注：「帝受禪之初，除部曲將質任。今又除部曲督質任也。」

咸和五年，詔除諸將任子。（成紀。）

蔭客

官品第一至第九，各得蔭人，以爲衣食客及佃客。（食貨志。）

魏氏給公卿以下租牛客户數各有差，自後小人憚役，多樂爲之，貴勢之門動有百數。又太原諸部亦以匈奴胡人爲田客，多者數千。武帝踐阼，詔禁募客。恂爲河南尹，明峻其防，所部莫敢犯者。（王恂傳。）

東晉寓居江左以來，都下人多爲諸王公貴人左右、佃客、典計、衣食客之類。（文獻通考職官門。）

假期

舊制，假六十日。咸和中，衛將軍陸曄求歸鄉里拜墓，侍中顔含等奏曰：「曄内蘊至德〔三九〕，清一其心，受付托之重，居台司之位。既蒙詔許歸省墳塋，大臣之義本在忘己，豈容有期而反，無期必違？愚謂宜還自還，不須制日〔四〇〕。」帝從之。（陸曄傳。）

避姻親

劉弘都督荆州，帝以前東平太守夏侯陟爲襄陽太守〔四一〕。陟，弘之壻也。弘下教曰：「夫統天下者，宜與天下一心；化一國者，宜與一國爲任。若必姻親，然後可用，則荆州十郡，安得十女壻，然後爲政哉？」乃表：「陟姻親，舊制不得相監。」詔從之。劉弘傳。○魏志劉馥傳注引晉陽秋同。

華廙妻父盧毓典選，雖與姻親，故廙年三十五，不得調。華廙傳。

嫌名

江統上言：「故事，父祖與官職同名者〔四二〕，皆得改選，而未有身與官職同名，不在改選之例。臣以爲，職位之衆，名號繁多，至使受寵皇朝，出身宰牧，而令佐吏不得表其官稱，子孫不得言其位號。其身名與官職同者，宜與觸父祖名爲比，於義爲弘。」朝廷從之。江統傳。

王導以舒爲會稽内史，舒上疏辭以父名。按：舒父名會。朝議以字同音異，於禮無嫌。舒復陳音異而字同，求換他郡。於是改「會」字爲「鄶」。舒不得已而行。王舒傳。

太元十三年，召孔安國爲侍中，安國表以黄門郎王愉名犯私諱，不得連署〔四三〕，求解。

有司議云：「名終諱之，有心所同，聞名心瞿，亦明前誥。而禮復云，『君所無私諱，大夫之所有公諱』，無私諱。又云：『詩書不諱，臨文不諱。』豈非公義奪私情，王制屈家禮哉？尚書安衆男臣先表：中兵曹郎王祐名犯父諱，求解職。明詔爰發，聽許換曹，蓋是恩出制外耳。而頃者互相瞻式，源流既啓，莫知其極。夫朝廷百僚備職〔四四〕，編官列署，動相經涉。若以私諱，人遂其心，則移官易職，遷流莫已，既違典法，有虧政體。請一斷之。」從之。禮志。

規避

舊制，朝臣家有時疾，染易三人以上者，身雖無病，皆不得入宮〔四五〕。百官多列家疾，不入。彪之上言：「若以之不復入宮，則直侍頓闕，宮省空矣。」王彪之傳。

建興初制，版補録事參軍。參佐掾屬多設解故以避事任〔四六〕。顗議：「諸僚屬乘昔西臺養望餘弊，偃蹇倨慢，以爲優雅。古人防小以全大，慎微以杜萌。自今臨使稱疾，須催乃行者，皆免官。」陳顗傳。

成帝時，召南陽樂謨爲郡中正，潁川庾怡爲廷尉評。謨、怡各稱父命不就。壼奏：「宜一切班下〔四七〕，不得以私廢公，以爲永制。」朝議以爲然。卞壼傳。

致仕

王祥固乞骸骨，詔聽以睢陵公就第，位同保傅，在三司之右，禄賜如前。詔曰：「今雖以國公留居京邑，不宜復苦以朝請。其賜几杖，不朝，大事皆諮訪之。賜安車駟馬，第一區，錢百萬，絹五百匹，牀帳簟褥，以舍人六人爲睢陵公舍人，置官騎二十人。又以祥高潔清素，家無宅宇，其權留本府，須所賜第成乃出。」

王覽以大中大夫歸老，賜錢二十萬，牀帳簟褥，門施五原注：「一作行。」馬。

鄭沖以壽光公就第，位同保傅，在三司之右，賜几杖，不朝。大政皆就諮之。又賜安車駟馬，第一區，錢百萬，絹五百匹，牀帷簟褥，置舍人六人，官騎二十人。

何曾以老乞遜位，詔進太宰，劍履乘輿上殿。賜錢百萬，絹五百匹，及八尺牀帳簟褥自副。置長史、掾屬、祭酒及員吏，一依舊制。給親兵、官騎如前。

陳騫乞骸骨，詔賜衮冕之服，以前太尉府爲大司馬府，增置祭酒二人，帳下司馬、官騎、大軍、鼓吹皆如前，親兵百人，廚田十頃，廚園五十畝，廚士十人。

衛瓘告老遜位，詔進太保，以公就第。給親兵百人，置長史、司馬、從事中郎掾屬及大車、官騎、麾蓋、鼓吹諸威儀，一如舊典。給廚田十頃、園五十畝、錢百萬、絹五百匹、牀帳簟褥。

華表以老病乞骸骨，詔聽如所上，以爲太中大夫，又賜錢二十萬，牀帳簟褥，禄賜與卿同，門施行馬。

紀瞻以久病，請去官，不聽。及王敦之逆，帝使謂瞻曰：「卿雖病，但爲朕卧護六軍，足矣〔四八〕。」賊平，復自表還家。乃詔以爲驃騎將軍，常侍如故。服物制度，一按舊典。遣使就拜，止家爲府。

司徒蔡謨以疾乞辭位，詔賜几杖，門施行馬。

丁潭屢表乞骸骨，詔以光禄大夫還弟，門施行馬，禄秩一如舊制，給傳詔二人，賜錢二十萬，床帳褥席〔四九〕。

司隸校尉劉毅年七十，告老。見許，以光禄大夫歸第，門施行馬，復賜錢百萬〔五〇〕。以上本傳。

親老歸養

詔以庾純父老，不求供養，使有司據禮典正其臧否。太傅何曾、太尉荀顗、驃騎將軍齊王攸議曰：「凡斷正臧否，宜先稽之禮、律。八十者，一子不從政；九十者，其家不從政。新令亦如之。按純父年八十一，兄弟六人，三人在家，不廢侍養。純不求供養，其於禮、律，未有違也。」司徒西曹掾劉斌議以爲：「敦敍風俗，以人倫爲先；人倫之教，以忠孝爲大。忠故不忘其君，孝故不忘其親。若孝必專心於色養，則明君不得而臣；忠必不顧其親，則父母不得而子也。是以爲臣者，必以義斷其恩；爲子者，必以情割其義。然後君父兩濟，忠孝各序。純兄峻以父老求歸，峻若得歸，純無不歸之勢；峻不得歸，純無得歸之理。純雖自聞，同不見聽。近遼東太守孫和、廣漢太守鄧良皆有老母，良無兄弟，授之遠郡，辛苦自歸，皆不見聽。且純近爲京尹，父在界内，時得自啓定省，獨於禮法外處其貶黜〔五一〕，斌愚以爲非理也。禮，年八十，一子不從政。純有二弟在家〔五二〕，不爲違禮。又令，年九十，乃聽悉歸。今純父實未九十，不爲犯令。」河南功曹史龐札等表：「臣謹按三王養老之制，八十，一子不從政；九十，其家不從政。斯誠使人無闕孝養之道〔五三〕，爲臣不違在公之節也。先王制禮垂訓，莫尚於周。當其時也，姬公留周，伯禽之魯，孝子不匱，典禮無愆。今公府議，七十時制，八十月制，欲以駮奪從政之限，削除爵土，是爲公旦立法，還自越之，魯侯爲子，即爲罰首也。臣聞父子天性，愛由自然；君臣之交，出自義合。而求忠臣，必於孝子。是以先王立禮，敬同於父，原始要終，齊於所生。如此猶患人臣罕能致身。今公府議云，禮、律雖有常限，至於疾病歸養，不奪其志。如此則爲禮禁正直，而陷人以詐〔五四〕，違越王制，開其殆原。尹少履清苦，事親色養，歷職内外，公廉無私。而羣公建議削除爵土，此愚臣所以自悲自悼，拊心泣血也。按今父母年過八十，聽令其子不給限外職，誠以得有歸來之緣。今尹居在郡内，前每表，屢蒙定省。

尹昆弟六人，三人在家，孝養不廢。兄侍中峻，家之嫡長，往比自表，求歸供養，詔喻不聽。國體法同，兄弟無異，而虛責尹不求供養如斯，臣懼長假飾之名，而損忠誠之實也。」詔以齊王、劉掾議爲當。庾純傳。

衛將軍虞潭以母老，輒去官還餘姚。虞潭傳。

喪免復職

舊制，遭喪，既葬，還職。大鴻臚鄭默遭母喪，自陳懇至，久而見許。遂改法定令，聽大臣終喪，自默始也。鄭默傳。○禮志：「元康中，陳準、傅咸皆權奪，不得終禮。自此以爲成比。」

武帝時，廙都督河北諸軍事。父病篤，輒還。仍遭喪舊例，葬訖復任。廙固辭，迕旨。華廙傳。

王氏鳴盛曰：「兩漢魏晉不行三年喪者甚多，然從無不葬而仕者。」十七史商榷四十八。

傅咸遭繼母憂去官。頃之，起以議郎，長兼司隸校尉。咸前後固辭，不聽，敕使者就拜，咸復送還印綬。公車不通，催使攝職。咸以身無兄弟，喪祭無主，重自陳乞〔五五〕，乃使於官舍設靈坐。

卞壺遭繼母憂，既葬，起復舊職，累辭不就。

中書通事郎劉超以父憂去官。既葬，詔超復職。以上本傳。

桓雲遭母憂去職。葬畢，起爲江州刺史。附桓彝傳。

免官

晉陵内史張闓築曲阿新豐塘。以擅興造免官〔五六〕。張闓傳。

司隸校尉劉毅奏，護軍羊琇私角弩四張〔五七〕，又乘羊車〔五八〕，請免官治罪〔五九〕。詔如所奏。太平御覽車部引晉太元起居注。

義熙十年，有司奏，太常謝澹遣四人還家種蔥菜〔六〇〕，免官。太平御覽菜茹部引義熙起居注〔六一〕。

楊駿誅，裴楷以婚親收付廷尉。侍中傅祇救護，猶坐免官。裴楷傳。

餘姚令山遐以輒造縣舍，免官。山遐傳。

傅玄對百寮罵尚書以下〔六二〕，御史中丞庾峻奏玄不敬，免官。傅玄傳。

庾純被酒慢罵司空賈充，上表自劾，詔免純官。庾純傳。

潘岳爲廷尉評，以公事免。潘岳傳。

應詹上言：「漢宣帝時，二千石有居職修明者，則入爲公卿；其不稱職免官者，皆還爲平人。懲勸必行，故歷世長久。中間以來，遷不足競，免不足懼。或有進而失意，退而得分。莅官雖美，當以素論降替；在職實劣，直以舊望登敍。校游談爲多少，不以實事爲先後。以此責成，臣未見其兆也。今宜峻左降舊制，可二千石免官，三年乃得敍用，長史六年。此法必明，使天下知官難得而易失，必人慎其職，朝無惰官矣。」應詹傳。

鄧攸爲太常時，帝南郊〔六三〕，攸病不能從。車駕過攸問疾，攸力病出拜。有司奏攸不堪行郊而拜道左，坐免官。鄧攸傳。

冬烝，忘設明帝位，領祠部蔡謨、太常張泉俱免官，白衣領職。蔡謨傳。

郭奕爲野王令，送羊祜出界數百里，坐免官。郭奕傳。

周顗坐門生斫傷人，免官。周顗傳。

荀崧爲太常，坐使威儀爲猛獸所食〔六四〕，免職。荀崧傳。

會稽内史王彪之，坐山陰縣折布米不時畢，郡不彈糾，乃免官。王彪之傳。

【校勘記】

〔一〕第一品　通典另有「衛將軍」。

〔二〕第三品　北宋本通典另有「中軍將軍」。

〔三〕第四品　通典另有「前軍、左軍、右軍、後軍、寧朔、建威、振威、奮威、廣威、建武、振武、揚武、廣武將軍」。

〔四〕護羌戎夷蠻越烏丸校尉　「丸」，底本誤作「桓」，據中華書局本通典校勘記改。下「烏丸」同。

〔五〕弟五品　通典另有「都督護軍」、「護匈奴中郎」、「西域代部護羌烏丸等校尉」。

〔六〕給事黄門侍郎　「侍郎」，底本原奪，據通典補。下「散騎侍郎」同。

〔七〕騎督　「騎督」，底本誤與上「牙門將」合爲一職，據通典改。

〔八〕弟六品　通典另有「丞郎」與「諸護軍長史、司馬」。

〔九〕諸督軍糧都尉　「糧都尉」，中華書局本通典校勘記以爲衍文。

〔一〇〕廷尉正監評　「評」，通典作「平」。

〔一一〕度支中郎校尉都督　「都督」，底本誤從下，作「都督材官校尉」，據通典改。

〔一二〕王傅師　「師」下，底本有「友」，通典作「及」，下並有「國將軍」三字，據通典删。

〔一三〕太子常從虎賁　「賁」下，通典有「督千人督校尉」六字。

〔一四〕關内名號侯　「侯」下，底本有「爵」字，中華書局本通典校勘記以爲是小字，據删。

〔一五〕弟七品　通典另有「中黄門尉都尉」與「黄門諸署丞、長史」。

〔一六〕獄丞部丞　底本誤列「獄丞」、「部丞」爲兩職，據通典改。

〔一七〕公府行相郎中令　「府行」，底本誤作「保傅」，據中華書局本通典校勘記改。

〔一八〕大官食監　「食」，底本原奪，據通典補。

〔一九〕小黄門諸署令監　「門」下，底本有空格，據中華書局本通典校勘記删。　「監」，通典作「僕射、謁者」。

〔二〇〕副牙門將　「副牙門將」，底本誤與下「部曲部督殿中」合爲一職，據通典改。

〔二一〕烏丸西域代部騎馬　「馬」，底本原奪，據通典補。　又，底本將此職與上職誤合，據通典改。

〔二二〕水衡典虞牧官　「牧官」，底本原奪，據通典補。　又，底本將此職與下職誤合，據通典改。

〔二三〕諸縣署令長相之丞尉　「長」，底本原奪，據通典補。

〔二四〕王太妃公主家丞僕舍人　「僕舍人」，底本誤與上職分開，據中華書局本通典校勘記改。

〔二五〕内外諸色職掌一十一萬一千八百三十六人　「色」，底本原奪，據通典補。　「一萬」之「一」，底本空出，據通典補。

〔二六〕其餘色目史闕　「目史」，底本空出，據通典補。

〔二七〕及鄉據大小户口數多少等級置治書史及佐正等數　下「數」，底本原奪，據通典補。

〔二八〕并命數未詳　「命」，底本空出，據通典補。

〔二九〕始賜春服絹百五十匹　「服」，底本原奪，據晋書補。

〔三〇〕騎都尉劉尚爲尚書令裴秀占官稻田　「令」，底本原奪，據晋書補。

〔三一〕太寧三年　「三」，底本誤作「二」，據晋書改。

〔三二〕又賜長史郡丞長史各馬一匹　「又賜」至「一匹」十二字爲衍文，當删。

〔三三〕尚書令荀勖既久羸毁　「久」下，底本原衍「疾」字，據藝文類聚删。

〔三四〕藝文類聚食物部　「物」，底本原奪，據藝文類聚補。

〔三五〕有司奏許　「許」，底本誤作「拜」，據南史改。

〔三六〕黄門侍郎王恂庾純始於太極東堂聽政　「純」，底本空出，據晉書補。

〔三七〕正封籙諸之　「正」，底本誤作「止」，據世説新語改。

〔三八〕郡嘗有送迎錢數百萬　「送迎」，底本誤倒，據晉書乙正。標題同。

〔三九〕曄内蘊至德　「蘊」，底本誤作「懷」，據晉書改。

〔四〇〕不須制日　「日」，底本誤作「期」，據晉書改。

〔四一〕帝以前東平太守夏侯陟爲襄陽太守　「陟」，底本誤作「涉」，據晉書改。下同。

〔四二〕父祖與官職同名者　「官職」，底本誤倒，據晉書乙正。

〔四三〕不得連署　「得」下，底本原衍「不得」二字，據晉書删。

〔四四〕夫朝廷百僚備職　「朝廷」，晉書作「皇朝禮大」。

〔四五〕皆不得入宫　「皆」，晉書作「百日」。

〔四六〕參佐掾屬多設解故以避事任　「設」，底本原奪，據晉書補。

〔四七〕宜一切班下　「宜一切班下」，底本誤置於下句「不得以私廢公」下，據晉書改。

〔四八〕足矣　「足」，晉書作「所益多」。

〔四九〕床帳褥席　「褥席」，底本誤作「簟褥」，據晉書改。
〔五〇〕復賜錢百萬　「萬」，底本誤作「千」，據晉書改。
〔五一〕獨於禮法外處其貶黜　「外」，底本原奪，據晉書補。
〔五二〕純有二弟在家　「二」，底本誤作「三」，據晉書改。
〔五三〕斯誠使人無闕孝養之道　「使人無」，底本誤作「不」，據晉書改。
〔五四〕而陷人以詐　「人」，底本誤作「入」，據中華書局本晉書校勘記改。
〔五五〕重自陳乞　「自」，底本原奪，據晉書補。
〔五六〕以擅興造免官　「造」，底本原奪，據晉書補。
〔五七〕護軍羊琇私角弩四張　「角弩四張」，底本誤作「用四宏」，據太平御覽改。
〔五八〕又乘羊車　「又」，底本誤作「文」，據太平御覽改。
〔五九〕請免官治罪　「治」，太平御覽無。
〔六〇〕太常謝澹遣四人還家種蔥菜　「菜」，底本空出，據太平御覽補。
〔六一〕太平御覽菜茹部引義熙起居注　「茹」，底本原奪，據太平御覽補。
〔六二〕傅玄對百寮駡尚書以下　「以下」，底本原奪，據晉書補。
〔六三〕帝南郊　「南」，底本誤作「將」，據晉書改。
〔六四〕坐使威儀爲猛獸所食　「使」，底本原奪，據晉書補。

晉會要第二十九

職官四

吏治

泰始元年，詔開直言之路，置諫官以掌之。（武紀。）

四年六月，詔曰：「郡國守、相，三載一巡行屬縣，必以春，此古者所以述職宣風展義也。見長吏，觀風俗，協禮律，考度量，存問耆老，親見百年。録囚徒，理冤枉，詳察政刑得失，知百姓所患苦。無有遠近，便若朕親臨之。敦喻五教，勸務農功，勉勵學者，思勤正典，無爲百家庸末，致遠必泥。士庶有好學篤道，孝弟忠信，清白異行者，舉而進之；有不孝敬於父母，不長悌於族黨，悖禮棄常，不率法令者，糾而罪之。田疇闢，生業修，禮教設，禁令行，則長吏之能也。人窮匱，農事荒，姦盜起，刑獄煩，下陵上替，禮教不興，斯長吏之否也。若長吏在官公廉，慮不及私，正色直節，不飾名譽者，及身行貪穢，謟黷求容，公節不立，而私門日富者，並謹察之。揚清激濁，舉善彈違，此朕所以垂拱總綱，責成於良二千石也。於戲戒哉！」武紀。

十二月，班五條詔書於郡國：一曰正身，二曰勤百姓，三曰撫孤寡，四曰敦本息末，五曰去人事。武紀。

五年，申戒郡國計吏守相令長，務盡地利，禁游食商販。武紀。

武帝時，散騎常侍傅玄、皇甫陶上疏論時政。帝下詔曰：「二常侍懇懇於所論，可謂乃心欲佐益時事者也。而主者率以常制裁之，豈得不使發憤耶？二常侍所論，或舉其大較而未備其條目，亦可便令作之，然後主者八坐廣共研精。凡關言於人主，人臣之所至難。而人主若不能虛心聽納，自古忠臣直士之所慷慨，至使杜口結舌。每念於此，未嘗不歎息也。故前詔敢有直言〔一〕，勿有所距，庶幾得以發懞補過。苟言有偏善，情在忠益，雖文辭有謬誤，言語有失得，皆當曠然恕之。古人猶不拒誹謗，況皆善意在可採録乎？近日孔鼂、綦毋龢皆按以輕慢之罪，原欲使四海知朝無諱言之忌也。」傅玄傳。

太興元年七月，詔曰：「王室多故，姦凶肆暴〔二〕，皇綱弛墜，顛覆大猷。朕以不德，統承洪緒，夙夜憂危，思改其弊。二千石、令長當祗奉舊憲，正身明法，抑齊豪强，存恤孤獨，隱實户口，勸課農桑。州牧刺史當互相檢察，不得顧私虧公。長吏有志在奉公而不見進用者，有貪惏穢濁而以財勢自安者，若有不舉，當受故縱蔽善之罪，有而不知，當受闇塞之責。各明慎奉行。」元紀。

十一月詔曰：「朕以寡德，纂承洪緒，上不能調和陰陽，下不能濟育羣生，災異屢興，咎徵仍見。蓋天災譴戒，所以彰朕之不德也。羣公卿士，其各上封事，具陳得失，無有所諱，朕將親覽焉。」元紀。

二年十二月〔三〕，詔百官各上封事。元紀。

晉武敕戒，備告百官：敕都督以兵要，戒州牧以董司，警郡守以恤隱，勒牙門以禦衛，有訓典焉。文心雕龍四。

右敕戒求言。

武帝時，議省州郡縣半吏以赴農功，勖議以爲：「省吏不如省官，省官不如省事，省事不如清心。昔蕭、曹相漢，載其清静，致畫一之歌，此清心之本也。漢文垂拱，幾致刑措，此省事也。光武并合吏員，縣官國邑裁置十一，此省官也。魏太和中，遣王人四出，減天下吏員，正始中，亦并合郡縣，此省吏也。今必欲求之於本，則宜以省事爲先。凡居位者，使務思蕭、曹之心〔四〕，以翼佐大化。篤義行，崇敦睦，使昧寵忘本者不得容，而僞行自息，浮華者懼矣。重敬讓，尚止足，令賤不妨貴，少不陵長，遠不間親，新不間舊，小不加大，淫不破義，則上下相安〔五〕，遠近相信矣。位不可以進趣得，譽不可以朋黨求，則是非不妄而明〔六〕，官人不惑於聽矣。去奇技，抑異説，好變舊以徼非常之利者，必加其誅，則官業有常，人心不遷矣。事留則政稽，政稽則功廢。處位者而孜孜不怠，奉職司者而夙夜不懈，則雖在挈瓶而守不假器矣。使信若金石，小失不害大政，忍忿悁以容之。簡文案，略細苛，令之所施，必使人易視聽。願之如陽春，畏之如雷震。勿使微文煩撓，爲百吏所黷，二三之命，爲百姓所厭，則吏竭其誠，下悦上命矣〔七〕。設官分職，委事責成。君子心競而力不争，量能受任，思不出位，則官無異業，政典不奸矣。凡此皆所謂省事之本也。苟無此愆，雖不省吏，天下必謂之省矣。若欲省官，私謂九寺可併於尚書，蘭臺宜省付三府。然施行歷代，世之所習，是以久抱愚懷而不敢言。至於省事，實以爲善。若直作大例，皆減其半，恐文武衆官郡國職業，及事之興廢，不得皆同。凡發號施令，典而當則安，儻有駮者，或致壅否。凡職所臨履，先精其得失。使忠信之官，明察之長，各裁其中，先條上言之。然後混齊大體，詳宜所省，則令下必行，不可摇動。如其不爾，恐適惑人聽。比前行所省，皆須臾輒復，或激而滋繁，皆不可不重。」勖論議損益多此類。荀勖傳。

武帝留心政事，詔訪朝臣政之損益。咸上言：「舊都督有四，今并監軍，乃盈於十。禹分九州，今之刺史，幾向一倍。户口比漢十分之一，而置郡縣更多。空校牙門，無益宿衛，而虚立軍府，動有百數。五等諸侯，復坐置官屬。諸所寵給，皆生於百姓。一夫不農，有受其饑，今之不農，不可勝計。縱使五稼普收，僅足相接；暫有災患〔八〕，便不繼贍。以爲當今之急，先并官省事，静事息役，上下用心，惟農是務也。」傅咸傳。

魏舒爲尚書郎，時欲沙汰郎官，非其才者罷之。舒曰：「吾即其人也。」襆被而出。同寮素無清論者，咸有愧色。魏舒傳。

時衆官漸多，而遷徙每速，彪之上議曰：「爲政之道，以得賢爲急，非謂雍容廊廟，標的而已，固將莅任贊時，職思其憂也。得賢之道，在於莅任；莅任之道，在於能久；久於其道，天下化成。是以三載考績，三考黜陟，不收一切之功，不採速成之譽。凡庸之族衆，賢能之才寡，才寡於世而官多於朝，焉得不賢鄙共貫，清濁同官？官衆則闕多，闕多則遷速，前後去來，更相代補，非爲故然，理固然耳。所以職事未修，朝風未澄也。職事之修，在於省官；朝風之澄，在於并職。官省則選清而得久，職并則吏簡而俗静；選清則勝人久於其事，事久則中才猶足有成。今内外百官，較而計，固應有并省者矣。六卿之任，太常望雅而職重〔九〕，然其所司，義高務約。宗正所統蓋尠，可以併太常。宿衛之重，二衛任之，其次驍騎、左軍各有所領，無兵軍校皆應罷廢。四軍皆罷，則左軍之名不宜獨立，宜改游擊以對驍騎。內官自侍中以下，舊員皆四，中興之初，二人而已。對直或有不周，愚謂三人，於事則無闕也。凡餘諸官，無綜事實者，可令大官隨才位所帖而領之。若未能頓廢，自可因缺而省之。委之以職分，責之以有成，能否因考績而著，清濁隨黜陟而彰。雖緝熙之隆、康哉之歌未可〔一〇〕，使庶官之選差清，莅職之日差久，無奉禄之虚費〔一一〕，簡吏寺之煩役矣。」王彪之傳。

温嶠上言：「今江南六州之土，尚又荒殘，方之平日，數十分之一耳。三省軍校無兵者〔一二〕，九府寺署可有并相領者，可有省半者，粗計閒劇，隨事減之。荒殘之縣，或同在一城，可并合之。如此選既可精〔一三〕，禄俸可優，令足代耕，然後可責以清公耳。」温嶠傳。

桓温請省官表云：「今天下分崩，喪亂殄瘁，雖道隆中興，而户口彫寡，近方漢時，不當一郡之民。民户既少，則勢不多而當必同古制。百官備職，實非大易，隨時之宜，且設官以理務。務寡則官省，官省以國治，則職顯而人清〔一四〕。故光武初興，多所併省；諸葛亮相蜀，簡才併官。此皆達治之成規，今日之所先也。宜從權制，併官省職。愚謂門下三省、秘書、著作，通可減半。古以九卿綜事，不專尚書，故重九棘也〔一五〕。今事歸內臺，則九卿爲虚設之位，惟太常、廷尉職不可闕。其諸員外散官及軍府參佐職無所掌者，皆併焉〔一六〕。若車駕、郊廟、耤田之屬，凡諸大事，於禮宜置者，臨時權兼，事訖則罷職。既併則官少而才精，職理則無害民而治道康矣。」太平御覽二百三引桓温集略表〔一七〕。

右省併官職。

元康初，楊駿輔政，大開封賞〔一八〕，多樹黨援。石崇與散騎郎蜀郡何攀共立議，奏於惠帝曰：「陛下正位東宫，二十餘年，今承洪基，此乃天授。至於班賞行爵，優於泰始革命之初。不安一也。吴會僭逆，幾於百年，邊境被其荼毒，朝廷爲之旰食〔一九〕。先帝決獨斷之聰，奮神武之略，蕩滅逋寇，易於摧枯。然謀臣猛將，猶有致思竭力之效〔二〇〕。而今恩澤之封，優於滅吴之功。不安二也。上天眷佑，實在大晉，卜世之數，未知其紀。今之開制，當垂於後。若尊卑無差，有爵必進，數世之後，莫非公侯。不安三也。臣等敢冒昧陳聞。竊謂泰始之初、平吴論功，制度名牒，皆悉具存。縱不能遠遵古典，尚當依準舊事。」書奏，弗納。石崇傳。

武帝太康三年，問司隸校尉劉毅曰：「朕可方漢何帝？」毅曰：「桓、靈。」帝曰：「吾雖德不及古人，猶克己爲治〔二一〕。南平吴會，混一天下。方之桓靈，不已甚乎〔二二〕？」對曰：「桓靈賣官，錢入官庫；陛下賣官，錢入私門。以此言之，乃不如也。」劉毅傳。

初，趙王倫等簒逆〔二三〕，三王起義，制己亥格，其後論功雖小，亦皆依用。頵意謂不宜以爲常式，駁之曰：「名器之實，不可妄假。惠皇失御〔二四〕，九服無戴。合起義之衆，結天下之心，故設己亥義格，以權濟難。此自一切之法，非常倫之格也。其起義以來，依格雜猥，遭人爲侯，或加兵伍，或出皁僕，金紫佩士卒之身，符策委庸隸之門，非所以正皇綱重名器之謂也。請自今以後宜停之。」陳頵傳。

右官爵過濫。

太康九年，詔曰：「興化之本，由政平訟理也。二千石長吏不能勤恤人隱，而輕挾私故，興長刑獄，又多貪濁，煩撓百姓。其勑刺史二千石糾其穢濁，舉其公清，有司議其黜陟。」武紀。

預受詔爲黜陟之課，其略曰：「上古之政，虛己委誠。逮至淳樸漸散，彰美顯惡〔二五〕，設官分職，以詳考察。然猶皆疇咨博詢〔二六〕，敷納以言。末世不能紀遠而求於密微，疑諸心而信耳目，疑耳目而信簡書。簡書愈繁，官方愈僞，法令滋章，巧飾彌多。漢之刺史，亦歲終奏事，不制算課，而清濁粗舉。魏氏考課，即京房之遺意，其文可謂至密。然由於累細以違其體，故歷代不能通也。豈若申唐堯之舊，去密就簡，則簡而易從也。夫宣盡物理，神而明之，存乎其人。去人而任法，則以傷理。今科舉優劣，莫若委任達官，各考所統。在官一年以後，每歲言優者一人爲上第，劣者一人爲下第，因計偕以名聞。如此六載，主者總集採案，其六歲處優舉者超用之，六歲處劣舉者奏免之，其優多劣少者敍用之，劣多優少者左遷之。今考課之品，所對不均，誠有難易。若以難取優，以易而否，主者固當準量輕重，微加降殺，不足復曲以法盡也。己丑詔書以考課難成，聽通薦例。薦例之理，即亦取於風聲。六年頓薦，黜陟無漸，又非古者三考之意也。今每歲一考，則積優以成陟，累劣以取黜。以士君子之心相處，未有官故六年六黜清能，六進否劣者也。監司將亦隨而彈之。若令上下公相容過〔二七〕，此爲清議大穳，亦無取於黜陟也。」杜預傳。

齊王攸奏議：「昔漢宣歎曰：『與朕理天下者，惟良二千石乎？』勤加賞罰，黜陟幽明，於時翕然，用多名守。今宜嚴勅州郡，檢諸虛詐。考績黜陟，畢使嚴明，畏威懷惠，莫不自勵。」齊獻王攸傳。

戎領吏部，始爲甲午制，凡選舉皆先治百姓，然後授用。司隸傅咸奏曰：「書稱：『三載考績，三考黜陟幽明。』今內外羣官，居職未朞而戎奏還，既未定其優劣，且送故迎新，相望道路，巧詐由生，傷農害政。戎不仰依堯舜典謨，而驅動浮華，虧敗風俗，非徒無益，乃有大損。」王戎傳。

司隸校尉李憙上言：「故立進令劉友〔二八〕、前尚書山濤、中山王睦、故尚書僕射武陔，各占官三更稻田，通鑑無「三更」二字。請免濤等官。陔已亡，請貶謚。」詔曰：「法者，天下取正，不避親貴，然後行耳。吾豈將枉縱其間哉？然按此事皆是友所作，侵剥百姓，以繆惑朝士。姦吏乃敢作此，其考竟友以懲邪佞。濤等不貳其過者，皆勿有所問。易稱：『王臣蹇蹇，匪躬之故。』今憙抗志在公，當官而行，可謂『邦之司直』者矣。光武有云『貴戚且斂手以避二鮑』，豈其然乎？其申敕羣僚，各慎所司〔二九〕，寬宥之恩，不可數遇也。」李憙傳。

司馬光曰：「政之大本，在於刑賞。刑賞不明，政何以成？晉武赦山濤而褒李憙，其於刑、賞兩失之。使憙所言爲是，則濤不可赦；所言爲非，則憙不足褒。褒之使言，言而不用，怨結於下，威玩於上，將安用之？且四臣同罪，劉友伏誅而濤等不問，避貴施賤，可謂政乎？創業之初，而政本不立，將以垂統後世，不亦難乎？」通鑑七十九。

應詹上言：「漢朝使刺史行部，乘傳奏事，猶恐不足以辨章幽明，弘宣政道，故復有繡衣直指。今之艱弊，過於往昔，宜分遣黄、散若中書郎等循行天下，觀採得失，舉善彈違，斷截苟且，則人不敢爲非矣。」應詹傳。

右考課黜陟。

秀以尚書三十六曹統事準例不明〔三〇〕，宜使諸卿任職。裴秀傳。

武帝嘗問曰：「朕應天順時，海内更始，天下風聲，何得何失？」楷對曰：「陛下受命，四海承風，所以未比德於堯舜者，以賈充之徒尚在朝耳。方宜引天下賢人，與弘正道，不宜示人以私。」裴楷傳。

頠雖后族，然雅望素隆，四海不謂之以親戚進也。俄復使專任門下事，固讓。上言：「賈模適亡，復以臣代，崇外戚之望，彰偏私之舉。漢二十四帝，惟孝文、光武、明帝不重外戚，皆保其宗，豈將獨賢？實以安理故也。歷觀近世，不能慕遠，溺於近情，多任后親，以致不靜。正復才均〔三一〕，尚當先其疏者，以明至公。漢世不用馮野王，即其事也。」裴頠傳。

武帝問默政事，對曰：「勸穡務農，爲國之基。選人得才，濟世之道。居官久職，政事之宜。明慎黜陟，勸戒之由。崇尚儒素，化導之本。如此而已。」鄭默傳。

胤奏：「古者，三公坐而論道，内參六官之事，外與六卿之教；或處三槐，兼聽獄訟，稽疑之典，謀及卿士。自今以往，國有大政，可親延羣公，詢納讜言。其軍國所疑，延詣省中，使侍中、尚書諮論所宜。若有疾疢，不任覲會，臨時遣侍臣訊訪〔三二〕。」詔從之。李胤傳。

嶠所奏官制、太子宜還宫、置都水官、置長秋，事多施行。華嶠傳。

司徒王戎與時浮沉，無所匡救，委事僚寀，輕出遊放〔三三〕。性復貪吝，園田偏天下，每自執牙籌，晝夜會計，常若不足。家有好李，賣之恐人得種，常鑽其核。凡所賞拔，專事虚名。通鑑八十二。

頌上言：「泰始之初，陛下踐阼，其所服乘者皆先代功臣之胤，非其子孫，則其曾玄。古人有言，膏粱之性難正。所以爲政，自宜漸出公塗，法正威斷，日遷就肅。闇君在位，則重臣盈朝；明后臨政，則任臣列職。夫任臣之與重臣，俱執國統者也。然成敗相反，邪正相背，其故何也？重臣假所資以樹私，任臣因所藉以盡公。盡公者，政之本也；樹私者，亂之源也。夫欲富貴而惡貧賤，人理然也。聖王大諳物情，故直同公私之利，而詭其求道，使夫欲富者必先由貧，欲貴者必先安賤。安賤則不矜，不矜然後廉恥厲；守貧者必節欲，節欲然後操全[三四]。以此處務，乃得盡公。盡公而無私者，終得其私，故公私之利同也。今欲富者不由貧自得富，欲貴者不安賤自得貴，公私之塗既乖，而人情不能無私，私利不可以公得，則恒背公而橫務[三五]。是以風節日頽，公理漸替，又羣吏慮事懷成敗之懼輕，飾文采以避目下之譴重[三六]。居官不久，則能否不別。其免退，自以犯法耳，非不能也。至於今事應奏御者[三七]，蠲除不急，使要事得精可三分之二。古者六卿分職，冢宰爲師。秦漢以來，九列執事，丞相都總。今尚書制斷，諸卿奉成，於古制爲重，事所不須，今未能省并。可出衆事付外寺，使得專之，尚書爲其都統，若丞相之爲。惟立法創制，死生之斷，除名流徙，退免大事，及連度支之事，臺乃奏處。其餘外官皆專斷之，歲終臺閤課功校簿而已。今親掌者，動受成於上，上之所失，不得復以罪下，歲終事功不建，不知所責也。夫監司以法舉罪，獄官按劾盡實，法吏據辭守文，大較雖同，然至於施用，監司與夫法獄體宜小異。獄官惟實，法吏惟文，監司則欲舉大而略小。何則？夫細過微闕，人情之所必有，而悉糾以法，則朝野無立人〔三八〕，此所謂欲理而反亂者也。故善爲政者綱舉而網疏，綱舉則所羅者廣，網疏則小必漏，所羅者廣則爲政不苛，此爲政之要也。而近世以來，爲監司者，類大綱不振而微過必舉。微過不足以害政，舉之則微而益亂；大綱不振，則豪强横肆，豪强横肆〔三九〕，百姓失職矣，此錯所急而倒所務之由也。今宜人主不善碎密之案，必責犯彊舉尤之奏。夫大姦犯政而亂兆庶之罪者，類出富彊，而豪富者其力足憚，其貨足欲，是以官長顧勢而頓筆。下吏縱姦，而懼所司之不舉，則謹密網以羅微罪。使奏劾相接，狀似盡公，而撓法不亮固已在其中矣。非徒無益於政體，清議乃由此而益傷。凡舉過彈違，將以肅風論而整世教，今舉小過，清議益穨。是以聖人深識人情而達政體，其稱曰：『不以一眚掩大德。』又曰：『赦小過，舉賢才。』又曰：『無求備於一人。』故冕而前旒，充纊塞耳，意在善惡之報必取其尤，然後簡而不漏，法禁易全。何則？害法在犯尤，而謹搜微過〔四〇〕，何異放兕豹於公路，而禁鼠盗於隅隙？」劉頌傳。○夫創業之勳，在於立教定制，使遺風繫人心，餘烈匡幼弱，後世憑之，雖昏猶明，雖愚若智，乃足尚也。（通鑑八十二胡注云：「言法制修明，雖後嗣昏愚，有所憑依。此蓋指太子不能克隆堂構，而帝又無典則以貽子孫也。」）至夫修飾官署，凡諸作役，恒傷太過，不患不舉，此將來所不須於陛下而自能者也。今勤所不須以傷所憑，竊以爲過矣。

司隸石鑒奏，鬱林太守介登役使所監，求召還。尚書荀愷以爲，遠郡非人情所樂，貶秩居官。重駁曰：「臣聞立法，所以齊衆檢邪，非必曲尋事情。今如登郡比者多，若聽其貶秩居官，動爲準例，懼庸才負遠，必有黷貨之累，非所以肅清王化，輯寧殊域。臣愚以爲，宜聽鑒所上，先召登還，使體例有常，不爲遠近異制。」詔從之。李重傳。

時内官重，外官輕，兼階級繁多，重議之。李重傳。○傳言議見百官志，今晉書職官志無之。

玄上言：「陛下龍興受禪，弘堯舜之化，開正直之路〔四一〕，臣詠歎而已。惟未舉清遠有禮之臣，以敦風節；未退虚鄙，以懲不恪，臣是以猶敢有言。」詔報曰：「舉清遠有禮之臣者，此尤今之要也。」乃使玄草詔進之。玄復上疏言：「典謨曰『無曠庶官』，言職之不可久廢也。諸有疾病滿百日不差〔四二〕，宜令去職，優其禮秩，既瘥而後更用。斯無曠官之累。又前皇甫陶上事，欲令賜拜散官，皆課使親耕。王人賜官，冗散無事者，不督使學，則當使耕，無緣放之使坐食百姓也。今文武之官既衆，而拜賜不在職者又多，加以服役爲兵，不得耕稼，當農者之半〔四三〕，南面食禄者三倍於前。使冗散之官農，而收其租税，天下之穀可以無乏。虞書曰：『三載考績，三考黜陟幽明。』是爲九年之後，乃有遷敍也。故居官久，則念立慎終之化〔四四〕；居不見久，則競爲一切之政。六年之限〔四五〕，日月淺近，不周黜陟。陶之所議合古制。」傅玄傳。

咸上言：「唐虞三載考績，周禮三年大比，孔子亦云『三年有成』。而中間以來，長吏到官〔四六〕，未幾便遷，百姓困於無定，吏卒疲於送迎。僕射王戎兼吏部，掌選舉，致令人心傾動，開張浮競。中郎李重、李義不相匡正。請免戎等官。」傅咸傳。

咸上事以爲：「按令，御史中丞督司百僚。皇太子以下，其在行馬內，有違法憲者皆彈糾之。雖在行馬外，而監司不糾，亦得奏之〔四七〕。如令之文，行馬之內有違法憲，謂禁防之事耳。宮內禁防，外司不得而行，故專施中丞。今道路橋梁不修，鬥訟屠沽不絕，如此之比，中丞推責州坐。內外衆官謂之百僚，則通內外矣。司隸所以不復說行馬內外者，禁防之事已於中丞說之故也。中丞、司隸俱糾皇太子以下，則共對司內外，不爲中丞專司內百僚，司隸專司外百僚。自有中丞、司隸以來，更互奏內外衆官，惟所糾得無內外之限也〔四八〕。皇太子在行馬之內而得糾之，尚書在行馬之內而不得糾，無有此理。臣識石公前在殿上脫衣，爲司隸荀愷所奏〔四九〕，先帝不以爲非，於時莫謂侵官。今臣裁糾尚書，而當有罪乎？」咸累自上稱引故事〔五〇〕，條理灼然，朝廷無以易之。傅咸傳。

車騎將軍劉弘每有興廢，手書守相，丁寧款密，所以人皆感悅，曰：「得劉公一紙書，賢於十部從事。」劉弘傳。

廣州刺史陶侃在州無事，輒朝運百甓於齋外，暮運於齋內。人問其故，答曰：「吾方致力中原，過爾優逸，恐不堪事。」勤於吏職。終日斂膝危坐，閫外多事，千緒萬端，罔有遺漏。遠近書疏，莫不手答，筆翰如流，未嘗壅滯。陶侃傳。

咸和初，嶠爲江州刺史，陳：「豫章十郡之要，宜以刺史居之。尋陽濱江，都督應鎮其地。今以州帖府，進退不便。且古鎮將多不領州，皆以文武形勢不同故也。宜選單車刺史別撫豫章，專理黎庶。」詔不許。温嶠傳。

明帝以亮爲中書監，亮上書讓曰：「聖政惟新，宜存於至公〔五一〕。以臣領中書，則示天下以私矣。何者？臣於陛下，后之兄也。姻婭之嫌，與骨肉中表不同。悠悠六合，皆私其姻，人皆有私，則天下無公矣。是以前後二漢，咸以抑后黨安，進婚族危。其故何耶？由婚媾之私，羣情之所不能免，疏附則信，姻進則疑。疑積於百姓之心，則禍成於重闈之内〔五二〕。往代成鑒，可爲寒心者也。」庾亮傳。

殷浩父羨爲長沙，在郡貪殘，翼兄冰與翼書屬之。翼報曰：「大較江東政，以傴僂豪强〔五三〕，以爲民蠹，時有行法，輒施之寒劣。如往年偷石頭倉米一百萬斛，皆是豪將輩，而直打殺倉督監以塞責。山遐作餘姚半年，而爲官出二千户，公强官長也，而羣共驅之，不得安席。江東事去，實此之由。兄弟不幸，横陷此中，自不能拔腳於風塵之外，當共明目而治之。荆州所統一二十郡，惟長沙最惡。惡而不黜，與殺督監者復何異耶？」庾翼傳。

甯上言：「今荒小郡縣，皆宜并合〔五四〕，不滿五千户，不得爲郡，不滿千户，不得爲縣。守宰之任，宜得清平之人。頃者選舉，惟以卹貧爲先，雖制有六年，而富足便退。又郡守長吏，牽置無常，或兼臺職，或帶府官。夫府以統州，州以監郡，郡以莅縣，如令互相領帖，則是下官反爲上司，賦調役使無復節限。且牽曳百姓，營起廨舍，東西流遷，人人易處，文書簿籍，少有存者。先之室宇，皆爲私家，後來新官，復應修立。其爲弊也，胡可勝言？又方鎮去官，皆割精兵器仗以爲送，故米布之屬不可稱計〔五五〕。監司相容，初無彈糾。其中或有清白，亦復不見甄異。送兵多者至於千餘家，少者數十户。既力入私門，復資官廩布。兵役既竭，枉服良人，牽引無端，以相充補。若是功勳之臣，則已享裂土之祚，豈應封外復置吏兵乎？謂送故之格宜爲節制，以三年爲斷。夫人性無涯，奢儉由勢。今并兼之士〔五六〕，用之無節，亦多不贍。蒱酒永日，馳騖卒年，一宴之饌，費過十金，麗服之美，不可貲算，盛狗馬之飾，營鄭衛之音，南畝廢而不墾，講誦闕而無聞，凡庸競馳，傲誕成俗。謂宜驗其鄉黨，考其業尚，試其能否，然後升進。如此，匪惟家給人足，賢人豈不繼踵而至哉？」范甯傳。

時朝廷賦役繁重〔五七〕，吴會尤甚，會稽内史羲之每上疏争之，事多見從。又遺尚書謝安書曰：「頃所陳論，每蒙允納，所以令下小得蘇息。若不耳，此一郡久以蹈東海矣。今事之大者未布，漕運是也。吾意望朝廷可申下定期，委之所司，勿復催下，但當歲終考其殿最。長吏尤殿，命檻車送詣天臺。三縣不舉，二千石必免，或可左降，令在疆塞之地。又自吾到此，從事常有四五，兼以臺司及都水御史行臺文符如雨，倒錯違背，不復可知。吾又瞑目循常推前，取重者及綱紀，輕者在五曹。主者莅事，未嘗得十日，吏民趨走，功費萬計。卿方任其重，可徐尋所言。江左平日，揚州一良刺史便足統之，況以羣才而更不理，正由爲法不一，牽制者衆，思簡而易從，便足以保守成業。倉督監耗盜官米，動以萬計，吾謂誅翦一人，其後便斷，而時意不同。近檢校諸縣，無不皆爾。餘姚近十萬斛，重斂以資姦吏，令國用空乏，良可歎也。自軍興以來，征役及充運死亡叛散不反者衆，虚耗至此，而補代循常，所在凋困，莫知所出。上命所差，上道多叛〔五八〕，則吏及叛者席卷同去。又有常制，輒令其家及同伍課捕。課捕不擒，家及同伍尋復亡叛。百姓流亡，户口日減，其源在此。又有百工醫寺，死亡絕没，家户空盡，差代無所，上命不絕，事起或十年、十五年，彈舉獲罪無懈息，而無益實事，何以堪之？謂自今諸死罪原輕及五歲刑，可以充此，其減死，可長充兵役，五歲者，可充雜工醫寺，皆令移其家以實都邑。都邑既實，是政之本，又可絕其亡叛。不移其家，逃亡之患復如初耳。今除罪而充雜役，盡移其家，小人愚迷，或以爲重於殺戮，可以絕姦。刑名雖輕，懲肅實重，豈非適時之宜邪？」王羲之傳。

預上記陳時政所失，曰：「軍寇以來，賦役繁數，兼值年荒，百姓失業。自頃長吏輕多去來，送故迎新，交錯道路。受迎者惟恐船馬之不多，見送者惟恨吏卒之常少。窮奢竭費謂之忠義，省煩從簡呼爲薄俗，轉相放效，流而不返，雖有常防，莫肯遵修。加以王塗未夷，所在停滯，送者經年，永失播植。一夫不耕，十夫無食，況轉百數，所妨不訾。愚謂宜勒屬縣，若令、尉先去官者，人船吏侍皆具條列，到當依法減省，使公私允當。又今統務多端，動加重制，每有特急〔五九〕，輒立督郵。計今直兼三十餘人，人船吏侍皆當出官，益不堪命，宜復減損，嚴爲之防。」虞預傳。

王丞相爲揚州，遣八部從事之職。顧和時爲下傳還，同時俱見；諸從事各奏二千石官長得失，至和，獨無言。王問顧曰：「卿何所聞？」答曰：「明公作輔，寧使網漏吞舟；何緣采聽風聞，以爲察察之政？」丞相咨嗟稱佳，諸從事自視缺然也。世說規箴門。

渡江，元帝以孚爲安東參軍，蓬髮飲酒，不以王務攖心。時帝既用申韓以救世，而孚之徒未能棄也。阮孚傳。○按：此類甚多，録一二，以見其略耳。

卓太興末爲吏部郎，常飲酒廢職。畢卓傳。

青州刺史晞以嚴刻立功，日加斬戮，流血成川，人不堪命，號曰「屠伯」。荀晞傳。

侃嘗語人曰：「大禹聖者，乃惜寸陰，至於衆人，當惜分陰，豈可逸遊荒醉，生無益於時，死無聞於後，是自棄也。」諸參佐或以談戲廢事者，乃命取其酒器、蒱博之具，悉投之於江。吏將則加鞭扑，曰：「樗蒱者，牧豬奴戲耳〔六〇〕！老莊浮華，非先王之法言，不可行也。君子當正其衣冠，攝其威儀，何有亂頭養望自謂宏達耶？」陶侃傳。

豫章太守范甯欲遣十五議曹下屬城採求風政，并吏假還，訊問官長得失。邈與甯書曰：「知足下遣十五議曹各之一縣，又吏假歸，白所聞見，誠是足下留意百姓，故廣其視聽。吾謂勸導以實不以文，十五議曹欲何所敷宣耶？庶事詞證，足下聽斷允塞，則物理足矣。上有理務之心，則下之求理者至矣。日昃省覽，庶事無滯，則吏慎其負而人聽不惑，豈須邑至里詣，飾其游聲哉？非徒不足致益，乃是蠶漁之所資，又不可縱小吏爲耳目也。豈有善人君子而干非其事，多所告白者乎？君子之心，誰毁誰譽？如有所譽，必由歷試；如有所毁，必以著明。托社之鼠，政之甚害。自古以來，欲爲左右耳目者，無非小人，皆先因小忠而成其大不忠，先藉小信而成其大不信，遂使君子道消，善人輿尸，前史所書，可爲深鑒。足下選綱紀，必得國士，足以攝諸曹；諸曹皆是良吏，則足以掌文案；又擇公方之人以爲監司，則清濁能否，與事而明。足下但平心居宗，何取於耳目哉？昔明德馬后未嘗顧與左右言，可謂遠識，況大丈夫而不能免此乎？」徐邈傳。

升平二年，以謝萬爲西中郎將，監司、豫、冀、并四州諸軍事。王羲之與桓溫牋曰：「謝萬才流經通，使之處廊廟，固是後來之秀。今以之俯順荒餘，近是違才易務矣。」又遺萬書曰：「以君邁往不屑之韻，而俯同羣碎，誠難爲意也。然所謂通識，正當隨事行藏耳。願君每與士卒之下者同甘苦，則盡善矣。」萬不能用。通鑑一百。

熊遠上疏曰：「被庚午詔書，以雷電震，暴雨非時，深自刻責。雖禹湯罪己，未足以喻。臣闇於天道，竊以人事論之。陛下節儉惇朴，愷悌流惠，而王化未興者，皆羣公卿士不能夙夜在公，以益大化，素餐負乘，秕穢明時之責也。今逆賊猾夏，暴虐滋甚〔六一〕，二帝幽殯，梓宮未反，四海延頸，莫不東望。而未能遣軍北討，讎賊未報，此一失也。昔齊侯既敗，七年不飲酒食肉，況此恥尤大。臣子之責，宜在枕戈爲王前驅。若此志未果者，當上下克儉，恤人養士，徹樂減膳，惟修戎事。陛下憂勞於上，而羣官未同戚容於下，每有會同，務在調戲酒食而已，此二失也。選官用人，不料實德，惟在白望，不求才幹，鄉舉道廢，請托交行。有德而無力者退，修望而有助者進；稱職以違俗見譏，虛資以從容見貴。是故公正道虧，私塗日開，强弱相陵，冤枉不理。今當官者以理事爲俗吏，奉法爲苛刻，盡禮爲諂諛，從容爲高妙，放蕩爲達士，驕蹇爲簡雅，此三失也。世所謂三失者：公法加其身；私議貶其非；轉見排退，陸沈泥滓。所謂三善者：王法所不加；清論美其賢；漸相登進，仕不輟官，攀龍附鳳，翱翔雲霄。遂使世人削方爲圓，撓直爲曲。是以萬機未整，風俗僞薄，皆此之由。不明其黜陟，以審能否，此則俗未可得而變也。今朝廷羣司以從順爲善，相違見貶，不復論才之曲直、言之得失也〔六二〕。又時有言者，或不見用，是以朝少辯爭之臣，士有禄仕之志焉。郭翼上書，武帝擢爲屯留令，又置諫官，所以容受直言，誘進將來，故人得自盡，言無隱諱。任官然後爵之，位定然後禄之。

敷奏以言，明試以功，車服以庸。舜猶歷試諸難[六三]，而今先禄不試，甚違古義也。求才急於疏賤，用刑先於親貴，然後令行禁止，野無遺滯。堯取舜於仄陋，舜拔賢於巖穴，姬公不曲繩於天倫，叔向不虧法於孔懷。今章書日奏而不足以懲物，官人選才而不足以濟事。宜招賢良於屠釣，聘耿介於丘園。若此道不改，雖并官省職，無救弊亂也。」熊遠傳。

孝武帝既親政事，威權己出，有人主之量。既而溺於酒色，以酣歌爲事[六四]。又崇尚浮屠，所親暱者皆姏姆、僧尼。左右近習，争弄權柄，交通請托，賄賂公行，官賞濫雜，刑獄謬亂。尚書令陸納望宫闕歎曰：「好家居，纖兒欲撞壞之耶？」左衛領營將軍會稽許營上疏曰：「今臺府局吏、直衛武官及僕隸婢兒取母之姓者，本無鄉邑品第，皆得爲郡守縣令，或帶職在内，及僧尼乳母，競進親黨，又受貨賂；輒臨官領衆，政教不均，暴濫無罪，禁令不明，劫盜公行。昔年下書敕羣下盡規，而衆議兼集，無所採用。僧尼往往依傍法服，五誡粗法尚不能遵，況精妙乎？而流惑之徒，競加敬事，又侵漁百姓，取財爲惠，亦未合布施之道也。」疏奏，不省。通鑑一百七。

右綜論吏治。

【校勘記】

〔一〕故前詔敢有直言　「言」下，底本原衍「者」字，據晉書删。

〔二〕姦凶肆暴　「姦凶」，底本誤倒，據晉書乙正。

〔三〕二年十二月　下「二」字，底本誤作「一」，據晉書改。

〔四〕使務思蕭曹之心　「使」，底本原奪，據晉書補。

〔五〕則上下相安　「上下」，底本誤作「小大」，據晉書改。

〔六〕則是非不妄而明　「明」，底本原奪，據晉書補。

〔七〕下悦上命矣　「上」，底本誤作「其」，據晉書改。

〔八〕暫有災患　「患」，底本誤作「歉」，據晉書改。

〔九〕太常望雅而職重　「重」，底本誤作「望」，據晉書改。

〔一〇〕雖緝熙之隆康哉之歌未可　「雖緝熙之隆、康哉之歌未」，底本原奪，據晉書補。

〔一一〕無奉禄之虚費　「費」，底本誤作「廢」，據晉書改。

〔一二〕三省軍校無兵者　「三」，底本誤作「可」，據晉書改。

〔一三〕如此選既可精　「精」，底本誤作「清」，據晉書改。

〔一四〕則職顯而人清　「則」，底本原奪，據太平御覽補。

〔一五〕故重九棘也　「棘」，底本誤作「卿」，據太平御覽改。

〔一六〕皆併焉　「焉」，底本誤作「省」，據太平御覽改。

〔一七〕太平御覽二百三引桓温集略表　「表」，底本原奪，據太平御覽補。

〔一八〕大開封賞　「封」，底本誤作「爵」，據晉書改。

〔一九〕朝廷爲之旰食　「旰食」，底本誤作「宵旰」，據晉書改。

〔二〇〕猶有致思竭力之效　「思」，底本誤作「身」，據晉書改。

〔二一〕猶克己爲治　「治」，晉書諱作「政」，通典諱作「理」。

〔二二〕不已甚乎　「不已」，晉書作「其已」，通典作「不亦」。

〔二三〕趙王倫等簒逆　「逆」，晉書作「位」。

〔二四〕惠皇失御　「皇」，底本誤作「王」，據晉書改。

〔二五〕彰美顯惡　「美」，底本誤作「善」，據晉書改。

〔二六〕然猶皆疇咨博詢　「詢」，底本誤作「訪」，據晉書改。

〔二七〕若令上下公相容過　「上下」，底本原奪，據晉書補。

〔二八〕故立進令劉友　「故」，底本原奪，據中華書局本晉書校勘記補。

〔二九〕各慎所司　「司」，底本誤作「思」，據晉書改。

〔三〇〕秀以尚書三十六曹統事準例不明　「三十」，底本原奪，據晉書補。

〔三一〕正復才均　「復」，底本誤作「宜」，據晉書改。

〔三二〕臨時遣侍臣訊訪　「訊」，底本誤作「詢」，據晉書改。

〔三三〕輕出遊放　「放」，底本誤作「敖」，據資治通鑑改。

〔三四〕節欲然後操全　「操」下，底本原衍「守」字，據晉書删。
〔三五〕則恒背公而横務　「横務」，底本誤作「務私」，據晉書改。
〔三六〕飾文采以避目下之譴重　「重」，底本原奪，據晉書補。
〔三七〕至於今事應奏御者　「應」，底本原奪，據晉書補。
〔三八〕則朝野無立人　「立」，中華書局本晉書校勘記以爲當作「全」。
〔三九〕豪强横肆　底本原奪，據晉書補。
〔四〇〕而謹搜微過　「謹」，底本誤作「僅」，據晉書改。
〔四一〕開正直之路　「正直」，底本誤作「直言」，據晉書改。
〔四二〕諸有疾病滿百日不差　「差」，底本誤作「瘥」，據晉書改。下「既差」同。
〔四三〕當農者之半　「者」，底本原奪，據晉書補。
〔四四〕則念立慎終之化　「立」，底本原奪，據晉書補。
〔四五〕六年之限　「年」，底本誤作「月」，據晉書改。
〔四六〕長吏到官　「吏」，底本誤作「史」，據晉書改。
〔四七〕亦得奏之　「奏」，底本誤作「糾」，據晉書改。
〔四八〕惟所糾得無内外之限也　「得」，底本原奪，據晉書補。
〔四九〕爲司隸荀愷所奏　「荀」，底本誤作「任」，據晉書改。

〔五〇〕咸累自上稱引故事　「自」，底本原奪，據晉書補。

〔五一〕宜存於至公　「宜」，晉書作「寘」。

〔五二〕則禍成於重闈之内　「闈」下，底本原衍「門」字，據晉書删。

〔五三〕以傴僔豪强　「傴」，底本誤作「驅」，據晉書改。

〔五四〕皆宜并合　「并合」，底本誤倒，據晉書乙正。

〔五五〕故米布之屬不可稱計　「稱」，底本誤作「勝」，據晉書改。

〔五六〕今并兼之士　「并兼」，底本誤倒，據晉書乙正。

〔五七〕時朝廷賦役繁重　「繁重」，底本誤作「煩多」，據晉書改。

〔五八〕上道多叛　「多」，底本誤作「死」，據晉書改。

〔五九〕每有特急　「急」，底本誤作「立」，據晉書改。

〔六〇〕牧賭奴戲耳　「賭」，底本誤作「豬」，據晉書改。

〔六一〕暴虐滋甚　「虐」，底本誤作「雪」，據晉書改。

〔六二〕不復論才之曲直言之得失也　「得失」，底本誤倒，據晉書乙正。

〔六三〕舜猶歷試諸難　「難」，底本誤作「艱」，據晉書改。

〔六四〕以酣歌爲事　「以」上，資治通鑒有「委事於琅邪王道子，道子亦嗜酒，日夕與帝」十七字。

歷代會要叢書

晉會要

下

汪兆鏞　纂
鄧駿捷　陳才　整理

上海古籍出版社

晉會要弟三十

封建上

爵號

王咸寧時制，非皇子不得爲王，而諸王之支庶，亦得推恩受封。○職官志。

郡公文獻通考引晉令曰：「有郡公、縣公、郡侯、縣侯、伯、子、男，及鄉亭、關中、關内等侯之爵。」

縣公

郡侯

縣侯

伯

子

男

鄉侯

亭侯

關中侯

關内侯

關外侯。通典三十七引晉官品。

泰始二年，詔曰：「五等之封，皆録舊勳。本爲縣侯者傳封次子爲亭侯，鄉侯爲關内侯[一]，亭侯爲關中侯，皆食本户十分之一。」武紀。○兆鏞按：續漢百官志：「關内侯，無土。」如淳注：「列侯出關就國，侯但爵身，其有加異者，與之關内之邑，食其租税。」通典引晉官品，關内等皆名號侯爵也。又按：武億偃師金石記：「或曰，關中侯即關内侯。」余謂不然。三國志注引魏書置名號侯爵十八級，關中侯爵十七級，皆金印紫綬。又置關内、外侯，十六級，銅印龜紐，墨綬。五大夫，十五級，銅印環紐，亦墨綬。皆不食租，與舊列侯、關内侯凡六等。」然則既有關中侯，又置關内侯，其爲二爵顯然。

封地

武帝泰始元年，封諸王以郡爲國。邑二萬户爲大國，萬户爲次國，五千户爲小國。王不之國，官於京師。公侯邑萬户以上爲大國，五千户以上爲次國，不滿五千户爲小國。地理志。

晉有王、公、侯、伯、子、男六等之封。惟安平郡公孚邑萬户，制度如魏諸王。其餘縣公邑千八百户，地方七十五里；大國侯邑千六百户，地方七十里；次國侯邑千四百户，地方六十五里；大國伯邑千二百户，地方六十里；次國伯邑千户，地方五十五里；大國子邑八百户，地方五十里；次國子邑六百户，地方四十五里；男邑四百户，地方四十里。武帝受禪之初，泰始元年，封子弟爲王二十餘人。初雖有封國，而王公皆在京都。文獻通考。

咸寧三年，衛將軍楊珧與中書監荀勖以齊王攸有時望，懼惠帝有後難，因追故司空裴秀立五等封建之旨，從容共陳時宜於武帝，以爲：「古者建侯，所以藩衛王室。今吴寇未殄，方岳任大，而諸王爲帥，都督封國，既各不臣其統内，於事重非宜。又異姓諸將居邊，宜參以親戚，而諸王公皆在京都[二]，非扞城之義，萬世之固。」帝初未之察，於是下詔議其制。有司奏，從諸王公，更制户邑，皆中尉領兵。其平原、汝南、琅邪、扶風、齊爲大國，梁、趙、樂安、燕、安平、義陽爲次國[三]，其餘爲小國，皆制所近縣益滿萬户。又爲郡公制度如小國王，亦中尉領兵。郡侯如不滿五千户王，置一軍一千一百人，亦中尉領之。於時，惟特增魯公國户邑，追進封故司空博陵公王沈爲郡公，鉅平侯羊祜爲南城郡侯。又南宫王承、隨王萬各於泰始中封爲縣王[四]，邑千户，至是改正縣王增邑爲三千户，制度如郡侯，亦置一軍。其大國、次國始封王之支子爲公，承封王之支子爲侯，繼承封王之支子爲伯。小國五千户以上，始封王之支子爲子，不滿五千户始封王之支子及始封公侯之支子皆爲男，非此皆不得封。其公之制度如五千户國，侯之制度如不滿五千户國，亦置一軍千人，中尉領之，伯、子、男以下各有差而不置軍。大國始封之孫罷下軍，曾孫又罷上軍，次國始封子孫亦罷下軍，其餘皆以一軍爲常。大國中軍二千人，上、下軍各千五百人，次國上軍二千人，下軍千人。其未之國者，大國置守土百人，次國八十人，小國六十人，郡侯、縣公亦如小國制度。既行，所增徙各如本奏遣就國，而諸公皆戀京師，涕泣而去。及吳平後，齊王攸遂之國。職官志。

公侯以下，名山大澤不以封，鹽鐵金銀銅錫，始平之竹園，别都宫室園囿，皆不爲屬國。其仕在天朝者，與之國同，而其世子年已壯者，皆遣莅國。其王公以下，茅社符璽，車旗命服，一如泰始初故事。職官志。

段灼上言：「今諸王有立國之名，而無襟帶之實。又蜀地有自然之險，是歷代姦雄之所闚闠，逋逃之所聚也，而無親戚子弟之守，此豈深思遠慮，杜漸防萌者乎？」段灼傳。

王公侯國城門宫室

晉博士孫毓、段暢等議曰：「周禮：『上公九命爲伯，其國家、宫室、車旗、衣服、禮儀，皆以九爲節；侯、伯七命，以七爲節；子、男五命，以五爲節。』公之城蓋方九里，宮方九百步；侯、伯之城方七里，宮方七百步；子、男之城方五里，宮方五百步。又曰：『王之三公八命，其卿六命，及其出封，皆加一等，其國家、宮室、車旗、衣服、禮儀亦如之。』又如禮，諸侯之城隅高七丈，門阿皆五丈。又禮，諸侯以爲殿屋〔五〕。今諸王封國，雖有大小，而所理舊城，不如古制，皆宜仍舊。其造立宮室，當有大小之差。然周典奢大，異於今儀，步數之限，宜隨時制。又諸侯三重門，內曰路門，中門曰雉門〔六〕，外門曰庫門。雉門之外設罘罳，高五丈。其正寢與廟同制，皆殿屋四阿，堂崇三尺。此其舊典，略可依也。餘皆稱事取供而已。通典七十一〔七〕。

王公侯國官屬

王、公、侯之仕朝與之國，皆得自選文武官。諸人作卿士〔八〕。職官志。

王置師、友、文學各一人，景帝諱，故改師爲傅。友者，因文王、仲尼四友之名號。改太守爲內史，省相及僕。有郎中令、中尉、大農爲三卿。大國置左、右常侍各一人，省郎中，置侍郎二人，典書、典祠、典衛、學官令、典書丞各一人，治書四人，中尉司馬、世子庶子、陵廟牧長各一人，謁者四人，中大夫六人，舍人十人，典府各一人。職官志。

中朝制，典書令在常侍下，侍郎上。及渡江，則侍郎次常侍，而典書令居三軍下。公國則無中尉、常侍、三軍，侯國又無大農、侍郎，伯、子、男惟典書以下，又無學官、令史職，皆以次損焉。公、侯以下置官屬，隨國大小無定制，其餘官司各有差。職官志。

安平王孚初，未之國，所置官屬，權未有備。帝以孚明德屬尊，備置官屬焉。安平王孚傳。

詔議藩王令自選國内長吏〔九〕，攸奏曰：「聖王封建萬國，以親諸侯。聽使藩國自除長史。而今草創，制度初立，雖庸蜀順軌，吴猶未賓，宜俟清泰，乃復古制。」書三上，不許。其後國相上長吏缺，典書令請求差選。攸下令曰：「忝受恩禮，不稱惟憂。至於官人敍才，皆朝廷之事，非國所宜裁也。其令自上請之。」齊王攸傳。

時諸王自選官屬，肜以汝陰上計吏張蕃爲中大夫。梁王肜傳。

武帝初，特詔諸王自選令長。伷表讓，不許。琅邪王伷傳。

閻纘上言：「歷觀諸王師、友、文學，皆豪族力能得者，率非龔遂、王陽，能以道訓。友無亮直三益之節，官以文學爲名，實不讀書，但共鮮衣好馬，縱酒高會，嬉遊博弈，豈有切磋，能相長益？臣恐公族遲陵〔一〇〕，以此歎息。臣以爲游談文學，皆官選寒門孤宦以學行自立者，及取服勤更事、涉履艱難、事君事親、名行素聞者，使與共處。師傅、文學，可令十日一講，使共論議於前。但道古今孝子慈親，忠臣事君之義，皆聞善道，庶幾可全。」閻纘傳。

元帝初爲晉王，諸參軍拜奉車都尉，掾屬駙馬都尉。辟掾屬百餘人，時人謂之「百六掾」。元紀。

琅邪王裒始受封，帝欲引朝賢爲其國上卿，將用潭，以問中書令賀循。循曰：「郎中令職望清重，實宜審授〔一一〕。潭清淳貞粹，雅有隱正，聖明所簡，才實宜之。」丁潭傳。

簡文帝居藩，引韓伯爲談客。韓伯傳。

簡文初作相〔一二〕，惔與王濛並爲談客，俱蒙上賓之禮。劉惔傳。

國租

平吴之後，有司奏：「詔書：『王公以國爲家，京城不宜復有田宅。今未暇作諸國邸，當使城中有往來處，近郊有芻藁之田。』今可限之，國王公侯，京城得有一宅之處。近郊田〔一三〕，大國田十五頃，次國十頃，小國七頃。城内無宅城外有者，皆聽留之。」食貨志。

帝以安平王孚經用不豐，增奉絹二千匹。安平王孚傳。

諸王初未之國，王家人衣食皆出御府，攸表租秩足以自供，求絶之。帝不許。齊王攸傳。

江左諸國並三分食一。地理志。

咸和元年，改定王侯國秩九分食一。成紀。

梁王、趙王，國之近屬，貴重當時。裴令公歲請二國租錢數百萬，以恤中表之貧者。或譏之曰：「何以乞物行惠？」裴曰：「損有餘，補不足，天之道也。」世説新語德行門。○裴楷傳作：「歲請二國租錢百萬，以散親族。」按：二國，梁王肜、趙王倫也。

就國

咸寧時，議遣王公之國，帝以問荀勖，勖對曰：「諸王公已爲都督，而使之國，則廢方任。又分割郡縣，人心戀本，必用嗷嗷。國皆置軍，官兵還當給國，而闕邊守。」帝重使勖思之，勖又陳曰：「如詔準古方伯選才，使軍國各隨方面爲都督，誠如明旨。至於割正封疆，使親疏不同，誠爲佳矣。然分裂舊土，猶懼多所搖動，必使人心忽擾，思維竊宜如前。若於事不得不時有所轉封，而不至分割土域，有所損奪者，可隨宜節度。其五等體國經遠，實不成制度。然但虛名，其於實事，略與舊郡縣鄉亭無異。若造次改奪，恐不能不以爲恨。今方了其大者，以爲五等可須後裁度。凡事有久而益善者，若臨時或有不解，亦不可忽。」帝以勖言爲允。荀勖傳。

段灼上言：「太宰、司徒、衛將軍三王宜留洛中鎮守，其餘諸王自州征足任者，年十五以上悉遣之國。爲選中郎、傅、相，才兼文武，以輔佐之。聽其於國繕修兵馬，廣布恩信。必撫下猶子〔一四〕，愛國如家，君臣分定，百世不遷，連城開地〔一五〕，爲晉、魯、衛。所謂磐石之宗，天下服其强矣。雖云割地，譬猶囊漏貯中，亦一家之有耳。若慮後世强大，自可豫爲制度，使得推恩以分子弟。如此則枝分葉布，稍自削小，漸使轉至萬國，亦後世之利，非所患也。昔在漢世，諸呂自疑，內有朱虛、東牟之親，外有諸侯九國之強，故不敢動搖。於今之宜，諸侯強大，是爲太山之固。非我族類，其心必異。而魏法禁錮諸王，親戚隔絶，不祥莫大焉。間者無故，又立五等諸侯。上不象賢，下不議功，而是非雜糅，例受茅土。似權時之宜，非經久之制〔一六〕，將遂不改，此亦煩擾之人，漸亂之階也。夫國之興也，由於九族親睦，黎庶協和；其衰也，在於骨肉疏絶，百姓離心。故夏邦不安，伊尹歸殷；殷邦不和，呂氏入周。殷監在於夏后，去事之誡，誠來事之鑒也。」段灼傳。

齊獻王攸清和平允，親賢好施，愛經籍，能屬文，爲世所楷。才望出武帝之右，宣帝每器之。景帝無子，命攸爲嗣。武帝晚年，諸子並弱，而太子不令，朝臣內外，皆屬意於攸。中書監荀勖、侍中馮紞皆諂諛自進，攸素疾之。勖等以朝望在攸〔一七〕，恐其爲嗣，禍必及己，乃從容言於帝曰：「陛下萬歲之後，太子不得立也。」帝曰：「何故？」勖曰：「百寮內外，皆歸心於齊王，太子焉得立乎？陛下試詔齊王之國，必舉朝以爲不可，則臣言有徵矣。」紞又言曰：「陛下遣諸侯之國，成五等之制者，宜先從親始。親莫若齊王。」帝既信勖言，又納紞説，太康三年，乃詔曰：「古者九命作伯，或入毗朝政，或出御方嶽。周之呂望，五侯九伯，實得征之。侍中、司空、齊王攸，明德清暢，忠允篤誠。以母弟之親，受台輔之任，佐命立勳，劬勞王室，宜登顯位，以稱具瞻。其以爲大司馬、都督青州諸軍事，侍中如故，假節，將本營千人，親騎帳下司馬大車皆如舊〔一八〕，增鼓吹一部，官騎滿二十人，置騎司馬五人。餘主者詳按舊制施行。」攸不悅，主簿丁頤曰：「昔太公封齊，猶表東海；桓公九合，以長五伯。況殿下誕德欽明，恢弼大藩，穆然東軫，莫不得所。何必絳闕，乃弘帝載？」攸曰：「吾無匡時之用，卿言何多？」明年，策攸曰：「於戲！惟命不于常，天既遷有魏之祚。我有晉既受順天明命，光建羣后，越造王國於東土，錫茲青社，用藩翼我邦家。茂哉無怠，以永保宗廟。」又詔下太常，議崇錫之物〔一九〕，以濟南郡益齊國。於是備物典策，設軒懸之樂、六佾之舞，黄鉞朝車乘輿之副從焉。」攸知勖、紞構己，憤怨發疾〔二〇〕，乞守先后陵，不許。疾轉篤〔二一〕，猶催上道。攸自強入辭，素持容儀，疾雖困，尚自整厲。辭出信宿，歐血而薨。齊獻王攸傳。

朝臣議齊王攸當之藩，渾上書諫曰：「伏承聖詔，憲章古典，進齊王攸爲上公，崇其禮儀，遣攸之國。昔周氏建國，大封諸姬，以藩帝室，永世作憲。至於公旦，武王之弟，左右王事，輔濟大業，不使歸藩。明至親義著，不可遠朝故也。是故周公得以聖德光弼幼主，忠誠著於金縢，光述文武仁聖之德。攸於大晉，姬旦之親也。宜贊皇朝，與聞政事，實爲陛下腹心不貳之臣。且攸爲人，修絜義信，加以懿親，志存忠貞。今陛下出攸之國，假以都督虛號，而無典戎幹方之實，去離天朝，不預王政。傷母弟至親之體，虧友于款篤之義，懼非陛下追述先帝、文明太后待攸之宿意也。若以攸望重，於事宜出者，今以汝南王亮代攸。亮，宣皇帝子，文皇帝弟，伷、駿各處方任，有内外之資，論以後慮，亦不爲輕。攸今之國，適足長異同之論，以損仁慈之美耳。而令天下窺陛下有不崇親親之情，臣竊爲陛下不取也。若以妃后外親〔一二〕，任以朝政，則有王氏傾漢之權，吕産專朝之禍。若以同姓至親，則有吴楚七國逆亂之殃。歷觀古今，苟事輕重，所在無不爲害也。不可事事曲設疑防，慮方來之患，惟當任正道而求忠良。若以智計猜物，雖親見疑，至於疏遠者，亦何能自保乎？人懷危懼，非爲安之理。此最有國有家者之深忌也。愚以爲太子太保缺，宜留攸居之，與太尉汝南王亮、衛將軍楊珧共爲保傅，幹理朝事。三人齊位，足相持正，進有輔納廣義之益，退無偏重相傾之勢。令陛下有篤親親之恩，使攸蒙仁覆之惠。臣同國休戚，義在盡言，心之所見，不能默已。臣而不言，誰當言者？」帝不納。王渾傳。

齊王攸之就國也，下禮官議崇錫之物。旉與博士太叔廣、劉暾、繆蔚、郭頤、秦秀、傅珍等上表諫曰：「叔向有言：『公室將卑，其枝葉先落。』公族，公室之本，而去之，諺所謂芘焉而縱尋斧柯者也。今使齊王賢耶，則不宜以母弟之親尊，居魯、衛之常職；不賢耶，不宜大啓土宇，表建東海也。古禮〔一三〕，三公無職，坐而論道，不聞以方任嬰之。惟周室大壞，宣王中興，四夷交侵，救急朝夕，然後命召穆公征淮夷。故其詩曰『徐方不回，王曰旋歸』，宰相不得久在外也。今天下已定，六合爲家，將數延三事，與論太平之基，而更出之，去王城二千里，違舊章矣。」旉草議，先以呈父純，純不禁。太常鄭默、博士祭酒曹志並過其事。武帝以博士不答所問，答所不問，大怒，事下有司。尚書朱整、褚䂮等奏：「旉等侵官離局，迷罔朝廷，崇飾惡言，假托無諱，請收旉等八人付廷尉科罪〔二四〕。」旉父純詣廷尉自首。廷尉劉頌又奏旉等大不敬，棄市論，求平議。尚書又奏請報聽廷尉行刑。尚書夏侯駿謂朱整曰：「國家乃欲誅諫臣！官立八座，正爲此時，卿可共駁正之。」整不從，駿怒起，曰：「非所望也！」乃獨爲駁議。左僕射魏舒、右僕射下邳王晃從駿議。奏留中七日，乃詔曰：「旉等備爲儒官〔二五〕，不念奉憲制，不指答所問，敢肆其誣罔之言，以干亂視聽。而旉是議主，應爲戮首。但旉及家人並自首，大信不可奪。秦秀、傅珍前者虛妄，幸而得免，復不以爲懼，當加罪戮，以彰凶慝。猶復不忍，皆匄其死命。秀、珍、旉等並除名。」附庾純傳。

東晉王侯不之國，其有受任居外，則同方伯、刺史、二千石之禮，亦無朝聘之制。通典七十四〔二六〕。

入朝

泰始中，有司奏：「諸侯之國，其王公以下入朝者，四方各爲二番，三歲而周，周則更始。若臨時有故，卻在明年〔二七〕。明年來朝之後，更滿三歲乃復朝，不得違本數〔二八〕。朝禮皆親執璧，如舊朝之制。不朝之歲，各遣卿奉聘。」奏可。禮志。

【校勘記】

〔一〕鄉侯爲關内侯　「鄉」上，底本原衍「爲」字，據中華書局本晉書校勘記删。

〔二〕而諸王公皆在京都　「公」，底本原奪，據晉書補。

〔三〕梁趙樂安燕安平義陽爲次國　「爲」下，底本原衍「其」字，據晉書删。

〔四〕又南宫王承隨王萬各於泰始中封爲縣王　「萬」，晉書本傳作「邁」。

〔五〕諸侯以爲殷屋　「殷」，底本誤作「殿」，據中華書局本通典校勘記改。下「殷屋」同。

〔六〕中門曰雉門　上「門」字，底本原奪，據通典補。

〔七〕通典七十一　「一」，底本原奪，據通典補。

〔八〕諸人作卿士　「諸人作卿士」，晉書作「諸入作卿士而其世子年已壯者，皆遣莅國」，此當爲衍文。

〔九〕詔議藩王令自選國内長吏　「吏」，底本誤作「史」，據晉書改。下「長吏」同。

〔一〇〕臣恐公族遲陵　「遲陵」，底本誤倒，據晉書乙正。

〔一一〕實宜審授　「實宜審授」，底本誤作「審宜授潭」，據晉書改。

〔一二〕簡文初作相　「作相」二字，底本原奪，據晉書補。

〔一三〕近郊田　「近」，底本原奪，據晉書補。

〔一四〕必撫下猶子　「必」，底本誤作「以」，據晉書改。

〔一五〕連城開地　「地」，底本誤作「池」，據晉書改。

〔一六〕非經久之制　「制」，底本誤作「策」，據晉書改。

〔一七〕勖等以朝望在攸　「勖等」二字，底本原奪，據晉書補。

〔一八〕親騎帳下司馬大車皆如舊　「下」，底本誤作「中」，據晉書改。

〔一九〕議崇錫之物　「之」，底本誤作「以」，據晉書改。

〔二〇〕憤怨發疾　「憤怨」，底本誤作「積憤」，據晉書改。

〔二一〕疾轉篤　「轉」，底本原奪，據晉書補。

〔二二〕若以妃后外親　「妃后」，底本誤倒，據晉書乙正。

〔二三〕古禮　「禮」，底本誤作「者」，據晉書改。

〔二四〕請收旉等八人付廷尉科罪　「人」，底本誤作「文」，據晉書改。

〔二五〕旉等備爲儒官　「爲」，底本誤作「位」，據晉書改。

〔二六〕通典七十四　「七」，底本誤作「四」，據通典改。

〔二七〕卻在明年　「卻」，晉書同，通典作「則」，當從通典。

〔二八〕不得違本數　「違本」，晉書同，宋書作「從本」，通典作「依恒」，當從宋書或通典。

晉會要弟三十一

封建下

宗室封

安平獻王孚，邑四萬户。
義陽誠王望，邑萬户。
河間平王洪。
隨穆王整。
竟陵王楙，三千九十七户。
太原成王輔，五千三百七十九户。
下邳獻王晃，五千一百七十六户。

太原烈王瓌，五千四百九十六户〔一〕。

高陽元王珪，五千五百七十户。

常山孝王衡，三千七百九十户。

沛順王景，三千四百户。

彭城穆王權，萬五千户。

高密文獻王泰，萬户。

東海孝獻王越。

河間王顒。

南陽王模。

新蔡武哀王騰。

范陽康王綏。

濟南惠王遂。

譙剛王遜，四千四百户。

高陽王睦，五千二百户。

任城景王陵，四千七百户。

西河繆王斌，千七百一十户。
平原王榦〔二〕，萬一千三百户。
琅邪武王伷，萬六百户。
武陵莊王澹，五千二百户。
東安王繇，二萬户。
淮陵王漼〔三〕。
燕王機，六千六百六十三户〔四〕。
扶風武王駿。
新野莊王歆，二萬户。
梁孝王肜，五千三百五十八户。
齊獻王攸。
東萊王蕤。
廣漢沖王贊。
樂安平王鑒。
樂平王延祚。

汝南文成王亮。

西陽王羕。

南頓王宗。

汝陽王熙。

楚隱王瑋。

趙王倫。

長沙厲王乂。

成都王穎。

秦獻王柬，八萬户。

毗陵悼王軌。

城陽懷王景。

東海沖王祗。

始平哀王裕。

淮南忠壯王允。

代哀王演。

新都王該。

清河康王遐。

汝陰哀王謨。

吴敬王晏。

渤海殤王恢。

會稽文王道子。

異姓封

睢陵公王祥。

壽光公鄭沖。

朗陵公何曾，千八百户。

樂陵郡公石苞。

南城郡公羊祜。

高平郡公陳騫。

鉅鹿郡公裴秀，三千户。

博陵縣公王沈，千八百户。

臨淮公荀顗，一千八百户。

濟北郡公荀勖。

魯郡公賈充〔五〕。

菑陽公衛瓘。

京陵公王渾，八千户。

上谷郡公孟觀。

上洛郡公索綝。

酒泉公賈疋。

東平郡公苟晞。

遼西郡公段匹磾。

始興郡公王導，三千户。

新城郡公劉弘。

長沙郡公陶侃，三千户。

始安郡公温嶠，三千户。

嘉興公顧榮。

廬陵郡公謝安〔六〕。

成陽公卞壼。

豐城公桓沖。

南平郡公劉毅〔七〕。

安成郡公何無忌。

南郡公桓温。以上郡公。

壯武縣公張華〔八〕。

延陵縣公高光。

大陵縣公温羨。

靈州縣公傅祗。

鄄城縣公曹志〔九〕。

建城縣公周撫〔一〇〕。

南昌縣公郗鑒。

臨湘縣公孫惠。

永昌縣公庾亮。
康樂縣公謝玄。
南康縣公謝石[一一]。以上縣公。
祁侯李憙。
循陽侯劉寔。
襄陽侯王濬，萬户。
廣陸侯李胤[一二]。
大梁侯盧欽。
臨海侯侯史光。
西城侯何攀，萬户。
咸亭侯謝鯤。
都亭侯華譚。
西鄂侯羅憲。
武當侯滕修。
奉高侯馬隆。

宛陵侯陶璜。
烏程侯周玘。
清流侯周懋〔一三〕。
成武侯周浚。
廣武侯劉琨，二千户。
秣陵侯戴淵。
于湖侯甘卓。
建安侯毛穆之〔一四〕。
樂成侯徐廣。
弋陽侯嵇紹。
平春侯胡威。
漢安侯王敦。以上郡侯〔一五〕。
當陽縣侯杜預。
冠軍縣侯郭彰。
上庸縣侯唐彬，六千户。

安豐縣侯王戎。

昌安縣侯石鑒〔一六〕。

薛縣侯武陔〔一七〕。

昌國縣侯任愷。

平阿縣侯趙誘。

武康縣侯周贊。

臨湘縣侯紀瞻。

彭澤縣侯王舒。

武陵縣侯王廙。

豐城縣侯羊鑒。

平康縣侯虞預。以上縣侯。

安成鄉侯鄭袤，千户。

平樂鄉侯閻纘。

鄉侯賀循。

安陽鄉侯薛兼。

都鄉侯劉隗。

潁陽鄉侯應詹〔一八〕。

都鄉侯范汪。

都鄉侯何充。

漦城鄉侯魯芝。以上鄉侯。

宜昌亭侯張輔。

安樂亭侯索靖。

東明亭侯李矩。

原鄉亭侯劉超。

都亭侯虞潭。以上亭侯。

關中侯庾峻。

關中侯李胤。

五等侯祖約。以上關中侯。

關内侯傅祇。

關内侯向雄。

關内侯華恒。以上關内侯。

新沓伯山濤。

永寧伯周馥。

平樂伯荀崧。

鄱陽伯顧衆。

宜陽伯張闓。

江陵伯陸曄。

興平伯陸玩。

長平縣伯褚裒。

建安伯諸葛恢。

康樂伯陶回。

宜城伯鄧嶽。以上伯。

劇陽縣子魏舒〔一九〕。

夏陽子胡奮。

祝阿子邵續。

即丘子王恬。

豐城子劉胤。

襄平子朱序。以上子。

平陵男郭奕。

安衆男劉喬。

萬寧縣男桓彝。

濟陽男蔡謨。

竟陵男桓宣。

武岡縣男劉牢之。以上男。○以上本傳。

外戚封

楊駿以后父封臨晉侯。

羊琇以景獻皇太后之從父弟封甘露亭侯。

王虔以文明皇太后之弟封安壽亭侯〔二〇〕。

虔弟愷封山都縣公〔二一〕。

楊文宗以武元皇后父封蓩亭侯。

羊玄之以惠皇后父封興晉侯。

虞豫以元敬皇后父追封平止縣侯〔三三〕。

何準以穆章皇后父封晉興侯。

王蘊以孝武定皇后父封建昌縣侯。蘊謂，恩澤賜爵，非三代令典，固辭不受。朝廷敦勸，終不肯拜。以上外戚傳。

封功臣子弟

太康二年，以羊祜兄子篇爲鉅平侯，奉祜嗣。

律令成，賜賈充子弟一人爲關内侯。

吴平，分封充從孫暢新城亭侯，蓋安陽亭侯。

吴平，以張華有謀謨之功，封子一人爲亭侯。

王渾平定秣陵，封子澄爲亭侯，弟湛爲關内侯。

王濬平吴，後封子彝楊鄉亭侯。

吴平，和嶠以參謀議功，賜弟郁爵汝南亭侯。

孫皓既平，封杜預子耽爲亭侯。

裴頠兄子憬爲白衣，頠論述世勳，賜爵高陽亭侯。以上本傳。

太寧三年，詔曰：「宗室哲王有功勳於大晉受命之際者，佐命功臣，碩德名賢，三祖所與共維大業，咸開國祚土、誓同山河者〔二三〕，而並廢絶，禋祀不傳，甚用懷傷。主者其詳議諸應立復者以聞。」明紀。

太元二年正月，紹功臣。孝武紀。

孝武時，懸象失度〔二四〕，亢旱彌年，安奏求晉初佐命功臣後而封之。謝安傳。

婦人封號

泰始九年，追贈弘訓太后母蔡氏濟陽縣君。景獻羊皇后傳。

武帝受禪，以皇太后母羊氏未崇謚號，泰始三年下詔曰：「皇太后孝思蒸蒸，永慕罔極。朕感存遺訓，追遠傷懷。其封故衛將軍蘭陵景侯夫人羊氏爲縣君，依德紀謚，主者詳如舊典。」於是使使持節謁者何融追謚爲平陽縣君〔二五〕。及太后崩，帝復下詔曰：「外曾祖母故司徒王朗夫人楊氏，舅氏尊屬，鄭、劉二從母，先后至愛。其封楊夫人及從母爲鄉君，邑各五百户。」太康七年，追贈繼祖母夏侯氏爲滎陽鄉君〔二六〕。文明王皇后傳。

太康三年，贈賈充婦郭氏廣城君。賈后擅權，加爲宜城君。賈充傳。

太寧中，明帝贈元敬虞皇后母王氏爲邵陽縣君，從母新野王罕妻爲平陽鄉君。元敬虞皇后傳〔二七〕。

咸和中，封庾皇后母毌丘氏安陵縣君〔二八〕，從母荀氏永寧縣君，何氏建安縣君。后兄亮表陳先志，讓而不受。明穆庾皇后傳。

寧康二年，封杜皇后母裴氏爲廣德縣君。成恭杜皇后傳。

康帝封褚皇后母謝氏爲尋陽鄉君〔二九〕。康獻褚皇后傳。

哀帝封王皇后母爰氏爲安國鄉君〔三〇〕。哀靖王皇后傳。

吴平，羣臣上壽，帝執爵流涕曰：「此羊太傅之功也。」依蕭何故事，封其夫人。遂策封夫人夏侯氏萬歲鄉侯君〔三一〕，食邑五千户。羊祜傳。

王導妻曹氏贈金章紫綬。王導傳。

【校勘記】

〔一〕五千四百九十六户　「九」，底本誤作「五」，據晉書改。

〔二〕平原王榦　「榦」，底本誤作「幹」，據晉書改。

〔三〕淮陵王漼　「漼」，底本誤作「璀」，據晉書改。

〔四〕六千六百六十三户　次「六」字，底本誤作「四」，據晉書改。

〔五〕魯郡公賈充　「郡」，底本原奪，據晉書補。

〔六〕廬陵郡公謝安　「郡」，底本原奪，據晉書補。

〔七〕南平郡公劉毅　「南」，底本誤作「安」，據晉書改。

〔八〕壯武縣公張華　「縣」，當從晉書作「郡」。

〔九〕鄄城縣公曹志　「鄄」，底本誤作「甄」，據晉書改。

〔一〇〕建城縣公周撫　「撫」，底本誤作「訪」，據晉書改。

〔一一〕南康縣公謝石　「縣」，當從晉書作「郡」。

〔一二〕廣陸侯李胤　「陸」，底本誤作「陵」，據晉書改。

〔一三〕清流侯周懋　「流」下，底本原奪「亭」字，當據晉書補。

〔一四〕建安侯毛穆之　「穆之」，底本誤作「寶」，據晉書改。

〔一五〕以上郡侯　按：據晉書，襄陽侯王濬、奉高侯馬隆爲縣侯，都亭侯華譚爲亭侯。

〔一六〕昌安縣侯石鑒　「侯」，中華書局本晉書校勘記以爲當作「公」。

〔一七〕薛縣侯武陔　「陔」，底本誤作「陵」，據晉書改。

〔一八〕潁陽鄉侯應詹　「潁」，底本誤作「觀」，據晉書改。

〔一九〕劇陽縣子魏舒　「縣」，晉書無。

〔二〇〕王虔以文明皇太后之弟封安壽亭侯　「虔」下，底本原衍「文」字，據晉書删。

〔二一〕虔弟愷封山都縣公　「都」，底本誤作「東」，據晉書改。「公」，底本誤作「侯」，據晉書改。

〔二二〕虞豫以元敬皇后父追封平山縣侯　「平山縣」，底本誤作「都鄉亭」，據晉書改。

〔二三〕咸開國祚土誓同山河者　「土」，底本原奪，據晉書補。

〔二四〕懸象失度　「懸」，底本誤作「天」，據晉書改。

〔二五〕於是使使持節謁者何融追謚爲平陽縣君　「縣」，晉書或本作「靖」。

〔二六〕追贈繼祖母夏侯氏爲滎陽鄉君　「祖」，底本原奪，據晉書補。

〔二七〕元敬虞皇后傳　「敬」，底本原奪，據晉書補。

〔二八〕封庾皇后母毌丘氏安陵縣君　「毌」，底本原奪，據晉書補。「陵」，中華書局本晉書校勘記以爲當作「陽」。

〔二九〕康帝封褚皇后母謝氏爲尋陽鄉君　「鄉」，底本誤作「縣」，據晉書改。

〔三〇〕哀帝封王皇后母爰氏爲安國鄉君　「封」，晉書作「追贈」。

〔三一〕遂策封夫人夏侯氏萬歲鄉侯君　「君」，底本原奪，據晉書補。

晉會要弟三十二

民事上

户口

晉令：「郡國諸户口黄籍，籍皆用一尺二寸札。已在官役者，載名。」玉海二十。

太康元年，平吴，大凡户二百四十五萬九千八百四十，口一千六百一十六萬三千八百六十三。以下均地理志。

司州，户四十七萬五千七百。

河南郡，户一十一萬四千四百。

滎陽郡，户三萬四千。

弘農郡，户一萬四千。

上洛郡，户萬千七。

平陽郡，户四萬二千。

河東郡，户四萬二千五百。

汲郡，户三萬七千。

河内郡，户五萬二千。

廣平郡，户三萬五千二百。

陽平郡，户五萬一千。

魏郡，户四萬七百。

頓丘郡，户六千三百。

兖州，户八萬三千三百。

陳留國，户三萬。

濮陽國，户二萬一千。

濟陰郡〔一〕，户七千六百。

高平國，户三千八百。

任城國〔二〕，户一千七百。

東平國，户六千四百。

濟北國，户三千五百。

泰山郡，户九千三百。

豫州，户十一萬六千七百九十六。

潁川郡，户二萬八千三百〔三〕。

汝南郡，户二萬一千五百〔四〕。

襄城郡，户一萬八千。

汝陰郡，户八千五百。。

梁國，户一萬三千。

沛國，户五千九十六。

譙郡，户一千。

魯郡，户三千五百〔五〕。

弋陽郡，户一萬六千七百。

安豐郡，户一千二百〔六〕。

冀州，户三十二萬六千。

趙國，户四萬二千。

鉅鹿國，户一萬四十〔七〕。

安平國，户二萬一千。

平原國，户三萬一千。

樂陵國，户三萬三千。

勃海郡，户四萬。

章武國，户一萬三千。

河間國，户二萬七千。

高陽國，户七千。

博陵郡，户一萬。

清河國，户二萬二千。

中山國，户三萬二千。

常山郡，户二萬四千。

幽州，户五萬九千二十。

范陽國，户一萬一千。

燕國，户二萬九千。

北平郡，户五千。

上谷郡，户四千七十。

廣寧郡，户三千九百五十。

代郡，户三千四百。

遼西郡，户二千八百。

平州，户一萬六千一百。

昌黎郡，户九百〔八〕。

遼東國，户五千四百。

樂浪國，户三千七百。

玄菟郡〔九〕，户三千二百。

帶方郡，户四千九百。

并州，户五萬九千三百。

太原國，户一萬四千。

上黨郡，户一萬三千。

西河國，户六千三百。

樂平郡，户四千三百。

雁門郡，户一萬二千七百。

新興郡，户九千。

雍州，户九萬九千五百。

京兆郡，户四萬。

馮翊郡，户七千七百。

扶風郡，户二萬三千〔一〇〕。

安定郡，户五千五百。

北地郡，户二千六百。

始平郡，户一萬八千。

新平郡，户二千七百。

涼州，户三萬七百。

金城郡，户二千。

西平郡，户四千。

武威郡，户五千九百。

張掖郡，户三千七百。

西郡，户一千九百。

酒泉郡，户四千四百。

敦煌郡，户六千三百。

西海郡，户二千五百。

秦州，户三萬二千一百。

隴西郡，户三千。

南安郡，户四千三百。

天水郡，户八千五百。

略陽郡，户九千三百二十。

武都郡，户三千。

陰平郡，户三千。

梁州，户七萬六千三百。

漢中郡，户一萬五千。

梓潼郡，户一萬二百。

廣漢郡，户五千一百。

新都郡〔二二〕，户二萬四千五百。

涪陵郡，户四千二百。

巴郡，户三千三百。

巴西郡，户一萬二千。

巴東郡，户六千五百。

益州，户十四萬九千三百。

蜀郡，户五萬。

犍爲郡，户一萬。

汶山郡，户一萬六千。

漢嘉郡，户一萬三千。

江陽郡，户三千一百。

朱提郡，户二千六百。

越嶲郡〔二三〕，户五萬三千四百。

牂牁郡，户一千二百。

寧州，户八萬三千。

雲南郡，户九千二百。

興古郡，户六千二百。

建寧郡，户二萬九千。

永昌郡，户三萬八千。

青州，户五萬三千。

齊國，户一萬四千。

濟南郡，户五千。

樂安國〔一三〕，户一萬一千。

城陽郡，户一萬二千。

東萊國〔一四〕，户六千五百。

長廣郡，户四千五百。

徐州，户八萬一千二十一。

彭城國，户四千一百二十一。

下邳國，户七千五百。
東海郡，户一萬一千一百。
琅邪國，户二萬九千五百。
東莞郡，户一萬。
廣陵郡，户八千八百。
臨淮郡，户一萬。
荆州，户三十五萬七千五百四十八〔一五〕。
江夏郡，户二萬四千。
南郡，户五萬五千。
襄陽郡，户二萬二千七百。
南陽國，户二萬四千四百。
順陽郡，户二萬一百。
義陽郡，户一萬九千。
新城郡，户一萬五千二百。
魏興郡，户一萬二千。

上庸郡，户一萬一千四百四十八。

建平郡，户一萬三千二百。

宜都郡，户八千七百。

南平郡，户七千。

武陵郡，户一萬四千。

天門郡，户三千一百。

長沙郡，户三萬三千。

衡陽郡，户二萬三千〔一六〕。

湘東郡，户一萬九千五百。

零陵郡，户二萬五千一百。

邵陵郡，户一萬二千。

桂陽郡，户一萬一千三百。

武昌郡，户一萬四千八百。

安成郡，户三千。

揚州，户三十一萬一千四百。

丹陽郡，户五萬一千五百。
宣城郡，户二萬三千五百。
淮南郡，户三萬三千四百。
廬江郡，户四千二百。
毗陵郡，户一萬二千。
吴郡，户二萬五千〔一七〕。
吴興郡，户二萬四千。
會稽郡，户三萬。
東陽郡，户一萬二千。
新安郡，户五千。
臨海郡，户一萬八千。
建安郡，户四千三百〔一八〕。
晉安郡，户四千三百。
豫章郡，户三萬五千。
臨川郡，户八千五百。

鄱陽郡，户六千一百。
廬陵郡，户一萬二千二百。
南康郡，户一千四百。
交州，户二萬五千六百。
合浦郡，户二千。
交阯郡，户一萬二千。
新昌郡，户三千。
武平郡，户五千〔一九〕。
九真郡，户三千。
九德郡，無户。
日南郡，户六百。
廣州，户四萬三千一百二十。
南海郡，户九千五百。
臨賀郡，户二千五百。
始安郡，户六千。

始興郡，户五千。

蒼梧郡，户七千七百。

鬱林郡，户六千。

桂林郡，户二千。

高涼郡，户二千。

高興郡，户一千二百。

寧浦郡，户一千二百二十〔二〇〕。

太康三年地記：「晉户有三百七十七萬。」魏志陳羣傳注。

咸康七年〔二一〕，實編户，王公以下皆正土斷白籍〔二二〕。成紀。○通鑑一百七胡三省注：「晉時，中原士民南渡者，皆於江左僑立郡縣以居之，不以土著爲斷也。」

洛京傾覆，中州士女避亂江左者十六七。時荆揚晏安，户口殷實。王導傳。

興寧二年三月庚戌，大閱户人，嚴法禁，稱爲庚戌制。哀紀。○通鑑一百一胡三省注：「令西北士民僑寓東南者，所在以土著爲斷也。」

山遐爲餘姚令。時江左初基，法禁寬弛，豪族多挾藏户口，以爲私附。遐繩以峻法，到縣八旬，出口萬餘。山遐傳。

孝武時，范甯上言：「古者分土割境，以益百姓之心；聖王作制，籍無黄白之别。昔中原喪亂，流寓江左，庶有旋反之期，故許其挾注本郡。自爾漸久，人安其業，丘壟墳柏，皆已成行，雖無本邦之名，而有安土之實。今宜正其封疆，以土斷人户，明考課之科，修閭伍之法。難者必曰：『人各有桑梓，俗自有南北。一朝屬户，長爲人隸，君子則有土風之慨，小人則懷下役之慮。』斯誠并兼者之所執，而非通理者之篤論也。古者失地之君，猶臣所寓之主，列國之臣，亦有違適之禮。隨會仕秦，致稱春秋；樂毅宦燕，見褒良史。且今普天之人，原其氏出，皆隨世遷移，何至於今而獨不可？凡荒郡之人，星居東西，遠者千餘，近者數百，而舉召役調，皆相資須，期會差違，輒致嚴坐，人不堪命，叛爲盗賊。是以山湖日積〔一二〕，刑獄愈滋。今荒小郡縣，皆宜并合，不滿五千户，不得爲郡，不滿千户，不得爲縣。又禮：十九爲長殤，以其未成人也；十五爲中殤，以爲尚童幼也。今以十六爲全丁，則備成人之役矣；以十三爲半丁，所任非復童幼之事矣。豈可傷天理，違經典，困苦百姓，乃至此乎？今宜修禮文，以二十爲全丁，十六至十九爲半丁，則人無夭折，生長滋繁矣。」帝善之。范甯傳。

桓伊爲江州刺史，上疏以江州虚耗，加連歲不登，今餘户有五萬六千，宜并合小縣。桓伊傳。

殷仲堪領晉陵太守，禁産子不舉，久喪不葬，録父母以質亡叛者。殷仲堪傳。

鄢陵舊有五六萬户，經亂，今裁數百。庾峻傳。

咸寧二年，中山王睦遣使募徙國内八縣受逋逃、私占及變易姓名、詐冒復除者七百餘户，冀州刺史杜友奏睦招誘逋亡。詔貶爲縣侯。宗室傳。

自中原喪亂，民離本域。江左造創，豪族并兼；或客寓流離，名籍不立。太元中，蒐簡民實〔二二四〕，三吴頗加澄檢，正其里伍。其中時有山湖遁逸，往來都邑者。後將軍謝安方接客，時人有於坐言宜糾舍藏之失者。安每以厚德化物，去其煩細。又以强寇入境，不宜加動人情。乃答之云：「卿所憂在於客耳，然不爾，何以爲京都？」世説政事篇注引續晉陽秋。

族望

裴、王二族盛於魏晉之世，時人以爲八裴方八王〔二二五〕：徽比王祥，楷比王衍，康比王綏，綽比王澄，瓚比王敦，遐比王導，頠比王戎，邈比王玄云。裴綽傳。○裴，河東聞喜人。

泰山南城羊氏，世吏二千石，至祜九世，並以清德聞。羊祜傳。

范陽盧氏，世以儒業顯。盧欽傳。

太原温羨兄弟六人並知名於世，號曰「六龍」。温羨傳。

博陵崔氏，漢代以來著名。崔洪傳。○通鑑九十一：「平州刺史崔毖，自以中州人望，鎮遼東。」胡三省注：「崔琰，魏時爲冀州人士之首，子孫遂爲冠族。」

劉頌，廣陵人，世爲名族。劉頌傳。

咸與籍居道南，諸阮居道北，北阮富而南阮貧。阮咸傳。

趙誘，淮南人，世以將顯。趙誘傳。

索靖，敦煌人。累世官族。索靖傳。

祖逖，范陽遒人〔二六〕，世吏二千石，爲北州舊姓。祖逖傳。

顧榮，吳國吳人，爲南土著姓。顧榮傳。

卞壼，濟陰冤句人。父粹，兄弟六人並登宰府，世稱「卞氏六龍」。卞壼傳。

王濬，弘農人，家世二千石。王濬傳。

王導，光禄大夫覽之孫。王導傳。○按：王覽，琅邪臨沂人。

王湛，司徒渾之弟。王湛傳。○按：王渾，太原晉陽人。

湛子述，司徒王導以門地辟爲中兵屬。王述傳。○按：金石萃編載姜夔跋王大令保母磚志云：「右軍與懷祖王述同居越。右軍，琅邪族；懷祖，太原族：故大令首言琅邪，所以自别。古人之重氏族如此。」

吳四姓舊目云：「張文，朱武，陸忠，顧厚。」世説賞譽門注引吳録：「吳郡顧、陸、朱、張，四姓盛焉。」

蔡謨，陈留考城人，世爲著姓。蔡謨傳。

謝鯤，陳國陽夏人，世以儒素顯。謝鯤傳。○按：謝安，鯤之從子也。

習鑿齒，襄陽人。宗族富盛，世爲鄉豪。習鑿齒傳。

楊佺期，弘農華陰人，漢太尉震之後〔二七〕，世有名德。而兄廣及弟思平等皆强獷粗暴。自云門户承籍，江表莫比，有以門地比王珣者，猶恚恨，而時人以其晚過江，婚宦失類，每排抑之。楊佺期傳。

彊弩將軍龐宗，西州大姓。張輔傳。

玠妻先亡，征南將軍山簡見之，甚相欽重。簡曰：「昔戴叔鸞嫁女，惟賢是與，不問貴賤，况衛氏權貴門户令望之人乎？」於是以女妻焉。衛玠傳。

周顗母李氏，字絡秀，謂顗等曰：「我屈節爲汝家作妾，門户計耳。汝不與我家爲親親者，吾亦何惜餘年？」顗等從命，由此李氏遂得爲方雅之族。列女傳。

元帝初，王導上言：「古之王者，莫不賓禮故老，存問風俗，虚己傾心，以昭俊乂。况天下喪亂，九州分裂，大業草創，急於得人者乎？顧榮、賀循，此土之望，未若引之以結人心。二子既至，則無不來矣。」帝乃使導躬造循、榮，二人皆應命而至，由是吴會風靡，百姓歸心。及洛京傾覆，中州士女避亂江左者十六七，導勸帝收其賢人君子，與之圖事。時荆揚晏安，户口殷實，朝野傾心焉。王導傳。

希姓

光　光逸傳：「樂安人。」○通鑑八十六胡注引姓譜：「光姓，燕人田光之後。秦末，子孫避地，因以爲氏。」

摯　摯虞傳：「京兆長安人。」○通鑑八十二胡注：「毛詩傳：『摯國出於任姓，子孫以國爲氏。』」

束　束皙傳：「陽平元城人，漢太子太傅疏廣之後。王莽末，廣曾孫孟達避難，自東海徙居沙鹿山南，因去疏之足，遂改姓焉。」

牽　牽秀傳：「武邑觀津人。」

苟　苟晞傳：「河内山陽人。」

干　干寶傳：「新蔡人。」

麴　麴允傳：「金城人，世爲豪族。」

吉　吉挹傳：「馮翊蓮勺人。」

續　續咸傳：「上黨人。」

棗　棗據傳：「潁川長社人。本姓棘，其先避仇改焉。」

步　步熊傳：「陽平發干人。」

隗　隗炤傳：「汝陰人。」○按：史記秦始皇本紀：「有丞相隗狀。」

山　山濤傳：「河内懷人。」

審　武十三王傳：「審美人。」

吾　吾彦傳：「吴人。」

賀　賀循傳：「其先慶普，漢世傳禮，世謂慶氏學。漢安帝時避諱，改爲賀也。」

曲　秣陵令曲安遠，見王彪之傳。

竺　苻堅載記：「晉益州刺史竺瑶。」

嵇　魏志王粲傳注引虞預晉書曰：「嵇康家本姓奚，先自會稽遷於譙之銍縣，取稽字之上山以爲姓，以志其本也。」水經淮水注引嵇氏譜曰：「銍有嵇山，家於其側，遂氏焉。」

環　晉人環濟，見隋經籍志。

晉　晉灼，見漢書敍例，云：「河南人，晉尚書郎。」

闞　晉人闞駰，見隋經籍志。

留　晉人留叔先，見唐藝文志。

谷晉人谷儉，見隋經籍志。

木文選海賦注引今書七志曰：「木華，字玄虛，爲楊駿府主簿。」

榮通鑑八十二：「司空帳下督榮晦。」胡注：「姓譜：『榮姓，周榮公之後。莊子有榮啓期。』」

爨太亨四年，振威將軍、建寧太守爨寶子碑。

風俗

王衍妙善玄言，惟談老莊爲事。每捉玉柄麈尾，與手同色。義理有所不安，隨即改更，世號「口中雌黄」。朝野翕然，謂之「一世龍門」矣。後進之士，莫不景慕放效。選舉登朝，皆以爲稱首。矜高浮誕，遂成風俗焉。王衍傳。

王衍總角時造山濤，既去，目而送之曰：「何物老嫗，生寧馨兒？然誤天下蒼生者，未必非此人也。」又嘗詣羊祜陳事，詞甚俊辯。祜不然之，衍拂衣起。祜謂賓客曰：「王夷甫方以盛名處大位，然敗俗傷化，必此人也。」衍將死，顧而言曰：「嗚呼！吾曹雖不如古人〔二八〕，向若不祖尚浮虛〔二九〕，戮力以匡天下，猶可不至今日。」王衍傳。

尚書令衛瓘見樂廣，奇之，曰：「自昔諸賢既歿〔三〇〕，常恐微言將絶，不圖今乃聞斯言。」

王衍自言：「與人語甚簡，及見樂廣，便覺己之煩。」廣與衍俱宅心事外，名重於時。故天下言風流者，謂王、樂爲首焉。樂廣傳。

傅咸奏：「王戎驅動浮華，虧敗風俗，宜免戎官。」王戎傳。

頠深患時俗放蕩，不尊儒術，何晏、阮籍素有高名於世，口談浮虚，不遵禮法，尸禄耽寵，仕不事事。至王衍之徒，聲譽太盛，位高勢重，不以物務自嬰，遂相放效，風教陵遲，乃著崇有之論以釋其蔽。裴頠傳。

劉琨謂王澄曰：「卿形雖散朗，内實動俠，以此處世，難得其死。」澄終日酣飲〔三一〕，不以衆務在意〔三二〕，郭舒嘗切諫之。王澄、郭舒等傳。

王澄、胡毋輔之等，皆亦任放爲達〔三三〕，或至裸體。樂廣聞而笑曰：「名教内自有樂地，何必乃爾？」樂廣傳。

衛玠風神秀異。總角乘羊入市，見者皆以爲玉人，觀之者傾都。王濟每見玠，輒歎曰：「珠玉在側，覺我形穢。」又嘗語人曰：「與玠同遊，冏若明珠之在側，朗然照人。」及長，好言玄理。後多病體羸，母恒禁其語。遇有勝日，親友時請一言，無不咨嗟，以爲入微。琅琊王澄有高名，少所推服，每聞玠言，輒歎息絶倒。澄及王玄、王濟皆有盛名，皆出玠下，世言：「王家三子，不如衛家一兒。」後洛下亂，移家南行。是時，王敦鎮豫章，相見欣然，言論彌日。敦謂謝鯤曰：「昔王輔嗣吐金聲於中朝，此子復玉振於江表，微言之緒，絶而復續。不意永嘉之末，復聞正始之音，何平叔若在，當復絶倒。」衛玠傳。

阮籍任性不羈，尤好莊老，嗜酒。聞步兵營廚人善釀，有貯酒三百斛，乃求爲步兵校尉。遺落世事，雖去佐職，恒遊府内〔三四〕，朝宴必與焉。母終，正與人圍碁，對者求止，籍留與決賭。既而飲酒二斗，舉聲一號，吐血數升。及將葬，食一蒸肫〔三五〕，飲二斗酒，然後臨決，直言窮矣，舉聲一號，又吐血數升。裴楷往弔之，籍散髮箕踞，醉而直視，楷弔唁畢便去。或問楷：「凡弔者，主哭，客乃爲禮。籍既不哭，君何爲哭？」楷曰：「阮籍既方外之士，故不崇禮典。我俗中之士，故以軌儀自居。」時人歎爲兩得。籍能爲青白眼，見禮俗之士，以白眼對之。及嵇喜來弔，籍作白眼，喜不懌而退。喜弟康聞之，乃齎酒挾琴往焉。籍大悦，乃見青眼。由是禮法之士疾之若讎。阮籍傳。

阮籍負才放誕，居喪無禮。何曾責籍曰：「卿縱情背禮，敗俗之人，今忠賢執政，綜核名實，若卿之曹，不可長也。」因言於帝曰：「公方以孝治天下，而聽阮籍以重哀飲酒食肉於公座。宜擯四裔，無令汙染華夏。」何曾傳。

阮咸任達不拘〔三六〕，與叔父籍爲竹林之遊，當世禮法者譏其所爲。山濤舉咸，武帝以咸耽酒浮虚，遂不用。阮咸傳。

嵇康好老莊，言論放蕩，非毁典謨。嵇康傳。

向秀好老莊之學。向秀傳。

劉伶放情肆志，與阮籍、嵇康相遇，欣然神解，攜手入林。初不以世事介意〔三七〕。常乘鹿車，攜一壺酒，使人荷鍤而隨之，曰：「死便埋我。」劉伶傳。

謝鯤好老易，每與畢卓、王尼、阮放、羊曼、桓彝、阮孚、胡毋輔之等縱酒，廢職。謝鯤、畢卓等傳。

庾敳嘗讀老莊，曰：「正與人意闇同。」庾敳傳。

郭象好老莊，能清言。王衍每云：「聽象語〔三八〕，如懸河瀉水，注而不竭。」郭象傳。

時重莊老而輕經史，庾峻懼雅道陵遲，乃潛心儒典。庾峻傳。

李充深抑虛浮之士〔三九〕，嘗著學箴，稱老子云：「絶仁棄義。」李充傳。

傅玄上疏言：「魏文慕通達，而天下賤守節。其後綱維不攝，而虛無放誕之論盈於朝。陛下龍興，未退虛鄙，以懲不恪，臣是以猶敢有言。」傅玄傳。

惠帝時，俗多浮僞，杜崧著任子春秋以刺之。杜崧傳。

應詹上表言：「元康以來，賤經尚道，以玄虛宏放爲夷達，以儒術清儉爲鄙俗。永嘉之弊，未必不由此也〔四〇〕。」應詹傳。

謝安愛好聲律，朞功之慘，不廢妓樂，頗以成俗。坦之非而苦諫之。安遺坦之書曰〔四一〕：「知君思相愛惜之至。僕所求者聲，謂稱情義，無所不可爲，聊復以自娱耳。若絜軌迹，崇世教，非所擬議，亦非所屑。常謂君粗得鄙趣者，猶未悟之濠上耶？故知莫逆，未易爲人。」坦之答曰：「具君雅旨，此是誠心而行，獨往之美，然恐非大雅中庸之謂。意者以爲人之體韻猶器之方圓，方圓不可錯用，體韻豈可易處？各順其方，以弘其業，則歲寒之功必有成矣。吾子少立德行，體議淹允〔四二〕，加以令地，優游自居，僉曰之談，咸以清遠相許。至於此事，實有疑焉。公私二三，莫見其可〔四三〕。以此爲濠上，悟之者得無鮮乎？且天下之寶，故爲天下所惜，天下之所非，何爲不可以天下爲心乎？想君幸復三思。」書往反數四，安竟不從。王坦之傳。

王右軍與謝太傅共登冶城，謝悠然遠想，有高世之志。王曰：「夏禹勤王，手足胼胝；文王旰食，日不暇給。今四郊多壘，宜人人自效；而虚談廢務，浮文妨要，恐非當今所宜。」世説言語篇。

阮孚每謂壼曰：「卿恒無閒泰，常如含瓦石，不亦勞乎？」壼曰：「諸君以道德恢弘，風流相尚，執鄙吝者，非壼而誰？」時貴遊子弟多慕謝鯤、王澄爲達，壼厲色於朝曰：「悖禮傷教，罪莫斯甚！中朝傾覆，實由於此。」聞者莫不折節。卞壼傳。

江惇儒玄並綜，每以爲君子立行，當依禮而動，雖隱顯殊途，未有不傍禮教者也。若乃放達不羈，以肆縱爲貴者，非但動違禮法，亦道之所棄也。乃著通道崇檢論，世咸稱之。江統附傳。

時以浮虚相扇，儒雅日替，甯以爲源始於王弼、何晏，二人之罪深於桀、紂。或以爲貶之太過。甯曰：「王、何蔑棄典文，幽沈仁義，游詞浮説，波蕩後生。使搢紳之徒，翻然改轍，以至禮壞樂崩，中原傾覆。遺風餘俗，至今爲患。桀、紂縱暴一時，適足以喪身覆國，爲後世戒，豈能迴百姓之視聽哉？故吾以爲一世之禍輕，歷世之患重，自喪之惡小，迷衆之罪大也。」范甯傳。

坦之有風格，尤非時俗放蕩，不敦儒教，著廢莊論。王坦之傳。

陳郡周勰爲謝安主簿，居喪廢禮，崇尚莊老，脱落名教。伯領中正，不通勰，議，時人憚焉。韓伯傳。

諸葛恢爲會稽太守，因陳謝，對曰：「今天下喪亂，風俗陵遲，宜尊五美，屏四惡，進忠賢，退浮華。」帝深納焉。諸葛恢傳。

殷浩尤善玄言，與叔父融俱好老易。融與浩口談則辭屈，浩由是爲風流談論者所宗〔四四〕。殷浩傳。

侃嘗曰：「老莊浮華，非先王之法言，不可行也。君子當正其衣冠，攝其威儀，何有亂頭養望自謂宏達耶〔四五〕?」陶侃傳。

以上清談莊老。

晉過江,佛理尤盛。世說文學門注引續晉陽秋。

後來年少多有道深公者,深公謂曰:「黄吻年少,勿爲評論宿士。昔嘗與元明二帝、王庾二公周旋。」世說方正門〔四六〕。○注引高逸沙門傳云:「晉元、明二帝,以賓友禮待法師;王公、庾公皆傾心側席,好同臭味。」

彭城王紘上言,樂賢堂有先帝手畫佛象,經歷寇難,而此堂獨存,宜勑作頌。帝下其議。謨曰:「佛者,夷狄之俗,非經典之制。先帝量同天地,多才多藝,聊因臨時而畫此象,至於雅好佛道,所未承聞也。盜賊奔突,王都隳敗,而此堂塊然猶存,斯誠神靈保祚之徵。然未是大晉盛德之形容。人臣覩物興義,私作賦頌可也。今欲發王命,敕史官,上稱先帝好佛之志,下爲夷狄作一象之頌,於義有疑。」於是遂寢。蔡謨傳。

支遁居會稽,晉哀帝欽其風味〔四七〕,遣中使至東迎之。遁遂辭丘壑,高步天邑〔四八〕。世說文學門注。

支道林、許掾諸人共在會稽王齋頭,支爲法師,許爲都講。支通一義,四坐莫不厭心;許送一難，衆人莫不忭舞。但共嗟詠二家之美，不辨其理之所在。世說文學門。

竺法深居會稽，皇帝重其風德，遣使迎焉。法師暫出應命。司徒會稽王天性虚澹，與法師詰殷勤之歡。世說言語門注。

桓温之廢海西也，太后方在佛屋燒香。康獻褚皇后傳。

太元六年正月，帝初奉佛法，立精舍於殿内，引諸沙門以居。孝武紀。

孝武崇尚浮屠，所親暱者皆姆姆、僧尼。左衛領營將軍許營上疏曰：「僧尼乳母，競進親黨，又受賄賂；輒臨官領衆，政教不均。臣聞佛者，清遠玄虚之神。今僧尼往往依傍法服，五誡粗法尚不能遵，況精妙乎？而流惑之徒，競加敬事，又侵漁百姓，取財爲惠，亦未合布施之道也。」疏奏，不省。通鑑一百七。

何充性好釋典，崇修佛寺，供給沙門以百數，糜費巨億而不吝。親友貧乏，無所施遺。阮裕嘗戲之曰：「卿志大宇宙。」充問其故，裕曰：「我圖數千户郡尚未能得，卿圖作佛，不亦大乎？」於時，郗愔及弟曇奉天師道，充與弟準崇信釋氏，謝萬譏之曰：「二郗諂於道，二何佞於佛。」何充傳。

庾亮、周顗、桓彝，一代名士，一見和尚，披襟致契。世説賞譽門注。

殷中軍被廢，徙東陽，大讀佛經。世説文學門。

王恭尤信佛，調役百姓，修營佛寺，務在壯麗。臨刑，猶誦佛經。王恭傳。

阮思曠奉大法，敬信甚至。大兒年未弱冠，忽被篤疾。爲之祈請三寶，晝夜不懈。謂至誠有感者，必當蒙祐。而兒遂不濟。於是結恨釋氏，宿命都除。世說尤悔門。

以上佞佛。

何曾奢豪，務在華侈。帷帳車服，窮極綺麗，廚膳滋味，過於王者。每燕見，不食太官所設，帝輒命取其食。蒸餅上不坼作十字不食〔四九〕。食日萬錢，猶曰無下箸處。何曾傳。

石崇室宇宏麗，後房百數，皆曳紈繡，珥金翠。絲竹盡當時之選，庖膳窮水陸之珍。與貴戚王愷、羊琇之徒以奢靡相尚。愷以粭澳釜，崇以蠟代薪。愷作紫絲步幛四十里，崇作錦步幛五十里以敵之。崇塗屋以椒，愷用赤石脂。崇、愷爭豪如此。武帝每助愷，嘗以珊瑚樹賜之，高二尺許，枝柯扶疏，世所罕比。愷以示崇，崇便以鐵如意擊之〔五〇〕，應手而碎。愷既惋惜，又以爲嫉己之寶，聲色方厲。崇曰：「不足多恨，今還卿。」乃命左右悉取珊瑚樹，有高三四尺者六七株，條幹絶俗，光彩曜日，如愷比者甚衆。愷怳然自失矣。崇爲客作豆粥，咄嗟便辦。每冬，得韭蓱虀。嘗與愷出遊，爭入洛城，崇牛迅若飛禽，愷絶不能及。石崇傳。

劉寔嘗詣石崇家，如廁，見有絳紋帳，裀褥甚麗，兩婢持香囊。寔便退，謂崇曰：「誤入卿內〔五一〕。」崇曰：「是廁耳。」寔曰：「貧士未嘗得此。」劉寔傳。

王濟豪侈，麗服玉食。時洛京地甚貴，濟買地爲馬埒，編錢滿之，時人謂爲「金溝」。帝嘗幸其宅，供饌甚豐，悉貯琉璃器中。蒸肫甚美，帝問故，答曰：「以人乳蒸之。」帝色甚不平，食未畢而去。王濟傳。

何劭驕奢，衣裘服翫，新故巨積。食必盡四方珍異，一日之供以錢二萬爲限。時論以爲太官御膳，無以加之。何劭傳。

任愷一食萬錢，猶云無可下筯處〔五二〕。任愷傳。

羊琇性豪侈，費用無復齊限，而屑炭和作虎形以溫酒，洛下豪貴咸競效之。羊琇傳。

傅咸上言：「先王之治天下〔五三〕，食肉衣帛，皆有其制。竊謂奢侈之費，甚於天災。古者人稠地狹，而有儲蓄，由於節也。今者土廣人稀，而患不足，由於奢也。欲人崇儉，當詰其奢。奢不見詰，轉相高尚，無有窮極矣！」通鑑八十一。

江左初，王導言於帝曰：「自魏氏以來，迄於太康之際，公卿世族，豪侈相高，政教陵遲，不遵法度，羣公卿士，皆饜於安息，遂使姦人乘釁，有虧至道。然否終斯泰，天道之常。大王方立命世之勳，一匡天下，願深弘神慮〔五四〕，廣擇賢能。顧榮、賀循、紀瞻、周玘〔五五〕，皆南土之秀，願盡優禮，則天下安矣。」王導傳。

謝安朞喪不廢樂。衣冠效之，遂以成俗。又於土山營墅〔五六〕，樓館林竹甚盛，每來遊集。肴饌亦屢費百金，世頗以此譏焉。謝安傳。○通鑑一百三：「王坦之屢以書諫之曰：『天下之寶，當爲天下惜之。』」胡三省注：「言禮法爲天下之寶也。」

以上奢侈。

賈充妻郭，以外孫韓謐奉充嗣。賈后專恣，謐負其驕寵，奢侈逾度，室宇崇僭，器服珍麗，歌僮舞女，選極一時。開閤延賓，海内輻湊，貴游豪戚及浮競之徒，莫不盡禮事之。渤海石崇、歐陽建、滎陽潘岳、吴國陸機、陸雲、蘭陵繆徵〔五七〕、京兆杜斌、摯虞、琅邪諸葛詮〔五八〕、弘農王粹、襄城杜育、南陽鄒捷、齊國左思、清河崔基、沛國劉瓌、汝南和郁、周恢、安平牽秀〔五九〕、潁川陳眕、太原郭彰、高陽許猛、彭城劉訥、中山劉輿、劉琨皆傅會於謐，號曰「二十四友」。賈充傳。二十四友，岳爲其首。每候謐出，與崇等輒望塵而拜。潘岳傳。

預在鎮，數餉遺洛中貴要。或問其故，預曰：「吾但恐爲害，不求益也。」杜預傳。

王珣兒婚，賓客車騎甚衆，會聞雅拜少傅，迴詣雅者過半。時風俗積弊，無復廉恥。然少傅之任，朝望屬珣，珣亦頗自許。及中詔用雅，衆遂赴雅焉。王雅傳。

餘姚風俗，各有朋黨，宗人共薦預爲縣功曹，欲使沙汰穢濁。虞預傳。

以上卑諂。

干寶晉紀總論曰：「晉之興也，朝寡純德之人，鄉乏不貳之老，風俗淫僻，恥尚失所，學者以老莊爲宗而黜六經，談者以虛蕩文選作「薄」。爲辯而賤名檢，行身者以放濁爲通而狹節信，進仕者以苟得爲貴而鄙居正，當官者以望空爲高而笑勤恪。是以劉頌屢言治道，傅咸每糾邪正，皆謂之俗吏；其倚仗虛曠，依阿無心者，皆名重海内。若夫文王日旰不暇食，仲山甫夙夜匪懈者，蓋共嗤黜以爲灰塵矣。由是毀譽亂於善惡之實，情慝奔於貨欲之塗。悠悠風塵，皆奔競之士；列官千百，無讓賢之舉。其婦女，莊櫛織紝，皆取成於婢僕，未嘗知女工絲枲之業、中饋酒食之事也。先時而婚，任情而動，故皆不恥淫泆之過，不拘妬忌之惡，父兄不之罪也，天下莫之非也。又況責之聞四教於古，修貞順於今，以輔佐君子者哉？禮法刑政於此大壞，如水斯積而決其隄防，如火斯蓄而離其薪燎也。國之將亡，本必先顛，其此之謂乎？故觀阮籍之行，而覺禮教崩弛之所由也。察庾純、賈充之争，而見師尹之多僻；考平吴之功，而知將帥之不讓；思郭欽之謀，而寤戎狄有釁；覽傅玄、劉毅之言，而得百官之邪；核傅咸之奏、錢神之論，而覩寵賂之彰。民風國勢如此，雖以中庸之才、守文之主治之，辛有必見之於祭祀，季札必得之於聲樂，范燮必爲之請死，賈誼必爲之痛哭，又況惠帝以放蕩之德臨之哉？懷帝承亂得位，羈於强臣，愍帝奔播之後，徒廁其虚名，天下之政既去，非命世之雄才，不能取之矣！」愍紀末。○文選四十九，「望空爲高而笑勤恪」句下，有「因三公以蕭杌之稱，標上議以虚談之名」二語。「嗤點以爲灰塵」下，多「而相詬病」四字。

以上總論。

【校勘記】

〔一〕濟陰郡　「陰」，底本誤作「陽」，據中華書局本晉書校勘記改。

〔二〕任城國　「城」，底本誤作「成」，據晉書改。

〔三〕户二萬八千三百　「二」，底本誤作「一」，據晉書改。

〔四〕户二萬一千五百　「二」，底本誤作「一」，據晉書改。

〔五〕户三千五百　「三」，底本誤作「七」，據晉書改。

〔六〕户一千二百　「二」，底本誤作「三」，據晉書改。

〔七〕户一萬四十　「十」，底本誤作「千」，據晉書改。

〔八〕户九百　「九」，底本誤作「八」，據晉書改。

〔九〕玄菟郡　「郡」，底本誤作「國」，據晉書改。

〔一〇〕户二萬三千　「二」，底本誤作「三」，據晉書改。

〔一一〕新都郡　「都」，底本誤作「豐」，據晉書改。

〔一二〕越嶲郡　「嶲」，底本誤作「雋」，據晉書改。

〔一三〕樂安國　「國」，底本誤作「郡」，據晉書改。

〔一四〕東萊國　「國」，底本誤作「郡」，據晉書改。

〔一五〕户三十五萬七千五百四十八　「四」，底本誤作「七」，據晉書改。

〔一六〕户二萬三千　「三」，底本誤作「一」，據晉書改。

〔一七〕户二萬五千　「五」，底本誤作「四」，據晉書改。

〔一八〕建安郡户四千三百　「建安郡，户四千三百」條，底本原奪，據晉書補。

〔一九〕户五千　「五」，底本誤作「三」，據晉書改。

〔二〇〕户一千二百二十　上「二」，底本誤作「一」，據晉書改。

〔二一〕咸康七年　「七」，底本誤作「六」，據晉書改。

〔二二〕王公以下皆正土斷白籍　「土」，底本原奪，據晉書補。

〔二三〕是以山湖日積　「日」，底本誤作「益」，據晉書改。

〔二四〕蒐簡民實　「民」，底本誤作「名」，據晉書改。

〔二五〕時人以爲八裴方八王　「方」，底本誤作「比」，據晉書改。

〔二六〕范陽遒人　「遒」，底本誤作「遵」，據晉書改。

〔二七〕漢太尉震之後　「後」，底本誤作「孫」，據晉書改。

〔二八〕吾曹雖不如古人　「曹」，底本原奪，據晉書補。

〔二九〕向若不祖尚浮虚　「浮」，底本誤作「元」，據晉書改。

〔三〇〕自昔諸賢既殁　「賢」，底本誤作「臣」，據晉書改。

〔三一〕澄終日酣飲　「終日酣飲」，底本誤倒作「酣飲終日」，據晉書乙正。

〔三二〕不以衆務在意　「在」，底本誤作「爲」，據晉書改。

〔三三〕皆亦任放爲達　「亦」，底本誤作「以」，據晉書改。

〔三四〕恒遊府内　「恒」下，底本原衍「事」字，據晉書删。「遊」下，底本原衍「宴」字，據晉書删。

〔三五〕食一蒸肫　「肫」，底本誤作「豘」，據晉書改。下「肫」字同。

〔三六〕阮咸任達不拘　「拘」，底本誤作「羈」，據晉書改。

〔三七〕初不以世事介意　「世事」，晉書作「家産有無」。

〔三八〕聽象語　「語」，底本誤作「言」，據晉書改。

〔三九〕李充深抑虚浮之士　「虚浮」，底本誤倒，據晉書乙正。

〔四〇〕未必不由此也　「由」下，底本原衍「於」字，據晉書刪。

〔四一〕安遺坦之書曰　「書」，底本原奪，據晉書補。

〔四二〕體議淹允　「議」，底本誤作「儀」，據晉書改。

〔四三〕莫見其可　「見」，底本誤作「知」，據晉書改。

〔四四〕浩由是爲風流談論者所宗　「者」，底本原奪，據晉書補。

〔四五〕何有亂頭養望自謂宏達耶　「頭」下，底本原衍「粗服」二字，據晉書刪。

〔四六〕世説方正門　「方正」，底本誤作「文學」，據世説新語改。

〔四七〕晉哀帝欽其風味　「味」，底本誤作「采」，據晉書改。

〔四八〕高步天邑　「天」，底本誤作「大」，據晉書改。

〔四九〕蒸餅上不坼作十字不食　「字」下，底本原衍「者」字，據晉書刪。

〔五〇〕崇便以鐵如意擊之　「便」，底本誤作「使」，據晉書改。

〔五一〕誤入卿内　「内」，底本誤作「室」，據晉書改。

〔五二〕猶云無可下筯處　「筯」，底本誤作「筋」，據晉書改。

〔五三〕先王之治天下　「治」，底本誤作「制」，據資治通鑑改。

〔五四〕願深弘神慮　「深弘」，底本誤倒，據晉書乙正。

〔五五〕顧榮賀循紀贍周玘　「賀循」，底本原奪，據晉書補。

〔五六〕又於土山營墅　「墅」，底本誤作「建」，據晉書改。

〔五七〕蘭陵繆徵　「繆徵」，當爲「繆世徵」，避唐諱而省「世」字。

〔五八〕琅邪諸葛詮　「詮」，晉書懷紀、諸葛夫人傳並作「銓」。

〔五九〕安平牽秀　「牽」，底本誤作「索」，據中華書局本晉書校勘記改。

晉會要弟三十三

民事下

循省風俗

泰始二年，遣兼侍中侯史光與皇甫陶、荀廙持節四方，循省風俗。侯史光傳。

四年，詔曰：「郡國守相，三載一巡行屬縣，必以春，此古者所以述職宣風展義也。見長吏，觀風俗，協禮律，考度量，存問耆老，親見百年。録囚徒，理冤枉，詳察政刑得失，知百姓所患苦。無有遠近，便若朕親臨之。敦喻五教，勸務農功，勉勵學者，思勤正典，無爲百家庸末，致遠必泥。士庶有好學篤道，孝弟忠信，清白異行者，舉而進之；有不孝敬於父母，不長悌於族黨，悖禮棄常，不率法令者，糾而罪之。田疇闢，生業修，禮教設，禁令行，則長吏之能也。人窮匱，農事荒，姦盜起，刑獄煩，下陵上替，禮義不興，斯長吏之否也。若長吏在官公廉，慮不及私，正色直節，不飾名譽者，及身行貪穢，諂黷求容，公節不立，而私門日富者，並謹察之。揚清激濁，舉善彈違，此朕所以垂拱總綱，責成於良二千石也。於戲戒哉！」武紀。

七月，遣使者侯史光循行天下。武紀。

十二月，班五條詔書於郡國：一曰正身，二曰勤百姓，三曰撫孤寡，四曰敦本息末，五曰去人事。武紀。

咸寧中，詔頌與散騎郎白褒巡撫荆揚，奉使稱旨。劉頌傳。

應詹上言，漢使刺史行部，乘傳奏事，猶恐不足以辨彰幽明〔一〕，故復有繡衣直指。今之艱弊，過於往昔〔二〕，宜分遣黄、散若中書郎等循行天下〔三〕，觀採得失，則人不敢爲非。應詹傳。

旌表

許孜，東陽吳寧人，孝友恭讓。邑人號所居爲孝順里。太守張虞上疏陳狀，詔旌表門閭，蠲復子孫。許孜傳。

鄭袤爲濟陰太守，下車旌表孝悌。鄭袤傳。

餘杭婦人經年荒，賣其子以活夫之兄子。武康有兄弟二人，妻各有孕，弟遠行未反，遇荒歲，不能兩全，棄其子以活弟子。吳興太守孔嚴並旌表之〔四〕。孔嚴傳。

太興元年〔五〕，詔曰：「漢高經大梁，美無忌之賢；齊師入魯，修柳下惠之墓。其吳之高德名賢或未旌録者，具條列以聞。」元紀。

晉永興中，鎮南將軍劉弘至隆中，觀諸葛亮故宅，立碣表閭。蜀志諸葛亮傳注引蜀記。

勸農桑

泰始四年，詔：「郡國守相，勸務農功。」武紀。

五年，申戒郡國計吏守相令長，務盡地利。武紀。

晉令：「丞尉以官舍有桑果，皆給之，其無桑及不滿三百株，皆使吏卒隨間於官舍種桑，滿三百株。」藝文類聚木部。

縣散吏爲勸農。職官志。

竇允爲浩亹長，勤於爲政，勸課田蠶。竇允傳。

王宏爲汲郡太守，撫百姓如家，耕桑樹藝，屋宇阡陌，莫不躬自教示，曲盡事宜。司隸校尉石鑒上其政術，武帝下詔稱之曰：「朕維人食之急，而懼天時水旱之運，夙夜警戒，念在於農。雖詔書屢下，敕勵殷勤，猶恐百姓廢惰以損生植之功〔六〕。而刺史、二千石、百里長吏未能盡勤〔七〕，至使地有遺利人有餘力，每思聞監司糾舉能不，將其行賞罰〔八〕，以明沮勸。今司隸校尉石鑒上汲郡太守王宏勤恤百姓，導化有方，督勸開荒五千餘頃，而熟田常課頃畝不減。比年普饑，人食不足〔九〕，而宏郡界獨無匱乏，可謂能矣。其賜宏穀千斛，布告天下，咸使聞知。」王宏傳。

范晷爲涼州刺史，於時，西土荒毁，氐羌蹈藉，田桑失收，百姓困弊，晷傾心化導，勸以農桑，所部甚賴之〔一〇〕。范晷傳。

陶侃爲荆州刺史。嘗出遊，見人持一把未熟稻〔一一〕，侃問：「用何爲？」其人云：「行道所見，聊取之耳。」侃大怒曰：「汝既不田，而戲賊人稻！」執而鞭之。是以百姓勤於農桑，家給人足。陶侃傳。

桓宣鎮襄陽，勸課農桑，或載鉏耒於軺軒，或親芸穫於壠畝。桓宣傳。

扶風王駿鎮關中，勸督農桑，與士卒分役〔一二〕，己及寮佐并將帥兵士等人限田十畝，具以表聞。宣五王傳。

劉弘都督荆州，勸課農桑，歲用有年。劉弘傳。

市賣

洛陽市置長及丞。通典。

泰始五年，禁游食商販。武紀。

晉楊紹買冢地莂云：「大男楊紹從土公買冢地一丘，東極闞澤，西極黃滕〔一三〕，南極山背，北極於湖，直錢四百萬。即日交畢，日月爲證，四時爲任。太康五年九月廿九日。對共破莂，民有私約如律令。」續古文苑二十。

夫餘國每爲慕容廆掠其種人，賣於中國。武帝愍之，下司、冀二州〔一四〕，禁市夫餘之口。四夷傳。

永平七年，關中饑，米斛萬錢。詔骨肉相賣者不禁。惠紀。

晉過江，凡貨賣奴婢、馬牛、田宅，有文券，率錢一萬輸估四百入官，賣者三百，買者一百。無文券者，隨物所堪，亦百分收四〔一五〕，名爲散估。通典十一。

咸康元年，大旱，米斗五百價〔一六〕，人相賣。成紀。

殷仲堪致書桓玄曰：「胡亡之後，中原子女鬻於江東者不可勝數，骨肉星離，荼毒終年，怨苦之氣，感傷和理。當世大人既慨然經略〔一七〕，將以救其塗炭，而使理至於此，良可歎息！頃聞抄掠所得〔一八〕，多皆採梠飢人，壯者欲以救子，少者志願節下隱心以及物，垂理以禁暴。在存親，行者傾筐以顧念，居者吁嗟以待延。而一旦幽縶，生離死絕，求之於情，可傷之甚。昔孟孫獵而得麑，使秦西以之歸，其母隨而悲鳴，不忍而放之。禽獸猶不可離，況於人乎？夫飛鴞，惡鳥也，食桑葚，猶懷好音。雖曰戎狄，其無情乎〔一九〕？苟感之有物，非難化也。必使邊界無貪小利，强弱不得相陵，德音一發，必聲振沙漠，二寇之黨，將靡然向風，何憂黄河之不濟，函谷之不開哉？」玄深然之。殷仲堪傳。

陶侃爲武昌太守，立夷市於郡東〔二〇〕，大收其利。陶侃傳。

庾峻父道廉退，不仕。牛馬有踶齧者，恐傷人，不貨於市。庾峻傳。

徭役

泰始元年，詔百姓復其徭役。

二年，詔曰：「舜葬蒼梧，農不易畝；禹葬成紀，市不改肆。上維祖考清簡之旨〔二一〕，所徙陵十里内居人，動爲煩擾，一切停之。」

太康元年，詔將吏渡江復十年，百姓及百工復二十年。

咸寧元年，以將士應已娶者多，家有五女者給復。武紀。

太興二年〔二二〕，詔除省衆役。

三年，詔曰：「先公武王，先考恭王臨君琅邪四十餘年，惠澤加於百姓，遺愛結於人情。朕應天符，創基江表，兆庶宅心，繦負子來。琅邪國人在此者近有千户，今立爲懷德縣，統丹陽郡。昔漢高祖以沛爲湯沐邑，光武亦復南頓，優復之科一依漢氏故事。」元紀。

咸康六年，復琅邪，比漢豐、沛。成紀。

太元元年，詔蠲在役之身。孝武紀。

范甯上言：「道尚虛簡，政貴平静。古者使人，歲不過三日，今之勞擾，殆無三日休停，至有殘刑翦髮〔一三〕，要求復除，生兒不復舉養，鰥寡不敢妻娶。豈不怨結人鬼，感傷和氣？臣恐社稷之憂，積薪不足以爲喻。請出臣啓事，付外詳擇。」范甯傳。

甯又言：「荒郡之人，星居東西，遠者千餘，近者數百，而舉召役調，皆相資須，期會差違，輒致嚴坐，人不堪命，叛爲盜賊。是以山湖日積，刑獄愈滋。」范甯傳。

蠲振

泰始元年，復天下租賦及關市之税一年，逋債宿負皆勿收。武紀。

詔省郡國御調。

四年九月，青、徐、兖、豫四州大水，伊、洛溢，合於河，開倉以振之。

五年二月，青、徐、兖三州水，遣使振恤之。

六年七月，復隴右五郡遇寇害者租賦，不能自存者廩貸之。

七年閏五月，大雩。詔交趾三郡、南中諸郡，無出今年户調。

伊、洛、河溢，流居人四千餘家，詔振貸給棺。

八年，詔復隴右四郡遇寇害者田租。

咸寧二年，河南、魏郡暴水，殺百餘人〔一四〕，詔給棺。

三年九月，兖、豫、徐、青、荆、益、梁七州大水，傷秋稼，詔振給之。

太康三年，詔四方水旱甚者無出田租〔一五〕。

四年，兖州大水，復其田租。

五年七月，任城、梁國、中山雨雹，傷秋稼。減天下户課三分之一。

六年，以比歲不登，免租貸宿負。

七年，遣侍御史巡遭水諸郡。

永平元年，除天下户調緜絹。惠紀。

五年，荆、揚、兖、豫、青、徐六州大水，詔遣御史巡行振貸。

八年，詔發倉廪，振雍州飢人。

太興元年〔一六〕，以江東三郡饑，遣使振恤。元紀。

太興二年，三吴大饑，死者以百數，吴郡太守鄧攸輒開倉廪振之。食貨志。

咸和四年，會稽、吴興、宣城、丹陽大水。詔復遭賊郡縣租税三年〔二七〕。成紀。

九年，大旱，詔恤孤寡。

咸康元年，揚州諸郡饑，遣使振給。

二年，揚州會稽飢，開倉振給。

升平元年，立皇后，逋租宿債皆勿收。穆紀。

寧康二年，詔：「三吴義興、晉陵及會稽遭水之縣尤甚者，全除一年租布，其次聽除半年，受振貸者即以賜之。」孝武紀。

太元四年，詔郡縣遭水旱者減租税〔二八〕。

五年，詔自太元三年以前逋租宿債，皆蠲除之。

鄭默爲東郡太守，值歲荒人饑，默輒開倉振給，乃舍都亭，自表待罪。朝廷嘉默憂國，詔書褒歎，比之汲黯。班告天下，若郡縣有此比者，皆聽出給。鄭默傳。

王渾爲徐州刺史。時年荒歲飢〔二九〕，渾開倉振贍，百姓賴之。王渾傳。

王蘊爲吴興太守。屬郡荒人飢〔三〇〕，開倉贍恤。王蘊傳。

東土飢荒，會稽内史王羲之輒開倉振貸。王羲之傳。

三吴饑，穀貴，帝欲聽相鬻賣，以拯一時之急。吴興太守陶回上疏曰：「當今天下不普荒儉，惟東土穀價偏貴，便相鬻賣，北寇聞之，將窺疆場。不如開倉以賑之〔三一〕。」乃不待報，輒便開倉，及割府郡軍資數萬斛米以救乏絶，由是一境獲全。既而下詔，并敕會稽、吴郡依回振恤。陶回傳。

卹孤寡

武帝踐阼，賜天下爵，人五級；鰥寡孤獨不能自存者穀，人五斛。武紀。

咸寧二年，立皇后楊氏，賜鰥寡各有差。

永平元年，賜孝悌、高年、鰥寡、力田者帛，人三匹。惠紀。

永寧元年，乘輿反正，賜孤寡穀五斛。

太安元年，立皇太子，賜孤寡帛。

永興元年，賜鰥寡、高年帛。

太寧三年，立皇太子，賜鰥寡孤獨帛，人二匹。明紀。

成帝即位，賜鰥寡孤老帛，人二匹。咸和元年，改元，賜鰥寡孤老米，人二斛。成紀。

咸康元年正月，帝加元服，賜鰥寡孤獨不能自存者米，人五斛。

升平元年八月，立皇后，賜孝悌鰥寡米，人五斛。穆紀。

五年正月，賜鰥寡孤獨不能自存者，人米五斛。

隆和元年，賜貧乏者米，人五斛。〔哀紀。〕

寧康三年，賜百姓窮者米，人五斛。〔孝武紀。〕

太元五年，以比歲荒儉〔二一〕，其鰥寡窮獨孤老不能自存者，賜米五斛。

義熙九年四月，罷臨沂、湖熟皇后脂澤田四十頃，以賜貧人。〔安紀。〕

賜酺

太康元年，吳平，大酺五日。〔武紀。〕

永康元年，立皇后羊氏，大酺三日。〔惠紀。〕

永寧元年，乘輿反正，大酺五日。

太安元年，立皇太子，大酺五日。

太寧三年，立皇太子，大酺三日。〔明紀。〕

咸和元年，成帝即位，大酺五日。〔成紀。〕

咸康元年，帝加元服，大酺三日。

升平元年，立皇后，大酺三日。〔穆紀。〕

太元十二年，立皇太子，大酺五日。孝武紀。

【校勘記】

〔一〕猶恐不足以辨彰幽明　「彰」，底本原奪，據晉書補。

〔二〕過於往昔　「往」，底本誤作「古」，據晉書改。

〔三〕宜分遣黄散若中書郎等循行天下　「分」，底本誤作「即」，據晉書改。

〔四〕吴興太守孔嚴並旌表之　「旌表」，晉書作「褒薦」。

〔五〕太興元年　「元」，底本誤作「二」，據晉書改。

〔六〕猶恐百姓廢惰以損生植之功　「功」，底本誤作「力」，據晉書改。

〔七〕而刺史二千石百里長吏未能盡勤　「百」，底本誤作「鄉」，據晉書改。

〔八〕將其行賞罰　「其」，底本原奪，據晉書補。

〔九〕人食不足　「食不足」，底本誤倒作「不足食」，據晉書乙正。

〔一〇〕所部甚賴之　「甚」，底本誤作「利」，據晉書改。

〔一一〕見人持一把未熟稻　「未」，底本原奪，據晉書補。

〔一二〕與士卒分役　「分」，底本誤作「共」，據晉書改。

〔一三〕西極黄滕　「滕」，底本誤作「塍」，據續古文苑改。

〔一四〕下司冀二州　「司」，底本誤作「兖」，據晉書改。

〔一五〕亦百分收四　「分」，底本誤作「文」，據中華書局本通典校勘記改。

〔一六〕米斗五百價　「斗」，中華書局本晉書校勘記據周家禄晉書校勘記以爲當作「升」。

〔一七〕當世大人既慨然經略　「經」，底本誤作「大」，據晉書改。

〔一八〕頃聞抄掠所得　「頃」，底本誤作「又」，據晉書改。

〔一九〕其無情乎　「其」，底本誤作「豈能」，據晉書改。「乎」，底本原奪，據晉書補。

〔二〇〕立夷市於郡東　「郡」，底本誤作「城」，據晉書改

〔二一〕上維祖考清簡之旨　「考」，底本誤作「宗」，據晉書改。

〔二二〕太興二年　「太興」，底本誤作「建武」，據晉書改。

〔二三〕至有殘刑翦髮　「刑」，底本誤作「形」，據晉書改。

〔二四〕殺百餘人　「百餘」，底本誤作「數百」，據晉書改。

〔二五〕詔四方水旱甚者無出田租　「者」，底本原奪，據晉書改。

〔二六〕太興元年　「太興」，底本誤作「建武」，據晉書改。

〔二七〕詔復遭賊郡縣租税三年　「賊」，底本誤作「害」，據晉書改。「三年」，底本原奪，據晉書補。

〔二八〕詔郡縣遭水旱者減租税　「郡縣」，底本原奪，據晉書補。

〔二九〕時年荒歲飢　「歲」，底本誤作「民」，據晉書改。

〔三〇〕屬郡荒人飢　「屬」，底本原奪，據晉書補。

〔三一〕不如開倉以賑之　「倉」下，晉書有「廩」字。「之」，底本原奪，據晉書補。

〔三二〕以比歲荒儉　「荒儉」，底本誤作「旱」，據晉書改。

晉會要弟三十四

文學上

帝學

世祖武皇帝崇儒興學，太學有石經古文先儒典訓。賈、馬、鄭、杜、服、孔、王、何、顔、尹之徒，章句傳注衆家之學，置博士十九人。九州之中，師徒相傳〔一〕，學士如林，猶選張華、劉寔居太常之官，以重儒教。荀崧傳。

庾峻常侍武帝講詩，與中庶子何劭論風雅、正變之義。庾峻傳。

懷帝在東宮，接引朝士，講論書籍。及即位，至於宴會，輒與羣臣論衆務，考經籍〔二〕。懷紀。

明帝有文武才略，爲皇太子，欽賢愛客，雅好文辭。當時名臣，自王導、庾亮、温嶠、桓彝、阮放等，咸見親待。嘗論聖人真假之意，導等不能屈。又習武藝，善撫將士。明紀。

孝武帝嘗講孝經於通天觀，僕射謝安侍坐，尚書陸納侍講，侍中卞眈執讀，黄門侍郎謝石、吏部郎袁宏執經，中書侍郎車胤與丹陽尹王混摘句。説郛引建康宫殿簿。車胤傳同。○世説言語門：「寧康三年九月九日，帝講孝經。」

孝武帝始覽典籍〔三〕，招延儒學之士，邈東州儒素，太傅謝安舉以應選。補中書舍人，在西省侍帝。遷散騎常侍，猶處西省，前後十年。帝宴集酣樂之後，好爲手詔詩章以賜侍臣，或文詞率爾。邈每應時收斂，還省刊削，皆使可觀，經帝重覽，然後出之。是時侍臣被詔者，或宣揚之，故時議以此多邈。徐邈傳。

國史

泰始六年，詔曰：「自泰始以來，大事皆撰録秘書，寫副。後有其事，輒宜綴集以爲常。」武紀。

晉令曰：「國史之任，委之著作，每著作郎初至，必撰名臣傳一人。」史通覈才篇。

賈謐爲秘書監，掌國史。朝廷議立晉書限斷，中書監荀勖謂宜以魏正始起年，著作郎王瓚欲引嘉平以下朝臣盡入晉史，依違未决。惠帝立，更使議之。賈謐請從泰始爲斷。

於是事下三府，司徒王戎、司空張華、領軍將軍王衍、侍中樂廣、黄門侍郎嵇紹、國子博士謝衡皆從謐議。騎都尉荀畯、侍中荀藩、黄門侍郎華混以爲宜用正始開元。博士荀熙、刁協謂宜嘉平起年。謐重執奏戎、華之議，事遂施行。賈充傳。○潘岳傳：「謐晋書限斷，岳之辭也。」

陸士衡以文學爲秘書監，虞濬所請爲著作郎〔四〕，議晋書限斷。初學記職官部引王隱晋書。

陸機限斷議曰：「三祖實終爲臣，故書爲臣之事，不可如傳〔五〕，此實録之謂也。而名同帝王，故自帝王之籍〔六〕，不可以不稱紀，則追王之義〔七〕。」初學記文部。

束皙難陸士衡晋書限斷。初學記職官部引晋紀。

束皙元康四年除著作郎，著作西觀，撰晋書，草創三帝紀及十志。初學記職官部引張隱文士傳。

中興草創，未置史官，中書監王導上疏曰：「夫帝王之迹，莫不必書，著爲令典，垂之無窮。宣皇帝廓定四海，武皇帝受禪於魏，至德大勳，等蹤上聖，而紀傳不存於王府，德音未被乎管絃〔八〕。陛下聖明，當中興之盛，宜建立國史，撰集帝紀，上敷祖宗之烈，下紀佐命之勳，務以實録，爲後代之準，厭率土之望，悦人神之心，斯誠雍熙之至美，王者之弘基。宜備史官，勑佐著作郎干寶等漸就撰集。」元帝納焉。寶於是始領國史。干寶傳。

建武元年〔九〕，置史官。元紀。

伏滔掌國史。伏滔傳。

義熙時，尚書奏：「左史述言，右官書事〔一〇〕，乘志顯於晉鄭，春秋著乎魯史〔一一〕。自聖代有造中興記者，道風帝典，焕乎史策。而太和以降，世歷三朝，玄風聖迹，倏爲疇古。臣等參詳，宜勅著作郎徐廣撰成國史。」於是，勅廣撰集焉。徐廣傳。

王韶之私撰晉安帝陽秋，及成，時人謂宜居史職，即除著作佐郎，使續後事，訖義熙九年。善敍事，辭論可觀。南史王韶之傳。

劉知幾曰：「若中朝之華嶠、陳壽、陸機、束晳，江左之王隱、虞預、干寶、孫盛，並史官之尤美，著作之妙選也。」史通史官篇。

秘書

晉令：「秘書郎掌中外三閣經書，覆校殘闕，正定脱誤。」初學記職官部、文選陸士衡謝平原内史表注引並同。

盛書用皁縹囊布裹，書函中皆有香囊。北堂書鈔儀飾部引晉中經簿。

盛書有縑囊、布囊、絹囊。太平御覽文部引晉中經簿。

鄭默爲秘書郎，考覈舊文，删省浮穢。中書令虞松謂曰：「而今而後，朱紫别矣。」鄭默傳。

荀勖爲秘書監，與中書令張華依劉向別録整理記籍。荀勖傳。○按：文選王文憲集序注引王隱晉書作「整理錯亂」。

汲冢古文竹書，詔勖撰次之，以爲中經。荀勖傳。

鄭默始制中經，荀勖又因中經，更著新簿，分爲四部，總括羣書。一曰甲部，紀六藝及小學等書；二曰乙部，有古諸子家、近世子家、兵書、兵家、術數；三曰丙部，有史記、舊事、皇覽簿、雜事；四曰丁部，有詩賦、圖讚、汲冢書。大凡四部，合二萬九千九百四十五卷，但録題及言，盛以縹囊，書用緗素。至於作者之意，無所論辨。隋書經籍志敍。

秘書丞桓石綏啓校定四部之書〔一二〕，詔遣郎中四人〔一三〕，各掌一部。初學記職官部引晉太康起居注。

惠、懷之亂，京華蕩覆，渠閣文籍，靡有孑遺。東晉之初，漸更鳩聚。著作郎李充以勖舊簿校之，其見存者，但有三千一十四卷。充遂總沒衆篇之名，但以甲乙爲次。自爾因循，無所變革。其後中朝遺書，稍流江左矣。隋書經籍志敍。

李充爲著作郎，於時，典籍混亂，删除繁重〔一四〕，以類相從，分爲四部，甚有條貫。秘閣以爲永制。五經爲甲部，史記爲乙部，諸子爲丙部，詩賦爲丁部。文選王文憲集序注引臧榮緒晉書。○錢大昕元史藝文志敍云：「李充重分四部，經史子集之次始定。隋、唐以來，志經籍、藝文者，用李充部敍而已。」

晉孝武好覽文藝，勑秘書郎徐廣料秘閣〔一五〕，四部書三萬餘卷。文獻通考經籍總敘。

徐廣，孝武世除秘書郎，典校秘書省，增置省職。徐廣傳。

皇甫謐自表就帝借書，帝送一車書與之。謐雖羸疾，而披閱不怠。北堂書鈔引晉書。

太元三年，詔賜會稽王秘閣書八千卷。北堂書鈔引續晉陽秋。

何無忌在秘閣，求賜秘書，詔與一千卷〔一六〕。北堂書鈔藝文部引晉義熙起居注〔一七〕。

汲冢書

太康二年，汲郡人不準盜發魏襄王墓，或言安釐王冢，得竹書數十車。其紀年十三篇，記夏以來至周幽王爲犬戎所滅，以事接之，三家分〔一八〕，仍述魏事至安釐王之二十年。蓋魏國之史書，大略與春秋皆多相應。其中經傳大異，則云夏年多殷；益干啓位，啓殺之；太甲殺伊尹；文丁殺季歷；自周受命，至穆王百年，非穆王壽百歲也；幽王既亡〔一九〕，有共伯和者攝行天子事，非二相共和也。其易經二篇，與周易上下經同。易繇陰陽卦二篇，與周易略同，繇辭則異。卦下易經一篇，似説卦而異。公孫段二篇，公孫段與邵涉論易。國語三篇，言楚、晉事。名三篇，似禮記，又似爾雅、論語。師春一篇，書左傳諸卜筮，師春似是造書者姓名也。

瑣語十一篇，諸國卜夢妖怪相書也。梁丘藏一篇，先敍魏之世數，次言丘藏金玉事。繳書二篇，論弋射法。生封一篇，帝王所封。大曆二篇，鄒子談天類也。穆天子傳五篇，言周穆王游行四海，見帝臺、西王母。圖詩一篇，畫贊之屬也。又雜書十九篇：周食田法、周書、論楚事、周穆王美人盛姬死事。大凡七十五篇，七篇簡書折壞，不識名題。冢中又得銅劍一枚，長二尺五寸。漆書皆科斗字。初發冢者燒策照取寶物，及官收之，多燼簡斷札，文既殘缺，不復詮次。武帝以其書付秘書校綴次第，尋考指歸，而以今文寫之。皙在著作，得觀竹書，隨疑分釋，皆有義證。束皙傳。

衛恒四體書勢云：「汲冢書，其一卷論楚事者，最爲工妙，恒竊悦之，故竭愚思〔二〇〕，以贊其美〔二一〕。」衛恒傳。

衛恒考正汲冢書，未訖而遭難。束皙述而成之，多證異義。東萊太守王庭堅難之，皙又釋之，而庭堅已亡。潘滔謂王接曰：「卿才學理議〔二二〕，足解二子之紛，可試論之〔二三〕。」接遂詳其得失，摯虞、謝衡咸以爲允。王接傳。

藏書

張華雅愛書籍，家無餘財，惟文史溢於机篋。嘗徙居，載書三十乘。秘書監摯虞撰定官書，皆資華之本以取正焉。天下奇秘，世所希有者，悉在華所。張華傳。

華恒家無餘財，惟有書數百卷。華恒傳。

裴憲與荀綽家有書百餘袠。裴憲傳。

范蔚有書七千餘卷〔二四〕，遠近來讀者，恒有百餘人，爲辦衣食。范平傳。

齊王攸雅愛文籍，就人借書，必手刊其謬，然後反之。齊獻王攸傳。

永嘉喪亂，經籍遺没，嶠書存者五十餘卷〔二五〕。華嶠傳。

應詹與陶侃共破杜弢，賊中金寶溢目，詹一無所取，惟收圖書，莫不歎之。應詹傳。

葛洪至洛陽，搜求異書。葛洪傳。

義熙十三年七月〔二六〕，劉裕克長安，執姚泓，收其彝器，歸諸京師。安紀。

王恭家無財帛，惟書籍而已。王恭傳。

劉寔篤學不倦，雖居職務，卷弗離手。劉寔傳。

經學

自後漢陳元、鄭衆皆傳費氏易。馬融又爲其傳，以授鄭玄。玄作易注。魏代王肅、王弼並爲之注。自是費氏大興，高氏遂微。梁丘、施氏、高氏亡於西晉，孟氏、京氏有書無師。隋書經籍志。

劉兆撰周易訓注，以正動二體互通其文。劉兆傳。

董景道玥京氏易，精究大義。董景道傳。

唐彬明易經。唐彬傳。

荀顗難鍾會易無互體。荀顗傳。

續咸專鄭氏易。續咸傳。

漢魯恭王壞孔子舊宅，得其末孫惠所藏之書，字皆古文。孔安國以今文校之，得二十五篇。又濟南伏生所誦，有五篇相合。安國並依古文，開其篇第，以隸古字寫之，合成五十八篇。安國又爲五十八篇作傳，私傳其業，謂之尚書古文之學。鄭玄亦爲之注。然所傳，惟二十九篇，又雜以今文，非孔舊本。晉世秘府所存，有古文尚書經文〔二七〕。及永嘉之亂，歐陽、大小夏侯尚書並亡。濟南伏生之傳，惟劉向父子所著五行傳，是其本法，而又多乖戾。至東晉，豫章内史梅賾始得安國之傳，奏之，時又闕舜典一篇。隋經籍志。

晉元帝時，豫章内史梅賾始以孔傳奏上，而缺舜典一篇，乃取肅之堯典，從「慎徽」以下，分爲舜典以續之。自是，歐陽、大小夏侯家等學〔二八〕，馬融、鄭玄、王肅諸注廢，而古文孔傳獨行，列於學官，永爲世範。史通正史篇。

董景道明馬氏尚書。董景道傳。

漢有魯詩、齊詩、韓詩三家，又有毛詩，鄭玄作毛詩箋。齊詩，魏代已亡；魯詩亡於西晉；韓詩尚存，無傳之者。惟毛詩鄭箋，至今獨立。隋書經籍志。

文立專毛詩。文立傳。

董景道明韓詩。董景道傳。

束晳補亡詩。束晳傳。

文立專三禮，師事譙周，門人以立爲顏回，陳壽、李虔爲游、夏，羅憲爲子貢。文立傳。

崔遊儒術甄明〔二九〕，撰喪服圖，行於世。崔遊傳。

董景道少而好學，千里追師，所在惟晝夜讀誦，略不與人交通。三禮之義，專遵鄭氏，著禮通論，非駮諸儒，演廣鄭旨〔三〇〕。董景道傳。

王接又精禮、傳。王接傳。

范宣好學，手不釋卷，遂博綜衆書，尤善三禮。譙國戴逵等聞風宗仰，自遠而至，諷誦之聲，有若齊、魯。太元中，順陽范甯爲豫章太守，亦儒博通綜，在郡立鄉校，教授恒數百人。由是江州人士並好經學，化二范之風也。范宣傳。

賀循博覽衆書，尤精禮、傳。其先慶普，漢世傳禮，世所稱慶氏學也。賀循傳。

劉兆以春秋一經而三家殊塗，諸儒是非之議紛然，互爲讎敵，乃思三家之異，合而通之。周禮有調人之官，作春秋調人七篇，言皆論其首尾，使大義無乖，時有不合者，舉其長短以通之。又爲春秋左氏解〔三一〕，名曰全綜，公羊、穀梁解詁皆納經傳中，朱書以別之。劉兆傳。

董景道明春秋三傳，皆精究大義。董景道傳。

杜預耽思經籍，爲春秋左氏經傳集解〔三二〕。又參考衆家譜第，謂之釋例。又作盟會圖、春秋長曆，備成一家之學，比老乃成。當時論者謂預文義質直，世人未之重，惟秘書監摯虞賞之，曰：「左丘明本爲春秋作傳，而左傳遂自孤行。釋例本爲傳設，而所發明何但左傳，故亦孤行。」杜預傳。

續咸師事京兆杜預，專春秋，教授常數十人〔三三〕。續咸傳。

范甯初以春秋穀梁氏未有善釋，遂沈思積年，爲之集解。其義精審，爲世所重。既而徐邈復爲之注，世亦稱之〔三四〕。范甯傳。

王接嘗謂左氏辭義贍富，自是一家書，不主爲經發。公羊附經立傳，經所不書，傳不妄起，於文爲儉，通經爲長。任城何休訓釋甚詳，而黜周王魯，大體乖硋〔三五〕，且志通公羊而往往還爲公羊疾病。接乃更注公羊春秋，多有新義。王接傳。

接子愆期緣父意，更注公羊。附王接傳。

鄭沖與孫邕、曹羲、荀顗、何晏，共撰集論語諸家訓注之善者，記其姓名，因從其義，有不安者輒改易之，名曰論語集解。鄭沖傳。

杜軫師事譙周，博綜經書。杜軫傳。

徐苗家貧，晝執鉏耒，夜則吟誦。弱冠，與弟賈就博士濟南宋鈞受業，遂爲儒宗。作五經異同評。徐苗傳。

魏舒自課，百日習一經。魏舒傳。

徐邈下帷讀書，不游城邑。補中書舍人，在西省侍孝武帝。雖不口傳章句，然開釋文義，標明指趣，撰正五經音訓，學者宗之。徐邈傳。

孔衍經學深博，又練識舊典，朝儀軌制，多取正焉。孔衍傳。

祈嘉少清貧。依學官誦書，貧無衣食〔三六〕，爲書生都養以自給〔三七〕，遂博通經傳，精究大義。西游海渚，教授門生百餘人。祈嘉傳。

褚季野語孫安國云：「北人學問淵綜廣博。」孫答曰：「南人學問清通簡要。」支道林聞之，曰：「聖賢固所忘言，自中人以還，北人看書，如顯處視月；南人學問，如牖中窺日。」世說文學篇。

史學

漢書舊無注解，惟服虔、應劭等各爲音義，自別施行。至典午中朝，爰有晉灼，集爲一部，凡十四卷，號曰漢書集注。有臣瓚者，莫知氏族，攷其時代，亦在晉初〔三八〕，總集諸家音義，稍以己之所見〔三九〕，續廁其末，凡二十四卷，分爲兩帙。蔡謨全取臣瓚一部散入漢書，自此以來，始有注本。漢書敍例。

張輔論班固、司馬遷云：「遷之著述，辭約而事舉，敍三千年事，惟五十萬言；班固敍二百年事，乃八十萬言，煩省不同，不如遷一也。良史述事，善足以奬勸，惡足以鑑誡，人道之常。中流小事，亦無取焉，而班皆書之，不如二也。毀貶晁錯，傷忠臣之道，不如三也。遷既造創，固又因循，難易益不同矣。又遷爲蘇秦、張儀、范睢、蔡澤作傳〔四〇〕，逞辭流離，亦足以明其大才，故述辯士，則辭藻華靡，敍實録則隱核名檢，此所以遷稱良史也。」張輔傳。

初，譙周以司馬遷史記書周秦以上，或採俗語百家之言，不專據正經〔四一〕，周作古史考，以糾遷之謬誤。彪復以周爲未盡善也〔四二〕，條古史考中凡百二十二事爲不當，多據汲冢紀年之義。彪又以爲，先王立史官，以書時事，載善惡以爲沮勸，撮教世之要也。漢氏中興，訖於建安，忠臣義士亦以昭著，而時無良史，記述煩雜，譙周雖已删除，然猶未盡，安順以下，亡缺者多。彪乃討論衆書，綴其所聞，起於世祖，終於孝獻，編年二百，録世十二，通綜上下，旁貫庶事，爲紀、志、傳凡八十篇，號曰續漢書。司馬彪傳。

華嶠以漢紀煩穢，慨然有改作之意。會爲臺郎，典官制事，得徧觀秘籍，遂就其緒。起光武，終孝獻，一百九十五年，爲帝紀十二卷、皇后紀二卷、十典十卷、傳七十卷〔四三〕，及三譜、序傳、目録〔四四〕，凡九十七卷。嶠以皇后配天作合，前史作外戚傳以繼末編，非其義也，故易爲皇后紀，以次帝紀。又改志爲典，以有堯典故也。而改名漢後書奏之。時張華等咸以嶠文質事覈，有遷固之規、實録之風，藏之秘府。初，嶠所撰十典未成而終，秘書監何劭奏嶠中子徹爲佐著作郎，使踵成之，未竟而卒。後監繆徵又奏嶠少子暢爲佐著作郎，克成十典。永嘉喪亂，經籍遺没，嶠書存者三十餘卷〔四五〕。華嶠傳。

魏收上魏書十志啓曰〔四六〕：「叔駿删緝後劉，紹統削撰季漢，十志實範遷、固〔四七〕，表蓋闕焉。」魏書上十志啓〔四八〕。

劉知幾曰：「班固、華嶠，子長之流也。」又曰：「創紀傳者五家〔四九〕，推其所長，華氏居最。」史通内篇〔五〇〕。

王沈與荀顗、阮籍共撰魏書，多爲時諱，未若陳壽之實録也。王沈傳。

劉知幾曰：「若王沈、孫盛之伍，論王業則黨悖逆而誣忠義，敍國家則抑正順而褒篡奪，述風俗則矜夷狄而陋華夏。」史通書事篇。○又曲筆篇：「王沈魏録濫述貶甄之銘。」

傅玄以時譽選入著作，撰集魏書。傅玄傳。

東陽太守袁宏後漢紀自敍曰：「予嘗讀後漢書，煩穢雜亂，睡而不能竟也。聊以暇日，撰集爲後漢紀。其所綴會漢紀、謝承書、司馬彪書、華嶠書、謝沈書、漢山陽公記、漢靈獻起居注、漢名臣奏，旁及諸郡耆舊先賢傳，凡數百卷。前史闕略，多不次敍，錯謬同異，誰使正之？經營八年，疲而不能定，頗有傳者。始見張璠所撰書，其言漢末之事差詳，故復探而益之。夫史傳之興，所以通古今而篤名教也。丘明之作，廣大悉備。史遷剖判六家，建立十書，非徒記事而已，信足扶明義教，網羅治體，然未盡之。班固源流周贍，近乎通人之作，然因藉史遷，無所甄明。荀悦才智經綸，足爲嘉史，所述當世，大得治功已矣[五一]。然名教之本，帝王高義，韞而未敍。今因前代遺事，略舉義教所歸，庶以弘敷王道。前史之闕古者，方今不同，其流亦異，言行趣舍，各以類書。故觀其名迹，想見其人，丘明所以斟酌抑揚，寄其高懷。末吏區區，注疏而已。其所稱美，止於事義，疏外之意，没而不傳[五二]，其遺風餘趣蔑如也。今之史書，或非古人之心，恐千載之外[五三]，所誣者多，所以悵怏躊躇，操筆悢然者也。」後漢紀。○袁宏傳：「撰後漢紀三十卷。」

陳壽撰魏、吴、蜀三國志，凡六十五篇。時人稱其善敍事，有良史之才。夏侯湛時著魏書，見壽之作，便壞己書而罷。張華深善之，謂壽曰：「當以晉書相付耳。」其爲時所重如此。及卒後，梁州大中正、尚書郎范頵等上表曰：「昔漢武帝詔：『司馬相如病甚，可遣悉取其書。』使者得其遺書，言封禪事，天子異焉。臣等按：故治書侍御史陳壽作三國志，辭多勸誡，明乎得失，有益風化，雖文豔不若相如，而質直過之，願垂採録。」於是詔下河南尹、洛陽令，就家寫其書。陳壽傳。

裴松之曰：「壽書銓敘可觀，事多審正〔五四〕，誠遊覽之苑囿，近世之嘉史。然失在於略，時有所脱漏。」上三國志注表。

干寶著晉紀，自宣帝訖於愍帝，五十三年，凡二十卷，奏之。其書簡略，直而能婉，咸稱良史。干寶傳。

劉知幾曰：「干寶議撰晉史，以爲宜準丘明，其臣下委曲，仍爲譜注。」載言篇。又曰：「干寶著書，盛譽丘明，而深抑子長，其義云：能以三十卷之約，括囊二百四十年之事〔五五〕，靡有遺也。」内篇。又曰：「惟令升先覺，遠述丘明，重立凡例，勒成晉紀。鄧、孫以下，咸躡其蹤〔五六〕。」序例篇。又曰：「干寶之釋五志也：『體國經野之言則書之，用兵征伐之權則書之，忠臣烈士孝子貞婦之節則書之，文誥專對之辭則書之，才力技藝殊異則書之。』」書事篇。

桓温覬覦非望，習鑿齒乃著漢晉春秋以裁正之，起光武，終晉愍帝。於三國之時，蜀以宗室爲正，魏武雖受漢禪晉，尚爲篡逆。至文帝平蜀，乃爲漢亡而晉始興焉。引世祖諱炎興而爲禪受，明天心不可以勢力强也[五七]。凡五十四卷。習鑿齒傳。○世説文學篇注引檀道鸞晉陽秋曰，習鑿齒漢晉春秋，斥桓温覬覦之心也。

劉知幾曰：「鑿齒以魏爲僞國，蓋定邪正之塗[五八]，明順逆之理耳。而檀道鸞稱其當桓氏執政[五九]，故撰此書，欲以絶彼瞻烏[六〇]，防兹逐鹿。歷觀古之學士，爲文諷上，若豪士作賦，女史獻箴。斯皆短什小篇[六一]，可率爾而就[六二]。安有變三國之體統，改五行之正朔，勒成一史，傳諸千載，而藉以權濟物義，取戒當時。求之人情，理不當爾。」史通探賾篇。又曰：「當宣、景開基，曹、馬構紛，列營渭曲，見屈武侯，或發仗雲臺，取傷成濟。陳壽、王隱咸杜口而無言，陸機、虞預各抽豪而靡述。至鑿齒，乃申以死葛走達之説、抽戈犯蹕之言。歷代厚誣，一朝始雪。考斯人之書事，蓋近古之遺直歟[六三]？」直書篇。

鑿齒史才不常，爲衡陽郡，於病中作漢晉春秋，品評卓逸。世説文學篇。

晉史，洛京時，著作郎陸機始撰三祖紀，佐著作郎束皙又撰十志。會中朝喪亂，其書不存。史通外篇。

晉江左史，自鄧粲、孫盛、王韶之以下，相次繼作。遠則偏記兩帝，近則惟敘八朝。史通外篇。

王隱父詮每私録晉事及功臣行狀，未就而卒。隱受父遺業，西都舊事，多所諳究。過江，草創務殷，未遑史官。太興初，典章稍備，乃召隱及郭璞俱爲著作郎，令撰晉史。時著作郎虞預私撰晉書，而生長東南，不知中朝事〔六四〕，數訪於隱，并借隱所著書竊寫之，所聞漸廣。是後更嫉隱，形於言色。預既豪族，交結權貴，共爲朋黨，以斥隱，竟以謗免，黜歸於家〔六五〕。貧無資用，書遂不就，乃依征西將軍庾亮於武昌。亮供其紙筆，書乃得成，詣闕上之。隱雖好著述，而文辭鄙拙，蕪舛不倫。其書次第可觀者，皆其父所撰；文體混漫、義不可解者，隱之作也。王隱傳。

劉知幾曰：「王隱、何法盛之徒，專訪州閭細事、委巷瑣言〔六六〕，聚而編之，目爲鬼神傳録〔六七〕。」史通書事篇。又曰：「時采新名，列成篇題。若王晉之十士、寒儁，即其事也。」稱謂篇。又曰：「其有舞詞弄札，飾非文過，若王隱、虞預，毀辱相凌。」曲筆篇。

虞預雅好經史，憎疾玄虛，其論阮籍裸袒，比之伊川被髮。著晉書四十餘卷〔六八〕。虞預傳。

○隋志：「虞預晉書四十四卷。」

劉勰曰：「春秋經傳，舉例發凡。自史漢以下，莫有準的。至鄧粲晉紀，始立條例。又撮舉漢魏，憲章殷周。雖湘州曲學，亦有心典謨。及安國立例，乃鄧氏之規焉。」文心雕龍史傳篇。

○按：鄧粲傳未載著晉紀事，隋志有之，十一卷。

孫盛著晉陽秋，詞直而理正，咸稱良史。既而桓温見之，謂盛子曰：「枋頭誠爲失利，何至乃如尊君所説？若此書遂行，自是關君門户事。」其子請删之，盛大怒，諸子遂爾改之〔六九〕。盛寫兩定本，寄於慕容儁。太元中，孝武帝博求異聞，始於遼東得之，以相考校，多有不同，書遂兩存。孫盛傳。○錢大昕攷異云：「枋頭之役，在慕容暐時，儁已先死久矣。」

劉知幾曰：「安國之述陽秋，梁、益舊事〔七〇〕，訪諸故老，夫以芻蕘鄙説，刊爲竹帛正言〔七一〕，而欲與五經方駕，三志競爽，斯亦難矣。」史通採撰篇。又曰：「孫盛魏、晉二陽秋，每書年首，必曰某年春帝正月。夫年既編帝紀，而月又編帝名，以此擬春秋，所謂貌同心異也。」模擬篇。

裴松之曰：「孫盛言，諸所改易，非别有異聞〔七二〕，自以意製，多不如舊。凡紀言之體，當使若出其口。辭勝而違實，固君子所不取，况復不勝而徒長虚妄哉？」魏書陳泰傳注。

晉著作郎魯國樂資，追採戰國策、太史公書二史〔七三〕，撰爲春秋後傳。其書始以周貞王續前傳魯哀公後，至赧王入秦。又以秦文王之繼周，終於二世之滅，合成三十卷。史通内篇。

晉廣陵相魯國孔衍以爲，國史所以表言行，昭法式，至於人理常事，不足備列。乃删漢、魏諸事，取其美詞典言，足爲龜鑑者，定以篇第，纂成一家。由是有漢尚書、後漢尚書、魏尚書，凡二十六卷。史通內篇。

皇甫謐姑子外弟梁柳邊〔七四〕，得古文尚書，故作帝王世紀，往往載孔傳五十八篇之書。尚書堯典正義引晉書皇甫謐傳。○按：今晉書謐傳無此語。

謐以漢紀殘闕，博按經傳，旁觀百家，著帝王世紀并年曆，合十二篇。起太昊帝，訖漢獻帝。玉海藝文〔七五〕。

晉世，摯虞依禹貢、周官，作畿服經，其州郡及縣分野封略事業，國邑山陵水泉，鄉亭城道里土田，民物風俗，先賢舊好，靡不具悉，凡一百七十卷。隋書經籍志。

何遵子嵩善史、漢。以下本傳。

王接父蔚修儒史之學。

盧欽篤志經史。

邵續博覽經史。

戴邈尤精史、漢。

郭荷明究羣籍，特善史書。

華譚爲秘書監時，晉陵朱鳳、吳郡吳震二人並有史才〔七六〕，譚皆薦爲著作佐郎〔七七〕。

何嵩博觀墳籍，尤善史、漢。何遵傳。

地圖學

裴秀以禹貢山川地名，從來久遠，多有變易，後世説者或强牽引，漸以暗昧。於是甄摘舊文，疑者則闕，古有名而今無者，皆隨事注列，作禹貢地域圖十八篇，奏之。其序曰：「圖書之設，由來尚矣。自古立象垂制，而賴其用。三代置其官，國史掌厥職。暨漢屠咸陽，丞相蕭何盡收秦之圖籍。今秘書既無古之地圖，又無蕭何所得，惟有漢氏輿地及括地諸雜圖。各不設分率，又不考正準望，亦不備載名山大川。雖有麤形，皆不精審，不可依據。或荒外迂誕之言，不合事實，於義無取。大晉龍興，混一六合，以清宇宙，始於庸蜀，采入其阻。文皇帝乃命有司，撰訪吴、蜀地圖。蜀土既定，六軍所經，地域遠近，山川險易，征路迂直，校驗圖記，罔或有差。今上考禹貢山海川流，原隰陂澤，古之九州，及今之十六州，郡國縣邑，疆界鄉陬，及古國盟會舊名，水陸徑路，爲地圖十八篇。制圖之體有六焉：一曰分率，所以辨廣輪之度也。二曰準望，所以正彼此之體也。三曰道里，所以定所由之數也〔七八〕。四曰高下，五曰方邪，六曰迂直，此三者各因地而制宜，所以校夷險之異也。有圖象而無分率，則無以審遠近之差；有分率而無準望，雖得之於一隅，必失之於他方；有準望而無道里，則施於山海絶隔之地，不能以相通；有道里而無高下、方邪、迂直之校，則徑路之數必與遠近之實相違，失準望之正矣，故以此六者參而考之。然遠近之實定於分率，彼此之實定於道里，度數之實定於高下、方邪、迂直之算。故雖有峻山鉅海之隔，絶域殊方之迥，登降詭曲之因，皆可得舉而定者〔七九〕。準望之法既正，則曲直遠近無所隱其形也。」裴秀傳。

裴秀以舊天下大圖，用縑八十匹，省視既難，事又不審，乃裁減爲方丈圖，以一分爲十里，一寸爲百里，從率數計里，備載名山都邑，王者可不下堂而知四方也。北堂書鈔藝文部引晉諸公贊〔八〇〕。

隋宇文愷曰：「裴秀輿地以二寸爲千里。」玉海十四。○按：此與晉諸公贊不同，俟考。

張華彊記默識，四海之内，若指諸掌。武帝嘗問漢宫室制度及建章千門萬户，華應對如流，畫地成圖。帝甚異之。張華傳。

左太沖摹二京而賦三都，其山川城邑則稽之地圖。玉海十四。

【校勘記】

〔一〕師徒相傳　「傳」，底本誤作「望」，據晉書改。

〔二〕考經籍　「籍」，底本誤作「典」，據晉書改。

〔三〕孝武帝始覽典籍　「始」，底本誤作「喜」，據晉書改。

〔四〕虞瀆所請爲著作郎　「所」，底本原奪，據初學記補。

〔五〕不可如傳　「可」下，底本原衍「不」字，據初學記删。

〔六〕故自帝王之籍　「自帝王」三字，底本空出，據初學記補。

〔七〕則追王之義　「王之義」三字，底本空出，據初學記補。

〔八〕德音未被乎管絃　「乎」，底本誤作「於」，據晉書改。

〔九〕建武元年　「建武」，底本誤作「太興」，據晉書改。

〔一〇〕右官書事　「官」，底本誤作「史」，據晉書改。

〔一一〕春秋著乎魯史　「乎」，底本誤作「於」，據晉書改。

〔一二〕秘書丞桓石綏啓校定四部之書　「啓」，底本原奪，據初學記補。「之書」，底本誤作「書目」，據初學記改。

〔一三〕詔遣郎中四人　「中」，底本空出，據初學記補。

〔一四〕删除繁重　「繁重」，文選注作「煩重」，宋明州本六臣注文選作「煩錯」，通典引作「煩重」。

〔一五〕勅秘書郎徐廣料秘閣　「料」下，底本原衍「簡」字，據文獻通考删。

〔一六〕詔與一千卷　「千」，底本誤作「十」，據北堂書鈔改。

〔一七〕北堂書鈔藝文部引晉義熙起居注　「北堂書鈔藝」，底本誤作「藝文類聚」，據北堂書鈔改。

〔一八〕三家分　「分」下，中華書局本晉書校勘記以爲諱省「晉」字。

〔一九〕幽王既亡　「幽王」，李慈銘晉書札記以爲當作「厲王」。

〔二〇〕故竭愚思　「愚」，底本原奪，據晉書補。

〔二一〕以贊其美　「以」，底本誤作「其」，據晉書改。

〔二二〕卿才學理議　「議」，底本誤作「義」，據晉書改。

〔二三〕可試論之　「之」，底本原奪，據晉書補。

〔二四〕范蔚有書七千餘卷　「蔚」，底本誤作「平」，據晉書改。

〔二五〕嶠書存者五十餘卷　「五」，中華書局本晉書校勘記以爲當作「三」。

〔二六〕義熙十三年七月　「三」，底本誤作「八」，據晉書改。

〔二七〕有古文尚書經文　「文」，底本誤作「本」，據隋書改。

〔二八〕歐陽大小夏侯家等學　「家等」，底本誤倒，據史通乙正。

〔二九〕崔遊儒術甄明　「術」，底本誤作「學」，據晉書改。

〔三〇〕演廣鄭旨　「廣」，底本誤作「暢」，據晉書改。

〔三一〕又爲春秋左氏解　「左氏」，底本原奪，據晉書補。

〔三二〕爲春秋左氏經傳集解　「左氏」，底本原奪，據晉書補。

〔三三〕教授常數十人　「十」，底本誤作「百」，據晉書改。

〔三四〕世亦稱之 「稱」，底本誤作「重」，據晉書改。

〔三五〕大體乖硋 「硋」，底本誤作「閡」，據晉書改。

〔三六〕貢舉之官 「貢」，底本原奪，據晉書補。

〔三七〕爲書生都養以自給 「生」，底本原奪，據中華書局本晉書校勘記補。

〔三八〕亦在晉初 「亦」，底本誤作「當」，據漢書敍例改。

〔三九〕稍以己之所見 「見」，底本原奪，據漢書敍例補。

〔四〇〕又遷爲蘇秦張儀范睢蔡澤作傳 「睢」，底本誤作「雎」，據晉書改。

〔四一〕不專據正經 「經」，底本誤作「典」，據晉書改。

〔四二〕彪復以周爲未盡善也 「善」，底本原奪，據晉書補。

〔四三〕爲帝紀十二卷皇后紀二卷十典十卷傳七十卷 「典」下「十」，底本誤作「九」，據晉書改。

〔四四〕及三譜序傳目録 「及」，底本誤作「又」，據晉書改。

〔四五〕嶠書存者三十餘卷 「三」，底本誤作「五」，據中華書局本晉書校勘記改。

〔四六〕魏收上魏書十志啓曰 「上」下，底本原衍「後」字，據魏書删。

〔四七〕十志實範遷固 「範」，底本空出，據魏書補。

〔四八〕魏書上十志啓 「上十志啓」，底本誤作「魏收傳」，據正文及魏書改。

〔四九〕創紀傳者五家 「者五」，底本空出，據史通補。

〔五〇〕史通内篇　按：正文上句屬内篇，下句屬外篇。

〔五一〕大得治功已矣　「得」，底本空出，據後漢紀補。

〔五二〕没而不傳　「傳」，底本誤作「存」，據後漢紀改。

〔五三〕恐千載之外　「之外」，底本誤作「而下」，據後漢紀改。

〔五四〕事多審正　「正」，底本誤作「覈」，據三國志注改。

〔五五〕括囊二百四十年之事　「括囊」，底本誤倒，據史通乙正。

〔五六〕咸躡其蹤　「咸」，史通作「遂」，或作「遽」。

〔五七〕明天心不可以勢力强也　「勢」，底本誤作「智」，據晉書改。

〔五八〕蓋定邪正之塗　「定邪」，底本誤作「辨雅」，據史通改。

〔五九〕而檀道鸞稱其當桓氏執政　「執」，底本誤作「亂」，據史通改。

〔六〇〕欲以絶彼瞻烏　「欲」，底本原奪，據史通補。

〔六一〕斯皆短什小篇　「短什小篇」，底本誤作「短篇小什」，據史通改。

〔六二〕可率爾而就　「爾」，底本誤作「意」，據史通改。

〔六三〕蓋近古之遺直歟　「近」，底本原奪，據史通改。

〔六四〕不知中朝事　「朝」下，底本原衍「故」字，據晉書删。

〔六五〕黜歸於家　「歸」，底本原奪，據晉書補。

〔六六〕專訪州閭細事委巷瑣言　「細」，底本誤作「俚」，據史通改。

〔六七〕目爲鬼神傳録　「録」，底本原奪，據史通補。

〔六八〕著晉書四十餘卷　「晉」，底本原奪，據下注文及晉書補。

〔六九〕諸子遂爾改之　「爾」，底本誤作「私」，據晉書改。

〔七〇〕梁益舊事　「舊」，底本誤作「故」，據史通改。

〔七一〕刊爲竹帛正言　「刊」，底本誤作「列」，據史通改。

〔七二〕非别有異聞　「聞」，底本誤作「同」，據三國志注改。

〔七三〕追採戰國策太史公書二史　「追」「二」二字，底本空出，據史通補。「戰國策」，底本誤作「左傳」，據史通改。

〔七四〕皇甫謐姑子外弟梁柳邊　「柳邊」，底本空出一格，據尚書正義補。

〔七五〕玉海藝文　「藝文」，底本誤作「書目」，據玉海改。

〔七六〕晉陵朱鳳吴郡吴震二人並有史才　「有史才」，晉書作「學行清修」。

〔七七〕譚皆薦爲著作佐郎　「皆」，底本原奪，據晉書補。「爲」，底本誤作「補」，據晉書改。

〔七八〕所以定所由之數也　「數」，底本誤作「路」，據晉書改。

〔七九〕皆可得舉而定者　「得」，底本原奪，據晉書補。

〔八〇〕北堂書鈔藝文部引晉諸公贊　「藝文」，底本誤作「文學」，據北堂書鈔改。

晉會要弟三十五

文學中

詞章

陸機天才秀逸，辭藻宏麗，張華嘗謂之曰：「人之爲文，常恨才少，而子更患其多。」弟雲嘗與書曰：「君苗見兄文，輒欲燒其筆硯。」後葛洪著書，稱：「機文猶玄圃之積玉，無非夜光焉；五河之吐流，泉源如一焉。其弘麗妍贍，英鋭飄逸，亦一代之絶乎！」其爲人推服如此。陸機傳。

陸雲有才理，少與兄機齊名，雖文章不及機，而持論過之，號曰「二陸」。陸雲傳。

夏侯湛幼有盛才，文章宏富，善構新詞。夏侯湛傳。

潘尼有清才〔一〕，與岳俱以文章見知。潘尼傳。

張載博學，有文章。張載傳。

孫楚才藻卓絶，爽邁不羣。孫楚傳。

孫綽博學，善屬文。絶重張衡、左思之賦，每云「三都、二京，五經之鼓吹也。」嘗作天台山賦，辭致甚工，初成，以示友人范榮期，云：「卿試擲地，當作金石聲也。」榮期曰：「恐此金石非中宫商。」然每至佳句，輒云：「應是我輩語。」孫綽傳。

李密子賜，能屬文〔二〕，爲玄鳥賦，詞甚美。李密傳。

歐陽建才藻美贍。歐陽建傳。

孫興公云：「潘文爛若披錦，無處不善；陸文若排沙簡金，往往見寶。」世說新語文學門。

○注引續文章志：「岳爲文，選言簡章，清綺絶倫。」

王沈好書，善屬文。王沈傳。

摯虞才學通博，著述不倦。摯虞傳。

應貞以才學稱〔三〕。帝於華林園宴射，賦詩最美。應貞傳。

成公綏有俊才〔四〕，詞賦甚麗。又以賦者貴能分賦物理，敷演無方，天地之盛，可以致思矣。歷觀古人，未之有賦，遂爲天地賦一篇。張華雅重綏，每見其文，歎伏以爲絶倫。每與華受詔並爲詩賦。成公綏傳。

左思辭藻壯麗，造齊都賦，一年乃成。復欲賦三都，會妹芬入宫，移家京師，乃詣著作郎張載訪岷邛之事。遂構思十年，門庭藩溷皆著紙筆，遇得一句，即便疏之。自以所見不博，求爲秘書郎。時人未之重。思自以所作不謝班、張，造安定皇甫謐，示之。謐稱善，爲其賦序。張載爲注魏都，劉逵注吴、蜀而序之。陳留衛權又爲思賦作略解〔五〕。司空張華見而歎曰：「班、張之流也。使讀者盡而有餘，久而更新。」於是豪貴之家競相傳寫，洛陽爲之紙貴。初，陸機入洛，欲爲此賦，聞思作之，撫掌而笑，與弟雲書曰：「此間有傖父，欲作三都賦，須其成，當以覆酒甕耳。」及思賦出，機絶歎伏，以爲不能加也，遂輟筆焉。左思傳。

褚陶年十三，作鷗鳥、水碓二賦，見者奇之。陶嘗謂所親曰：「聖賢備在黄卷中，捨此何求？」張華見之，謂陸機曰：「君兄弟龍躍雲津〔六〕，顧彦先鳳鳴朝陽，謂東南之寶已盡，不意復見褚生。」機曰：「公但未覩不鳴不躍者。」華曰：「故知延門之德不孤〔七〕，川嶽之寶不匱矣。」褚陶傳。

宏有逸才，文章絶美。從桓温北征，作北征賦。嘗與王珣、伏滔同在温坐，温令滔讀其北征賦，至「聞所傳於相傳，云獲麟於此野。誕靈物以瑞德，奚授體於虞者？疚尼父之恫泣〔八〕，似實慟而非假。豈一性之足傷，乃致傷於天下」，其本至此便改韻。珣云：「此賦方傳千載，無容率爾。今於『天下』之後，移韻徙事，然於寫送之致，似爲未盡。」滔云：「得益寫韻一句，或爲小勝。」温：「卿思益之。」宏應聲答曰：「感不絶於余心，泝流風而獨寫。」珣誦味久之，謂滔曰：「當今文章之美，故當共推此生。」性彊正亮直，雖被温禮遇，至於辨論，每不阿屈。出爲東陽太守。謝安祖道於冶亭，時賢皆集，安臨别，執其手，顧就左右取一扇而授之曰：「聊以贈行。」宏應聲答曰：「輒當奉揚仁風，慰彼黎庶。」袁宏傳。

羅含嘗晝卧，夢一鳥文采異常，飛入口中，自此後藻思日新。羅含傳。

葛洪博聞深洽，江左絶倫。著述篇章富於班、馬，又精辨玄賾，析理入微。葛洪傳。

陶潛少懷高尚，博學，善屬文，穎脱不羈，任真自得〔九〕。嘗著五柳先生傳以自況曰：「先生不知何許人，不詳姓字，宅邊有五柳樹，因以爲號焉。閑静少言，不慕榮利。好讀書，不求甚解，每有會意，欣然忘食。性嗜酒，而家貧不能恒得。親舊知其如此，或置酒招之，造飲必盡，期在必醉，既醉而退，曾不吝情。環堵蕭然，不蔽風日，短褐穿結，簞瓢屢空，晏如也。常著文章自娱，頗示己志，忘懷得失，以此自終。」其自序如此，時人謂之實録。陶潛傳。

孝武雅好典籍，珣與殷仲堪、徐邈、王恭、郗恢等並以才學文章見昵於帝。珣夢人以大筆如椽與之，覺，語人云：「當有大手筆事。」俄而帝崩，哀策謚議，皆珣所草。王珣傳。

郤詵博學多才。以下本傳。

牽秀博辯，有文才。

曹攄好學，善屬文。

賀循少玩篇籍，善屬文。

范堅博學，善屬文。

郭璞博學，有高才，詞賦爲中興之冠。

何綏性既輕物，翰札簡傲。城陽王尼見綏書疏，謂人曰：「伯蔚居亂而矜豪乃爾，豈其免乎？」何遵傳。

祜博學，能屬文。性樂山水，每風景，必造峴山，置酒言詠，終日不倦。嘗慨然歎息，顧謂從事中郎鄒湛曰：「自有宇宙，便有此山。由來賢達勝士，登此遠望，如我與卿者多矣！皆湮滅無聞，使人悲傷。如百歲後有知，魂魄猶應登此也。」羊祜傳。

戎嘗經黄公酒壚下過，顧謂後車客曰：「吾昔與嵇叔夜、阮嗣宗酣暢於此〔一〇〕，竹林之游，亦預其末。自嵇、阮云亡，吾便爲時之所羈紲。今日視之雖近，邈若山河。」王戎傳。

廣善清言而不長於筆，將讓尹，請潘岳爲表。岳曰：「當得君意。」廣乃作二百句語，述己之志。岳因取次比，便成名筆。時人咸云：「若廣不假岳之筆，岳不取廣之旨〔一一〕，無以成斯美也。」樂廣傳。

靖有先識，惠帝初，知天下將亂，指洛陽宫門銅駝，歎曰：「會見汝在荆棘中耳！」索靖傳。

陸機詣侍中王濟，濟指羊酪，謂機曰：「卿吳中何以敵此？」答云：「千里蓴羹，未下鹽豉。」時人稱爲名對。陸機傳。○世説新語言語門：「陸云：『有千里蓴羹，但未下鹽豉耳。』」

逖與劉琨情好甚篤[一二]，同寢，中夜聞荒雞鳴，蹴琨覺曰：「此非惡聲也。」因起舞。逖、琨並有英氣，每語世事，或中宵起坐，相謂曰：「若四海鼎沸，豪傑並起，吾與足下當相避於中原耳。」及元帝將謀北伐，以逖爲奮威將軍、豫州刺史[一三]。渡江，中流擊楫而誓曰：「祖逖不能清中原而復濟者，有如大江！」辭色壯烈，衆皆慨歎。祖逖傳。

過江人士，每至暇日，相要出新亭飲宴。周顗中坐而歎曰：「風景不殊，舉目有江河之異[一四]。」皆相視流涕。惟導愀然變色曰：「當共戮力王室，克復神州，何至作楚囚相對泣耶？」衆收涕而謝之。王導傳。

亮在武昌，諸佐吏殷浩之徒，乘秋夜往共登南樓，俄而不覺亮至[一五]，諸人將起避之。亮徐曰：「諸君少住，老子於此處興復不淺[一六]。」便據胡床與浩等談詠竟坐。庾亮傳。

簡文帝召憑與語，歎曰：「張憑勃窣爲理窟。」張憑傳。

徽之爲車騎桓沖騎兵參軍。沖謂曰：「卿在府日久，比當相料理。」徽之初不酬答，直高視，以手版柱頰曰：「西山朝來致有爽氣耳。」王徽之傳。

王恭美姿儀，或目之云：「濯濯如春月柳。」嘗被鶴氅裘[一七]，涉雪而行，孟昶窺見之，歎曰：「此真神仙中人也！」王恭傳。

桓温自江陵北伐，行經金城，見少爲琅邪時所種柳皆已十圍，慨然曰：「木猶如此，人何以堪？」攀枝執條，泫然流涕。於是過淮泗，踐北境，與諸寮屬登平乘樓，眺矚中原，慨然曰：「遂使神州陸沈，百年丘墟，王夷甫諸人不得不任其責！」桓温傳。

仲文至大司馬府，府中有老槐樹，顧之良久而歎曰：「此樹婆娑，無復生意！」殷仲文傳。

簡文入華林園，顧謂左右曰：「會心處不必在遠，翳然林水〔一八〕，便自有濠、濮間想。覺鳥獸禽魚自來親人。」世説新語言語門。

衛洗馬初渡江，形神慘悴，語左右云：「見此茫茫，不覺百端交集。苟未免有情，亦復誰能遣此？」世説言語門。

顧悦與簡文同年，而髮早白。簡文曰：「卿何以先白？」對曰：「蒲柳之姿，望秋而落；松柏之質，經霜彌茂。」世説言語門。

庾子嵩作意賦成，從子文康問曰：「若有意耶，非賦之所盡；若無意耶，復何所賦？」答曰：「正在有意無意之間。」世説文學門。注引晉陽秋曰：「敳見王室多難，知終嬰其禍，乃作意賦以寄懷。」

庾闡始作揚都賦，道温、庾云：「温挺義之標，庾作民之望。方響則金聲，比德則玉亮。」

庾公聞賦成，求看，兼贈貺之。闡更改「望」爲「儁」，以「亮」爲「潤」云。文學門。

庾仲初作揚都賦成，以呈庾亮。亮以親族之懷，大爲其名價云：「可三二京，四三都。」於此人人競寫，都下紙爲之貴。謝太傅云：「不得爾。此是屋下架屋耳，事事擬學，而不免儉狹。」文學門。

桓公見謝公作簡文謚議，看竟，擲與坐上諸客曰：「此是安石碎金。」文學門。

孫興公道曹輔佐才如白地明光錦〔一九〕，裁爲負版袴，非無文采，酷無裁製。文學門。○曹毗，字道輔。

桓宣武北征，袁虎時從，被責免官。會須露布文，喚袁倚馬前令作。手不輟筆，俄得七紙，殊可觀。東亭在側，極歎其才。袁虎曰：「當令齒舌間得利。」文學門。○袁宏，小字虎。

或問顧長康：「君箏賦何如嵇康琴賦？」顧曰：「不賞者作後出相遺，深識者亦以高奇見賞。」文學門。

羊孚作雪贊云：「資清以化，乘氣以霏。遇象能鮮，即潔成輝。」桓胤遂以書扇。文學門。

袁宏始作東征賦，悉稱過江諸名望，未及陶公。胡奴誘之狹室中，臨以白刃，曰：「先公勳業如是，君賦云何相忽？」宏答：「我大道公，何以云無？」因誦曰：「精金百煉，在割能斷。功則治人，職思靖亂。長沙之勳，爲史所讚。」時桓溫在南州，宏語衆曰：「我決不及桓宣城。」時伏滔在温府，與宏善，苦諫之，宏笑而不答。滔密啓温，温甚忿。以宏一時文宗，又聞此賦有聲，不欲令人顯問之。後遊青山，飲酹既歸，公命宏同載。行數里，問宏曰：「聞君作東征賦，何故不及家君？」宏答曰：「尊公稱謂，自非下官所敢專，故未呈啓，不敢顯之耳。」温乃云：「君欲爲何辭？」宏即答曰：「風鑒散朗，或搜或引。身雖可亡，道不可隕。則宣城之節，信爲允也。」温泫然而止。文學門注引續晉陽秋。○胡奴，陶範小字，侃弟十子。

書學

瓘學問深博，明習文藝，與尚書郎敦煌索靖俱善草書，時人號爲「一臺二妙」。漢末張芝善草書，論者謂瓘得伯英筋，靖得伯英肉。衛瓘傳。

靖該博經史，與尚書令衛瓘俱以善草書知名。瓘筆勝靖，然有楷法，遠不能及靖作草書狀。索靖傳。

瓘子恒善草隸書，爲四體書勢。字勢敍云：「昔在黄帝，創制造物。有沮誦、倉頡者，始作書契，以代結繩，蓋覩鳥迹以興思也。因而遂滋，則謂之字，有六義焉：一曰指事，上、下是也；二曰象形，日、月是也；三曰形聲，江、河是也；四曰會意，武、信是也；五曰轉注，考、老是也；六曰假借，令、長是也。夫指事者，在上爲上，在下爲下；象形者，日滿月虧，效其形也；形聲者，以類爲形，配以聲也；會意者，止戈爲武，人言爲信也；轉注者，以老壽考也；假借者，數言同字，其聲雖異，文意一也。自黃帝至三代，其文不改。及秦用篆書，焚燒先典，而古文絶矣。漢武時，魯恭王壞孔子宅，得尚書、春秋、論語、孝經。時人以不復知有古文，謂之科斗書。漢世秘藏，希得見之。魏初傳古文者，出於邯鄲淳。恒祖敬侯寫淳尚書，後以示淳，而淳不別。至正始中，立三字石經，轉失淳法，因科斗之名，遂效其形。太康元年，汲縣人盜發魏襄王冢，得策書十餘萬言。按敬侯所書，猶有髣髴。古書亦有數種，其一卷論楚事者最爲工妙。古無別名，謂之字勢。」篆勢敍云：「昔周宣王時，史籀始著大篆十五篇，或與古同，或與古異，世謂之籀書者也。及平王東遷，諸侯力政，家殊國異，而文字乖形。秦始皇帝初兼天下，丞相李斯乃奏益之，罷不合秦文者。斯作倉頡篇，中車府令趙高作爰歷篇，太史令胡毋敬作博學篇，皆取史籀大篆，或頗省改，所謂小篆者。或曰，下土人程邈爲衙獄吏，得罪始皇，幽繫雲陽十年，從獄中作大篆，少者增益，多者損減，方者使員，員者使方，奏之始皇。始皇善之，出以爲御史，使定書。或曰，邈所定乃隸字也。自秦壞古文，有八體：一曰大篆，二曰小篆，三曰刻符，四曰蟲書，五曰摹印，六曰署書，七曰殳書，八曰隸書。王莽時，使司空甄豐校文字部，改定古文，復有六書：一曰古文，孔氏壁中書也；二曰奇字，即古文而異者也；三曰篆書，秦篆書也；四曰佐書，即隸書也；五曰繆篆，所以摹印也；六曰鳥書，所以書幡信也。及許慎撰説文〔二〇〕，用篆書爲正，以爲體例，最可得而論也。秦時李斯號爲工篆，諸山及銅人銘皆斯書也。漢建初中，扶風曹喜少異於斯〔二一〕，而亦稱善。邯鄲淳師焉，略究其妙，韋誕師淳而不及也。太和中，誕爲武都太守，以能書，留補侍中，魏氏寶器銘題皆誕書也。漢末又有蔡邕，采斯、喜之法，爲古今雜形，然精密閒理不如淳也。」隸勢敍云：「秦既用篆，奏事繁多，篆字難成，即令隸人佐書，曰隸字。漢因行之，獨符、印璽、幡信、題署用篆。隸書者，篆之捷也。上谷王次仲始作楷法。至靈帝好書，時多能者，而師宜官爲最，大則一字徑丈，小則方寸千言，甚矜其能。或時不持錢詣酒家飲，因書其壁，顧觀者以酬酒〔二二〕，討錢足而滅之〔二三〕。每書輒削而焚其柎〔二四〕。梁鵠乃益爲版而飲之酒，候其醉而竊其柎。鵠卒以書至選部尚書。宜官後爲袁術將，今鉅鹿宋子有耿球碑，是術所立，其書甚工，云是宜官也。梁鵠奔劉表，魏武帝破荆州，募求鵠。鵠之爲選部也，魏武欲爲洛陽令，而以爲北部尉，故懼而自縛詣門，署軍假司馬；在秘書以勤書自效，是以今者多有鵠手跡。魏武帝懸著帳中，及以釘壁玩之，以爲勝宜官。今宫殿題署多是鵠篆〔二五〕。鵠宜爲大字，邯鄲淳宜爲小字。鵠謂淳得次仲法，然鵠之用筆盡其勢矣。鵠弟子毛弘教於秘書，今八分皆弘法也。漢末有左子邑，小與淳、鵠不同，然亦有名。魏初有鍾、胡二家爲行書法，俱學之於劉德升，而鍾氏小異，然亦各有巧，今大行於世云。」草書勢敍云：「漢興而有草書，不知作者姓名。至章帝時，齊相杜度號善作篇。後有崔瑗、崔寔，亦皆稱工。杜氏殺字甚安，而書體微瘦。崔氏甚得筆勢，而結字小疏。弘農張伯英者，因而轉精甚巧。凡家之衣帛，必書而後練之。臨池學書，池水盡黑。下筆必爲楷則，號忽忽不暇草書〔二六〕。寸紙不見遺，至今世尤寶其書，韋仲將謂之草聖。伯英弟文舒者，次伯英。又有姜孟穎、梁孔達、田彦和及韋仲將之徒，皆伯英弟子，有名於世，然殊不及文舒也。羅叔景、趙元嗣者，與伯英並時，見稱於西州，而矜巧自與，衆頗惑之。故英自稱『上比崔、杜不足，下方羅、趙有餘』。河間張超亦有名，然雖與崔氏同州，不如伯英之得其法也。」衛恒傳。

荀勖請立書博士，置弟子教習，以鍾、胡爲法。荀勖傳。

左思少學鍾、胡書。左思傳。

李充善楷書，妙參鍾、索。李充傳。

王羲之以骨鯁稱，尤善隸書，爲古今之冠。論者稱其筆勢，以爲飄若浮雲，矯若驚龍。嘗詣門生家，見棐几滑淨，因書之，真草相半。後爲其父誤刮去之，門生驚懊者累日。又嘗在蕺山見一老姥，持六角竹扇賣之。羲之書其扇，各爲五字。姥初有愠色。因謂姥曰：「但言是王右軍書，以求百錢耶。」姥如其言，人競買之。他日，姥又持扇來，羲之笑而不答。其書爲世所重，皆此類也。每自稱：「我書比鍾繇，當抗行；比張芝草，猶當雁行也。」曾與人書云：「張芝臨池學書，池水盡黑，使人耽之若是，未必後之也。」羲之書初不勝庾翼、郗愔，及其暮年方妙。嘗以章草答庾亮〔二七〕，而翼深歎伏，因與羲之書云：「吾昔有伯英章草十紙，過江顛狽〔二八〕，遂乃亡失，常歎妙迹永絕。忽見足下答家兄書，焕若神明，頓還舊觀。」又性愛鵝，山陰有一道士，養好鵝，羲之往觀焉，意甚悦，固求市之。道士云：「爲寫道德經，當舉羣相贈耳。」羲之欣然寫畢，籠鵝而歸。其任率如此。王羲之傳。

王凝之，亦工草隸。附羲之傳。

王獻之工草隸。七八歲時學書，羲之密從後掣其筆，不得，歎曰：「此兒後當復有大名。」嘗書壁爲方丈大字，羲之甚以爲能，觀者數百人。太元中，新起太極殿，謝安欲使獻之題榜，以爲萬代寶，而難言之，試謂曰：「魏時陵雲殿榜未題，而匠者誤釘之，不可下，乃使韋仲將懸橙書之。比訖，鬚鬢盡白，裁餘氣息。還語子弟，宜絕此法。」獻之揣知其旨，正色曰：「仲將，魏之大臣，寧有此事？使其若此，有以知魏德之不長。」安遂不之逼。安又問曰：「君書何如君家尊？」答曰：「故當不同。」安曰：「外論不爾。」答曰：「人那得知？」時議者以爲羲之草隸，江左中朝莫有及者〔二九〕，獻之骨力遠不及父，而頗有媚趣。桓玄雅愛其父子書，各爲一袠，置左右以翫之。王獻之傳。○世説品藻門注引宋明帝文章志曰：「獻之變右軍法爲今體，字畫秀媚，妙絶時倫，其章草疏弱，殊不及父。」

王修善隸書，號曰流奕清舉〔三〇〕。附王濛傳。

王廙能屬文，多所通涉，工書畫。王廙傳。

戴逵工書畫。總角時，以雞卵汁溲白瓦屑作鄭玄碑，又爲文而自鐫之，詞麗器妙，時人莫不驚歎。戴逵傳。

李式善楷隸。李充傳。

桓玄好奇異，人士有法書好畫，悉欲歸己，難逼奪之，皆蒱博而取〔三一〕。桓玄傳。

羊固善草行書，著名一時。避亂渡江，累遷黄門侍郎，褒其清儉，贈大鴻臚。世説新語雅量門注引文字志。

漢代無真書，工之自鍾太傅始。當時楷法雖精，章奏之外，未大行於世。迨晉帝王方用正書，見於竇臮注述書賦。而衛夫人圖筆陣，有「真書去筆頭二寸一分」之語，然則真書，當别標一目，未可牽混入隸之一門也。曝書亭集四十八。

王恬字敬豫，導次子，善隸書。世説德行門注引文字志。

謝安善行書。世説德行門注引文字志。

王珉善行書，名出兄珣右。世説政事門注引珉别傳。

畫學

愷之博學，有才氣。尤善丹青，圖寫特妙，謝安深重之，以爲有蒼生以來未之有也。愷之每畫人成，或數年不點目精〔三二〕。人問其故，答曰：「四體妍蚩，本無闕少於妙處〔三三〕。傳神寫照，正在阿堵中。」每重嵇康四言詩，因爲之圖，恒云：「手揮五絃易，目送歸鴻難。」每寫起人形，妙絶於時〔三四〕，嘗圖裴楷象，頰上加三毛〔三五〕，觀者覺神明殊勝。又爲謝鯤象，在石巖裏，云：「此子宜置丘壑中。」欲圖殷仲堪，仲堪有目病，固辭。愷之曰：「明府正爲眼耳，若明點瞳子〔三六〕，飛白拂上，使如輕雲之蔽月，豈不美乎？」仲堪乃從之。愷之嘗以一廚畫糊題其前，寄桓玄，皆其深所珍惜者。玄乃發其廚後，竊取畫，而緘閉如舊以還之〔三七〕，紿云未開。愷之見封題如初，但失其畫，直云妙畫通靈，變化而去，亦猶人之登仙，了無怪色。俗傳愷之有三絶：才絶、癡絶、畫絶。顧愷之傳。○世説巧藝門：「謝太傅云：『顧長康畫，爲蒼生來所無。』」

戴逵工書畫。戴逵傳。

王廙工書畫。王廙傳。

獻之善丹青，桓温嘗使書扇，筆誤落，因畫作烏駮牸牛，甚妙。王獻之傳。

弘農王粹以貴公子尚主，館宇甚盛，圖莊周於室，廣集朝士，使含爲之讚。含援筆爲弔文，文不加點。序曰：「帝壻王弘遠華池豐屋，廣延賢彥，圖莊生垂綸之象，記先達辭聘之事，畫真人於刻桷之室，載退士於進趣之堂，可謂托非其所，可弔不可讚也。」嵇含傳。

河南聽事壁上有角，漆畫作蛇。樂廣傳。

成帝時，彭城王紘上言，樂賢堂有先帝手畫佛象，經歷寇難，此堂猶存。蔡謨傳。

衛協師曹不興，工道釋人物及古今故實，有畫聖名。抱朴子、述畫記。

荀勖畫師衛協，善人物、士女。歷代名畫記。

范宣善畫，荀、衛之後推第一。世説新語。

謝安善畫，不以畫行，勝於畫行者，或什伯倍蓰也。書斷。

謝巖辟召不就，善畫。述畫記。

夏侯瞻善人物、鬼神，氣韻不足，精密有餘，擅名當代。古畫品録。

戴安道年十餘歲，在瓦官寺畫。王長史見之，曰：「此童非徒能畫，終當致名〔三八〕。」世説新語識鑒門。○注引續晉陽秋曰：「逵善圖畫，窮巧丹青也。」又巧藝門：「安道就范宣學，范讀書亦讀書，范鈔書亦鈔書。惟獨好畫，范以爲無用，不宜勞思於此。戴乃畫南都賦圖，范咨嗟，甚以爲有益，始重畫。」又云：「安道中年畫行像甚精妙。」

温嶠善畫。歷代名畫記。

楊惠辟召不就，善畫。述畫記。

張墨師衛協，人物圖繪，但取精靈，遺其骨法，有畫聖名。古畫録。

史道碩師荀勖、衛協，能得其似，善繪故實，工人、馬及鵝〔三九〕。其兄弟四人，皆以善畫名。宣和畫譜。

張收，太康中益州刺史，善古人故實。益州名畫記。

康昕字君明，義興人，官至臨沂令。畫稱妙絶，善走獸，勝於楊惠。書學二王。法書要録。

丁遠辟召不就，善畫。圖繪寶鑑。

緒言雜録

宣帝恒戒子弟曰：「盛滿者，道家之所忌。四時猶有推移，吾何德以堪之？損之又損之，庶可以免乎？」宣紀。

玠嘗以人有不及，可以情恕；非意相干，可以理遣。衛玠傳。

濤初布衣，家貧，謂妻韓氏曰：「忍饑寒，我後當作三公，但不知卿堪公夫人不耳〔四〇〕？」後顯貴，貞慎儉約，而無嬪媵。山濤傳。

簡性温雅，年二十餘，濤不之知也。簡歎曰：「吾年幾三十，而不爲家公所知。」山簡傳。

戎曰：「道家有言，『爲而不恃』，非成功難，保之難也。」王戎傳。

時王澄等任放爲達。廣聞而笑曰：「名教内自有樂地，何必乃爾？」樂廣傳。

閻纘上言太子諸王師友文學，宜選寒門孤宦以學行自立者，及取服勤更事，涉履艱難者，使與共處。絶貴戚子弟、輕薄賓客。其以文學爲名，實不讀書，但共鮮衣好馬，縱酒高會，嬉游博弈，豈有切磋，能相長益？閻纘傳。

阮种對策云：「朝有矜節之士，則野無貪冒之人。夫廉恥之於政，猶樹蓺之有豐壤，良歲之有膏澤，其生物必油然茂矣。若廉恥不存，而惟刑是御，則風俗彫弊，錐刀之末，皆有争心，雖峻刑嚴辟，猶不勝矣。」阮种傳。

虞嘗謂友人曰：「今天下方亂〔四一〕，避難之國，其惟涼土乎？」摯虞傳。

侃每飲酒有定限，常歡有餘而限已竭，浩等勸更少進，侃悽懷良久曰：「年少曾有酒失，亡親見約，故不敢踰。」陶侃傳。

或謂雅曰：「君性亮直，必不容於寇讎，何不隨時之宜？」雅曰：「國亂不能匡，君危不能濟，各遜遁以求免，吾懼董狐執簡而至矣。」鍾雅傳。

謝安嘗謂羲之曰：「中年以來，傷於哀樂，與親友别，輒作數日惡。」羲之曰：「年在桑榆，自然至此。頃正賴絲竹陶寫，恒恐兒輩覺，損其懽樂之趣。」羲之又與吏部郎謝萬書曰：「古之辭世者或被髮陽狂〔四二〕，或污身穢迹。可謂艱矣。今僕坐而獲逸〔四三〕，遂其宿心，其爲慶幸，豈非天賜？違天不祥。頃東游還，修植桑果，今盛敷榮，率諸子，抱弱孫，游觀其間，有一味之甘，割而分之，以娛目前。雖植德無殊邈，猶欲教養子孫以敦厚退讓。或以輕薄〔四四〕，庶令舉策數馬，彷彿萬石之風。君謂此何如？比當與安石東游山海，並行田視地利〔四五〕，頤養閒暇。衣食之餘，欲與親知時共懽讌，雖不能興言高詠，銜杯引滿，語田里所行，故以爲拊掌之資，其爲得意，可勝言耶？常依陸賈、班嗣、楊王孫之處世，甚欲希風數子，老夫志願盡於此也。」王羲之傳。

獻之夜臥齋中，而有偷人入其室，盜物都盡。獻之徐曰：「偷兒，青氈我家舊物，可特置之。」王獻之傳。

祖納好博弈，隱每諫止之。納曰：「聊用忘憂耳。」隱曰：「古人遭時，則以功達其道；不遇，則以言達其才：故否泰不窮也。當今晉未有書，天下大亂，舊事蕩滅，非凡才所能立。君少長五都，游宦四方，華夷成敗皆在耳目，何不述而裁之？應仲遠作風俗通，崔子真作政論，蔡伯喈作勸學篇，史游作急就章，猶行於世，便爲没而不朽。當其同時，人豈少哉？而了無聞，皆由無所述作也。故君子疾没世而無聞，易稱自强不息，況國史明乎得失之迹〔四六〕，何必博弈而後忘憂哉？」納喟然歎曰：「非不悦子之道，力不足也。」王隱傳。

鄧粲曰：「隱之爲道，朝亦可隱，市亦可隱。隱初在我，不在於物。」鄧粲傳。

諸葛長民曰：「貧賤常思富貴，富貴必履機危。今日欲爲丹徒布衣，豈可得也？」諸葛長民傳。

嵇含自號亳丘子，門曰歸厚之門，室曰慎終之室。嵇含傳。

齊王冏辟翰爲大司馬東曹掾。冏時執權，翰謂同郡顧榮曰：「天下紛紛，禍難未已。夫有四海之名者，求退良難。吾本山林間人，無望於時。子善以明防前，以智慮後。」榮執其手，愴然曰：「吾亦與子採南山蕨，飲三江水耳。」翰因見秋風起，乃思吴中菰菜、蓴羹、鱸魚膾，曰：「人生貴得適志〔四七〕，何能羈宦數千里以要名爵乎？」遂命駕而歸。張翰傳。

氾騰柴門灌園，琴書自適。張軌徵之爲府司馬，騰曰：「門一杜，其可開乎！」氾騰傳。

戴逵能鼓琴，太宰武陵王晞使人召之，逵對使者破琴曰：「戴安道不爲王門伶人〔四八〕！」戴逵傳。

陶潛爲彭澤令，郡遣督郵至縣，吏白應束帶見之，潛歎曰：「吾不能五斗米折腰，拳拳事鄉里小人耶！」陶潛傳。

邈嘗詣東府，遇衆賓沈湎，引滿諠譁。會稽王道子謂曰：「君時有暢不？」邈對曰：「邈陋巷書生，惟以節儉清修爲暢耳。」道子以邈業尚道素，笑而不以爲忤也。道子將用爲吏部郎，邈以波競成俗，非己所能節制，苦辭乃止〔四九〕。徐邈傳。

論者以「王導帝之師傅，名位隆重，百僚宜爲降禮」，太常馮懷以問光禄勳顧含。含曰：「王公雖貴重，理無偏敬。降禮之言，或是諸君事宜。鄙人老矣，不識時務。」既而告人曰〔五〇〕：「吾聞伐國不問仁人，向馮祖思問佞於我，我豈有邪德乎？」郭璞嘗遇含，欲爲之筮。含曰：「年在天，位在人。修己而天不與者，命也；守道而人不知者，性也。自有性命，無勞蓍龜。」通鑑九十六。

王大曰：「阮籍胸中壘塊，故須酒澆之。」世説任誕門。

王孝伯言：「名士但使常得無事，痛飲酒，熟讀離騷。」世説任誕門。

王丞相枕周伯仁厀，指其腹曰：「卿此中何所有？」答曰：「此中空洞無物，然容卿輩數百人。」世説排調門〔五一〕。

庾翼少有經倫大略。京兆杜乂、陳郡殷浩並才名冠世，而翼弗之重也，每語人曰：「此輩宜束之高閣，俟天下太平，然後議其任耳。」庾翼傳。

【校勘記】

〔一〕潘尼有清才　「尼」下，晉書有「少」字。

〔二〕能屬文　「能」上，晉書有「少」字。

〔三〕應貞以才學稱　「稱」，底本原奪，據晉書補。

〔四〕成公綏有俊才　「綏」下，晉書有「少」字。

〔五〕陳留衛權又爲思賦作略解　「權」，底本誤作「瓘」，據中華書局本晉書校勘記改。

〔六〕「王沈好書」至「君兄弟」　按：影印本誤置於「書學」類中。

〔七〕故知延門之德不孤　「門」，中華書局本晉書校勘記以爲當作「州」。

〔八〕疚尼父之恫泣　「恫」，晉書作「洞」，世説新語引作「慟」。

〔九〕任真自得　「真」，底本誤作「意」，據晉書改。

〔一〇〕吾昔與嵇叔夜阮嗣宗酣暢於此　「暢」，底本誤作「飲」，與世説新語引同，據晉書改。

〔一一〕岳不取廣之旨　「旨」，底本誤作「言」，據晉書改。

〔一二〕逖與劉琨情好至篤　「至篤」，晉書作「綢繆」。

〔一三〕以逖爲奮威將軍豫州刺史　「威」，底本誤作「武」，據晉書改。

〔一四〕舉目有江河之異　「河」，底本誤作「山」，據晉書改。

〔一五〕俄而不覺亮至　「亮」，底本誤作「庾」，據晉書改。

〔一六〕老子於此處興復不淺　「處」，底本原奪，據晉書補。

〔一七〕嘗被鶴氅裘　「裘」，底本原奪，據晉書補。

〔一八〕翳然林水　「水」，底本誤作「木」，據世説新語改。

〔一九〕孫興公道曹輔佐才如白地明光錦　「明光」，底本誤倒，據世説新語乙正。

〔二〇〕及許慎撰説文　「及」，底本誤作「又」，據晉書改。

〔二一〕扶風曹喜少異於斯　「少」，底本誤作「差」，據晉書改。

〔二二〕顧觀者以酬酒　「顧」，底本誤作「雇」，據中華書局本晉書校勘記改。

〔二三〕討錢足而滅之　「討」，底本誤作「計」，據晉書改。

〔二四〕每書輒削而焚其柎　「柎」，底本誤作「袝」，據晉書改。下「竊其柎」同。

〔二五〕今宫殿題署多是鵠篆　「篆」，底本誤作「象」，據中華書局本晉書校勘記改。

〔二六〕號忽忽不暇草書　「忽忽」，底本誤作「匆匆」，據晉書改。

〔二七〕嘗以章草荅庾亮　「章草」，底本誤倒，據晉書乙正。

〔二八〕過江顛狽　「狽」，底本誤作「沛」，據晉書改。

〔二九〕江左中朝莫有及者　「江左中朝」，底本誤倒作「中朝江左」，據晉書乙正。

〔三〇〕號曰流奕清舉　「奕」，底本誤作「逸」，據晉書改。

〔三一〕皆蒱博而取　「蒱」，底本誤作「蒲」，據晉書改。

〔三二〕或數年不點目精　「精」，底本誤作「睛」，據晉書改。

〔三三〕本無闕少於妙處　「闕少」，世説新語、太平御覽引作「關」。

〔三四〕妙絶於時　「於」，底本誤作「一」，據晉書改。

〔三五〕頰上加三毛　「毛」，底本誤作「毫」，據晉書改。

〔三六〕若明點瞳子　「瞳」，底本誤作「眸」，據晉書改。

〔三七〕而緘閉如舊以還之　「閉」，底本誤作「開」，據晉書改。

〔三八〕終當致名　「致」下，底本原衍「令」字，據世説新語删。

〔三九〕工人馬及鵝　「馬」，底本誤作「物」，據宣和畫譜改。

〔四〇〕但不知卿堪公夫人不耳　「公」，底本誤作「作」，據晉書改。

〔四一〕今天下方亂　「方」，底本誤作「將」，據晉書改。

〔四二〕古之辭世者或被髮陽狂　「陽」，底本誤作「佯」，據晉書改。

〔四三〕今僕坐而獲逸　「逸」，底本誤作「免」，據晉書改。

〔四四〕或以輕薄　「或以輕薄」，底本原奪，據晉書補。

〔四五〕並行田視地利　「地」，底本誤作「水」，據晉書改。

〔四六〕況國史明乎得失之迹　「況」下，底本原衍「乎」字，據晉書删。

〔四七〕人生貴得適志　「志」，底本誤作「意」，據晉書改。

〔四八〕戴安道不爲王門伶人　「王」，底本誤作「黄」，據晉書改。

〔四九〕苦辭乃止　「乃」，底本誤作「而」，據晉書改。

〔五〇〕既而告人曰　「而」，底本誤作「曰」，據資治通鑒改。

〔五一〕世説排調門　「排」，底本誤作「俳」，據世説新語改。

晉會要弟三十六

文學下

歌詩

魏景初二年，宣帝率師征遼東。過温，見父老故舊，讌飲累日。帝歎息，悵然有感，爲歌曰：「天地開闢，日月重光。遭遇際會，畢力遐方。將掃羣穢，還過故鄉。肅清萬里，總齊八荒。告成歸老，待罪舞陽。」宣紀。

庾峻嘗侍武帝講詩。庾峻傳。

三月三日，懷帝會天泉池，賦詩。禮志

劉聰遷懷帝於平陽，引帝入讌，謂曰：「爲豫章王時，以所製樂府歌相示，曰：『聞君善辭賦，試爲看之。』頗憶否？」載記一。

孝武帝喜延儒學，宴集酣樂之後，好爲詩章以賜侍臣。徐邈傳。

海西廢，簡文登阼，中書郎郗超在直，帝引入，謂曰：「命之修短，本所不計〔一〕，故當無復前日事耶！」超曰：「大司馬臣温方内固社稷，外恢經略，非常之事，臣以百口保之。」及超請急省其父，帝謂之曰：「致意尊公，家國之事，遂至於此！由吾不能以道匡衛，愧歎之深，言何能喻！」因詠庾闡詩云：「志士痛朝危，忠臣哀主辱。」遂泣下沾襟。簡文紀。

泰始中，有謡曰：「賈裴王，亂紀綱；王裴賈，濟天下〔二〕。」賈充傳。

金城麴氏與游氏世爲豪族，西州爲之語曰：「麴與游，牛羊不數頭。南開朱門，北望青樓。」麴允傳。

散騎常侍翟嬰薦長樂馮恢高行邁俗。御史崔洪奏恢不敦儒素，嬰爲浮華之目。遂免嬰官，朝廷憚之。時人爲之語曰：「叢生荆棘，來自博陵。在南爲鷂，在北爲鷹。」崔洪傳。

石崇將誅，已送在市。潘岳後至，崇謂之曰：「安仁，卿亦復爾耶？」岳曰：「可謂白首同所歸。」岳金谷詩云：「投分寄石友，白首同所歸。」乃成其讖。潘岳傳。

石苞容儀偉麗，時人爲之語曰：「石仲容，姣無雙。」以下本傳。

王祥初爲徐州别駕，時人歌之曰：「海沂之康，實賴王祥。邦國不空，别駕之功。」

羊祜謀伐吴時，吴有童謡曰：「阿童復阿童，銜刀浮渡江。不畏岸上虎，但畏水中龍。」

祜聞之〔三〕，曰：「此必水軍有功，但當思應其名者耳〔四〕。」知益州刺史王濬可任，濬又小字阿童，因表濬監益州諸軍事，加龍驤將軍，密令修舟楫，爲順流之計。

杜預爲鎮南大將軍、都督荆州諸軍事〔五〕，南土歌之曰：「後世無叛由杜翁，孰識智名與勇功？」

裴秀少好學，有風操。時人爲之語曰：「後進領袖有裴秀。」

阮籍嘗登廣武，觀楚、漢戰處，歎曰：「時無英雄，使豎子成名！」登虎牢山，望京邑而歎，於是賦豪傑詩。又作詠懷詩八十餘篇，爲世所重。

傅咸好屬文論，雖綺麗不足，而言成規鑒。潁川庾純常歎曰：「長虞之文，近乎詩人之作矣！」

瑯邪王澄有高名，少所推服，每聞玠言，輒歎息絶倒。時人爲之語曰：「衛玠談道，平子絶倒。」

東平呂安服嵇康高致，每一相思，輒千里命駕，康友而善之。後安爲兄所枉訴，以事繫獄，辭相證引，遂復收康。康性慎言行，一旦縲紲，乃作幽憤詩，曰：「嗟余薄祜，少遭不造。哀煢靡識，越在繦褓。母兄鞠育，有慈無威。恃愛肆好〔六〕，不訓不師。爰及冠帶，憑寵自放。抗心希古，任其所尚。托好莊老，賤物貴身。志在守樸，養素全真。曰予不敏，好善闇人。子玉之敗，屢增惟塵。大人含弘，藏垢懷恥。人之多僻，政不由己。惟此褊心，顯明臧否。感悟思愆，怛若創痏。欲寡其過，謗議沸騰。性不傷物，頻致怨憎。昔慚柳惠，今愧孫登。內負宿心，外恧良朋。仰慕嚴鄭，樂道閒居。與世無營，神氣晏如。咨予不淑，嬰累多虞。匪降自天，實由頑疏。理弊患結，卒致囹圄。對答鄙訊，縶此幽阻。實恥訟冤，時不我與。雖曰義直，神辱志沮。澡身滄浪，曷云能補？雍雍鳴雁，厲翼北游。順時而動，得意忘憂。嗟我憤歎，曾莫能疇。事與願違，遘茲淹留。窮達有命，亦又何求？古人有言，善莫近名。奉時恭默，咎悔不生。萬石周慎，安親保榮。世務紛紜，祇攪余情〔七〕。安樂必誠，乃終利貞。煌煌靈芝，一年三秀。予獨何爲，有志不就。懲難思復，心焉內疚。庶勖將來，無馨無臭。採薇山阿，散髮巖岫。永歗長吟，頤神養壽。」康從孫登游，登嘗規之，康不能用，果遭非命，故云「今愧孫登」。見登傳。

謝鯤任達不拘，鄰家高氏女有美色，鯤嘗挑之，女投梭，折其兩齒。時人爲之語曰：「任達不已，幼輿折齒。」鯤聞之，慠然長嘯曰：「猶不廢我嘯歌。」。

太康中，大旱，束皙爲邑人請雨，三日而雨注。衆謂皙誠感，爲作歌曰：「束先生，通神明。請天三日甘雨零。我黍以育，我稷以生。何以酬之〔八〕？報束長生。」

江統靜默有遠志，時人爲之語曰：「嶷然稀言江應元。」

孫楚除婦服，作詩以示同郡王濟，濟曰：「未知文生於情，情生於文，覽之悽然，增伉儷之重。」

孫綽與高陽許詢一時名流，或愛詢高邁，則鄙於綽；或愛綽才藻，而無取於詢〔九〕。沙門支遁問綽：「君何如許？」答曰：「高情遠致，弟子早已服膺；然一詠一吟，許將北面矣。」

潘岳負才而鬱鬱不得志。時山濤、領吏部王濟、裴楷等並爲帝所親遇，岳內非之，乃題閣道爲謠曰：「閣道東，有大牛。王濟鞅，裴楷鞧。和嶠刺促不得休。」

趙王倫篡位，諸黨皆登卿將，每朝會，貂蟬盈坐，時人爲之諺曰：「貂不足，狗尾續。」

成都王穎在鄴，詔入輔政。程太妃戀鄴，議久不決。所募將士既久，思歸，乃題鄴城門云：「大事解散蠶欲遽。請且歸，赴時務。昔以義來，今以義去。若復有急更相語。」

初，劉琨之去晉陽也，慮及危亡而大恥不雪〔一〇〕，亦知夷狄難以義伏，冀輸寫至誠，僥倖萬一。每見將佐，發言慷慨，悲其道窮，欲率部曲死於賊壘。斯謀未果，爲匹磾所拘。自知必死，神色怡如也。爲五言詩贈其別駕盧諶曰：「幄中有懸璧，本是荆山球。惟彼太公望，昔是渭濱叟。鄧生何感激，千里來相求。白登幸曲逆，鴻門賴留侯。重耳憑五賢，小白相射鉤。能隆二霸主，安問黨與讎？中夜撫枕歎，想與數子游。吾衰久矣夫，何其不夢周？誰云聖達節，知命故無憂。宣尼悲獲麟，西狩泣孔丘。功業未及建，夕陽忽西流。時哉不我與，去矣如雲浮。朱實隕勁風，繁英落素秋。狹路傾華蓋，駭駟摧雙輈。何意百鍊剛，化爲繞指柔。」琨詩托意非常，攄暢幽憤，遠想張、陳，感鴻門、白登之事，用以激諶。諶素無奇略，以常詞酬和，殊乖琨心，重以詩贈之，乃謂琨曰：「前篇帝王大志，非人臣所言矣。」琨既忠於晉室，素有重望，被拘經月，遠近憤歎。

應詹督南平、天門、武陵三郡軍事。天門、武陵谿蠻並反，討降之。時政令不一，諸蠻怨望，並謀背叛。詹召蠻酋，破銅券與盟，由是懷詹，數郡無虞。其後天下大亂，詹境獨全。百姓歌之曰：「亂離既普，殆爲灰朽。僥倖之運，賴兹應后。歲寒不凋，孤境獨守。拯我塗炭，惠隆丘阜。潤同江海，恩猶父母。」

卞壼父粹以清辯鑒察稱。兄弟六人並登宰府，世稱「卞氏六龍，玄仁無雙」。潁川陳述爲大將軍掾，爲敦所重，未幾而歿。郭璞哭之哀甚，呼曰：「嗣祖，嗣祖，焉知非福？」未幾而敦作難。

王坦之弱冠與郗超俱有重名，時人爲之語曰：「盛德絶倫郗嘉賓，江東獨步王文度。」

劉惔祖宏，字終嘏，光禄勳。宏兄粹，字純嘏，侍中。宏弟潢，字沖嘏，吏部尚書。並有名中朝。時人語曰：「洛中雅雅有三嘏。」

諸葛恢字道明。於時，潁川荀闓字道明、陳留蔡謨字道明，與恢俱有名譽，號曰「中興三明」。人爲之語曰：「京都三明各有名，蔡氏儒雅荀葛清。」
殷浩父羨，字洪喬，爲豫章太守。都下人士因其致書者百餘函，行次石頭，皆投之水中，
曰：「沈者自沈，浮者自浮。殷洪喬不爲致書郵。」
謝安能爲洛下書生詠，有鼻疾，故其音濁，名流愛其詠而弗能及，或手掩鼻以斆之〔一一〕。
羊曇者，太山人，知名士也，爲安所愛重。安薨後，輟樂彌年，行不由西州路。嘗因石頭大醉，
扶路唱樂，不覺至州門。左右白曰：「此西州門。」曇悲感不已，以馬策扣扉，誦曹子建詩
曰：「生存華屋處，零落歸山丘。」慟哭而去。
謝奕少與桓温善。及温辟爲安西司馬，猶推布衣好。在温坐，岸幘笑詠，無異常日。
王徽之好竹，嘗寄居空宅中，便令種竹。或問其故，徽之但嘯詠，指竹曰：「何可一日無
此君耶？」嘗居山陰，夜雪初霽，月色清朗，四望皓然，獨酌酒，詠左思招隱詩，忽憶戴逵。逵
時在剡，便夜乘小船詣之，經宿方至，造門不前而反。人問其故，徽之曰：「本乘興而行〔一二〕，
興盡而反，何必見安道耶？」
許邁移入臨安西山，登巖茹芝，眇爾自得，有終焉之志。改名玄，字遠遊。與婦書告別，
又著詩十二首，論神仙之事焉。
謝安女壻王國賓專利無檢行，安每抑制之。孝武帝末年，嗜酒好内，而會稽王道子昏醟

尤甚，惟狎昵諂邪，於是國寶讒安於主相之間〔一三〕，嫌隙遂成。會孝武帝召桓伊飲讌，謝安侍坐。帝命伊吹笛。伊曰：「臣於箏分不及笛，然自足以韻合歌管，請以箏歌。」便撫箏而歌怨詩曰：「爲君既不易，爲臣良獨難。忠信事不顯，乃有見疑患。周旦佐文武，金縢功不刊。推心輔王政，二叔反流言。」聲節慷慨，俯仰可觀。安泣下霑襟，乃越席而就之，捋其鬚曰：「使君於此不凡！」帝有愧色。

袁山松襟情秀遠，善音樂。舊歌有行路難曲，辭頗疏質。山松好之，乃文其辭句，婉其節制，每因酣醉縱歌之，聽者莫不流涕。初，羊曇善唱樂，桓伊能挽歌，及山松行路難繼之，時人謂之「三絶」。

袁湛以沖粹自立，而無文華，不爲流俗所重。時謝混爲僕射，范泰贈湛及混詩云：「亦有後出雋，離羣頗騫翥。」湛恨而不答。

李密爲溫令，常望內轉，而朝廷無援，乃遷漢中太守，自以失分懷怨。及賜餞東堂，詔密令賦詩，末章曰：「人亦有言，有因有緣。官無中人，不如歸田。明明在上，斯語豈然？」武帝忿之。

王裒讀詩至「哀哀父母，生我劬勞」，未嘗不三復流涕，門人受業者並廢蓼莪之篇。

吳隱之爲廣州刺史。未至州二十里，地名石門，有水曰貪泉，飲者懷無厭之欲。隱之既至，語其親人曰[一四]：「不見可欲，使心不亂。越嶺喪清，吾知之矣。」乃至泉所，酌而飲之，因賦詩曰：「古人云此水，一歃懷千金。試使夷齊飲，終當不易心。」及在州，清操逾厲[一五]。

武帝於華林園宴射，應貞賦詩最美。其辭曰：「悠悠太上，人之厥初。皇極肇建，彝倫攸敷。五德更運，應録受符。陶唐既謝，天曆在虞。於時上帝，乃顧惟眷。光我晉祚，應期納禪。位以龍飛，文以豹變。玄澤滂流，仁風潛扇。區內宅心，方隅迴面。天垂其象，地耀其文。鳳鳴朝陽，龍翔景雲。嘉禾重穎，蓂莢載芬。率土咸寧，人胥悅欣。恢恢皇度，穆穆聖容。言思其允，貌思其恭。在視斯明，在聽斯聰。登庸以德，明試以功。其恭維何？昧旦丕顯。無義不經，無理不踐。行舍其華，言去其辯。游心至虛，同規易簡。六府孔修，九有來踐。澤罔不被，化莫不加。聲教南暨，西漸流沙。幽人肆險，遠國忘遐。越常重譯[一六]，充牣皇家。峨峨列辟，赫赫武臣。內和五品，外威四賓。順時貢職，入覲天人。備言錫命，羽蓋朱輪。貽宴好會，不常厥數。神心所授，不言而喻。於時肆射[一七]，弓矢斯具。發彼五的[一八]，有酒斯飫。文武之道，厥猷未墜。在昔先王，射御茲器。示武懼荒，過則有失。凡厥羣后，無懈於位。」

桂陽張碩爲神女杜蘭香所降，曹毗因以二篇詩嘲之[一九]，并續蘭香歌詩十篇，甚有文采。

袁宏有逸才，文章絶美，曾爲詠史詩，是其風情所寄。謝尚時鎮牛渚，秋夜乘月，與左右微服泛江。會宏在舫中諷詠，聲既清會，辭又藻拔，遂駐聽久之，遣問焉。答云：「是袁臨汝郎誦詩。」即其詠史之作也。尚率有勝致，即迎升舟，與之譚論，申旦不寐，自此名譽日茂。

顧愷之爲桓温引爲大司馬參軍，甚見親昵。温薨後，愷之拜温墓，賦詩云：「山崩溟海竭，魚鳥將何依？」或問之曰：「卿憑重桓公乃爾，哭狀其可見乎？」答曰：「聲如震雷破山，淚如傾河注海。」桓玄與愷之同在殷仲堪坐，共作了語。愷之先曰：「火燒平原無遺燎。」玄曰：「白布纏根樹旒旐。」仲堪曰：「投魚深泉放飛鳥。」復作危語。玄曰：「矛頭淅米劍頭炊。」仲堪曰：「百歲老翁攀枯枝。」有一參軍曰：「盲人騎瞎馬臨深池。」仲堪眇目，驚曰：「此太逼人！」因罷。

諸習氏，荆土豪族，有佳園池，簡每出嬉游〔二〇〕，多之池上，置酒輒醉，名之曰高陽池。時有童兒歌曰：「山公出何許，往至高陽池。日夕倒載歸，酩酊無所知。時時能騎馬，倒著白接䍦。舉鞭向葛彊，何如并州兒？」彊家在并州，簡愛將也。

周處征齊萬年，軍人未食，都督梁王肜促令速進，而絶其後繼。處知必敗，賦詩曰：「去去世事已，策馬觀西戎。藜藿甘粱黍，期之克令終。」言畢而戰，自旦及暮，斬首萬計。弦絶矢盡，左右勸退，處按劍曰：「此是吾效節授命之日，何退之爲？」遂力戰而歿。時潘岳奉詔作關中詩曰〔二一〕：「周殉師令，身膏齊斧。人之云亡，貞節克舉。」又西戎校尉閻纘亦上詩云：「周全其節，令問不已。身雖云没，書名良史。」

祖逖爲豫州刺史〔二二〕，嘗置酒大會，耆老中坐流涕曰：「吾等老矣，更得父母，死將何恨？」乃歌曰：「幸哉遺黎免俘虜，三辰既朗遇慈父。玄酒忘勞甘瓠脯，何以詠恩歌且舞。」

祖納與梅陶及鍾雅數説餘事〔二三〕，納輒困之，因曰：「君汝潁之士，利如錐；我幽冀之士，鈍如槌。持我鈍槌，槌捶君利錐，皆當摧矣。」陶、雅並稱「有神錐，不可得槌」。納曰：「假有神錐，必有神槌。」雅無以對。

王歡安貧樂道，常丐食誦詩，家無斗儲，意怡如也。

歐陽建，字堅石，才藻美贍，擅名北州。時人爲之語曰：「渤海赫赫，歐陽堅石。」

王浚，字彭祖，謀僭號，時童謡曰：「幽州城門似藏户，中有伏屍王彭祖。」又謡曰：「十囊五囊入棗郎。」棗嵩，浚之子壻。浚聞，責嵩而不能罪之也。

顧愷之好爲吟詠，自謂得先賢風制。或請其作洛生詠，答曰：「何至作老婢聲？」義熙初，爲散騎常侍，與謝瞻連省，夜於月下長詠，瞻每遥贊之，愷之彌自力忘倦。瞻將眠，令人代己，愷之不覺有異，遂申旦而止。

王敦參軍熊甫見敦委任錢鳳，將有異圖，因酒酣謂敦曰：「開國承家，小人勿用，佞幸在位，鮮不敗業。」敦作色曰：「小人阿誰？」甫無懼容，因此告歸。臨與敦别，因歌曰：「徂風飆起蓋山陵，氛霧蔽日玉石焚。往事既去可長歎，念別惆悵復會難。」敦知其諷己而不納。沈充傳。

桓玄補義興太守，鬱鬱不得志。嘗登高望震澤，歎曰：「父爲九州伯，兒爲五湖長！」

沙門釋道安峻辯有高才，自北至荆州，與習鑿齒初相見。道安曰：「彌天釋道安。」鑿齒曰：「四海習鑿齒。」時人以爲佳對。

郭澄之爲劉裕引爲相國參軍。從裕北伐，既克長安，裕意更欲西伐，集僚屬議之，多不同。次問澄之，澄之不答，西向誦王粲詩曰：「南登灞陵岸，迴首望長安。」裕便意定，謂澄之曰：「當與卿共登灞陵岸耳。」

董京初爲隴西計吏[二四]，至洛陽，被髮而行，逍遥吟詠，常宿白社中。孫楚時爲著作郎，數就社中與語，遂載與俱歸。楚勸以「今堯舜之世，胡爲懷道迷邦[二五]」。京答之以詩曰：「周道斁兮頌聲没，夏政衰兮五常汨。便便君子，顧望而逝。洋洋乎滿目，而作者七。豈不樂天地之化也？哀哉乎時之不可與。對之以獨處，無娱我以爲歡。清流可飲，至道可餐。何爲栖栖，自使疲單？魚懸獸檻，鄙夫知之。夫古之至人，藏器於靈。緼袍不能令暖，軒冕不能令榮。動如川之流，静如川之渟。鸚鵡能言，泗濱浮磬。衆人所翫，豈合物情？玄鳥紆幕，而不被害？鳴隼遠巢，咸以欲死。眄彼梁魚，逡巡倒尾。沈吟不決，忽焉失水。嗟乎！魚鳥相與，萬世而不悟。以我觀之，乃明其故。焉知不有達人，深穆其度？亦將闚我，顰顣而去。萬物皆賤，惟人爲貴。動以九州爲狹，静以環堵爲大。」後數年，遁去，不知所之，於其所寢處，惟有一石竹子及詩二篇。其一曰：「乾道剛簡，坤體敦密。茫茫太素，是則是述。末世流奔，以文代質。悠悠世目，孰知其實？逝將去此至虚，歸我自然之室。」又曰：「孔子不遇，時彼感麟。麟乎麟！胡不遁世以存真？」

宋纖隱居於酒泉南山。太守馬岌造焉，纖距而不見。岌歎曰：「名可聞而身不可見，德可仰而形不可覩。吾而今而後知先生人中之龍也。」銘詩於石壁曰：「丹崖百丈，青壁萬尋。奇木蓊鬱，蔚若鄧林。其人如玉，維國之琛。室邇人遐，實勞我心。」

陶潛既絶州郡覲謁，惟遇酒則飲，時或無酒，亦雅詠不輟。嘗言夏月虚閒，高卧北窗之下，清風颯至，自謂羲皇上人。性不解音，而蓄素琴一張，絃徽不具，每朋酒之會，則撫而和之，曰：「但識琴中趣，何勞絃上聲？」

王渾妻鍾氏，字琰，善嘯詠。

王凝之妻謝氏，字道韞，聰識有才辯。叔父安嘗問：「毛詩何句最佳？」道韞稱：「吉甫作誦，穆如清風。仲山甫永懷，以慰其心。」安謂有雅人深致。又嘗内集，俄而雪驟下，安曰：「何所似也？」安兄子朗曰：「散鹽空中差可擬。」道韞曰：「未若『柳絮因風起』。」安大悦。

竇滔妻蘇氏，名蕙，字若蘭，善屬文。滔，苻堅時爲秦州刺史，徙流沙，蘇氏思之，織錦爲迴文旋圖詩以贈滔。宛轉循環以讀之，詞甚悽惋，凡八百四十字〔二六〕。以上本傳。

泰始二年，吴主居武昌，揚州之民泝流供給，甚苦之。童謡云：「寧飲建業水，不食武昌魚。寧還建業死，不止武昌居。」通鑑七十九。

洛陽有銅駝街。俗語曰：「金馬門外集衆賢，銅駝陌上集少年。」通鑑八十七胡三省注引陸機洛陽記。

孟昶爲青州主簿，桓玄見而悦之，謂劉邁曰：「素士中得一尚書郎，卿與其州里，寧相識否？」邁曰：「不聞昶有異能，惟聞父子紛紛更相贈詩耳。」通鑑一百一十三。

王武子、孫子荆各言其土地人物之美。王云：「其地坦而平，其水淡而清，其人廉且貞。」孫云：「其山嶵巍以嵯峨，其水泙渫而揚波，其人磊砢而英多。」世説新語言語門。○注：「王濟，字武子，太原晉陽人。孫楚，字子荆，太原中都人。」

夏侯湛作周詩成，示潘安仁，安仁曰：「此非徒温雅，乃别見孝悌之性。」潘因此遂作家風詩。文學門。○注：「湛集載其敍曰：『周詩者，南陔、白華、華黍、由庚、崇丘、由儀六篇，有其義而亡其辭。湛續其亡，故云周詩。』岳家風詩，載其宗祖之德，及自戒也。』」

郭景純詩云：「林無静樹，川無停流。」阮孚云：「泓崢蕭瑟，實不可言。每讀此文，輒覺神超形越。」文學門。

簡文稱許掾云：「玄度五言詩，可謂妙絶時人。」文學門。○謂許詢也。

王處仲每酒後，輒詠：「老驥伏櫪，志在千里。烈士暮年，壯心不已。」以如意打唾壺，壺口盡缺。豪爽門。

續晉陽秋曰：「自司馬相如、王褒、揚雄諸賢，世尚賦頌，皆體則詩、騷，旁綜百家之言。及至建安，而詩章大盛。逮乎西朝之末，潘、陸之徒雖時有質文，而宗歸不異也。正始中，王弼、何晏好莊、老玄勝之談，而世遂貴焉，至過江，佛理尤盛。故郭璞五言始會合道家之言而韻之，許詢及太原孫綽轉相祖尚。又加以三世之辭，而詩、騷之體盡矣。詢、綽並爲一時文宗，自此作者悉體之。至義熙中，謝混始改。」文學門注。

王孝伯在京，行散至其弟王睹户前，問：「古詩中何句爲最？」睹思未答。孝伯詠「所遇無故物，焉得不速老」：「此句爲佳。」文學門。

晉武帝問孫皓：「聞南人好作爾汝歌，頗能爲不？」皓正飲酒，因舉觴勸帝而言曰：「昔與汝爲鄰，今與汝爲臣。上汝一杯酒，令汝壽萬春！」帝悔之。世説排調門〔二七〕。

郝隆爲桓公南蠻參軍，三月三日會，作詩，不能者罰酒三升。隆初以不能受罰，既飲，攬筆便作一句云：「娵隅躍清池。」桓問：「娵隅是何物？」答曰：「蠻名魚爲娵隅。」桓公曰：「作詩何以作蠻語？」隆曰：「千里投公，始得蠻府參軍，那得不作蠻語也？」世説排調門。

郗超少有才氣，時人爲之語曰：「大家槃槃謝家安，江東獨步王文度，盛德日新郗嘉賓。」世説賞譽門注〔二八〕。

王子猷詣謝公，謝曰：「云何七言詩？」子猷承問答曰：「昂昂若千里之駒，汎汎若水中之鳧。」世説排調門。

謝公因子弟集聚，問：「毛詩何句最佳？」遏稱曰：「昔我往矣，楊柳依依。今我來思，雨雪霏霏。」公曰：「『訏謨定命，遠猷辰告。』謂此句偏有雅人深致。」世説文學門。

王珣、郗超並有奇才，爲大司馬所眷拔。珣爲主簿，狀短小；超爲記室參軍，多髯〔二九〕。於時，荆州爲之語曰：「髯參軍，短主簿。能令公喜，能令公怒。」寵禮門。

桓子野每聞清歌，輒喚「奈何」。謝公聞之，曰：「子野可謂一往有深情。」任誕門。

荀鳴鶴、陸士龍二人未相識，俱會張茂先坐。張謂其並有大才，可勿作常語。陸舉手曰：「雲間陸士龍。」荀答曰：「日下荀鳴鶴。」陸曰：「既開青雲覩白雉，何不張爾弓，布爾矢？」荀答曰：「本謂雲龍騤騤，定是山鹿野麋。獸弱弩强，是以發遲。」張乃撫掌大笑。排調門。

袁羊嘗詣劉恢，恢在内眠未起。袁因作詩調之曰：「角枕粲文茵，錦衾爛長筵。」劉尚晉明帝女，主見詩不平，曰：「袁羊，古之遺狂！」排調門。

凡樂章古辭，今之存者，並漢世街陌謡謳。

晉俳歌云：「皎皎白緒，節節爲雙。」吴音呼緒爲紵，疑白紵即白緒也。

團扇歌者，中書令王珉與嫂婢有情，愛好甚篤，嫂捶撻婢過苦〔三〇〕，婢素善歌，而珉好捉白團扇，故制此歌。以上志

武帝平吴後，江南童謡曰：「局縮肉，數横目，中國當敗吴當復。」又曰：「宫門柱，且當朽。吴當復，在三十年後。」又曰：「雞鳴不拊翼，吴復不用力。」於時，吴人皆謂在孫氏子孫，故竊發爲亂者相繼。按：横目者，「四」字。自吴亡至元帝興，幾四十年，元帝興於江東，皆如童謡之言焉。元帝懦而少斷，「局縮肉」者，有所斥也。

太康末，京洛爲折楊柳之歌，其曲始有兵革苦辛之辭，終以擒獲斬截之事。是時，三楊貴盛而被族滅，太后廢黜，幽死中宫，「折楊柳」之應也。

惠帝永熙中，河内温縣有人如狂，造書曰：「光光文長，大戟爲牆。毒藥雖行，戟還自傷。」又曰：「兩火没地，哀哉秋蘭。歸形街郵，終爲人歎。」及楊駿居内府，以戟爲衛，死時又爲戟所害傷。楊后被廢，賈后絶其膳八日而崩，葬街郵亭北，百姓哀之也。兩火，武帝諱；

蘭，楊后字也。其時又有童謠曰：「二月末，三月初。荆筆楊板行詔書，宮中大馬幾作驢。」此時楊駿專權，楚王用事，故言「荆筆楊板」。二人不誅，則君臣禮悖，故云「幾作驢」也。

元康中，京洛童謠曰：「南風起，吹白沙。遥望魯國何嵯峨，千歲髑髏生齒牙。」又曰：「城東馬子莫嚨哅，比至來年纏女髮。」南風，賈后字也。白，晉行也。沙門，太子小名也。魯，賈謐國也。言賈后將與謐爲亂，以危太子，而趙王因釁咀嚼豪賢，以成篡奪，不得其死之應也。惠賈皇后傳作：「南風烈烈吹黄沙，遥望魯國鬱嵯峨，前至三月滅汝家。」

元康中，天下商農通著大鄣日。時童謠曰：「屠蘇鄣日覆兩耳，當見瞎兒作天子。」及趙王倫篡位，其目實眇焉。趙王倫既篡，洛中童謠曰：「虎從北來鼻頭汗，龍從南來登城看，水從西來河灌灌。」數月而齊王、成都、河間義兵同會誅倫。案：成都西藩而在鄴，故曰「虎從北來」。齊東藩而在許，故曰「龍從南來」。河間水源而在關中，故曰「水從西來」。齊留輔政，居於宮西，又有無君之心，故言「登城看」也。

太安中，童謠曰：「五馬游渡江〔三一〕，一馬化爲龍。」中原大亂，宗藩多絶，惟琅邪、汝南、西陽、南頓、彭城同至江東，而元帝嗣統矣。

司馬越還洛，有童謠曰：「洛中大鼠長尺二，若不早去大狗至。」及苟晞將破汲桑，又謡曰：「元超兄弟大落度，上桑打椹爲苟作。」由是越惡晞，奪其兖州，隙難遂搆焉〔三二〕。

愍帝初，有童謡曰：「天子何在豆田中。」至建興四年，帝降劉曜，在城東豆田壁中。

建興中，江南謡歌曰：「訇如白坑破，合集持作甒。揚州破換敗，吴興覆瓿甊。」案：白者，晉行。坑器有口屬甕，瓦甕質剛，亦金之類也。「訇如白坑破」者，言二都傾覆，王室大壞也。「合集持作甒」者〔三三〕，元帝鳩集遺餘，以主社稷，未能克復中原，但偏王江南，故其喻也。及石頭之事，六軍大潰，兵人抄掠京邑，爰及二宫。其後三年，錢鳳復攻京邑，阻水而守，相持月餘日，焚燒城邑，井堙木刊矣。鳳等敗退，沈充將其黨還吴興，官軍踵之，蹈籍郡縣，充父子授首，黨與誅者以百數。所謂「揚州破換敗，吴興覆瓿甊」，瓿甊〔三四〕，瓦器，又小於甒也。

明帝太寧初，童謡曰：「惻惻力力，放馬山側。大馬死，小馬餓。高山崩，石自破。」及明帝崩，成帝幼，爲蘇峻所逼，遷於石頭，御膳不足，此「大馬死，小馬餓」也。高山，峻也，又言峻尋死。石，峻弟蘇石也。峻死後，石據石頭，尋爲諸公所破，復是崩山石破之應也。

成帝之末，又有童謡曰：「礚礚何隆隆，駕車入梓宫。」少日而宫車晏駕。

咸康二年十二月〔三五〕，河北謡曰：「麥入土，殺石虎。」後如謡言。

庾亮初鎮武昌，出至石頭，百姓於岸上歌曰：「庾公上武昌，翩翩如飛鳥。庾公還揚州，白馬牽旐旐。」又曰：「庾公初上時，翩翩如飛烏。庾公還揚州，白馬牽流蘇。」後連徵不入，及薨於鎮，以喪還都葬，皆如謡言。

穆帝升平中，童兒輩忽歌於道曰阿子聞，曲終輒云：「阿子汝聞不？」無幾而帝崩，太后哭之曰：「阿子汝聞不？」樂志：「後人衍其聲爲阿子及歡聞二曲。」

升平末，俗間忽作廉歌，有扈謙者聞之曰：「廉者，臨也。歌曰『白門廉，宫庭廉』，内外悉臨，國家其大諱乎！」少時而穆帝晏駕。

哀帝隆和初，童謡曰：「升平不滿斗，隆和那得久？桓公入石頭，陛下徒跣走。」朝廷聞而惡之，改年曰興寧。人復歌曰：「雖復改興寧，亦復無聊生。」哀帝尋崩。升平五年，穆帝崩。「不滿斗」，升平不至十年也。

海西公太和中，百姓歌曰：「青青御路楊，白馬紫游韁。汝非皇太子，那得甘露漿？」識者曰：「白者，金行〔三六〕。馬者，國族。紫爲奪正之色，明以紫間朱也。」海西公尋廢，其三子並非海西公之子，縊以馬韁。死之明日，南方獻甘露焉。

太和末，童謡曰：「犂牛耕御路，白門種小麥。」及海西公被廢，百姓耕其門以種小麥，遂如謡言。

海西公初生皇子，百姓歌曰：「鳳皇生一雛，天下莫不喜。本言是馬駒，今定成龍子。」其歌甚美，其旨甚微。海西公不男，使左右向龍與内侍接，生子，以爲己子。

桓石民爲荆州，鎮上明，百姓忽歌曰「黄曇子」。曲中又曰〔三七〕：「黄曇英，揚州大佛來上明。」頃之而桓石民死，王忱爲荆州。黄曇子乃王忱字也。忱小字佛大，是「大佛來上明」也。

孝武帝太元末，京口謡：「黄雌雞，莫作雄父啼。一旦去毛衣，衣被拉颯栖。」尋而王恭起兵誅王國寶，旋爲劉牢之所敗，故言「拉颯栖」也。

會稽王道子於東府造土山，名曰靈秀山。無幾而孫恩作亂，再踐會稽。會稽，道子所封；靈秀，孫恩之字也。

庾楷鎮歷陽，百姓歌曰：「重羅黎，重羅黎，使君南上無還時。」後楷南奔桓玄，爲玄所誅。

殷仲堪在荆州，童謡曰：「芒籠目，繩縛腹。殷當敗，桓當復。」未幾而仲堪敗，桓玄遂有荆州。

王恭鎮京口，舉兵誅王國寶。百姓謡曰：「昔年食白飯，今年食麥麩。天公誅謫汝，教汝捻嚨喉。嚨喉喝復喝，京口敗復敗。」識者曰：「『昔年食白飯』，言得志也。『今年食麥麩』，麩麤穢，其精已去，明將敗也。天公將加譴謫而誅之也。『捻嚨喉』，氣不通，死之祥也。『敗復敗』，丁寧之辭也。」恭尋死，京都又大行欬疾，而喉並喝焉。

王恭在京口，百姓間忽云：「黄頭小兒欲作賊，阿公在城，下指縛得。」又云：「黄頭小人欲作亂，賴得金刀作藩扞。」黄字，上恭字頭也；小人，恭字下也。尋如謡言者焉。

安帝隆安中，百姓忽作懊憹之歌，其曲曰：「草生可攬結，女兒可攬擷。」尋而桓玄簒位，義旗以三月二日掃定京都，誅之。玄之宫女及逆黨之家子女妓妾悉爲軍賞，東及甌越，北流淮泗，皆人有所獲。故言時則草可結，事則女可擷也。

桓玄既簒，童謡曰：「草生及馬腹，烏啄桓玄目。」及玄敗，走至江陵，時正五月中，誅如其期焉。

安帝義熙初，童謡曰：「官家養蘆化成荻，蘆生不止自成積。」其時官養盧龍，寵以金紫，奉以名州，養之極也。而龍不能懷我好音，舉兵内伐，遂生讐敵也。「蘆生不止自成積」，及盧龍之敗，斬伐其黨〔三八〕，猶如草木以成積也。

盧龍據廣州，人爲之謡曰：「蘆生漫漫竟天半。」後擁上流數州之地，内逼京輦，應「天半」之言。

義熙二年，小兒相逢於道，輒舉其兩手曰「盧健健」，次曰「鬥歎鬥歎」，末曰「翁年老翁年老」。當時莫知所謂。其後盧龍内逼，舟艦蓋川，「健健」之謂也。既至查浦，屢尅期，欲與官鬥，「鬥歎」之謂也。「翁年老」，羣公有期頤之慶，知妖逆之徒自然消殄也。其時復有謡曰：「盧橙橙，逐水流。東風忽如起，那得入石頭？」盧龍果敗，不得入石頭也。

苻堅初，童謡曰：「阿堅連牽三十年，後若欲敗時，當在江湖邊。」及堅在位凡三十年，敗於淝水，是其應也。以上五行志詩妖。

【校勘記】

〔一〕本所不計　「所」，底本誤作「欲」，據晉書改。

〔二〕濟天下　「濟」，底本誤作「亂」，據晉書改。

〔三〕祜聞之　「之」，底本原奪，據晉書補。

〔四〕但當思應其名者耳　「者」，底本原奪，據晉書補。

〔五〕杜預爲鎮南大將軍都督荆州諸軍事　「大」，底本原奪，據晉書補。

〔六〕恃愛肆好　「好」，文選作「姐」。

〔七〕祇攪余情　「攪」，底本誤作「擾」，據晉書改。

〔八〕何以酬之　「酬」，晉書作「疇」，二字通假。

〔九〕而無取於詢　「而」，底本誤作「則」，據晉書改。

〔一〇〕慮及危亡而大恥不雪　「不」，底本誤作「未」，據晉書改。

〔一一〕或手掩鼻以斁之　「斁」，底本誤作「效」，據晉書改。

〔一二〕本乘興而行　「行」，底本誤作「來」，據晉書改。

〔一三〕於是國寶讒安於主相之間　「安」，晉書作「諛之計稍行」。

〔一四〕語其親人曰　「語」，底本誤作「謂」，據晉書改。

〔一五〕清操逾厲　「厲」，底本誤作「勵」，據晉書改。

〔一六〕越常重譯　「常」，底本誤作「裳」，據晉書改。

〔一七〕於時肆射　「肆」，底本誤作「肄」，據晉書改。

〔一八〕發彼五的　「五」，底本誤作「中」，晉書誤作「互」，據文選改。

〔一九〕曹毗因以二篇詩嘲之　「二篇詩」，底本誤倒作「詩二篇」，據晉書乙正。

〔二〇〕簡每出嬉游　「嬉游」，底本誤倒，據晉書乙正。

〔二一〕時潘岳奉詔作關中詩曰　「奉」，底本誤作「受」，據晉書改。

〔二二〕祖逖爲豫州刺史　「刺史」，底本原奪，據晉書補。

〔二三〕祖納與梅陶及鍾雅數説餘事　「餘」，底本原奪，據晉書補。

〔二四〕董京初爲隴西計吏　「爲」，中華書局本晉書校勘記以爲當作「與」。

〔二五〕胡爲懷道迷邦　「道」，底本誤作「寶」，據晉書改。

〔二六〕凡八百四十字　「凡」，底本原奪，據晉書補。

〔二七〕世説排調門　「排」，底本誤作「俳」，據世説新語改。下「排調門」同。

〔二八〕世説賞譽門注　「賞譽門注」，底本誤作「品藻門」，據世説新語改。

〔二九〕多髯　「髯」，底本誤作「鬚」，據下文及世説新語改。

〔三〇〕嫂捶撻婢過苦　「過」，底本誤作「甚」，據晉書改。

〔三一〕五馬游渡江　「游」，底本誤作「浮」，據晉書改。

〔三二〕隙難遂搆焉　「隙」，底本原奪，據晉書補。

〔三三〕合集持作甒者　「者」，底本原奪，據晉書補。

〔三四〕瓿甊　「瓿」，底本原奪，據晉書補。

〔三五〕咸康二年十二月　「康」下，底本原衍「十」字，據晉書删。

〔三六〕金行　「金」，底本誤作「晉」，據晉書改。

〔三七〕曲中又曰　「中」，宋書作「終」。

〔三八〕斬伐其黨　「斬伐」，底本原奪，據晉書補。

晉會要弟三十七

經籍一

經部十一類：一曰易，二曰書，三曰詩，四曰禮，五曰樂，六曰春秋，七曰論語，八曰孝經，九曰羣經，十曰小學，十一曰經緯。

易類

薛貞歸藏注十三卷。太尉參軍。○以下隋志。

韓康伯周易繫辭注三卷〔一〕。

黄穎周易注十卷。經典釋文序録云：「穎，南海人，晉廣州儒林從事。」

干寶周易注十卷。宋志作「易傳」。

王廙周易注十二卷〔二〕。驃騎將軍。○兆鏞按：世説言語篇注引：「王廙注繫辭。」

張璠周易集解十二卷。著作郎。〇隋志作「周易注十卷」。今按經典釋文改正。

桓玄周易繫辭注二卷。

謝萬等周易繫辭注二卷。西中郎將。

徐邈周易音一卷。太子前率。

李軌弘範周易音一卷〔三〕。尚書郎。

欒肇周易象論三卷。尚書郎。〇經典釋文：「字永初，太山人。」通志作「通易象論」。

楊乂周易卦序論一卷。司徒右長史。

阮渾周易論二卷。馮翊太守，字長成，籍之子。

宋岱周易論一卷。荆州刺史。

干寶周易宗塗四卷。

顧夷等周易難王輔嗣義一卷。揚州刺史。

干寶周易爻義一卷。

李顒周易卦象數旨六卷。樂安亭侯。

荀煇周易注十卷。太子中庶子。〇釋文序録：「字景文，潁川潁陰人。」

蜀才周易注十卷〔四〕。

范宣擬周易説八卷。隋志作「范氏」，據晉書儒林傳補正。

鄒湛周易統略論三卷〔五〕。少府卿。○通志。

干寶周易問難二卷。以下册府元龜。○隋志作「王氏」。

干寶周易玄品二卷〔六〕。

裴秀易論。文章敍録。

袁準周易傳。袁氏世紀。

袁宏周易略譜〔七〕。新唐志。

殷浩易象論。世説文學門注。

宣聘通易象論。通志。

袁悦之周易繫辭注。字元禮，東晉驃騎諮議參軍。○以下經典釋文序録。

庾運易義。

向秀易義。

應貞明易論。字吉甫，汝南人，散騎常侍。

張輝易義。字義元，梁國人，侍中，平陵亭侯。

王宏易義。字正宗，弼之兄子，大司農，贈太常。

阮咸易義。

王濟易義。

衛瓘易義。

杜育易義〔八〕。字方叔，襄城人，國子祭酒。

楊瓚易義。不知何許人，司徒右長史。

張軌易義。涼武公。

宣舒通知來藏往論〔九〕。字幼驥〔一〇〕，陳郡人，宜城令。

邢融易義。

許適易義。

裴藻易義〔一一〕。

楊藻易義。

劉兆周易訓注。以下本傳。

李充周易旨六篇。

郭琦京氏易注。本傳云：「作天文志五行傳注、穀梁、京氏易注百卷。」

孫盛易象妙於見形論。劉惔傳。

書類

謝沈尚書注十五卷。祠部郎。○以下隋志。○釋文云：「録一卷。」

李顒集解尚書十一卷。釋文作「李顒注」，字長林。舊唐志作「集注」。

范甯尚書注十卷。豫章太守。○釋文作「集解」。

范甯古文尚書舜典一卷。

徐邈古文尚書音一卷。

尚書音五卷。孔安國、鄭玄、李軌、徐邈等撰。

尚書義問三卷。鄭玄、王肅及孔晁撰。○晁，晉博士。

伊説尚書義疏四卷。樂安王友。○舊唐志作「尚書釋義」。

李顒尚書新釋二卷。

李顒尚書要略二卷。舊唐志。

徐邈尚書逸篇注三卷。通志。

續咸汲冢古文釋十卷。以下本傳。○史記正義：「晉咸和五年，汲郡汲縣發魏襄王冢，得古書册七十五卷。」

李充尚書注六篇。

詩類

江熙毛詩注二十卷。字太和，兗州別駕。○以下隋志。

謝沈毛詩注二十卷。

徐邈等毛詩音十六卷。

徐邈毛詩音二卷。

謝沈毛詩釋義十卷。

孫毓毛詩異同評十卷。

陳統難孫氏毛詩評四卷。

陳統毛詩表隱二卷。

郭璞毛詩拾遺一卷。

楊乂毛詩辯異三卷。給事中。○舊唐志無「異」字。

楊乂毛詩異義二卷。

楊乂毛詩雜義五卷。

謝沈毛詩義疏十卷。

殷仲堪毛詩雜義四卷。江州刺史。

干寶詩音。以下經典釋文。

江惇詩音。字思俊，河内人〔一二〕，晉徵士。

李軌詩音。

虞喜釋毛詩。以下本傳。

袁喬毛詩注。

禮類

干寶周官禮注十二卷。以下隋志。

伊説周官禮注十二卷。舊唐志，十卷。

王懋約周官寧朔新書八卷。燕王友。○舊唐志云司馬伷序。○兆鏞按：「懋約」，疑「懋期」之誤。

陳劭周官禮異同評十二卷。司空長史。○舊唐志：「陳劭駮傅玄評〔一三〕。」

孫略周官禮駮難四卷。孫略問干寶。○舊唐志，五卷。

周官駁難三卷。孫琦問，干寶駁，散騎常侍虞喜撰。

李軌儀禮音一卷。

袁準喪服經傳一卷。本傳：「治喪服經。」通典。

孔倫集注喪服經傳一卷。東晉盧陵太守。○文廷式云：「通志『袁準儀禮一卷，孔倫儀禮一卷』，皆誤。」

杜預喪服要集二卷。

劉逵喪服要記二卷。

衛瓘喪服儀一卷。

賀循喪服要六卷。司□□□□□注〔一四〕。

環濟喪服要略一卷。太學博士。

蔡謨喪服譜一卷。開府儀同三司。

賀循喪服譜一卷。

葛洪喪服變除一卷。

孔衍凶禮一卷。廣陵相。

賀循喪服要記十卷。

譙周祭志。唐書彭景直傳引之。

王懋約禮記寧朔新書八卷。舊唐志，二十卷，司馬伷序。○兆鏞按：「懋約」，疑「愆期」之誤。

孫毓禮記音一卷。

蔡謨禮記音二卷。

繆炳禮記音一卷。釋文序録引之。

曹躭禮記音二卷。東晉安北諮議參軍，字愛道，譙國人。○舊唐志：「禮記音二卷，鄭玄注，曹躭解。」

尹毅禮記音二卷。國子助教。

李軌禮記音三卷。

范宣禮記音二卷。字宣子，濟陽人。○本傳：陳留人。

徐邈禮記音三卷。

吴商禮難十二卷。益陽令〔一五〕。○新唐志：「吴商雜禮儀十一卷。」

范甯禮雜問十卷。舊唐志：「禮問九卷，范甯撰。禮論答問九卷〔一六〕，范甯撰。」

盧湛雜祭法六卷。

范汪祭典三卷。

干寶七廟議一卷，又後養議五卷。

庾亮雜鄉射等議三卷。

李軌周官音一卷。以下經典釋文。

徐邈周禮音。

徐爰禮記音二卷。以下新唐志。

射慈小戴禮記音二卷，又喪服天子諸侯圖一卷。文廷式云：「新唐志引在范甯後，崔遊前，知必晉人也。」

傅玄周官論評十二卷〔一七〕。陳劭駁。

劉智釋疑答問。以下通典。◯文廷式云：「通典屢引其說。按智附劉寔傳，云著喪服釋疑論，多所發明。」

王堪冠禮儀。文廷式云：「通典八十一有王堪議愍懷太子薨，上所宜服，則堪乃西晉人也。」

譙周縗服圖。

孫毓五禮駁。

賀循宗義。

賀循祫祭圖。

崔遊喪服圖一卷。以下本傳。

范宣禮易論難。

董景道禮通論。

徐廣答禮問。

淳于纂禮記注。以下衛氏禮記集説。

曹述初禮記注。

劉世明禮記注。

劉昌宗周禮音三卷。以下華陽國志。

劉昌宗儀禮音一卷。

劉昌宗禮記音五卷。

杜襲喪紀禮式。

王長文約禮十篇。本傳未載。

劉兆儀禮注。唐釋慧苑華嚴經音義引。

賀循葬禮。文選陸機輓歌詩注引。

董勛答問禮。兆鏞按：北齊書魏收傳：帝宴百僚，問：「何故名人日皆莫能知收？」對曰「晉議郎董勛答問禮」云云。

樂類

孔衍琴操三卷。文獻通考引崇文總目云：「琴操三卷，晉廣陵相孔衍撰，述詩曲之所從，總五十九章。」

荀勖大樂雜歌辭三卷，大樂歌辭二卷。以下新唐志。

荀勖樂府歌詩十卷。

漢魏吳晉鼓吹曲四卷。

裴秀樂論。魏志裴潛傳注引。

荀勖笛譜。新唐書南蠻傳引。

春秋類

孫毓春秋左氏傳義注十八卷。以下隋志。○經典釋文云，二十八卷。

杜預春秋經傳集解三十卷〔一八〕。

杜預春秋釋例十五卷。

杜預春秋左氏傳評二卷〔一九〕。

杜預春秋左氏傳音三卷。

曹躭春秋左氏傳音四卷。

李軌春秋左氏傳音三卷。

徐邈春秋左氏傳音三卷。

劉寔春秋左氏傳條例十一卷〔二〇〕。文廷式云：「隋志『劉寔春秋條例十二卷』，今據舊唐志改。舊唐志又有劉寔春秋左氏條例十卷，蓋重出也。」

劉寔春秋公羊達義三卷。

方範春秋左氏經例十二卷。

殷興春秋左氏釋滯十卷。尚書左丞。

范堅春秋釋難三卷。護軍。

王述之春秋左氏經傳通解四卷。

王述之春秋旨通十卷。

孫毓春秋左氏傳賈服異同略五卷。

干寶春秋左氏函傳義十五卷。舊唐志作「義函傳，十六卷」。

干寶春秋序論二卷。

王愆期春秋公羊經傳注十三卷。散騎常侍。○舊唐志：「王愆期春秋公羊十二卷。」新唐志：「王愆期注公羊十二卷。」兆鏞按：「愆期」，隋志誤作「懋期」。

高龍春秋公羊傳注十二卷。東晉河南太守。○舊唐志作「高襲」，「傳注」作「傳記」。

孔衍春秋公羊傳集解十四卷。

李軌春秋公羊音一卷。

江淳春秋公羊音一卷。

春秋公羊論二卷〔二一〕。車騎將軍庾翼問，王愆期答。○新唐志：「難答論一卷，庾翼難。」

張靖穀梁傳注十卷。堂邑太守。○舊唐志，十一卷。新唐志作「集解」。

徐乾春秋穀梁傳注十三卷。給事郎。

孔衍春秋穀梁傳訓注十四卷〔二二〕。釋文作「集解」。

范甯春秋穀梁傳集解十二卷。唐志作「集注」。

徐邈春秋穀梁傳義十卷。舊唐志，十二卷。

徐邈答春秋穀梁義三卷〔二三〕。

范甯春秋穀梁傳例一卷。

劉兆春秋公羊穀梁傳十二卷。

春秋穀梁廢疾三卷。何休撰，鄭玄釋，張靖箋。

裴秀客京相璠等春秋土地名三卷。

孔晁春秋外傳國語注二十卷。

杜預古今書春秋名會圖别集疏一卷。杜預春秋釋例卷五。〇文廷式云：「按此即本傳所云春秋盟會圖也。」

徐邈春秋穀梁音一卷。以下舊唐志。

江熙春秋公羊穀梁二傳評三卷。

荀訥春秋左氏音四卷〔二四〕。

劉兆三家集解十一卷。本傳，兆所著名春秋調人。

虞溥春秋經傳注。以下本傳。

王接春秋公羊注。

氾毓春秋釋疑。

郭瑀春秋墨説。

郭琦穀梁傳注。

劉兆春秋全綜。本傳：「又爲春秋左氏解，名曰全綜。」

程闡穀梁傳注。楊士勛穀梁疏引，列江熙下、徐仙民上。

胡訥穀梁傳集解十卷。以下經典釋文。○文廷式云：「穀梁疏作『胡訥之』，隋志云亡，而釋文有之，則唐時書尚未亡也。」

胡訥春秋三傳評十卷。

胡訥春秋集三師難三卷。

胡訥春秋集三傳經解十卷。

杜預春秋長曆。見律曆志及春秋左氏傳疏。按此即釋例之一篇，今姑就本傳録之。

王長文春秋三傳十二篇。本傳云：「以爲春秋三傳之經不同，每生訟議，乃據經摭傳，著春秋三傳十二篇。」

黄容左傳抄。華陽國志常寬傳：「時蜀郡太守巴西黄容亦好著作，著家訓、梁州巴記、左傳抄，凡數十篇。」

論語類

虞喜論語讚注九卷。以下隋志。○唐志：「贊鄭注十卷。」

譙周論語注十卷。

崔豹論語集義十卷。尚書左中兵郎。○唐志作「崔豹大義解十卷」，通志二書並列，未詳，俟攷。

李充論語集注十卷〔二五〕。著作郎。

論語釋一卷。經典釋文作「李充撰」。

孫綽集解論語十卷。釋文作「集注」。

江熙集解論語十卷〔二六〕。

梁覬集注論語十卷。東晉國子博士。

袁喬集注論語十卷。東晉益州刺史。

尹毅集注論語十卷。

張憑集注論語十卷。東晉司徒左長史。

楊惠明集注論語十卷。舊唐志作「暢慧明」，新書同。

司馬氏論語標指一卷。疑。

郭象論語體略二卷。太傅主簿。

郭象論語隱一卷。

繆播論語指序三卷。

張憑論語釋一卷。疑。

欒肇論語釋疑十卷。

欒肇論語駁序二卷〔二七〕。遂初堂書目有欒肇論語駁，則此書南宋猶存。○兆鏞按：史記仲尼弟子傳注引無「序」字，隋志當是衍文。

庾亮論語君子無所争一卷。

庾翼論語釋一卷。

虞喜新書對張論十卷。疑。

衞瓘論語集注八卷。太保。

徐邈論語音二卷。

曹毗論語釋一卷。

王濛論語義一卷〔二八〕。

盈氏論語集義十卷。

孟釐論語注十卷。唐志，九卷。○文廷式云：「疑即孟陋，見本傳。釋文作孟整，一云孟陋。東晉徵撫軍參軍，不就。」

袁宏論語注。以下見皇侃論語義疏序。

蔡謨論語注。

蔡系論語釋一卷。字子叔，撫軍長史。

江淳論語注。字思俊，濟陽人，著作郎。

周瓌論語注。字道夷，陳留人，散騎常侍。

王珉論語注。字季琰，中書郎。◯文廷式云：「疑即隋志王氏修鄭錯一卷也。」

范甯論語注。文廷式按：馬國翰云：「隋志『論語别義十卷，范廙撰』，或是『范甯』之誤。」

應琛論語藏集解一卷。疑。

繆協論語注。皇侃義疏引。

宋纖論語注。本傳。

孝經類

謝萬集解孝經一卷。以下隋志。

荀勖集議孝經一卷。舊唐志作「荀勖講孝經集解」。

袁敬仲集議孝經一卷。東陽太守。◯以下經典釋文。

袁宏孝經注。

楊泓孝經注一卷。東晉給事中，天水人。

虞槃佐孝經注一卷。

孫氏孝經注一卷。

殷仲文孝經注一卷。東陽太守。

殷叔道孝經注一卷。晉陵太守。

車胤孝經注一卷。

車胤等講孝經義四卷。

荀勖孝經注二卷。

晉孝經一卷。穆帝時。

虞喜注孝經。以下本傳。

郭瑀孝經錯緯。

羣經類

徐邈五經音十卷。以下隋志。

譙周五經然否論五卷。

楊方五經拘當作「鉤」沈十卷。高涼太守。○舊唐志作「鉤深」，玉海四十二引崇文總目作「楊芳」。

戴逵五經大義三卷。

徐苗五經同異評。以下本傳。

束晳五經通論。

小學類

郭璞爾雅音二卷。

郭璞爾雅注五卷。

郭璞爾雅圖十卷。

郭璞爾雅圖讚二卷。

李軌小爾雅略解一卷。

郭璞揚雄方言注十三卷。

郭璞注三蒼三卷。

陸機吴章二卷。

王義小學篇一卷。下邳内史。
楊方少學一卷〔二九〕。
束晳發蒙記一卷。
顧愷之啓蒙記三卷。
顧愷之啓疑記三卷。
李彤字指二卷〔三〇〕。朝議太史。
李彤單行字四卷。
吕忱字林七卷。舊唐志，十卷。
殷仲堪常用字訓一卷。
吕静韻集六卷。安復令。
王延文字音七卷。蕩昌令。
王延翻真語一卷。
衛恒四體書勢一卷。
葛洪要用字苑一卷。以下舊唐志。
王羲之小學篇一卷。

李彤四部。太平御覽二十五、九百十五並引之。

經緯類

王子年歌一卷。隋志。

【校勘記】

〔一〕韓康伯周易繫辭注三卷　「三卷」，隋書經籍志作「二卷」，又云：「韓康伯注繫辭以下三卷。」

〔二〕王廙周易注十二卷　「十二卷」，經典釋文序録同，隋書經籍志作「十卷」。

〔三〕李軌弘範周易音一卷　「弘」，底本誤作「洪」，據隋書經籍志改。

〔四〕蜀才周易注十卷　「周」，底本原奪，據隋書經籍志補。

〔五〕鄒湛周易統略論三卷　「三卷」，底本誤作「五卷」，據通志改。

〔六〕干寶周易玄品二卷　「品」下，底本原衍「論」字，據册府元龜删。

〔七〕袁宏周易略譜　「略」，底本空出，據新唐書藝文志補。

〔八〕杜育易義　「杜」，底本空出，據經典釋文序録補。

〔九〕宣舒通知來藏往論　「宣」，底本空出，據經典釋文序録補。「往」，底本原奪，據經典釋文序録補。

〔一〇〕字幼驥　「字」，底本誤作「子」，據經典釋文序録改。

〔一一〕裴藻易義　「裴」，底本空出，據經典釋文序録補。

〔一二〕河内人　「内」，底本誤作「南」，據經典釋文序録改。

〔一三〕陳劭駮傅玄評　「傅」，底本誤作「劉」，據舊唐書經籍志改。

〔一四〕司□□□□□注　底本空出約五字，當作「空。○庾蔚之」。

〔一五〕益陽令　「陽」，底本空出，據隋書經籍志補。

〔一六〕禮論答問九卷　「論」，底本空出，據舊唐書經籍志補。

〔一七〕傅玄周官論評十二卷　「二」，底本誤作「三」，據新唐書藝文志改。

〔一八〕杜預春秋經傳集解三十卷　「解」，底本誤作「注」，據隋書經籍志改。

〔一九〕杜預春秋左氏傳評二卷　「二」，底本誤作「五」，據隋書經籍志改。

〔二〇〕劉寔春秋左氏傳條例十一卷　「十一」，底本空出，據隋書經籍志補。

〔二一〕春秋公羊論二卷　「二」，底本誤作「三」，據隋書經籍志改。

〔二二〕孔衍春秋穀梁傳訓注十四卷　「訓注」，隋書經籍志無。

〔二三〕徐邈答春秋穀梁義三卷　「義」上，底本原衍「傳」字，據隋書經籍志删。「三」，底本誤作「十」，據隋書經籍志改。

〔二四〕荀訥春秋左氏音四卷　舊唐書經籍志作「曹躭、荀訥撰」。

〔二五〕李充論語集注十卷　隋書經籍志作「論語注十卷」。

〔二六〕江熙集解論語十卷　「十」下，底本原衍「二」字，據隋書經籍志刪。

〔二七〕欒肇論語駁序二卷　「二」，底本誤作「一」，據隋書經籍志改。

〔二八〕王濛論語義一卷　「義」，底本誤作「釋」，據隋書經籍志改。

〔二九〕楊方少學一卷　「一」，隋書經籍志作「九」，新唐書藝文志作「十」。

〔三〇〕李彤字指二卷　「彤」，底本誤作「肜」，據隋書經籍志改。後「李彤」同。

晉會要弟三十八

經籍二

史部十四類：一曰正史，二曰編年，三曰雜史，四曰起居注，五曰故事，六曰職官，七曰儀注，八曰刑法，九曰雜傳，十曰地志，十一曰譜牒，十二曰目録，十三曰圖，十四曰史鈔。

正史類

譙周古史考二十五卷。義陽亭侯。○以下隋志。○司馬彪傳：「彪復以周爲未盡善也，條古史考中凡百二十二事爲不當，多據汲冢紀年之義。」

劉寶漢書駮議二卷。字道真，高平人，晉中書郎、河内太守、御史中丞、太子中庶子、吏部郎、安北將軍。侍皇太子講漢書，别有駮議，見漢書敍例。

薛瑩後漢記一百卷。散騎常侍。

司馬彪續漢書八十三卷。秘書監。

華嶠後漢書九十七卷。少府卿。

謝沈後漢書一百二十二卷。祠部郎。

謝沈後漢書外傳十卷。

張瑩後漢南記四十五卷。唐志五十八卷。

袁山松後漢書一百卷。秘書監。○唐志一百一卷，又録一卷。

王沈魏書四十八卷。司空。

環濟吴紀九卷。

陳壽三國志六十五卷敍録一卷。太子中庶子。

王濤三國志序評三卷。著作佐郎。○唐志入雜史類。

王隱晉書九十三卷。著作郎。

虞預晉書四十四卷。訖明帝。○預，散騎常侍。○舊唐志作五十八卷，誤。

朱鳳晉書十四卷。訖元帝，未成。

晉灼漢書集注十三卷。漢書敍例云：「河南人，晉尚書郎」，作十四卷。新唐志：「又音義十七卷。」

臣瓚漢書注二十四卷。漢書敍例云：「有臣瓚者，莫知氏族，考其時代，亦在晉初。」

張勃吴録三十卷。

徐廣史記音義十二卷。新唐志。

何琦論三國志九卷。

蔡謨漢書注。漢書敍例云：「蔡謨全取臣瓚一部，散入漢書，自此以來，始有注本。」又云：「謨亦有兩三處〔一〕，然於學者竟無弘益。」○兆鏞按：蔡謨傳：「總應劭以來注班固漢書者〔二〕，爲之集解。」

徐衆三國評。三國志注。○兆鏞按：隋志有徐爰三國志評三卷，章宗源考證云：「爰，疑衆之訛。」

王崇蜀書。華陽國志：「字幼遠，廣漢郪人。著蜀書，其書與陳壽頗不同。官至上庸、蜀郡太守。」

郗紹晉中興書。

常寬蜀後志。華陽國志：「字泰恭，蜀郡江原人。」

傅暢晉書。水經穀水注。

傅玄魏書。以下本傳。

周處吴書。

束晳晉書。初學記職官部引張隱文士傳：「元康四年，除著作佐郎〔三〕。著作西觀，撰晉書，草創三帝記及十志。」

華嶠草魏晉紀傳。

編年類

袁宏後漢紀三十卷。存。○以下隋志。

張璠後漢紀三十卷。

袁曄獻帝春秋十卷。

孫盛魏氏春秋二十卷。

陰澹魏紀十二卷。右將軍。

孔舒元漢魏春秋九卷。

干寶晉紀二十三卷。訖愍帝〔四〕。又六十卷。劉協注。○文廷式云：「此或協所分之篇第，故仍著録二十三卷。」

曹嘉之晉紀十卷。前軍諮議。

習鑿齒漢晉陽秋四十七卷。訖愍帝。○滎陽太守。○唐志作五十四卷。

鄧粲晉紀十一卷。訖明帝。○荆州别駕。

孫盛晉陽秋二十二卷。訖哀帝。○通志，三十二卷。

陸機晉紀四卷。

徐廣晉紀四十六卷。

鄧粲晉陽秋二十二卷。以下舊唐志。

周祇崇安紀二卷。兆鏞按：錢氏考異云：「崇安本是隆安，晉安帝年號也，避明皇帝諱改。」

侯瑾漢皇德録三十卷〔五〕。

晉録五卷。北堂書鈔設官部、藝文類聚木部、白帖卷十六皆引此書，無撰人名氏。

雜史類

司馬彪九州春秋十卷。記漢末事。○以下隋志。

楊方吳越春秋削繁五卷。

樂資春秋後傳三十一卷。著作郎。

樂資山陽公載記十卷。舊唐志「山陽義記」，「義」字誤。

孔衍魏尚書十卷。唐志作「後魏尚書十四卷」，章宗源云：「『後』字誤增。」

郭頒魏晉世語十卷。襄陽令。

傅暢晉諸公讚二十一卷。秘書監。

荀綽晉後略記五卷。下邳太守。

皇甫謐帝王世紀十卷。起三皇，盡漢魏。虞綽音四卷

何茂材續帝王世紀十卷。

環濟帝王要略十二卷。紀帝王及天官、地理、喪服。

孟儀周載三十卷。略記前代至秦。○臨賀太守。

來奥帝王本紀十卷。

常璩漢之書十卷。字道將，蜀郡人，散騎常侍。

常璩華陽國志十二卷。存。

張瑩史記正傳九卷。

胡沖吴歷六卷。以下舊唐志。

孔晁周書注八卷。

孔衍後魏春秋九卷。

王隱刪補蜀記七卷。

孔衍春秋後國語十卷。以下新唐志〔六〕。

孔衍漢書春秋十卷。

孔衍漢尚書十卷。

孔衍後漢尚書八卷。

孔衍後漢春秋六卷。

孔衍春秋時國語十卷。

葛洪西京雜記六卷。宋志。

王範交廣二州春秋。吴志孫策傳注：「臣松之案：太康八年，廣州大中正王範上交廣二州春秋。」通志云：「王範交廣二州記一卷。」

杜龔蜀後志。華陽國志常寬傳。

孫盛魏陽秋異同八卷。兆鏞按：隋志作「孫壽撰」，章宗源考證云「當是孫盛之訛」，今從之。又按：蜀志・諸葛瞻傳引同。

孫盛魏世籍。隋志。○兆鏞按：章宗源考證云：「文選陸士衡答賈長淵詩注、太平御覽皇親部引魏世譜無撰人名，疑即魏世籍也。」

孫盛蜀世譜。蜀志二主妃子傳注、費詩傳注引。

晉世譜。世説言語篇、政事篇注引。

束晳七代通記。以下本傳。

虞溥江表傳。唐志作「江表志五卷」。

陳壽古國志五十篇。

荀勖、和嶠撰次汲冢書八十七卷。荀勖傳。

起居注類

李軌晉泰始起居注二十卷。以下隋志。

李軌晉咸寧起居注十卷。舊唐志，二十二卷。

李軌晉太康起居注二十一卷。

晉元康起居注一卷。

永平元康永寧起居注六卷。

晉武帝起居注。北堂書鈔設官部，太平御覽皇親部、職官部注並引此書。

惠帝起居注二卷。

永嘉建興起居注十三卷。

晉建武太興永昌起居注二十卷。舊唐志，二十二卷。

李軌晉咸和起居注十六卷。舊唐志，十八卷。

晉咸康起居注二十二卷。

晉建元起居注四卷。

晉永和起居注二十四卷。

晉升平起居注十卷。

晉隆和興寧起居注五卷。

晉咸安起居注三卷。

晉泰和起居注十卷。

晉寧康起居注六卷。

晉泰元起居注五十四卷。

晉隆安起居注十卷。

晉元興起居注九卷。

晉義熙起居注三十四卷。

晉元熙起居注二卷。

李軌晉愍帝起居注三十卷。以下舊唐志。

李軌晉永平起居注八卷。

陸機晉惠帝起居注。

晉康帝起居注。北堂書鈔職官部。

晉孝武起居注。藝文類聚儲宮部。

晉永安起居注。初學記服食部。

郭璞穆天子傳注六卷。存。

桓玄自撰起居注。本傳。

故事類

晉朝雜事二卷。以下隋志。

晉要事三卷。初學記十一引作「晉氏要事」。舊唐志：「晉氏故事三卷。」

晉故事四十三卷。兆鏞按：唐六典：「賈充刪定制詔，爲故事三十卷。」

晉建武故事一卷。

車灌晉修復山陵故事五卷。

晉八王故事十卷。

交州雜事九卷〔七〕。記士燮及陶璜事。○舊唐志作「交州雜故事」。

盧綝晉四王起事四卷。舊唐志「盧綝八王故事十二卷、四王起事四卷」，水經注卷九引作「盧林」。

大司馬陶公故事三卷。

郗太尉爲尚書令故事三卷。

晉東宮舊事十卷。

范汪尚書大事二十卷。

桓玄僞事三卷。舊唐志：「應德詹撰〔八〕。」

晉泰始太康故事八卷〔九〕。以下舊唐志。

永平故事三卷。

孔愉晉建武咸和咸康故事四卷。

建武以來故事三卷。

盧綝晉建武故事一卷〔一〇〕。

華林故事名一卷。

荀顗演劉熙謚法三卷。舊唐志入七經雜解，隋志無「荀顗演」字。

晉簡文謚議四卷。

晉諸雜故事二十二卷。

王愆期救襄陽上都督府事一卷。

李嵩行事記。通典九十五引此書，記娶同堂姊之女爲妻姊亡服事。

咸寧三年武皇帝故事。禮志引王公大臣薨發哀事。

張靖謚法二卷。通典一百四引。

晉謚議八卷。新唐志。

職官類

傅暢晉公卿禮秩故事九卷。以下隋志。

徐宣瑜晉官品一卷。

荀綽晉百官表注十六卷。

干寶司徒儀一卷。舊唐志：「干寶司徒儀注五卷。」

晉百官儀服録五卷。

太興二年定官品事五卷。

魏晉百官名五卷。兆鏞按：初學記、太平御覽引，多稱魏百官名，無并稱魏晉者，可疑。

晉百官名三十卷。

晉官屬名四卷。

陸機晉惠帝百官名三卷。舊唐志。

明帝東宮僚屬名。世説雅量門注。

謝安石司馬僚屬名。世説豪爽門注。

庾亮僚屬名。世説文學門注。

齊王官屬名。世説方正門注。

征西僚屬名。世説排調門注〔一一〕。

晉東宮百官名。世説排調門注。

大司馬僚屬名。世説黜免門注。

晉功臣表。水經温水注。

尚書逸令。兆鏞按：太平御覽五百四十二引此書，記卞壼等奏事，則晉時書也。

晉武帝百官名。魏志臧霸傳注引。○兆鏞按：太平御覽二百九引晉武帝泰始官名，疑即此書。

晉懷帝永嘉官名。太平御覽職官部引。

元康百官名。通典職官門引。

衛禹晉永帝百官名三卷〔一二〕。新唐志。○兆鏞按：「永帝」，疑「永嘉」之訛。

儀注類

傅瑗晉新定儀注四十卷。安成太守。○以下隋志。○舊唐志「儀曹新定儀注四十卷，徐廣撰」，疑即此書。

甲辰儀五卷〔一三〕。江左撰。

晉雜儀注十一卷。唐志作「二十一卷」。

晉尚書儀十卷。

摯虞決疑要注一卷。

晉鹵簿圖一卷。

徐廣車服雜志一卷。徐廣傳：「義熙初奉詔撰。」

干寶雜議五卷〔一四〕。以下舊唐志。

孔晁等晉明堂郊社議三卷。新唐志作「孔朝」〔一五〕。

荀顗等晉雜議十卷。

蔡謨晉七廟議三卷。

晉儀注三十九卷。

晉尚書儀曹吉禮儀注三卷。

晉尚書儀曹事九卷。

晉元康儀。初學記卷十、十四引。

張華封禪儀。初學記十三引。

晉先蠶儀注。初學記十五引。

賀循耤田儀。續漢志注引。

譙周禮儀志。續漢志注引。

荀顗等晉禮百六十五篇。禮志。

摯虞新禮十五篇。禮志。

范汪雜府州郡儀十卷〔一六〕。以下通志。

晉尚書儀曹雜禮儀注三卷〔一七〕。

謝玄内外書儀四卷。

刑法類

杜預律本二十一卷。以下隋志。○兆鏞按：唐六典，賈充等增損漢魏律爲二十篇。又，杜預傳：「律令成，預爲之注解。」

雜律七卷。

張斐漢晉律序注一卷。僮長。○通志作「明法掾」〔一八〕。

張斐雜律解二十一卷。

晉雜議十卷。

晉彈事十卷。唐志，九卷。

陳壽晉名臣奏事四十卷目一卷〔一九〕。

晉駮事四卷。

晉令四十篇。賈充等撰。○唐六典。

晉雜制六十卷〔二〇〕。以下舊唐志〔二一〕。

晉刺史六條制一卷。

陳壽漢名臣奏事三十卷。

雜傳類

摯虞三輔決録注七卷。以下隋志。○新唐志，十卷。

陳長壽益部耆舊傳十四卷〔二二〕。

范瑗交州先賢傳三卷。

白褒魯國先賢傳二卷。大司農。

張方楚國先賢傳贊十二卷。

江敞陳留人物志十五卷。據唐志增「人物」二字。

王基東萊耆舊傳一卷。

習鑿齒襄陽耆舊記五卷〔二三〕。文廷式云：「張金吾藏書志：『今存一卷。』」

虞豫會稽典録二十四卷〔二四〕。

留叔先東陽朝堂像贊一卷。南平太守。○唐志作「畫贊」。

熊默豫章舊志三卷。會稽太守。

熊欣豫章舊志後撰一卷。

劉彧長沙耆舊傳讚三卷。

皇甫謐高士傳六卷。宋志作十卷。○今存本三卷。

皇甫謐逸士傳一卷。

嵇康聖賢高士傳贊三卷。周續之注。

孫綽至人高士傳讚二卷。

蕭廣濟孝子傳十五卷。輔國將軍。

虞盤佐孝子傳一卷〔二五〕。

戴逵竹林七賢論二卷。

皇甫謐玄晏春秋三卷。

范汪范氏家傳一卷。

皇甫謐列女傳六卷。

綦母邃列女傳七卷〔二六〕。

杜預列女記十卷。隋志無「列」字，誤，今據唐志增。

習鑿齒逸人高士傳八卷。以下新唐志。

留叔先廬江七賢傳一卷。

留叔先零陵先賢傳一卷。

徐廣孝子傳三卷。

晉過江人士目一卷。

鍾離儒逸人傳十卷〔二七〕。文廷式云：「新唐志列張顯之次袁宏之前，知晉人也。」

袁宏名士傳。世説文學門。

魏末傳。三國志注屢引之。

常寬後賢傳。以下華陽國志。

常寬梁益篇。續陳壽耆舊作。

束晳三魏人士傳。以下本傳。

葛洪良吏傳十卷。

葛洪隱逸傳十卷。

葛洪集異傳十卷。

文士傳。兆鏞按：世説德行篇注引，言顧榮事，必晉人書也。

王接列女傳。

王愆期列女後傳。

衛協烈女圖。名畫記。

竹林七賢圖。通典一百四十四。

孫盛逸人傳。初學記人事部引。

潁川棗氏文士傳。宋邵思姓解三引。

王閎本事。太平御覽人事部引。

石崇本事。藝文類聚服飾部引。

晉氏后妃别傳。太平御覽一百四十九。

管辰别傳。魏志管輅傳注。○辰，輅弟，太康中州從事。

孫會别傳。吴志孫會傳注。

曹志别傳。魏志陳思王植傳注。

嵇康别傳。文選二十一注。

張華别傳。以下太平御覽。

羊祜别傳。

祖逖别傳。

王敦别傳。

桓石秀别傳。

荀勗别傳。

夏統别傳。

徐邈别傳。

何禎別傳。
周處別傳。
庾珉別傳。
羅含別傳。
向秀別傳。
許遜別傳。
孫登別傳。
裴楷別傳。
謝安別傳。
雷煥別傳。
王珉別傳。
王祥別傳。
袁宏山濤別傳。
曹攄別傳。
桓彝別傳。

潘京別傳。

陸機別傳。

陸雲別傳。

王藴別傳。

成公興別傳。

顧譚別傳。

虞氏家記。

杜祭酒別傳。

永嘉流人名。以下世説注。○新唐志「永嘉流士二卷」，疑即此書。

陶侃別傳。

祖約別傳。

謝玄別傳。

王雅別傳。

左思別傳。

賈充別傳。

孟嘉別傳。

祖逖別傳。

王廙別傳。

王述別傳。

衛玠別傳。

王濛別傳。

卞壼別傳。

徐甯別傳。

蔡充別傳。

孔愉別傳。

王導別傳。

郗鑒別傳。

桓玄別傳。

劉惔別傳。

阮裕別傳。

范宣別傳。

郗歆別傳。

謝鯤別傳。

陸玩別傳。

桓沖別傳。

陳逵別傳。

桓豁別傳。

王劭別傳。

王薈別傳。

謝葛恢別傳。

殷浩別傳。

桓温別傳。

王胡之別傳。

蔡謨別傳。

虞光禄傳。虞駿。

王中郎傳。王坦之也。

鍾雅別傳。

王彬別傳。

范汪別傳。

王澄別傳。

顧和別傳。

褚氏家傳。

孫盛雜語。魏志呂虔傳注。

地志類

郭璞山海經注二十三卷。存。○以下隋志。

郭璞山海經圖讚二卷。

郭璞山海經音二卷。

郭璞水經注三卷。

陸機洛陽記一卷。

周處風土記三卷。

賀循會稽記一卷。

譙周三巴記一卷。

陸翽鄴中記二卷。晉國子助教。

李彤聖賢冢墓記一卷。

三輔故事二卷。晉世撰。

顧夷吴郡記二卷。

摯虞畿服經一百七十卷。

戴祚西征記一卷。

元康三年地記六卷。

太康三年地記五卷〔二八〕。以下新唐志〔二九〕。

元康六年户口簿記三卷。

元康六年地記三卷〔三〇〕。

潘岳關中記一卷。

太康三年州郡縣名五卷。

釋道安四海百川水源記一卷。

釋法顯佛國記一卷。

釋慧遠廬山記略一卷〔三一〕。

永寧地志。以下宋書州郡志。

賀續會稽志。

葛洪關中記。

范汪注荆州記。史記五帝紀正義、藝文類聚居處部、太平御覽服用部引。

裴秀冀州記。史記封禪書索隱。

伏滔北征記。續漢郡國志注。

河南十二縣境簿。水經穀水注。

晉宫閣名。水經穀水注、初學記居處部。

羅含湘中山水記三卷。水經湘水注、初學記地理部引。

黄恭交廣記。

裴淵廣州記。廣東通志作「二卷」，不著年代。文廷式云：「按水經浪水注已引之，則晉人也。」

晉中州記。水經穀水注。

洛陽宮殿簿三卷。太平寰宇記三。

袁山松句將山記。太平寰宇記山南東道。

袁宏羅浮山記。元和郡縣志嶺南道。

晉地記。文廷式云：「十七史商榷七太康地志中往往稱太康地記，此晉地記，未知即太康地記否。」

張駿山海經圖讚。初學記二十九。

袁山松宜都山川記。初學記地部。

杜預汝南記。初學記人事部。

杜預蓋州記。北堂書鈔酒食部。

釋慧遠遊山記。太平御覽四十一。

譙周益州記。文選蜀都賦注。

皇甫謐地書。北史隱逸崔賾傳引。

葛洪幙阜山記一卷。文廷式云：「書録解題：『山在豫章，其書頗及隋唐，則後人附益也。』」

荀綽冀州記。以下世説注。

荀綽兗州記。

荀綽九州記。

王隱交廣記。

張元之山墟名。輿地碑目。

劉欣期交州記。有曾釗輯本，二卷，在嶺南遺書内。兆鏞按：曝書亭集四十四云「志閩地者，晉有陶夔」，未詳，佚攷。

譜牒類

皇甫謐韋氏家傳三卷。以下舊唐志。

曹毗曹氏家傳一卷。

賈弼十八州士族譜七百十二卷。兆鏞按：新唐書柳沖傳云：「晉太元中，散騎常侍河東賈弼撰姓氏簿狀，十八州百十六郡，合七百一十二篇。」

摯虞族姓昭穆記十卷。

司馬無忌司馬氏世本。史記太史公自敍注引。

華氏譜。後漢書七十一注引華嶠譜序。

虞潭等撰帝譜。兆鏞按：武悼楊皇后傳：宗正虞潭以帝譜泯棄，罔所循按，與驃騎將軍華恒、尚書荀崧、侍中荀邃因舊譜參論撰次。

黄容梁州巴紀姓族。華陽國志。

複姓録。元和姓纂云：「晉有傅餘頠，著複姓録。」

摯氏世本。以下世説注。

袁氏家傳。

嵇氏世家。

晉世譜。

周氏譜。

許氏譜。

王氏譜。兆鏞按：文選王文憲集序注引王氏家譜言王導初渡江事，未知即此書否。

謝氏譜。

庾氏譜。

傅氏譜。

魏氏譜。

劉氏譜。

吴氏譜。

温氏譜。

王氏世家。

曹氏譜。

李氏譜。

袁氏譜。

桓氏譜。

陳氏譜。

羊氏譜。

戴氏譜。

馮氏譜。

祖氏譜。

顧氏譜。文選二十四注引。

陸氏譜。

阮氏譜。

索氏譜。

殷氏譜。

裴氏家傳。

賈氏譜。

陳留謝録。

謝女譜。

陶氏家傳。太平御覽二百九。

江氏家傳。太平御覽二百八。

荀氏家傳。太平御覽二百八。

濟陰卞録。文選三十九注。

目録類

荀勖晉中經十四卷。以下隋志。○舊唐志作「中書簿」，周禮疏引稱「中經簿」。

荀勖雜撰文章家集敍十卷。舊唐志作「新撰」，無「敍」字。

摯虞文章志四卷。

顧愷之晉文章紀。

晉元帝書目。七録序云：「晉元帝書目，四部，三百五袠，三千一十四卷。」

晉義熙四年秘閣四録目録。阮孝緒七録序。

圖類

裴秀禹貢地域圖十八篇。裴秀傳。

泰始郡國圖〔三二〕。杜預春秋釋例卷五云：「今所畫圖，本依官司空圖，據泰始之初郡國爲正〔三三〕。」

官司空圖。

吴蜀地圖。裴秀傳：「文皇帝命有司撰吴蜀地圖。」

括地圖。裴秀禹貢地域圖序：「今秘書有括地圖。」

楊佺期洛陽圖一卷。隋志。

外國圖。隋志。○兆鏞按：水經河水注引外國圖，云「從大晉國正西七萬里，得崑崙之墟」，是晉人所撰也。

洛陽地圖。太平寰宇記卷三引云：「金墉城内有百尺樓。」

僧道安江圖。新唐志。

史鈔類

葛洪史記鈔十四卷。舊唐志。

葛洪漢書鈔三十卷。隋志。

葛洪後漢書鈔三十卷。通志。

王蔑史漢要集二卷。祠部郎。○隋志。

王延秀史要三十八卷。舊唐志〔三四〕。

【校勘記】

〔一〕謨亦有兩三處　「謨」，底本誤作「誤」，據漢書改。

〔二〕總應劭以來注班固漢書者　「者」，底本原奪，據晉書補。

〔三〕除著作佐郎　「佐」，底本原奪，據初學記補。

〔四〕訖愍帝　「愍」，底本空出，據隋書補。

〔五〕侯瑾漢皇德録三十卷　「三」，底本誤作「二」，玉海同，據隋書、舊唐書改。

〔六〕以下新唐志　「新唐志」，底本在「孔衍春秋時國語十卷」下，據本書體例移此。「以下」二字，據本書體例補。

〔七〕交州雜事九卷　「九」，底本誤作「十」，據隋書改。

〔八〕應德詹撰　「德」，底本原奪，據舊唐書補。

〔九〕晉泰始太康故事八卷　「八」，通志同，舊唐書作「五」。

〔一〇〕盧綝晉建武故事一卷　此條未見於舊唐書，前已録此書，但未題撰人，疑爲汪兆鏞誤録。

〔一一〕世説排調門注　「排」，底本誤作「俳」，據世説新語改。下「排調門」同。

〔一二〕衛禹晉永帝百官名三卷　新唐書未著録此書，但録「衛禹晉永嘉流士二卷」。

〔一三〕甲辰儀五卷　「儀」下，底本原衍「注」字，據隋書删。

〔一四〕干寶雜議五卷　「五」，底本誤作「一」，據舊唐書改。

〔一五〕新唐志作孔朝　舊唐志作「孔朝」，新唐志、通志作「孔晁」。

〔一六〕范汪雜府州郡儀十卷　「府」，底本原奪，據通志補。

〔一七〕晉尚書儀曹雜禮儀注三卷　通志未著録此書，但録「晉尚書儀曹雜禮儀注三卷」，前文已録。

〔一八〕通志作明法掾　「通」，底本誤作「晉」，據通志改。

〔一九〕陳壽晉名臣奏事四十卷目一卷　「晉」，隋書作「魏」。

〔二〇〕晉雜制六十卷　「制」，底本誤作「事」，據隋書、通志改。

〔二一〕以下舊唐志　以下三書舊唐書皆未著録，隋書、通志著録。

〔二二〕陳長壽益部耆舊傳十四卷　「長」，底本原奪，據隋書補。

〔二三〕習鑿齒襄陽耆舊記五卷　「記」，底本誤作「傳」，據隋書改。

〔二四〕虞豫會稽典録二十四卷　「豫」，底本誤作「預」，據隋書改。

〔二五〕虞盤佐孝子傳一卷　「佐」，底本誤作「佑」，據舊唐書、新唐書改。

〔二六〕綦母邃列女傳七卷　「邃」，底本誤作「遂」，據隋書改。

〔二七〕鍾離儒逸人傳十卷　「十」，底本誤作「七」，據新唐書改。

〔二八〕太康三年地記五卷　新唐書未著録，隋書、通志録作「六卷」。

〔二九〕以下新唐志　以下諸書新唐書未著録，隋書、通志等著録。

〔三〇〕元康六年地記三卷　此書未見著録，隋書、通志著録「元嘉六年地記三卷」，疑爲汪兆鏞誤録。

〔三一〕釋慧遠廬山記略一卷　「略」，底本原奪，據後漢書注補。

〔三二〕泰始郡國圖　「泰」，底本誤作「秦」，據春秋釋例改。

〔三三〕據泰始之初郡國爲正　「據」上，底本原衍「司空圖」三字，據春秋釋例删。「泰」，底本誤作「秦」，據春秋釋例改。

〔三四〕舊唐志　「舊」，底本原奪，據舊唐書補。

晉會要弟三十九

經籍三

子部十六類：一曰儒家，二曰道家，三曰法家，四曰墨家，五曰兵家，六曰縱横家，七曰雜家，八曰農家，九曰天文家，十曰曆算家，十一曰神仙家，十二曰釋家，十三曰醫家，十四曰雜藝，十五曰小説，十六曰五行。

儒家類

李軌揚子法言注十五卷解一卷。以下隋志。〇書録解題：「音義一卷。」

殷興通語十卷。尚書左丞。〇新唐志作文子通語。

譙周譙子法訓八卷。

譙子五教志五卷。

袁準袁子正論十九卷。

袁子正書二十五卷。

孫毓孫氏成敗記三卷。

夏侯湛新論十卷。

楊泉物理論十六卷。徵士。

楊泉楊子太玄經十四卷[一]。

華譚新論十卷。

干寶干子十八卷。

蔡韶閎論二卷。

虞喜志林新書三十卷廣林二十四卷後林十卷。

吕竦要覽十卷。晉郡儒林祭酒。

綦母邃孟子注七卷。

王元長通經二卷。丞相從事中郎。○兆鏞按：王長文傳：「字德叡，著書四卷，擬易名曰通玄經，有文言、卦、象，可用卜筮，時人比之揚雄太玄。」華陽國志「通經四篇」，無「玄」字，未知即此書否。

王元長無名子十二篇[二]。以下華陽國志。

何隨譚言十篇。字季業，論道德仁義。

李宓述理論十篇。即李密，論中和、仁義、儒學、道化之事。

殷興續王肅政論十卷。

黄容家訓。

常寬典言五篇。

顧夷顧子義訓十卷。舊唐志。

干寶正言十卷。以下新唐志。

干寶立言十卷。

華譚辨道三十卷〔三〕。以下本傳。

杜崧任子春秋。附杜夷傳。

周處默語三十篇。

賈充妻李氏女訓〔四〕。

李秉家誡。魏志李通傳注引王隱晉書。

王嬰古今通論三卷〔五〕。松滋令。

蔡洪蔡氏化清經十卷。文廷式云：「以上二人，隋志列孫毓成敗記之後，王元長通經之前，皆晉人也。」

李氏典式八篇。世説賢媛門注。

道家類

孫登老子道德經注二卷音一卷。以下隋志。

羊祜解釋老子道德經二卷。唐志：「注二卷解釋四卷。」

王尚述老子道德經注二卷。東晉江州刺史。◯文廷式云：「據經典釋文序録『王尚述二卷』，則『述』字似非名，然釋文又云『字君曾』，『述』字必其名也。盧文弨攷證云：『釋文脱落注字，蓋誤以述字當之。唐志王尚注二卷，竟作單名，誤矣。』」

程韶老子集解二卷。釋文：「東晉郎中。」

袁真老子道德經注二卷。釋文：「字彦仁，東晉西中郎將。」

張憑老子道德經注二卷。

李軌老子音一卷。

戴逵老子音一卷。

劉遺民老子玄譜一卷。柴樂令。

張嗣老子注二卷。以下釋文序録。

李頤老子集解三十卷音一卷。〔六〕

郭璞老子經注。文選上林賦注引。

鄧粲老子注。以下本傳。

劉黄老子注。附劉隗傳。

孫盛老子攷訊。遂初堂書目。

郭象老子注。以下成君相三十家老子注。

盧裕老子注。

劉仁會老子注。

顧歡老子注。

向秀莊子注二十卷。以下隋志。

向秀莊子音一卷。

崔譔莊子注十卷。清河人，議郎。○釋文云：「二十七篇，内篇七，外篇二十。」

郭象莊子注三十卷目一卷。梁七録，三十三卷。○存。

司馬彪莊子注二十一卷。

李頤莊子注三十卷。

李軌莊子音一卷。

徐邈莊子音三卷莊子集音三卷。

司馬彪等莊子註音一卷。

郭象莊子音三卷。

李充釋莊子論二卷。舊唐志。○本傳無「子」字。

張湛莊子注。文選五十四注引。

盧諶莊子注。本傳。

阮籍達莊論。敍無爲之貴。○本傳。

葛洪修撰莊子十七卷。文廷式攷釋藏辨正論云：「劉宋時，陸静修道藏書目：『莊子十七卷，莊周所出，葛洪修撰。』」

張湛列子注八卷。字處度，東晉人。○以下隋志。

張湛列子音義一卷。

向秀列子注。文選十一注引。

蘇彦蘇子七卷。北中郎參軍。○以下隋志。

宣聘宣子二卷〔七〕。宜城令。

陸雲陸子十卷。

葛洪抱朴子内篇二十一卷音一卷。

顧谷顧道士新書論經三卷。

孫綽孫子十二卷。

符朗符子二十卷〔八〕。

阮侃攝生論二卷。

簡文帝簡文談疏六卷。

杜夷杜氏幽求新書二十卷。本傳作「幽求子」。

張湛文子注。文選十三注引。

梅子一卷。新唐志。○意林卷五引。

徐苗玄微論。本傳。

唐滂唐子一卷。文廷式云：「隋志作吴唐滂，今改。意林引唐子有『大晉應期舉席卷』之語，當是晉人。」

法家類

黄命蔡司徒難論五卷。三公令史。○隋志。

滕輔愼子注十卷。新唐志。
氾毓肉刑論。以下本傳。
魯勝刑名二篇。
劉黄老愼子注。附劉隗傳。

墨家類

魯勝注墨辯六篇。本傳。

兵家類

孔衍兵林六卷。江都相。○以下隋志。
司馬彪兵記二十卷。一本八卷。
葛洪兵法孤虚月時秘要法一卷。以下舊唐志〔九〕。
葛洪陰符十德經一卷。
庾衮保聚圖一卷。郡齋讀書志引序云：「元康三年撰保聚壘議二十篇。」

縱横家類

皇甫謐鬼谷子注三卷。隋志。○兆鏞按：鬼谷子，隋、唐志皆入縱横家。

雜家類

傅玄傅子百二十卷。以下隋志。

張顯析言論二十卷。

楊偉桑丘先生書二卷。

楊偉時務論十二卷。

孔衍孔氏説林二卷。

葛洪抱朴子外篇五十一卷。

張華博物志十卷。

張公雜記五卷。張華撰，與博物志相似，小不同。

張華雜記十一卷〔一〇〕。

孟儀子林二十卷。

崔豹古今注三卷。世説新語言語門注引晉百官名：「崔豹，字正熊，燕國人，惠帝時官至太傅丞。」

張顯古今訓十一卷。

殷仲堪論集八十六卷。

戴安道纂要一卷。

陸士衡要覽三卷。新唐志。

陸機會要一卷。宋志。

陸機正訓十卷。宋志。○文廷式云：「焦氏國史志謂唐志有二十卷，辛德源撰。此題陸機，疑誤。」

薛瑩新議八篇。吴志薛綜傳後。

常寬典言五篇。華陽國志。

司馬彪淮南子注。文選歸去來辭注引。

裴啓語林。世説排調門注引續晉陽秋云〔一一〕：「晉隆和中，河東裴啓撰漢、魏以來訖今時言語、應對之可稱者，謂之語林。」

庾法暢人物論。世説言語門注。

郭義恭廣志二卷。兆鏞按：隋唐志、通志皆同。唐志列陸士衡要覽下，崔豹古今注上，則是晉人也。

秦菁秦子三卷。文廷式云：「據太平御覽引，秦子已入晉也。」

索靖索子二十卷。以下本傳。

續咸遠遊志十卷。

續咸異物志十卷。

韋謏典林二十三篇。

陸喜西州清論。

葛洪抄五經、史、漢、百家之言、方伎雜事三百一十卷。

顧愷之啓矇記。

農家類

戴愷之竹譜一卷。存。◯唐志，一卷。宋志，三卷。◯兆鏞按：隋志入譜系類，今從唐志入此。

嵇含南方草木狀三卷。存。

何曾食疏。南齊書虞悰傳〔一二〕：「豫章王嶷盛饌享賓，謂悰曰：『今日肴羞有所遺不？』悰曰：『恨無黃頷臛，何曾食疏所載也。』」

天文家類

陳卓天文集占十卷。以下隋志。

韓楊天文要集四十卷。

陳卓石氏星經記七卷。

陳卓天官星占十卷。

陳卓四方宿占四卷五星占一卷〔一三〕。

虞喜安天論圖六卷。

郭歷星經七卷〔一四〕。

張華小象賦一卷。

張華三家星歌一卷。

郭璞星經注一卷。

譙周天文志。

郭琦天文志。

索靖五行三統正驗論。

虞聳穹天論。宋書天文志。

陳卓星述一卷。以下通志。

張華小象千字詩一卷。

張華列象圖。遂初堂書目。

曆算家類

劉智正曆四卷。以下隋志。

皇甫謐朔氣長曆二卷。

劉徽九章算術十卷。

劉徽九章重差圖一卷。

劉徽海島算經一卷。

皇甫謐年曆六卷。新唐志。

張賓七曜曆經四卷。

王朔之通曆。律曆志。

杜預二元乾度曆。杜預春秋釋例卷十云：「余爲曆論之後，至咸寧中，有善算者李修、夏顯，依曆體爲術，名乾度曆，表上朝廷。」

杜預曆論。

張亢宗曆贊一篇。張協傳後。

神仙家類

抱朴子神仙服食藥方十卷。隋志入醫家。新唐志「抱朴子太清神仙服食經五卷」，即此。今從唐志入此類。

抱朴子養生論一卷。以下隋志。

太清玉碑子十一卷[一五]。葛洪與鄭惠遠問答。

葛洪五金龍虎歌一卷。

許真君修九幽立成儀一卷。

葛氏房中秘術一卷。以下新唐志。

華嶠紫陽真人周君傳一卷。

列仙傳讚三卷。劉向撰，鬷續，孫綽讚。

列仙傳讚二卷。劉向撰，晉郭元祖讚。

王羲之許先生傳。文廷式云：「崇文總目道書類有許邁傳一卷，疑即此書。」

葛洪五嶽真形圖文一卷。以下崇文總目道書類。

南嶽魏夫人内傳一卷。

葛洪神仙傳略一卷。

葛洪胎息術一卷。文廷式云：「郡齋讀書後志：『葛仙翁胎息術一卷，右仙翁葛洪也〔一六〕。』葛仙翁，疑即三國之葛仙公，非稚川也。」晁氏所言如是，姑存備考。

釋家類

晉元康中譯放光般若經九十章。以下隋志。

晉元熙中新豐沙門智猛及祇律譯泥洹經二十卷。

東晉隆安中僧伽提婆譯增一阿含經。

義熙十四年沙門支法領譯華嚴經三萬六千偈，六十卷。

王延秀感應傳八卷。

釋道安注般若道行密迹諸經二十餘卷。法苑珠林。

孫綽喻道論。弘明集。

孫綽道賢論。高僧傳。

高坐別傳。以下世說注。

高逸沙門傳。

東晉西域三藏竺曇無蘭譯佛説咒目經。永樂大典一萬九千六百三十八。

衛協七佛圖。名畫記。

支遁傳。以下太平御覽六百五十五引。

道安傳。

醫家類

王叔和脈經十卷。存。〇以下隋志。

王叔和論病六卷〔一七〕。

皇甫謐、曹歙論寒食散方二卷。通志作「曹翕解寒食散方」。

皇甫士安依諸方撰一卷。

葛洪肘後方六卷。存。〇本傳作「肘後要急方」，舊唐志作「肘後救卒方」。

子儀本草經一卷。曝書亭集五十五：「荀勖中經簿有子儀本草經一卷，周禮賈公彦疏云是周末時人。」

范汪范東陽方一百七十六卷録一卷〔一八〕。

張湛延年秘録十二卷。

張湛養生要集十卷。

李密藥録二卷。

殷荆州要方一卷。殷仲堪。

王叔和張仲景藥方十五卷。

葛洪玉函煎方五卷。

皇甫謐黄帝三部針經十三卷。新唐志。

葛洪黑髮酒方一卷。崇文總目入道書類，今從通志入此。○以下通志。

皇甫謐甲乙經十二卷。今存八卷。

葛洪金匱藥方一百卷。

王叔和編次張仲景傷寒論十卷。

雜藝家類

馬朗等圍碁勢二十九卷。趙王倫舍人。○以下隋志。

范汪等圍碁九品序録五卷。

虞潭大小博法一卷投壺經四卷投壺變一卷〔一九〕。

陸雲碁品序一卷。

徐廣彈棋譜一卷。

王羲之筆經。初學記、太平御覽均引。

汀州刺史李矩妻衛鑠筆陣圖。張彦遠法書要録。

索靖草書狀。本傳。

小説家類

郭澄之郭子三卷。以下隋志。

郭頒羣英論一卷。

祖台之志怪二卷。

張華注師曠禽經一卷。

張華注東方朔神異經一卷。隋志入地志。

陸氏異林。

魯褒錢神論一卷。

干寶搜神記三十卷。

戴祚甄異傳三卷。

陶潛續搜神後記十卷。

譙周異物志。文選蜀都賦注。

張華列異傳一卷。新唐志。

孔氏志怪四卷。新唐志列祖台之後，疑即孔衍。

孔衍在窮記。藝文類聚。

曹毗志怪。太平御覽地部引。

五行家類

葛洪遁甲反覆圖一卷。以下隋志。

葛洪遁甲要用四卷。

葛洪遁甲秘要一卷。

葛洪遁甲肘後立成囊中秘一卷。

葛洪遯甲要一卷。

郭璞周易新林四卷，又九卷。

郭璞周易林五卷。

郭璞易洞林三卷。

郭璞易八卦命録斗内圖一卷。

郭璞易斗圖一卷。

晉災異簿二卷。

晉玄石圖一卷。

晉德易天圖二卷。

譙周災異志記。漢建武以來。○續漢書五行志。

葛洪三元遯甲圖三卷。以下新唐志。

葛洪龜訣二卷。

葛洪周易雜占十卷。

徐苗周易筮占二十卷〔二〇〕。

郭璞青囊補注二卷〔二一〕。

郭璞葬書一卷。以下宋志。

郭璞三命通照神白經三卷。

郭璞周易元義經一卷。

郭璞玉照定真經一卷。四庫書目。

郭璞周易竅書三卷。以下崇文總目。

郭璞周易括地林一卷。

郭璞錦囊經一卷。以下通志。

郭璞撥沙成明經一卷。

郭璞周易穿地林一卷。

郭璞地理碎金式一卷〔二二〕。

郭璞八仙山水經一卷。

郭璞元堂品決三卷。

郭璞卜韻一篇。以下本傳。

郭琦五行傳〔二三〕。

索襲天文地理十餘篇。

索靖五行三統正驗論二十卷。

晉中興徵祥記。初學記二、太平御覽十一引。

【校勘記】

〔一〕楊泉楊子太玄經十四卷　「太」，舊唐書、通志同，隋書作「大」。

〔二〕王元長無名子十二篇　「二」，底本誤作「三」，據華陽國志改。

〔三〕華譚辨道三十卷　「三」，底本誤作「二」，據晉書改。

〔四〕賈充妻李氏女訓　「訓」，底本誤作「誡」，據晉書改。

〔五〕王嬰古今通論三卷　「三」，底本誤作「二」，據新唐書改。

〔六〕李頤老子集解三十卷音一卷　按：經典釋文著録李頤有莊子集解，無老子集解。

〔七〕宣聘宣子二卷　「聘」，中華書局本晉書校勘記以爲當作「舒」。

〔八〕符朗符子二十卷　此條底本原無，據隋書補。

〔九〕以下舊唐志　按，三書皆未見於舊唐書。兵法孤虚月時秘要法一卷，見新唐書；陰符十德經一卷，見通志；保聚圖一卷，見文獻通考。

〔一〇〕張華雜記十一卷　「十」，底本原奪，據隋書補。

〔一一〕世説排調門注引續晉陽秋云　「排」，底本誤作「俳」，據世説新語改。

〔一二〕南齊書虞悰傳　「南」，底本原奪，據南齊書補。

〔一三〕陳卓四方宿占四卷五星占一卷　下「四」字，底本誤作「一」，據隋書改。

〔一四〕郭歷星經七卷　「七」，底本誤作「十」，據隋書改。

〔一五〕太清玉碑子十一卷　「子」，底本原奪，據宋史補。

〔一六〕右仙翁葛洪也　「右」，底本誤作「古」，據補晉書藝文志及郡齋讀書志改。

〔一七〕王叔和論病六卷　「六」，底本誤作「十」，據隋書改。

〔一八〕范汪范東陽方一百七十六卷録一卷　「東陽」，底本誤倒，據中華書局本晉書校勘記乙正。

〔一九〕虞潭大小博法一卷投壺經四卷投壺變一卷　「四」，底本誤作「一」，據隋書改。

〔二〇〕徐苗周易筮占二十卷　「二十」，隋書作「二十四」。

〔二一〕郭璞青囊補注二卷　「二」，郡齋讀書志作「三」。

〔二二〕郭璞地理碎金式一卷　「式」，底本誤作「決」，據通典改。

〔二三〕郭琦五行傳　「傳」，底本誤作「志」，據晉書改。

晋會要弟四十

經籍四

集部三類：一曰楚辭類，二曰别集類，三曰總集類。

楚辭類

徐邈楚辭音一卷。隋志。

郭璞楚辭注三卷。唐志，十卷。

别集類

晋宣帝集五卷録一卷。以下隋志。

晋文帝集三卷。

齊王攸集三卷。

王沈集五卷。

鄭褒集二卷〔一〕。

宗正嵇喜集二卷録一卷。

散騎常侍應貞集五卷。

司隷校尉傅玄集五十卷録一卷。

著作郎成公綏集十卷。

裴秀集三卷録一卷。

金紫光禄大夫何禎集五卷。

袁準集二卷録一卷。

少傅山濤集九卷。

向秀集二卷録一卷。

平原太守阮种集二卷録一卷。

阮侃集五卷録一卷。

太傅羊祜集二卷録一卷。

蔡玄通集五卷。

太宰賈充集五卷録一卷。

荀勖集三卷録一卷。唐志，二十卷。

征南將軍杜預集十八卷。唐志，二十卷。

輔國將軍王濬集二卷録一卷。

徵士皇甫謐集二卷録一卷。

侍中程咸集三卷。

光禄大夫劉毅集二卷録一卷。

侍中庾峻集二卷録一卷。

巴西太守郤正集一卷。

散騎常侍薛瑩集三卷。

散騎常侍陶濬集二卷録一卷。

通事郎江偉集六卷。

宣舒集五卷。

散騎常侍曹志集二卷録一卷。

鄒湛集三卷録一卷。

汝南太守孫毓集六卷。

處士楊泉集二卷録一卷。

司徒王渾集五卷。

冀州刺史王深集五卷。

徵士閔鴻集三卷。

光禄大夫裴楷集二卷録一卷。

司空張華集十卷録一卷。書録解題作三卷，云：「前二卷爲四言、五言詩，後一卷爲祭、祝、哀、誄等文。」郡齋讀書志：「集有詩一百二十、哀詞、册文二十一、賦三。」

尚書僕射裴頠集九卷。

太子中庶子許孟集三卷録一卷。

太宰何邵集二卷録一卷。

光禄大夫劉頌集三卷録一卷。

劉寔集二卷録一卷。

散騎常侍王佑集三卷録一卷。

驃騎將軍王濟集二卷。

華嶠集八卷。

秘書丞司馬彪集四卷。

尚書庾儵集二卷録一卷。

國子祭酒謝衡集二卷。

漢中太守李虔集二卷録一卷。

司隸校尉傅咸集三十卷録一卷。

太子中庶子棗據集二卷録一卷。文選二十九引今書七志：「棗據，字道彦，潁川人。弱冠，辟大將軍府，遷尚書郎。太尉賈充伐吴，爲都督，請爲從事中郎。遷中庶子，卒。」

劉寶集三卷。

馮翊太守孫楚集十二卷録一卷。

散騎常侍夏侯湛集十卷録一卷。

弋陽太守夏侯淳集二卷。

散騎侍郎王讚集五卷。

衛尉卿石崇集六卷録一卷。

尚書郎張敏集五卷。
黄門郎伏偉集一卷。
黄門郎潘岳集十卷。
太常卿潘尼集十卷。
頓丘太守歐陽建集二卷。
宗正劉許集二卷録一卷〔二〕。
散騎常侍李重集二卷。
光禄大夫樂廣集二卷録一卷。
阮渾集三卷録一卷。
侍中嵇紹集二卷録一卷。
錢唐令楊建集九卷。
長沙相盛彦集五卷。
左長史楊乂集三卷録一卷。
尚書盧播集二卷録一卷。
欒肇集五卷録一卷。

南中郎長史應亨集二卷。

國子祭酒杜育集二卷。

太常卿摯虞集十卷録一卷。

秘書監繆徵集二卷録一卷。

齊王府記室左思集五卷録一卷〔三〕。

豫章太守夏靖集二卷録一卷。

吴王文學鄭豐集二卷録一卷。文館詞林一百五十六有鄭豐答陸士衡詩四首。

大司馬東曹掾張翰集二卷録一卷。

清河王文學陳略集二卷録一卷。

揚州從事陸沖集二卷録一卷。

平原内史陸機集四十七卷録一卷。

清河太守陸雲集十二卷〔四〕。

少府丞孫拯集二卷録一卷。「拯」，隋志誤作「極」。

中書郎張載集七卷。〔五〕

黄門郎張協集四卷録一卷。

著作郎束晳集七卷。〔六〕

征南司馬曹攄集三卷録一卷。

散騎常侍江統集十卷録一卷。

著作郎胡濟集五卷録一卷。

中書令卞粹集五卷。

光禄勳閭丘沖集二卷録一卷〔七〕。

太傅從事中郎庾敳集五卷録一卷。

太子中舍人阮瞻集二卷録一卷。

太子洗馬阮脩集二卷録一卷。

廣威將軍裴邈集二卷録一卷。

太傅主簿郭象集五卷録一卷。廿二史攷異引袁廷檮云：「『太傅』下脱『主簿』二字。」

廣州刺史嵇含集十卷録一卷。

安豐太守孫惠集十一卷録一卷。

松滋令蔡洪集二卷録一卷。

平北將軍牽秀集四卷〔八〕。

車騎從事中郎蔡克集二卷録一卷。
游擊將軍索靖集三卷。
隴西太守閻纂集二卷録一卷。
秦州刺史張輔集二卷録一卷。
交阯太守殷巨集二卷録一卷。
太子洗馬陶佐集五卷録一卷。
鄱陽太守虞溥集二卷録一卷。
益陽令吴商集五卷。
仲長敖集二卷。
太常卿劉弘集三卷録一卷。
開府山簡集二卷録一卷。
兖州刺史宗岱集二卷。
侍中王峻集二卷録一卷。
濟陽内史王曠集五卷録一卷。
散騎常侍棗嵩集二卷録一卷。

襄陽太守棗腆集二卷録一卷。文館詞林一百五十七有棗腆答石崇四言詩二首。

太尉劉琨集十卷别集十二卷。

司空從事中郎盧諶集十卷録一卷。

秘書丞傅暢集五卷録一卷。

晉明帝集五卷録一卷。

簡文帝集五卷録一卷。

孝武帝集二卷録一卷。

彭城王紘集二卷。

譙烈王丞集九卷録一卷。

會稽王司馬道子集八卷〔九〕。

鎮東從事中郎傅毅集五卷。

衡陽内史曾瓌集四卷録一卷。

驃騎將軍顧榮集五卷録一卷。

司空賀循集二十卷録一卷〔一〇〕。

散騎常侍張亢集二卷録一卷〔一一〕。

車騎長史賈彬集三卷録一卷。

光禄大夫衛展集十五卷。

太尉荀組集三卷録一卷。

秘書郎張委集九卷〔一二〕。

關内侯傅珉集一卷。

光禄大夫周顗集二卷録一卷。

太常謝鯤集二卷。

驃騎將軍王廙集三十四卷録一卷。

華譚集二卷。

御史中丞熊遠集十二卷〔一三〕。

湘州秀才谷儉集一卷。

大鴻臚周嵩集三卷録一卷〔一四〕。

弘農太守郭璞集十七卷〔一五〕。

張駿集八卷。

大將軍王敦集十卷。

吴興太守沈充集三卷〔一六〕。

散騎常侍傅純集二卷録一卷。

光禄大夫梅陶集二十卷録一卷。

金紫光禄大夫荀邃集二卷録一卷。

散騎常侍王鑒集五卷〔一七〕。

著作佐郎王濤集五卷。

廷尉卿阮放集十卷録一卷。

宗正卿張悛集五卷録一卷〔一八〕。

汝南太守應碩集二卷。

金紫光禄大夫張闓集二卷録一卷。

揚州刺史陸沈集二卷録一卷。

驃騎將軍卞壼集二卷録一卷。

光禄勳鍾雅集一卷。

衛尉卿劉超集二卷。

衛將軍戴邈集五卷録一卷。

光禄大夫荀崧集一卷。
大將軍温嶠集十卷録一卷。
侍中孔坦集十七卷〔一九〕。
臧沖集一卷。
鎮南大將軍應詹集五卷。
太僕卿王嶠集八卷。
衛尉荀闓集一卷。
鎮北將軍劉隗集二卷〔二〇〕。
大司馬陶侃集二卷録一卷。
丞相王導集十一卷〔二一〕。
太尉郗鑒集十卷録一卷。
太尉庾亮集二十一卷〔二二〕。
虞預集十卷録一卷。
平越司馬黄整集十卷録一卷。
護軍長史庾堅集十三卷〔二三〕。

司空庾冰集二十卷録一卷。

給事中庾闡集十卷録一卷。

著作郎王隱集二十卷録一卷。

散騎侍郎干寶集五卷。

太常卿殷融集十卷。

衛尉張虞集十卷。

光禄大夫諸葛恢集五卷録一卷。

車騎將軍庾翼集二十二卷〔二四〕。

司空何充集五卷。

御史中丞郝默集五卷。

征西諮議甄述集十二卷。

武昌太守徐彦則集十卷。

散騎常侍王愆期集十卷録一卷。

司徒左長史王濛集五卷。

丹陽尹劉惔集二卷録一卷〔二五〕。

益州刺史袁喬集七卷。

尚書令顧和集五卷録一卷。

尚書僕射劉遐集五卷。

徵士江惇集三卷録一卷〔二六〕。

魏興太守荀述集一卷。

平南將軍賀翹集五卷。

李軌集八卷。

李充集二十卷〔二七〕。

司徒蔡謨集四十三卷。

揚州刺史殷浩集五卷録一卷。

吴興孝廉李鈕滔集五卷録一卷。

宣城内史劉系之集五卷録一卷。

庾赤玉集四卷〔二八〕。

尋陽太守庾純集八卷〔二九〕。

驃騎司馬王脩集二卷録一卷。

衛將軍謝尚集十卷録一卷。
青州刺史王浹集二卷〔三〇〕。
西中郎將王胡之集十卷〔三一〕。
中書令王治集五卷録一卷。
宜春令范保集七卷。
徵士范宣集十卷録一卷。
建安太守丁纂集四卷録一卷。
金紫光禄大夫王羲之集十卷録一卷。
散騎常侍謝萬集十六卷〔三二〕。
司徒長史張憑集五卷録一卷。
高涼太守楊方集二卷。
徵士許詢集八卷録一卷。
征西將軍張望集十二卷録一卷。
餘姚令孫統集九卷録一卷。
晉陵令戴元集三卷録一卷。

衛尉卿孫綽集二十五卷。
太常江逌集九卷。
謝沈集十卷。
李顒集十卷録一卷。
光禄勳曹毗集十五卷録一卷。
郡主簿王篋集五卷〔三三〕。
劉彧集十六卷〔三四〕。
撫軍長史蔡系集二卷。
護軍將軍江虨集五卷録一卷〔三五〕。
范汪集十卷。
尚書僕射王述集八卷。
王度集五卷録一卷。
中領軍庾龢集二卷録一卷。
將作大匠喻希集一卷。
吳興太守孔嚴集十一卷録一卷。

大司馬桓温集四十三卷。

陶潛集九卷〔三六〕。

豫章太守車灌集五卷録一卷。

尚書僕射王坦之集七卷〔三七〕。

左光禄王彪之集二十卷録一卷。

中書郎郗超集十卷。

南中郎桓嗣集五卷。

平固令邵毅集五卷録一卷〔三八〕。

太學博士滕輔集五卷録一卷。

顧夷集五卷。

散騎常侍鄭襲集四卷。

撫軍掾劉暢集一卷。

太常卿韓康伯集十六卷。

黄門郎范啓集四卷。

豫章太守王恪集十卷。

零陵太守陶混集七卷。

海鹽令祖撫集三卷。

吴興太守殷康集五卷録一卷。

太傅謝安集十卷録一卷。

中軍參軍孫嗣集三卷録一卷。

司徒左長史劉衮集三卷。

御史中丞孔欣時集八卷〔三九〕。

伏滔集十一卷并目録〔四〇〕。

滎陽太守習鑿齒集五卷。

秘書監孫盛集十卷録一卷。

東陽太守袁宏集二十卷録一卷。

黄門郎顧淳集一卷。

尋陽太守熊鳴鵠集十卷。

車騎司馬謝韶集三卷。

金紫光禄大夫王獻之集十卷録一卷。

琅邪内史袁質集二卷録一卷。
太宰從事中郎袁邵集五卷録一卷〔四一〕。
車騎長史謝朗集六卷録一卷。
車騎將軍謝顔集十卷録一卷。
新安太守郗愔集五卷。
吴郡功曹陸法之集十九卷。
太常卿王珉集十卷録一卷。
中散大夫羅含集三卷。
太宰長史庾蒨集二卷。
大司馬參軍庾悠之集三卷。
司徒右長史庾凱集二卷。
國子博士孫放集十卷。
聘士殷叔獻集四卷并目録〔四二〕。
湘東太守庾肅之集十卷録一卷〔四三〕。
北中郎參軍蘇彦集十卷。

太子左率王肅之集三卷録一卷。

黄門郎王徽之集八卷。

徵士謝敷集五卷録一卷。

太常卿孔汪集十卷〔四四〕。

陳統集七卷。

太常王愷集十五卷。

右將軍王忱集五卷録一卷。

太常殷允集十卷。

徵士戴逵集十卷録一卷。

光禄大夫孫廞集十卷。

尚書左丞徐禪集六卷。

太子前率徐邈集二十卷録一卷。

給事中徐乾集二十一卷〔四五〕。

冠軍將軍張玄之集五卷録一卷。

員外常侍荀世之集八卷。

袁崧集十卷。

黄門郎魏遏之集五卷。

驃騎將軍卞湛集五卷。

金紫光禄大夫褚爽集十六卷録一卷。

豫章太守范甯集十六卷。

餘杭令范弘之集六卷。

司徒王珣集十一卷并目録〔四六〕。

處士薄蕭之集十卷〔四七〕。

安北參軍薄要集九卷。

薄邕集七卷。

延陵令唐邁之集十一卷録一卷〔四八〕。

孫恩集五卷。

殿中將軍傅綽集十五卷。

驍騎將軍弘戎集十六卷。

御史中丞魏叔齊集十五卷。

司徒右長史劉寧之集五卷。
臨海太守辛德遠集五卷[四九]。
車騎參軍何瑾之集十一卷。
殷覬集十卷録一卷。
荆州刺史殷仲堪集十二卷并目録。
驃騎長史謝景重集一卷。
桓玄集二十卷。
丹陽尹卞範之集五卷録一卷[五〇]。
光禄勳卞承之集十卷録一卷。
東陽太守殷仲文集七卷[五一]。
司徒王謐集十卷録一卷。
光禄大夫伏系之集十卷録一卷。
右軍參軍孔璠集二卷。
衛軍諮議湛方生集十卷録一卷。
光禄大夫祖台之集二十卷。

通直常侍顧愷之集二十卷。
太常卿劉瑾集九卷〔五二〕。
左僕射謝混集五卷。
秘書監滕演集十卷録一卷。
司徒長史王誕集二卷。
太尉諮議劉簡之集十卷。
丹陽太守袁豹集十卷録一卷。
廬江太守殷遵集五卷録一卷。
興平令荀軌集五卷。
西中郎長史羊徽集十卷録一卷。
國子博士周祗集二十卷録一卷。
相國主簿殷闡集十卷録一卷。
太常傅迪集十卷。
始安太守卞裕集十五卷〔五三〕。
韋公藝集六卷。

毛伯成集一卷。

王茂略集四卷。

曹毗集四卷。

宗欽集二卷。

中軍功曹殷曠之集五卷。

太學博士魏説集十三卷〔五四〕。

征西主簿丘道護集五卷録一卷。

柴桑令劉遺民集五卷録一卷。

郭澄之集十卷。

徵士周續之集一卷〔五五〕。

孔瞻集九卷。

毛伯成詩一卷。東晉征西大將軍。隋志。

盧欽小道。所著詩、賦、論難數十篇，名曰小道。○以下本傳。

阮籍詠懷詩八十餘篇。

徐廣集十五卷。隋志云「宋大中大夫」。今據晉書本傳，著録於晉。

文立章奏詩賦數十篇。

傅祗文章駮論十餘萬言。

陳壽次定諸葛亮故事集二十四篇〔五六〕。以下華陽國志。

陳壽述作二百餘篇。

李宓釋河内趙子聲讖詩、賦之屬二十餘篇〔五七〕。

常寬詩賦論議二十餘篇。

木華集。文選十二注引木華集，爲楊駿府主簿；又引今書七志：「木華，字元虛。」據此則華集七志著録，唐時猶存，不知隋志何以無之。

武帝左九嬪集四卷。以下隋志。

太宰賈充妻李扶集一卷。文廷式云：「世説賢媛篇注引婦人集曰：『充妻李氏，名婉，字淑文。』」與此異。

江州刺史王凝之妻謝道韞集二卷。

司徒王渾妻鍾夫人集五卷。

武平都尉陶融妻陳窈集一卷。

都水使者□□妻陳玢集五卷。

海西令劉驎妻陳珍集七卷〔五八〕。

劉柔妻王邵之集十卷〔五九〕。

散騎常侍傅伉妻辛蕭集一卷〔六〇〕。

松陽令鈕滔母孫瓊集二卷〔六一〕。

成公道賢妻龐馥集一卷〔六二〕。

宣城太守何殷妻徐氏集一卷。

沙門支遁集十三卷。今存八卷。

沙門支曇諦集六卷。

釋慧遠集十二卷。

總集類

摯虞文章流別集六十卷志二卷論二卷，以下隋志。

謝混文章流別本十二卷。

謝混集苑四十五卷。唐志，六十卷。

荀綽古今五言詩美文五卷。

晉歌章十卷。

晉歌詩十八卷。

荀勖晉讌樂歌辭十卷。

張湛古今箴銘集十四卷録一卷，衆賢誡集十五卷，雜誡箴二十四卷。

綦毋邃誡林三卷。

杜預善文五十卷。

殷仲堪雜集一卷。

殷仲堪策集一卷。

王履書集八十八卷。

左思相風賦十卷。

傅玄等迦維國賦二卷。

虞干紀遂志賦十卷。

右軍行參軍。隋志。

謝沈名文集四十卷。以下唐志。

殷仲堪雜論九十五卷。

晉元正宴會遊集四卷。伏滔、袁豹、謝靈運等撰。

蘭亭詩一卷，宋志。

十四賢集。文廷式云：「遂初堂書目列張敏集後、郭景純集前，或後人所編。然十四賢，必晉人也。」

華廙善文。本傳。

曹毗續蘭香歌詩十篇。本傳。

索靖撰晉詩二十卷。本傳。

李充翰林論五十四卷。遂初堂書目。

晉咸康詔四卷〔六三〕。以下隋志。

晉詔六十卷。

晉雜詔百卷録一卷。

晉朝雜詔九卷。

晉雜詔二十八卷録一卷。

晉文王武帝雜詔十二卷。

晉武帝詔十二卷。

成帝詔草十七卷。

康帝詔草十卷。

永和副詔九卷。

建元直詔三卷。

升平隆和興寧副詔十卷。

泰元咸寧寧康副詔二十二卷〔六四〕。

隆安直詔五卷。

元興太亨副詔三卷。

義熙副詔十卷。

晉義熙詔十卷。

録晉詔六卷。

晉諸公奏十一卷。

劉隗奏五卷。

孔羣奏二十二卷。

金紫光禄大夫周閔奏事四卷。

劉劭奏事六卷。

司馬無忌奏事十三卷。

山公啓事三卷。

范甯啓事十卷。

晉詔書黄素制五卷。唐志。

晉勑。續談助録殷芸小説引此書。

蕭廣濟注木玄虚海賦一卷。以下隋志。

李軌二都賦音一卷。

張衡左思注五都賦二卷。

衛瓘吴都賦注。續漢志二十六注引。

傅玄乘輿馬賦注。續漢志二十九注引。

李軌綦毋邃齊都賦注二卷。

郭璞注子虚上林賦一卷。

薛綜注張衡二京賦二卷。

張載及侍中劉逵、懷令衛瓘注左思三都賦三卷。

綦毋邃注三都賦三卷。

干寶百志詩九卷。

李彪百一詩二卷。

應貞古遊仙詩注一卷。

陸機連珠一卷。

抱朴君書一卷。葛洪。

蔡司徒書三卷。蔡謨。

左將軍王鎮惡與劉丹陽書一卷。

木連理頌二卷。太元十九年羣臣上。

宗岱明真論一卷。

陳勰碑文十五卷。

車灌碑文十卷〔六五〕。

羊祜墮淚碑一卷。

桓宣武碑十卷〔六六〕。

【校勘記】

〔一〕鄭褒集二卷　「褒」，底本誤作「衺」，據隋書改。

〔二〕宗正劉許集二卷録一卷　「許」，底本誤作「訏」，據中華書局本隋書校勘記改。

〔三〕齊王府記室左思集五卷録一卷　「齊王」至「一卷」，底本原奪，據本書體例及隋書補。

〔四〕清河太守陸雲集十二卷　「十二卷」，據本書體例及隋書，當作「十卷録一卷」。

〔五〕中書郎張載集七卷。「七卷」，據本書體例及隋書，當作「二卷録一卷」。

〔六〕著作郎束晳集七卷　「七卷」，據本書體例及隋書，當作「五卷録一卷」。

〔七〕光禄勳閭丘沖集二卷録一卷　「二」，底本誤作「五」，據隋書改。

〔八〕平北將軍牽秀集四卷　「四卷」，據本書體例及隋書，當作「三卷録一卷」。

〔九〕會稽王司馬道子集八卷　「八」，據隋書，當作「九」。

〔一〇〕司空賀循集二十卷録一卷　「十」下，底本原衍「八」字，據隋書删。

〔一一〕散騎常侍張亢集二卷録一卷　「亢」，底本誤作「杭」，據中華書局本隋書校勘記改。

〔一二〕秘書郎張委集九卷　「九」，據隋書，當作「五」。

〔一三〕御史中丞熊遠集十二卷　「十二卷」，據本書體例及隋書，當作「五卷録一卷」。

〔一四〕大鴻臚周嵩集三卷録一卷　「嵩」，底本誤作「�」，據隋書改。

〔一五〕弘農太守郭璞集十七卷　「十七卷」，據本書體例及隋書，當作「十卷録一卷」。

〔一六〕吴興太守沈充集三卷　「三」，底本誤作「二」，據隋書改。

〔一七〕散騎常侍王鑒集五卷　「鑒」，底本誤作「覽」，據隋書改。「五」，底本誤作「九」，據隋書改。

〔一八〕宗正卿張悛集五卷録一卷　「悛」，底本誤作「俊」，據隋書改。

〔一九〕侍中孔坦集十七卷　「十七卷」，據本書體例及隋書，當作「五卷録一卷」。

〔二〇〕鎮北將軍劉隗集二卷　「二」，底本誤作「一」，據隋書改。

〔二一〕丞相王導集十一卷　「十一卷」，據本書體例及隋書，當作「十卷録一卷」。

〔二二〕太尉庾亮集二十一卷　「二十一卷」，據本書體例及隋書，當作「二十卷録一卷」。

〔二三〕護軍長史庾堅集十三卷　「十三卷」，據本書體例及隋書，當作「十卷録一卷」。

〔二四〕車騎將軍庾翼集二十二卷　「二十二卷」，據本書體例及隋書，當作「二十二卷録一卷」。

〔二五〕丹陽尹劉惔集二卷録一卷　「惔」，底本誤作「恢」，據中華書局本隋書校勘記改。

〔二六〕徵士江惇集三卷録一卷　「惇」，底本誤作「淳」，據中華書局本隋書校勘記改。

〔二七〕李充集二十卷　「二十卷」，據本書體例及隋書，當作「十五卷録一卷」。

〔二八〕庾赤玉集四卷　「玉」，底本誤作「王」，據中華書局本隋書校勘記改。

〔二九〕尋陽太守庾純集八卷　「純」，隋書同，中華書局本隋書校勘記以爲當作「統」。

〔三〇〕青州刺史王浹集二卷　「浹」，底本誤作「俠」，據隋書改。

〔三一〕西中郎將王胡之集十卷　「十卷」，據本書體例及隋書，當作「五卷録一卷」。

〔三二〕散騎常侍謝萬集十六卷　「十六卷」，據隋書，當作「十卷」。

〔三三〕郡主簿王篾集五卷　「篾」，底本誤作「蔑」，據隋書改。

〔三四〕劉彧集十六卷　「六」，底本誤作「二」，據隋書改。

〔三五〕護軍將軍江虨集五卷録一卷　「虨」，底本誤作「彬」，據中華書局本隋書校勘記改。

〔三六〕陶潛集九卷　「九卷」，據本書體例及隋書，當作「五卷録一卷」。

〔三七〕尚書僕射王坦之集七卷　「七卷」，據本書體例及隋書，當作「五卷録一卷」。

〔三八〕平固令邵毅集五卷録一卷　「令」，底本誤作「人」，據隋書改。

〔三九〕御史中丞孔欣時集八卷　「八」，據隋書，當作「七」。

〔四〇〕伏滔集十一卷并目録　「十一卷并目録」，據本書體例及隋書，當作「五卷録一卷」。

〔四一〕太宰從事中郎袁邵集五卷録一卷　「邵」，底本誤作「歆」，據隋書改。

〔四二〕聘士殷叔獻集四卷并目録　「四卷并目録」，據本書體例及隋書，當作「三卷録一卷」。

〔四三〕湘東太守庾肅之集十卷録一卷　「十」，底本誤作「六」，據隋書改。

〔四四〕太常卿孔汪集十卷　「汪」，底本空出，據隋書補。

〔四五〕給事中徐乾集二十一卷　「二十一卷」，據本書體例及隋書，當作「二十卷録一卷」。

〔四六〕司徒王珣集十一卷并目録　「十一卷并目録」，據本書體例及隋書，當作「十卷録一卷」。

〔四七〕處士薄蕭之集十卷　「之」，底本空出，據隋書補。

〔四八〕延陵令唐邁之集十一卷録一卷　「唐」，底本誤作「曹」，據隋書改。

〔四九〕臨海太守辛德遠集五卷　「五」，據隋書，當作「三」。

〔五〇〕丹陽尹卞範之集五卷録一卷　「尹」，底本誤作「令」，據中華書局本隋書校勘記改。

〔五一〕東陽太守殷仲文集七卷　「七」，據隋書，當作「五」。

〔五二〕太常卿劉瑾集九卷　「九」，據隋書，當作「五」。

〔五三〕始安太守卞裕集十五卷　「卞」，底本空出，據隋書補。

〔五四〕太學博士魏説集十三卷　「説」，底本誤作「悦」，據隋書改。

〔五五〕徵士周續之集一卷　「續」，底本誤作「桓」，據中華書局本隋書校勘記改。

〔五六〕陳壽次定諸葛亮故事集二十四篇　「二」，底本誤作「三」，據華陽國志改。

〔五七〕李宓釋河内趙子聲讖詩賦之屬二十餘篇　「二」，底本原奪，據華陽國志補。

〔五八〕海西令劉驎妻陳珍集七卷　「驎」，隋書作「臻」，中華書局本隋書校勘記以爲當作「驎」。

〔五九〕劉柔妻王邵之集十卷　「邵」，底本誤作「劭」，據隋書改。

〔六〇〕散騎常侍傅伉妻辛蕭集一卷　「傅伉」，底本誤作「江沆」，據隋書改。

〔六一〕松陽令鈕滔母孫瓊集二卷　「陽」，底本誤作「滋」，據隋書改。

〔六二〕成公道賢妻龐馥集一卷　「賢」，底本原奪，據隋書補。

〔六三〕晉咸康詔四卷　「晉咸康詔四卷」，底本原奪，據本書體例及隋書補。

〔六四〕泰元咸寧寧康副詔二十二卷　下「二」字，底本誤作「六」，據隋書改。

〔六五〕車灌碑文十卷　「灌」，底本誤作「瓘」，據隋書改。

〔六六〕桓宣武碑十卷　「十」，底本誤作「一」，據隋書改。

晉會要弟四十一

金石上

金

銅律銘。佚

泰始十年，中書監荀勖、中書令張華出御府銅竹律二十五具。其三具與杜夔、左延年律法同。其二十二具，視其銘題尺寸，是笛律也。律志。

荀勖依古尺，更鑄銅律吕，以調聲韻。律志。

咸和七年銅漏銘。佚

梁天監六年，造新漏以臺，舊漏給官。銘云：「咸和七年，會稽山陰令魏丕造。」即會稽内史王舒所獻也。文選陸佐公刻漏銘注引蕭子雲東宮雜記。

永安宫銅刻漏。

晉起居注有永安宫銅刻漏。玉海十一。

晉銅尺。

荀勖新尺銘曰：「晉泰始十年，中書考古器，揆校今尺，長四分半。所校古法有七品：一曰姑洗玉律，二曰小吕玉律，三曰西京銅望臬，四曰金錯望臬，五曰銅斛，六曰古錢，七曰建武銅尺。姑洗微彊，西京望臬微弱。其餘與此尺同〔一〕。」銘八十二字。志。○按：王國維據隋志載晉新尺，而晉志已有之。謂宋王氏款識晉前尺得其近似，非真晉尺。詳見樂律、王氏款識。附録備攷。

周尺、漢志鎦歆銅尺、後漢建武銅尺、晉前尺，並同。

右晉銅尺銘，十九字。據宋王氏款識搨本。按：晉志荀勖尺銘曰：「晉泰始十年，中書考古器，撰校今尺〔二〕，長四分半。所校古法有七品，其七建武銅尺。」志又曰：「魏景元四年，劉徽注九章云：『王莽時劉歆斛尺弱於今尺四分五釐，比魏尺，其斛深九寸五分五釐。』即荀勖所謂『今尺長四分半』是也。」又按：隋志列十五尺，一周尺，即劉歆之銅尺、建武之銅尺、祖沖之之銅尺。荀勖令劉恭所造之尺，謂之晉前尺是也。吴江沈冠雲彤著周官禄田考，繪古尺圖，即此尺。併録此銘云：「右圖摹宋秦熺鐘鼎款識册所載。」所摹銘文，「建」下一字正作「武」，惟首多一字，係誤衍。程易疇云：「江慎齋永考定諸家之説周尺，得開元錢八枚，以校此晉尺，短一寸一分。漢尺得大宋十枚，以校此晉尺，長二寸三分。又按：曲阜孔氏所藏慮俿銅尺，造於建初六年，以校此晉尺，長二分强，皆不相合。惟瑶田據王莽所造貨布、貨泉及大小泉流傳於今，擇其邊郭完好者，互相比校，定爲莽時造錢布之尺[三]，與此晉尺，豪髮不爽。劉歆，莽國師也。然則尺背所謂劉歆銅尺者，即余所定之莽尺。於此可見莽所造泉布，無不精美也。元謂：慮俿建初尺，獨長二分。考建初六年乃後漢章帝即位之六年，辛巳距建武五十餘年矣。時代既殊，尺有贏羡，不害其爲同也。」

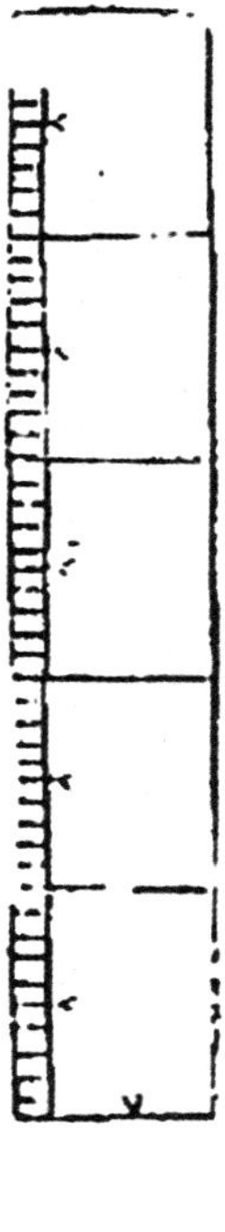

右晉尺之半。於此倍之，可得其全度。積古齋鐘鼎款識。

晉泰始澡槃。

泰始九年□月七日，右尚方治將府故，二斗五升銅澡槃，重九斤八兩。第二。隸續「九年」作「元年」，「將」作「御」。又云：「『第二』字甚小而遒勁。東都工於隸者，未能遠過魏晉石刻，今存者數碑，以此比之，泰山之於丘堆也。」

右泰始澡槃銘，二十九字，磨滅者一字。據宋王氏款識搨本。按：泰始九年，晉武帝即位之九年也。「將」字下「府」字甚朗，實無「作」字。宋人舊釋云「將作府」，非也。按：晉志少府統材官校尉中、左、右三尚方。又曰：「將作大匠，有事則置，無事則罷。」此云「右尚方治將府故」，知無事時少府兼領將作也。「將作府」曰「將府」，省文耳。澡槃，古謂之盥盤，亦謂之頮盤。樂纂云：「晉人有銅澡槃，自鳴。張茂先以爲，與洛陽鐘聲諧，即此類也。」積古齋鐘鼎款識。

晉太康釜。

太康三年八月六日右尚方造斗銅釜，重九斤七兩。第一。

右晉太康釜，銘二十二字。據武虛谷搨本。案：太康三年，晉武帝即位之十八年也。積古齋鐘鼎款識。

晉永昌椎。

永昌元年二月四日。

小將申雨造。

右晉永昌椎銘，十三字。黄小松所藏器。案：永昌著年不一，此據字體，定爲晉元帝時物。段赤亭松苓云：「永昌元年，不但王敦舉兵武昌，石勒亦遣騎大寇河南。此器於濟寧發工得之，距武昌較遠，安知非石勒部曲所造？」「小將」二字，見漢書灌嬰傳、吴志丁奉傳。北史魏帝紀云：「放十二時，置十二小將。」然則申雨實爲小將，非撝謙之詞也。積古齋鐘鼎款識。

石

石經。佚。

太學有石經。荀崧傳。

惠帝時，裴頠爲國子祭酒，奏立太學，刻石寫經。藝文類聚禮部引晉諸公贊。○裴頠傳作「奏修國學」。

石經碑高一丈許，廣四尺，駢羅相接。後漢書儒林傳注引楊龍驤洛陽記。○按：龍驤，楊佺期也。

趙至詣洛陽，遊太學，遇嵇康於學寫石經，徘徊視之不能去。趙至傳。○北史劉焯傳：「隋開皇六年，運洛陽石經至京師。」

晉辟雍行禮碑。佚。

泰始二年，立在太學講堂下，漢石經北。其碑中折。水經穀水注。

司馬子長廟碑。佚。

在夏陽縣南。司馬子長墓前有廟，廟前有碑。永嘉四年，漢陽太守殷濟，瞻仰遺文，大其功德，遂建石室，立碑。水經河水注。

千崤山石銘。佚。

山側附路，有石銘云：「晉太康三年，弘農太守梁抑修復舊道，太崤以東，西崤以西。」明非一崤也。水經河水注〔四〕。

五户祠銘。佚。

晉泰始三年五月，武帝遣監運大中大夫趙國都匠、中郎將河東樂世帥衆五千餘人修治河灘事，見五户祠銘。五户，灘名。有神祠，通謂之五户將軍。水經河水注。

西河恭王司馬子盛廟碑。佚。

在兹氏縣地。碑文云：「西河舊處山林。漢末擾攘，百姓失所。魏興，更開疆宇，分割太原四縣，以爲邦邑，其郡帶山側塞矣。王以咸寧四年改命爵土〔五〕，其年十二月喪國〔六〕。臣大農閻崇、離石令宗羣等二百三十四人刊石立碑，以述勳德。」水經原公水注〔七〕。

恒山廟碑。佚。

漢末喪亂，山道不通。晉魏改有東西二廟，廟前有碑闕，壇場相列焉〔八〕。水經滱水注〔九〕。

晉康王碑。佚。

在涿縣故城内東北角。水經聖水注。

魏征南將軍建城鄉景侯劉靖碑〔一〇〕。佚。

在廣陽郡城東門内道左〔一一〕，晉司隸校尉王密表靖，功加於民，宜在祀典，以元嘉四年九月二十日刊石建碑〔一二〕。水經㶟水注〔一三〕。

晉造戾陵遏記。佚。

魏建城鄉侯沛國劉靖，字文恭，以嘉平二年導高梁河，造戾陵遏。晉元康四年，君少子驍騎將軍平鄉侯弘，受命使持節監幽州諸軍事。遏立積三十六載，五年夏六月，洪水暴出，毁損四分之三。所在漫溢，追維前立遏之勳，親臨指授規略，修遏，治水門，利通塞之宜，乃述成功。元康五年十月十一日刊石立表，以紀勳烈，并記遏制度，永爲後式焉。水經鮑丘水注。○文録地理河渠門。

晉城門校尉昌原恭侯鄭仲林碑。佚。

在緱氏縣西南。晉泰始六年立。水經洛水注。

九山廟碑。佚。

碑文云：「九顯靈府君者，太華之元子，陽九列名，號曰九山府君也。南據嵩岳，北帶洛澨，晉元康二年九月，太歲庚午〔一四〕，帝遣殿中中郎將關内侯樊廣、緱氏令王與、傅演奉宣詔命，興立廟殿焉。」水經洛水注。

百蟲將軍顯靈碑。佚。

碑文云：「將軍姓伊氏，諱益，字隤敳〔一五〕，帝高陽之第二子伯益者也。晉元康五年七月七日，順人吴義等建立堂廟，永平元年二月二十日刻石立頌。」水經洛水注。

琅琊太守潘君碑。佚。

潘岳父芘，琅琊太守。墓前有碑，石破落，文字缺敗。水經洛水注。

給事黄門侍郎潘君之碑。佚。

潘岳碑題云「給事黄門侍郎潘君之碑」，碑文云：「君遇孫秀之難，闔門受禍，故門生感覆醢以增慟，乃樹碑以記事。」太常潘尼之辭也〔一六〕。水經洛水注。

晉使持節征南將軍宋均碑。佚。

在新城縣地。均字文平，縣人也。其碑泰始三年十二月立。水經洛水注。

伊闕石銘。佚。

銘云：「永康五年〔一七〕，河南府君循大禹之軌，部督郵辛曜、新城令王琨、部監作掾董猗、李褒，斬岸開石，平通伊、闕。」石文尚存也。水經洛水注。

真人帛君之表。佚。

帛仲理墓，在穀城縣西南。墓前有碑，題云「真人帛君之表」。仲理名護，益州巴郡人。晉永寧二年十一月立。水經洛水注。

千金渠刻石。佚。

西晉惠帝造石渠於穀水上，按橋西門之南頰文，稱晉元康二年十一月二十日，改治石巷、水門，除堅枋，更爲函枋，立作覆枋屋，前後辟級續石障，使南北入岸，築治漱處，破石以爲殺矣。到三年三月十五日畢記〔一八〕，并紀列門廣長深淺於左右巷，東西長七尺，南北龍尾廣十二丈，巷瀆口高三丈，謂之睪門橋。水經穀水注。

魏文帝廟碑。佚。

在華陰縣北。刊侍中司隸校尉鍾繇、弘農太守毌丘儉姓名，廣六行，欝然循平。是太康八年，弘農太守河東衛叔始爲華陰令，河東裴仲恂役其逸力，修立壇廟，夾道樹柏，迄於山陰。事見永興元年華百石所造碑。水經渭水注。

張載劍閣銘。佚。

張載傳：「太康初，至蜀省父，道經劍閣。載以蜀人恃險好亂，因著銘以作誡。益州刺史張敏見而奇之，表上其文。武帝遣使鐫之於劍閣山焉。」水經渭水注亦引之。

晉中散大夫胡均碑。佚。

在鹿邑縣城南十里，元康八年立。水經陰溝水注。

譙定王司馬士會碑。佚。

譙縣過水南有譙定王司馬士會冢，冢前有碑，晉永嘉三年立。碑南二百許步，有兩石柱，高丈餘，半下爲束竹交文〔一九〕，制作工巧。石牓云：「晉故使持節散騎常侍都督揚州江州諸軍事、安東大將軍譙定王河内温司馬公墓之神道。」水經陰溝水注。

晉梁王妃王氏陵表。佚。

在睢陽縣城内東西道北〔二〇〕。碑云：「妃諱粲，字女儀，東萊曲城人也，齊北海府君之孫，司空東武景侯之季女。咸熙元年，嬪於司馬氏。泰始二年，妃於國。太康五年薨，營陵於新蒙。原注：「此下有脱誤。」太康九年立碑。」水經睢水注。

堯陵碑。佚。

在成陽縣地〔二一〕。按郭緣生述征記，自漢迄晉，二千石在及丞尉多刊石，述敍堯即位至永嘉三年，二千七百二十有一年。水經瓠子水注。

曹仁記水碑。佚。

在平魯縣城西南，杜元凱重刊。水經沔水注。

杜元凱碑。佚。

襄陽縣方山下，潭中有杜元凱碑。元凱好尚後名，作兩碑，並述己功，一碑沈之峴山水中，一碑下之於此潭。曰：「百年之後，何知不深谷爲陵也？」水經沔水注。○杜預傳：「一沈萬山之下。」「萬」字誤。

晉太傅羊祜碑。佚。

鎮南將軍杜預碑〔一二〕。佚。

安南將軍劉儼碑。佚。

襄陽城南門道東，有三碑，並是學生所立。水經沔水注。

六門碑。佚。

六門陂在穰縣，漢末毀廢，遂不修理。晉太康三年，鎮南將軍杜預復更開廣，利加於民。六門側有六門碑，是部曲主安陽亭侯鄧達等以太康五年立〔一三〕。水經湍水注。

故西戎令范君之墓碑。佚。

王隱晉書地道記：陶朱冢在華容縣，樹碑云是越之范蠡。晉太康地記、盛弘之荆州記、劉澂之記並言在縣之西南，郭仲産言在縣東十里。檢其碑，題云「故西戎令范君之墓」。碑文缺落，不詳其人，稱蠡是其先也。碑是永嘉二年立，觀其所述，最爲究悉，以親經其地〔二四〕，故違衆説，從而正之。水經夏水注。

晉徵士漢壽詩人龔玄之墓銘〔二五〕。佚。

在臨沅縣南，太元中車武子立。水經沅水注。

郎山君子中觸鋒將軍廣南廟碑。佚。

漢武之世，戾太子以巫蠱出奔。其子遠遁斯山，故世有郎山之名，晉惠帝永康元年八年十四日壬寅，發詔錫君父子，法祠立碑〔二六〕。水經滱水注。

後漢史君墓碑。佚。

建康志云：舊志，後漢史君崇墓在溧陽縣北三十里。崇爲司空、驃騎將軍、青冀二州刺史，贈溧陽侯，使持節徐兖二州刺史。有神道碑，在墓所。晉永和八年立。隋末碑壞，唐貞觀十四年再立。其頌〔二七〕。攷此頌爲崇十三世孫晉寧朔將軍、中郎將援所作云。續古文苑。

右光禄大夫西平靖侯顔府君碑。佚。

建康志：「右光禄大夫、西平靖侯顔府君葬靖安道旁。考證云：『晉顔含乃唐時顔真卿十四世祖也，得古碑於靖安道旁，乃李闡及顔延之文，墓不知所在。』」續古文苑。

晉任城太守羊□孫夫人碑。存○「羊□」，據孫録增。

碑連額高九尺二寸，廣三尺九寸，共二十行，行三十七字。今在新泰縣新甫山下。金石萃編二十五。○隸書。○今在新泰縣學。

右碑向來未有著録。乾隆甲寅秋，阮詹事芸臺搨以見貽，文多剥落，而點畫嚴整，頗似范氏碑筆意。任城太守，不見其姓名世系。據文，有「夫人在羊氏」語，知其姓羊也。又有「庚寅十二月甲申」字，以干支求之，當是泰始六年也。其云「長沙人桓伯序」者，桓階也。魏志，階字伯緒，此碑作「序」。古人名字多相應，當以「序」爲正。潛研堂金石文跋尾。○羅振玉云「泰始八年」，誤。

碑云「夫人在羊氏」，按：羊氏，當晉時泰山南城，門閥最著。任城太守，爲羊氏之族。惜碑不見其名，遂莫可稽也。晉書職官志：「王國改太守爲内史。」以宗室傳證之，景王陵泰始三年轉封任城王，之國，是任城爲王國，不宜稱「太守」。當云「内史」，而淆亂往往相易，不可遽數。如桓彝，見武帝紀，稱宣城内史，及按桓温傳，則亦稱「太守」，皆此類也。碑以「仲」爲「中」、「太」爲「大」、「莊」爲「壯」、「趾」

爲「止」，皆古通用字。乾隆癸丑，江君秬香在新泰張孫莊搜得此碑。授堂金石跋。

新泰志有晉任城太守李夫人碑，求之弗獲。江子秬香搨此碑寄觀，額曰「晉任城太守夫人孫氏之碑」，始知志載誤「孫」爲「李」也。洪景國跋廣漢屬國侯夫人碑云：「漢婦人墓銘見於文士集中固不一，石刻存者，獨此一碑耳。」晉碑本少，婦人墓銘則尤少，況文古書莊，不減漢魏，惜多剥落耳。黄易跋。

碑及額皆八分書，碑有「八年十二月甲申」字，「八年」之上漫漶莫辨。夫人在魏文帝時，年已長成。自文帝初元，迄元帝禪晉，已歷四十六年，夫人當逾六旬，則入晉歷年不久。終晉之世，有八年者，武帝之泰始、太康，惠帝之元康。考元康八年距晉初已三十六年，夫人恐不逮此。按：元康八年十二月戊戌朔，甲申在十一月；太康八年十二月壬寅朔，甲申亦在十一月。惟泰始八年十二月庚午朔，十五日爲甲申。碑當是泰始八年，夫人年垂七十矣。桂馥跋。○孫録作「泰始六年」。

齊太公呂望表。存。

石連額高五尺四寸，廣三尺一寸。二十行，行三十字。今在汲縣太公廟。金石萃編二十五。○隸書。

汲縣北三十里，太公泉上有太公廟。廟側高林秀木，翹楚競茂，相傳云太公之故居也。

晉太康中，范陽盧無忌爲汲令，立碑於其上。水經清水注。○萃編載碑文：「太康十年三月丙寅朔十九日甲申造。」碑文「無忌」作「无」，自稱爲太公之裔孫。然則崔、盧二姓皆出太公。其後人之門第，可謂盛矣。

關中侯劉韜墓志。存。

碣高一尺八寸，廣七寸。凡五行，行十字。今在偃師武氏。金石萃編二十五。○隸書。○出河南偃師，歷藏吴縣吴氏、武進費氏。羅振玉云今歸端忠敏家藏。

志文云：「晉故使持節、都督青徐諸軍事、征東將軍軍司、關中侯劉府君之墓。君諱韜，字泰伯。叔考處士，君之元子也。夫人沛國蔡氏。」四十七字。

志向爲土人掘井出之，已二十餘年，仍棄置一民家。乾隆癸卯，余自杏園莊假之而歸。以今尺量之，不過二尺餘，上鋭下齊，作圭形。無年月可考，字皆完好無缺。劉君官不爲卑，然於功狀，竟無所鋪敍。古人之不溢美，尤爲可愛。陳龍正家矩誌石專防發掘，須令易見。若準家禮，合字於背，外用鐵束，是掩之也。雖掘者見石，何由知爲其塚而遽歇手乎？冀其斷鐵開，諦察詳觀〔二八〕，抑又難矣。宜仰字於面，但以甎覆之，離壙前數尺淺埋之。按：此石由掘井始出土，蓋即當日誌墓之石埋於壙中者，制亦如漢碑式而形制特小，直不復用甎較之，家矩以意爲之者，更有據也。禮家宜仿，爲後人埋銘定式。偃師金石遺文記。○陳先生東塾集跋劉韜墓志云：武虚谷以此爲壙中之石，是也。其形剡，上如圭，必直立壙中。漢有墓碑，無墓志，墓志始見於此。後世墓志爲二方石，一刻文，一爲蓋，合而束之。然其人無事蹟者，無可志；有事蹟者，製文書丹刻字。爲時甚久，卜葬有日，爲之或不及。且志石方一二尺許，大書深刻，僅可數百字。昔人文集，墓志千餘言者，皆未必刻石納於壙中。蓋慮年久世變，子孫掘地而求得之，故其埋宜淺，文不必多，但記姓名、官職，如劉韜墓志足矣。

保母磚志。佚。

高一尺一寸，廣一尺一寸，十二行，行十字。行書。金石萃編二十五。

志文云：「郎邪王獻之保母姓李，名意如，廣漢人也。在母家，志行高秀。歸王氏，柔順恭懃。善屬文，能草書，解釋、老旨趣。年七十，興寧三年歲在乙丑二月六日，無疾而終。仲冬既望，葬會稽山陰之黄閍岡下。殉以曲水小硯、交螭方壺，樹雙松於墓上，立貞石而志之。悲夫！後八百餘載，知獻之保母宫於兹土者，尚□□焉。」王昶云：「是磚久不存，舊拓本亦不復見。董氏戲鴻堂帖摹其文，尺寸行款并缺，蝕痕一依原石之舊，與真蹟無異。」

嘉泰二年六月，山陰農人闢土，得磚於黃閍岡。曲水硯俱出焉，後有「晉獻之」三字，旁有「永和」二字。碑云「後八百餘載，知獻之保母宮於兹土」，墓磚之出，實八百三十八年。獻之前知如此，異哉！會稽太守李大性跋。

保母志有七美，非他帖所及。一者，右軍與懷祖王述同家越，右軍郎邪族，懷祖太原族。故大令首言郎邪，所以自別。古人之重氏族如此。二者，世傳大令書除洛神賦是小楷，餘多行、草。如乃正、行備盡，楷則筆法勁正，與蘭亭序、樂毅論合以外，雖東方贊、黃庭經亦不合也。三者，蘭亭序世無古本，共寶定武本。定武本刻於數百年之後，寧不失真。此乃大令在時刻，筆意都在，求二王法，莫信於此。四者，不惟書似蘭亭，文勢簡秀，亦類其父。又與叔夜、伯倫、淵明、遠公所作同一標致。五者，定武蘭亭乃前代巧工所刻，嘗以他古本較之，方知太媚。此刻甚深，惟取筆力，不求圓美。「雙」字之掠、「夫」字之磔、「載」字之戈、「志」字之心，再三刻削，乃成妙畫。蓋古之能書者，多自刻。鍾元常刻受禪表、李北海之寓名黃仙鶴、伏靈芝之類，此輒亦恐是大令自刻，不然，何其妙也！六者，意如婦人而能文善書。入元，乃知當時文風之盛，婦人可稱者不獨楊皇后、魏夫人、衛茂猗、謝道韞輩。又知古人教子，既使之外從師友，退居於內，亦使婦人之能文藝、知道理者與之處，宜乎子敬爲晉名臣也。七者，預知八百餘年事，雖近於異，然古之賢達如此者衆，伊川之爲戎、樗里之知葬，此出於神明虚曠，自然前知，豈必運式持籌而後得之哉？但此字較之蘭亭，則結體稍疏，當是年少故耳。右軍書蘭亭時，年五十一，多大令卅年工夫也。

數日與諸名公極論，因備著之。或謂保母王氏之妾，不當言歸。王氏，東坡金蟬碑謂之隸，爲當。予謂：既曰母矣，稱歸何嫌？且東坡銘其弟之保母，故稱隸，使子由自銘，則不忍稱隸矣。此以見古人之忠厚也。姜夔跋。

晉南鄉太守司馬整碑。佚。

晉南鄉太守碑在光化軍，不著書撰人名氏，題曰「宣威將軍南鄉太守司馬府君紀德頌碑」。云：「君諱整，字孔修，太宰安平王之孫、太尉義陽王之子。」按晉書，宣帝弟曰安平獻王孚，孚次子曰義陽王望，望第三子隨穆王整。整以泰始三年自南鄉太守徙南陽，而南鄉人共立此碑，碑在光化軍，軍即襄州穀城縣之陰城鎮。按：晉志不列南鄉郡，據此碑所載縣令名氏，有武陵、筑陽、丹水、陰城、順陽、析六縣，此蓋南鄉郡所治也。晉志但云南鄉魏時屬荆州，武帝平吴，改爲順陽郡，而不著南鄉治所、興廢，屬縣之名，而獨此碑可見也。又整傳但云整歷南中郎將，封清泉侯，薨贈冠軍將軍，亦不言其爲宣威將軍、南鄉南陽二郡守，皆其所漏略也。集古録。

右晉南鄉太守司馬整頌，云：「初仕魏，拜郎中，中郎議郎、諫議大夫、騎都尉、給事中，轉拜治書侍御史。咸熙二年，出臨酈郡，加宣威將軍。」又云：「謁者就郡，拜君世子，執節四讓，推與兄嗣，固辭懇誠。泰伯三美，君又加焉。」又云：「泰始三年十一月，使者奉詔，策命君南中郎將，牧就統宛都。」按晉史，整事跡附見安平獻王孚傳後，云：「兄奕卒，以整爲世子。歷南中郎將，封清泉侯，早卒。」其餘官閥皆不載。據史言，「兄奕卒，以整爲世子」，而碑言「推與兄嗣」，二說不同，當以碑爲正。金石録。○碑陰見隸續，不録。

南鄉太守將吏三百五十人，其磨滅者猶有二十餘人。人皆有邑姓名字，而無次序。其名號有令，有長，有南閣祭酒、門下督、主簿、部督郵、監汀督郵、部勸農、五官掾、文學掾、營軍掾、軍謀掾、府門亭長、主記史、待事掾、待事史、部曲將、部曲督〔二九〕，又有賊曹、功曹、議曹、户曹、金曹、水曹、科曹、倉曹、鎧曹、左右兵曹，曹皆有掾，又有祭酒，有史，有書佐，有修行，有從掾位，有從史位，有史，有小史等。魏、晉之際，太守官屬之制蓋如此，他書或時見一二〔三〇〕，不能如此之備也。集古録。

按：隸續第二十一卷，前有闕葉，以集古録證之，知其爲南鄉太守碑陰而又有闕略也。所列將吏有武當陰酇、筑陽、丹水、順陽，南鄉八縣與晉順陽郡領縣同。集古録謂南鄉郡，但領六縣，又以武當爲武陵，非也。金石存佚考。

此碑書爲隸古，氣質渾厚，與鴻都石經可一二校也。隸辨引廣川書跋。

南鄉郡建國碑。佚。

右晉南鄉郡建國碑，已斷裂不完，其額題「南鄉郡建國之碑」。其大略云：「嘉平五年，漢水滔溢，毁壞舊城。」又云：「正元二年城此。」其餘文字可識處，大略述遷郡事，而銘文有「與晉常存」之語，知其爲晉碑也。按晉志，建安十三年，魏盡得荆州之地，分南陽西界，立南鄉郡。及晉武平吳，太康中，改南鄉爲順陽，而不載遷郡事。此碑蓋太康以前立，故仍稱南鄉也。碑有云河内司馬府君者，整也。嘗守是郡，自有碑。此碑既無建立年月，因附於整碑之次焉。金石録。

順陽王碑。佚。

順王碑在固王古城。輿地碑目。

固王古城在乾德縣東北五里。按：穀城縣固經云：「晉咸寧中，封扶風王子暢爲順陽王。城内有順陽碑。」太平寰宇記。

諸葛武侯故宅碣。佚。○文見三國志注。

沔水東逕隆中，歷孔明舊宅北。亮語劉禪曰「先帝三顧臣於草廬之中，咨臣以當世之事」，即此宅也。車騎沛國劉季和之鎮襄陽也，與犍爲人李安共觀此宅，命安作宅銘云：「天子命我，于沔之陽。聽鼓鞞而永思，庶先哲之遺光。」水經沔水注。○劉弘，字季和。「李安」，一作「李興」，李密子。

晉永興中，鎮南將軍劉弘至隆中，觀亮故宅，立碣表閭，命太傅掾李興爲文。蜀記。○李密傳同。興字雋石。

諸葛武侯宅銘。佚。○文見藝文類聚。

劉季和鎮襄陽，與李安觀武侯宅，命爲宅銘。後六十餘年，永平之五年，習鑿齒又爲其宅銘焉。水經沔水注。

李雋石撰宅銘，據蜀記，在永興中。考永興元年，歲在甲子，後六十餘年，習彦威重撰宅銘，當在興寧、太和間。水經注作永平五年，非也。永平，惠帝年號，在永興前十三年。金石存佚考。

晉董黯墓碑。佚。

圖經云：「即董城，在孝感縣北一百三十里，昔孝子董黯家焉。故後魏改爲董城郡。」輿地碑目。

明州慈溪縣亦有孝子董黯墓。唐徐浩所書碑碣，見存，當考。湖北金石志。

墮淚碑。佚。○明弘治四年重立，題曰「晉故使持節侍中太傅鉅平成侯羊公碑」，見湖北通志。

羊祜卒後，襄陽百姓於公生平憩游之所，建碑立廟，歲時饗祭焉。望其碑者，莫不流涕，杜預因名爲「墮淚碑」。文蜀人李安所撰。安，一名興，初爲荆州諸葛亮宅碣，其文善。及羊公卒，碑文工，時人始服其才也。襄陽耆舊記。○李密傳：「子興，字儁石，有文才。劉弘立諸葛孔明、羊叔子碣，使興俱爲之文，甚有辭理。」○語石二：「晉人沈碑於江，一置峴山之頂，陵谷屢遷，遺文未出。」

羊祜之鎮襄陽也，與鄒潤甫嘗登峴山。及祜薨，後人立碑於故處，望者悲感，杜元凱謂之「墮淚碑」。水經沔水注。

征南將軍胡羆碑。佚。

峴山上有征南將軍胡羆碑。水經沔水注。

胡威弟羆，字季象，征南將軍，以絜行著名。晉陽秋。

征西將軍周訪碑。佚。

峴山上有征西將軍周訪碑。水經沔水注。

訪威風既著，遠近悦服，智勇過人，爲中興名將。大興三年卒，時年六十一。詔贈征西將軍，謚曰壯，立碑於本郡。本傳。

征南將軍胡奮碑。佚。

江夏城有晉征南將軍、荆州刺史胡奮碑。水經江水注。

征南將軍胡奮碑在魯山。元和郡縣志。○輿地紀勝同。

奮字玄威，安定臨涇人，魏車騎將軍陰密侯遵之子也。奮性開朗，有籌略。以功累遷征南將軍、假節、都督荆州諸軍事。本傳。

平南將軍王世將刻石。佚。

江夏城有平南將軍王世將刻石，記征杜曾事。水經江水注。○輿地碑目作「南平將軍王廙之碑」，在魯山。

王廙字世將，王敦啓爲寧遠將軍、荆州刺史。賊杜曾距廙，廙督諸軍討曾，爲曾所敗。敦命湘州刺史甘卓、豫章太守周廣等，助廙擊曾，曾衆潰，廙得到州。本傳。

桓宣碑。佚。

峴山上有桓宣所築城，又有桓宣碑。水經沔水注。

宣爲建威將軍，戍峴山。本傳。

郗恢碑。佚。

萬山上有郗恢碑，魯宗之所立也。水經沔水注。

郗恢字道胤，孝武帝深器之，擢爲梁秦雍司荆揚并等州諸軍事、建威將軍、雍州刺史、假節，鎮襄陽，甚得關隴之和，降附者動有千計。郗恢傳〔三一〕。

東晉孫文度鐫石銘。在富陽縣之雞籠山，義熙八年立。○佚。○輿地紀勝。

隱士郭文碑。在臨安縣，湖州刺史孫彭立。○佚。

晉王祥墓碑。在江寧縣城西南，碑斷缺不全。○佚。

謝安墓碑。漢晉紀事云：「謝安墓前惟立一白碑，蓋當時難述其德耳。」

晉楊府君墓碑。名亮，弘農人。桓温破姚襄，亮杖策來歸，後爲雍州刺史。卒，有石碑二，一在泊山，一在河澗。碑陰各有巴蜀故吏姓名，合五百人。○佚。

晉公安縣二聖記。永和年間，晉人王粲記婁至德如來聖迹。○湖北金石志云：「此王粲係晉人，與仲宣同姓名者。」○佚。

楚莊王廟記。羲之書。○佚。

倚相碑。羲之書。○佚。

虞舜二妃之碑。岳陽志云：「黄陵廟庭有斷碑，晉太康九年立，額題曰『虞舜二妃之碑』。」○佚。

吴隱之貪泉詩。在廣州治廳事東。○佚○明萬曆間重摹刻石，在南海石門。

文翁石室生題名。集古録謂，爲晉宋間碑。○佚。

晉益州刺史羅君碑。佚。

晉朱齡石刻檄譙縱文。在石室。○佚。

郭璞移水記。在嘉州，蘇子由詩亦指其注爾雅於此。史謂無入蜀之文，或後人追書，亦未可知。○佚。

晉雲南太守段宗仲德政碑。宗仲有德政墓，在通泉縣，碑在墓下。○佚。

晉周撫墓碑。桓温隸字在巫山。○佚。

晉張麟夫人墓表。在慶符縣南一百六十里。○佚。

豐年碑。在巴縣江岸，碑謂之義熙碑。每水落而碑出，則年豐。人争摹打，數十年不一見。○佚。

絶塵龕石刻。在夔州西山，石壁字體清勁，類晉宋間人書。○佚。○以上見輿地紀勝。

議郎陳先生碑。佚。

隸書，不著書撰人名氏。碑字斷缺，其可見者曰「延，潁川許昌人」，不知其爲名與字也。其額曰「晉故議郎陳先生碑」，元康二年門生尹含等立。寶刻叢編引集古録。

吴陸禕碑〔三二〕。佚。

隸書，不著書撰人名氏。禕字元容，吴郡吴人，仕吴，至征北將軍、海鹽縣侯，碑以東晉泰寧三年立。同上。

陸喈碑。佚。

隸書，不著書撰人名氏。喈字公聲，禕之子也，東晉初，官至宣城内史、前將軍，碑以咸和七年六月立。同上。

紀穆侯碑。佚。

凡二十四字，曰：「晉故僕射、散騎常侍、驃騎大將軍、開府儀同三司紀穆侯之銘。」同上。

尉氏令陳君碑。佚。

隸書。今碑已殘缺，不可悉考。其可見者，曰「字道臧，太尉掾之小子」，其額曰「晉尉氏令陳君碑」，以此知其官及姓氏也。同上。

張平子碑陰頌。佚。

南陽相夏侯湛撰，隸書，不著名氏。湛因行縣至西鄂，過衡墓，刻此頌於碑陰。同上。

隸釋云：「張平子碑，晉南陽相夏侯湛作。水經云：『西鄂縣有平子墓，墓東有碑，文字悉是篆崔瑗之辭。』盛弘之、郭仲産並云，夏侯孝若爲郡簿，其文復刊碑陰爲銘。然碑陰二銘，乃崔子玉及陳翕隸字耳。墓次有二碑，惟見其一，其一石已中斷，此刻有夏侯湛姓名，而云書之碑側，蓋酈氏考之不詳也。」隸辨卷八。

鄭烈碑。佚。

隸書，不著書撰人名氏。烈字休林，滎陽人，官至兖州刺史、輕車將軍、東莞侯，拜議郎，卒贈右軍將軍〔三三〕，謚曰僖。故吏殿中監申、楊等以太康四年立此碑。寶刻叢編引集古録。

額題云「晉故右軍將軍、平莞僖侯鄭府君之碑」，十五隸字。隸續云：「鄭君名烈，滎陽人，以太康二年八月卒。故吏申、楊等立此碑，四年之七月也。鄭君所封，其上一『平』字則曉然可識，下一字，額已損，而銘辭亦微缺，僅存『莞』字。趙氏以爲『東莞』，則誤也。晉縣亦無平莞，非鄉名，即亭名也。余嘗以魏末至晉宋隸字無可取者，晚獲此碑，勁健方格，雜置漢刻中，未易甄别。」隸辨卷八。

晉太廟石人銘。藝文類聚十九引晉孫楚反金人銘。太平御覽五百九十八同。

裴希聲侍中嵇侯碑〔三四〕。藝文類聚四十八。

袁宏丞相桓温碑銘。藝文類聚四十五。

孫綽丞相王導碑。藝文類聚四十五。

孫綽太宰郗鑒碑。藝文類聚四十五。

孫綽太尉庾亮碑。藝文類聚四十六。

孫綽太傅褚裒碑。藝文類聚四十六。

孫楚故太傅羊祜碑。藝文類聚四十六。

潘岳司空鄭袤碑。藝文類聚四十七。

孫綽庾司空冰碑。藝文類聚四十七。

潘岳荆州刺史東武侯楊使君碑。藝文類聚五十。

潘尼益州刺史楊恭侯碑。藝文類聚五十。

孫楚雁門太守牽府君碑。藝文類聚五十。

孫綽潁州府君碑〔三五〕。藝文類聚五十。

湛方生靈秀山銘。藝文類聚七。

傅玄華嶽銘。藝文類聚七。

孫綽太平山銘。藝文類聚八。

扶風武王駿碑。

武帝初，駿爲鎮西大將軍，鎮關中，有威恩，勸督農桑。西土聞其薨也，泣者盈路，百姓爲之樹碑，長老見碑，無不下拜。宣五王傳。

太伯碑。佚。

吴國内史虞潭爲太伯立碑，闡製其文。庾闡傳。

孝女曹娥碑。小楷拓本，存。

元嘉元年，度尚爲誄辭，漢議郎蔡雍來觀，夜闇，手摸其文而讀之，題云：「黄絹幼婦，外孫齏臼。」又題云：「三百年後，碑冢當墮江中。當墮不墮逢王叵。昇平二年八月十五日記之。」三希堂帖。

宋思陵云：「雖不知爲誰氏書，然纖動清麗，非晉人不能至此。」

高宗純皇帝御題：「曹娥碑相傳爲晉右軍將軍王羲之得意書，古來楷法之精，未有與之匹者。」

廣平太守丁卲碑。佚。

南陽王模初爲北中郎將，鎮鄴。成都王穎故帳下督樓權、郝昌等攻鄴，廣平太守丁卲率衆救模，散走之。永嘉初，模轉征西大將軍、開府、都督秦雍梁益諸軍事，鎮關中。感丁卲之德，敕國人爲卲立碑。宗室傳。

唐彬碑。佚。

太康中，彬爲使持節、監幽州諸軍事，領護烏丸校尉〔三六〕。既至鎮，訓卒利兵〔三七〕，廣農重稼〔三八〕，邊境獲安。百姓追慕功德，生爲立碑作頌。唐彬傳。

閻德碑。佚。

郴初受學於東海閻德，門徒甚多，獨目郴有廊廟才。及郴官成，而德已卒，乃爲之立碑。唐彬傳。

江惇碑頌。佚。

惇孝友醇粹，高節邁俗。性好學，儒、玄並綜。徵辟，不就。邑里宗其道。東陽太守阮裕、長山令王濛，皆一時名士，並與惇游處，深相欽重。永和九年卒，友朋相與刊石立頌〔三九〕，以表德美。江統附傳。

陸雲墓碑。佚。

門生故吏迎喪葬清河，修墓立碑。陸雲傳。

陸機平西將軍孝侯周處碑。陸士衡集。

宜興縣有周孝侯碑，相傳平原内史陸士衡撰文，會稽内史王逸少書。孝侯戰歿，而碑辭云「元康九年，舊疾增加，奄捐館舍」，乖謬已甚。書法不惡，但假逸少之名，是爲不知量矣。末題「元和六年歲辛卯十一月，承奉郎義興縣令陳從諫重樹」，疑文字皆此君僞托爾。曝書亭集四十八。

潘宗伯韓仲元造石橋記。八分書，存。今在陝西褒城，孫録作「造橋格題字」。

泰始六年五月十日。

明威將軍南鄉太守郛休碑。篆額，八分書，存。今歸端忠敏家藏。

泰始六年三月丙子。碑陰故吏南鄉□□字大□等題名二列。葉氏語石云：「典午一朝皆短碣，惟任城孫夫人碑、明威將軍郛休碑、太公望表鼎足爲三，未聞有第四豐碑也。」

陳君殘碑。八分書，存。近出河南洛陽。

碑陰故吏題名四列，每列十六行，第一列但存二字，首行丘□，次行李豹，無年月，有「泰始□□」及「世祖歎曰」等字，殆立於惠帝時。

散騎常侍、驃騎將軍、南陽堵陽韓府君神道殘石。八分書，存。考爲永寧元年，孫録無年月，浙江仁和趙氏拓本。今在河南洛陽存古閣。

巴郡察孝騎都尉枳楊陽神道碑。八分書，存。出四川巴縣，歸安姚氏訪得之，今歸端忠敏家藏。

隆安三年十月十一日。

振威將軍建寧太守爨寶子碑。八分書，存。今在雲南南寧。

泰亨四年四月。◯趙録「太亨」，無「四年」，詳碑側鄧爾恒跋。碑陰八分書，趙録存。

孫大壽碑額。篆書。羅振玉云：「此及下二額以書迹斷之，當爲漢晉間物。」

汝南周府君碑額。篆書，存。今在曲阜孔廟。

存「故汝南周府君」六字。以上見羅氏振玉輯魏晉石存目。

王戎墓銘。語石四：「隋得王戎墓銘。墓誌自晉始。」

房宣墓誌。語石四：「新出，福山王氏藏石。」

安丘長城陽王君神道碑。篆書，太康五年。福山王氏藏石。

王君神道共兩石，其文同，當是東西闕耳。但其石較漢制爲小，高不逮墓碣，而廣過之。凡兩闕相對者，其西闕之文皆左行，屈指海内，貞石遺文，惟闕多古刻，斷自蕭梁爲止，隋唐以下，蓋闕如也。語石五。

晉武帝咸寧四年，詔曰：「石獸碑表，既私褒美，興長虚僞，傷財害人，莫大於此。一禁斷之，其犯者雖會赦令，皆當毁壞。」宋書禮志。

元帝太興元年，有司奏：「故驃騎府主簿故恩營葬舊君顧榮，求立碑。」詔特聽立。自是後，禁又漸頹。大臣長史，人皆私立。義熙中，尚書、祠部郎中裴松之又議禁斷。隸辨八。

東晉時文士，綽爲其冠，温、王、郗、庾諸公之薨〔四〇〕，必須綽爲碑文，然後刊石焉。孫綽傳。

○葉昌熾語石據孫綽傳，可見當時法網雖嚴，未嘗禁絶，是以趙德甫所收，自鄭烈、彭新以下，逾二十通。但皆漸滅，今廑有存者，惟任城太守夫人孫氏碑、郛休碑、吕望表、爨寶子碑，余藏永和乙卯侯君殘碑，爲諸家所未見，典午貞珉，已歎觀止。此外，惟石室題名，及墓門之闕、隧道之碣而已。

葉氏語石一：「余見晉刻，如侍中賈君闕、韓府君神道、枳楊君神道、安丘長王君神道，皆施之墓門者；劉韜、房宣兩誌，僅書歷官、諱字、年月、世系，非如唐人之鋪敍功伐，文詞詳贍，雖謂晉無墓誌可也。」

墓刻。隸書。惟晉元康二年，太歲在子，承開造斯，窀窆丙户□出西左參師畐合宫商是位龜筮易□咸同吾鱧爵除殞，邪惡奔走。千禄百福，永施後焉。陶宗儀古刻叢鈔。

泰始二年甎文。八分書。泰始二年四月。

太康甎文。八分書，凡四種：太康元年二，太康四年八月一，八年七月一。

楊紹買冢地莂。行書。太康五年九月。○續古文苑二十。○見民事。

元康甎文。八分書。凡四種：元康元年一，三年一，七年七月一，八年一。

虞天元甎文。八分書。元康四年。

湯猛甎文。篆書。元康九年八月。

郭巨石室泰山高全明題名。八分書。永康元年，山東肥城。

淳于□甎文。八分書。永寧元年六月。

郭巨石室庾其連題名。八分書。太安二年，山東肥城。

郭巨石室侯泰明題名。八分書。永興二年，山東肥城。

永興甎文。八分書。永興二年八月。

永嘉殘刻。八分書。永嘉四年三月。

陽武亭侯墓甎文。八分書。永嘉六年六月。

建興甎文。八分書。凡四種：建興三年八月一，三年一，四年六月一，四年一。

俞龍暐甎文。八分書。建武元年閏月。

大興甎文。八分書。大興四年。

楊吉甎文。八分書。永昌元年六月。

太寧甎文。八分書。太寧□年。

咸和甎文。八分書。咸和四年八月。

義臺甎文。八分書。咸和四年。

建元甎文。八分書。建元三年。

永和甎文。八分書。永和四年。

升平甎文。八分書。升平三年。

興寧甎文。八分書。興寧元年七月。

泰和甎文。八分書。泰和四年。

寧泰甎文。八分書。寧泰□年。

杜氏甎文。八分書。太元四年。

太元甎文。八分書。太元四年。

義熙甎文。八分書。義熙十三年九月。以上見孫星衍寰宇訪碑録。

陳黑甎文。篆書。泰始十年。

咸寧甎文。八分書。咸寧四年。

上元王甎文。八分書。太康元年。

番公行甎文。篆書。太康元□。

蜀師甎文。八分書。凡二種：太康三年七月廿日一，無年月一。

山陰甎文。八分書。凡三種：太康四年癸卯一，四年八月一，五年七月五日一。

張異甎文。八分書。太康七年。

葛作甎文。八分書。太康七八年。按：紀年連書，北齊馮暉賓造象有之，此更在前。

高平檀君甎文。八分書。太康八年二月七日。

馬皋麋甎文。八分書。太康□年。

褚孝漢甎文。八分書。太康八年。

太歲在申甎文。八分書。太康九年二月十七日。

鳳作甎文。八分書。太康九年七月五日。

鳳形甎文。八分書。太康九年八月十日。

湯氏葬甎文。八分書。太康九年八月。

鮑宅山鳳凰畫像題名，八分書。元康□□三月七日，山東蘭山。

談孝廉甎文。八分書。元康元年。

元康甎文。八分書。元康二年十二月。

逢將軍甎文。八分書。元康□□九月。

其年建辰甎文。八分書。元康六年六月卅日。

傅家甎文。八分書。元康八年戊午八月十日。

黃平甎文。八分書。元康八年。

永寧甎文。八分書。永寧元年。

膠東令王君甎文。八分書。永嘉二年。

子孫百年甎文。八分書。永嘉六年。

晉時年甎文。八分書。□和十一年七月。側書「晉時年」三字。

宋鴨字甎文。正書陰文，永和年出浙江臨海淨土寺二十八宿井中。「鴨」字始見於此。

升平甎文。八分書。升平二年。

周暹甎文。八分書。隆和元年八月十八日。

興寧甎文。八分書。興寧二年八月。

黃民甎文。八分書。凡三種：泰和元年一，三年戊辰七月一，六年辛未一。

咸安升平兩紀年甎文。八分書。咸安元年。側書「升平五年四月□□日」。

錢師甎文。八分書。凡二種：寧康元年一，二年甲戌一。

太元甎文。八分書。凡三種：太元二年一，九年一，廿五年一。

一尺五寸甎文。八分書。寧康二年七月。

卜氏槨甎文。八分書。太元廿二年。

嚴君墓甎文。八分書。太元二年。

義熙甎文。八分書。義熙二年。

魯文粲孝廉甎文。八分書。無年月。

大吉千秋甎文。八分書。無年月。以上見趙之謙補寰宇訪碑録。

【校勘記】

〔一〕其餘與此尺同　「餘」，底本原奪，據金陵書局本晉書補。

〔二〕撰校今尺　「撰」，積古齋鐘鼎款識同，當從晉書作「揆」。

〔三〕定爲莽時造錢布之尺　「錢」，底本誤作「泉」，據積古齋鐘鼎款識改。

〔四〕水經河水注　下「水」字，底本原奪，據水經注補。

〔五〕王以咸寧四年改命爵土　「四」，所據之本誤刻，當作「三」。

〔六〕其年十二月喪國　「其」，所據之本誤刻，當作「明」。

〔七〕水經原公水注　「原公」，底本誤作「文」，據水經注改。

〔八〕壇場相列焉　「相列」，所據之本誤刻，當作「列柏」。

〔九〕水經滱水注　「水經滱水注」，底本原奪，據本書體例及水經注補。

〔一〇〕魏征南將軍建城鄉景侯劉靖碑　「南」，所據之本誤刻，當作「北」。

〔一一〕在廣陽郡城東門内道左　「廣」，底本誤作「襄」，據水經注改。

〔一二〕以元嘉四年九月二十日刊石建碑　「嘉」，所據之本誤刻，當作「康」。

〔一三〕水經瀔水注　「瀔」，底本誤作「濕」，據水經注改。

〔一四〕太歲庚午　「庚午」，所據之本誤刻，當作「壬子」。

〔一五〕字隤敳　「隤」，底本誤作「磧」，據水經注改。

〔一六〕太常潘尼之辭也　「尼」，底本誤作「原」，據水經注改。

〔一七〕永康五年　「永」，所據之本誤刻，當作「元」。

〔一八〕到三年三月十五日畢記　「記」，所據之本誤刻，當作「訖」。

〔一九〕半下爲束竹交文　「交」，底本原奪，據水經注補。

〔二〇〕在睢陽縣城内東西道北　「睢」，底本誤作「睢」，據水經注改。下「睢水」同。

〔二一〕在成陽縣地　「成」，底本誤作「咸」，據水經注改。

〔二二〕鎮南將軍杜預碑　「鎮」，底本誤作「征」，據水經注改。

〔二三〕是部曲主安陽亭侯鄧達等以太康五年立　「主」，底本誤作「王」，據水經注改。

〔二四〕以親經其地　「以」，所據之本誤刻，當作「似」。

〔二五〕晋徵士漢壽詩人龔玄之墓銘　「詩」，所據之本誤衍。「龔」，所據之本誤刻，當作「襲」。

〔二六〕法祠其碑　「其」，底本誤作「立」，據水經注改。

〔二七〕其頌　「頌」下，續古文苑有「曰云云」三字。

〔二八〕諦察詳觀　「諦」上，底本原衍「視」字，據金石萃編删。「詳觀」，底本原奪，據金石萃編補。

〔二九〕「有南閤祭酒」至「部曲督」　「汀」，底本誤作「江」，據集古録改。「學」下，底本原奪「掾」字，據集古録補。

〔三〇〕他書或時見一二　「時」，底本原奪，據集古録補。

〔三一〕郗恢傳　「恢」，底本誤作「鑒」，據晉書改。

〔三二〕吴陸禕碑　「禕」，底本誤作「暐」，據寶刻叢編改。

〔三三〕卒贈右軍將軍　「卒」，底本原奪，據寶刻叢編補。上「軍」字，底本原奪，據寶刻叢編補。

〔三四〕裴希聲侍中嵇侯碑　「希聲」，底本空出，據藝文類聚補。

〔三五〕孫綽潁州府君碑　「州」，底本誤作「川」，據藝文類聚改。

〔三六〕領護烏丸校尉　「丸」，底本誤作「桓」，據晉書改。

〔三七〕訓卒利兵　「利」，底本誤作「厲」，據晉書改。

〔三八〕廣農重稼　「重」，底本誤作「勸」，據晉書改。

〔三九〕友朋相與刊石立頌　「與」，底本誤作「處」，據晉書改。

〔四〇〕温王郗庾諸公之薨　「公」，底本誤作「君」，據晉書改。

晉會要弟四十二

金石下

帖 附

宣帝書

之白帖。閣帖。○趙亨衢考正云〔一〕：「此帖既稱宣帝書，則當云『懿白』，而帖首云『之白』，疑是張芝書。之，即古芝字。王侍書不能識別，誤以爲宣帝耳。」

武帝書

省啓帖。閣帖。○趙云：「元章謂此爲孝武書。按：後譙王帖滯俗，此較清迥，知決非一手書，或後人依仿。」

元帝書

安軍帖。

中秋帖。閣帖。○趙云：「述書賦稱其豪翰英異，用筆可觀，此安軍帖筆勢糺繞，全乏骨力，米、黄目爲僞作，信是。中秋帖五行風韻醇澹，米老亦目爲僞，恐太過。」

明帝書

墓次安隱帖。閣帖。○趙云：「隱讀曰穩，古通用。帝性至孝，元帝崩，明年二月葬建平陵。帝徒跣至陵所，此帖蓋即其葬元帝後，慰守視文武之書，故『墓次』字越行而書，法亦絶端謹〔二〕，蓋其孝敬之意，油然筆墨之間矣。」

康帝書

問誶帖。閣帖。○趙云：「誶，息醉切，告也。賈誼弔屈原文：『誶曰已矣。』此帖縱横雄厚，有淩跨一切氣象，而年惜不永〔三〕，蓋有天焉。」

哀帝書

承中書帖。閣帖。○趙云：「四行筆力古勁，有元帝風格。」○姚姬傳云：「此書稱『丕死罪死罪』，古人書用死罪字，乃臣民之禮，哀帝爲琅邪王時，亦不當於人有此稱。疑其人偶與哀帝同名，遂傳誤耳。」

簡文帝書

慶賜貼。閣帖。○趙云：「帝以咸安元年十一月己酉即皇帝位，越十日戊午，有詔大赦天下，加恩有差。此帖蓋即此時語。時桓温當國，威侔人主，此帖即與温商酌慶賜事者也。」

孝武帝書

譙王帖。閣帖。○趙云：「書法似僞。」

齊王攸書

閣帖題作「晉侍中司馬攸書」。

望近帖。趙云：「齊王善尺牘，爲世所楷。書斷稱其『蘭芳玉潔，奇而且古』。此三行楷法雖專謹，然骨韻殊俗。米云僞帖，信是。」

會稽王道子書

閣帖題作「東晉文孝王書」。道子謚文孝。

異暑帖。

司空張華書

得書爲慰帖。閣帖。○趙云僞。

侍中杜預書

十一月帖。

親故帖。閣帖。○趙云僞。

尚書令衞瓘書

州民帖。閣帖。○趙云：「長睿云：『帖首「頓」下當有「首」字。古人作字略希，即可當字。孔琳之帖尾「頓首」亦如此。羲之帖往往有之。』」

黃門郎衛恒書

一日帖。閣帖。○趙云：「瓘嘗云：『我得伯英之筋，恒得其骨。』此一十七字，骨韻專謹，信得伯英之骨者也。」

司徒山濤書

近啓帖。閣帖。○趙云僞。

後將軍索靖書

載妖帖。閣帖。○趙云：「此帖詞雖斷闕，文特古雅。氣骨稍勁，而神韻甚俗。銀鉤蠆尾，幼安奇趣，了不復存。」

七月廿六日帖。趙云：「此帖本七紙。晉王平南，廙每寶玩之。值永嘉亂，乃四疊，綴衣中以渡江。唐豆盧器得之，叠跡猶存。今所録惟一紙，模傳失真。」

中書侍郎陸雲書

春節帖。閣帖。○趙云僞。

王羲之書

導從子，字逸少，右軍將軍、會稽内史。

黄庭經。正書。◯寶刻叢編載集古録云：「黄庭經凡三本，前二本大約相類，題云『永和十二年，山陰縣寫』，石在越州；後一本其後不完，不知石所在。」◯曝書亭集四十八：「宋搨黄庭經跋云：『褚登善于西堂録右軍書目，正書止黄庭經、樂毅論、東方朔贊三種而已。樂毅論亡其一角，惟黄庭獨完。宋人謂其不類，疑後世依仿爲之，然登善著録其爲右軍書，信矣。曇壤换鵝之後，傳刻者衆，漸失其真。佳本難得，斯於謹東中審視之，伛離横逸，生面畢露，殆汴京名手所鋟，亦名手所拓，洵銘心絶品也已。』」◯内景經鬱岡齋本、外景經思古齋本致佳。

樂毅論。正書。◯筠清館本佳。

東方朔像贊。正書。◯唐臨。◯快雪堂本佳。◯董其昌跋云：「東方生像贊，陶隱居所稱，右軍有名之迹。」

蘭亭帖。行書。◯曝書亭集四十八：「蘭亭繭紙既入昭陵，書家之論，以定武本爲第一，歐陽率更所臨也。」◯趙孟頫蘭亭跋云：「蘭亭帖當宋未度南時，士大夫人人有之。石刻既亡，江左好事者往往家刻一石，無慮數十百本，而真贋始難别矣。王順伯、尤延之諸公，其精識之尤者，於墨色、紙色、肥瘦、穠纖之間，分毫不爽。故朱晦翁跋蘭亭謂不獨議禮如聚訟也。」◯按：今存歐摹序，筠清館翻本；褚摹序，思古齋本或渤海藏真本；馮承素摹序，三希堂本；張金界奴摹序，石影餘清齋本；陸柬之摹詩，戲鴻堂本：均最佳者。

快雪時晴帖。行書，真蹟内府藏。◯快雪堂本。◯乾隆丙寅，以右軍快雪、子敬中秋、元琳伯遠三帖合貯養心殿温室中，顔曰三希堂。

晚復帖。

官奴帖。

感情帖。

極寒帖。

建安帖。

追尋帖。

秋中帖。以上均快雪堂本。

千字文。行書，真蹟内府藏。○高宗純皇帝御筆：「此卷題爲『王右軍書鍾太尉千文』，不詳所自，文義亦不相屬，意好事者萃右軍佳迹爲卷，周興嗣因從而韻之耳。王肯堂曾收之鬱岡齋帖，謂米元章定爲右軍書。」

行穰帖。草書，真蹟内府藏。○董其昌跋：「東坡所謂『君家兩行十三字，氣壓鄴侯三萬籤』者，此帖是耶？」

遊目帖。草書，真蹟内府藏。

瞻近帖。草書，真蹟内府藏。

袁生帖。草書，真蹟內府藏。高宗純皇帝御題：「右軍袁生帖三行二十五字，見於宣和書譜。今展之，古韻穆然，神采奕奕，宣和諸璽，朱色猶新，信其爲宋內府舊藏。乾隆丙寅購得。向集石渠寶笈，以右軍快雪時晴爲墨池領袖，復藏此卷，遂成二難。」

秋月帖。草書，真蹟內府藏。

都下帖。草書，真蹟內府藏。

二謝帖。行書，真蹟內府藏。

頃遘帖。

初月帖。均行書。唐人摹，王方慶萬歲通天進帖。◯以上三希堂本。

賀雪表。

鄭夫人表。

力命表。均行書。

四月帖。

東比帖。

清和帖。均末臨。◯以上均快雪堂本。

太史箴。

大雅吟。

遺教經。曝書亭集四十八：「右軍書太史箴、大雅吟不傳，遺教經訛闕過半。」

宣示表。行書。閣帖本。○曝書亭集四十八：「王丞相導愛鍾太傅書，以尚書宣示帖衣帶過江。今之傳本，出於王內史所臨也。」

裹鮓帖。曝書亭集五十三：「跋云『裹鮓味佳，一一致君，所須可示，勿難，當以語虞令』。凡一十九字。晉右將軍、會稽內史王羲之書，藏宛平孫氏。羲之書古今獨絕，世人得雙鈎及傳摹石本，争以爲寶，況真蹟乎？是書南宋藏之內府〔四〕，元兵輦以入燕。前有亡宋南廊庫經手人郭墨印記，後有米友仁跋〔五〕，及趙子昂諸人圖書。」

適得書帖。以下閣帖。○米云僞。

知欲東帖。僞。

差涼帖。僞。

比奉帖。趙云：「此帖疑有脱誤。」

汝不可言帖。僞。

奄至帖。趙云：「此帖筆力清挺，風神照映，似右軍書。長睿目爲近世不工書僞作，恐是過論。」

日月如馳帖。

靈柩垂至帖。趙云：「此帖筆頗清挺，與上奄至、日月兩帖略同，然時見弩張態，當是僞書中之清謹者。」

慈顔幽翳帖。僞。

省別帖。

旦夕帖。此二帖在十七帖中，有名之書。

娗安和帖。

諸從帖。

諸賢帖。米云：「以上兩帖差近真。」

辛相安和帖。僞。

噉豆帖。僞。

得足下帖。

中秋感懷帖。

又不能帖。

疾不退帖。均僞。

七兒一女帖。真。

省足下帖。

譙周帖。米云：「以上二帖僞。」

夫人平康帖。趙云：「風力遒厚，雅有正骨，與一切僞書不同。」

小大悉佳帖。趙云：「與上夫人平康帖同出一手。」

散勢帖。

小佳帖。

奉告帖。

鯉魚帖。

月半帖。

近得書帖。

昨書帖。

一日一起帖。

侍中書帖。

敬豫帖。趙云：「散勢以下十帖，俱當出代書人手。」

今遣鄉里帖。趙云：「伯思謂，當是集逸少書。」

是月帖。僞。

吾頃無一日佳帖。

懸情帖。

知足下連不快帖。趙云：「同上帖，蓋一時事。米老以爲智永書，臆決無據。」

闊別帖。僞。

卿與帖。僞。

適都帖。僞。

臨川帖。僞。

小大皆佳帖。趙云：「此帖摹搨多誤。」

太常帖。

司州帖。

近因帖。

疾患帖。米云僞。趙云：「筆雖稍縱，故清古，與諸僞帖不同。」

想弟帖。

節日帖。

僕可耳帖。

足聽帖。趙云：「自疾患至此五帖，皆不真。」

適重熙帖。

近遣帖。

不知夜來帖。

謝光禄帖。

徂暑帖。

月半帖〔六〕。

長素帖。

知念帖。

每念帖。

謝生帖。

初月帖。米云：「此下四帖皆僞。」

時事帖。

吾怪帖。

從前帖。

十一月帖。

十月帖。

皇象帖。以下多僞。

遠婦帖。

阮生帖。

君晚帖。

得遠帖。

足下南停數日帖。

得告帖。

小大佳帖。

省飛帖。

知比帖。

太常帖。

向亦帖。

熱日帖。

知賢室帖。

多日帖。

期已至帖。

信云帖。

致此帖。

月未必往帖。

鄉里帖。

昨見帖。

承足下帖。

雪候帖。

知遠帖。

荀候帖。

知君帖。

旦反帖。

深以自慰帖。

晚復毒熱帖。

足下家帖。趙云：「此帖米目爲僞。僕謂此帖筆法淵潤，與前旦、極寒、追尋、傷悼等帖同，惟末『耳』字筆法全異，文義亦不屬。」

近修小園帖。

得華直疏帖。

未復慶帖。

龍保帖。

離不可居帖。

知彼帖。

朱處仁帖。

愛爲上帖。

鹽井帖。

小大悉以來帖。

不審帖。

清和帖。

運民帖。

足勞人意帖。帖首「頓」字，或作「須」，又作「頃」。

八日帖。

鄉里帖。

君頃帖。

頃還帖。

便大熱帖。

此書帖。

吾唯帖。

不大思帖。

得西問帖。

中郎帖。

發瘧帖。

得書帖。

足下各如常帖。

得書知足下帖。

須狼毒帖。趙云：「藥名。」

得書知問帖。

一昨帖。

闊轉帖。趙云：「長睿疑此帖爲僞。按：此帖飛動中具肅括意，非右軍不能。」

冬中感懷帖。

節竹杖帖。

不得執手帖。

阮公帖。

蒸濕帖。

不得西門帖。

丘令帖。

謝生帖。

不審比出日帖。

飛白不能帖。
昨故帖。
不審復何似帖。
倫等帖。
由爲帖。
月半哀感帖。
知彼乃爾帖。
一昨得安西帖。
如兄帖。
奉黄甘帖。
尊夫人帖。
日五期帖。
先生帖。
一昨省不悉帖。
取卿帖。

適欲帖。

此郡帖。

王獻之書　羲之第七子，字子敬，中書令，謚憲。

中秋帖。行書，真蹟内府藏。〇三希堂本。〇董其昌跋：「大令此帖，米老以爲天下第一。子敬書又名爲一筆書。」

送梨帖。行書，真蹟内府藏。〇三希堂本。〇王穉登快雪帖跋云：「米太傅所藏二王真蹟，共十四卷，惟右軍快雪、大令送梨二帖，乃是手墨，餘皆雙鈎廓填耳。」

新埭帖。行書。〇三希堂本。

昨遂帖。行書。〇真賞齋本佳。〇閣帖彙考〔七〕：「山谷云：『此帖有秦漢篆筆。』」

洛神賦十三行。正書。〇快雪堂本。

比日帖。行書。

歲終帖。行書。〇均快雪堂本。

相過帖。趙氏彙考云〔八〕：「此帖韻殊清迴，自是子敬存意書〔九〕。米元章以爲僞作，殆是臆決。」

諸舍帖。

承永嘉帖。

諸女帖。

授衣帖。

奉別帖〔一〇〕。

想復帖。趙云：「此帖龍蛇宛轉，絶省奇致，然於右軍風度少漓，蓋已開顛素之先。」

思戀帖。

節過帖。

願餘帖。

適奉帖。

再拜帖。

思戀無往帖。

十二月廿七日帖。

衛軍帖。

静息帖。

姊性帖。

鄱陽帖。

阮新婦帖。
奉對帖。
夏日感思帖。
奉見帖。
白東帖。
發吴興帖。
腎氣丸帖。
得書爲慰帖。
玄度帖。
慕容帖。
薄冷帖。
益部耆舊帖。
前告帖。
鬱鬱澗底松帖。
告仲宗帖。

黃門帖。
令外甥帖。
承冠軍帖。
可必帖。
諸舍帖。
塞仰帖。
吾當帖。趙云：「自此至慶等已至十帖皆僞。」
疾不帖。
消息帖。
近與帖。
知鐵石帖。
玄度帖。
忽動帖。
委曲帖。
慶等已至帖。

新婦服地黃湯帖。

鴨頭丸帖。

不審阿姨帖。

豹奴帖。

七月二日帖。

鄱陽書帖。

疾得損未帖。趙云：「大令此帖乃仿右軍，然英儁本色，故自不乏。」

極熱帖。

患膿帖。

承冠軍故爾帖。

服油帖。

近奉帖。

白承帖。

復面帖。

還此帖。

得西問帖。

月終帖。

東家帖。

八月十九日帖。

不審尊體復何如帖。趙云：「米以此帖爲羊欣書，此與上月終帖皆大令合作。」

婹等帖。

鄱陽歸鄉帖。

海鹽帖。

敬祖帖。

王徽之書 羲之第五子，字子猷，黄門侍郎。

新月帖。行書。○真賞齋本。

得信承婹疾帖。閣帖。

王凝之書 羲之次子，字叔平，會稽内史。

授衣帖。閣帖彙考：「黄山谷云：『余觀凝之字法最密，恨不多見。』僕謂此書大似獻之。獻之自別爲卷，則序四子〔一一〕，當首凝之，次涣之，次徽之，次操之，乃得其正。」

王渙之書　羲之第三子，爵無考。○閣帖彙考：「長睿云：『王氏凝、操、徽、渙四子，書皆真帖〔一二〕。逸少七子，惟玄之、肅之遺跡未見，餘皆得家範，而體各不同，是善學逸少者〔一三〕。猶顔延之對宋文帝論其諸子，自謂「峻得臣筆、測得臣文、奐得臣義、躍得臣酒」，書亦猶是也。僕今以擬王氏諸子，則逸少之書，凝之得其韻、操之得其體、徽之得其勢、渙之得其貌、獻之得其源，大令書特知名，而與逸少方駕者，蓋能本父之書意，所循者大故也。』」

不審帖。

王操之書　羲之第六子，字子重，豫章太守。

得職帖。閣帖。

丞相王導書

省示帖。閣帖。

改朔帖。

吳國内史王劭書　閣帖。○劭，丞相導第五子，字敬倫。

夏節帖。米云：「此帖在僞跡中，頗爲肅括，乃僞書之最佳者。」

司徒左長史王廞書　晉書王薈傳〔一四〕：「廞字伯輿，導之孫、薈之子也。」

告誘帖。閣帖。

散騎常侍王恬書 導第二子，字敬豫，小字螭虎。

得示帖。閣帖。○趙云：「螭虎草、隸，書斷稱其世難與比。是時，張翼以書得名，議者謂不能過恬。

此兩行一十九字，格韻直逼右軍，奚翼之所敢擬？」

尚書左僕射王邃書 王舒弟，字處重。

婚事帖。閣帖彙考：「宣和書譜云：『王邃作行書，有義、獻法，婚事一帖，布置婉媚，結構有法。』」

中軍將軍王循書

七月廿四日帖。閣帖。○趙云：「陶宗儀書史會要：『王循善行草。』法書要録、王愔文字志目有王循，宋板作王修。按：後魏弔殷比干墓碑『修』字作『循』，則循、修二字古通用。又褚遂良義之書目有阿遮帖，此帖『循』下，似『遮』字，又似『詹』字。賀循、應詹同時爲太子舍人，或二人聯名具札，鈎摹者未深考，復加以『王』字耳。」

王廙書 導從弟，字世將，左衛將軍，謚康。

祥除表。正書。

昨表帖。正書。

得書帖。均快雪堂本。

廿四日帖。

七月十三日帖。趙云：「此帖骨法簡古。」

娌何如帖。

王洽書　導第三子，字敬和，吴郡内史。

禍深帖。行書。〇快雪堂本。

承問帖。閣帖。

兄子帖。

感寒帖。

王薈書　導第六子，字敬文，會稽内史，進號鎮軍將軍，加散騎常侍。

爲念帖。

安和帖。均行書。〇唐人摹，王方慶萬歲通天進帖。〇三希堂本。

王珣書　洽子，字元琳，初爲尚書僕射，進衛將軍都督，琅邪水陸軍事，兼散騎常侍，謚獻穆。

伯遠帖。行書，真蹟内府藏。〇三希堂本。〇董其昌跋云：「晉人真迹，惟二王尚有存者，至米南宫時，大令已罕，謂一紙可當右軍五帖，況王珣書，視大令不尤難覯耶？既幸余得見王珣，又幸珣書不盡湮没，得見吾也。長安所逢墨迹，此爲尤物。」王肯堂跋云：「晉尚書令謚獻穆王元琳書，紙墨發光，筆法遒逸，古色照人，望而知爲晉人手澤。經唐歷宋，人主崇尚翰墨，收括民間珍秘，歸於天府，不知其幾矣，而尚有遺逸如此卷者，即賞鑒家如老米輩，亦未之見，吾於此有深感焉。元琳書名，當時頗爲弟珉所揜，故爲之語曰：『法護非不佳，僧彌難爲兄。』法護，珣小字；僧彌，珉小字也。」

末冬帖。閣帖。

王珉書 珣弟，中書令。

此年帖。閣帖。

何如帖。

令欲帖。

征西將軍庾翼書

故吏帖。閣帖。○趙云：「書法精古，的是真跡。」

己向帖。米元章云僞。

太傅謝安書

每念帖。

六月帖。閣帖。○米云：「前帖真，六月帖僞。」

散騎常侍謝万書

告朗帖。閣帖。

右衛將軍劉超書

如命帖。閣帖。○竇蒙述書賦注：「超手筆與元帝相類。」此帖殊不類。

尚書令卞壼書

足下帖。閣帖。○趙云：「述書賦稱望之草書緊古而老。此六行筆勢糺繞，米、黄目爲僞作，信精鑒也。」

太尉郗鑒書

災禍帖。閣帖。

鎮軍將軍郗愔書

九月七日帖。閣帖。

廿四帖。

遠近帖。

想親帖。米芾寶章待訪録云：「獨取愔此兩行，餘在所棄。」

臨海太守郗超書

遠近帖。閣帖。○趙云：「米芾書史以爲李懷琳僞作。」

司徒庾亮書

奉告書箱帖。閣帖。○趙云：「宋自靖康之變，大觀新舊二刻皆淪北地。開禧以後，有自榷場中來者，皆磨去『亮』字右邊轉筆，以避金主亮之諱，所謂『亮字不全本』也。」

吴與太守沈嘉書

歲有帖。閣帖。○趙云僞。

散騎常侍謝璠伯書

此計帖。閣帖。○趙云：「謝璠伯於史無考。此四行沈著痛快，風力故自道上也。」

御史中丞劉瓌之書

頓末帖。閣帖。○趙云：「瓌之乃東晉時善八分者，大令不肯書太極殿榜，謝安石遂令瓌之以八分題之。今此帖非真。」

中書令王坦之書

惶恐帖。閣帖。○坦之是太原王，非琅琊族。

尚書左僕射劉穆之書

所欲帖。閣帖。○趙云：「述書賦稱『道和閒雅，高蹤絶塵』，注云：『今見行書一紙六行，即此帖也。然筆韻短弱，殊與竇氏所稱不類。』」

驃騎將軍紀瞻書

昨信帖。閣帖。○趙云僞。

東海太守張翼書

二十三日帖。閣帖。○趙云：「翼書學羲之，幾欲奪真，此殊凡猥。」

謝發書

晉安帖。閣帖。○趙云：「爵里無考。」

大將軍王敦書

蜡節帖。閣帖。

大司馬桓温書

大事帖。閣帖。

衛夫人書 語石：「余從墨池堂帖，見衛夫人飛白書。『西方之人兮』五字，世謂之插花舞女。」

【校勘記】

〔一〕趙亨衢考正云 「趙亨衢」，當作「王澍」。趙亨衢撰閣帖彙考，王澍撰淳化秘閣法帖考正。下「趙云」，皆當作「王云」。

〔二〕法亦絶端謹　「法」，底本原奪，據王澍淳化秘閣法帖考正補。

〔三〕而年惜不永　「惜」，底本誤作「歷」，據王澍淳化秘閣法帖考正改。

〔四〕是書南宋藏之内府　「南」，底本誤作「北」，據曝書亭集改。

〔五〕後有米友仁跋　「跋」，底本原奪，據曝書亭集補。

〔六〕月半帖　「月半帖」，此處復出。下凡此，一仍底本，不出校。

〔七〕閣帖彙考　「閣帖彙考」，當作「淳化秘閣法帖考正」。下同。

〔八〕趙氏彙考云　「趙氏彙考」，當作「王氏考正」。

〔九〕自是子敬存意書　「存」，底本誤作「著」，據王澍淳化秘閣法帖考正改。

〔一〇〕奉別帖　「奉別」，當作「安和」。

〔一一〕則序四子　「四」，底本誤作「諸」，據王澍淳化秘閣法帖考正改。

〔一二〕書皆真帖　「帖」，底本原奪，據王澍淳化秘閣法帖考正補。

〔一三〕是善學逸少者　「學」，底本誤作「得」，據王澍淳化秘閣法帖考正改。

〔一四〕晉書王薈傳　按：下文非晉書王薈傳文。

晉會要第四十三

術數上

曆法

魏景初元年，尚書郎楊偉造景初曆，以建丑之月爲正。雖與夏正不同，至於郊祀蒐狩，班宣時令〔一〕，皆以建寅爲正。三年，魏明帝崩，復用夏正。武帝踐阼，泰始元年，因魏之景初曆，改名泰始曆。楊偉推五星尤疏闊，故元帝渡江左以後，更以乾象五星法代偉曆。吳故用劉洪乾象法也。洪術爲後代推步之師表云。志。

杜預以時曆乖舛，不應晷度，奏上二元乾度曆。杜預傳。〇按：此即杜預長曆所云李修、夏顯所造曆也。

武帝時，侍中平原劉智以斗曆改憲，推四分法，三百年而減一日，以百五十爲度法，三十七爲斗分。推甲子爲上元，至泰始十年，歲在甲午，九萬七千四百一十一歲，上元天正甲子朔夜半冬至，日月五星始於星紀，得元首之端。飾以浮說〔二〕，名爲正曆。志。

杜預長曆說

當陽侯杜預著春秋長曆，說云：「書稱：『朞三百六旬有六日，以閏月定四時成歲，允釐百工，庶績咸熙。』是以天子必置日官，諸侯必置日御，世修其業，以考其術。舉全數而言，故曰六日，其實五日四分之一日。「朞三百六旬」以下六十八字，據續漢曆志注引長曆說補。日行一度，月行十三度十七分之七有奇，續漢志注作「十九分度之有畸」。日官當會集此之遲疾，以考成晦朔〔三〕，以設閏月。閏月無中氣〔四〕，而北斗邪指兩辰之間，所以異於他月。積此以相通，四時八節無違，乃得成歲，其微密至矣。得其精微，以合天道，則事敍而不僭。故傳曰：『閏以正時，時以作事，事以厚生，生民之道，於是乎在。』「事以厚生」下十二字，據續漢志注補。然陰陽之運，隨動而差，差而不已，遂與曆錯。故仲尼、丘明每於朔閏發文，蓋矯正得失，因以宣明曆數也。劉子駿造三統曆，「統」字依續漢志注改正。以修春秋，日蝕有甲乙者三十四，而三統曆惟得一蝕，曆術「曆術」二字據續漢志注補。比諸家既最疏。又六千餘歲輒益一日〔五〕，凡歲當累日爲次，而故益之，此不可行之甚者。班固前代名儒，而謂之最密。非徒班固也，「班固前代名儒」下十六字，據續漢志注補。自古以來，諸論春秋者，多述謬誤，或造家術，或用黃帝以來諸曆，以推經傳朔日，皆不諧合。日蝕於朔，此乃天驗，經傳又書其朔蝕，可謂得天，而劉、賈諸儒説，皆以爲月二日或三日，公違聖人明文，其弊在於守一元，而不與天消息也。余惑春秋之事，嘗著曆論，極言曆之通理。其大指曰：天行不息，日月星辰各運其舍，皆動物也。物動則不一，雖行度有大量可得而限，累日爲月，累月爲歲，以新故相涉，不得不有毫末之差，此自然之理也。故春秋日有頻月而蝕者，曠年不蝕者，理不得一，而算守恒數，故曆無不有差失也。「差失」二字據續漢志注改。始失於毫毛〔六〕，而尚未可覺〔七〕，積而成多，以失弦望晦朔，則不得不改憲以從之。書所謂『欽若昊天，曆象日月星辰』，易所謂『治曆明時』，言當順天以求合〔八〕，非爲合以驗天者也。推此論之，春秋二百餘年，其治曆變通多矣。雖數術絶滅，遠尋經傳微旨，大量可知，時之違謬，則經傳有驗。學者固當曲循經傳月日、日蝕，以考晦朔，以推時驗；而皆不然，各據其學，以推春秋，此無異於度己之跡，「無」字據續漢志注補。而欲削他人之足也。余爲曆論之後，至咸寧中，善算者李修、卜顯，「卜」，續漢志注作「夏」。依論體爲術，名乾度曆，表上朝廷。其術合日行四分數，而微增月行〔九〕，用三百歲改憲之意，二元相推，七十餘歲，承以强弱，强弱之差蓋少，而適足以遠通盈縮。時尚書及史官，以乾度與泰始曆參校古今記注，乾度曆殊勝泰始曆，上勝官曆四十五事。今其術具存。又并考古今十曆以驗春秋，知三統之最疏也。」志。

劉智正曆〔一〇〕

劉智論天曰：「凡含天地之氣而生者，人其最貴而有靈智者也。是以動作云爲，皆應天地之象。古先聖王，觀靈曜，造算數，準辰極，制渾儀，原性理，考徵祥，贊其幽義，而作曆術焉。渾儀象天之圓體，以含地方，輪轉周匝，在二端中，其可見者，極星是也，謂之行極；在南者，在地下不見，故古人不名。陰陽對合爲羣生，父母精象在下，五星具於上，共成天地之功也。則日月爲政，五星爲緯，天以七紀，七曜是也。行極不過，爲衆星之君。命政指授，以斗建時，斗有七星，與曜同精，而布節氣於下者也〔一一〕。晦朔分於東西，消息辨於南北，取以定四方〔一二〕。天地配合，方氣有常；天以七紀，方修其政。故方有七宿，二十八星是也。於是天有常度，日月成象，衆星有宫分，方物有體類，在朝象官，在野象物，在人象事，理自然也。衆星定位，七曜錯行，盈縮有期節，故曆數立焉。日，太陽也；施温萬物生，施光則陰以明，衆所稟爲倡先者也，君尊之象也。月，太陰也；稟照於陽，虧盈隨時，有所稟受，臣卑之道也。五星象五常，托四時，成五事。舊説，日譬猶火也，月譬猶水也。火則施光，水則含景，故月光生於日，當日則明光盈，近日則滅，然則月之清象在前矣。」又曰：「當其衝月食者，陰性毁損，不受光也。君臣不等强，日月不等明，陰在於上，不自抑損，陽必侵之，望在交度，其應必食。故詩云：『彼月而食，則維其常。』道勢然也。侵甚，則既臣之象也。日，尊，君象也。月，卑，臣象也。晦朔之會，交則同道，同道則形相蔽。天道前爲尊。臣由臣道，雖度相值，月不掩日，卑下尊也；不由臣道，月掩日體，卑凌尊也。是故太平之時，交而不食，尊卑道順。」

或問云：「顓頊造渾儀，以其説云，黄帝爲蓋天，蓋天以天象笠，極在其中，日月以遠近爲晦明〔一三〕；渾儀以天裹地，地載於氣，天以迴轉，而日月出入以爲晦明〔一四〕。二説誰其得之？」

劉智曰：「蓋天之論謬矣。以春、秋二分，日出卯入酉，若天象車蓋〔一五〕，極在其中，日月星辰，迴遠則藏。二分之時，當晝短夜長。今以漏刻數之，則晝夜分等；以日出入効之，則出卯入酉：此蓋天之説不通之驗也。然此二器，皆古之所制，但傳説義者失其用耳。昔者，聖王治曆明時，作圓蓋，以圖列宿，極在於中。回之以見天象，分三百六十五度四分度之一，以定日數。日行於星紀，轉回右行，故圓規之，以爲日行道。欲明其四時所在，故於春也，則以青爲道；於夏也，則以赤爲道；於秋也，則以白爲道〔一六〕；於冬也，則以黑爲道。四季之末，各十八日，則以黄爲道。蓋圖已定，仰觀雖明，而「分三百六十五度」以下至此，據隋書天文志補。未可正昏明，分晝夜，故作渾儀，以象天體。亦以極爲中，而朱規爲赤道周環，去極九十一度有奇。考日所行，冬夏去極，遠近不同，故復晝爲黄道；夏至去極近，冬至去極遠，二分之際，交於赤道。二道有表裏，以定宿度之進退，爲術乃密。至漢順帝時，南陽張衡考定進退；靈帝時，太山劉洪步月遲疾〔一七〕。自此之後，天驗愈詳，自司馬遷、劉向、劉歆、揚雄、賈逵、張衡、蔡邕、劉洪、鄭玄，此九君者，不但於算步皆博索沈綜，才思弘遠，而不合論渾蓋之用。明定日行四時之道，雖或精考，雅有所得，亦或出，必失其本旨。人之不同，處意各異，道之難盡，致於斯矣。」或問曰：「古曆論月食，或云陰損，則不受明，或云闇虚所在。值月則月食，值星則星亡。今子不從，何也？」劉智曰：「言闇虚者，以爲當日之衝，地體之蔭，日光不至，謂之闇虚。凡光之所照，光體小於所蔽，則大於本質。今日以千里之徑，而地體蔽之，則闇虚之蔭將過半。天星亡月毁，豈但交會之閒而已哉？由此言之，陰不受明，近得之矣。」又問曰：「若如所論，必有大蔭，月在日衝，何由有明？」劉智曰：「夫陰含陽而明，不待陽光明照之也。陰陽相應，清者受光，寒者受温，無門而通，雖遠相應。是故觸石而流出者，水氣之通也。相嚮而相反，無遠不至，無隔能塞者。至清之質〔一八〕，承陽之光。以天之圓，面向相背，側立不同，光魄之理也。陰陽相承，彼隆此衰，是故日月有争明。日微則晝月見〔一九〕，若但以形光相照〔二〇〕，無相引受之氣，則當陽隆乃陰明隆，陽衰則陰明衰〔二一〕，二者之異，無由生矣。」開元占經。○按：此即劉智正曆中之一篇也。○孫星衍云：「太平御覽卷二引劉智正曆，『尊卑道順或問』下脱『舊説』二字，『顓頊造渾儀』下衍『以其説』三字。」

魯勝正天論

元康初，建康令魯勝著正天論〔二二〕，云：「以冬至之後立晷測景，準度日月星。臣按：日月裁徑百里，無千里；星十里〔二三〕，不百里。」遂表上，求下羣公卿士考論。「若臣言合理，當得改先代之失，而正天地之紀。如無據驗，甘即刑戮，以彰虚妄之罪」。事不報。魯勝傳。

王朔之通曆

穆帝永和八年，著作郎琅邪王朔之造通曆，以甲子爲上元，積九萬七千年，四千八百八十三爲紀法，千二百五爲斗分〔二四〕，因其上元爲開闢之始。志。

姜岌三紀甲子元曆

孝武太元九年，歲在甲申，天水姜岌造三紀甲子元曆，其略曰：「治曆之道，必審日月之行，然後可以上考天時，下察地化。一失其本，則四時變移。故仲尼之作春秋，日以繼月，月以繼時，時以繼年，年以首事，明天時者，人事之本，是以王者重之。自皇羲以降，曁於漢魏，各自制曆，以求厥中。考其疏密，惟交會薄蝕可以驗之。然書契所紀，惟春秋著日蝕之變，自隱公訖於哀公，凡二百四十二年之間，日蝕三十有六，考其晦朔，不知用何曆也。班固以爲春秋因魯曆，魯曆不正，故置閏失其序。魯以閏餘一之歲爲蔀首，檢春秋置閏，不與此蔀相符也。命曆序曰：『孔子爲治春秋之故，退修殷之故曆，使其數可傳於後。』如是，春秋宜用殷曆正之。今考其交會，不與殷曆相應，以殷曆考春秋，月朔多不及其日，又以檢經，率多一日，傳率少一日。但公羊經、傳異朔，於理可從，而經有蝕朔之驗，傳爲失之也。服虔解傳用太極上元，太極上元迺三統曆，劉歆所造元也，何緣施於春秋？於春秋而用漢曆，於義無乃遠乎？傳之違失多矣，不惟斯事而已。襄公二十七年冬十有一月乙亥朔，日有蝕之。傳曰：『辰在申，司曆過，再失閏也。』考其去交分，交會應在此月，而不爲再失閏也。案：歆曆於春秋日蝕一朔，其餘多在二日，因附五行傳，著朓與側匿之說云：『春秋時，諸侯多失其政，故月行恒遲。』歆不以曆失天，而爲之差說。日之蝕朔，此乃天驗也，而歆反以己曆非此，冤天而負時曆也。杜預又以爲周衰世亂，學者莫得其真，今之所傳七曆，皆未必是時王之術也。今誠以七家之曆，以考古今交會，信無其驗也，皆由斗分疏之所致也。殷曆以四分一爲斗分，三統以一千五百三十九分之三百八十五爲斗分，乾象以五百八十九分之一百四十五爲斗分〔二五〕，今景初以一千八百四十三分之四百五十五爲斗分，疏密不同，法數各異。殷曆斗分麤，故不施於今。乾象斗分細，故不通於古。景初斗分雖在麤細之中，而日之所在乃差四度，日月虧已，皆不及其次，假使日在東井而蝕，以月驗之，迺在參六度，差違乃爾，安可以考天時人事乎？今治新曆，以二千四百五十一分之六百五爲斗分，日在斗十七度，天正之首，上可以考合於春秋，下可以取驗於今世。以之考春秋三十六蝕，正朔者二十有五，蝕二日者二，蝕晦者二，誤者五，凡三十三蝕，其餘蝕經無日諱之名〔二六〕，無以考其得失。圖、緯皆云『三百歲斗曆改憲』。以今新曆施於春秋之世，日蝕多在朔。春秋之世，下至於今，凡一千餘歲，交會弦望故進退於三蝕之間，此法迺可永載用之，豈三百歲斗曆改憲者乎？甲子上元以來，至魯隱公元年己未歲，凡八萬二千七百三十六，至晉孝武太元九年甲申歲，凡八萬三千八百四十一。」志。

岌以月蝕檢日宿度所在，爲曆術者宗焉。又著渾天論，以步日於黄道，駁前儒之失，並得其中矣。志。

論天體

古言天者有三家：一曰蓋天，二曰宣夜，三曰渾天。漢靈帝時，蔡邕於朔方上書，言：「宣夜之學，絶無師法。周髀術數具存，考驗天狀，多所違失。惟渾天近得其情，今史官候臺所用銅儀則其法也。立八尺員體而具天地之形，以正黄道，占察發斂，以行日月，以步五緯，精微深妙，百代不易之道也。官有其器而無本書，前志亦闕。」成帝咸康中，會稽虞喜因宣夜之說作安天論，以爲：「天高窮於無窮，地深測於不測。天確乎在上，有常安之形；地魄焉在下，有居靜之體。當相覆冒，方則俱方，員則俱員，無方員不同之義。其光曜布列，各自運行，猶江海之有潮汐，萬品之有行藏也。」葛洪聞而譏之曰：「苟辰宿不麗於天，天爲無用，便可言無，何必復云有之而不動乎？」由此而談，稚川可謂知言之選也。虞喜族祖河間相聳又立穹天論云：「天形穹窿如雞子，幕其際，周接四海之表，浮於元氣之上。譬如覆奩以抑水，而不没者，氣充其中故也。日繞辰極，没西而還東，不出入地中。天之有極，猶蓋之有斗也。天北下於地三十度，極之傾在地卯酉之北亦三十度，人在卯酉之南十餘萬里，故斗極之下不爲地中，當對天地卯酉之位耳。日行黄道繞極，極北去黄道百一十五度，南去黄道六十七度，二至之所舍以爲長短也。」自虞喜、虞聳皆好奇徇異之說，非極數談天者也。至於渾天理妙，學者多疑。漢王仲任據蓋天之說，以駮渾儀云：「舊説天轉從地下過。今掘地一丈輒有水，天何得從水中行乎？甚不然也。日隨天而轉，非入地。夫人目所望，不過十里，天地合矣；實非合也，遠使然耳。今視日入，非入也，亦遠耳。當日入西方之時，其下之人亦將謂之爲中也。四方之人，各以其近者爲出，遠者爲入矣。何以明之？今試使一人把大炬火，夜半行於平地，去人十里，火光滅矣；非滅也，遠使然耳。今日西轉不復見，是火滅之類也。日月不員也，望視之所以員者，去人遠也。夫日，火之精也；月，水之精也。水火在地下員，在天何故員？」故丹陽葛洪釋之曰：「渾天儀注云：『天如雞子，地如雞中黄，孤居於天内，天大而地小。天表裏有水，天地各乘氣而立，載水而行。周天三百六十五度四分度之一，又中分之，則半覆地上，半繞地下，故二十八宿半見半隱，天轉如車轂之運也。』諸論天者雖多，然精於陰陽者少〔二七〕。張平子、陸公紀之徒，咸以爲推步七曜之道，以度曆象昬明之證候〔二八〕，校以四八之氣，考以漏刻之分，占晷景之往來，求形驗於事情，莫密於渾象者也。張平子既作銅渾天儀，於密室中以漏水轉之，令伺之者閉户而唱之。其伺之者以告靈臺之觀天者，曰『璇璣所加，某星始見，某星已中，某星今没』，皆如合符。崔子玉爲其碑銘曰：『數術窮天地，製作侔造化，高才偉藝，與神合契。』蓋由於平子渾儀及地動儀之有驗故也。又黄帝書曰：『天在地外，水在天外。』水，浮天而載地者也。又易曰：『時乘六龍。』夫陽爻稱龍，龍者，居水之物，以喻天。天，陽物也，又出入水中，與龍相似，故以龍比。聖人仰觀俯察，審其如此。此則渾天之體，信而有徵矣。」天文志。

虞喜安天論云：「太史令陳季冑以先賢製木爲儀，名爲渾天。原注：「中闕。」言天體者三家，渾、蓋之説具存〔二九〕，而宣夜之法絶滅，有意續之而未遑也。近見姚元道造昕天論，又覩族祖河間相立穹天論，鄙意多嫌。喜以爲：天高窮於無窮，地深測於不測。天確乎在上，有常安之形；地魄然在下，有居静之體。當相覆冒，方則俱方，圓則俱圓，無方圓不同之義。其光曜布列，各自運行，猶江海之有潮汐，萬品之有行藏也。渾、蓋之家，依易立説，云天運無窮，或謂渾然包地，或謂渾然而蓋天。愚謂若必天裹地，似卵含黄，則地是天中一物，聖人何別爲名而配天乎？古之遺語『日月行於飛谷』，謂在地中也，不聞列星復流於地。又飛谷一道，何以容此？且谷有水體，日爲火精，冰炭不共器，得毋傷日之明乎？此蓋天所以爲臣難也。或難曰：『周禮有「方圓之丘祭天地」，則知乾坤有方圓體也。』答曰：郊祭大報天而主日配月。月形圓，圓丘似之〔三〇〕，非天體也。祭方者别之於天，尊卑異位，何足怪哉？周髀之術多是蓋天，蓋天雖與渾異，而星辰有常數〔三一〕。今陳氏見髀上冠周，因言周渾。周髀、宣夜，或人姓名，猶星家有甘石也。蓋天之體轉四方，地卑不動，天周其上，故云周髀。宣，明也；夜，幽也。幽明之數，其術兼之，故云『宣夜』。但無師説，不知其術如何。」續古文苑，據太平御覽卷二。○孫星衍云：「陳季胄，據隋天文志，吴太史令陳苗也。自『天高窮於無窮』至『萬品之有行藏也』，參用隋天文志。『夜，幽也』句，參用書正義。」○按：此論晉志祇略舉數語，此殆全文，故并録之。

紀星

武帝時，太史令陳卓總甘、石、巫咸三家所著星圖，大凡二百八十三官，一千四百六十四星，以爲定紀。天文志。

【校勘記】

〔一〕班宣時令　「班」，底本原奪，據晉書補。

〔二〕飾以浮説　「飾」，底本誤作「餘」，據晉書改。

〔三〕以考成晦朔　「以」，底本原奪，據晉書補。

〔四〕閏月無中氣　「氣」，底本原奪，據晉書補。

〔五〕又六千餘歲輒益一日　「千」，底本誤作「十」，據晉書改。

〔六〕始失於毫毛　「毛」，底本誤作「末」，據晉書改。

〔七〕而尚未可覺　「可」，底本誤作「有」，據晉書改。

〔八〕言當順天以求合　「言」，底本誤作「各」，據晉書改。

〔九〕而微增月行　「行」，底本誤作「術」，據晉書改。

〔一〇〕劉智正曆　按：此文與續古文苑、全晉文所收録劉智釋天同，而與開元占經所引有多處文字差異。

〔一一〕而布節氣於下者也　「節氣」，底本空出，據劉智釋天補。

〔一二〕取以定四方　「四」，底本誤作「一」，據劉智釋天改。

〔一三〕日月以遠近爲晦明　「以遠」，底本空出，據劉智釋天補。

〔一四〕而日月出入以爲晦　「日月」，底本空出，據劉智釋天補。

〔一五〕若天象車蓋　「天」，底本誤作「夫」，據劉智釋天改。「蓋」，底本誤作「笠」，據劉智釋天改。

〔一六〕則以白爲道　「道」，底本誤作「度」，據劉智釋天改。

〔一七〕太山劉洪步月遲疾　「步月」，底本空出，據劉智釋天補。

〔一八〕至清之質　「清」，底本誤作「精」，據劉智釋天改。

〔一九〕日微則晝月見　「晝」，底本空出，據劉智釋天補。

〔二〇〕若但以形光相照　「形」，底本空出，據劉智釋天補。

〔二一〕陽衰則陰明衰　「明衰」，底本空出，據劉智釋天補。

〔二二〕建康令魯勝著正天論　「康」，底本誤作「鄴」，據晉書改。

〔二三〕星十里　「十」，底本誤作「千」，據晉書改。

〔二四〕千二百五爲斗分　「二」，底本誤作「三」，據中華書局本晉書校勘記改。

〔二五〕乾象以五百八十九分之一百四十五爲斗分　「爲」上，底本原衍「分」字，據晉書刪。

〔二六〕其餘蝕經無日諱之名　「無」，底本誤作「元」，據晉書改。

〔二七〕然精於陰陽者少　「少」，底本原奪，據中華書局本晉書校勘記補。

〔二八〕以度曆象昏明之證候　「以」，底本原奪，據晉書補。

〔二九〕渾蓋之説具存　「説」，太平御覽等書引作「術」，當從。

〔三〇〕圓丘似之　「丘」、「之」，底本空出，據續古文苑補。

〔三一〕而星辰有常數　「星辰」，底本空出，據續古文苑補。

晉會要弟四十四

術數下

候氣

候氣之法，爲室三重，户閉，塗釁周密，布緹幔。室中以木爲案，每律各一，内庳外高[一]，從其方位，加律其上，以葭莩灰抑其内端，案歷而候之：氣至者灰去；其爲氣所動者，其灰散；人及風所動者，其灰聚。殿中候用玉律十二，惟二至乃候。靈臺用竹律。楊泉記云：「取弘農宜陽縣金門山竹爲管，河内葭莩爲灰。」或云以律著室中，隨十二辰埋之，上與地平，以竹莩灰實律中，以羅縠覆律吕，氣至吹灰動縠。小動爲和；大動，君弱臣强；不動，君嚴暴之應也。志。

渾儀

義熙十四年，相國表曰：「間者平長安，獲張衡所作渾儀、土圭，歷代寶器，謹遣奉送，歸之天府。」太平御覽天部引晉義熙起居注。○宋書武紀〔二〕：「公至長安，先收其彝器、渾儀、土圭之屬，獻於京師。」

周處風土記云：「璿衡，即今之渾儀也。古者以玉爲之，轉運者爲機〔三〕，持正者爲衡。」太平御覽天部引。

刻漏

洛陽城門置一鐘〔四〕，以和漏鼓。玉海十一。

晝漏盡，懸籥。成恭杜皇后傳。

咸和七年銅漏銘云：「咸和七年，會稽山陰令魏丕造。」即會稽内史王舒所獻也。文選陸佐公新刻漏銘注引〔五〕。○按：王舒傳，成帝咸和時，舒爲會稽内史。

晉起居注有永安宫銅漏刻，太元十二年儲宫初建〔六〕，置漏刻史。玉海十一。

夜籌。趙王倫傳：「期丙夜一籌。」通鑑八十三胡三省注：「丙夜，夜三鼓。丙夜一籌，三更一點也。」

正朔

泰始二年，有司奏：「大晉繼三皇之蹤，蹈舜禹之迹，應天順時，受禪有魏，宜一用前代正朔服色，一如虞遵唐故事。」奏可。武紀。○按：律曆志〔七〕：「魏明帝後，用夏正也。」

晉金德。泰始二年，散騎常侍傅玄上議：「帝王受命，應曆禪代，則不改正朔，遭變征伐則改之。舜正月上日，受終於文祖，無改正之文，唐、虞正朔皆同，明矣。至殷、周革命，乃改。魏受漢禪，亦不改，至於服色，皆從其本，惟節幡用黃。大晉以金德王天下，順五行三統之序矣。」詔從之。由是正朔服色，並依前代。通典五十五。

歲時

立春之日，青幡幘迎春於東郊外野中。迎春至自野中出，則迎拜之而還，弗祭。三時不迎。禮志。

歲旦，常設葦茭、桃梗、磔雞於宮及百寺之門，以禳惡氣。禮志。

正月元日，食五辛，鍊形。注曰：「辛菜，所以助發五藏也。」初學記歲時部引周處風土記〔八〕。

月正元日，百禮兼崇。同上。

正會日，百僚增禄，賜醽醁酒人二升。藝文類聚歲時部引晉咸康起居注。

曹攄爲臨淄令，歲夕，行獄，有死囚，愍之，曰：「卿等不幸致此非所，如何？新歲人情所重，豈不欲暫見家耶？」良吏傳。

泰始元年，定社以丑。武紀。

漢儀，季春上巳，官及百姓皆禊於東流水上，魏以後，但用三日，不以上巳。晉中朝，公卿以下至於庶人，皆禊洛水之側。禮志。

武帝問摯虞三日曲水之義，虞對曰：「漢章帝時，平原徐肇以三月初生三女，至三日俱亡，村人以爲怪，乃招攜之水濱洗祓，遂因水以泛觴，其義起此。」帝曰：「必如所談，便非好事。」晳進曰：「虞小生，不足以知〔九〕，臣請言之。昔周公成洛邑，因流水以汎酒，故逸詩云：『羽觴隨波。』又秦昭王以三日置酒河曲〔一〇〕，見金人奉水心之劍，曰：『令君制有西夏。』遂霸諸侯，因此立爲曲水。二漢相緣，皆爲盛集〔一一〕。」帝大悦。束晳傳。

懷帝三日會天泉池，賦詩。陸機云：「天泉池南石溝引御溝水，池西積石爲禊堂。」本水流杯飲酒，亦不言曲水。禮志。

元帝初爲琅邪王，徙鎮建康。會上巳，帝親臨觀禊，乘肩轝，敦、導及諸名勝皆騎從。王導傳。

元帝詔罷三日弄具。海西於鍾山立流杯曲水，延百僚。禮志。○通典同。

永和九年癸丑，暮春之初，羲之與同志宴集於會稽山陰之蘭亭，修禊事也。羲之自爲之序。王羲之傳。

榆莢雨。注曰：「春雨。」太平御覽天部引周處風土記〔一二〕。

仲夏長風扇暑。注曰：「此節東南常有風至，俗名黄雀長風。」初學記歲時部引周處風土記。

仲夏濯枝盪川。注曰：「此節常有大雨〔一三〕，名濯枝。」同上。○太平御覽引作「濯枝雨」，六月之雨也。○太平御覽引作「黄鶴風」。

七月七日，其夜灑掃於庭，露施几筵，設酒脯時果，散香粉，祀河鼓、織女〔一四〕，乞富乞壽，無子乞子，頗有受其祚者。同上。

咸與籍居道南，諸阮居道北，北阮富而南阮貧。七月七日，北阮盛曬衣服，皆錦綺粲目。咸以竿挂大布犢鼻於庭，人或怪之，答曰：「未能免俗，聊復爾耳！」阮咸傳。

鳴鶴戒露。此鳥警，至八月白露，流於草上，適適有聲，因即高鳴相警，移徙所宿處。太平御覽羽族部引周處風土記。

九月九日，律中無射而數九。俗尚此日折茱萸以插頭〔一五〕，言辟除惡氣而禦初寒〔一六〕。

藝文類聚歲時部引周處風土記。

九月九日，馬射。或説云：「秋，金之節，講武習射，象立秋之禮也。」禮志。

九月九日，桓温燕龍山，寮佐畢集。時佐吏並著戎服，有風至，吹嘉帽墮落〔一七〕，嘉不之覺。温命孫盛作文嘲嘉，嘉即答之：「其文甚美。」孟嘉傳。

晉、魏間，宮中以紅線量日影，冬至後，日添長一線。北堂書鈔歲時部〔一八〕。

泰始元年，定臘以酉。武紀。

晉博士張亮議曰：「俗謂臘之明日爲初歲，秦漢以來有賀，此皆古之遺語也。」藝文類聚歲時部。○世説新語德行門注引張亮議曰：「蜡者，合聚百物索饗之，歲終休老息民也。臘者，祭宗廟五祀。傳曰：『臘，接也，祭則新故交接也。』秦、漢以來，臘之明日爲祝歲，古之遺語也。」○後漢書陳寵傳注：「應劭風俗通曰：『臘者，歲終祭衆神之名。臘，接也，新故交接，故大祭以報功也。』」

符兆

金者，晉之行也。建安五年初，有黄星見於楚、宋之分野〔一九〕。遼東殷馗善天文〔二〇〕，言後五十歲，當有真人起於譙、沛之間，其鋒不可當。至此凡五十年，而公破紹，天下莫敵矣。晉世祖武皇帝姓司馬〔二一〕，名炎，字安世，受魏陳留王禪，以金德王〔二二〕，都洛陽。文選陸士衡宴玄圃宣猷堂詩注引程猗説石圖。

武帝初嗣晉王位，有長人見於襄武，長三丈，告縣人王始曰：「今當太平。」武紀。

初，望氣者言豫章、廣陵有天子氣。文選注引干寶晉紀。〇懷帝初封豫章王也。

劉向之讖曰：「滅亡之後，有少如水者得之。起事者據秦川，西南乃得其朋。」案：愍帝，蓋秦王之子也，得位於長安。長安，固秦地也。上諱業，故改鄴爲臨漳。漳，水名也。由此推之，亦有徵祥。干寶晉紀總論。

始秦時，望氣者云：「五百年後，金陵有天子氣。」故始皇東游以厭之，改其地曰秣陵，塹北山以絶其勢。及孫權之稱號，自謂當之。孫盛以爲，始皇逮於孫氏四百三十七載，考其曆數，猶爲未及；元帝之渡江也，乃五百二十六年，真人之應在於此矣。咸寧初，風吹太社樹折，社中有青氣，占者以爲東莞有帝者之祥。由是徙封東莞王於琅琊，即武王也。及吴之亡，王濬實先至建鄴，而晧之降款，遠歸璽於琅琊。天意人事，又符中興之兆云。元紀。

始，元帝以丁丑歲稱晉王，使郭璞筮之，云「享二百年」。自丁丑至禪代之歲，年在庚申，爲一百四歲。然丁丑始係西晉，庚申終入宋年，所餘惟一百有二歲耳。璞蓋以百二之期促，故婉而倒之爲二百也。恭紀。

晉武帝始登阼，探策得一。王者世數，繫此多少。帝既不悦，羣臣失色，莫能有言者。裴楷進曰：「臣聞：天得一以清，地得一以寧，侯王得一以爲天下貞。」帝悦，羣臣嘆服。世説新語言語門。

天文雜録

孟觀解天文。孟觀傳。

邵續妙解天文。邵續傳。

秘書監繆世徵、少府摯虞夜觀星象[二三]，相與言曰：「天下方亂，避難之國，惟涼土耳。」張軌傳。

元康初，建康令魯勝嘗歲日望氣[二四]，知將來多故，便稱疾去官。良吏傳。

太元末年，長星見，帝心甚惡之，於華林園舉酒祝之，曰：「長星，勸汝一杯酒，自古何有萬歲天子耶？」孝武紀。

【校勘記】

〔一〕内庫外高　「庫」，底本誤作「房中」，四庫本、百衲本晉書同，據後漢書、宋書、中華書局點校本晉書改。

〔二〕宋書武紀　「武」，底本誤作「高」，據宋書改。

〔三〕轉運者爲機　「者」，底本原奪，據太平御覽補。

〔四〕洛陽城門置一鐘　「城」，底本誤作「宮」，據玉海改。

〔五〕文選陸佐公新刻漏銘注引　「新」，底本原奪，據文選補。

〔六〕太元十二年儲宮初建　「二」，底本誤作「三」，據玉海改。

〔七〕律曆志　「律」，底本原奪，據晉書補。

〔八〕初學記歲時部引周處風土記　「引」，底本原奪，據本書通例及文義補。下「引」字同。

〔九〕不足以知　「以」，底本原奪，據晉書補。

〔一〇〕又秦昭王以三日置酒河曲　「曲」，底本誤作「内」，據晉書改。

〔一一〕皆爲盛集　「集」，底本誤作「會」，據晉書改。

〔一二〕太平御覽天部引周處風土記　「天」，底本誤作「時序」，據太平御覽改。

〔一三〕此節常有大雨　「有」，底本誤作「多」，據初學記改。

〔一四〕祀河鼓織女　「祀」，底本誤作「於」，據初學記改。

〔一五〕俗尚此日折茱萸以插頭　「日」，底本誤作「月」，據藝文類聚改。

〔一六〕言辟除惡氣而禦初寒　「辟」，底本誤作「解」，據藝文類聚改。「寒」，底本空出，據藝文類聚補。

〔一七〕吹嘉帽墮落　「吹」，底本原奪，據晉書補。

〔一八〕北堂書鈔歲時部　「北堂書鈔」，底本誤作「藝文類聚」，據北堂書鈔改。

〔一九〕有黃星見於楚宋之分野　「星」，底本空出，據文選補。

〔二〇〕遼東殷馗善天文　「馗」，底本誤作「道」，據文選改。「善」下，底本誤疊「善」字，據文選刪。

〔二一〕晉世祖武皇帝姓司馬　「皇」，底本原奪，據文選補。

〔二二〕以金德王　「王」，底本原奪，據文選補。

〔二三〕秘書監繆世徵少府摯虞夜觀星象　「世」，底本原奪，據晉書補。

〔二四〕建康令魯勝嘗歲日望氣　「康」，底本誤作「鄴」，據晉書改。

晉會要弟四十五

輿地一

西晉州郡縣

司州　通典：治河南之洛陽。○司州，以司隸校尉統之。凡統郡十二，縣一百〔一〕。○畢沅晉地理志新補正。

河南郡〔二〕縣十二〔三〕，治洛陽。○兆鏞按：史記黃帝紀集解：「皇甫謐曰：『有熊，今河南新鄭。』」

今晉志無。

洛陽　晉仍魏，都洛陽，置尉。五部、三市。城東西七里，南北九里。司隸校尉、河南尹、五營校尉、前後左右將軍、百官府皆在城中。凡十二門：東曰建春門、東陽門、清明門，南曰開陽門、平昌門、宣陽門、建陽門，西曰廣陽門、西明門、閶闔門，北曰大夏門、廣莫門，皆有雙闕、石橋，橋跨陽渠水。城内宫、殿、臺、觀、府、藏、寺、舍，凡有一萬一千二百一十九門。城内左右出入皆有三道，公卿、尚書從中道，凡人左、右，出入不得相逢，夾道中榆柳以蔭行人。以上據畢本約取晉志注及文選閒居賦注、通鑑地理通釋、説郛所引洛陽記之文。○兆鏞按：續漢郡國志注引摯虞曰：「古之周南，今之洛陽。」畢云：晉元康地道記：「洛陽城東北隅有周威烈王冢。」又：「狄泉在城内，太倉西南，東宫西北。」皇甫謐帝王世紀曰：「狄泉本殷之墓地，今城中有殷王冢。」又云：「太倉中大冢，周景王也。」水經穀水注同。又郡國志「河南郡匽師有尸鄉」，晉省匽師入洛陽。晉太康記：「尸鄉，故殷湯所都，亦曰湯亭。田横死於是亭，改曰尸鄉。」

河南　原注：「周東都王城郟鄏也。」○續漢志注：「帝王世紀：『城西有郟鄏陌，太康畋於有雒之表，今河之南。』本傳有負犢山〔四〕。」晉地道記：「去雒城四十里。」又云：「縣西南有蒯亭。」○太康地記：「坎埳聚在鞏西。」王隱地道記：「訾在縣之東。」

鞏　原注：「周孝王封周桓公孫惠公於鞏，號東周，故戰國時有東、西周號。芒山、首陽其界也。」

河陰

新安　原注：「函谷關所居。」○宋書州郡志引太康地記：「新安，屬河東郡。」

成皋　原注：「有關，鄭之虎牢。」○地道記：「濟水自大伾入河，與河水鬭。大伾在成皋。古成皋兼包鞏縣，溢出爲滎。」

緱氏　原注：「有劉聚，周大夫劉子邑。有延壽城、仙人祠。」○續漢志注引干寶搜神記同。

陽城　原注：「有鄂阪關。此邑是爲地中，夏至景尺五寸。有陽城山、箕山，許由墓在焉。」○地道記：「潁水，出陽城山。」

新城　原注：「有延壽關。故戎蠻子之國。」○續漢志注：「杜預曰：縣北有垂亭。」

陸渾　原注：「故蠻子國，楚莊王伐陸渾是也。」

梁　原注：「戰國時謂爲南梁，别少梁也。」

陽翟　晉地道記：「去洛陽二百八十六里。」又云：「鈞臺下有坡，俗謂之鈞臺陂。」

【補】**東垣**　兆鏞按：宋州郡志二、漢晉太康志河南郡皆有東垣縣，今晉志無。

滎陽郡　縣八，治滎陽。○原注：「泰始二年置。」

滎陽　原注：「地名敖，秦置敖倉者。」

京　原注：「鄭太叔段所居。」○地道記：「有大索、小索。」蓋漢書京、索之間也。

密　原注：「故周畿内。」

卷　原注：「有博浪長沙，張良擊秦始皇處。」○何超音義：「丘圓反。」

陽武　畢云：續漢郡國志、元和郡縣志皆云：「博浪沙在陽武。」晉志注在卷下，誤也。

苑陵

中牟　原注：「六國時，趙獻侯都。」

封　原注：「宋蓬池在東北，或曰蓬澤。」〇畢云：當作「開封」。

弘農郡　縣六，治弘農。

弘農　原注：「本函谷關。漢武帝遷於新安。」〇地道記：「弘農亭，在縣東十三里。」

湖　原注：「故曰胡，漢武更名湖。」

陝　原注：「故虢國，周分陝東西，二相主之。」

宜陽

黽池　何超音義：「黽，音沔。」

華陰　原注：「華山在縣南。」〇地道記云在西南。又云：「秦之華陽潼關是也。」

上洛郡　縣三，治上洛。〇原注：「泰始二年，分京兆南郡置[五]。」〇地道記：「郡在洛上，故以爲名。」

上洛　原注：「嶢關在縣西北。」〇太平寰宇記：「晉泰始三年，分上洛，置拒陽縣，旋省。」

商　原注：「秦相衛商鞅邑。」〇太平寰宇記：「晉泰始三年，分商縣之地，置豐陽縣，尋廢。」

盧氏　原注：「熊耳山在東，伊水所出。」〇地道記：「伊水，東北入雒。」

平陽郡　縣十二，治平陽。

平陽　原注：「舊堯都。侯國。」〇地道記：「有堯城。」

楊　原注：「故楊侯國。」〇地道記：「梁城，去楊縣五十里，叔向邑也。」

端氏 原注：「韓、魏、趙既爲諸侯，以端氏封晉君也。」

永安 原注：「故霍伯國。霍山在東。」

蒲子

狐讘 何超音義：「讘，之輒反，又而涉反。」

襄陵 原注：「公國相。」

絳邑 原注：「晉武公自曲沃徙此。」

濩澤 原注：「析城山在西南。」

臨汾 原注：「公國相。」

北屈 原注：「壺口山在東南。有南屈，故稱北。」

皮氏 原注：「故耿國。」○太康地記：「有介山，子推逃隱於是。」

河東郡 縣九，治安邑。

安邑 原注：「舊舜都。」○太康地記：「有司鹽都尉。」又云：「舜受禪安邑。或云蒲阪〔六〕。」地道記：「咸山，在縣南。」

聞喜 原注：「故曲沃。晉武公自晉陽徙此。」

垣 原注：「王屋山在東北，沇水所出。」

汾陽 原注：「公國相。」

大陽 原注：「吴山在西。周武王封西周太伯後於此。」

猗氏 原注：「古猗頓城。」

解 原注：「有鹽池。」

蒲阪 原注：「有歷山，舜所耕也。有雷首山，夷、齊居其陽，所謂首陽山。」○太康地記：「首山在蒲阪〔七〕，與胡縣相連。」王隱地道記同。

河北

汲郡 縣六，治汲。○原注：「泰始二年置。」

汲 原注：「有銅關。」

朝歌 原注：「紂所都。」○地道記：「本沬邑也。」

共 原注：「故國。北山，淇水所出。」

林慮 地道記：「庚衮入林慮山，食木實，餌石藥。」

獲嘉 原注：「故汲新中鄉。漢武帝行過時，獲吕嘉首，因改名。」

修武 原注：「晉所啓南陽，秦改名修武。」○兆鏞按：山海經西山經郭璞注：「今河内修武縣。」水經清水注引京相璠曰：「河内修武縣。」又續漢郡國志修武亦屬河内，晉志屬汲郡，恐誤。

河内郡 縣九，治野王。

野王 原注：「大行山在西北。」

州 原注：「故晉邑。」

懷

平皋 原注：「邢侯自襄國徙此。」

河陽

沁水

軹 原注：「故周原邑。」

山陽

温 原注：「故國也，蘇忿生封。」○宣紀：「帝河内温縣孝敬里人。」

廣平郡 縣十五，治廣平。

廣平

邯鄲

易陽

武安

涉　元和郡縣志：「晉初，屬廣平，後省。」

襄國　原注：「故邢侯國都。」

南和

任

曲梁

列人

肥鄉　地道記：「太康中立〔八〕，以隸廣平。」

臨水

廣年　原注：「侯相。」

斥漳　李申耆地志韻編云：「『漳』是『章』之訛。」

平恩

陽平郡　縣七，治元城。

元城　地道記：「縣南有瑣陽城。」

館陶

清泉　錢大昕考異云：「本清淵，避唐諱改。」

發干

東武陽

陽平

樂平　地道記：「縣東南有夷儀道，通襄國。夷儀山〔九〕。」

魏郡　縣八，治鄴。

鄴　原注：「魏武受封居此。」○愍紀〔一〇〕：「建興元年〔一一〕，避帝諱，改爲臨漳。」

長樂　畢云：太平寰宇記：「晉分内黄置。」○兆鏞按：水經河水注：「長樂，故信都也。晉太康五年改從今名。」

魏

斥丘

安陽　太平寰宇記：「秦名安陽，漢廢，晉復立。」

蕩陰

内黄　原注：「黄池在西。」

黎陽　原注：「故黎侯國。」

頓丘郡　縣四，治頓丘。○原注：「泰始二年置。」

頓丘

繁陽

陰安

衛

永嘉之後，司州淪没劉聰，稱前趙。

兗州　通典：治濮陽之廩丘。○統郡國八，縣五十六。

陳留國　縣十，治黄。○畢云〔一二〕：宋書州郡志引太康三年地記：「扶溝縣，屬陳留國。」今晉志無扶溝。

内黄　「内」，志誤作「小」。

浚儀　原注：「有洪溝〔一三〕。漢高祖、項羽欲分處。」○地道記：「儀封人，浚儀人也。」

封丘

酸棗　原注：「烏巢在東南。」○太康地記：「昔曹太祖納許攸之策，破袁紹軍處也。」

濟陽

長垣　原注：「故匡城，孔子所厄也。」

雍丘　原注：「故杞國。」

尉氏

襄邑

外黃　魏書地形志：「晉外黃屬陳留，後省。」

濮陽國　縣四，治濮陽。○原注：「晉初，分東郡置。」○畢云〔一四〕：宋書州郡志引太康地記：「燕縣，屬濮陽國。」晉志無。

濮陽　原注：「公國相。古昆吾國。師延爲紂作靡靡之樂，既而投此水。」

廩丘　原注：「公國相。有羊角城。」

白馬　原注：「有瓠子隄。」

鄄城　原注：「公國相。」

濟陽郡　縣九，治定陶。○錢大昕考異云：「漢無濟陽郡，蓋濟陰之訛。」宋志於城武、離狐二縣並云：「太康地志屬濟陰。」卞壼傳「濟陰冤句人」，可證畢云「晉改爲濟陽」，恐非也。○洪亮吉東晉疆域志有濟陽、濟陰二郡。

定陶　原注：「漢高帝封彭越爲梁王，都此。」

乘氏　原注：「故侯國。」

句陽

離狐

宛句 何超音義：「上於元反，下音劬。」

己氏

成武 原注：「有楚丘亭。」

單父 何超音義：「善甫二音。」○原注：「故侯國。」

城陽 原注：「舜所漁，堯冢在西。」

高平國 縣七，治昌邑。○原注：「故屬梁國，晉初分山陽置。」

昌邑 原注：「侯相。有甲父亭。」

鉅野 原注：「魯獲麟所。」

方與 何超音義：「房預二音。」

金鄉 地道記：「縣多山，所治名金山。」

陸湖 地道記作「湖陸」，縣西有費亭城。

高平 原注：「侯國。」

南平陽 原注：「侯國，有漆亭。」

任城國 縣三，治任城。

任城 原注：「古任國。」

亢父

樊

東平國 縣七，治須昌。

須昌

壽張 原注：「有蚩尤祠。」

范 地道記：「秦亭在縣西北〔一五〕。」

無鹽

富城

東平陸

剛平 錢大昕攷異云：「續漢志濟北國有剛縣。左傳哀八年，齊人歸闡。杜預注：『在東平剛縣北。』是晉時仍名剛也，而隱五年『衛師入郕』，注云：『東平剛父縣西南有郕鄉。』此又云剛平，未知孰是。」

濟北國 縣五，治盧。

盧 原注：「扁鵲所生，縣西有石門。」

臨邑

東阿

穀城　原注：「有烏下聚〔一六〕。」

蛇丘　原注：「有下灌亭。」

泰山郡　縣十一，治奉高。

奉高　原注：「西南有明臺。」○王鳴盛云：「臺，當作堂。」

博　原注：「有龜山。」

嬴

南武城　錢大昕考異云：「景獻羊皇后、惠羊皇后、羊祜傳、宋書羊欣、羊元保傳並云泰山南城人。武帝分泰山，置南城郡，封羊祜爲南城郡公，亦以縣得名，不知何時增入『武』字。」兆鏞按：水經濕水注引京相璠曰：「今泰山南武城縣。」是晉志不誤也。

梁父　原注：「侯國，有菟裘聚。」

山茌　原注：「茌山在東北。」○何超音義云：「茌，仕疑反。」

新泰　原注：「故曰平陽。」○畢云：晉太康地志：「舊名平陽。」泰始中，鎮南將軍羊祜此縣人，表改爲新泰，屬泰山郡。惠帝割屬東安郡。○毛刻本「泰」作「秦」，今改正。

南武陽 原注：「有顓臾城。」

萊蕪 原注：「有原山。」

東牟 原注：「故牟國。」○錢大昕云：「『東』字衍。」

鉅平 原注：「有陽關亭。」

惠帝之末，兗州闔境淪没石勒，稱後趙。

豫州 通典：治梁國之項。○舊統郡國十。惠帝增置新蔡、南頓、陳郡，凡三郡，共郡國十三，縣八十九。○太平御覽州郡部四引太康地記：「豫州之分，其人得中和之氣，性安舒，其俗阜，其人和。今俗多寬慢。」

潁川郡 縣九，治許昌。

許昌 原注：「漢獻帝都許。魏禪，徙都洛陽。許宫室、武庫存焉，改爲許昌。」

長社

潁陰

臨潁 原注：「公國相。」

郾 太康地記：「蓼國〔一七〕，先在南陽故縣，今豫州郾縣界故胡城是〔一八〕。」

邵陵 原注：「公國相。」

鄢陵 原注：「公國相。」○何超音義：「鄢，於晚反。」

新汲

長平

汝南郡　原縣十五。惠帝割南頓，立南頓郡。縣十四，治平輿。○左傳襄公四年杜預注：「繁陽，在今汝南鯤陽縣南〔一九〕。」晉志無鯤陽。

新息

南安陽

安成　原注：「侯相。」

愼陽

北宜春

朗陵

陽安　原注：「故江國。有江亭。」〔二〇〕

上蔡

平輿　原注：「故沈子國，有沈亭。」

定潁

灈陽　畢云：沈志作「瞿陽」。地形志：「瞿陽，二漢、晉爲瀘陽。」今攷二漢志皆作「灈陽」。灈、瀘音同，古字通也。○毛刻本作「濯陽」，今改正。

汝陽

吴房　原注：「故房子國。」○地道記：「有吴城。」

西平　原注：「故柏國。有龍泉水，可用淬刀劍。」○太康地記：「龍泉水淬刀劍，特堅利，故有龍泉水之劍，楚之寶劍也。以特堅利，故有堅白之論〔二一〕。」

襄城郡　縣七，治襄城。○泰始二年〔二二〕，分潁川立。

襄城　原注：「侯相，有西不羹城。」○地道記：「襄城故城，楚靈王築。」

繁昌　原注：「魏文受禪於此。」

郟

定陵　原注：「侯相。」○地道記：「高陵山，汝水所出。」

父城　原注：「侯相。」

昆陽　原注：「公國相。」

舞陽　原注：「宣帝始封此邑。」

汝陰郡　原注：「泰始二年，分汝南立。」○原有新蔡、固始、鮦陽、褒信，凡縣八。惠帝分立新蔡郡。○縣治汝陰。

汝陰 原注：「故胡子國。」○地道記：「有臨丘鄉，詩所謂汝墳。」

慎 原注：「故楚邑。」

原鹿

宋 原注：「侯相。」

梁國 武帝合陳郡於梁國。原有陳、苦、武平，凡縣十二。惠帝分梁國，置陳郡。○縣九，治睢陽。

睢陽 原注：「春秋時宋都。」○太康地記：「睢陽城方十三里，梁孝王築，以鼓唱節杵而後下和之者，稱睢陽曲。今踵以爲故，所以樂家有睢陽曲，蓋采其遺音也。」地道記：「有橫亭，在縣南。」

蒙

虞

下邑 原注：「有碭山，山有文石。」

寧陵 原注：「故葛伯國。」

穀熟

項 地道記：「有公路城，袁術所築。」

長平

陽夏 地道記：「惠帝永康中立。」

沛國　縣九，治相。

相

沛　原注：「漢高祖所起處。」○地道記：「有許城。」

豐　續漢志注引地道記曰：「去國二百六十，州六百，雒千二十五里。」

竺邑

符離

杼秋

洨　何超音義：「胡交反。」○毛刻本作「汶」，今改正。

虹　何超音義：「音絳。」

蕭

譙郡　縣七，治譙。

譙

城父

酇　何超音義：「才何反。」

山桑

龍亢　水經陰溝水注：「向，故沛國縣，今并屬譙國龍亢也。」左傳隱二年「入向城」注：「地道記：『在龍亢縣東南。』」

蘄

銍

魯郡　縣七，治魯。

魯　原注：「曲阜之地，魯侯伯禽所居。」○地道記：「孔子葬於魯城北泗水上。五父衢，在魯城東。」

汶陽

卞

騶　原注：「有繹山。」

番　原注：「故小邾之國。」

薛　原注：「奚仲所封。」○太康地記：「奚仲冢，在薛城南二十五里山上〔二三〕，百姓謂之神靈也。」地道記：「仲虺城，在縣西三十里。」

公丘　賈充傳：「咸寧三年，以沛國之公丘益魯國。」

弋陽郡　縣七，治弋陽。○畢云：沈志：「晉惠帝又分弋陽爲西陽國。」晉志未載。

西陽　原注：「故弦子國。」

軑 何超音義：「音大。」

蘄春

邾 太康地記：「楚城邾，遷其人於江南，因名縣。」

西陵

期思

弋陽

安豐郡 縣五，治安風。

安風

雩婁

安豐 原注：「侯相。」

蓼

松滋 原注：「侯相。」

新蔡郡 惠帝分汝陰立。○據宋州郡志，縣四。

新蔡 地道記：「故呂侯國，有大呂亭。」

鮦陽 何超音義：「鮦音紂。」

固始　太平寰宇記十一引太康地記：「孫叔敖本期思城人，爲楚令尹。」圖經云：「祠宇隳壞，托夢於固始縣令段光，復立祠庭。」

褒信　褒，宋志作「苞」。今從晉志。

南頓郡　惠帝分汝南立。○縣可考者一。

南頓

陳郡　惠帝分梁國立。○畢云：沈志：「郡初并，梁王肜薨，後還爲陳。事在永康二年後。」與志言惠帝分立陳郡合。○縣可考者三。

陳　左傳隱三年杜預注：「陳國陳縣。」

苦　陳頵傳：「陳郡苦人。」○太康地記：「城東有賴鄉祠，老子所生地。」地道記云：「在城南。」

武平　左傳成十六年杜預注：「陳國武平縣。」

永嘉之亂，豫州淪没石氏。

冀州　通典：治趙國之房子。○統郡國十四，縣八十二。

趙國　縣九，治房子。

房子　地道記：「有礫塞、中谷塞。」

元氏　地道記：「有石塞、三公塞。」

平棘

高邑 原注：「公國相。」

中丘 地道記：「有石門塞、燒梁關。」○畢沅云：元和郡縣志：「晉於此立中丘郡。」

柏人

平鄉

下曲陽 原注：「故鼓子國。」

鄡

鉅鹿國 縣二，治廮陶。

廮陶 何超音義：「上嬰井反，下音遥。」

鉅鹿

安平國 原有武邑、觀津、武遂，共縣八。武帝分置武邑郡。○縣五，治信都。

信都 畢云：水經注：「晉太康五年，改名長樂。」

下博

扶柳

廣宗 原注：「侯相。」

經

平原國 縣九，治平原。

平原 地道記：「有篤馬河。」

高唐

茌平

博平

聊城

安德

西平昌

般

鬲

樂陵國 縣五，治厭次。

厭次

陽信

漯沃 何超音義：「漯，他合反。」

新樂

樂陵 原注：「有都尉居。」

勃海郡 縣十，治南皮。

南皮

東光

浮陽

饒安

高城

重合

東安陵

蓨 何超音義：「音調。」

廣川 原注：「侯相。」

阜城 地道記：「晉改阜邑爲阜城。」

章武國 縣四，治東平舒。○原注：「泰始元年置。」

東平舒

文安

章武

束州

河間國 縣六，治樂城。

樂城 原注：「侯相。」

武垣

鄚 原注：「侯相。」

易城

中水

成平

高陽國 縣四，治博陸。○原注：「泰始元年置。」

博陸

高陽

北新城 原注：「侯相。」

蠡吾

博陵郡 縣四，治安平。○水經滱水注：「博陵，漢罷還安平，晉泰始中復爲郡。」

安平

饒陽

南深澤

安國

清河國 縣六。○治地未詳。

清河 畢云：太平寰宇記：「晉省甘陵縣，於厝縣西南七里置清河縣。」

東武城 畢云：太平寰宇記：「晉太康中去『東』字。」

繹幕 原注：「侯相。」

貝丘

靈 地道記：「有鳴犢關。」

鄃

中山國 縣八，治盧奴。

盧奴

魏昌

新市

安喜

蒲陰　地道記：「有蒲陽山，蒲水所出。有安陽關，安陽關都尉治，俗名斯川爲陽安壙。」

望都　地道記：「有馬安關、馬溺關、委粟關。」

唐

北平

常山郡　縣八，治真定。○地道記：「元氏，改屬趙國，常山郡移理真定。」

真定

石邑

井陘

上曲陽　原注：「恒山在縣西北，有阪號飛狐口。」○地道記：「自縣北行四百二十五里，恒多山阪。」

蒲吾

南行唐　太康地記：「縣西北有仙人巖。」又云：「縣北二十里有夫人城，即王神女所築。」

靈壽

九門　原注：「侯相。」

【補】武邑郡 畢氏據太平寰宇記云:「晉太康十年,於武邑置武邑郡。」○縣可考者三。

武邑

觀津 兆鏞按:牽秀傳:「武邑觀津人。」

武遂 兆鏞按:水經濁漳水注云:「晉武帝分武邑、武隧、觀津爲武邑郡。」○「遂」字從晉志。

惠帝之後,冀州淪没於石勒。

【校勘記】

〔一〕縣一百　「百」下,底本原衍「二」字,據晉書地理志新補正删。

〔二〕河南郡　「郡」,底本殘作「尹」,據晉書改。

〔三〕縣十二　「二」,底本誤作「三」,據晉書改。

〔四〕本傳有負犢山　「負」,底本誤作「黄」,據後漢書志改。

〔五〕分京兆南郡置　「郡」,中華書局本晉書校勘記以爲當作「部」。

〔六〕或云蒲阪　「或」,底本誤作「故」,據晉太康三年地記改。

〔七〕首山在蒲阪　「山」,底本誤作「陽」,據晉太康三年地記改。

〔八〕太康中立　「立」,底本原奪,據晉書地道記補。

〔九〕夷儀山　「山」下，晉書地道記有「在城北故塞」六字。

〔一〇〕愍紀　「愍」，底本誤作「懷」，據晉書改。

〔一一〕建興元年　「元」，底本誤作「三」，據晉書改。

〔一二〕畢云　「畢云」二字，底本空出，據畢沅集晉太康三年地記及文義補。

〔一三〕有洪溝　「洪」，底本誤作「鴻」，據晉書改。

〔一四〕畢云　「畢云」二字，底本空出，據畢沅集晉太康三年地記及文義補。

〔一五〕秦亭在縣西北　「西北」，底本誤作「南」，據晉太康三年地記改。

〔一六〕有烏下聚　「烏」，中華書局本晉書校勘記以爲當作「嶌」。

〔一七〕蓼國　「國」，底本誤作「圃」，據晉太康三年地記改。

〔一八〕今豫州鄎縣界故胡城是　「今」，底本誤作「在」，據晉太康三年地記改。

〔一九〕在今汝南鯤陽縣南　「鯤」，春秋左傳注疏作「鮦」。

〔二〇〕原注故江國有江亭　「原注故江國有江亭」，底本原奪，據晉書補。

〔二一〕故有堅白之論　「論」，底本誤作「談」，據晉太康三年地記改。

〔二二〕泰始二年　「二」，底本誤作「三」，據晉書改。

〔二三〕在薛城南二十五里山上　「上」，底本誤作「中」，據晉太康三年地記改。

晉會要第四十六

輿地二

西晉州郡縣

幽州 通典：治范陽之涿。○統郡國七，縣三十四。

范陽國 縣八，治涿。○兆鏞按：水經聖水注「漢涿縣，晉泰始元年改曰范陽郡〔一〕，理涿縣」，非范陽縣地。

涿

良鄉

方城

長鄉

迺

故安

范陽

容城 原注：「侯相。」

燕國 縣十，治薊。

薊 王浚傳：薊城内西行有二道。城南有清泉水。

安次 原注：「侯相。」

昌平

軍都 原注：「有關。」

廣陽

潞

安國 原注：「國相，蜀主劉禪封此縣公。」○王鳴盛曰：「後主封安樂公，後書亦作安樂，此作『國』，誤。」

泉州 原注：「侯相。」

雍奴

狐奴

北平郡　縣四，治徐無。○地道記：「有鴻上關。」

徐無

土垠

俊靡

無終

上谷郡　縣二，治沮陽。○地道記：「郡在谷之頭，因以上谷名。」

沮陽

居庸

廣甯郡　縣三，治下洛。○原注：「故屬上谷，太康中置郡，都尉居。」

下洛

潘

涿鹿　太康地記：「城東一里有阪泉，上有黄帝祠。」又云：「阪泉東北流，與蚩尤泉會。」

代郡　縣四，治代。

代

廣昌

平舒

富城　錢大昕攷異云：「當作『當城』。」

遼西郡　縣三，治陽樂。○地道記：「孤竹君祠在山上，城在山側。」

陽樂

肥如　畢云：「太康地記有碣石山，碣然而立，在海旁，故名。」又云：「秦築長城，起自碣石，在今高麗舊界，非碣石山。」〔二〕

海陽

惠帝之後，幽州没於石勒。

平州　通典：治昌黎。○統郡國五，縣二十六。○志稱「咸寧二年十月，分昌黎、遼東、玄菟、帶方、樂浪等郡國〔三〕，置平州」。錢大昕考異云：「衛瓘傳：瓘『除征北大將軍、都督幽州諸軍事、幽州刺史。至鎮，表立平州，後兼督之』，則分立平州之議出於瓘。瓘以泰始七年八月被命之鎮，是平州當置於泰始，不當在咸寧也。」

昌黎郡　縣二，治昌黎。

昌黎　地道記：「有青城山。」

賓徒

遼東國 縣八，治襄平。

襄平 原注：「東夷校尉所居。」

汶 王鳴盛曰：「汶，當作文。」

居就

樂就

安市〔四〕

西安平

新昌

力城

樂浪郡 縣六，治朝鮮。

朝鮮 原注：「周封箕子地。」

屯有

渾彌

遂城 原注：「秦築長城之所起。」

鏤方

駟望

玄菟郡 縣三，治高句麗。

高句麗

望平

高顯

帶方郡 縣七，治帶方。

帶方

列口

南新

長岑

提奚

含資

海冥

平州初置，以慕容廆爲刺史。永嘉之亂，廆爲衆所推，遂據之，稱燕。

并州 通典：治太原之晉陽。○統郡國六，縣四十五。

太原國　縣十三〔五〕，治晋陽。〇北史隱逸崔賾傳：詔問：「何處有羊腸阪？」答曰：「臣按：皇甫士安撰地書，云太原北九千里有羊腸阪。」

晋陽　原注：「侯相。」

陽曲

榆次

于離

盂

狼孟

陽邑　地道記：「少山即大谷水所出，經祁縣界。」

大陵

祁

平陶

京陵

中都

鄔

上黨郡 縣十，治潞。

潞

屯留

壺關 太康地記：「有羊腸阪。」

長子

泫氏

高都 地道記：「有太行關，丹谿爲關之東谷，途自此去，不復由關矣。」

銅鞮 何超音義：「鞮，音低。」

涅 畢云：「晉於此置武鄉縣，屬樂平郡。」○按：晉志樂平郡無武鄉縣。

襄垣

武鄉

西河國 縣四，治隰城。

離石

隰城 地道記：「晉改茲氏爲隰城縣。」

中陽 地道記：「西河有中陽城，舊縣也。」

介休

樂平郡 縣五，治沾。○原注：「泰始中置。」

沾

上艾

壽陽 兆鏞按：水經洞渦水注云：「晉太康地記樂平郡有受陽縣，盧諶征艱賦所謂『歷受陽而總轡』者也。」疑「壽」當作「受」。

轑陽

樂平 水經清漳水注引太康地記曰：「樂平縣舊名清漳。」

雁門郡 縣八，治廣武。

廣武

崞 畢云：「太平寰宇記：『縣漢末荒廢，晉初又置。』」

洼陶

平城

葰人 何超音義：「葰，沙瓦反。」

繁畤

原平

馬邑　畢云：「元和郡縣志：『縣舊屬新興郡，晉改屬雁門。』」太康地記：「秦時建此城，輒崩，不成。有馬周旋馳走反復，父老異之。因依以築城，遂爲馬邑。」

新興郡　縣五，治九原。○志稱惠帝改爲晉昌郡，錢大昕攷異云：「新興郡治九原，此并州之晉昌也。志又云，惠帝元康五年，分敦煌、酒泉爲晉昌郡〔六〕。此涼州之晉昌。同時有兩晉昌郡，或有一誤〔七〕。」

九原　太康地記：「秦塞自五原北九里，謂之造陽。東行終利貣山南、漢陽西是也。造陽在五原塞九里。」

定襄

雲中　太康地記：「自北地郡北行九百里，五原塞即此地。後漢光禄徐自爲出五原塞數百里，築城障列亭至盧朐山，即今縣北光禄塞是也。」

廣牧

晉昌

永興元年，劉元海僭號於平陽，稱漢。於是并州之地皆爲元海所有。

雍州　通典：治京兆之長安。○統郡國七，縣四十〔八〕。○宋敏求長安志二引晉太康地記云：「以其四山之地，故以雍名焉。亦謂西北之位，陽氣所不及，陰氣壅閉也。」

京兆郡 縣九，治長安。

長安

杜陵 魏地形志：「晉改曰杜城。」

霸城 地道記：「枳道亭在霸水西。」

藍田 太康地記：「出美玉，故曰藍田。」地道記：「有虎侯山。」

高陸 李兆洛地志韻編云：「是『高陵』之訛。」

萬年 原注：「故櫟陽縣。」

新豐

陰般

鄭 地道記：「鄭桓公友之始封。」

馮翊郡 縣八，治臨晉。

臨晉 原注：「故大荔，秦獲之，更名。有河水祠，祠臨晉水，故名。」○元和郡縣志：「晉武帝改臨晉爲大荔。」

下邽 原注：「秦武公伐邽戎，置有上邽，故加『下』。」

重泉

頻陽 原注：「秦厲公置，在頻水之陽。」

粟邑

蓮勺 何超音義：「上力善反，下音酌。」

郃陽 魏地形志：「晉屬馮翊，後罷。」

夏陽 原注：「故少梁。梁山在西北。」

扶風郡

縣六，治池陽。○惠帝即位，改爲秦國。

池陽 原注：「有巀嶭山。」○太康地記：「有鬼谷先生所居。」

郿 原注：「成國渠首受渭。」○太平寰宇記：「晉元康中，復置好畤縣，并省郿縣。」又云：「晉太康中，於此置隴關縣。」

汧 原注：「吳山在西，古文以爲汧山。」○太康地記：「有蒲谷鄉弦中谷，乃雍州之蒲也。」地道記：「屬秦國〔九〕。漢故城在今縣南〔一〇〕。漢置隴關，西當戎翟，今名大震關，在今縣西。」

陳倉

美陽 原注：「岐山在西北，周太王所邑。」

雍 原注：「侯相。有五時、太昊、黄帝以下祠三百三所。」

安定郡 縣七，治臨涇。

臨涇

朝那

烏氏 地道記：「有烏水，出薄落谷。」

都盧 畢沅云：太康地記無此縣。

鶉觚

陰密 原注：「殷時密國。」

西川

北地郡 縣三，治地未詳。

泥陽 地道記：「泥水出郁郅北蠻中〔一一〕。」

富平 太平寰宇記：「晉移富平縣於懷德城。」

【補】靈州 兆鏞按：續漢郡國志：「北地郡有靈州縣。」晉書傅祗傳：「封靈州縣公。」南史傅弘之傳：「漢末，廢靈州。晉武帝太康三年，復立靈州縣。」晉地志無之。

始平郡 縣五，治槐里。○原注：「泰始二年置〔一二〕。」

槐里 原注：「有黃山宮。」

始平

武功 原注：「太一山在東，古文以爲終南。」

鄠 原注：「古國，夏啓所伐。」○地道記：「司竹都尉治，其園周百里以供國。」

蒯城 畢云：按輿地記：「蒯城縣，故陳倉之故鄉聚名也〔一三〕。」晉武帝咸寧四年，分陳倉立縣，屬始平郡。

新平郡 縣二，治漆。

漆 原注：「漆水在西。」地道記同。

汾邑

建興後〔一四〕，雍州没於劉聰。

涼州 通典：治武威之姑臧。○原統郡八，惠帝增置郡一，共統郡九，縣四十八。○地道記：「涼州有龍形，故曰卧龍城。南北七里，東西三里。」

金城郡 縣五，治榆中。

榆中

允街

金城

白土　太康地記：「有圁水。」

浩亹　何超音義：「上古合反，下音門。」

西平郡　縣四，治西都。

西都

臨羌

長寧

安夷

武威郡　縣七，治姑臧。

姑臧　畢云：王隱晉書：「此城匈奴所築，舊名蓋臧城，後人語訛爲姑臧城。」○地道記：「南山，谷水所出。」

宣威

揖次　錢大昕云：「當作揟次。」

倉松　地道記：「縣南山，松陜水所出。」

顯美

驪靬　何超音義：「靬，音虔。」

番禾　何超音義：「番，白干反。」

張掖郡　縣三，治永平。

永平　元和郡縣志：「本漢觻得縣〔一五〕，晉改今名。」

臨澤　原注：「漢昭武縣，避文帝諱改〔一六〕。」

屋蘭

西郡　縣五，治日勒。

日勒

删丹　太平寰宇記：「晉分删丹立仙提、萬歲、蘭池三縣。」

仙提

萬歲

蘭池　原注：「一云蘭絶池。」

酒泉郡　原有沙頭縣，惠帝割屬晉昌郡。〇縣八，治福禄。

福禄

會水

安彌

騂馬

樂涫

表氏

延壽

玉門

敦煌郡 原有廣至、宜禾、宜安、深泉、伊吾五縣。惠帝分置晉昌郡。○縣七，治敦煌。

昌蒲

敦煌

龍勒

陽關

效穀

新鄉

乾齊

西海郡 縣一。○太康地記：「河北得水爲河，塞外得水爲海也。」

居延 原注：「居延，澤在東南，尚書所謂流沙也。」

晉昌郡　惠帝元康五年，分敦煌郡之宜禾、伊吾、宜安、深泉、廣至等五縣，分酒泉之沙頭縣，又別立會稽、新鄉，凡八縣，爲晉昌郡。○文選盧諶答魏子悌詩注引王隱晉書云：「惠帝以敦煌土界闊遠，分立晉昌郡。」

宜禾

伊吾

宜安　畢云：「應作冥安。元和郡縣志：『以縣界冥水爲名。』」

深泉

廣至

沙頭

會稽

新鄉

永寧中，張軌爲涼州刺史，鎮武威。上表請合秦、雍流移人於姑臧西北，置武興郡，統武興、大城、烏支、襄武、晏然、新鄣、平狄、司監等縣。又分西平界置晉興郡，統晉興、枹罕、永固、臨津、臨鄣、廣昌、大夏、遂興、罕唐、左南等縣。是時，中原淪没，軌乃控馭河西，稱晉正朔，是爲前涼。

秦州　通典：治天水之上邽。宋書州郡志：「治天水之冀。」未知孰是。○原統郡六，惠帝增置郡一，共郡七，縣三十二。○太康三年，罷秦州，并雍州。七年，復立。

隴西郡　原有臨洮、狄道二縣，惠帝分立狄道郡。志又云：「分隴西之河關。」按：晉志隴西屬無河關縣。○縣三，治襄武。

襄武

首陽　原注：「鳥鼠山在東。」○太康地記：「在西南。」地道記：「有三危山，三苗所處。」

【補】西　兆鏞按：史記秦本紀集解皇甫謐云：「西山在今隴西之西縣。」太平寰宇記：「晉武帝時，氐豪楊定求割天水之西縣。」今晉志隴西、天水二郡均無西縣。

南安郡　縣三，治獂道。

獂道　何超音義：「獂，音丸〔一七〕。」

新興

中陶

天水郡　縣六，治上邽。

上邽

冀　原注：「秦州故居。」

始昌

新陽

顯新

成紀

略陽郡 縣四，治臨渭。○原注：「本名廣魏，泰始中更名。」

臨渭

平襄

略陽

清水

武都郡〔一八〕 縣五，治武都。○畢云：沈約宋志：「武都有上祿，漢舊縣，後省。晉武帝太康三年，又立。」今晉志無此縣，蓋武帝後復廢。

下辯

河池 地道記：「有泉街水〔一九〕。」

沮

武都

故道

陰平郡　縣二，治陰平。○原注：「泰始中置。」

陰平

平廣〔二〇〕畢云：元和郡縣志：「晉於江油置平武縣，屬陰平。」樂史同。○李兆洛地志韻編云：「平廣是平武之訛。」

狄道郡　惠帝分隴西之狄道、臨洮、河關，又立洮陽、遂平、武街、始興、第五、真仇六縣，合九縣，置狄道郡，屬秦州。

狄道

臨洮

河關

洮陽

遂平

武街

始興

第五

真仇

惠帝設秦州，併歸於涼州張駿。

梁州 通典：治漢中之南鄭。○泰始三年，分益州，立梁州於漢中。○畢云：「地道記：魏末，立梁州，理漢中之沔陽。晉太康中，又移理漢中。」○兆鏞按：水經江水注：「晉昌郡隸梁州。晉太康中立，治漢中縣。」今晉志梁州無晉昌郡及漢中縣。又地道記云：「梁州南至桓水，西底黑水，東限扞關。」今漢中、巴郡、汶山、蜀郡、漢嘉、江陽、朱提、涪陵、陰平、廣漢、新都、梓潼、犍爲、武都、上庸、魏興、新城，皆古梁州地。○原統郡八，武帝併郡一，惠帝增郡四，共郡十一，縣六十。

漢中郡 縣八，治南鄭。

南鄭

蒲池

褒中

沔陽

成固

西鄉 畢沅云：沈志：「蜀名南鄉，晉太康二年更名。」

黃金

興道

梓潼郡 縣八，治梓潼。

梓潼 太康地記：「出傘子鹽。」地道記：「五婦山，馳水所出。」

涪城

武運

黄安 兆鏞按：宋州郡志作「萬安」，「黄」字疑誤。

漢德

晉壽 泰始三年，改漢壽爲晉壽。

劍閣

白水

廣漢郡 泰始三年，分廣漢，置新都郡。太康六年，又并還廣漢郡。○縣七，治廣漢。

廣漢

德陽

五城

雒 以下四縣，晉志别立新都郡，惟置於泰始。太康中，已并還廣漢，應删併之。

什方

緜竹 地道記：「有紫巖山，緜水之所出焉。」

新都

涪陵郡 縣五，治漢復。○太平寰宇記一百二十引太康地記：「省丹興縣，涪陵郡移理漢復。」

漢復

涪陵

漢平

漢葭

萬寧

巴郡 縣四，治江州。

江州

墊江 何超音義：「墊，音牒。」

臨江

枳

巴西郡 原有漢昌、宕渠、安漢，凡縣九。惠帝割立宕渠郡。○縣六，治閬中。

閬中　御覽九百六十六：「晉令：『閬中縣置守黄甘吏一人。』」

西充國

蒼溪

岐愜

南充國

平州

巴東郡　縣三，治魚復〔二一〕。

魚復　地道記：「入湯口四十三里，有石，煮以爲鹽。」

朐䏰　何超音義：「蠢、閏二音。」

南浦

宕渠郡　惠帝分巴西置。○縣三，治宕渠。

宕渠

漢昌

安漢

新城郡　以下三郡原屬荆州。志云：「惠帝改屬梁州。」○縣四，治房陵。

房陵　畢云：「太康地志無此縣。」

綏陽

昌魏

沶鄉　何超音義：「沶，音怡。」

魏興郡　縣六。○畢云：太平寰宇記：「晉太康二年理錫縣〔二二〕，永嘉改理西城。」

晉興

安康　畢云：漢安陽，晉太康時改今名。

西城

錫　李兆洛地志韻編云：「當作鍚。」

長利

洵陽

上庸郡　縣六，治上庸。

上庸　原注：「侯相。」

安富

北巫

武陵 畢沅云：「太康地志無此縣。」

上廉

微陽

惠帝後，梁州没於李特，稱後蜀。

益州 通典：治蜀之成都。○統郡八，縣四十二〔一三〕。

蜀郡 縣六，治成都。○畢云：按沈志，晉武帝太康中，改曰成都國，後復舊。

成都

廣都

繁

江原

臨邛

郫 何超音義：「音皮。」

犍爲郡 縣五，治武陽。

武陽

南安

僰道

資中

牛鞞

汶山郡 縣八，治汶山。

汶山

升遷

都安

廣陽 畢云：漢汶江，晉改名。

興樂 畢云：按晉太康地記，元年更名。

蠶陵

廣柔

平康

漢嘉郡 縣四，治漢嘉。

漢嘉

徙陽

嚴道

旄牛

江陽郡　縣三，治江陽。

江陽　畢云：元和郡縣志：「晉於此置錦水縣。」

符

漢安

朱提郡　縣五，治朱提。

朱提

南廣　畢云：宋志：「晉武帝分朱提〔二四〕，置南廣。」

漢陽

南秦　畢云：宋志：「本名南昌，晉武帝太康元年更名。」

堂狼

越巂郡　縣五，治邛都。

會無

邛都

卑水

定筰 何超音義：「筰，音昨。」

臺登

牂牁郡 原有平夷、鼈、夜郎、指談〔二五〕，凡縣八。懷帝分置平夷、夜郎二郡，屬寧州。○縣四，治萬壽。

萬壽

且蘭 畢云：「太康地志無此縣。」○地道記：「有沈水。」

毋劍〔二六〕

并渠

惠帝後，李特僭號於蜀，益州郡縣皆没於特。

【校勘記】

〔一〕晉泰始元年改曰范陽郡 「郡」，底本誤作「國」，據水經注改。

〔二〕「畢云」至「碣石山」 「畢云」至「碣石山」，底本誤置於「海陽」下，據晉太康三年地記移此。

〔三〕分昌黎遼東玄菟帶方樂浪等郡國 「國」下，晉書有「五」字。

〔四〕安市　「市」，底本誤作「平」，畢沅晉書地理志新補正同，據晉書改。

〔五〕縣十三　「三」，底本誤作「二」，據晉書改。

〔六〕分敦煌酒泉爲晉昌郡　「晉昌」，底本誤作「涼州」，據錢大昕廿二史考異及晉書改。

〔七〕或有一誤　「或」，底本誤作「必」，據錢大昕廿二史考異改。

〔八〕縣四十　「四十」，晉書作「三十九」。汪兆鏞補靈州縣。

〔九〕屬秦國　「屬」上，底本原衍「漢」字，據晉書地道記删。

〔一〇〕漢故城在今縣南　「漢」，底本原奪，據晉書地道記補。

〔一一〕泥水出郁郅北蠻中　「蠻」，底本誤作「巒」，據晉書地道記改。

〔一二〕泰始二年置　「二」，底本誤作「三」，據中華書局本晉書校勘記改。

〔一三〕故陳倉之故鄉聚名也　下「故」字，底本誤作「敖」，據畢沅晉書地理志新補正改。

〔一四〕建興後　「建興」，底本誤作「惠帝」，據晉書改。

〔一五〕本漢觻得縣　「觻」，底本誤作「櫟」，據畢沅晉書地理志新補正改。

〔一六〕避文帝諱改　「文」，底本誤作「景」，據文義逕改。

〔一七〕音丸　「丸」，底本誤作「允」，據晉書音義改。

〔一八〕武都郡　「郡」，底本誤作「尉」，據晉書改。

〔一九〕有泉街水　「街」，底本誤作「衛」，據太康三年地道記改。

〔二〇〕平廣　「平廣」，中華書局本晉書校勘記以爲，本名廣武，晉武帝太康元年更名平武。

〔二一〕治魚復　「復」，底本誤作「腹」，據中華書局本晉書校勘記改。下「魚復」同。

〔二二〕晉太康二年理錫縣　「二」，底本誤作「三」，據畢沅晉書地理志新補正改。

〔二三〕縣四十二　「四十二」，晉書作「四十四」。

〔二四〕晉武帝分朱提　「武」，畢沅晉書地理志新補正同，宋書作「懷」。

〔二五〕原有平夷鼈夜郎指談　「指談」，中華書局本晉書校勘記以爲當作「談指」。

〔二六〕毋劍　「劍」，中華書局本晉書校勘記以爲當作「斂」。

晉會要第四十七

輿地三

西晉州郡縣

寧州　通典：治雲南之雲南。○泰始七年，武帝以益州地廣，分益州之建寧、興古、雲南，交州之永昌，合四郡爲寧州。太康三年，廢寧州入益州。惠帝復置寧州。○宋州郡志：永嘉五年，寧州刺史王遜分興古之東，置西平郡，又分永昌、雲南，立東河陽郡。今晉志均無之。○原統郡四，惠帝增郡一，懷帝增郡二，共郡七，縣五十二。

雲南郡　縣九，治雲南。

雲平　宋志：「晉武帝咸寧五年立。」

雲南

梇棟　地道記：「連山，無血水所出。」

青蛉　太康地記：「出碧。」

姑復

邪龍

楪榆

遂久

永寧

興古郡　縣十一，治宛温。

律高　畢云：宋志：「晉武帝咸寧元年，分俞元、修雲二縣間流民立。」又按地道記：「劉禪建興三年〔一〕，分牂牁置興古郡，治律高。」與宋志異。

句町　何超音義：「劬、梃二音〔二〕。句，又古侯反。」○地道記：「有文衆水。」

宛温

漏臥

毋掇　地道記：「有橋水，出橋山。」

賁古　地道記：「南烏山出錫。」

滕休　地道記：「大河水東至毋掇，入橋水。」

鐔封 續漢志作鐔封。

漢興

進乘

都簪

建寧郡 原縣十七。志云：「惠帝分割建寧以西七縣，別立爲益州郡。」據宋書州郡志，分割穀昌、連然、秦臧、雙柏、滇池，餘未詳。今裁出五縣，共縣十二。

味 地道記：「銅虜山，米水所出。」

昆澤

存䣕 何超音義：「䣕，亡嫁反。」

新定

談藁

毋單

同瀨 李兆洛地志韻編作銅瀨。

漏江

牧麻

俞元

修雲

泠丘

永昌郡 縣八，治不韋。

不韋

永壽

比蘇

雍鄉

南涪

嶲唐

哀牢

博南

晉寧郡 惠帝太安二年，分建寧以西七縣，立益州郡。永嘉二年，改曰晉寧郡。○據宋州郡志，統縣六。

建伶

連然

滇池

穀昌

秦臧

雙柏

平夷郡 永嘉二年，分牂牁立。○據宋志，縣二。

平夷

鷩 何超音義：「必世反，又必舌反。」

夜郎郡 永嘉二年，分牂牁立。○據宋志，縣四。

夜郎

廣談

談樂

談指

永嘉後，寧州地爲李特所有。

青州 通典：治齊國之臨淄。○原統郡國六，有城陽郡領縣，縣十。惟志云：「太康十年，以城陽郡之莒、姑幕、諸、東武四縣屬徐州東莞郡。元康十年，又分城陽之黔陬、壯武、淳于、昌安、高密、平昌、營陵、安丘、大、劇、臨朐十一縣爲高密國。」是無此郡矣，今删去。○惠帝增置郡國二。郡國七，縣四十二。

齊國 縣五，治臨淄。

臨淄

西安 原注：「有棘里亭。」

東安平 原注：「汝水出東北。」○地道記：「有羌頭。」

廣饒

昌國 原注：「樂毅所封。」

濟南郡 縣七。○畢云：太康地志無濟南郡。今晉志濟南郡領縣五，下密、膠東、即墨，太康地志云屬北海，祝阿，太康地志無。惟平壽一縣，兩漢本屬北海〔三〕，疑武帝以後始改北海爲濟南。但無明文耳。又，太平寰宇記云「永嘉末，濟南自東平陵移理歷城」，是晉初治東平陵也。○左傳昭十年杜預注「今濟南有於陵縣」，又哀十年杜預注「濟南有濕陰縣」，晉志均無。

平壽 原注：「古國，寒浞封此。」

下密 原注：「有三石祠。」○地道記：「養澤在西幽州藪，有萊山萊主祠。」

膠東 原注：「侯國。」

即墨 原注：「有天山祠。」

祝阿

【補】歷城　左傳桓十八年杜預注：「濼水在濟南歷城縣西北入濟〔四〕。」太平寰宇記同，晉志無。

【補】東平陵　宋書州郡志：「濟南平陵縣，漢至晉並曰東平陵。」太平寰宇記同，晉志無。

樂安國　縣八，治臨濟。

高苑

臨濟　原注：「有蚩尤祠。」○地道記：「臨濟本狄。左傳：『狄伐衛懿公。』」

博昌　原注：「有薄姑祠。」

利益　原注：「侯相。」

蓼城　原注：「侯國〔五〕。」

鄒

壽光　原注：「古斟灌氏所封國。」

東萊國　縣六，治掖。

東朝陽

掖　原注：「侯相。」

當利　原注：「侯國。」

盧鄉

曲城

黄 原注：「有萊山、松林來君祠。」○地道記：「縣東二百三十里至海中，連岑有土道。秦始皇登此，刻二碑。東二百三十里，有始皇、漢武二碑。」

惤〔六〕原注：「侯國。有百支來王祠〔七〕。」○地道記作萊君祠。○何超音義：「音堅。」

長廣郡 縣三，治不其。○原注：「咸寧三年置〔八〕。」

不其 原注：「侯國。」

長廣

挺〔九〕

高密國 兆鏞按：惠帝分城陽之黔陬、壯武、淳于、昌安、高密、平昌，東莞之營陵、安丘、大、劇、臨朐十一縣爲高密國。晉志營陵上脱「東莞之」三字。○治高密。

高密

黔陬

壯武

淳于

昌安

平昌

營陵

安丘 地道記：「有渠丘城。」

大 錢大昕攷異云：「東莞有廣縣，此云『大』者，疑是避隋煬諱改之。」

劇

臨朐 原注：「有海水祠。」

平昌郡 惠帝元康十年置〔一〇〕。○縣未詳。

永嘉喪亂，青州淪没石氏。

徐州 通典：治彭城。○原統郡七，惠帝增置郡四，共郡十一，縣六十三。

彭城國 縣七，治彭城。

彭城 原注：「故殷伯大彭國。」

留 原注：「張良所封。」

廣戚

傅陽 水經沭水注引京相璠曰：「今彭城偪陽縣。」晉志有傅陽，無偪陽。

武原

吕 太康地記：「泗水出磬石，書所謂『泗濱浮磬』者也〔一一〕。」

梧

下邳國 縣七，治下邳。

下邳 何超音義：「邳，符悲反。」○原注：「葛嶧山在西〔一二〕，古嶧陽也。韓信爲楚王，都之。」

淩 畢云：太康地記作「陵」，云：「武帝以南有廣陵，故曰北陵。」

良城 原注：「侯相。」

睢陵〔一三〕

夏丘

取慮

僮

東海郡 原縣十二，惠帝分蘭陵、承、昌慮、合鄉、戚，置蘭陵郡。○縣七，治郯。

郯 何超音義：「音談。」○原注：「故郯子國。」○太康地記：「故祝其城，在郯東九十里。」

祝其 原注：「羽山在縣之西。」○畢沅云：俗本作「況其」，誤。

朐

襄賁　何超音義：「賁，音肥。」

利城

贛榆　畢云：宋志〔一四〕：「縣，魏省，晉太康元年復立，尋又省。」○地道記：「海中去岸百九十步，有秦始皇碑，長一丈八尺，廣五尺，厚八尺三寸〔一五〕，一行十三字，潮水至，加其上。」

厚丘　畢云：俗本作「原丘」，誤。

琅邪國　縣九，治開陽。

開陽　原注：「侯相。」

臨沂

陽都

繒

即丘

華

費　原注：「魯季氏邑。」

東安

蒙陰　原注：「山在西南〔一六〕。」

東莞郡　宋州郡志云：晉武帝咸寧三年，以東莞併入琅邪，後復立。晉志：太康十年，以青州城陽郡之莒、姑幕、諸、東武四縣來屬。原縣八，惠帝分營陵、安丘、臨朐、劇、大五縣，置高密國，屬青州。○縣七。○李兆洛地志韻編：「晉東莞郡在今山東沂州府莒州治，疑晉時郡治在莒縣也。」

東莞　原注：「故魯鄆邑。」

朱虛

蓋

莒　原注：「古莒子國。」

姑幕　原注：「古薄姑氏國。」

諸

東武

廣陵郡　縣八，治淮陰。

淮陰

射陽　宋志：「三國時廢，晉太康元年復立。」

輿

海陽　原注：「有江海會祠。」

廣陵

鹽瀆

淮浦

江都 原注：「有江水祠。」○宋志：「三國時廢，晉太康六年復立。」

臨淮郡 太康元年，分下邳屬縣在淮南者，置臨淮郡。原縣十，惠帝分臨淮，置淮陵郡。據宋州郡志，割徐、司吾二縣。○縣八，治盱眙。

盱眙

東陽

高山

贅其

潘旌

高郵

淮陵

下相

蘭陵郡 惠帝元康元年，分東海置。○縣五。○畢云：據太平寰宇記，理承縣。

蘭陵

承

戚

合鄉

昌慮

東安郡 惠帝元康七年〔一七〕，分東莞置。○縣未詳。

淮陵郡 惠帝元康七年，分臨淮置。○據宋志，縣二。

徐

司吾

堂邑郡 惠帝元康七年，以堂邑置堂邑郡。○晉志無堂邑。攷五行志：「太元十六年，飛蝗集堂邑界。」是晉有堂邑之證，特志漏載耳。

永嘉之亂，臨淮、淮陵並淪没石氏，晉所有徐州惟半。

荆州 通典：治襄陽，後徙治南郡之江陵。○原統郡二十二，惠帝增置郡三，懷帝增置郡一，愍帝併郡一。惠帝分桂陽、武昌、安成三郡立江州，分新城、魏興、上庸三郡屬梁州。懷帝分長沙、衡陽、湘東、零陵、邵陵、桂陽及廣州之始安、始興、臨賀九郡立湘州，共統郡十四，縣九十二。○兆鏞按：志云「惠帝分桂陽，立江州」，又云「懷帝分桂陽，立湘州」，恐有誤。

江夏郡 縣七，治安陸。〇原有竟陵縣，惠帝分立竟陵郡。

安陸 原注：「橫尾山在東北，古之陪尾山。」

雲杜 原注：「故雲子國。」

曲陵

平春

鄳 何超音義：「武庚反。」

南新市

南郡 縣十一，統江陵。

江陵 原注：「故楚都。」

編 何超音義：「步典反。」〇原注：「有雲夢官。」

當陽

鄀 原注：故「鄀子國。」

枝江 原注：「故羅國。」

旌陽 太康地記云：「疑是吴所立。」

華容　懷帝割華容、州陵、監利三縣，别立豐都，合四縣，置成都尉，爲成都王穎國。愍帝復併還南郡，亦併豐都於監利〔一八〕。○太康地記：「陶朱冢在西南。」地道記：「冢樹碑云是越之范蠡。」

州陵

監利　畢云：荆州圖副〔一九〕：「晉太康五年立。」

松滋　畢云：太康地記：「咸寧三年，以松滋流户在荆土者，立松滋縣。」

石首

襄陽郡　縣八，治襄陽。○兆鏞按：史記楚世家正義引晉太康地志有襄州安養縣，今志無此郡縣。

宜城

中廬　兆鏞按：水經沔水注：「晉武帝平吴，割臨沮之北鄉、中廬之南鄉，立上黄縣。」今晉志無。

臨沮　原注：「荆山在東北。」

邔　何超音義：「音起。」

襄陽　原注：「侯相。」

山都

鄧城

鄾

南陽國 縣十四，治宛。○惠帝分南陽，立新野郡。

宛

西鄂 原注：「侯相。」

雉 太康地記：「陳倉人所逐二童子名寶雞者，雄止陳倉，爲石；雌止此縣，故名。」

魯陽 原注：「公國相。」

犨

淯陽 原注：「公國相。」

博望 原注：「公國相。」

堵陽

葉 何超音義：「音攝。」○原注：「侯相。有長城山，號曰方城。」

舞陰 原注：「公國相。」

比陽 原注：「公國相。」○太康地記：「自葉至比陽，南北連百里，號爲方城，亦曰長城。」

涅陽

冠軍 原注：「公國相。」○太康地記：「武關當冠軍縣西，嶢關在武關之西。」

酈 何超音義：「音歷。」

順陽郡 縣八，治酇。○原注：「太康中置。」畢沅補正云：魏立南鄉郡，晉武帝改今名。志注誤也。

酇 何超音義：「音贊。」

順陽

南鄉

丹水

武當 原注：「侯相。」

陰

筑陽

析

義陽郡 原有隨縣，惠帝分立隨郡。○兆鏞按：水經淮水注：「晉泰始中，割南陽東鄙之安昌、平林、平氏、義陽四縣，置義陽郡於安昌城。」晉志注「太康中置」，恐「太康中」乃增入新野等縣耳。據水經注，當治安昌。畢云「治新野」，未知孰是。○縣十一。

新野 原注：「侯相。」

穰

鄧

蔡陽

安昌

棘陽

厥西　畢云：今本誤作二縣，從宋州郡志改正。

平氏　原注：「桐柏山在南。」

義陽

平林

朝陽

建平郡　縣八，治地未詳。○畢云：吴志：「孫休永安三年，立建平郡，領信陵、興山、秭歸、沙渠四縣。」沈約宋志：「晉初有建平都尉，領巫、北井、泰昌、建始四縣，咸寧元年，改都尉爲郡。於是吴、晉各有建平郡。太康元年，吴平，併合。」○兆鏞按：水經澧水注：「漊水出建平郡，東逕漊陽縣南。晉太康中置。」今晉志無漊陽。

巫

北井

秦昌〔二〇〕

建始 畢云：輿地志：「太康元年，分巫、秭歸二縣，置建始縣，後改爲大昌縣。」

信陵

興山

秭歸 太康地記：「有歸鄉，故夔子國。」

沙渠

宜都郡 縣三，治夷道。

夷陵

夷道

佷山

南平郡 縣四，治江安。○原注：「吴南郡，晉太康元年改曰南平。」

作唐

孱陵

南安 宋志：「晉武帝分江安立。」

江安

武陵郡 縣十，治臨沅。

臨沅

龍陽

漢壽

沅陵

黚陽

酉陽

鐔城 何超音義：「鐔，大南反，又音尋。」

沅南

遷陵

舞陽

天門郡 縣五，治澧陽。

零陽

漊中 何超音義：「漊，力主反。」

充 今本作「兗」，誤。

臨澧 宋志：「晉武帝太康四年立。」

澧陽 水經澧水注：「澧陽，晉太康四年立，天門郡治也。」

隨郡 惠帝分義陽郡立。

隨 原屬義陽。

新野郡 惠帝分南陽郡立。○縣未詳。

竟陵郡 惠帝分江夏郡立。○兆鏞按：水經沔水注：「石城，晉太傅羊祜鎮荆州立。晉惠帝元康九年〔一二〕，分江夏西部置竟陵郡，治此。」今晉志石城屬揚州宣城郡，與酈注異，俟考。

【校勘記】

〔一〕劉禪建興三年　「三」，底本誤作「二」，據地道記改。

〔二〕劬梃二音　「梃」，底本誤作「挺」，據晉書音義改。

〔三〕兩漢本屬北海　「本」，底本誤作「均」，據畢沅晉書地理志新補正改。

〔四〕濼水在濟南歷城縣西北入濟　「濼」，底本誤作「爍」，據春秋左傳注疏改。

〔五〕侯國　「國」，底本誤作「相」，據晉書改。

〔六〕惤　「惤」，中華書局本晉書校勘記以爲當作「幍」。「惤」乃「幍」之俗寫。

〔七〕有百支來王祠　「來」，中華書局本晉書校勘記以爲當作「萊」，可從。

〔八〕咸寧三年置　「三」，底本誤作「二」，據晉書改。

〔九〕挺　「挺」，底本誤作「挻」，據晉書改。

〔一〇〕惠帝元康十年置　「元康十年」，晉書同。按：元康僅九年。

〔一一〕書所謂泗濱浮磬者也　「書」，底本原奪，據晉太康三年地記補。

〔一二〕葛嶧山在西　「西」下，底本原衍「首」字，畢沅晉書地理志新補正同，據晉書删。

〔一三〕睢陵　「睢」，底本誤作「雎」，據晉書改。

〔一四〕宋志　「宋」，底本原作「沈」，後改作「宋」。畢沅晉書地理志新補正作「沈」。

〔一五〕厚八尺三寸　「尺三」，底本原奪，據晉書地道記補。

〔一六〕山在西南　「山」上，底本原衍「蒙」字，據晉書删。

〔一七〕惠帝元康七年　「七」，底本誤作「元」，據晉書改。下淮陵郡、堂邑郡之「元康七年」同。

〔一八〕亦併豐都於監利　「併」，底本原奪，據晉書補。

〔一九〕荆州圖副　「副」，底本原奪，據畢沅晉書地理志新補正補。

〔二〇〕秦昌　「秦」，底本誤作「泰」，據晉書改。

〔二一〕晉惠帝元康九年　「元康九」，底本空出，據水經注補。

晉會要弟四十八

輿地四

西晉州郡縣

揚州　通典：初治壽春，後徙治丹陽之建鄴。○原統郡十八，惠帝分七郡，立江州，又增置郡二，共郡十三，縣一百六。

丹陽郡　原有永世縣，惠帝分立義興郡。○縣十，治建鄴。

建鄴　原注〔一〕：「本秣陵，孫氏改爲建業。武帝平吴，以爲秣陵。太康三年，分秣陵北爲建鄴，改『業』爲『鄴』。」○愍帝立，避諱陵稱建康。

江寧　原注：「太康二年，分建鄴置。」

丹楊　原注：「丹楊山多赤柳，在西。」

于湖 宋志：「太康二年，分丹楊立。」

蕪湖

溧陽 原注：「溧水所出。」○畢沅云：吴省，太康元年復立。

江乘 畢云：「吴省，太康元年復立。」

句容 原注：「有茅山。」

湖熟 畢云：「吴省，太康元年復立。」

秣陵 畢云：建康圖經：「西晉太康元年，平吴，分自淮水南爲秣陵，淮水北爲建鄴。」

宣城郡 縣十一，治宛陵。○原注：「太康二年置。」

宛陵 原注：「侯相。」

宣城

陵陽 原注：「淮水出東北入江。仙人陵陽子明所居。」

安吴 水經沔水注：「晉太康元年，分宛陵立。」

臨城

石城

涇

春穀　太康地記：「有梅根鐵冶。」

廣德　水經漸江水注：漢廣德國，晉太康中改爲縣，分隸宣城郡。

寧國

懷安

淮南郡　原有歷陽、烏江，凡縣十六。惠帝分立歷陽郡。○縣十四，治壽春。

壽春

成德

下蔡

義城

西曲陽　畢云：「太康地記東海復有曲陽，故此爲西曲陽縣。」

平阿　原注：「有塗山。」

全椒

阜陵　原注：「漢明帝時淪爲麻湖。」

鍾離　原注：「故州來邑。」○南齊書州郡志：晉太康二年，置淮南鍾離。

合肥

逡遒

陰陵

當塗　原注：「古塗山國。」○太平寰宇記：三國時廢，太康九年復立。太康地記：邑界塗山，禹娶之地，故城存焉。又有禹村。

東城

廬江郡　原有尋陽縣，凡縣十。惠帝分置尋陽郡，屬江州。○縣九，治陽泉。

陽泉

舒　原注：「故國有桐鄉。」

灊　何超音義：「音潛。」○原注：「天柱山在南，有祠。」

皖

居巢　原注：「桀死於此。」○太平寰宇記：「吴、魏戰争，地遂廢。晉平吴，復立。」

臨湖

襄安

龍舒

六　原注〔二〕：「故六國。」

毗陵郡 原注：「吴分會稽無錫以西爲屯田，置典農校尉。太康二年，省校尉爲毗陵郡。」○縣七，治丹徒。

丹徒 太平寰宇記：晉太康三年，改吴武進爲丹徒。

曲阿 原注：「故雲陽。」○畢云：吴雲陽，晉太康二年復名曲阿。

武進 畢云：輿地記：「太康二年，分丹徒、曲阿二邑地立。」

延陵 元和郡縣志：「晉太康二年，分曲阿之延陵鄉置。」

毗陵

既陽 沈志：「太康二年，分無錫、毗陵立。」○李兆洛地志韻編作「暨陽」。

無錫 原注：「有磨山、春申君祠〔三〕。」○沈志：「吴省，太康元年復立。」

吴郡 縣十一，治吴。

吴 原注：「故國。具區在西。」

嘉興

海鹽

鹽官

錢唐 原注：「武林山，武林水所出。」

富陽 吴録：「富陽本名富春，康帝太元中避鄭太后諱改。」是西晉時應作「富春」也。

桐廬

建德

壽昌　畢云：吴名新昌，晉更名。

海虞

婁

吴興郡　縣十，治烏程。○志云：「惠帝分吴興之陽羨，立義陽郡。」今志郡屬無陽羨。按：史記高祖紀索隱引太康地志云：「陽羨，本名荆溪。」是太康地志固有此縣，晉志疏漏矣。

烏程

臨安　水經漸水注：孫權分餘杭立臨水縣，晉改名臨安。

餘杭

武康　原注：「故防風氏國。」○沈志：吴永安，晉更今名。

東遷　畢云：「太康三年，分烏程立。」

於潛　原注：「有潛水。」

故鄣

安吉

原鄉

長城

會稽郡　縣十，治山陰。

山陰　原注：「會稽山在南，上有禹冢。」

上虞　原注：「有仇亭，舜避丹朱於此地。」〇太康地記：「舜避丹朱於此，故名。百官從之，縣北有百官橋，亦曰舜與諸侯會事訖，因相娛樂，故曰上虞。」

餘姚　原注：「有句餘山，在南。」

句章

鄞　原注：「有鮚埼亭。」

鄮

始寧

剡　王鳴盛云：「後漢書作『剡』，此誤。」

永興

諸暨

東陽郡　縣九，治長山。

長山 原注：「有赤松子廟〔四〕。」

永康

烏傷

吴寧

太末

信安 水經漸水注：「本新安，晉武帝太康三年改曰信安。」

豐安

定陽

遂昌 畢云：吴平昌，晉更今名。

新安郡 武帝改新都曰新安郡。○縣六，治始新。

始新

遂安 畢云：吴新定，晉改今名。

黝 何超音義：「音伊。」○兆鏞按：黝，當是「黟」之訛。

歙

海寧

黎陽

臨海郡 縣八，治臨海。

章安 續漢郡國志注引晉元康地記曰：「本鄞縣南之迴浦鄉。」

臨海 太康地記：「吴分章安置。」

始豐 畢云：吴爲南始平，晉更今名。

永寧

寧海

松陽

安固

横陽 畢云：按沈志，晉武帝太康四年，以横藇船屯爲始陽縣，仍更今名。

歷陽郡 惠帝分淮南之烏江、歷陽二縣，置此郡，屬揚州。○縣二。

歷陽

烏江

義興郡 惠帝以周玘創義討石冰，割吴興之陽羨并長城之北鄉，置義鄉、國山、臨津并陽羨四縣，又分丹陽之永世，置平陵及永世，凡六縣，立義興郡，以表玘之功，屬揚州。○周玘傳作「長城之西鄉」。○縣六。

義鄉

國山

臨漳

陽羨

永世

平陵

交州 通典：治交阯之龍編。○統郡七，縣五十六。

合浦郡 平吴後，省珠崖入合浦。○縣六，治合浦。

合浦

南平

蕩昌 畢云：「晉武帝分合浦立。」

徐聞 太康地記：「朱厓、儋耳無水，惟種大瓠藤，斷其汁用之亦足。」

毒質

珠官

交阯郡 縣十四。○水經温水注：「晉太康中，交阯徙理龍編。」又云：「平道縣，晉太康地記屬交阯。」今晉志無。

龍編

苟扇

望海

羸𨻻 何超音義：「上音蓮；下力口反，又力主反。」○地道記：「南越侯織在此。」○王鳴盛云：「漢書作『羸』，音連。此妄造『羸』字，謬甚。」

西于

武寧

朱鳶

曲昜[五] 漢志作「曲易」。

交興 畢云：「疑即吴所立吴興縣，晉改今名。」

北帶

稽徐

安定

南定

海平

新昌郡 縣六，治地未詳。

麊泠 原注：「婦人徵側爲主處，馬援平之。」

嘉寧

吴定

封山

臨西

西道

武平郡 縣七，治地未詳。

武寧

武興

進山

根寧

安武

扶安

封溪

九真郡 縣七，治胥浦。○畢沅補正引沈志：「晉武帝立軍安、寧夷二縣。」太康地志、今晉志俱無。

胥浦

移風 王鳴盛曰：當從漢志作「居風」，此誤作「移」。

湛梧 畢云：「晉武帝分移風立，沈志作『津梧』。」

建初

常樂

扶樂

松原 畢沅云：「晉武帝分建初立。」

九德郡 縣八，治九德。○畢云：沈志有西安縣，屬九德，晉武帝立。今晉志無。

九德

咸驩

南陵 水經温水注引晉地道記：「九德郡南陵縣，晉置。」宋志云武帝立，太康地志無。

陽遂 畢云：吴陽成，晉更名。

扶苓

曲胥

浦陽

都洨　畢沅云：「分九德立。」

日南郡　縣五，治盧容。○水經温水注：「晉太康三年，省日南郡屬國都尉〔六〕，以其所統盧容縣置日南郡，及象林之故治〔七〕。晉地道記：『郡去盧容浦口二百里，故秦象郡象林縣治也。』」

象林　原注：「自此南有四國。其人皆云漢人子孫。今有銅柱，亦是漢置此爲界。貢金供税也。」

盧容　原注：「象郡所居。」

朱吾　水經温水注引晉地道記：「朱吾去郡二百里。」又云：「朱吾浦内通無勞湖，無勞究水通壽泠浦。」

西卷　水經温水注：「晉武帝太康十年，分西卷，立壽泠縣。」宋志同，晉志無。

比景　宋州郡志：晉武帝分比景立無勞縣。今晉志無。

廣州　通典：治南海之番禺。○原統郡十，有高興郡，統廣化、海安、化平、黄陽、西平五縣。惟志云：「武帝後省高興郡。」當删去。懷帝分臨賀、始興、始安三郡爲湘州，共郡六，縣四十三。

南海郡　縣六，治番禺。

番禺

四會

增城

博羅

龍川

平夷　畢云：沈志：「晉武帝太康元年，更名新夷。」

蒼梧郡　縣十二，治廣信。○畢云：「按沈志：『晉太康七年，以蒼梧蠻夷賓服，於蒼梧郡立丁留縣。』晉志不載，或後省。」

廣信

端溪

高要　兆鏞按：水經浪水注引晉地理志曰：「縣東去郡五百里，刺史夏避毒，徙縣水居也。」

建陵　畢云：按宋志，「晉初，分建陵立都城縣」。

新寧　畢云：「太康元年，改曰寧新。」

猛陵　畢云〔八〕：地道記：「龍山，合水所出。」

鄣平

元谿

臨允

都羅

武城

農城

鬱林郡 縣九，治柯林。

布山

柯林 □□□漢志、續漢志皆作「阿林」。

新邑

晉平

始建 畢云：吴名建始，晉武帝太康元年更名。

鬱平 畢云：吴名陰平，晉更名。

領方

武熙

安廣 畢云：沈志：「晉武帝太康六年，立安遠縣，屬鬱林。」疑即安廣。

桂林郡 縣八，治潭中。

潭中

武豐　畢云：「太平寰宇記：『晉太康元年，分置長安縣。』」晉志無。

粟平

羊平　畢云：按沈志，晉武帝太康元年，立桂林之洋縣〔九〕，疑即是。

龍剛

夾陽　畢云：「晉武帝太康元年，分龍岡立。」

武城

軍騰

高涼郡　縣三，治安寧。

安寧

高涼

思平　李兆洛地志韻編云：「『恩平』之訛。」

寧浦郡　縣五，治寧浦。○畢云：「按晉太康地志：『武帝太康七年，改合浦屬國都尉立。』」

寧浦　畢云：「晉太康地記：『本名昌平，武帝太康七年更名。』」

連道　畢云：「按沈志，晉武帝太康元年，以合浦北部營之連道立興道縣，太康七年，又立潤陽縣。」

今晉志無。

吴安

昌平

平山

江州　惠帝元康元年，有司奏，荆、揚二州疆土廣遠，統理尤難，於是割揚州之豫章、鄱陽、廬陵、臨川、南康、建安、晉安，荆州之武昌、桂陽、安成，合十郡，因江水之名而置江州。○兆鏞按：水經江水注云：「晉惠帝永平中，始置江州，傅綜爲刺史，治鄂城，後太尉庾亮之所鎮也。」酈注謂置江州在永平中，晉志謂在元康元年。按：惠帝永平元年三月，誅楊駿等，即改元元康，蓋即一年也。○惠帝增置尋陽郡。○統郡十一，縣八十五。

豫章郡　縣十五，治南昌。○原有彭澤縣，懷帝分置尋陽郡。

南昌

海昏

新淦

建城

望蔡　畢云：按顧野王輿地志，漢上蔡縣，晉更名。

永修

建昌

吴平　□□□水經贛水注：舊漢平，晉太康元年改曰吴平。

豫章

艾

康樂

豐城　沈志：吴名富城，太康元年改今名。

新吴

宜豐

鍾陵

臨川郡　縣十，治臨汝。

臨汝

西豐　太平寰宇記：吴西平，晉改今名。

南城

東興

南豐

永成　李兆洛地志韻編作「永城」。

宜黄

安浦

西寧

新建

鄱陽郡　縣八，治鄱陽。

廣晉　畢云：吴名廣昌，晉改今名。

鄱陽

樂安

餘汗　太平寰宇記：「晉永嘉七年〔一〇〕，分餘干置興安縣，尋廢。」

鄡陽

歷陵

葛陽

晉興

廬陵郡　縣十。○畢云：「按晉地道記：『太康中，以雩都、贛、南野等縣割爲南康郡，而廬陵人去管遥遠，乃移郡於石陽。』」

西昌

高昌

石陽

巴丘

南野 畢云〔一一〕：太康地記：「有大庚嶺，峻阻，螺轉上隃九磴二里，至頂下七里，平行十里至亭，一名横亭，一名塞上嶺。」

東昌

遂興

吉陽

興平

陽豐 畢云：「吴曰陽城，晉太康元年改今名。」

南康郡 縣五。○原注：「太康三年置。」○兆鏞按：水經贛水注：「贛縣即南康郡治。晉太康五年，分廬江立。」

贛 太平寰宇記：章、貢二水合流，其間置縣，因名爲贛。

雩都

平固 畢云：吴名平陽。太康元年更名。

南康 太平寰宇記：吴名南安，晋改今名。

揭陽

安成郡 縣七，治平都。

平都〔一二〕

宜春

新喻

永新

安復

萍鄉

廣興

建安郡 縣七，治建安。

建安

吴興

東平

建陽　畢云：「太平寰宇記：『漢名建平，晉太康四年改今名〔一三〕。』」

將樂

邵武

延平

晉安郡　武帝太康三年分建安立。○縣八，治侯官。

侯官

原豐　太平寰宇記：「太康三年，省建安典船校尉立〔一四〕。」

新羅

宛平

同安

羅江

晉安　畢云：吴名東安，晉更名。

温麻　宋志：「太康四年，以温麻船屯立。」

武昌郡　原有柴桑，凡縣七。惠帝分柴桑置尋陽郡。○縣六，治武昌。

武昌　原注：「故東鄂也。楚子熊渠封中子紅於此。」

陽新

沙羨　原注：「有夏口，對沔口，有津。」◯李氏地志韻編：「羨，以支切。」

沙陽

鄂　原注：「有新興、馬頭鐵官。」◯兆鏞按：通鑑地理通釋：「吴改鄂爲武昌，晉太康元年復立，而武昌如故。」

官陵

桂陽郡　縣六，治郴。

郴　原注：「項羽封義帝之邑。」

耒陽

便

臨武

晉寧　水經鍾水注：「魏寧縣，晉太康元年，改曰晉寧縣，在桂陽郡東一百二十里。」

南平

尋陽郡　永興元年，分廬江之尋陽、武昌之柴桑，置尋陽郡。懷帝永嘉元年，又以豫章之彭澤來屬尋陽。地道記：「尋陽南通五嶺，北導長江，遠行岷漢，亦一都會。」

柴桑 原注：「有湓口關。」

彭澤

湘州 懷帝分荆州之長沙、衡陽、湘東、零陵、邵陵、桂陽，及廣州之始安、始興、臨賀九郡，置湘州。○兆鏞按：志云懷帝分桂陽置湘州，又云惠帝分桂陽置江州，疑有歧誤。玫洪氏東晉疆域志，以桂陽入江州，不入湘州，當有所本，今從之。桂陽爲今郴州境，與萍鄉等縣毗連，以屬江州，亦無不合也。○統郡八，縣六十三。

長沙郡 縣十，治臨湘。

臨湘

攸

下儁

醴陵

劉陽 李氏地志韻編云：「『瀏陽』之訛。」

建寧 水經湘水注：「晉泰始中立。」

吴昌

羅

蒲沂 李氏地志韻編云：「『蒲圻』之訛。」

巴陵 水經湘水注：「晉太康元年立巴丘縣於此，後置建昌郡。」

衡陽郡 縣九，治湘南。

湘鄉

重安

湘南

湘西

烝陽

衡山

連道

新康 水經湘水注：「晉太康三年置。」

益陽

湘東郡 縣七，治臨烝。

酃

茶陵

臨烝

利陽

陰山

新平

新寧

零陵郡 縣十一，治泉陵。

泉陵

祁陽

零陵

營浦

洮陽

永昌

觀陽

營道

春陽

泠道

應陽　原注：「東界有鼻墟，云象所封。」○兆鏞按：水經湘水注：「晉分觀陽立應陽縣，蓋即應水爲名也。」又引王隱云：「應陽本泉陽之北部。」泉陽，疑即「泉陵」之訛。

邵陵郡　縣六，治邵陵。

邵陵

都梁

夫夷　山海經西次三經郭璞注作「扶夸」。

建興　畢云：晉武分邵陵立。

邵陽

高平

臨賀郡　武帝平吳，以荆州之始興、始安、臨賀三郡屬廣州。懷帝又割屬湘州。○縣六，治臨賀。

臨賀

謝沐

馮乘

封陽 太平寰宇記：「晉永嘉三年，析置開建縣。」

興安 畢云：吴名建興，太康元年改今名。

富川

始安郡 縣七，治始安。

始安

始陽

平樂

荔浦

常安

熙平

永豐

始興郡 縣七，治曲江。

曲江

桂陽

始興
含洭
湞陽
中宿
陽山

【校勘記】

〔一〕原注　「注」，底本原奪，據晉書及文義補。
〔二〕原注　「原注」，底本原奪，據晉書補。
〔三〕有磨山春申君祠　「磨」，中華書局本晉書校勘記以爲當作「歷」。
〔四〕有赤松子廟　「廟」，底本誤作「祠」，據晉書改。
〔五〕曲易　「易」，晉書作「昜」。
〔六〕省日南郡屬國都尉　「屬」，底本誤作「象」，據水經注改。
〔七〕及象林之故治　「及」，底本誤作「在」，據水經注改。
〔八〕畢云　「畢云」二字，底本誤録，當删。

〔九〕立桂林之洋縣　「之」，底本空出，據畢沅晉書地理志新補正補。

〔一〇〕晉永嘉七年　「七」，底本誤作「五」，據太平寰宇記改。

〔一一〕畢云　「畢云」二字，底本誤録，當删。

〔一二〕平都　「都」，底本原奪，據晉書補。

〔一三〕晉太康四年改今名　「四」，底本誤作「元」，據據畢沅晉書地理志新補正及太平寰宇記改。

〔一四〕省建安典船校尉立　「校」，底本誤作「都」，據太平寰宇記改。

晉會要弟四十九

輿地五

東晉實州郡縣

洪亮吉東晉疆域志。○兆鏞按：晉志云：元帝渡江時，「司、冀、雍、涼、青、并、兗、豫、幽、平諸州皆淪没，江南所得，但有揚、荆、湘、江、梁、益、交、廣，其徐州則有過半，豫州惟得譙城而已」。洪志有青、兗等州，今仍之。

揚州 治建康。○統郡十一，縣九十三〔一〕。

丹陽尹 縣十一。○元帝都揚州，改丹陽太守爲尹。

建康 兆鏞按：元紀：「帝用王導計，都建康。」通鑑地理通釋十一：「建康都城周二十里十九步，本吴舊址，晉江左所築，但有宣陽門。」

秣陵 兆鏞按：宋書州郡志：本治去京邑六十里。晉安帝義熙九年，移治京邑，在鬬場。

江寧

丹陽

于湖

蕪湖

永世 兆鏞按：晉志：惠帝分丹陽之永世，屬義興郡。江左義興郡未廢，亦無以永世還屬丹陽明文。洪志仍列於此，似誤。

溧陽

江乘

湖孰

句容

宣城郡 縣十一。

宛陵

宣城

廣陽 成恭杜皇后傳：「成帝改宣城陵陽縣爲廣陽。」

安吴

臨城

石城

涇漢　兆鏞按：晉志無「漢」字。

陽穀　本春穀，孝武避鄭太后諱「春」爲「陽」。

廣德

寧國

懷安

吳郡　縣十一〔二〕。○兆鏞按：晉志有吴縣，無新城。

嘉興

海鹽

鹽官

錢唐

富陽

新城

桐廬

建德

壽昌

海虞

婁

吳興郡縣十。

烏程

臨安

餘杭

武康

東遷

於暨

故鄣

安吉

原鄉

長城

會稽國縣十。

山陰

上虞

餘姚

句章

鄞

鄮

始寧

剡

永興

諸暨

東陽郡縣九。

長山

永康

烏傷

吴寧

太末

信安

豐安

定陽

遂昌

新安郡 縣六。

始新

遂安

黟 何超音義：「音伊。」

歙

海寧

黎陽

臨海郡 縣五。

章安

臨海

始豐

寧海 畢沅晉地志補正云：按元和郡縣志：「晉穆帝永和三年，分會稽之鄞縣，置寧海縣，屬臨海郡。」

樂安

永嘉郡 晉志：「明帝太寧元年，分臨海郡置。」○縣四〔三〕。

永寧

安固

松陽

橫陽

義興郡 縣五。

陽羨

臨津

義鄉

國山

平陵

晉陵郡 縣八。

晉陵

丹徒

曲阿

武進

延陵

既陽

無錫

南沙

北徐州 治彭城。○統舊郡八〔四〕，增置郡四〔五〕，縣三十七〔六〕。○僑郡別見。

彭城郡 縣可考者五。

彭城

呂

蕃

辥

留

沛郡 宋書州郡志：「舊屬豫州，江左改配。」○縣可考者三。

蕭

相

沛

下邳郡 縣可考者四。

下邳

良城

僮

雎陵〔七〕

東海郡 縣可考者三。

襄賁 何超音義：「賁，音肥。」

贛榆

利成

譙郡 義熙十三年，以十郡益封劉裕爲宋王，内云「徐州之北譙、北梁」，則二郡在晉末屬徐州。○縣可考者二。

譙

山桑

梁國 義熙中來屬。○縣可考者三。

睢陽

蒙

項

蘭陵郡 晉志，惠帝「分東海，置蘭陵郡」，而志中未列屬縣。據太平寰宇記，縣五。

承

蘭陵

戚

合鄉

昌慮

琅邪國 縣可考者三。

費

即丘

陽都

淮陽郡 宋志：「晉安帝義熙中立。」○縣三。○僑縣別見。

淮陽

甬城

晉寧

宿預郡 魏地形志：「司馬德宗置。」○縣可考者一。

宿預

東莞郡 縣五。

莒

姑幕

諸

東莞

臨朐

東安郡 縣二。○僑縣別見。

蓋

新泰

兖州 治廩丘。○統舊郡八，增置郡一，縣可考者二十三。○僑郡別見。

泰山郡 縣可考者一。

山茌 何超音義：「茌，仕疑反。」

高平郡 縣可考者四。

高平

金鄉

湖陸 晉志作「陸湖」。

鉅野

魯郡 縣可考者一。

鄒

濟北郡 縣可考者二。

盧

東阿

濮陽國 縣可考者二。

廩丘

甄城〔八〕

東燕郡 宋志：「江左分濮陽立。」○縣三。

燕

白馬

平昌

陳留郡 宋州郡志：晉亂，郡廢，至成帝咸康四年復立〔九〕。○縣可考者六。

浚儀

封丘

長垣

雍丘

襄邑

外黄

東平郡 縣可考者一。

平陸

濟陽郡 縣可考者二。

濟陽

考城

濟陰郡 縣可考者二。

成陽

單父 何超音義：「善甫二音。」

豫州 統舊郡十，增置郡五，縣三十六。

汝南郡 縣可考者一。

西平

汝陽郡 洪云「祖逖傳『汝陽太守張敬』，而王隱地道記無此郡，宋書州郡志有之，當是江左分汝南立。○縣可考者一。

南頓郡 縣二。

汝陽

南頓

和城

汝陰郡 縣可考者一。○僑縣別見。

汝陰

新蔡郡 縣五。

新蔡

鮦陽 何超音義：「鮦，音紂。」

固始

苞信 晉志作「褒信」。

蘄陽

陳郡 縣可考者二。

西華

谷陽

潁川郡 縣可考者三。

許昌

長社

長平

弋陽郡 縣可考者五。

弋陽

西陵

期思

安豐

松滋

西陽郡 縣可考者二。

邾

光城

淮南郡 縣可考者四。

壽陽 以鄭太后諱，改壽春爲壽陽。

合肥

義成

下蔡

歷陽郡 惠帝立，屬揚州。安帝割屬豫州。○縣二。○僑縣別見。

歷陽

烏江

馬頭郡 宋書州郡志：「晉安帝置，因山形以名。」○縣一。○僑縣別見。

零

廬江郡 縣二。

灊

舒

晉熙郡 宋書州郡志：「晉安帝分廬江立。」○縣二。○僑縣別見。

懷寧

新冶

秦郡 宋書州郡志：「晉安帝改堂邑爲秦郡。」○縣可考者三。○僑縣別見。

堂邑

臨塗

義成

北青州 治東安平。○統舊郡八，增置郡一，縣四十四。

齊郡 縣七。

臨淄

西安

東安平

般陽

廣饒

昌國

益都

濟南郡 縣五。

歷城

著

東平陵

祝阿

於陵

樂安國縣三。

千乘

臨濟

博昌

高密郡縣六。

黔陬

淳于

高密

夷安

營陵

昌安

平昌郡縣五

安丘

平昌

東武

琅邪

朱虚

北海郡 洪云「晉志脱」，此據宋書州郡志補。○縣六。○兆鏞按：下密等縣，晉志屬濟南郡，畢氏晉志補正云：「兩漢均有北海，疑晉武帝以後改北海爲濟南耳。」

下密

膠東

即墨

平壽

劇

都昌

東萊郡 縣七。

曲城

掖

㡆〔一〇〕何超音義：「音堅。」

盧鄉

牟平

當利

黄

東牟郡 縣可考者一。

東牟

長廣郡 縣四。

不其

長廣

昌陽

挺 晉志作「挺」。

【校勘記】

〔一〕縣九十三 「三」，東晉疆域志同。實有九十二縣。汪兆鏞僅列九十縣。

〔二〕縣十一 「一」，東晉疆域志作「二」。汪兆鏞於屬縣中未列吴。

〔三〕縣四 「四」，東晉疆域志作「五」。汪兆鏞於屬縣中未列樂成。

〔四〕統舊郡八　「八」，底本原作「七」，東晉疆域志同。汪兆鏞校改作「八」。

〔五〕增置郡四　「四」，底本原作「三」，東晉疆域志同。汪兆鏞校改作「四」。

〔六〕縣三十七　「三」，底本誤作「二」，據東晉疆域志改。實有三十九縣。

〔七〕睢陵　「睢」，底本誤作「雎」，據東晉疆域志改。下「睢陽」同。

〔八〕甄城　「甄」，東晉疆域志作「鄄」。

〔九〕至成帝咸康四年復立　「咸」、「四」，底本誤作「延」、「三」，據宋書改。

〔一〇〕惤　「惤」，底本誤作「左扌右弦」，據晉書疆域志改。

晉會要弟五十

輿地六

東晉實州郡縣

司州 治洛陽。○統舊郡三，附見郡五，增置郡一，縣二十八。○河南、滎陽、弘農實土三郡，其他汲郡等曾入版圖，亦附焉。

河南郡 晉志：「永嘉之後，司州淪没。永和五年，桓温入洛，復置河南郡，屬司州。」○縣十二〔一〕。

洛陽

鞏

緱氏

陽城

新城

梁

河陰

陸渾

陽翟

東垣

新安

西東垣

滎陽郡縣九。

京

密

滎陽

卷

陽武

苑陵

中牟

開封

成皋

弘農郡 縣五。○僑縣別見。

弘農

陜

宜陽

黽池 何超音義：「黽，音沔。」

盧氏

華山郡 洪云：「晉書載記：『晉華山太守董邁降姚興。』按郡蓋東晉所立。」○縣三。

華陰

鄭

夏陽

汲郡 縣可考者一。

朝歌

河内郡 縣可考者一。

野王

陽平郡 縣可考者一。

東武陽

魏郡 縣可考者一。

黎陽

頓丘郡 縣可考者一。

衛

荆州 統舊郡十四，增置郡六，縣一百十七。○僑郡別見。○兆鏞按：通鑑地理通釋：「東晉王忱始於江陵營城府，當以江陵爲州治。」又按：晉志：「穆帝時，以江州之桂陽、益州之巴東屬荆州。」洪志未列入。

南郡 縣十。

江陵

編 何超音義：「步典反。」

當陽

華容

都

枝江

旌陽

州陵

監利

石首

南平郡縣四。

江安

孱陵

南安

作唐

武寧郡太平寰宇記：「晉安帝隆安五年，刺史桓玄立武寧郡。」○縣二。

長林

樂鄉

綏安郡桓玄傳：「更招集流民，立綏安郡。」○縣可考者四。

長寧

綏安

僮陽

綏寧

江夏郡 縣四。

安陸

灄陽

沌陽

曲陵

竟陵郡 晉志：「舊江州督荆州之竟陵郡。何無忌爲刺史，表以竟陵去州遼遠，去江陵三百里，荆州所立綏安郡人户入境，欲資此郡助江濱戍防，以竟陵郡還荆州。」〇縣四。〇兆鏞按：竟陵郡於何時隸入江州，志未載及也。

竟陵

南新市

雲杜

宵城
襄陽郡 縣八。
襄陽
宜城
中廬
臨沮
上黃
邔
鄧城
鄾國 晉志無「國」字。
南陽郡 縣十四。
宛
西鄂
雉
魯陽

犨

云陽 晉志作「涓陽」。

博望

堵陽

葉

舞陰

比陽

涅陽

冠軍

酈

順陽郡 縣九。

南鄉

酇 何超音義：「音贊。」

順陽

武當

陰

筑陽

汎陽

析

修陽

義陽郡 晉志：「穆帝時，以義陽流人在南郡者立爲義陽郡。」○縣五。○兆鏞按：水經淮水注「晉武帝時，置義陽郡於安昌城」，此蓋經亂，後招集流人復立郡耳。

厥西

平氏

安昌

平陽

鄳

隨郡 縣二。

隨

平林

新野郡 縣六。

新野

棘陽

蔡陽

穰

鄧

山都

建平郡 縣十四。

巫

北井

泰昌

南陵

信陵

興山

建始

秭歸

歸鄉

沙渠

永新

永寧

平樂

新鄉

宜都郡縣三。

夷陵

夷道

佷山

武陵郡縣九。

臨沅

龍陽

漢壽

沅陵

黚陽

酉陽

沅南

遷陵

舞陽

天門郡縣五。

澧陽

臨澧

零陽

漊中

溇陽

巴東郡縣四。○兆鏞按：巴東郡，晉志屬梁州。

魚復

朐忍

南浦

漢豐

臨賀郡　晉志：「穆帝時，以廣州之臨賀、始興、始安三郡來屬。」○兆鏞按：此三郡，懷帝時已割屬湘州。晉志「廣州」當是「湘州」之訛。○縣六。

臨賀

謝沐

馮乘

封陽

興安

富川

始興郡　縣六。

曲江

桂陽

始興

含洭

湞陽

中宿

始安郡 縣六。

始安

始陽

平樂

荔浦

熙平

永豐

湘州 治長沙。○統舊郡五，增置郡一，縣四十二。○晉志：「義熙十三年，省湘州，長沙、衡陽、湘東、零陵、邵陵、營陽還入荆州。」

長沙郡 縣十一。

臨湘

攸

下雋

醴陵

瀏陽

建寧

吴昌

羅漢晉志無「漢」字。

蒲圻

巴陵

巴丘

衡陽郡縣九。

湘鄉

重安

湘南

湘西

烝陽

衡山

連道

新康

益陽

湘東郡 縣四。

臨烝

茶陵

陰山

新寧

零陵郡 縣七。

泉陵

祁陽

零陵

洮陽

永昌

觀陽

應陽

邵陵郡 縣七。

邵陵

都梁

武剛

夫夷

建興

邵陽

高平

江州 統舊郡十，增置郡一，縣八十八。○兆鏞按：西晉以來，江州治武昌之鄂。孝武時，桓伊爲江州刺史，上言江州虛耗，詔令移州尋陽。見桓伊傳。又按：晉志：「元帝渡江，江州置新蔡郡。」洪志無。

尋陽郡 縣二。○僑縣別見。○晉志：「元帝時，尋陽郡置九江、上甲二縣，尋省。」又云：「省松滋郡爲松滋縣，屬尋陽郡。」洪志無。

柴桑

彭澤

豫章郡 縣十五。

南昌

海昏

新淦

建成

望蔡

永修

建昌

吴平

豫寧 晉志作「豫章」。

艾

康樂

豐城

新吴

宜豐

鍾陵

鄱陽郡 縣八。

廣晉

鄱陽

樂安

餘汗

鄡陽

歷陵

葛陽

晉興

廬陵郡 縣十。

石陽

西昌

高昌

巴丘

南野

東昌

遂興

吉陽

興平

陽豐

臨川郡 縣十。

臨汝

西豐

南城

東興

南豐

永成

宜黄

安浦

西寧

新建

南康郡 縣六。

贛

雩都

平固

寧都

南康

坡陽 晉志作「揭楊」。

建安郡 縣八。○太平寰宇記：「晉廢建安郡，以屬邑隸晉安。東晉又立。」

建安

吳興

東平

建陽

將樂

邵武
延平
綏安
晉安郡 縣八。
原豐
新羅
宛平
同安
侯官
羅江
晉安
温麻
武昌郡 縣六。
武昌
陽新

沙羨

沙陽

鄂

官陵

桂陽郡 縣八。

郴

汝城

平陽

耒陽

臨武

晉寧

南平

陽山

安成郡 縣七。

平都 晉志無「都」字。

宜陽 晉志作「宜春」。東晉孝武避鄭太后諱，改作「陽」。

新喻

永新

安復

萍鄉

廣興

【校勘記】

〔一〕縣十二 「二」，東晉疆域志作「一」。而實有十三縣。汪兆鏞於屬縣未列河南。

晉會要弟五十一

輿地七

東晉實州郡縣

梁州 統舊郡十，增置郡六，縣七十八。○僑郡別見。

漢中郡 縣八。

南鄭

蒲池

褒中 兆鏞按：洪本依晉志作「褒中」，畢本引太平寰宇記云：「晉義熙中，梁州刺史理此，改爲『苞中』。」

沔陽

成固

西鄉

黃金

興道

魏興郡 縣六。

西城

興晉 晉志作「晉興」。

安康

錫漢 晉志作「錫」。

鄖鄉

洵陽

晉昌郡 晉志：「桓温平蜀後，以巴、漢流人立晉昌郡。」○畢沅云：水經注：「巴水出晉昌郡，晉太康中立。」晉志謂建在桓温平蜀後，誤。○縣十。

長樂

安晉

延壽

安樂

宣漢

寧都

新興

吉陽

東關

永安

新城郡 縣四。

房陵

綏陽

昌魏

沶鄉 何超音義：「沶，音怡。」

上庸郡 縣七。

上庸

安富

北巫

武陵

上廉

微陽

廣昌

梓潼郡縣五。

梓潼

涪城

武連

萬安

漢德

晉壽郡晉志：孝武分梓潼北界，立晉壽郡。於晉壽置劍閣縣，尋罷。○縣四。

晉壽

白水

邵歡

興安

廣溪郡 縣七。

雒

什方

郪

新都

緜竹

陽泉

五城

遂寧郡 晉志：「桓温平蜀後，於德陽界東南置遂寧郡。」○縣五。

巴興 畢沅云：巴興、小谿等縣皆穆帝永和十一年立。

德陽 西晉屬廣漢。

晉興

小谿

涪郡 洪云：晉末，舊縣已没蠻夷。惟元和郡縣志稱，桓温定蜀，以涪理枳縣城，故祇列枳縣。

枳

巴郡 縣四。

江州

墊江 何超音義：「墊，音牒。」

臨江

枳 兆鏞按：洪氏據元和郡縣志，列涪郡理枳縣。此恐重複矣。

巴西郡 縣八。

西充國

蒼溪

岐愜

南充國

安漢

平州

益昌 兆鏞按：晉志：「桓温平蜀後，置益昌、晉興二縣，屬巴西郡。」洪本漏列。

晉興

宕渠郡 縣三。

宕渠

漢興 晉志作「漢昌」。

宣漢 晉志作「安溪」。

新巴郡 縣三。○宋書州郡志：「晉安帝分巴西立。」

新安

晉城

晉安

汶陽郡 晉志：「安帝又立新巴、汶陽二郡。」○縣三。

僮陽

沮陽

高安

北巴西郡 縣二。

閬中

漢昌

益州 治成都。○統舊郡五，增置郡五，縣四十三。

蜀郡 縣四。

成都

郫 何超音義：「音皮。」

繁

牛鞞

寧蜀郡 太平寰宇記稱臧榮緒晉書：「穆帝永和八年，平西將軍周撫攻涪，克之，斬蕭敬文，益州平，以蜀流人立寧蜀郡。」○縣三。

廣漢

廣都

升遷

晉原郡 宋書州郡志：「李雄分蜀郡爲漢原，晉穆帝更名。」○縣五。

江原

臨邛

徙陽

漢嘉

晉樂

犍爲郡 縣五。

武陽

南安

僰道

資中

冶官 安帝義熙十年立〔一〕。

汶山郡 縣六。

汶山

都安

興樂

平康

蠶陵

廣柔

江陽郡　縣四。

江陽

符

常安

安樂

東江陽郡　宋州郡志：「安帝初，復舊土爲郡。」元和郡縣志：「穆帝置東江陽郡。」○縣一。

漢安

越巂郡　縣八。

會無

邛都

卑水

定筰　何超音義：「筰，音昨。」

臺登

護龍

蘇祁

晉興

平樂郡　常璩南中志：「元帝建興元年立。」○縣四。

新定

新興

平樂

三沮

沈黎郡　洪云：宋志稱蜀記云：「漢元鼎中置，後罷。」晉初無此郡，永初郡國有之，疑是晉末立。○縣三。

城陽

蘭沈

旄牛

寧州　治雲南。○統舊郡十二〔二〕，增置郡四〔三〕，縣七十九。○兆鏞按：成紀：咸康四年，分寧州置安州。七年，罷安州。

建寧郡　縣十一。

味

同樂

談藁

牧麻

漏江

同瀨

昆澤

存駘 何超音義：「駘，亡嫁反。」

同並

萬安

毋單

晉寧郡 縣六。

建伶

連然

滇池

穀昌

秦藏

雙柏

牂牁郡 縣五。

萬壽

且蘭

毋斂

晉樂

丹南

平夷郡 縣二。○兆鏞按：洪本作「平蠻」，惟晉志牂牱郡有平夷縣。懷帝改立平夷郡。又王遜傳：「遜以地勢形便〔四〕，上分牂牁爲平夷郡。」與志符合。是晉時名平夷，非平蠻也。今改正。

平夷

鼈 何超音義：「必世反，又必舌反。」

夜郎郡 縣四。

夜郎

廣談

談樂

談指

朱提郡 縣五。

朱提

堂狼

臨利

漢陽

南秦

南廣郡 縣三。

南廣

晉昌

常遷

建都郡 宋書州郡志：「晉成帝分建寧立。」○縣六。

新安

經雲

永豐
臨江
麻應
遂安〔五〕
興古郡 縣十。
漏卧
宛暖 暖，晉志作「温」。
律高
賁古
漢興 宋志云：「疑蜀漢所立。」
進桑
西安 宋志：「江左立。」
句町 何超音義：「劬、挺二音。句，又古侯反。」
南興 宋志：「江左立。」
西平郡 縣六。

西平

温江

都陽

晉綏

義成

西寧

梁水郡 宋書州郡志：「晉成帝分興古立。」〇縣五。

梁水

騰休

西隨

毋掇

鐔封 晉志作「鐔封」。

永昌郡 縣七。

不韋

永壽

雍鄉
嶲唐
哀牢
博南
南涪
雲南郡　縣三。
雲南
雲平
姑復
東河陽郡　縣二。
東河陽
楪榆
西河郡　宋州郡志：「晉成帝分河陽立。」○縣三。
芘蘇
成昌

建安

興寧郡 宋州郡志：「晉成帝分雲南立。」○縣二。

梼棟

青蛉

廣州 治番禺。○統舊郡六，增置郡八，縣一百九。

南海郡 縣八。

番禺

增城

博羅

西平

龍川

四會

懷化

高要

東官郡 宋書州郡志：「晉成帝立。」○縣四。○兆鏞按：畢輯晉地道記：「東官郡屬縣有海陽、綏安、海寧、潮陽。」與此異。

寶安 元和郡縣志：成帝咸和六年，於博羅置寶安縣，屬東莞郡。

興寧

海豐

海安

新會郡 宋書州郡志：「晉恭帝元熙二年，分南海立。」〇縣三。

盆允

新夷

封平

蒼梧郡 縣六。

廣信

建陵

猛陵

遂成

丁留

廣陵

晉康郡 宋書州郡志：「晉穆帝永和七年，分蒼梧立。」○縣十二。

元谿

端谿

龍鄉

晉化

都城

夫阮

僑寧

封興

蕩康

思安

遼安

開平

新寧郡 宋書州郡志：「晉穆帝永和七年，分蒼梧立。」○縣九。

南興

臨允

新興

博林

甘東

單牒

威平

平興

永城

永平郡 宋書州郡志：「晉穆帝升平五年，分蒼梧立。」○縣十。

安沂

豐城

蘇平

㕧安

夫寧

雷鄉

盧平

員鄉

逋寧

開城

鬱林郡 縣二十一。

布山

領方

阿林

鬱平

新邑

武熙

建初

賓平

威化

新林

龍平

安始

懷安

晉平

綏寧

歸化

中胄

安遠

程安

威定

建安[六]

晉興郡　宋書州郡志：「元帝太興元年，分鬱林立。」○縣八。

晉興

熙注

桂林

增翊

安廣

廣鬱

晉城

鬱陽

桂林郡 縣九。

潭中

武豐

長安

粟平

羊平

龍岡 晉志作「剛」。

夾陽

武城

軍騰

高涼郡 縣七。

安寧

高涼

思平 兆鏞按：當作「恩平」。

石門

長度

莫陽

廣化

寧浦郡 縣七。

潤陽

興道

寧浦

吴安

昌平

平山

始定

新安郡 晉志：「哀帝太和中置。」○洪志漏列，屬縣未詳。

義安郡 宋書州郡志：「晉安帝義熙九年，分東官立。」○縣五。

海陽

綏安

海寧

潮陽

義陽

交州 治龍編。○統郡七，縣六十五。

交阯郡 縣十四。

龍編

句漏

望海

嬴𨻻 晉志作「羸𨻻」。

西于

武寧

朱鳶

曲昜

交興

北帶

稽徐

安定

南定

海平

合浦郡 縣九。

合浦

南平

蕩昌

徐聞

毒質

珠官

朱盧

晉始

新安

新昌郡 縣六。

卷泠 晉志作「麊」。

嘉寧

吴定

封山

臨西

西道

武平郡 縣九。

武寧

武興

進山

根寧

安武

扶安

封溪

新道

晉化

九真郡縣十一。

胥浦

移風

湛梧

建初

常樂

扶樂

松原

高安
軍安
都龐
寧夷
九德郡 縣九。
九德
咸驩
南陵
陽遂
扶苓
曲胥
浦陽
都伏 晉志作「都洨」。
西安
日南郡 縣七。

象林

盧容

朱吾

西卷

比景

壽泠

無勞

【校勘記】

〔一〕安帝義熙十年立　「十」，底本誤作「二」，據東晉疆域志及宋書改。

〔二〕統舊郡十二　「十二」，東晉疆域志作「六」。

〔三〕增置郡四　「四」，東晉疆域志作「十」。

〔四〕遜以地勢形便　「便」下，底本原衍「表」，據晉書删。

〔五〕遂安　「遂安」，底本原奪，據東晉疆域志補。

〔六〕建安　「建安」，底本原奪，據東晉疆域志補。

晉會要弟五十二

輿地八

東晉實州僑郡 以下均據洪亮吉東晉疆域志。

荆州 僑郡五〔一〕，僑縣可考者二十一。

新興郡 宋書州郡志稱晉江左立。○縣六。

雲中

九原

定襄

宕渠

廣牧

新豐

南河東郡 晋志：元帝渡江，僑立新興、南河東二郡。○縣八。

聞喜

廣戚

松滋

弘農

臨汾

永安

安邑

譙

南義陽郡 晋志：安帝僑立。○縣可考者三。

厥西

平陽

平氏

東義陽郡 晋志：安帝僑立。

縣無考。

長寧郡 宋志：晉安帝僑立。○縣四。

長寧

經安

僮陽

綏寧

益州 僑郡三，僑縣可考者六。

始康郡 宋志：晉安帝以關隴流民立。○縣四。

始康

新城

談沈

晉豐

南陰平郡 宋志：「永嘉流寓來屬，寄治葭陽。」○縣二。

陰平

緜竹

金城郡 太平御覽稱周地圖記曰：「晉義熙末，刺史朱齡石率建平人征蜀，仍於東山，立金城郡。」

縣無考。

揚州 僑郡三，僑縣十。

淮南郡 宋志：中原亂，胡寇南侵，淮南民多南渡，成帝乃於江南僑立淮南郡。○縣五。

當塗

襄垣

上黨

定陵

逡遒

松滋郡 晉志：成帝於尋陽僑置松滋郡，遥隸揚州。○縣一。

松滋

義成郡 桓宣傳：宣平襄陽，以其淮南部曲立義成郡。○縣四。

義成

下蔡

平阿

萬年

江州尋陽郡 僑縣二。

安豐 東晉僑立。

弘農 宋志：尋陽郡又有弘農縣流寓，文帝省。則晉末有此縣也。

東晉僑州實郡

徐州 宋志：明帝世，淮北没寇，僑立徐州。安帝時，始分淮北爲北徐，淮南猶爲徐州。後又以幽、冀合徐。洪云：「按：江北、淮南諸實郡，皆徐州所領。」〇舊郡二，增置郡四〔二〕，縣二十。

廣陵郡 縣五。

淮陰

廣陵

海陵

高郵

輿

海陵郡 宋志：晉安帝分廣陵立。〇縣五。

建陵

臨江

如皋

寧海

蒲濤

山陽郡 宋志：晋安帝義熙中，分廣陵立。○縣四。

山陽

鹽城 兆鏞按：錢大昕攷異云：「本鹽瀆，安帝改。」

東城

左鄉

盱眙郡 晋志：義熙中，「以盱眙立盱眙郡」。○縣三。

考城

陽城

直瀆

鍾離郡 宋志：晋安帝分立。

縣别見。

淮陵國 縣可考者四。

淮陵

司吾

徐

下相

秦州 洪云：晉志：「江左分梁爲秦，寄居梁州，又立氐池爲北秦州。」宋志：晉孝武帝立秦州，寄治襄陽。又攷義熙十三年，劉裕置東州，是東晉秦州有三，然實郡則止一耳。

陰平郡 縣二。

陰平

平武

東晉遥立州郡

北雍州 晉書：義熙十三年，劉裕克長安，執姚泓，以子義真爲都督雍、涼、秦三州諸軍，雍、東秦二州刺史；以朱齡石爲北雍州刺史。○郡可考者七。

京兆郡 縣可考者三。

長安

藍田

渭南

馮翊郡 宋書王鎮惡傳：「鎮惡以本號領安西司馬、馮翊太守。」

縣無考。

扶風郡 宋書自序：高祖表言：參征虜軍事、扶風太守沈田子。

咸陽郡 宋書自序：即授田子咸陽、始平二郡太守。

池陽

始平郡

槐里

東安定郡 宋書劉遵考傳：「督北雍州之新平、安定諸軍事。」○洪云：「今攷新平、安定二郡，晉志本屬雍州，當以劉遵考傳爲是。」

縣無考。

新平郡

縣無考。

東秦州　宋書劉義真傳：「領東秦州刺史。」○領郡可考者二。

天水郡

縣無考。

南安郡

縣無考。

司州　宋書劉義真傳：「行都督雍、涼、秦三州之河東、平陽、河北三郡諸軍事。」○洪云：今考河東平陽，晉志本屬司州，河北又本屬河東，姚秦時始升作郡。錢大昕攷異謂「三州」下當有司州，是也。

河東郡

蒲坂

平陽郡

縣無考。

河北郡

縣無考。

并州　宋書劉遵考傳：「長安平定，以督并州、司州之北河東、北平陽。」

東晉僑州郡縣

豫州　宋志：晉江左，胡寇強盛，豫郡殲覆，成帝咸和四年，僑立豫州。○僑郡六，僑縣十七。實郡僑縣附。

歷陽郡　見上。

龍亢　宋志：「江左流寓立。」

南譙郡　縣可考者四。

山桑

蘄

酇

扶陽

襄城郡　晉志：「元帝渡江，以丹陽春穀縣置襄城郡。」

繁昌

馬頭郡　僑縣二。

虞　宋志：「流寓因配。」

濟陽　宋志：「流寓因配。」

潁川郡 洪云：「水經注江水下：『後塘上有潁川僑郡故城。』」按：此則江左時潁川僑郡〔三〕，在今和州界。

縣無考。

南汝陰郡 宋志：「江左立。」

汝陰

晉熙郡 別見。

陰安 洪云：「江左僑立。」

汝南郡 通典：「東晉於江夏僑立汝南郡。」

汝南

西陽郡 見上。

西陽 洪云：「東晉僑立。」

秦郡 宋志：晉武帝分扶風爲秦國，中原亂，其民流寓堂邑，安帝改堂邑爲秦郡。

秦

平丘

外黃

沛

雎丘

浚儀

頓丘

尉氏〔四〕

南新蔡郡 晉志：孝武於漢九江王黥布舊城置南新蔡郡。

苞信

慎

宋

徐州 元和郡縣志：晉氏南遷，又於淮南僑立徐州。安帝始分淮北曰北徐州，淮南但曰徐州。○僑郡十七，縣可考者五十二。實郡僑縣附。

淮陽郡 晉志：元帝渡江，徐州所得惟半，乃僑置淮陽、陽平、濟陰、北濟陰四郡。○僑縣一。

上黨

陽平郡 縣三。

館陶

陽平

濮陽

濟陰郡 縣二。

定陶

頓丘

北濟陰郡 縣二。

城父

離狐

琅邪郡 宋志：晉亂，琅邪國人隨元帝渡江千餘户。成帝時，桓温上求割丹陽之江乘立郡。○縣五。

懷德

臨沂

陽都

費

即丘

東海郡 宋志：晉元帝割吴郡海虞縣之北境爲東海郡。○縣七。

郯

朐

利城

祝其

厚丘

西隰

襄賁

東平郡 晉志：元帝「以江乘置南東海、南琅邪、南東平、南蘭陵等郡」。洪云：此諸僑郡有「南」字者，皆宋受禪後所加，晉世無此名。唐人修晉史，讀宋書不審而誤加耳。

縣無考。

蘭陵郡 縣可考者一。

蘭陵

臨淮郡 晉志：元帝分武進，立臨淮、淮陵、南彭城等郡，屬徐州。

縣無考。

淮陵郡 僑縣二。

廣陽

陽樂

彭城郡 縣可考者一。

開陽

沛郡 宋志：晉成帝又立沛郡。○縣四。

符離

洨

竹邑

杼秋

清河郡 晉志：明帝立南清河郡。○縣四。

清河

東武城

繹幕

貝丘

下邳郡 晉志：「明帝立。」

縣無考。

東莞郡　江南通志：「東晉僑置南東莞郡。」○縣三。

莒

東莞

姑幕

平昌郡　晉志：「明帝立。」○縣二。

安丘

東武

鍾離郡　洪云：「此即實郡僑縣。」○縣三。

燕　元和郡縣志：安帝時，因東郡燕縣人流入鍾離，於此置燕縣。

朝歌　宋志云：「流寓因配。」

樂平　宋志云：「流寓因配。」

海陵郡　縣一。

建陵

南梁郡　宋志：「晉孝武太元中，僑立於淮南。」○縣七。

睢陽〔五〕

虞

陽夏

安陽

穀熟

陳

新汲

東安郡 僑縣一。

發干 宋志云：「太康地志無，江左來配。」

兗州 宋志：「中原亂，北州流民多南渡，晉成帝立南兗州，寄治京口。」○僑郡七，僑縣可考者十。

陳留郡 晉志：「成帝咸康四年，於北譙界立。」○縣可考者八。

浚儀

酸棗

小黄

雍丘

白馬

襄邑

尉氏

長垣

濮陽郡晉志：明帝僑置。○縣三。

濮陽

廩丘

鄄城

高平郡晉志：明帝僑置。○縣七。

任城

高平

方與

金鄉

鉅野

平陽

亢父

泰山郡 晉志：明帝僑置。○縣十。

山茌

奉高

嬴

牟

南城

武陽

梁父

博

萊蕪

太原

魯郡 晉志：明帝僑立。○縣四。

騶

汶陽

魯

樊

東燕郡 宋志：江左分濮陽立。

燕

白馬

平昌

考城

樂陵郡 宋志：「晉江左立。」

新樂

幽州 宋志：晉江左又僑立幽、冀、并、青四州。○僑郡可考者二，僑縣四。

遼西郡 縣四。

肥如

路

真定

新市

燕國

縣無考。

冀州 僑郡六，僑縣十。

廣川郡 宋志：「江左立。」○縣五。

廣川

蓨

武强

索盧

章武

河間國 縣可考者一。

中水

魏郡 縣二。

肥鄉

元城

頓丘郡 縣可考者一。

陽平

高陽郡 縣二。

北新城

博陸

勃海郡 縣可考者二。

長樂

重合

鉅鹿郡 縣可考者一。

鉅鹿

青州 僑郡三，僑縣八。

齊郡 縣可考者二。

西安

臨淄

濟岷郡 縣二。

營城

晉寧

高密郡 縣四。

淳于

黔陬

營陵

夷安

并州 僑郡可考者二。

淮陽郡

縣無考。

義昌郡

縣無考。

司州 晉志：元帝僑置司州於徐。○僑郡五，僑縣二十二。

弘農郡 晉志：東晉以弘農人流寓尋陽者，立弘農郡。○縣可考者二。

弘農

曲陽

河東郡 宋志：晉成帝咸康三年，庾亮以司州僑户立河東郡。○兆鏞按：晉志：以河東人南寓者，於武

陵郡 孱陵縣界上胡地僑立。統八縣，並寄居焉。

安邑

聞喜

永安

臨汾

弘農

譙

松滋

廣戚 廣，晉志作「大」。

河南郡 宋志：孝武於襄陽僑置。○縣五。

河南

新城

河陰

陽城

緱氏

河内郡 縣九。

温

野王

軹

河陽

沁水

山陽

褱

平皋

朝歌

東京兆郡 縣五。

長安

萬年

新豐

藍田

蒲阪

廣平郡 縣四。

廣平

易陽

邯鄲

曲周

雍州 宋志：「晉江左立。胡亡氐亂，雍、秦流民多南出樊、沔，晉孝武帝始於襄陽僑立雍州，并立僑郡縣。」○僑郡六，僑縣二十。

京兆郡 縣可考者六。

杜

藍田

鄭

池陽

南霸城

新康

扶風郡 縣可考者一。

魏昌

始平郡 縣可考者四。

槐里

始平

平陽

清水

南上洛郡 宋志：「江左立。」○縣二。

上洛

商〔六〕

北上洛郡 宋志：「江左立。」○縣五。

上洛

北商

酇陽

陽亭

北拒陽〔七〕

義陽郡 宋志：「晉安帝立。」○縣二。

平氏

襄鄉

秦州 僑郡四，僑縣十。

西京兆郡 宋志：「晉末，三輔流民出漢中僑立。」○縣二。

杜

鄠

西扶風郡 宋志：「晉末，三輔流民出漢中僑立。」○縣二。

郿

武功

懷寧郡 宋志：晉安帝以秦、雍流民立。○縣三。

治平

西平

萬年

安固郡 宋志：張氏於涼州立。晉哀帝時，流民入蜀僑立。○縣三。

略陽

桓陵

臨渭

梁州 宋志：「李氏據梁、益，江左於襄陽僑立梁州。」○僑郡五，僑縣十二。實郡僑縣附。

新巴郡 縣一。

漢昌 元和郡縣志：晉孝武帝自白沙戍移漢昌縣，僑理涪縣，仍屬新巴郡。

南新巴郡 宋志：晉哀帝、安帝時立。○縣五。

新巴

晉城

晉安

漢昌

桓陵

巴西郡 縣二。

西充國 元和郡縣志：晉孝武於涪縣僑置西充國縣、益昌縣。

益昌

北陰平郡 晉志：梁州没於李特，其晉人流寓梁、益者，仍於兩州立南北二陰平郡。

縣無考。

南漢中郡 晉志：孝武「又别置南漢中郡」。洪云：「此蓋漢中郡民流寓於此，故立。」〇縣可考者一。

南漢

晉熙郡 宋志：晉安帝以秦州流民立。〇縣二。

晉熙

萇陽

東江陽郡 僑縣一。

緜水 元和郡縣志：晉於江陽縣置緜水縣。

西江陽郡 洪云：圖經：「東晉分置西江陽郡。」宋志：「中失本土，寄治武陽。」

【校勘記】

〔一〕僑郡五 「五」，東晉疆域志作「六」。汪兆鏞未列義陽郡。

〔二〕增置郡四 「四」，底本誤作「二」，據東晉疆域志改。

〔三〕此則江左時潁川僑郡　「時」，底本原奪，據東晉疆域志補。

〔四〕尉氏　「尉氏」，底本原奪，據東晉疆域志補。

〔五〕睢陽　「睢」，底本誤作「雎」，據東晉疆域志改。

〔六〕商　「商」下，底本原衍「漢」字，據東晉疆域志删。

〔七〕北拒陽　「陽」，底本原奪，據東晉疆域志補。

晉會要第五十三

輿地九

洛陽都城

晉仍居魏都，東西七里，南北九里。司隸校尉、河南尹及百官列城内也。志、注。

洛城十二門，南北九里，城内宫殿、臺觀有閤闥，左右出入城内皆三道。公卿、尚書從中道，凡人左右出入，不得相逢。夾道中榆柳以蔭行人。十二門，皆有雙闕石橋。橋跨陽渠水。說郛引陸機洛陽記。

洛陽城東西七里，南北九里，内宫殿臺觀府藏寺舍，晉魏之代，凡有一萬一千二百一十九門。自永嘉之亂，劉曜入洛，元帝渡江，官署里閭，鞠爲茂草。王應麟通鑑地理通釋卷十一引華延儁洛陽記。

晉元康地道記曰：「城内南北九里，七十步；東西六里，十步。爲地三百頃一十二畝有三十六步。」續漢書郡國志「雒陽」注。

東城門三 志注。

建春門 晉宮闕簿：上東門，洛陽東面門也，在寅地，晉改爲建春門。○阮籍詠懷詩「步出上東門」，沿舊稱也。水經注：穀水逕其前，水上有石橋。

東陽門 通鑑八十四胡注：「洛陽城東面北頭第二門曰東陽門。」

清明門

南城門四 志注。

開陽門 晉宮闕簿：開陽門，在巳上。

平昌門

宣陽門 晉宮闕簿：漢有小苑門，在午上，晉改曰宣陽門。一曰：移門，即宣陽門也。

建陽門

西城門三 志注。

廣陽門 晉宮闕簿：廣陽門，在申上。○門西南有劉曜壘，見水經注。

西明門 河南十二縣境簿：漢曰有雍門，在酉上。晉改曰西明門。

閶闔門 漢曰上西門，在戌上，晉改曰閶闔門。○水經穀水注引漢宮記曰：「上西門所以不純白者，漢家厄於戌，故以丹漆鏤之。」

北城門二 志注。

大夏門　晉宮闕簿：夏門北面有二門，其西漢曰夏門，晉改曰大夏門，正在亥上。○水經穀水注引陸機與弟書：「大夏門有三層，城高百尺。」

廣莫門　晉宮闕簿：漢穀門，晉改爲廣莫門，正在丑上。

金墉城　惠紀：永寧元年，趙王倫篡位，遷帝於金墉城，改曰永昌宮。○趙王倫傳：帝「自華林西門出居金墉城」。文選陸士龍爲顧彦先贈婦詩注引陸機洛陽記：「金墉城在宮之西北角。」水經穀水注引晉宮閣名曰：「金墉有崇天堂。」

内城門四

萬春門　東。○裴頠傳〔一〕。

雲龍門　南。○楊駿傳。

千秋門　西。○齊王冏傳。

朔平門　北。○太平御覽宮室部。○亦曰神虎門。

宮闕門

止車門　以下見惠紀。

端門　北堂書鈔樂部引洛陽記：端門内有大鐘，正朝大會擊之，聲聞二十里〔二〕。○通鑑八十三胡三省注：「宫門正南門曰端門。」

西掖門　通鑑八十三胡注「宫門端門之左曰左掖門，右曰右掖門」，當即東、西掖門也。

南掖門　趙王倫傳。

東掖門　石苞傳。○通鑑八十一：皇太子鼓吹入東掖門，司隸劉毅劾奏之。

崇賢門　愍懷太子傳：「出崇賢門，再拜，受詔，步出承華門。」

承華門　文選注引洛陽記：太子宫中有承華門。通鑑八十三胡注：「承華，東宫門，陸機詩所謂『振纓承華』也。」

薄室門　文選陸士衡贈馮文熊詩注引陸機洛陽記。

神武門　齊王冏傳。

建禮門　以下見初學記居處部引晉宫閣名。

長春門

朱明門

崇禮門　惠紀「永興二年七月，尚書諸曹火燒崇禮闥」，當即此。

青陽門

承明門　文選曹子建贈白馬王彪詩注引陸機洛陽記：「承明門，後宫出入之門也。」

宣化闥　趙王倫傳。

崇陽闥　以下玉海一百六十九引晉宮閣名。

延明闥

通明闥

修雲闥

通福闥

徽音闥

承休闥

元明闥

元暉闥〔三〕

宮殿

太極殿　武紀：帝受禪，「禮畢，即洛陽宮，幸太極前殿」。○五行志：太極殿有鴟尾。○文選西都賦注引摯虞決疑要注曰：「凡太極殿，乃有陛，堂則有階無陛也。左城右平〔四〕，平者，以文磚相亞次也；城者，爲陛級也〔五〕。」○初學記器物部引晉陽秋〔六〕：晉武帝令〔七〕：太極殿前及武帷〔八〕，織成帷不須施也。○通鑑八十四胡注：魏明帝「起太極殿於漢崇德殿故處」。

崇聖殿 武紀：太康十年，崇聖殿災。原注：「一本作『崇賢』。」

含章殿 武紀。○通鑑胡注：含章殿在皇后宫中。

明光殿 武元楊皇后傳。

顯陽殿 惠紀。

建始殿 趙王倫傳。

式乾殿 愍懷太子傳。

崇陽殿 初學記居處部引晉宫闕名〔九〕。

崇陽殿 玉海六十。

崇政殿 文選潘安仁贈陸機詩注引臧榮緒晉書。

萬年殿 藝文類聚木部引晉宫閣名。

文明殿 以下玉海一百六十引晉宫閣名。

仁壽殿

暉章殿

百福殿

言思殿

章華殿

嘉福殿

宣光殿

修明殿

嘉樂殿

芙蓉殿

章陽殿

清暑殿

芳德殿

靈雲殿

承光殿　文選景福殿賦注引洛陽宫殿簿云：「承光殿七間。」

永寧殿　文選注引洛陽宫殿簿：「永寧殿七間。」

景福殿

延休殿

九華殿

百子殿

安昌殿 〈文選〉注引〈洛陽宮殿簿〉:「安昌殿十間。」

虞泉殿

青冥殿

陽春殿

百兒殿

華光殿 〈後漢書劉寬傳〉注引〈洛陽宮殿簿〉云:「華光殿,在華林園內。」

崇化宮 〈武紀〉:尊文王太后宮曰崇化。

永寧宮 〈武悼楊皇后傳〉。

弘訓宮 景羊皇太后居號弘訓太后。

西宮 〈玉海〉一百五十八。

東宮 〈職官志〉:「惠帝建東宮。」 ○〈文選〉注引〈洛陽記〉:「太子宮在大宮東、薄室門外。」

南宮

北宮 並見〈太平御覽〉居處部引陸機〈洛陽記〉。

東堂　摯虞傳：舉賢良，武帝策試於東堂。○玉海：「晉制：小會於東堂。」○通典八十一引摯虞決疑要注：國家爲王公妃主發哀於東堂。

宣猷堂　文選陸士衡皇太子讌元圃宣猷堂詩。

則百堂　以下藝文類聚居處部引晉宮閣名。

螽斯堂

休徵堂

延禄堂

承慶堂

仁壽堂

綏福堂

含芳堂

樂昌堂

椒華堂

芳音堂

永光堂

堯母堂 以下初學記居處部引晉宮閣名。

長壽堂

修成堂 五行志。

薄室 左貴嬪傳：「體羸多患〔一〇〕，常居薄室。帝每遊華林，輒回輦過之。」

鞠室 武紀。

廣室 趙王倫傳。

椒房坊 以下藝文類聚居處部引晉宮闕名〔一一〕。

顯昌坊

修成坊

綏福坊

休徵坊

承慶坊

桂芬坊

藝文坊

舒蘭坊

鳳皇樓　以下玉海一百六十四引晉宮閣名。

慶雲樓

儀鳳樓　以下初學記居處部引晉宮閣名〔一二〕。

翔鳳樓

伺星樓

織室臺

陵雲臺　通鑑八十胡注：「陵雲臺，魏文帝所築。」衛瓘傳：「會宴陵雲臺。」世説巧藝篇注引洛陽宮殿簿：「陵雲臺上壁方十三丈，高九尺。」

府觀

秘府　武紀：咸寧五年，汲郡人「掘魏襄王冢，得竹簡小篆古書十餘萬言，藏於秘府」。

秘閣　陸機弔魏武帝文：機「出補著作，遊乎秘閣」。

三閣　初學記職官部引晉令：「秘書郎掌中外三閣經書。」

西觀　初學記職官部：「束皙爲著作郎，著作西觀。」

聽訟觀　武紀：「泰始五年，帝臨聽訟觀録囚徒。」

宣武觀 武紀：泰始十年[一三]，帝臨宣武觀，大閱衆軍。○太平寰宇記：河南道：晉宣武觀，在大夏門内東北上[一四]。通鑑八十五胡注：「大夏門東宣武觀，憑城結構，南望天淵池，北矚宣武場。場西故賈充宅。」

試弩棚 水經穀水注：在廣陽門西南。

藹觀 太平寰宇記「河南道」引河南十二縣境簿：「在晉廣陽門内。」畢沅晉地志補正引作「西明門」，似誤。

司隸校尉、河南尹、五營校尉、前後左右將軍及百官府，皆在城中。 陸機洛陽記。

倉庫

太倉 水經穀水注：「大城東有太倉，倉下運船常有千計。」

常平倉 見食貨門。

武庫 惠紀：永平五年，「作武庫，大調兵器」。

園苑

華林園 武紀。○文選應禎晉武帝華林園集詩注引洛陽圖經曰：「華林園，在城内東北隅。」○江統傳：統上言：「竊聞後園鏤飾金銀，刻磨犀象，畫室之巧，課試日精。臣以爲，高世之主，不尚尤物。畫室之功，可且減省，後園雜作，一皆罷遣，肅然清淨，則日新之美，光於四海矣。」○通鑑八十三胡注：「魏起芳林園，避齊王芳諱，改曰華林園。有天淵池，池中有魏文帝九花叢殿。」

玄圃〔一五〕 文選陸士衡宴元圃詩注引楊佺期洛陽記曰：「東宫之北曰玄圃。」

靈芝園 以下初學記居處部引晉宫閣名。

蒲萄園

瓊圃園

石祠園

鳴鵠園

平樂苑

鹿子苑

桑梓苑 河南十二縣境簿：桑梓苑，在洛陽城西。

含元池 太平御覽八百八晉宫闕名曰：「含元池中有雲母船。」

春王園 文選陸機答張士然詩注引晉宫閣名。

鬬雞臺

射雉觀 均在廣陽門内，見水經穀水注引郭緣生述征記。

臨高觀 以下藝文類聚居處部引陸機洛陽記，云洛陽有臨高、陵雲、宣曲、廣望、閶風、萬世、修齡、總章等觀，皆高十六七丈，以雲母著窗裏〔一六〕，日曜之〔一七〕，有光輝。

陵雲觀

宣曲觀

廣望觀

閬風觀

萬世觀

修齡觀

總章觀

宣陽觀　太平御覽居處部引陸機洛陽記云：洛陽城外有宣陽、千秋、鴻地等觀〔一八〕。

千秋觀

鴻地觀

苜蓿園　華廙傳：帝「登陵雲臺，望見廙苜蓿園阡陌甚整」。

長安行都

惠帝永興元年北征，敗績於蕩陰，因幸長安，以征西府爲宮供御之物，皆減三分之二。僕射荀藩等在洛陽，爲留臺承制行事，稱東西臺焉。二年，帝在長安。明年正月，東海王越遣將祁宏等迎帝。六月，乃還洛陽，改元光熙。惠紀。

永嘉五年，劉曜、王彌入京師，懷帝蒙塵於平陽。六年九月，豫州刺史閻鼎等奉秦王鄴爲皇太子，於長安登壇告類，建宗廟社稷。明年四月，奉懷帝崩問，即皇帝位，改元建興。時天下崩離，長安城中户不盈百，牆宇頹毀，蒿棘成林，朝廷無車馬章服，惟桑版署號而已。衆惟一旅，公私有車四乘，器械多闕，運饋不繼。四年，劉曜逼京師，内外斷絶。雍州刺史麴允與公卿守長安小城以自固。冬，京師饑甚，米斗金二兩，人相食，死者大半。太倉有麴數十䴵，麴允屑爲粥，以供帝，至是復盡。十一月，使侍中宋敞送牋於曜，帝出降。懷紀、愍紀。〔一九〕

周地圖記曰：「太極殿，晉愍帝之宫，在長安南門。」畢沅長安志五。

建康都城

洛京傾覆，中州士女避亂江左者十六七。元帝用王導計鎮建康。王導傳。

建康都城周二十里十九步，本吴舊址，晉江左所築，但有宣陽門。王應麟通鑑地理通釋十一〔二〇〕。○吴志裴注引晉太康三年地記：「吴有太初宫，方三百丈，權所起也；昭明宫方五百丈，晧所作也。」

咸和四年，蘇峻初平，兵火之後，宗廟宮室並爲灰燼，以建平園爲宮。成紀。

温嶠議遷都豫章，三吴之豪請都會稽。二論紛紜，未有所適。導曰：「建康，古之金陵，舊爲帝里，又孫仲謀、劉玄德俱言王者之宅。古之帝王不必以豐儉移都，苟宏衛文大帛之冠，則無往不可。若不績其麻，則樂土爲虚矣，且北寇游魂，伺我之隙，一旦示弱，竄於蠻越，求之望實，懼非良計。今特宜鎮之以静，羣情自安。」由是嶠等謀並不行。王導傳。

咸和五年九月，造新宮，始繕苑城。成紀。○原注：「一本無『始』字。」

成帝作新宮，始修城，開陵陽等五門，與宣陽爲六。通鑑地理通釋十一。

宣陽門　成紀：「庾亮敗於宣陽門内。」

陵陽門

閶闔門

建陽門　安紀：「廣武將軍劉懷默屯建陽門。」

廣莫門　成紀：「帝觀兵於廣莫門。」

西明門　五行志。

朱雀門　楊佺期傳。○桓玄傳：「大風吹朱雀門樓，上層墜地。」○輿地紀勝十七：「晉孝武太元三年，起朱雀門，上有兩銅雀，楣上刻木爲龍虎，對立左右。」

西州門 謝安傳。

揚州刺史城 元和郡縣志。

石頭城 周顗傳：石頭城南門。庾亮傳：嘗率衆十萬，「據石頭城爲諸軍聲援」。

丹陽郡城 元和郡縣志。

東府城 太平寰宇記引輿地志〔二一〕：「晉安帝義熙十年築。」〇文選祭古冢文注引丹陽記云：「東府城西則簡文會稽王時第〔二二〕，東則孝文王道子府〔二三〕。道子領揚州〔二四〕，仍住先舍〔二五〕，故俗稱東府。」〇王恭傳：「道子嘗集朝士，置酒東府。」

臺城 成紀：蘇峻子碩攻臺城。輿地紀勝十七：「一曰苑城，古建康宮城也。本吳後苑城〔二六〕，晉安帝咸和五年作新宮於此。其城唐末尚存。」

大司馬桓温以河南粗平，將移都洛陽。朝廷畏温，不敢爲異，而北土蕭條，人情疑懼，雖並知不可，莫敢先諫。綽乃上疏曰：「伏見征西大將軍臣温表〔二七〕：『便當躬率三軍，討除二寇，蕩滌河渭，清灑舊京。然後神旂電舒，朝服濟江，反皇居於中土，正玉衡於天極。』斯超世之弘圖，千載之盛事。然臣之所懷，竊有未安，以爲帝王之興，莫不藉地利人和以建功業，貴能以義平暴，因而撫之。懷、愍不建，淪胥秦京，遂令胡戎交侵，神州絶綱，土崩之釁，誠由道喪。然中夏蕩蕩，一時横流，百郡千城曾無完郛者，何哉？亦以地不可守故也。天祚未革，中宗龍飛，非惟信順協於天人而已，實賴萬里長江畫而守之耳。易稱『王公設險以守其國』，險之時義大矣哉！斯已然之明效也。今作勝談，自當任道而遺險；校實量分，不得不保小以固存。自喪亂以來六十餘年，蒼生殄滅，百不遺一，河洛丘墟，函夏蕭條，井堙木刊，阡陌夷滅，生理茫茫，永無依歸。播流江表，已經數世，存者長子老孫，亡者丘隴成行。雖北風之思感其素心，目前之哀實爲交切。若遷都旋軫之日，中興五陵，即復緬成遐域。泰山之安，既難以理保，烝烝之思，豈不纏於聖心哉？溫今此舉，誠欲爲國遠圖〔二八〕，任天下之至難。忠慨亮到，孰不致感？而百姓震駭，同懷危懼者，以植根於江外數十年矣，一朝拔之，頓驅跋於空荒之地，提挈萬里，踰險浮深，離墳墓，棄生業，富者無三年之糧，貧者無一餐之飯，田宅不可復售，舟車無從而得，捨安樂之國，適習亂之鄉，出必安之地，就累卵之危，將頓仆道塗，飄溺江川，僅有達者。夫國以人爲本，疾寇所以爲人，衆喪而寇除〔二九〕，亦安所取裁？此化者所宜哀矜，國家所宜深慮者也。古今帝王之都，豈有常所？時隆則宅中而圖大，勢屈則遵養以待會。今天時人事，有未至者矣，一朝欲一宇宙，無乃頓而難舉乎？臣之愚計以爲，且可更遣一將有威名資實者，先鎮洛陽，於陵所築二壘以奉衛山陵，掃平梁許，清一河南，運漕之路既通，然後盡力於開墾，廣田積穀，漸爲徙者之資。如此，賊必遠竄。今何故捨百勝之長理，舉天下而一擲哉？」溫見綽表，不悅，曰：「致意興公，何不尋君遂初賦，知人家國事耶？」孫綽傳。

冶城〈世說言語篇注引揚州記曰：「冶城，吳時鼓鑄之所。吳平，猶不廢，王茂弘所治也。」〉

桓宣武鎮南州，制街衢平直，人謂王東亭曰：「丞相初營建康，無所因承，而制置紆曲，方此爲劣。」東亭曰：「此丞相乃所以爲巧。江左地促，不如中國。若使阡陌條暢，則一覽而盡，故紆餘委曲，若不可測。」〈世說言語篇。○按：王珣字元琳，導之孫，封交阯望海縣東亭侯。〉

宮闕門

端門〈五行志。〉

止車門〈何充傳。〉

南掖門〈安紀：「梁王珍之屯南掖門。」〉

雲龍門〈明紀。〉

神獸門〈海西紀。〉

崇禮闥〈五行志。〉

東掖門

西掖門〈輿地紀勝十七：「晉成帝修宮城東西四門，最東曰東掖門，最西曰西掖門。」〉

宫殿

太極殿 元紀：「有司奏太極殿廣室施絳帳，帝云：『漢文集上書皁囊爲帷。』遂令冬施青布〔三〇〕，夏施青練帷帳〔三一〕。」（御覽六百九十九引晉令作「夏可青疏」〔三二〕。）○刁協傳：王敦與協侍帝於太極東除。○簡文紀：大司馬率百官進太極前殿，具乘輿法駕迎帝。○王獻之傳：太元中，新起太極殿，謝安欲使獻之題牓。○輿地紀勝十七：文昌雜録云：東晉孝武帝建太極殿，有東西閣，天子開以聽政。作十二間，以象十二月。

含章殿 孝武紀。

清暑殿 王雅傳：孝武起清暑殿於後宫。○孝武紀：太元二十一年造。○輿地紀勝十七：「在臺城内，晉孝武建。爽塏奇麗，天下無比。暑月常有清風，故以爲名。」

式乾殿 康紀。

顯陽殿 康獻褚皇后傳。

徽音殿 安僖王皇后傳。

咸和新宫 成紀：咸和七年，帝遷於新宫。八年正月，詔曰：「昔犬賊縱暴〔三三〕，宫室焚蕩，元惡雖翦，未暇營築。有司屢陳朝會逼狹，遂作斯宫，子來之勞，不日而成。既獲臨御，大饗羣后，九賓充庭，百官象物。知君子勤禮，小人盡力矣。思蠲密網，咸同斯惠，其赦五歲刑以下。」○輿地紀勝十七：初名顯陽宫，即臺城也。晉蘇峻作亂，盡焚宫室。温嶠以下，咸欲遷都。王導固爭。咸和七年，治新宫成。

崇德宮　穆紀：褚太后居稱崇德宮〔三四〕。

崇訓宮　孝武李太后居稱崇訓宮。

永安宮　哀紀：穆帝何皇后稱永安宮。

太元新宮　孝武紀：太元三年作新宮。○世説方正篇注引徐廣晉記曰：「尚書令王彪之等啓，改作新宮。太元三年二月，内外軍六千人始營築，至七月而成。太極殿高八丈，長二十七丈，廣十丈。尚書謝萬監視，賜爵關内侯，大匠毛安之關中侯。」

東宮　孝武紀：太元十七年作。

東堂　明紀。○成紀：蘇峻子碩焚太極東堂。○安紀：義熙元年，劉裕出鎮京口，餞於東堂。

西堂　成紀。○宋志：晉咸康，甘露降西堂。○世説方正篇：「明帝在西堂會諸公，飲酒。」○海西紀：「步下西堂，乘犢車，出神獸門。」

樂賢堂　成紀。○蔡謨傳：「樂賢堂有先帝手畫佛象，經歷寇亂，而此堂猶存。」

延賢堂　孝武紀：太元十三年，「大風，晝晦，延賢堂災」。

螽斯則百堂　孝武紀。

積弩堂　初學記居處部〔三五〕：「晉成帝作。」

北上閤　王雅傳：孝武「開北上閤，出華林園，與美人張氏同游止，惟雅與焉」。

廣室 周顗傳。

通天觀 説郛載建康宮殿簿：晉孝武講經於通天觀〔三六〕。

織坊 孝武李太后傳：后初爲宮人，在織坊中。

精舍 孝武紀：太元六年，「帝初奉佛法，立精舍於殿内，引諸沙門以居」。

佛屋 康獻褚皇后傳：后在佛屋燒香。

孝武時，謝安欲更營宮室，王彪之曰：「中興之初，即位東府，殊爲儉陋，元、明二帝亦不改制。蘇峻之亂，成帝止蘭臺都坐，殆不蔽寒暑〔三七〕，是以更營修築，方之漢魏，誠爲儉狹，復不至陋，殆合豐約之中，今自可隨宜增益修補而已。彊寇未殄，正是休兵養士之時，何可大興功力，勞擾百姓耶？」安曰：「宮室不壯，後世謂人無能〔三八〕。」彪之曰：「任天下事，當保國寧家，朝政惟允，豈以修屋宇爲能耶？」王彪之傳。

尚書令王彪之等諫繕宮室，安不從，竟獨決之。宮室用成，皆仰模玄象，合體辰極，而役無勞怨。謝安傳。

中皇堂 義熙六年，盧循至淮口，大司馬琅邪王德文都督宮城諸軍事，次中皇堂。見安紀。

倉庫

東倉

西倉

石頭津倉　以上詳見食貨門。

常平倉　玉海引。

驃騎庫　孝武紀：太元十三年〔三九〕，驃騎庫災。

秘閣　成紀：咸和四年，蘇峻子碩攻臺城〔四〇〕，焚太極東堂，祕閣皆盡。○李充傳：分典籍爲四部，祕閣以爲永制。

聽訟觀　元紀：太興元年，新作聽訟觀。

苑倉　輿地紀勝十七：建康志云：「一名太倉，在苑城内。晉咸和中，修苑城爲宫，惟倉不毁。」

園苑

建平園　成紀。

華林園　孝武紀。

成帝嘗欲於後園作射堂，計用四十金，以勞費，乃止。成紀。

藥園 文選顏延年觀北湖田收詩注引丹陽郡圖經。

西池 溫嶠傳：太子起西池樓觀，頗爲勞費。上疏諫之。○世説豪爽門：晉明帝爲太子時，欲起池臺，元帝不許。太子好養武士，一夕中作池，比曉便成。太子西池是也。注引丹陽記曰：「西池，孫登所創，吳史所稱西苑也。明帝修復之耳。」○謝安傳：安出鎮廣陵，帝祖於西池，獻觴賦詩。○安紀：元興元年，以元顯爲驃騎大將軍、征討大都督，以討桓玄。帝戎服餞於西池。

穆帝將修後池，起閣道。侍中江逌上疏諫止。江逌傳。

客館 孝武紀：太元十三年十二月，客館、驃騎庫皆災。

【校勘記】

〔一〕裴頠傳　「裴頠傳」，底本誤作「惠紀」，據晉書改。

〔二〕聲聞二十里　「二」，底本誤作「三」，據北堂書鈔改。

〔三〕元暉闥　「元暉闥」後，玉海有崇禮闥、白藏闥。

〔四〕左城右平　「右平」，底本空出，據文選注補。

〔五〕爲陛級也　「級」，底本空出，據文選注補。

〔六〕初學記器物部引晉陽秋　「器物」，底本誤作「服飾」，據初學記改。「晉陽秋」，底本空出，據初學記補。

〔七〕晉武帝令　「令」，底本原奪，據初學記補。

〔八〕太極殿前及武帷　「前」，底本原奪，據初學記補。

〔九〕初學記居處部引晉宮闕名　「晉宮闕名」，當作「洛陽宮殿簿」。

〔一〇〕體羸多患　「患」，底本誤作「病」，據晉書改。

〔一一〕以下藝文類聚居處部引晉宮闕名　「闕」，底本誤作「閣」，據藝文類聚改。

〔一二〕以下初學記居處部引晉宮閣名　「閣」，底本誤作「闕」，據初學記改。

〔一三〕泰始十年　「十」，底本誤作「四」，據晉書改。

〔一四〕在大夏門内東北上　「内東北上」四字，太平寰宇記無。

〔一五〕玄圃　「圃」下，據文選注，當有「園」字。下「玄圃」同。

〔一六〕以雲母著窗裏　「裏」，底本空出，據藝文類聚補。

〔一七〕日曜之　「日曜」，底本空出，據藝文類聚補。

〔一八〕洛陽城外有宣陽千秋鴻地等觀　「地」，太平御覽作「池」。下「鴻地觀」同。

〔一九〕懷紀愍紀　「懷紀」，據晉書補。

〔二〇〕王應麟通鑑地理通釋十一　「十一」，通鑑地理通釋爲「卷四」。下「通鑑地理通釋十一」同。

〔二一〕太平寰宇記引輿地志　「志」，底本誤作「記」，據太平寰宇記改。

〔二二〕東府城西則簡文會稽王時第　「西則」，底本誤作「本」，據文選注改。「第」，底本空出，據文選注補。

〔二三〕東則孝文王道子府　「東則孝文王道子府」八字，底本空出，據文選注補。

〔二四〕道子領揚州　「州」下，底本原衍「時」字，據文選注删。

〔二五〕仍住先舍　「住先」，底本空出，據文選注補。

〔二六〕本吴後苑城　「城」，底本原奪，據輿地紀勝補。

〔二七〕伏見征西大將軍臣温表　「表」，底本原奪，據晉書補。

〔二八〕誠欲爲國遠圖　「國」下，底本原衍「家」字，據晉書删。

〔二九〕梟喪而寇除　「除」，底本誤作「存」，據晉書改。

〔三〇〕遂令冬施青布　「遂」，底本誤作「可」，據晉書改。

〔三一〕夏施青練帷帳　北堂書鈔、通志、册府元龜、玉海、資治通鑑胡三省注皆作「綀」，晉書作「綀」。

〔三二〕御覽六百九十九引晉令作夏可青疏　「疏」，底本誤作「葛」，據太平御覽改。

〔三三〕昔犬賊縱暴　「犬」，底本誤作「大」，據晉書改。

〔三四〕褚太后居稱崇德宫　「宫」，底本誤作「太后」，據晉書及文義改。

〔三五〕初學記居處部　「居處」，底本誤作「宫室」，據初學記改。

〔三六〕晉孝武講經於通天觀　「經」上，説郛有「孝」字。

〔三七〕殆不蔽寒暑　「寒暑」，底本誤作「風雨」，據晉書改。

〔三八〕後世謂人無能　「人」，底本誤作「之」，四庫全書本晉書同。據百衲本晉書改。

〔三九〕太元十三年　「三」，底本誤作「二」，據晉書改。

〔四〇〕蘇峻子碩攻臺城　「子碩」，底本原奪，據晉書補。

晉會要弟五十四

輿地十

里巷

孝敬里　宣紀：帝河内温縣孝敬里人。

太學里　陸機洛陽記。

步廣里　懷紀：「永嘉元年〔一〕，洛陽步廣里地陷，有二鵝出，色蒼者沖天，白者不能飛。」

永年里　賈充傳：爲前妻李築室於永年里。

宜年里　惠紀。

宜春里　左思傳：「退居宜春里，專意典籍。」

宜秋里　五行志：在洛陽宮西。

上商里　後漢書注引陸機洛陽記。

右池里　太平御覽州郡部引晉宫閣名〔二〕。

汶陽里　趙王倫傳。○通鑑八十四胡注：「洛陽城中有汶陽里，倫私第在焉。」

德宫里　文選楊仲武誄。

永安里　劉弘傳：「少家洛陽，與武帝同居永安里，又同年，共研席。」

銅駝街　懷紀：「帝步出西掖門，至銅駝街。」○通鑑八十七胡三省注引水經注「洛陽城中太尉、司徒兩坊間，謂之銅駝街。魏明帝置銅駝於閶闔南街」，即此。陸機洛陽記：「洛陽有銅駝街，漢鑄銅駝二枚，在宫南四會道相對，俗語曰：『金馬門外集衆賢，銅駝陌上集少年。』」○王豹傳：「何不銅駝下打殺？」

東宫街　水經穀水注：「建春門路北即東宫街也。」

崇義里

綏民里　並見洛陽伽藍記。

年和里　以下並見洪氏晉疆域志。

馬道里

延壽里

日中里

宜壽里
宜都里
富儲里
大雅里
安城里
左池里
東半里
穀陽里
北恢里
安武里
孝西里
太始里
光林里
石寺里
葛西里

西河里

宣賜里

南孝里

中恢里

渭陽里

利名里

西樂里

北溪里

東統里

石羊里

中安里

建陽里

都街　王豹傳「勅都街考竟」，事在齊王冏時，當是洛陽地也。

孝順里　許孜傳：「邑人號其居爲孝順里。」孜，元康中人。

乾河里　史記白起傳集解引郭璞云：「今河東聞喜縣東北有乾河口，名乾河里。」

南甘里　山海經大荒東經郭璞注：「晉永嘉二年，有鶖鳥集於始安縣南甘里之鶖陂中〔三〕。」

孝里　在長安，見潘岳西征賦。

安昌里　藝文類聚居處部引范汪荆州記：「安昌里有光武宅。」

延喜里　文選潘岳夏侯常侍誄。

周墟里　宋韓淲澗泉日記：「晉雍丘縣都鄉周墟里。」

延賢里　太平御覽州郡部〔四〕：「桓宣館於延賢里。」

太清里　法苑珠林：「晉建元寺，在建康太清里。」

中黄里　法苑珠林：「晉白馬寺，在建康中黄里。」

三井里　法苑珠林：「晉白塔寺，在秣陵三井里。」

烏衣巷　紀瞻傳：「立宅於烏衣巷，館宇崇麗，園池竹木，有足賞翫焉。」

長干巷　桓玄傳：「童謡云：『長干巷，巷長干。今年殺郎君，後年斬諸桓〔五〕。』」

都亭里　沈約宋書自序：義熙十一年，約王父館於都亭里之運巷。

運巷

七戰巷　太平御覽居處部引丹陽記：庾亮與蘇峻戰宣陽門外，交戰者七，乃南奔，故名。

沙里　宋書符瑞志：晉咸康七年，木連理生吴縣沙里。

康巷　宋書符瑞志：晉咸和九年〔六〕，甘露降錢唐康巷。

西柴里〔七〕簡文紀：徙海西公於吴西柴里。

須里　宋書符瑞志。

博陸里　沈約宋書自序：晉武帝平吴，約七世祖延居縣東鄉之博陸里。

東城里　南齊書高帝紀：蕭整過江，居武進之東城里。

京口里　南史：晉氏東遷，劉氏移居丹徒京口里。

練壁里〔八〕宋書趙皇后傳：「晉哀帝興寧元年，葬丹徒練壁里〔九〕。」

安上里　宋書劉延孫傳：晉左將軍劉懷肅居安上里。

叢亭里　宋書劉延孫傳：晉豫州刺史劉懷武居叢亭里。

大業里　郭默傳：蘇峻亂，默奔。郗鑒議於曲阿北大業里作壘，以分賊勢。

蘭上里　水經漸水注：會稽山陰有蘭上里，太守王羲之、謝安兄弟數往造焉。

市

金市　志云：「洛陽置三市。」水經穀水注引陸機洛陽記曰：洛陽凡三市：一曰金市，在宫西大城内；二曰馬市，在城東；三曰羊市，在城南。○文選閒居賦注又引云：市名金市，公觀之西〔一〇〕；洛陽縣市在大城南。

馬市

羊市

東市 武紀「咸寧二年，起常平倉於東西市」，疑即金市、馬市也。○嵇康、石崇傳「詣東市」，又爲行刑之地也。

西市

五穀市 齊王冏傳。

建康市 明紀〔一一〕：太寧元年，「術人李脱造妖書惑衆〔一二〕，斬於建康市」。

小市 賀循傳：廷尉張闓住小市。

關塞

函谷關 以下地志。○河南新安縣西二十三里。

嶢關 上洛縣地。

銅關 汲縣地。

延壽關河南新城縣地。

鄂坂關 河南陽城縣地。

成皋關 河南成皋縣地。

陽安關　中山蒲陰縣地。

溢口關　武昌柴桑縣地。

馬安關　中山望都縣地。○水經滱水注作馬溺關。

燒梁關　趙國中丘縣地。

轘轅關　懷紀：永嘉二年，賊王彌自許昌入轘轅關。

武關　桓温傳：温伐秦，步兵自淅川趨武關。○史記漢高祖紀索隱引太康地志：「武關當冠軍縣西。」

魯陽關　通鑑：苻堅使石越帥騎出魯陽關。

東關　通鑑：毛寶進攻祖約軍於東關。

井陘關　以下初學記地部。○趙地。

清泥關　秦西南地。

大行關　上黨地。

白馬關　沙洲地。

鐵關　吴地。

薊關　盧氏地。

衡關　蒲坂地。

馬耳關

皇蘭關　均在邊郡。

鬼門關　太平寰宇記：「晉時，趨交趾由此關。」

礫塞　趙國房子地。○以下地志注。續漢志注引地道記同。

中谷塞　趙國房子地。

石塞　趙國元氏地。

三公塞　趙國元氏地。

石門塞　趙國中丘地。

鴻上關　水經滱水注引晉地道記：中山縣有鴻上關。

委粟關　水經滱水注引晉地道記：「望都縣有委粟關。」

飛狐口　續漢志「上曲陽」注引晉地道記曰：「自縣北行四百二十五里，恒多山阪，名飛狐口。」

光禄塞　太康地記雲中縣北。

戍壘

江津戍　通鑑：桓振挾帝出屯江津戍。

巾水戍 水經注：晉元熙二年，得銅鐘於巾水戍。

湞口戍 太平寰宇記：在魏興郡洵陽縣城。

金淵戍 元和郡縣志：晉義熙末，朱齡石征蜀，於東山立金淵戍。

洛津戍 太平寰宇記：晉時於魏興郡置。

張方壘 洪氏晉疆域志引圖經云：晉齊王冏將張方築。

鈎鎖壘 宋書武帝紀：武帝西征，營於柏塢西，有三壘如鎖，故名。

韓王故壘 李矩傳：劉聰遣從弟暢襲矩於韓王故壘〔一三〕。

魯宗之壘 水經注：柞溪水出江陵縣，東流徑魯宗之壘。

楊口壘 通鑑：建武元年，王廙留長史劉浚鎮楊口壘。

陶公壘 元和郡縣志：陶侃討郭默，築壘以攻之，故名。

白石壘 郗鑒傳：「築白石壘。」庾亮傳：「以二千人守白石壘。」

相浦壘 安紀：義熙六年，盧循至淮口，築相浦、藥園、廷尉三壘，以拒之。

藥園壘

廷尉壘

大業壘 郭默傳：郗鑒於曲阿築大業壘，以默守之。

曲阿壘 郗鑒傳：大業、曲阿、庱亭三壘，皆鑒所築。

庱亭壘

女媧堡 輿地紀勝：晉桓温伐秦，其將司馬勳爲苻雄所敗，退屯女媧堡。

石樓驛 在洛城東。○惠紀。

古城 輿地紀勝：晉末，盧循竊發番禺，以徐道覆爲始興守。道覆保始興，因險自固。於北嶺門增修城，守官灘下地，名古城是也。

河渠

自魏黄初大水之後，河濟泛溢，鄧艾嘗著濟河論，開石門而通之，至是復浸壞〔一四〕。祇乃造沈菜原注：「一作萊」。堰，至今兖、豫無水患，百姓爲立碑頌焉。傅祗傳。

泰始時，光禄勳夏侯和上修新渠、富壽、遊陂三渠。食貨志。

張闓爲晉陵内史，立曲阿新豐塘，溉田八百餘頃。葛洪爲其頌。張闓傳。

杜預修邵信臣遺迹，激用滍、淯諸水，以浸原田，衆庶賴之，號曰杜父。舊水道惟沔、漢達江陵千數百里，北無通路。又巴丘湖〔一五〕，沅、湘之會，表裏山川，實爲險固，荆蠻之所恃也。預乃開楊口，起夏水達巴陵千餘里，内瀉長江之險，外通零桂之漕。杜預傳。

晉泰始三年五月，武帝遣監運大中大夫趙國、都匠中郎將河東樂世，帥衆五千餘人，修治河灘，事見五户祠銘。雖世代加功，水流湍濟，濤波尚屯。及其商舟是次，鮮不踟蹰難濟，故有衆峽諸灘之言。五户，灘名也。水經河水注。

泰始四年九月，青、徐、兖、豫四州大水，伊、洛溢，合於河。武紀。

七年六月〔一六〕，大雨霖，伊、洛、河溢，流居民四千餘家。武紀。

河南十二縣境簿曰：河南縣城東十五里有千金堨。洛陽記曰：千金堨舊堰穀水。堨之東首立一石人，石人東脇下文云：「泰始七年六月二十三日，大水并瀑，出常流上三丈，蕩壞二堨，五龍泄水，南注瀉下，加歲久漱齧，每澇即壞，歷載消棄大功，故爲今堨〔一七〕，更於西開泄，名曰代龍渠。地形正平，誠得瀉泄至理。千金不與水勢激争，無緣當壞，由其卑下，水得踰上漱齧故也。今增高千金於舊一丈四尺，五龍自然必歷世無患。若五龍歲久復壞，可轉於西更開二堨。二渠合用二十三萬五千六百九十八功，以其年十月二十三日起作，功重人少，到八年四月二十八日畢。水經穀水注。

十年，鑿陝南山，決河，東注洛，以通運漕。武紀。

吴臨平湖自漢末壅塞，至咸寧二年自開，父老相傳云：「此湖塞，天下亂。此湖開，天下平。」武紀。

代龍渠東合舊瀆。舊瀆又東，惠帝造石渠於水上〔一八〕。按橋西門之南頰文，稱晉元康二年十一月二十日，改治石巷、水門。除豎枋〔一九〕，更爲函枋，立作覆枋，屋前後辟級續石障，使南北入岸，築治漱處〔二〇〕，破石以爲殺矣。到三年三月十五日畢記〔二一〕。并紀列門廣長深淺於左右巷〔二二〕，東西長七尺，南北龍尾廣十二丈，巷瀆口高三丈，謂之臯門橋〔二三〕。潘岳西征賦曰「秣馬臯門」，即此處也。水經穀水注。

魏使持節、都督河北道諸軍事、征北將軍、建城鄉侯沛國劉靖，字文恭，登梁山以觀源流，相漯水以度形勢，嘉武安之通渠，羨秦民之殷富〔二四〕，乃使帳下督丁鴻軍士千人〔二五〕，以嘉平二年立遏於水，導高梁河，造戾陵遏，開車箱渠。其遏表云：「高梁河水者〔二六〕，出自并州，潞河之別源也。長岸峻固，直截中流，積石籠以爲主遏，高一丈，東西長三十丈，南北廣七十餘步。依北岸立水門，門廣四丈，立水十丈。山水暴發，則乘遏東下；平流守常，則自門北入。灌田歲二千頃。凡所封地，百餘萬畝。至景元三年辛酉，詔書以民食轉廣，陸廢不贍〔二七〕，遣謁者樊晨更制水門，限田千頃，刻地四千三百一十六頃，出給郡縣，改定田五千九百三十頃。水流乘車箱渠，自薊西北逕昌平，東盡漁陽潞縣，凡所潤含，四五百里，所灌田萬有餘頃。高下孔齊，原隰底平，疏之斯溉，決之斯散，導渠口以爲濤門，灑滮池以爲甘澤，施加於當時，敷被於後世。晉元康四年，君少子驍騎將軍平鄉侯弘，受命使持節、監幽州諸軍事，領護烏丸校尉、寧朔將軍，遏立積三十六載，至五年夏六月，洪水暴出，毁損四分之三，剩北岸七十餘丈，上渠車箱，所在漫溢。追惟前立遏之勳，親臨山川，指授規略，命司馬、關内侯逢惲，内外將士二千人，起長岸，立石渠，修主遏，治水門，門廣四丈，立水五尺，興復載利，通塞之宜，準遵舊制，凡用功四萬有餘焉。諸部王侯，不召而自至，繈負而趨事者，蓋數千人。詩載『經始勿亟』，易稱『民忘其勞』，斯之謂乎？於是二府文武之士，感秦國思鄭渠之績，魏人置豹祀之義，乃遐慕仁政，追述成功。元康五年十月十一日，刊石立表，以紀勳烈，并記遏制度，永爲後式焉。」水經鮑丘水注。

太安二年，張方入洛，決千金堨，水碓皆涸。惠紀。

永嘉元年〔二八〕，修千金堨於許昌以通運。懷紀。

永嘉三年，大旱，江、漢、河、洛皆竭，可涉。懷紀。

郿縣有成國渠，首受渭。地理志注。

興寧元年，湖瀆溢。哀紀。

兖州既平，玄患水道險澀，堰呂梁水，樹柵，立七埭爲派，擁二岸之流，以利運漕。進伐青州，謂之青州派。謝玄傳。

斜城東三里。晉義熙中，劉公遣周超之自彭城緣�故溝，斬樹穿道七百餘里〔二九〕，以開水路。水經泗水注。

滎瀆東南流，注於濟水。濟水與河，渾濤東注。晉太和中，桓温北伐，將通之，不果而還。義熙十三年，劉公西征，又命寧朔將軍劉遵考仍此渠而漕之，始有激湍東注〔三〇〕，而終山崩壅塞，劉公於北十里更鑿故渠通之。水經濟水注。

桓温至金鄉，水道絶，使毛虎生鑿鉅野三百里，引汶水，會於清水。通鑑。

橋梁亭館

洛陽城十二門，皆有石橋，橋跨渠水。陸機洛陽記。

十三里橋 惠紀。○通鑑八十五胡注：「橋在洛城西〔三一〕，去城十三里，因以爲名。」

河橋 杜預傳：「預以孟津渡險，有覆没之患，請建河橋於富平津。議者以爲殷周所都，歷聖賢而不作，必不可立故也。預曰：『造舟爲梁，則河橋之謂也。』及橋成，帝從百僚臨會，舉觴屬預曰：『非君，此橋不立也。』」

七里澗橋 武紀：「泰始十年十一月，立城東七里澗石橋。」○世説方正門：「杜預之荆州，頓七里橋，朝士悉祖。」

夕陽亭 賈充傳：「百寮餞於夕陽亭。」通鑑七十九胡注：「賢曰：『夕陽亭在河南城西〔三二〕。』」

金谷别館 石崇傳：「崇有别館，在河陽之金谷，一名梓澤〔三三〕。送者傾都，帳飲於此。」劉琨傳：「石崇河南金谷澗中有别廬，冠絶時輩，引致賓客，日以賦詩。」

新亭 王導傳：「過江人士，每至暇日，相要出新亭飲宴。」謝安傳：征西大將軍「桓温將發新亭，朝士咸送」。○通鑑八十七胡注引金陵覽古曰：「新亭，在江寧縣十里，近臨江渚。」○世説言語篇注引丹陽記：新亭，吴舊立，先基崩淪。隆安中，司馬恢之徙創今地。

朱雀橋　明紀：太寧元年，以應詹爲護軍將軍、假節，督朱雀橋南諸軍事。王敦兵至南岸，温嶠移屯水北，燒朱雀桁，以挫其鋒。通鑑八十六胡注：朱雀橋在建康宫城之南，跨秦淮水。世傳晉孝武帝建朱雀門，上有兩銅雀，故橋亦以此得名。然自吴以來有之，蓋取前朱雀之義，非晉孝武時始有此名也。朱雀橋亦曰大桁。成紀：咸康二年〔三四〕，新作朱雀浮桁。

蘭亭　王羲之傳：「會稽山陰之蘭亭。」

虎丘，本晉司徒王珣宅，隋時舍利記：「珣宅有琴臺。」曝書亭集四十四虎丘詩集跋。

征虜亭　世説雅量門：「支道林還東，時賢並送於征虜亭。」注引丹陽記曰：「太安中，征虜將軍謝安立此亭。」

白樓亭　世説賞譽門：「孫興公、許玄度在白樓亭，共商略先往名達。」注引會稽記：「亭在山陰，臨流映壑也。」

金昌亭　世説輕詆門：褚太傅初渡江，至金昌亭，吴中豪右燕集亭中〔三五〕。

思賢亭　曾鞏徐孺子祠堂記：晉永安中，豫章太守夏侯嵩於孺子墓碑旁立思賢亭。

【校勘記】

〔一〕永嘉元年　「元」，底本誤作「二」，據晉書改。

〔二〕太平御覽州郡部引晉宫閣名　「州郡」，底本誤作「居處」，據太平御覽改。

〔三〕有鶖鳥集於始安縣南甘里之鶖陂中　「甘」，誤，山海經注作「廿」。此條誤，無「南甘里」。

〔四〕太平御覽州郡部　「州郡」，底本誤作「居處」，據太平御覽改。

〔五〕後年斬諸桓　「後」，底本誤作「明」，據晉書改。

〔六〕晉咸和九年　「和」，底本誤作「康」，據晉書改。

〔七〕西柴里　「西」，底本原奪，據晉書補。

〔八〕練璧里　「璧」，底本誤作「壁」，據宋書改。下「練璧里」同。

〔九〕葬丹徒練璧里　「葬」，底本誤作「弄」，據宋書改。

〔一〇〕公觀之西　「西」，底本空出，據文選注補。

〔一一〕明紀　「明」，底本誤作「成」，據晉書改。

〔一二〕術人李脱造妖書惑衆　「書」，底本誤作「言」，據晉書改。

〔一三〕劉聰遣從弟暢襲矩於韓王故壘　「從」，底本原奪，據晉書補。

〔一四〕至是復浸壞　「浸」，底本原奪，據晉書補。

〔一五〕又巴丘湖　「湖」，底本原奪，據晉書補。

〔一六〕七年六月　「七」，底本誤作「六」，據晉書改。

〔一七〕故爲今堨　「故爲今」，當從四庫全書本水經注作「今故無令」。

〔一八〕惠帝造石渠於水上　「渠」，當從四庫全書本水經注作「梁」。

〔一九〕除暨枋　「除暨」，底本空出，據水經注補。

〔二〇〕築治漱處　「處」，底本空出，據水經注補。

〔二一〕到三年三月十五日畢記　「記」，當從四庫全書本水經注作「訖」。

〔二二〕并紀列門廣長深淺於左右巷　「淺」，底本空出，據水經注補。

〔二三〕謂之皋門橋　「皋」，底本誤作「睪」，據四庫全書本水經注改。下「皋門」同。

〔二四〕羨秦民之殷富　「秦民」，底本誤作「蔡氏」，據水經注改。

〔二五〕乃使帳下督丁鴻軍士千人　「鴻」下，當從四庫全書本水經注補「督」字。

〔二六〕高梁河水者　「水」，底本原奪，據水經注補。

〔二七〕陸廢不贍　「陸廢」，底本空出，據水經注補。

〔二八〕永嘉元年　「元」，底本誤作「二」，據晉書改。

〔二九〕斬樹穿道七百餘里　「道」，底本空出，據晉書補。「百」，底本誤作「十」，據晉書改。

〔三〇〕始有激湍東注　「有」，底本誤作「用」，據水經注改。

〔三一〕橋在洛城西　「洛」下，底本原衍「陽」字，據資治通鑑胡三省注删。

〔三二〕夕陽亭在河南城西　「河南」，底本誤作「洛陽」，據資治通鑑胡三省注改。

〔三三〕一名梓澤　「一名」，底本原奪，據晉書補。

〔三四〕咸康二年　「康」，底本誤作「和」，據晉書改。

〔三五〕吴中豪右燕集亭中　「右」下，底本原衍「方」字，據世説新語删。

晉會要弟五十五

四裔

東夷

夫餘國在玄菟北千餘里，南接鮮卑，北有弱水，地方二千里，户八萬，有城邑宫室，地宜五穀。其人强勇，會同揖讓[一]，有似中國。其出使，乃衣錦罽，以金銀飾腰。其法，殺人者死，没入其家；盜者一責十二；男女淫，婦人妒，皆殺之。若有軍事，殺牛祭天，以其蹄占吉凶，蹄解者爲凶，合者爲吉。死者以生人殉葬，有椁無棺。其居喪，男女皆衣純白，婦人著布面衣，去玉珮。出善馬及貂豽、美珠，珠大如酸棗。其國殷富，自先世以來，未嘗被破。其王印文稱「穢王之印」。國中有古穢城，本穢貊之城也。武帝時，頻來朝貢。至太康六年，爲慕容廆所襲破，其王依慮自殺，子弟走保沃沮。帝爲下詔曰：「夫餘王世守忠孝，爲惡虜所滅，甚愍念之。若其遺類足以復國者，當爲之方計，使得存立。」

韓種有三：一曰馬韓，二曰辰韓，三曰弁韓。辰韓在帶方南，東西以海爲限。馬韓在山海之間，無城郭，凡有小國五十六所，大者萬户，小者數千家，各有渠帥。俗少綱紀，無跪拜之禮。居處作土室，形如冢，其户向上，舉家共在其中，無長幼男女之别。不知乘牛馬，畜者但以送葬。俗不重金銀錦罽，而貴瓔珠，用以綴衣或飾髮垂耳。男子科頭露紒，衣布袍，履草屩，性勇悍。善用弓楯矛櫓，雖有鬥争攻戰，而貴相屈服。俗信鬼神，常以五月耕種畢，羣聚歌舞以祭神；十月農事畢，亦如之。國邑各立一人主祭天神，謂爲天君。又置别邑，名曰蘇塗，立大木，懸鈴鼓。蘇塗之義，有似西域浮屠也。太康元年、二年，貢方物，七年、八年、十年，又頻至。太熙元年，詣東夷校尉上獻。咸寧三年復來，明年又請内附。辰韓在馬韓之東，自言秦之亡人避役入韓，韓割東界以居之，立城柵，言語有類秦人，由是或謂之秦韓。初有六國，後稍分爲十二，又有弁辰[二]，亦十二國，合四五萬户，各有渠帥，皆屬於辰韓。辰韓常用馬韓人爲主，雖世世相承，而不得自立，明其流移之人，故爲馬韓所制也。地宜五穀，俗饒蠶桑，善作縑布。風俗類馬韓，兵器亦與之同。太康元年，獻方物。二年來朝貢，七年又來。

肅慎氏一名挹婁，在不咸山北，去夫餘可六十日行。東濱大海，西接寇漫汗國，北極弱水。其土界廣袤數千里，居深山窮谷，其路險阻。父子世爲君長。無文墨，以言語爲約。俗皆編髮。相盜竊，無多少，皆殺之，故雖野處而不相犯。有石砮，皮骨之甲，檀弓三尺五寸，楛矢長尺有咫。其國東北有山出石，其利入鐵，將取之，必先祈神。武帝太康初，來貢獻。元帝中興，又詣江左貢其石砮。

倭人在帶方東南大海中，依山島爲國，地多山林，無良田，食海物。男子衣以横幅，但結束相連，略無縫綴。婦人衣如單被，穿其中央以貫頭，而皆被髮徒跣。其地温煖，俗種禾稻，紵麻蠶桑織績〔三〕。有刀楯弓箭，以鐵爲鏃。無争訟，犯輕罪者没其妻孥，重者族滅其家。舊以男子爲主。漢末，乃立女子爲王，名曰卑彌呼。泰始初，遣使重譯來貢。

裨離國在肅慎西北，馬行可二百日，領户二萬。養雲國去裨離，馬行又五十日，領户二萬。寇莫汗國去養雲國，又百日行，領户五萬餘。一羣國去莫汗，又百五十日，計去肅慎五萬餘里。其風俗土壤未詳。泰始三年，各遣小部獻其方物。太熙初，復有牟奴國帥逸芝惟離、模盧國帥沙支臣芝、于離末利國帥加牟臣芝、蒲都國帥因末、繩余國帥馬路、沙樓國帥鈐加〔四〕，各遣正副使詣東夷校尉歸化。以上四夷傳。

百濟國自晉代受蕃爵，自置百濟郡。義熙中，以百濟王夫餘腆爲使持節，督百濟諸軍事。文獻通考。

西戎

吐谷渾，慕容廆之庶長兄也，父涉歸分部落一千七百家以隸之。涉歸卒，廆嗣，而二部馬鬥，廆怒曰：「先公分建有別，奈何不相遠離，而令馬鬥？」吐谷渾曰：「馬爲畜耳，鬥其常性〔五〕，何怒於人？乖別甚易〔六〕，當去汝於萬里之外矣。」於是遂行。廆悔，遣其長史史那樓馮及父時耆舊追還之〔七〕。吐谷渾曰：「先公稱卜筮之言，當有二子克昌。我卑庶也，理無並大，今因馬而別，殆天所啓乎！諸君試驅馬令東，馬若還東，我當隨去。」樓馮遣從者二千騎，擁馬東出數百步，輒悲鳴西走。如是者十餘輩，樓馮跪而言曰：「此非人事也。」遂止。於是乃西附陰山。屬永嘉之亂，始度隴而西，其後子孫據有西零已西甘松之界，極乎白蘭數千里。然有城郭而不居，隨逐水草，廬帳爲屋，以肉酪爲糧。其官置長史、司馬、將軍，頗識文字。其男子通服長裙，帽或戴冪羅。婦人以金花爲首飾，辮髮縈後，綴以珠貝。國無常稅，調用不給，輒斂富室商人，取足而止。殺人及盜馬者罪至死〔八〕，他犯則徵物以贖。地宜大麥，而多蔓菁。出蜀馬、犛牛。西北雜種謂之爲阿柴虜，或號爲野虜焉。

焉耆國西去洛陽八千二百里，其地南至尉犁，北與烏孫接，方四百里。四面有大山，道險隘。其俗丈夫翦髮，婦人衣襦，著大袴。好貨利，任姦詭。太康中，遣子入侍焉。

龜茲國西去洛陽八千二百八十里，俗有城郭，其城三重，中有佛塔廟千所。人以田種畜牧爲業，男女皆翦髮垂項。王宫壯麗，焕若神居。太康中，遣子入侍。

大宛國西去洛陽萬三千三百五十里，南至大月氏，北接康居，大小七十餘城。土宜稻麥，有蒲萄酒，多善馬，馬汗血。其人皆深目多鬚。善市賈，争分銖之利，得中國金銀，輒爲器物，不用爲幣也。太康六年，武帝遣使楊顥拜其王藍庾爲大宛王。藍庾卒，其子遣使貢汗血馬。

康居國在大宛西北可二千里〔九〕，與粟弋、伊列鄰接。其王居蘇薤城。風俗及人貌略同大宛。地和暖，饒桐柳蒲萄，多牛羊，出好馬。泰始中，遣使上封事〔一〇〕，并獻善馬。

大秦國一名犁鞬，在西海之西，其地東西南北各數千里。有城邑，其城周迴百餘里。屋宇皆以珊瑚爲棁栭，琉璃爲牆壁，水精爲柱礎。其王有五宫，其宫相去各十里，每旦於一宫聽事，終而復始。若國有災異，輒更立賢人，放其舊王，被放者亦不敢怨。有官曹簿領，而文字習胡，亦有白蓋小車、旌旗之屬，及郵驛制置，一如中州。其人長大，貌類中國人而胡服。其土多出金玉寶物、明珠、大貝，有夜光璧、駭雞犀及火浣布，又能刺金縷繡及織錦縷罽。以金銀爲錢，銀錢十當金錢之一。安息、天竺人與之交市於海中，其利百倍。鄰國使到者，輒廩以金錢。途經大海，海水鹹苦不可食，商客往來皆齎三歲糧。太康中，其王遣使貢獻。以上四夷傳。

咸寧二年，鮮卑阿羅多等叛〔一一〕，西域戊己校尉馬循討之，斬首四千餘級，獲生九千餘人，於是來降。武紀。

南蠻

林邑國去南海三千里。其俗皆開北户以向日，至於居止，或東西無定。人性凶悍，果於戰鬥，便山習水，不閑平地。四時暄暖，無霜無雪，人皆倮露徒跣，以黑色爲美。貴女賤男，同姓爲婚，婦先娉壻。女嫁之時，著迦盤衣，横幅合縫如井欄，首戴寶花。其王服天冠，被纓絡，每聽政，子弟侍臣皆不得近之。太康中，來貢獻。

扶南國西去林邑三千餘里，在海大灣中，其境廣袤三千里，有城邑宫室。人皆醜黑拳髮，倮身跣行。性質直，不爲寇盜，以耕種爲務，一歲種，三歲穫。又好雕文刻鏤，食器多以銀爲之，貢賦以金銀珠香。亦有書記府庫，文字有類於胡。泰始初，遣使貢獻。太康中，又頻來。穆帝升平初，復有竺旃檀稱王，遣使貢馴象。帝以殊方異獸，恐爲人患，詔還之。以上四夷傳。

郭璞云：「今去扶南東萬里，有耆薄國；東復五千里許，有火山國，其山雖霖雨，火常然。火中有白鼠，時出山邊求水食。人捕得之，以毛作布，今之火澣布是也。」山海經大荒西經注。

太康四年，牂牁獠二千餘落内屬。武紀。

北狄

匈奴之類，總謂之北狄。匈奴地南接燕趙，北暨沙漠，東連九夷〔一二〕，西距六戎。世世自相君臣，不稟中國正朔。武帝初，塞外匈奴大水，塞泥、黑難等二萬餘落歸化，帝納之，使居河西故宜陽城下。後復與晉人雜居，由是平陽、西河、太原、新興、上黨、樂平諸郡靡不有焉。泰始七年，單于猛叛，屯孔邪城。武帝遣婁侯何楨持節討之。楨有志略，以猛衆凶悍，非少兵所制，乃潛誘猛左部督李恪殺猛，於是匈奴震服，積年不敢復反。其後稍因忿恨，殺害長史，漸爲邊患。太康五年、七年，皆來貢方物〔一三〕。

北狄以部落爲類，其入居塞者有屠各種、鮮支種、寇頭種、烏譚種、赤勒種、捍蛭種、黑狼種、赤沙種、鬱鞞種、萎莎種、禿童種、勃蔑種、羌渠種、賀賴種、鍾跂種、大樓種、雍屈種、真樹種、力羯種，凡十九種，皆有部落，不相雜錯。屠各最豪貴，故得爲單于，統領諸種。其國號有左賢王、右賢王、左奕蠡王、右奕蠡王、左於陸王、右於陸王、左漸尚王、右漸尚王、左朔方王、右朔方王、左獨鹿王、右獨鹿王、左顯禄王、右顯禄王、左安樂王、右安樂王，凡十六等，皆用單于親子弟也。其左賢王最貴，惟太子得居之。其四姓，有呼延氏、卜氏、蘭氏、喬氏。而呼延氏最貴，則有左日逐、右日逐，世爲輔相；卜氏則有左沮渠、右沮渠；蘭氏則有左當户、右當户；喬氏則有左都侯、右都侯。又有車陽、沮渠、餘地諸雜號，猶中國百官也。其國人有綦毋氏、勒氏，皆勇健，好反叛。武帝時，有騎督綦毋俔邪伐吴有功，遷赤沙都尉。惠帝元康中，匈奴郝散攻上黨，殺長吏〔一四〕，入守上郡。明年，散弟度元又率馮翊、北地羌胡攻破二郡。自此以後，北狄漸盛，中原亂矣。以上四夷傳。

護蠻夷官

武帝置護羌、夷、蠻等校尉。南蠻校尉在襄陽，元康中，南蠻校尉爲荆州刺史。江左省，尋又置於江陵，後改曰鎮蠻校尉〔一五〕。安帝時，於襄陽置寧蠻校尉。西戎校尉在長安。南夷校尉在寧州。元康中，護羌校尉爲涼州刺史。

護匈奴、羌、戎、蠻、夷、越中郎將。武帝置，或領刺史，或持節爲之。武帝又置平越中郎將，居廣州，主護南越。以上職官志。

武帝時，有司奏護東夷校尉鮮于嬰不救夫餘，失於機略。詔免嬰，以何龕代之。四夷傳。

頒賜藩國

太康四年，有司奏，鄯善國遣子元英入侍，以英爲騎都尉，佩假歸義侯印，青、紫綬各一具。初學記服食部引晉永安起居注〔一六〕。

晉咸康起居注：「賜遼東使段遼等琉璃盌、鸚鵡杯〔一七〕。」藝文類聚器物部引。

義熙起居注：「賜倭國細笙、麝香。」太平御覽香部。

【校勘記】

〔一〕會同揖讓　「讓」下，晉書有「之儀」二字。

〔二〕又有弁辰　「辰」，底本誤作「韓」，據晉書改。

〔三〕紵麻蠶桑織績　「紵」，底本誤作「黍」，據晉書改。

〔四〕「復有牟奴國」至「彡加」　「蒲」，底本誤作「滿」，據晉書改。

〔五〕鬥其常性　「性」，底本誤作「耳」，據晉書改。

〔六〕乖別甚易　「易」，底本誤作「異」，據據中華書局本晉書校勘記改。

〔七〕遣其長史史那樓馮及父時耆舊追還之　「追」，底本誤作「迎」，據晉書改。

〔八〕殺人及盜馬者罪至死　「罪」，底本原奪，據晉書補。

〔九〕康居國在大宛西北可二千里　「北」，底本原奪，據晉書補。

〔一〇〕遣使上封事　「事」，底本原奪，據晉書補。

〔一一〕鮮卑阿羅多等叛　「叛」，晉書作「寇邊」。

〔一二〕東連九夷　「九」，底本誤作「北」，據晉書改。

〔一三〕太康五年七年皆來貢方物　按據晉書，貢方物係太康八年事，而五年有人歸化，七年有人降附。

〔一四〕殺長史　「史」，底本誤作「史」，據晉書改。

〔一五〕後改曰鎮蠻校尉　「後改曰鎮蠻校尉」，底本在後文「在寧州」下，據晉書移至此。

〔一六〕初學記服食部引晉永安起居注　「食」，底本誤作「飾」，據初學記改。

〔一七〕賜遼東使段遼等琉璃盌鸚鵡杯　下「遼」字，底本原奪，據藝文類聚補。

晉會要弟五十六

大事

晉興之始

魏明帝世，宣帝居上將之重，諸子並有雄才大略。后知帝非魏之純臣，而后既魏氏之甥[一]，帝深忌之。青龍二年，遂以鴆崩。景帝夏侯皇后傳。○陳沆詩比興箋云，司馬父子陰譎險詐[二]，奸而不雄，阮嗣宗詠懷詩中多以妾婦譏之。

文帝平諸葛誕，滅蜀，始弘晉業。通鑑八十四胡三省注。

魏高貴鄉公以帝三世宰輔，政非己出，情不能安，又慮廢辱，將臨軒召百寮而行放黜。夜，使冗從僕射李昭等發甲於陵雲臺，召侍中王沈、散騎常侍王業、尚書王經，出懷中黃素詔示之，戒嚴俟旦。沈、業馳告於帝，帝召護軍賈充等爲之備[三]。魏帝知事洩，帥左右攻相府，稱有所討，敢有動者族誅。相府兵將止不敢戰，賈充叱諸將曰：「公畜養汝輩，正謂今日耳！」太子舍人成濟抽戈犯蹕，刺之，刃出於背，魏帝崩於車中。帝召百寮謀其故，僕射陳泰不至。帝遣其舅荀顗輿致之，延於曲室，謂曰：「玄伯，天下其如我何？」泰曰：「惟腰斬賈充，微以謝天下。」帝曰：「卿更思其次。」泰曰：「但見其上，不見其次。」於是歸罪成濟而斬之。帝奏曰：「故高貴鄉公帥從駕人兵，拔刃鳴鼓向臣所，臣懼兵刃相接，即勑將士不得有所傷害，違令者以軍法從事。騎督成倅弟太子舍人濟入兵陣，傷公至隕。臣聞人臣之節，有死無二，事上之義，不敢逃難。前者變故卒至，禍同發機，誠欲委身守死，惟命所裁。然惟本謀，乃欲上危皇太后，傾覆宗廟。臣忝當元輔，義在安國，即駱驛申勑，不得迫近輿輦。而濟妄入陣間，以致大變，哀怛痛恨，五内摧裂。濟干國亂紀，罪不容誅，輒收濟家屬，付廷尉。」太后從之。文紀。○阮籍詠懷詩：「丹青著明，誓永世不相忘。」陳沆云，以丹青明誓，指司馬氏受魏文帝、明帝兩世托孤寄命之重，不應背之。

干寶曰：「晉之興也，宣、景遭多難之時，誅庶孽以便事，不及修公劉、太王之仁也。受遺輔政，屢遇廢置，齊王不明，不獲思庸於亳；高貴沖人，不得復子明辟也。二祖逼禪代之期〔四〕，不暇待三分、八百之會也。是其創基立本，異於先代者也。」晉紀總論。

宫廷之釁

初，文帝以景帝爲宣帝之嫡，早世無後，以帝弟攸爲嗣，謂百年之後，大業宜歸攸。每曰：「此景帝之天下也，吾何與焉？」將議立世子，屬意於攸，何曾等固争，乃止。武紀。○文帝欲傳位於攸，充稱武帝寬仁，且又居長，有人君之德，宜奉社稷。及文帝寢疾，武帝請問後事。文帝曰：「知汝者，賈公閭也。」賈充傳。

武帝晚年，諸子並弱，而太子不令，朝臣内外，皆屬意於攸。中書監荀勖、侍中馮紞皆諂諛自進，攸素疾之。勖等以朝望在攸，恐其爲嗣，禍必及之，乃從容言於帝曰：「陛下萬歲之後，太子不得立也。」帝曰：「何故？」勖曰：「百寮内外皆歸心於齊王，太子焉得立乎？」紞又言曰：「陛下遣諸侯之國，成五等之制，宜先從親始。親莫若齊王。」帝既信勖言，又納紞説。太康三年，詔以齊王攸都督青州諸軍事。攸知勖、紞構己，憤怨發疾，乞守先后陵，不許。帝遣御醫診視，諸醫希旨，皆言無疾。疾轉篤，猶催上道。攸自强入辭，素持容儀，疾雖困，尚自整厲，舉止如常，帝益疑無疾。辭出信宿，歐血而薨。帝哭之慟，馮紞侍側曰：「齊王名過其實，而天下歸之〔五〕，今自薨殞，社稷之福也。陛下何哀之過？」帝收淚而止。齊獻王攸傳。○通鑑八十：「攸妃，賈充之長女也。河南尹夏侯和謂充曰：『卿二婿，親疏等耳。立人當立德。』充不答。○世説品藻篇：「時人論武帝出齊王，立孝惠。」注云：「武帝兆禍亂，覆神州，在斯而已。」

侍中任愷、中書令庾純等剛直守正，咸疾充。及氐羌反叛，帝深以爲慮，愷因進説，請充鎮關中，詔從之。充既外出，自以爲失職，深銜任愷，計無所從。將之鎮，百寮餞於夕陽亭，荀勖私焉。充以憂告，勖曰：「公，國之宰輔，而爲一夫所制，不亦鄙乎？然是行也，辭之實難，獨有結婚太子，不頓駕而自留矣。」充曰：「然。孰可寄懷？」對曰：「勖請行之。」俄而侍宴，論太子婚事，勖因言充女才質令淑，宜配儲宮。而楊皇后及荀顗亦並稱之。帝納其言。會京師大雪，平地二尺，軍不得發。既而皇儲當婚，遂不西行。賈充傳。

太子妃賈氏妒忌，帝將廢之。楊悼后言於帝曰：「賈公閭有勳社稷，猶當數世宥之。」楊珧亦爲之言曰：「陛下忘賈公閭耶？」荀勖又深救，故得不廢。武悼楊皇后、惠賈皇后傳。

武帝自太康之後，天下無事，不復留心萬機，惟耽酒色，始寵后黨，請謁公行。而駿及珧、濟勢傾天下，時人有「三楊」之號。及帝疾篤，未有顧命，佐命功臣，皆已沒矣，朝臣惶惑，計無所從。而駿盡斥羣公，親侍左右，因輒改易公卿，樹其心腹。會帝小間，見所用者非，乃正色謂駿曰：「何得便爾？」乃詔中書，以汝南王亮與駿夾輔王室。駿恐失權寵，從中書借詔觀之，得便藏匿。中書監華廙恐懼，自往索之，終不肯與。信宿之間，上疾遂篤，后乃奏帝以駿輔政，帝頷之。武紀：「帝小間，問：『汝南王來未？』意欲見之，有所付托。左右答言：『未至。』帝遂困篤。」后召中書監華廙、令何劭〔六〕，口宣帝旨，使作遺詔。詔成，后對廙、劭以呈帝，帝親視而無言。自是二日而崩，駿遂當寄托之重，居太極殿。梓宮將殯，六宮出辭，而駿不下殿，以武賁百人自衛。不恭之迹，自此而始。楊駿傳。

楊悼后既爲賈妃言之於帝，又數誡厲妃，妃不知后之助己，因以致恨，謂后構之，忿怨彌深。及武帝崩，賈后凶悖，忌太后父駿執權，遂誣駿爲亂，使楚王瑋與東安王繇稱詔誅駿。內外隔塞，太后題帛爲書，射之城外，曰：「救太傅者有賞。」賈后因宣言太后同逆。駿既死，詔使後軍將軍荀悝送后於永寧宮。賈后諷羣公有司奏：「皇太后陰漸姦謀，圖危社稷，飛箭繫書，要募將士，同惡相濟，自絕於天。可宣勑王公於朝堂會議。」有司奏：「宜廢皇太后爲峻陽庶人。」中書監張華等以爲：「太后非得罪於先帝者也，今黨惡所親，爲不母於聖世。宜依孝成趙皇后故事，曰武帝皇后，處之離宮，以全貴終之恩。」尚書令下邳王晃議：「皇太后與駿潛謀，欲危社稷，不可復奉承宗廟，配合先帝。宜貶尊號，廢詣金墉城。」於是有司奏：「請從晃議。」初，太后尚有侍御十餘人，賈后奪之，絕膳而崩。武悼楊皇后傳。

董養遊太學，升堂歎曰：「朝廷建斯堂，將以何爲乎？每覽國家赦書，謀反大逆皆赦，至於殺祖父母、父母不赦者，以爲王法所不容故也。奈何公卿處議，文飾禮典，乃至此乎？天人之理既滅，大亂將作矣。」通鑑八十二。

賈后亂政，裴頠與賈模、張華議廢后，更立謝淑妃。模、華皆曰：「主上自無廢黜之意，而吾等專行之，倘上心不以爲然，將若之何？且諸王方强，朋黨各異，恐一旦禍起，身死國危，無益社稷。」頠曰：「誠如公言。然宫中逞其昏虐，亂可立待也。」華曰：「卿二人於中宫皆親戚，言或見信，宜數爲陳禍福之戒，庶無大悖，則天下尚不至於亂，吾曹得以優游卒歲而已。」裴頠傳〔七〕。○通鑑八十三胡三省注：「張華處昏亂之朝，位冠羣后〔八〕，而持心如此，天殆假手於趙王倫以誅之也。」

賈后謀害太子，使婢召太子，彊飲之酒，大醉，使潘岳作書草，令太子書之。文曰：「陛下宜自了；不自了〔九〕，吾當入了之。中宫又宜速自了；不自了，吾當入了之。并與謝妃共要，刻期兩發，勿疑猶豫，以致後患。茹毛飲酒於三辰之下，皇天許當掃除患害，立道文爲王，蔣氏爲内主。願成，當以三牲祠北君。」太子醉迷不覺，遂依寫。字半不成，后補成之，呈帝。偏示諸公王，莫有言者。張華曰：「此國之大禍，自古以來，常因廢黜正嫡以致喪亂。且國家有天下日淺，願陛下詳之。」裴頠以爲宜先檢校傳書者，又請比校太子手書，不然，恐有詐妄。賈后乃出太子啓事十餘紙，衆人比視，亦無敢言非者。乃表免太子爲庶人，與妃王氏、三子虨、臧、尚同幽於金墉城。尋，殺太子，并殺太子母謝淑媛及虨母保林蔣俊。通鑑八十三胡三省注云：「此書不惟無徵左，使常人觀之，亦知其僞爲而不可信。晉朝王、公、卿、尚書、黄、散視而不敢言。張華之諫，實亦不敢發賈氏之姦，姑引古義，依違而言之耳。裴頠請檢校傳書者，賈氏之姦無所逃矣，而亦不敢竟其說。上下相蒙，宜其大亂也。潘岳此事自當赤族，其後天假手於孫秀耳。」○按：道文，彪字也。

初，太子既廢，衆情憤怒。右衛督司馬雅與殿中中郎士猗等謀廢賈后，以張華、裴頠安常保位，難與行權，趙王倫執兵柄，性貪冒，可假以濟事。乃説孫秀曰：「中宮凶妬無道，誣廢太子。今國無嫡嗣，社稷將危，大臣將起大事，而公名奉事中宮，太子之廢，皆云豫知，一朝事起，禍必相及。何不先謀之乎？」秀許諾，言於倫，倫納焉。孫秀又言：「太子聰明剛猛，若還東宮，必不受制於人。明公素黨於賈后，道路皆知之。今雖建大功於太子，太子謂公特逼於百姓之望，翻覆以免罪耳。雖含忍宿忿，必不能深德明公。若有瑕釁，猶不免誅。不若遷延緩期，賈后必害太子，然後廢賈后，爲太子報讎，非徒免禍而已，乃更可以得志。」倫然之。及太子被害，倫矯詔勅三部司馬曰：「中宮與賈謐等殺吾太子，今使車騎入廢中宮，汝等皆當從命。事畢，賜爵關中侯。不從者，誅三族。」衆皆從之。趙王倫傳語冗長，今從通鑑八十三。

諸王之亂

武帝寢疾，時亮爲楊駿所排，以亮爲大司馬、大都督、督豫州諸軍事〔一〇〕，出鎮許昌。帝大漸，詔留亮委以後事。楊駿索詔，匿不出。帝崩，亮懼駿疑己，辭疾不入，於大司馬門外敍哀而已。駿欲討亮，亮夜馳許昌，得免。駿誅，以亮爲太宰、録尚書事，與衛瓘對掌朝政。論賞誅楊駿之功過差，苟悦衆心，由是失望。楚王瑋有勳而好立威，亮憚之，欲奪其兵權。瑋甚憾〔一一〕，乃承賈后旨，誣亮與瓘有廢立之謀，矯詔執之，歎曰：「我之忠心可破示天下也。如何無道，枉殺無辜？」竟害之。汝南王亮傳。

瑋年少果鋭，多立威刑，朝廷忌之。汝南王亮、太保衛瓘以瑋性很戾〔一二〕，不可大任，建議使與諸王之國〔一三〕。瑋甚忿，譖亮、瓘於賈后，使惠帝爲詔，廢二公。夜使黄門齎以授瑋。瑋遂勒本軍，復矯詔召三十六軍，手令告諸軍嚴加警備。又矯詔使亮、瓘上太宰太保印綬、侍中貂蟬。遂收亮、瓘，殺之。舍人岐盛説瑋，可因兵勢誅賈模、郭彰，匡正王室。瑋猶豫未決。帝用張華計，遣殿中將軍王宮齎騶虞幡麾衆曰：「楚王矯詔。」衆皆釋杖而走〔一四〕。瑋左右無一人，遂執之下廷尉。詔以瑋矯制害二公父子，又欲誅滅朝臣，謀圖不軌，遂斬之。賈后先惡亮、瓘〔一五〕，又忌瑋，故以計相次就誅。楚隱王瑋傳。

趙王倫初諂事中宮，大爲賈后所親信〔一六〕。求録尚書，張華、裴頠固執不可。及廢賈后，召中書監、侍中、黄門侍郎、八坐〔一七〕，皆夜入殿，執張華、裴頠等，於殿前殺之。矯詔自爲使持節、大都督、督中外諸軍事、相國〔一八〕，侍中、王如故，一依宣、文輔魏故事。尋加九錫。倫並惑巫鬼，聽妖邪之説。使牙門趙奉詐爲宣帝神語〔一九〕，命倫早入西宮。又言宣帝於北芒爲

趙王佐助，於是別立宣帝廟於芒山，謂逆謀可成。孫秀又部分諸軍，分布腹心，使散騎常侍義
陽王威兼侍中，出納詔命，矯作禪讓之詔，使奉皇帝璽綬，禪位於倫。惠帝自華林西門出居金
墉城。倫入端門，登太極殿，樂廣等進璽綬於倫，乃僭即帝位，改元建始。是歲，賢良方正直
言、秀才、孝廉、良將皆不試；計吏及四方使命之在京邑者，太學生年十六以上及在學二十年
者，皆署吏；郡縣二千石令長赦曰在職者，皆封侯；郡綱紀並爲孝廉，縣綱紀爲廉吏。其餘
同謀者咸超階越次，不可勝紀。至於奴卒廝役，亦加以爵位。每朝會，貂蟬盈座，時人爲之諺
曰：「貂不足，狗尾續。」而以苟且之惠取悦人情，府庫之儲不充於賜，金銀冶鑄不給於印，故
有白版之侯，君子恥服其章，百姓亦知其不終矣。時齊王冏、河間王顒、成都王穎並擁强兵，
各據一方。三王起兵討倫檄至，倫始大懼。使楊珍晝夜詣宣帝別廟祈請，輒言宣帝謝陛下，
某日當破賊。拜道士胡沃爲太平將軍，以招福佑。孫秀家日爲淫祀，作厭勝之文，使巫祝選
擇戰日。又令近親於嵩山著羽衣，詐稱仙人王喬，作神仙書，述倫祚長久以惑衆。自義兵之
起，百官將士咸欲誅倫以謝天下。左衛將軍趙泉斬孫秀。三部司馬兵又於宣化闥中斬孫弼
以徇。八坐皆入殿中，坐東除樹下。倫詔曰：「吾爲孫秀所誤，以怒三王。今已誅秀，其迎太
上復位，吾歸老於農畝。」黄門將倫自華林東門出，還汶陽里第。於是迎天子於金墉。梁王
彤表倫凶逆，宜伏誅。百官會議於朝堂，皆如彤表。遣尚書袁敞持節賜倫死，飲以金屑苦酒。

倫慚，以巾覆面〔二〇〕，曰：「孫秀誤我！孫秀誤我！」趙王倫傳。

倫篡，冏因衆心怨望，潛謀起兵誅倫。及倫廢，惠帝反正，冏率衆入洛，甲士數十萬，震於京都。天子就拜大司馬，加九錫，如宣、景、文、武輔魏故事。冏於是輔政，大築第館，北取五穀市，南開諸署〔二一〕，毀壞廬舍以百數，使大匠營制，與西宫等。鑿千秋門墻以通西閣，沈於酒色，不入朝見。坐拜百官，符勑三臺，選舉不均，惟寵親昵。殿中御史奏事，不先經冏府，即考竟之。於是朝廷側目，海内失望矣。主簿王豹屢有箴規，冏不能用。翊軍校尉李含奔於長安，詐云受密詔，使河間王顒誅冏。顒從之，上表稱勒兵十萬，與州征並協忠義〔二二〕，共會洛陽，廢冏還第。有不順命，軍法從事。以成都王穎爲宰輔，代冏阿衡之任。表至，冏大懼。東海王越説冏委權崇讓。冏從事中郎葛旟怒曰：「趙庶人聽任孫秀，移天易日，當時喋喋，莫敢先唱。公蒙犯矢石，得濟今日。計功行封，事殷未徧。三臺納言不恤王事，讒言僭逆，當共誅討。議者可斬。」於是百官震悚〔二三〕，莫不失色〔二四〕。長沙王乂徑入宫，發兵攻冏府。放火燒諸觀閣及千秋、神虎門。冏令黄門悉盜騶虞幡〔二五〕，唱云：「長沙王矯詔。」乂又稱：「大司馬謀反，助者誅五族。」是夕，城内大戰，飛矢雨集〔二六〕，火光屬天。帝幸上東門，矢集御前。羣臣救火，死者相枕〔二七〕。明日，冏敗，乂擒冏至殿前，帝惻然，欲活之。乂叱左右促牽出，冏猶再顧，遂斬於閶闔門外，徇首六軍。齊王冏傳。

河間王顒將誅冏，傳檄以乂爲内主。冏遣其將董艾襲乂，乂將左右百餘人，手斫車幰，露乘馳赴宮，閉諸門，奉天子與冏相攻，起火燒冏府。連戰三日。冏敗，斬之。顒本以乂弱冏强，冀乂爲冏所擒，然後以乂爲辭，宣告四方共討之，因廢帝立成都王，己爲宰相，專制天下。既而乂殺冏，其計不果，乃潛使侍中馮蓀等襲乂，乂並誅之。顒遂穎同伐京都。詔以乂爲大都督以拒顒。連戰自八月至十月，朝議以乂、穎兄弟，可以辭説而釋〔二八〕，乃使中書令王衍行太尉，光禄勳石陋行司徒，使説穎，令與乂分陝而居，穎不從。乂因致書於穎曰：「先帝應乾撫運，統攝四海，勤身苦己，克成帝業，六合清泰，慶流子孫。孫秀作逆，反易天常。卿興義衆，還復帝位。齊王恃功，肆行非法，上無宰相之心，下無忠臣之行，遂其讒惡，離逖骨肉，主上怨傷，尋已蕩除。吾之與卿，友于十人，同産皇室，受封外都，各不能闡敷王教，經濟遠略。今卿復與太尉共起大衆，阻兵百萬，重圍宮城。羣臣同忿，聊即命將，示宣國威，未擬摧殄。自投溝澗，死者日萬，酷痛無罪。豈國恩之不慈，則用刑之有常。卿所遣陸機不樂受卿節鉞，將其所領，私通國家。想來逆者，當前行一尺，卻行一丈。卿宜還鎮，以寧四海，令宗族無羞，子孫之福也。如其不然，念骨肉分裂之痛，故復遺書。」穎復書曰：「文景受圖，武皇乘運，庶幾堯舜，共康政道，恩隆洪業，本枝百世。豈期骨肉豫禍〔二九〕，后族專權，楊賈縱毒，齊趙内篡。幸以誅夷，而未静息。每憂王室，心悸肝爛。羊玄之、皇甫商等恃寵作禍，能不興慨？於是征西羽檄，四海雲應。本謂仁兄同其所懷，便當内擒商等，收級遠送。如何迷惑，自爲戎首？上矯君詔，下離愛弟，推移輦轂，妄動兵威〔三〇〕，還任豺狼，棄戮親善。行惡求福，如何自勉！前遣陸機董督節鉞，雖黄橋之退，而温南收勝，一彼一此，未足增慶也。今武士百萬，良將鋭猛，要當與兄整頓海内。若能從太尉之命，斬商等首，投戈退讓，自求多福，穎亦自歸鄴都，與兄同之。奉覽來告，緬然慷慨。慎哉大兄，深思進退也！」乂前後破穎軍，斬獲六七萬人。戰久糧乏，城中大饑，雖曰疲弊，將士同心，皆願效死。而乂奉上之禮，未有虧失，張方以爲未可克，欲還長安。而東海王越慮事不濟，潛與殿中將收乂送金墉城。殿中左右恨乂功垂成。黄門郎潘滔勸越密告張方，方遣將勒兵，就金墉收乂，至營，炙而殺之。乂冤痛之聲達於左右，三軍莫不爲之垂涕。長沙王乂傳。

齊王冏舉義，穎發兵應冏。及穎入京都，誅倫。冏始率衆入洛，自以首建大謀，遂擅威權。穎歸鄴。及齊王冏驕侈無禮，於是衆望歸之。詔遣侍中馮蓀等喻穎入輔政，並賜九錫。冏敗，穎懸執朝政，事無巨細，皆就鄴諮之。後張昌擾亂荆土，穎拜表南征，所在響赴。既恃功驕奢，百度廢弛，甚於冏時。穎方恣其欲，而憚長沙王乂在内，遂與河間王顒表請誅后父羊玄之、左將軍皇甫商等，檄乂使就第。乃與顒將張方伐京都。會乂被執，殺之。穎入京師，復旋鎮於鄴，拜丞相。河間王顒表穎宜爲儲副，遂廢太子覃，立穎爲皇太弟，丞相如故，制度一依魏武故事〔三二〕。表罷宿衛兵屬相府，更以王官宿衛。僭侈日甚，有無君之心，委任孟玖等，大失衆望。永興初，左衛將軍陳眕及長沙故將上官巳等，奉大駕討穎，馳檄四方，赴者雲集。東安王繇乃曰：「天子親征，宜罷甲，縞素出迎請罪。」司馬王混、參軍崔曠勸穎拒戰，穎從之，遣將石超率衆五萬，次於蕩陰。王師敗績，矢及乘輿，左右奔散，乃棄天子於槀中。超遂奉帝至鄴。張方又挾帝，擁穎歸於長安。顒廢穎歸藩，以豫章王爲皇太弟。會東海王越率衆迎大駕，所在鋒起。穎趨武關，出新野。帝詔鎮南將軍劉弘收捕穎。頓丘太守馮嵩執穎送鄴，范陽王虓幽之，而無他意。屬虓暴薨，長史劉輿慮爲後患，秘不發喪，僞令人爲臺使，稱詔夜賜穎死。成都王穎傳。

趙王倫篡位，齊王冏謀討之。冏檄至，顒執冏使，送之於倫。倫徵兵於顒，顒遣方率關右健將赴之。方至華陰，顒聞二王兵盛，乃加長史李含龍驤將軍，追方軍迴，以應二王。義兵至潼關，而倫、秀已誅，天子反正，含、方率衆還。後含爲翊軍校尉，與冏參軍皇甫商等有憾，遂奔顒，詭稱受密詔伐冏。顒納之，便發兵，遣使邀成都王穎。以含爲都督，率諸軍屯陰盤，檄長沙王乂討冏。及冏敗，顒潛圖害乂。商知含前矯妄及與顒陰謀，具以告乂。乂乃誅含等。顒聞含死，即起兵以討商爲名，使張方爲都督，領精卒七萬向洛。及乂死，詔以顒爲太宰、大都督、雍州牧。顒廢太子，立成都王穎爲太弟。左衛將軍陳眕奉帝伐穎，顒又遣方率兵二萬救鄴。方逼天子幸長安。顒乃選置百官，改秦州爲定州。及東海王越起兵徐州，西迎大駕。顒遣成都王穎總統各軍，據河橋以拒越，大敗。初，越以張方劫遷車駕，天下怨憤，唱義與山東諸侯尅期奉迎，先遣説顒，令送帝還都，與顒分陝而居。顒欲從之，而方不同。及東軍大捷，顒乃令方親信將郅輔夜斬方，送首以示東軍〔三二〕。尋變計，更遣刁默守潼關。時東軍既盛，破刁默以入關，顒懼，單馬逃於太白山。東軍入長安，大駕旋。永嘉初，詔書以顒爲司徒，乃就徵。南陽王模遣將於新安雍谷車上扼殺之。河間王顒傳。

成都王穎攻長沙王乂，乂固守洛陽，殿中諸將及三部司馬疲於戰守，密與左衛將軍朱默夜收乂別省，逼越爲主，啓惠帝免乂官。事定，越稱疾遜位。不許。太安初〔三三〕，帝北征，六軍敗，越還東海。帝西幸，越唱義奉迎大駕。兵甚盛，顒斬送張方首求和。越迎帝反洛陽。詔越以太傅録尚書事。懷帝即位，始親萬機，留心庶事。越不悦，求出藩，帝不許。遂出鎮許昌。越恐清河王覃終爲儲副，矯詔收付金墉城，尋害之。嗣還洛陽，疑朝臣貳己，誣帝舅王延等爲亂，遣王景率甲士三千人入宫收延等，付廷尉。越又以頃興事多由殿省，乃奏宿衛有侯爵者皆罷之。以東海國上軍將軍何倫爲右衛將軍，王景爲左衛將軍，領國兵數百人宿衛。越自誅王延等，大失衆望，而多有猜嫌。散騎侍郎有憂國之言，越誣以訕謗時政害之，而不自安。乃戎服入見，請討石勒，且鎮集兖、豫以援京師。屯於項，詔加九錫。越乃羽檄四方，徵兵皆不至。越專擅威權，圖爲霸業，朝賢素望，選爲佐吏，名將勁卒，充於己府，不臣之迹，四海所知。而公私罄乏，所在寇亂，州郡攜貳，上下崩離，禍結釁深〔三四〕，遂憂懼成疾。永嘉五年，薨於項。秘不發喪。以襄陽王範爲大將軍，統其衆。還葬東海。石勒追及於苦縣，軍潰。勒命焚越柩曰：「此人亂天下，吾爲天下報之，故燒其骨以告天地。」東海王越傳。

王氏鳴盛曰，晉書八王列傳「總敍先論列代封建之利害，次及晉事，則言：『諸王相仍構釁，爲身擇利，無心憂國，遂使外寇陵侮，宗廟丘墟。』下文結之云：『西晉之政亂朝危，雖由時主，然煽其風，速其禍者，咎在八王。』此言甚精確」。十七史商榷四十九。

胡戎之亂

武帝時，侍御史郭欽上疏曰：「戎狄彊獷，歷古爲患。魏初人寡，西北諸郡皆爲戎居。今雖服從，若百年之後有風塵之警，胡騎自平陽、上黨不三日而至孟津，北地、西河、太原、馮翊、安定、上郡盡爲狄庭矣。宜及平吳之威，出北地、西河、安定，復上郡，實馮翊，於平陽以北諸縣募取死罪，徙三河、三魏見士四萬家以充之。裔不亂華，漸徙平陽、弘農、魏郡、京兆、上黨雜胡，峻四夷出入之防，明先王荒服之制，萬世之長策也。」帝不納。四夷傳。

元康五年，代人衞操與從子雄及同郡箕澹往依拓跋氏，說猗㐌、猗盧招納晉人，晉人附者稍衆。通鑑八十二。○胡三省注云：「當是時，晉朝大臣、宗室雖已自相屠，而四方未爲變也，衛操、箕澹輩何爲去華就夷如是其早計也？中國之人可爲凜凜矣。漢嚴邊關之禁，懼有罪者亡命出塞耳。若無威刑之迫乎其後，一旦去桑梓而逐水草，是必有見也。邊關不之詰，朝廷不之虞，晉之無政，亦可知矣。」

九年，太子洗馬陳留江統以爲戎、狄亂華，宜早絶其原，乃作徙戎論以警朝廷曰：「夫夷、蠻、戎、狄，地在要荒，禹平九土，西戎即敍。其性氣貪婪，凶悍不仁。四夷之中，戎、狄爲甚，弱則畏服，彊則侵叛。當其彊也，以漢高祖困於白登、孝文軍於霸上。及其弱也，以元、成之微而單于入朝。此其已然之效也。是以有道之君牧夷、狄也，惟以待之有備，禦之有常，雖稽顙執贄而邊城不弛固守，彊暴爲寇而兵甲不加遠征，期令境内獲安，疆場不侵而已。及至周室失統，諸侯專征，封疆不固，利害異心，戎、狄乘間，得入中國，或招誘安撫以爲己用，自是四夷交侵，與中國錯居。及秦始皇并天下，兵威旁達，攘胡走越，當是時，中國無復四夷也。漢建武中，馬援領隴西太守，討叛羌，徙其餘種於關中，居馮翊、河東空地。數歲之後，族類蕃息，既恃其肥彊，且苦漢人侵之；永初之元，羣羌叛亂，覆没將守，屠破城邑，鄧騭敗北，侵及河内。十年之中，夷、夏俱弊，任尚、馬賢，僅乃克之。自此之後，餘燼不盡，小有際會，輒復侵叛，中世之寇，惟此爲大。魏興之初，與蜀分隔，疆場之戎，一彼一此。武帝徙武都氐於秦川，欲以弱寇彊國，扞禦蜀虜，此蓋權宜之計，非萬世之利也。今者當之，已受其弊矣。夫關中土沃物豐，帝王所居，未聞戎、狄宜在此土也。非我族類，其心必異。而因其衰敝，遷之畿服，士庶玩習，侮其輕弱，使其怨恨之氣毒於骨髓；至於蕃育衆盛，則坐生其心。以貪悍之性，挾憤怒之情，候隙乘便，輒爲横逆；而居封域之内，無障塞之隔，掩不備之人，收散野之積，故能爲禍滋蔓，暴害不測，此必然之勢，已驗之事也〔三五〕。當今之宜，宜及兵威方盛，衆事未罷，徙馮翊、北地、新平、安定界内諸羌，著先零、罕幵、析支之地，徙扶風、始平、京兆之氐，出還隴右，著陰平、武都之界，廩其道路之糧，令足自致，各附本種，反其舊土，使屬國、撫夷就安集之。戎、晉不雜，並得其所，縱有猾夏之心，風塵之警，則絶遠中國，隔閡山河，雖有寇暴，所害不廣矣。」難者曰：「氐寇新平，關中饑疫，百姓愁苦，咸望寧息。而欲使疲悴之衆，徙自猜之寇，恐勢盡力屈，緒業不卒，前害未及弭而後變復横出矣。」答曰：「子以今者羣氐尚挾餘資，悔惡反善，懷我德惠而來柔附乎？將勢窮道盡，智力俱困，懼我兵誅以至於此乎？」曰：「無有餘力，勢窮道盡故也。」然則我能制其短長之命，而令其進退由己矣。夫樂其業者不易事，安其居者無遷志。方其自疑危懼，畏怖促遽，故可制以兵威，使之左右無違也。迨其死亡流散，離逷未鳩，與關中之人，户皆爲讎，故可遐遷遠處，令其心不懷土也。夫聖賢之謀事也，爲之於未有，治之於未亂，道不著而平，德不顯而成。其次則能轉禍爲福，因敗爲功，值困必濟，遇否能通。今子遭敝事之終而不圖更制之始〔三六〕，愛易轍之勤而遵覆車之軌，何哉？且關中之人百餘萬口，率其少多，戎、狄居半，處之與遷，必須口實。若有窮乏，糝粒不繼者，故當傾關中之穀以全其生生之計，必無擠於溝壑而不爲侵掠之害也。今我遷之，傳食而至，附其種族，自使相贍，而秦地之人得其半穀，此爲濟行者以廩糧，遺居者以積倉，寬關中之逼，去盜賊之原，除旦夕之損，建終年之益。若憚暫舉之小勞，而忘永逸之弘策，惜日月之煩苦，而遺累世之寇敵，非所謂能創業垂統，謀及子孫者也。并州之胡，本實匈奴桀惡之寇也，建安中，使右賢王去卑誘質呼廚泉，聽其部落散居六郡。咸熙之際，以一部太彊，分爲三率；泰始之初，又增爲四。於是劉猛内叛，連結外虜，近者郝散之變，發於穀遠。今五部之衆，户至數萬，人口之盛，過於西戎；其天性驍勇，弓馬便利，倍於氐、羌。若有不虞，則并州之域可爲寒心。正始中，毌丘儉討句驪，徙其餘種於滎陽。始徙之時，户落百數，子孫孳息，今以千計；數世之後，必至殷熾。今百姓失職，猶或亡叛，犬馬肥充，則有噬齧，況於夷、狄，能不爲變？但顧其微弱，勢力不逮耳。夫爲邦者，憂不在寡而在不安，以四海之廣，士民之富，豈須夷虜在内然後取足哉？此等皆可申諭發遣，還其本域，慰彼羇旅懷土之思，釋我華夏纖介之憂。『惠此中國，以綏四方』，德施永世，於計爲長也！」朝廷不能用。通鑑八十三。○胡三省注云：「劉淵之禍，江統固逆知之矣。」

劉淵，匈奴冒頓之後也。魏咸熙中，爲任子在洛陽。師事上黨崔游，習毛詩、京氏易、馬氏尚書，尤好春秋左氏傳、孫吴兵法，略皆誦之。嘗謂同門生朱紀、范隆曰：「吾每誦書傳，常鄙隨、陸無武，絳、灌無文，惜哉！」於是遂學武事，妙絶於衆。武帝召與語，大悦之，謂由余、日磾無以加也。秦、涼覆没，帝疇咨將帥，李憙曰：「陛下誠能假淵一將軍之號，鼓行而西，可指期而定。」孔恂曰：「李公之言，未盡殄患之理。」憙勃然曰：「以匈奴之勁悍，元海之曉兵，奉宣聖威，何不盡之有？」恂曰：「淵若能平涼州，恐涼州方有難耳。蛟龍得雲雨，非復池中物也。」齊王攸亦言於帝曰：「陛下不除劉淵，臣恐并州不得久寧。」王渾進曰：「劉淵長者，渾爲君王保明之。」太康末，拜北部都尉。輕財好施，推誠接物，五部俊傑無不至者。幽、冀名儒，後門秀士，不遠千里，亦皆遊焉。楊駿輔政，以淵爲建威大將軍〔三七〕。成都王穎鎮鄴，表淵行寧朔將軍、監五部軍事。惠帝失馭，寇盜鋒起，淵從祖左賢王劉宣曰：「漢亡以來，我單于雖有虚號，無復尺土之業，自諸王侯，降同編户。今司馬氏骨肉相殘，四海鼎沸，興邦復業，此其時矣。」於是密推淵爲大單于。淵請歸會葬，穎不許〔三八〕。惠帝討穎，敗績。安北將軍王浚起兵伐穎，淵説穎曰：「諸鎮跋扈，衆餘十萬，恐非宿衛及近都士庶所能禦之，請爲陛下還説五部，以赴國難。」穎悦，拜淵爲北單于、參丞相軍事。淵至左國城，劉宣等上大單于之號，二旬之間，衆已五萬，都離石。王浚遣將率鮮卑攻鄴，穎敗，挾天子南奔。淵曰：「穎不用吾言，逆自奔潰〔三九〕，真奴才也。然吾與其有言，不可不救。」將討鮮卑。劉宣等諫曰：「晉爲無道，父子兄弟自相魚肉，此天厭晉德〔四〇〕，授之於我。鮮卑、烏丸可以爲援，奈何拒之而拯仇敵？」淵曰：「善！」乃僭即漢王位。子聰入寇陷洛陽，懷帝蒙塵，中朝遂墟焉。載記。

石勒初爲羣盜，招集王陽、郭敖等，號爲十八騎。復東如赤龍、騄驥諸苑中，乘苑馬遠掠繒寶。惠帝遷長安，關東所在兵起。勒初附，成都王穎將公師藩後奔。劉淵攻陷郡縣，軍勢彌盛矣。及石虎之養孫冉閔弑石鑒，僭位，遣使臨江告晉曰：「胡逆亂中原，今已誅之。若能共討，可遣軍來也。」朝廷不答。載記。

慕容廆遣使與陶侃牋曰：「大晉龍興，克平岷會，神武之略，邁征前史。惠皇之末，后黨構難，禍結京畿，釁成公族，遂使羯寇乘虚，傾覆諸夏，舊都淪滅，山陵毀掘，人神悲悼，幽明發憤。廆猥以功薄，受國殊寵，上不能掃除羣羯，下不能身赴國難，仍縱賊臣，屢逼京輦。王敦唱禍於前，蘇峻肆毒於後，凶暴過於董卓，惡逆甚於傕氾，普天率土，誰不同忿？深怪文武之士，過荷朝榮，不能滅中原之寇，刷天下之恥。君侯植根江陽〔四一〕，發曜荆衡，仗葉公之權，有包胥之志，而令白公、伍員得極其暴〔四二〕，竊爲丘明恥之。區區楚國子重之徒，猶恥君弱、羣臣不及先大夫，厲己戒衆，以服陳、鄭；越之種、蠡尚能弼佐勾踐，取威潢池；況今吴土英賢比肩〔四三〕，而不輔翼聖主，陵江北伐。以義聲之直，討逆暴之羯，檄命舊都之士，招懷存本之人，豈不若因風振落，頓坂走輪哉？且孫氏之初，以長沙之衆摧破董卓，志匡漢室。雖中遇寇害，雅志不遂，原其誠心，乃忽身命。及權據揚、越，外仗周、張，内憑顧、陸，拒魏赤壁，克取襄陽。自兹以降，世主相襲，咸能侵逼徐、豫，令魏朝旰食。不知今之江表爲賢儁匿智，藏其勇略耶？將吕蒙、凌統高蹤曠世哉？況今凶羯虐暴，中州人士逼迫勢促〔四四〕，其顛沛之危，甚於累卵。衆心所去，敵有釁矣。王郎、袁術雖自詐僞，皆基淺根微，禍不旋踵，此皆君侯之所聞見者矣。王司徒清虚寡欲，善於全己，昔曹參亦崇此道，著畫一之稱也。庾公居元舅之尊，處申伯之任，超然高蹈，明智之權。庾於寇難之際，受大晉累世之恩，自恨絶域，無益聖朝，徒係心萬里，望風懷憤。今海内之望，足爲楚漢輕重者〔四五〕，惟在君侯。若戮力盡心，悉五州之衆，據兖、豫之郊，使向義之士倒戈釋甲，則羯寇必滅，國恥必除。庾在一方，敢不竭命〔四六〕？孤軍輕進，不足使勒畏首畏尾，則懷舊之士欲爲内應，無由自發故也〔四七〕。故遠陳寫，言不宣盡。」載記。

王猛疾篤，苻堅親臨省病，問以後事。曰：「晉雖僻陋吴、越，乃正朔相承。親仁善鄰，國之寶也。臣殁之後，願不以晉爲圖。鮮卑、羌虜，我之仇也，終爲人患，宜漸除之，以便社稷。」載記。

篡逆之亂

王敦尚武帝女襄城公主。元帝初鎮江東，敦與從弟導等同心翼戴，以隆中興，時人爲之語曰：「王與馬，共天下。」敦尋進鎮東大將軍、開府儀同三司，加都督江揚荆湘交廣六州諸軍事、江州刺史，封漢安侯。初，敦務自矯厲，雅尚清談，口不言財色。既素有重名，又立大功於江左，專任閫外，手控彊兵，羣從貴顯，威權莫貳，遂欲專制朝廷，有問鼎之心。帝畏而惡之，引劉隗、刁協等以爲心膂。敦益不能平，於是嫌隙始搆。永昌元年，敦率衆内向，以誅隗爲名。吴興人沈充起兵應之。帝大怒，下詔親率六軍討敦。王師敗績。既入石頭，擁兵不朝，放肆兵士刦掠内外。宫省奔散，惟有侍中二人侍帝。帝脱戎衣，著朝服，顧而言曰：「欲得我處，但當早道，我自還琅邪，何至困百姓如此？」敦收周顗、戴若思害之。以敦爲丞相、江州牧，進爵武昌郡公，邑萬户。還屯武昌，多害忠良，寵樹親戚。元帝崩，太寧元年，敦諷朝廷徵己，明帝乃手詔徵之。又加黄鉞，班劍武賁二十人，奏事不名，入朝不趨，劍履上殿。敦移鎮姑孰，帝使侍中阮孚齎牛酒犒勞，敦稱疾不見，使主簿受詔。以王導爲司徒，敦自爲揚州牧。敦既得志，暴慢愈甚，四方貢獻多入己府，將相岳牧悉出其門。以沈充、錢鳳爲謀主，並凶險驕恣，共相驅扇，殺戮自己；又大起營府，侵人田宅，發掘古墓，剽掠市道，士庶解體。温嶠具言其逆謀，於是下詔討之。敦病篤，使錢鳳等率衆三萬向京師。上疏罪狀温嶠，以誅奸臣爲名。帝親率六軍，頻戰破之。俄而敦死。周光斬錢鳳，吴儒斬沈充，并傳首京師。有司議曰：「王敦滔天作逆，有無君之心，宜依崔杼、王淩故事，剖棺戮尸，以彰元惡。」於是發瘞出尸，焚其衣冠，跽而刑之。敦、充首同日懸於南桁，觀者莫不稱慶。王敦傳。

桓温尚南康長公主，尋進都督荆梁四州諸軍事、安西將軍、荆州刺史、領護南蠻校尉、假節。温志在立勳於蜀，永和二年，率衆西伐，平之。進位征西大將軍、開府，封臨賀郡公。及石季龍死，温欲率衆北征，先上疏議水陸之宜，久不報。知朝廷仗殷浩等以抗己，温甚忿之。時八州士衆資調，殆不爲國家用。聲言北伐，拜表便行。殷浩初至洛陽，修復園陵，經涉數年，屢戰屢敗，器械都盡。温進督司州，乃奏廢浩，自此内外大權一歸温矣。加侍中、大司馬、都督中外諸軍事、假黄鉞。加羽葆鼓吹、揚州牧、録尚書事。召温入參朝政。固讓内録，遥領揚州牧，移鎮姑孰。温以雄武專朝，窺覦非望，或卧對親寮曰：「爲爾寂寂，將爲文、景所笑。」衆莫敢對。既而撫枕起曰：「既不能流芳後世，不足復遺臭萬載邪？」常行經王敦墓，望之曰：「可人，可人！」其心迹若是。温既負其才力，久懷異志。於是參軍郗超進廢立之計，乃廢帝而立簡文帝。及帝不豫，詔温如諸葛武侯、王丞相故事。温初望簡文臨終禪位於己，不爾便爲周公居攝。事既不副所望，故甚憤怨〔四八〕。尋疾，薨。桓温傳。

桓玄，温之孽子也。常負其才地，以雄豪自處，朝廷疑而未用。年二十三，始拜太子洗馬，時議謂温有不臣之跡，故折玄而爲素官。太元末，出補義興太守，鬱鬱不得志。隆安中，詔以玄爲都督荆司雍秦梁益寧七州、後將軍、荆州刺史、假節。玄上疏固争江州，進督八州及揚豫八郡，復領江州刺史。時寇賊未平，朝廷難違其意，許之。玄於是樹用腹心，兵馬日盛，上疏求討孫恩，詔不許。其後恩逼京師，玄建牙聚衆，外托勤王，實欲觀釁而進，復上疏請討之。會恩已走，玄又奉詔解嚴。自謂勢運所歸，屢上禎祥以爲己瑞。元興初，元顯稱詔伐玄。玄抗表率衆，下至尋陽，移檄京邑，罪狀元顯。元顯自潰。玄入京師，矯詔加己總百揆，侍中、都督中外諸軍事、丞相、録尚書事、揚州牧，領徐州刺史，又加假黄鉞、羽葆鼓吹、班劍二十人，甲仗二百人上殿。玄表列太傅道子及元顯之惡，徙道子於安成郡，害元顯於市。玄入居太傅府，大赦，改元爲大亨。玄讓丞相，自署太尉、領平西將軍、豫州刺史。又加衮冕之服，緑綟綬，增班劍爲六十人，劍履上殿，入朝不趨，贊奏不名。玄初至也，黜凡佞，擢儁賢，君子之道粗備，京師欣然。後乃陵侮朝廷，幽擯宰輔，豪奢縱欲，衆務繁興，於是朝野失望，人不安業。又矯詔加其相國，總百揆，封南郡、南平、宜都、天門、零陵、營陽、桂陽、衡陽、義陽、建平十郡爲楚王，揚州牧，領平西將軍、豫州刺史如故，加九錫備物，楚國置丞相以下，一遵舊典。又諷天子御前殿而策授焉。又矯詔使王謐兼太保，領司徒，奉皇帝璽。王氏鳴盛曰：「王導一門爲司馬氏世臣，而桓玄篡位，則導之孫謐爲太保，奉璽冊詣？玄封武昌縣開國公。四維絶矣，何以立國？」禪位於己。又諷帝以禪位告廟，出居永安宮，移晉神主於琅邪廟。百官到姑孰勸玄僭僞位，玄僞讓，朝臣固請，乃於城南七里立郊，登壇篡位，以玄牡告天，百僚陪列，而儀注不備，忘稱萬歲。初出僞詔，改年爲建始，右丞王悠之曰：「建始，趙王倫僞號也。」又改爲永始，復是王莽始執權之歲，其兆號不祥，冥符僭逆如此。下書以南康之平固縣奉晉帝爲平固王，車旗正朔一如舊典。」遷帝居尋陽，即陳留王處鄴宮故事。玄自篡盜之後，驕奢荒侈，遊獵無度，以夜繼晝。性又急暴，呼召嚴速，直官咸繫馬省前，禁内讙雜，無復朝廷之體。百姓疲苦，朝野勞瘁，怨怒思亂者十室八九。於是劉裕、劉毅、何無忌等共謀興復。裕至蔣山，使羸弱貫油帔登山，分張旗幟，數道並前。玄偵候還云：「裕軍四塞，不知多少。」玄憂惶，遣庾頤之配以精卒，副援諸軍。於時東北風急，義軍放火，煙塵張天，鼓譟之音震駭京邑。劉裕執鉞麾而進，諸軍奔潰。玄率親信數千人聲言赴戰，遂將其子昇、兄子濬出南掖門，西至石頭，使殷仲文具船，相與南奔。劉毅等追，敗，玄衆潰遁。玄被箭，其子昇輒拔去之。益州督護馮遷抽刀而前，玄拔頭上玉導與之，仍曰：「是何人邪？敢殺天子！」遷曰：「欲殺天子之賊耳。」遂斬之。庾頤之戰死。斬濬等，送昇至江陵市斬之。桓玄傳。

桓玄簒位，見劉裕，謂司徒王謐曰：「裕風骨不恒，蓋人傑也。」每遊集，輒引接慇懃。或説玄曰：「劉裕龍行虎步，視瞻不凡，恐不爲人下，宜早爲其所。」玄曰：「我方欲平蕩中原，非劉裕莫可付以大事。關、隴平定，然後當別議之耳。」桓玄平，帝授裕太傅，劍履上殿，入朝不趨，贊拜不名。裕北討姚泓，平之，執送泓斬於建康市。授相國、宋公。帝欲留裕長安，經略趙、魏。裕歸，受相國、宋公、九錫之命。元熙元年，詔徵裕入輔。進爵爲宋王。六月〔四九〕，裕至京師。傅亮承裕密旨，諷帝禪位。草詔曰：「夫天造草昧，樹之司牧，所以陶鈞三極，統天施化。故大道之行，選賢與能，隆替無常期，禪代非一族，貫之百王，由來尚矣。晉道陵遲，仍世多故，爰暨元興，禍難既積，至三光貿位，冠履易所，安皇播越，宗祀墮泯，則我宣、元之祚，永墜於地，顧瞻區域，翦焉已傾。相國宋王，天縱聖德，靈武秀世，一匡頹運，再造區夏，固以興滅繼絶，舟航淪溺矣。若夫仰在璿璣，旁穆七政，薄伐不庭，開復疆宇。遂乃三俘僞主，開滌五都，雕顔卉服之鄉，龍荒朔漠之長，莫不回首朝陽，沐浴玄澤。故四靈效瑞，川岳啓圖，嘉祥雜遝，休應炳著，玄象表革命之期，華裔注樂推之願。代德之符，著乎幽顯，瞻烏爰止，允集明哲，夫豈延康有歸，咸熙告謝而已哉？火德既微，魏祖底績，黄運不競，三后肆勤。故天之曆數，實有攸在。朕雖庸闇，昧於大道，永鑒廢興，爲日已久。念四代之高義，稽天人之至望，予其遜位別宮，歸禪于宋，一依唐虞、漢魏故事。」詔草既成，送呈天子使書之，天子欣然，即便操筆，謂左右曰：「桓玄之時，天命已改，重爲劉公所延，將二十載。今日之事，復何所恨？」乃書赤紙爲詔，遂遜位而傳於宋。宋高紀、晉恭紀。

初，讖云「昌明之後有二帝」，劉裕將爲禪代，故密使王韶之縊安帝而立恭帝，以應二帝云。安紀。元熙二年，帝禪位劉裕，以帝爲零陵王。宋永初二年九月，裕使兵人弑帝於内房。恭紀。

義熙十三年七月，劉裕克長安，執姚泓，歸諸京師。裕不留鎮長安而歸者，自顧年老，急於篡位也。曹、馬篡位，山陽、陳留尚得保全，裕實首惡，連害二帝矣。十七史商榷四十五。

附：

自孝武不親萬幾，但與會稽王道子酣歌爲務，姏姆尼僧，尤爲親暱，並竊弄其權，凡所幸接，皆出自小豎。郡守長吏，多爲道子所樹立。官以賄成，政刑謬亂。左衛領營將軍會稽許榮、中書郎范甯並深陳得失，帝由是不平於道子，然外每優崇之〔五〇〕。帝嘗幸其宅，謂道子曰：「府内有山，因得遊矚，甚善也。然修飾太過，非示天下以儉。」道子無以對，唯唯而已。道子益專恣。嬖人茹千秋賣官販爵，聚資累億。又道子爲皇太妃所愛，親遇同家人之禮〔五一〕，遂恃寵乘酒時失禮敬，帝益不能平。然以太妃之故，加崇禮秩。太妃每和解之，而道子不能改。中書郎徐邈以國之至親，惟道子而已，宜在敦穆，從容言於帝。帝納之，復委任道子如初。道子世子元顯年十六，爲侍中，旋加元顯録尚書事。道子更爲長夜之飲，政無大小，一委元顯。時謂道子爲東録，元顯爲西録。西府車騎填湊，東第門下可設雀羅矣。元顯無良師友，正言弗聞，諂譽日至，或以爲一時英傑，或謂爲風流名士。由是自謂無敵天下，故驕侈日增。于時，軍旅荐興，國用虚竭，自司徒以下，日廩七升，而元顯聚斂不已，富過帝室。史臣曰：道子地則親賢，任惟元輔，耽荒麴糵，信惑讒諛。遂使尼媪竊朝權，姦邪制國命。始則彝倫攸斁，終則宗社淪亡。元顯以童丱之年，受棟梁之寄，專制朝廷，陵蔑君親，奮庸瑣之常材，抗姦凶之巨寇，喪師殄國，不亦宜乎？列代之崇建維城，用藩王室，有晉之分封子弟，實樹亂階。詩云：「懷德惟寧，宗子維城。無俾城壞，無獨斯畏。」城既壞矣，畏也宜哉。典午之喪亂弘多，實此之由也。簡文三子傳。

十六國

漢

惠帝永興元年，劉淵即漢王位。

懷帝永嘉二年稱帝，都平陽。

元帝太興二年，改號趙，徙都長安。

劉氏凡傳四世，二十五年，成帝咸和四年，石虎滅之，前趙亡。

成

惠帝永興元年，李雄即成都王位，逾年稱帝，國號成。

成帝咸康四年，改號漢。又號後蜀。

李氏凡傳五世，四十三年。穆帝永和三年，桓温平蜀，漢亡。

後趙

元帝太興二年，石勒稱趙王。

成帝咸和五年稱帝，咸康元年遷都鄴。

穆帝永和六年，石閔殺石鑒自立，稱魏，復姓冉，石祇立於襄國。七年，魏圍襄國，弑祇，趙亡。八年，閔爲燕所殺，魏亡。

石氏凡傳五世，三十一年。

燕

成帝咸康三年，慕容皝稱燕王。

穆帝永和八年，慕容儁稱皇帝，都薊城。

前燕慕容氏凡傳三世，三十四年。廢帝太和五年，秦苻堅滅之，燕亡。

涼

穆帝永和二年，張重華稱涼。立十年，張祚僭帝位，後爲秦所滅。自軌爲涼州至天錫，凡九世，七十六年。張軌傳。

秦

穆帝永和七年，苻健自稱秦天王，明年稱皇帝，都長安，徙晉陽。

苻氏凡傳五世，四十五年，孝武帝太元十九年，爲姚興所滅，秦亡。

後秦

孝武帝太元九年，姚萇稱秦王。十年，取長安，都之，稱帝。

姚氏傳三世，三十四年，安帝義熙十三年，劉裕入長安，姚泓降，後秦亡。

後燕

孝武帝太元九年，慕容垂稱王，都中山。十一年，稱皇帝。

後燕慕容氏傳三世，二十三年，安帝義熙三年，後燕亡。

西燕

孝武太元十年，慕容沖稱帝。十一年，沖弑慕容永，據長子稱帝。

西燕慕容氏二世，十年。太元十九年，西燕亡。

後涼

孝武太元十一年，吕光稱酒泉公。二十一年，稱涼天王。

後涼吕氏二世，二十八年。安帝元興二年，降於後秦，涼亡。

西秦

孝武太元十年，乞伏國仁稱單于。安帝義熙十二年，乞伏熾磐内附於晉。

南涼

安帝隆安元年，秃髮烏孤取涼金城，稱王。

南涼秃髮氏十四年滅於西秦，南涼亡。

北涼

安帝隆安元年，段業稱建康公。五年，沮渠蒙遜殺段業自立。

南燕

安帝隆安二年，慕容德稱帝於滑臺。義熙六年，劉裕平之，南燕亡。

南燕慕容氏二世，十三年。

西涼

安帝隆安四年，李暠稱涼王。

夏

安帝義熙三年，赫連勃勃稱夏王。

【校勘記】

〔一〕而后既魏氏之甥　「既」，底本誤作「爲」，據晉書改。

〔二〕司馬父子陰譎險詐　「陰」，底本誤作「隱」，據詩比興箋改。

〔三〕帝召護軍賈充等爲之備　「護軍」，中華書局本晉書校勘記以爲當作「中護軍」。

〔四〕二祖逼禪代之期　「二」，底本誤作「世」，據文選改。

〔五〕而天下歸之　「之」，底本誤作「心」，據晉書改。

〔六〕后召中書監華廙令何劭　「令」，底本誤作「含」，據晉書改。

〔七〕裴頠傳　按，正文與資治通鑑卷八十三同，而與晉書裴頠傳小異。

〔八〕位冠羣后　「后」，底本誤作「臣」，據資治通鑑改。

〔九〕不自了　「自」，底本原奪，據晉書、資治通鑑補。

〔一〇〕以亮爲大司馬大都督督豫州諸軍事　下「督」字，底本原奪，據晉書補。

〔一一〕瑋甚憾　「甚憾」，底本誤倒，據晉書乙正。

〔一二〕汝南王亮太保衛瓘以瑋性很戾　「很」，底本誤作「狠」，據晉書改。

〔一三〕建議使與諸王之國　「使」，底本原奪，據晉書補。

〔一四〕衆皆釋杖而走　「杖」，底本誤作「仗」，據晉書改。

〔一五〕「諸王之亂」至「賈后先惡亮瓘」　影印本誤置於後葉，今據内容乙正。

〔一六〕大爲賈后所親信　「所」，底本原奪，據晉書補。

〔一七〕召中書監侍中黄門侍郎八坐　「監」下，底本原衍「令」，據晉書删。

〔一八〕矯詔自爲使持節大都督督中外諸軍事相國　下「督」字，底本原奪，據晉書補。

〔一九〕使牙門趙奉詐爲宣帝神語　「使」上，晉書有「秀」字。

〔二〇〕以巾覆面　「面」，底本原奪，據晉書補。

〔二一〕南開諸署　「開」，底本誤作「門」，據晉書改。

〔二二〕與州征並協忠義　「征」，底本誤作「鎮」，據晉書改。

〔二三〕於是百官震悚　「悚」，底本誤作「慄」，據晉書改。

〔二四〕莫不失色　「莫」，晉書作「無」。

〔二五〕冏令黄門悉盜騶虞幡　「門」下，晉書有「令王湖」三字。

〔二六〕飛矢雨集　「雨」，底本誤作「羽」，據晉書改。

〔二七〕死者相枕　「相枕」，底本誤作「枕藉」，據晉書改。

〔二八〕可以辭説而釋　「釋」，底本誤作「解」，據晉書改。

〔二九〕豈期骨肉豫禍　「豫」，底本誤作「預」，據晉書改。
〔三〇〕妄動兵威　「兵」，底本誤作「刑」，據晉書改。
〔三一〕制度一依魏武故事　「依」，底本誤作「如」，據晉書改。
〔三二〕送首以示東軍　「送」，底本原奪，據晉書補。
〔三三〕太安初　「太」，中華書局本晉書校勘記以爲當作「永」。
〔三四〕禍結釁深　「釁」，底本誤作「怨」，據晉書改。
〔三五〕已驗之事也　「驗」，底本誤作「然」，據資治通鑑改。
〔三六〕今子遭敝事之終而不圖更制之始　「子」，底本原奪，據資治通鑑改。
〔三七〕以淵爲建威大將軍　「建威大將軍」，晉書作「建威將軍、五部大都督」。
〔三八〕穎不許　「不」，晉書作「弗」。
〔三九〕逆自奔潰　「逆自」，底本誤作「以至」，據晉書改。
〔四〇〕此天厭晉德　「天」下，底本原衍「之」，據晉書删。
〔四一〕君侯植根江陽　「江陽」，底本原奪，據晉書補。
〔四二〕而令白公伍員得極其暴　「員」下，晉書有「殆」字。
〔四三〕況今吴土英賢比肩　「土」，底本誤作「會」，據晉書改。
〔四四〕中州人士逼迫勢促　「促」，底本誤作「迫」，據晉書改。

〔四五〕足爲楚漢輕重者　「者」，底本原奪，據晉書補。
〔四六〕敢不竭命　「命」，底本誤作「力」，據晉書改。
〔四七〕無由自發故也　「故」，底本原奪，據晉書補。
〔四八〕故甚憤怨　「甚」，底本誤作「益」，據晉書改。
〔四九〕六月　「六」上，當奪「二年」二字。
〔五〇〕然外每優崇之　「外每」，底本誤倒，據晉書乙正。「崇」，底本誤作「容」，據晉書改。
〔五一〕親遇同家人之禮　「親」，底本原奪，據晉書補。

圖書在版編目(CIP)數據

晉會要 / 汪兆鏞纂；鄧駿捷，陳才整理. —上海：上海古籍出版社，2020. 12
(歷代會要叢書)
ISBN 978-7-5325-9835-9

Ⅰ. ①晉… Ⅱ. ①汪… ②鄧… ③陳… Ⅲ. ①會要—中國—晉代 Ⅳ. ①D691. 5

中國版本圖書館 CIP 數據核字(2020)第 238958 號

歷代會要叢書
晉會要
(全二册)
汪兆鏞　纂
鄧駿捷、陳才　整理
上海古籍出版社出版發行
(上海瑞金二路 272 號　郵政編碼 200020)
(1) 網址：www. guji. com. cn
(2) E-mail：guji1@guji. com. cn
(3) 易文網網址：www. ewen. co
金壇市古籍印刷廠印刷
開本 787×1092　1/32　印張 44　插頁 10　字數 824,000
2020 年 12 月第 1 版　2020 年 12 月第 1 次印刷
ISBN 978-7-5325-9835-9
K·2938　定價：228. 00 元
如有質量問題，請與承印公司聯繫